U0142550

風雷一聲響，撼山千仞崗，氣蓋山河，風雲因而變色，寰宇為之改變！
旭日海中升，朝霞滿山林，雲淡風清，社會因而祥和，人類為之燦爛！

或叱吒風雲如希特勒，或教化人類如釋迦牟尼。**不同的抱負，各異的實踐**；各擅專長，成就了功業，改變了歷史。

難免的，滿懷熱情改革、堅持奉獻者有之；**夾雜權力和野心，亦不乏其人**。且留後人評斷。

經由風雲人物的真實故事，瞭解其人行為背後原因、動機，詮釋其人的經歷和遭遇，甚至生命的意義。讓我們快速穿透一位前賢的行誼；甚至於別人知道他有多麼偉大，而你卻知道他在別的一面沒那麼偉大！**看清一生的過程與真實**，讓他的生命在我們的時空多活一次，**助解我們自己的問題**。

閱讀吧！「**今人不見古時月，今夜曾經照古人**」，「傳記」給你！

改變歷史的
風雲人物008

Hitler★
Eine Biographie
希特勒（上）

著｜約阿希姆．費斯特（Joachim Fest）
譯｜鄭若慧

二〇〇二年再版序

阿道夫・希特勒的特殊之處，就在於他從不被人淡忘，在離世五十年的今天依然存在於你我的生活中，甚至造成越來越深的陰影。這些不僅表現在反覆出現的恐懼情緒、心理失衡現象與驅除納粹的活動——可能有一些只是單純的反射動作和純儀式行爲——此外，一些話題與問題變成討論的禁忌，關於此人的著作與研究也不斷增加——儘管很多都無法提供多少有用的資訊，反而只將讀者拉進一片朦朧的想像中。雖然希特勒和他陳腐的意識形態就像一九二〇和一九三〇年代的新聞週報、電影或唱片一樣，來自一個被大眾遠遠拋在腦後的時代，他卻沒有被遺忘在歷史洪流中，甚至於，只要有學者企圖將希特勒與他的帝國推論爲時空背景下的過時產物，就一定會掀起激烈的論戰；他不僅沒有過時，反而還成爲一個神話人物，代表世上一切黑暗與令人憎惡的存在。一位歷史人物越是神祕莫測，其對於社會心理的影響作用就越明顯，此外，人們顯然也需要一個看得見的邪惡形象：在現今的社會中，希特勒已經不再是孩子們的偶像，而是經常被人們當作範例，用來解釋抽象的「人類公敵」的概念。

傳記出版的適當時機

常言道，評斷一個歷史事件或人物的恰當時機，是事件發生或當事人去世的三十年以後。本書出版於一九七三年，希特勒的神話在那時還未出現，但大眾已經不再像先前一樣麻木沉默，開始有興趣回憶這段歷史。回想起來，當時的一切都非常自由開放，後來很快就互看不順眼的各大方法學派這時才剛剛劃清彼此的界線；作家們也還能用歷史道德正當化自己挖掘隱私的行爲——雖然他們只是爲了滿足自己的好奇心；學者們忙著整理、歸納各種資料，才剛剛在雜草叢生的文獻森林中開闢出第一條林間通道。第一批的研究成果也於此時問世——這批作品有一些成爲威瑪研究的參考書目，例如卡爾．迪特里希．布拉赫（Karl Dietrich Bracher）對威瑪共和解體的研究，但大多數還是因爲太過晦澀難懂而得不到大眾的共鳴。

一本書得到讀者共鳴的原因雖然總有一些難以解釋之處，但無論如何，這本傳記之所以得到廣大的迴響，主要原因應該還是發行的時機，而絕非已經流行很久的「希特勒浪潮」。不過，當時眞的有些人是這麼想的，他們還企圖以自己豐富的想像力證明這點：他們推斷卡巴萊劇場裡的《我的奮鬥》朗誦表演、希特勒水彩畫在拍賣會上賣出的高價、亞歷．堅尼斯（Alec Guinness）以希特勒在柏林地堡度過的最後幾天爲主題拍攝的電影，甚至還有其他類似的偶然事件都和本書有關，共同構成一宗跨國運作的可惡陰謀。這種奇怪的想法當時引起軒然大波，雖然有些走偏，但也可以看出，這些人宣稱要對抗的歇斯底里正也出現在他們自己的身上。所謂的「希特勒浪潮」後來很快地就被眾人遺忘，這些漂浮於上的唾沫浪花就更不用提了。

人們在這時第一次對有關希特勒的一些核心問題興起強烈的興趣，迫切想要得到有理有據的解答，例如：希特勒是如何奪得大權？如何得到廣大群眾的支持？又是如何在自負地發動戰爭、犯下各種錯事與罪行後，仍然得以維持自己的地位？

一直到一九五〇年代爲止，市面上都流行著各種不同形式的「辯白文學」，其中尤以回憶錄爲大宗，有些是納粹黨員或希特勒的追隨者試圖爲他們當時的贊同或沉默辯護，有些則是他的政敵企圖爲自己的失敗與無能開脫。許多人出於同樣的動機將希特勒妖魔化，無視時空背景地視他爲現代危機的最終角色、「浮士德式」（譯註：意指探索真理、追求理想、永不滿足的精神）的災難，或者某種介於黑格爾與尼采之間的德國哲學所引發的浩劫，甚至還有人以神學角度將他的形象塑造爲〈啓示錄〉中的「深淵野獸」。與其說這些人像集體失憶一樣，不如說他們是希望壓抑這段不斷浮現的恐怖記憶。馬克思主義觀點對此的詮釋也大多如此，不是遮掩自己的失敗，就是將希特勒塑造成「納粹集團以反革命與資本主義大企業費力炒作、砸錢堆出來的候選人」。

希特勒傳記的權威之作

不過，值得注意的是，在一九五〇年代初期的這些亂七八糟的作品中，出現了一個例外——艾倫·布洛克（Alan Bullock）以偉大盎格魯—撒克遜歷史寫作傳統寫成的著名的希特勒傳記。此書沒有德國人難免的先入爲主的想法，而是客觀、冷靜且批判地描寫這個男人與他的政權，因而在很長的一段時間內都被當作希特勒傳記的權威之作。不過，此書雖然很快就得到傳奇性的名聲，但隨著時間推移，此書至少有兩項論點引來越來越多的質疑。

艾倫·布洛克的立論點和全世界都一樣：希特勒與整個時代爲敵，並且在局勢緊張時也從未錯判過時代氛圍——至少是德國以外的地方的氛圍。他也爲自己的論點找到無數的證據。確實，當年的時代氛圍似乎正朝著民主與自決的方向發展，國與國之間的傳統敵對關係不再，甚至開始走向國際和解；面對這種趨勢，希特勒卻只活在自己的幻想世界，表現出一副落後到荒唐的形象，與所有潮流背道而馳。

然而，如果眞是如此，又爲何從一九三三年開始有越來越多遊客前往柏林與上薩爾茲堡朝聖呢？又是什麼原因令許多本來嘲諷或不贊同希特勒的人——例如安東尼・艾登（Robert Anthony Eden）與西門・艾登（Simon Eden）父子、大衛・勞合・喬治（David Lloyd George）、安德烈・弗朗索瓦—龐賽（André François-Poncet）以及湯恩比（Toynbee）——後來對他的印象越來越深刻？在德國退出國際聯盟後，爲什麼倫敦電影院的觀衆會在希特勒出現在大螢幕時大聲歡呼？又是什麼打動了自負、良善的佛羅倫斯人，讓他們在幾個小時後將「自己的頭腦與心靈」都獻給這個他們本來輕視的人？也別忘了墨索里尼，他一開始對這位阿爾卑斯山另一側的政治新貴只付之一笑，後來卻拜倒在此人的魅力下。此外，在希特勒早已公然蔑視法律時，歐洲列強又是出於什麼原因競相簽訂他不可能承認的協約，就好像它們都渴望得到他的賞賜？它們之所以心甘情願地打開自家大門，直到希特勒摧毀了一切的戰後秩序爲止，一定不只是因爲恐懼、思慮不周或熱愛和平，而是還有其他的因素，以致於這個德國獨裁者以「世界寵兒」的身分——至少有一陣子是如此——活躍於歷史舞臺上時，那些堅決反對希特勒的人——尤其是移民族群——總是感到苦澀與無能爲力。

這些疑問一個接著一個，全數化爲筆者於一九五〇年初期所聽到的一段話。一位堅決仇視納粹政權的人當時說，他在希特勒統治期間一直都認爲，在一九三三年擊敗自己的不是這個不擇手段的對手，而是更爲強大的歷史法則——也可以說是歷史本身。

希特勒帶來的各種推力令人們不得不思考，此人是否不僅不落後於時代，甚至還能代表那個混亂時代的某種主流意見？無論如何，他之所以扶搖直上就是因爲背後有強大的民意支持，因爲大衆渴望烏托邦，渴望起義，渴望臣服於魅力十足、意志堅定的人，更渴望自己的嚴格服從能換來集體安全感。許多人都料想過他提出的這種「新團結」有多麼具操控性，背後又有多少其他的動機，但總體而言，迷茫的大衆會認爲，比起放任他們自生自滅的自由承諾，這種新的團結秩序令他們覺得自己比較受重視。提到政治權利，他們也覺得每年參與全國舉辦的大型儀式性集體活動，就足以彌補自己所喪失的投票權，比去投票所投票更能讓他們有政治參與感。這些人激烈地反對市民階級社會與橫亙其中的社會鴻溝，期許以堅定的信念克服庸俗與物質主義的環境；在許多人心中，大家舉著火把、揮著旗幟遊行的陰森景象已經變成了安魂彌撒的儀式，他們藉此送走無法逆轉的過去，在歌聲中迎來新的時代。

當時，無論是左派或是右派都懷抱著反市民階級社會的激情，這種奇異的鏡像既相似又矛盾，讓兩方看似團結卻又敵對。作爲一名依從本能的煽動家，希特勒將馬克思主義激進分子在大街與廣場上鼓吹的「改變」理解爲這個時代的普遍需求，於是，他改變這種需求的方向，將對手的長處變爲自己的長處。大衆對布爾什維克主義，或者他經常妄想的所謂「猶太共產主義危機」的反感與恐懼，就是他們向他靠攏的原因。對希特勒而言，這種「危機」不僅意味著在政治上受到壓制，也正威脅著一切價值、文化標準和自己所熟悉的生活方式。

複雜的交互關係

在筆者剛開始構思這本書時，關於「是否該將希特勒的所作所爲理解爲對瀰漫歐洲的焦慮情緒的反動？是的話，又到什麼樣的程度？」的論戰還尚未爆發；不過，我們從當時的衆多資料都能看出，在蘇維埃俄國的陰影下，德國人民顯然對於一個越來越陌生的新時代感到非常驚慌，市民階級和小市民階級甚至有可能變得歇斯底里。

希特勒無疑將這種恐慌情緒掌握在手中，以演說技巧與戲劇手法將其轉化爲侵略行動。這種情緒也像是一條解釋他個性的神奇公式：終其一生的焦慮感、權力意志、成爲偉大人物的渴望，以及他之所以殘暴和冷酷的理由。無論如何，在他承諾拯救大衆的誓言中，幾乎沒有什麼比對抗共產革命的威脅更有效的發言，他先如此解決內部敵人，之後轉而對付外部的敵對勢力。

希特勒和迅速發展的種族運動似乎符合各種需求，奠定了日後成功的基礎。反市民階級與反共產主義、保守與社會革命的思想、受到屈辱的德國民族情感，以及民衆面對即將到來的大危機所興起的憂心與掙扎被他隨意結合在一起，儘管如此，對於尋求信仰的人而言，這些的確很有說服力。

人們在當時還無法簡單地將希特勒與他那群組成複雜的追隨者判定爲「右派」、「保守」或是「反動派」，於是，他這樣一位明顯落伍、致力復古的人物好像只能引起譏笑——一如查理·卓別林在他的電影《大獨裁者》中所嘲諷的。然而，無論是想將他挾作政治工具的阿爾弗雷德·胡根貝格（Alfred Hugenberg）與法蘭茲·馮·巴本（Franz von Papen），還是先前的共產勢力掌權者都是活生生、血淋淋的例子，他們在政治上付出代價，證明了希特勒作爲大衆所追隨的對象，並非只是散發腐朽氣息的木乃伊。

此外，多數人將他的動作視爲開啓他們期待已久的德國團結行動的信號，不僅會保留傳統價值，也會帶來令人熱血沸騰的未來。這些人認爲，德國在錯誤的道路上行走多時，即將走向終結，現在唯有徹底轉換方向才能讓德國避免滅亡——也因爲這種違背時代發展的反作用力，希特勒成爲了再適合不過的救世主人選。

當時發生的歷史事件規模遠勝以往，先是一九一八年戰敗、十一月革命以及《凡爾賽條約》

的恥辱，接著是通貨膨脹、中產階級社會地位下滑以及經濟大蕭條；時代的轉折點正在逼進，民族社會主義得到了廣大群衆的追隨，希特勒也被賦予耶穌再臨一般的類宗教光環，民衆像期待彌賽亞似地的對他寄予厚望。

顯而易見，這些都意味著這個男人、當年的時代背景以及兩者間的交互關係都比布洛克所認爲的更複雜。此外，對於每部政治歷史傳記都會提出的核心問題——驅動主角一生的主要動機到底是什麼——布洛克的回答指向了希特勒對權力的渴望。他解釋，如果我們拿開所有華美的裝飾與軍服上的授帶，潛入被掩藏在強大演說能力下的深處，就會發現他那自私自利的權力意志，只知道自己，也只爲自己而活。對於這位經常被避而不談的人，許多歷史學家會將他造成的災禍歸咎於他的荒蕪內心與缺乏人性，布洛克對此則解釋，希特勒會喪失人性正是因爲他過於渴求權力。

他的觀點在很大的程度上源於赫爾曼·勞施寧（Hermann Rauschning）的看法。這位脫離納粹黨的前但澤參議院議長，在一九三〇年代後半出版《虛無主義的革命》一書，在當時爆紅；從此以後，希特勒與他那些心腹就成了無前提條件的革命者，他們不具有、也不遵從任何意識形態，只利用意識形態達成自己的目標，征服、強化與擴張個人的權力。雖然這樣的觀點在許多方面似乎都合乎邏輯，卻也同樣有許多無法解釋之處，例如：希特勒充滿強烈仇恨的反猶太主義從不止息，即便不利於自己的目標也毫不改變——這點可能就是他最讓人無法明白的地方，布洛克對此卻只評價他「腦子有問題」，草草應付過去。

布洛克的傳記發表不到十年，英國歷史學家休·特雷費羅珀（Hugh Trevor-Roper）就針對他的理論展開第一次，同時也至關重要的抨擊。在慕尼黑一場關於「希特勒的戰爭目的」的演講上，特雷費羅珀將這位獨裁者第一次描述爲有特定意識形態、在所有策略手段上堅守某些前提的政客。按照他說服力十足的說法，希特勒之所以狂熱與癡迷得像精神異常，其主要原因並非他畸形的權力意志——雖然這確實是他人格組成中的重要角色——而是他自己臆想出來的世界圖景：一個由標語和怨恨所組成的世界，對生存空間的爭奪與對猶太人的瘋狂仇恨是永恆的主旋律。

希特勒扮演的角色

希特勒爲什麼能有這種巨大的破壞力，一直到他生命的最後一刻？對此，我們唯一找到的解釋是他閉塞陳腐、總抓著虛假片段不放的歷史觀。儘管無法解答所有問題，但已經足以說明，希特勒爲什麼願意將自己推向最極限，在不利的情況下孤注一擲——無論是什麼樣的棋局，只要玩家帶著這種決心，遊戲規則就變得形同虛設。

他之所以能在一九三九年春季之前創下驚人成就、確立自己的不敗神話，絕對不只是因爲歐洲列強的盲目與軟弱，甚至也與他的欺瞞哄騙並無關係，更多是因爲，他的對手始終深信一切政策的出發點都是理性的目標、追求可估量的利益，而這種篤定感正是他們做出一切讓步的根本原因。經過一連串的錯誤與縱容，他們在一九三八年簽署《慕尼黑協定》時仍毫無所覺，直到希特勒於一九三九年春天攻抵布拉格，這些人才發現他打破了所有的基本政治原則。

此人不惜任何代價發動戰爭，甚至引發災難也在所不惜，這點不僅令歐洲列強難以理解，德國人民也同樣不明白；對此，最有可能的一種解釋是：戰爭對希特勒而言不可抗拒，是驅使他在人生路上前進的動力。正因爲他一直都準備發動最後一戰，所以他才能夠、同時也必須保持長時間的成功，除此之外，他的成功沒有其他祕訣。然而，這種成就是一種自殺者所期望的成就，從未在歷史舞臺上出現過，直到希特勒的出現才第一次被帶上政壇。

如果我們對於源遠流長、影響當時社會氛圍的「死氣」沒有深刻的了解，就幾乎無法理解他這種性格與行爲。爲了正確地評價這種時代趨勢，我們也必須將十九世紀下半葉的文化悲觀主義，以及當時令人既驚惶又著迷的恐懼感與可怕預言一併納入考量。此外，我們也不能忘記華格納，他音樂家與政治作家的身分，甚至是他的人格特質都對希特勒產生很大的影響，在他的成長歲月中有無可比擬的重要性。華格納作品中充斥著救世主、白衣騎士與勇者，他因此慢慢形塑出自己的拯救者角色，並沉醉在一個瀰漫著日耳曼滅亡氛圍、巨大災難與諸神黃昏的世界中。

儘管如此，前幾年卻有許多人偏偏不按照這種可靠的解密方法，反而以各種不同、甚至完全相反的方法探查希特勒內心最深處的驅動力；他們的嘗試就如同邱吉爾的名言，如「謎中之謎」一樣難解。希特勒這樣的人物無可避免地吸引了無數野心勃勃的人，他們的特點就是大膽假設、想像力豐富以及任意專斷地解讀文獻。

舉例來說，哲學家埃里希·弗羅姆（Erich Fromm）就以希特勒的死亡意志作爲理論的中心點，並且將他對母親的「惡性亂倫」——意指他無法愛自己的母親——視爲一切的根源。據其所言，希特勒將這種特性擴大到德國，並在長期壓抑後爆發成「戀屍性格」——人們到最後才發現，其實德國才是希特勒眞正仇恨的對象。心理學家愛麗絲·米勒（Alice Miller）則有不同的看法，她認爲希特勒之所以有這種激進的性格，乃是出於他對父親的專制與家暴的報復心；納粹獵人西蒙·維森塔爾（Simon Wiesenthal）到一九八〇年代都明顯受到文學的影響，他在尼采、胡戈·沃爾夫以及特別是湯瑪斯·曼的《浮士德博士》的啓發下，認爲希特勒會產生反猶太主義和後來的一切，都是因爲十九世紀時一位猶太妓女令他在維也納染病。

這些基本上都缺乏充分證據，而且往往是為其發明者的目的服務。希特勒是一個帶著致命邪惡光芒的轟動性案例，他們試圖為其找出一個永久適用、具有代表性的理論，最後卻只得出一個結論：無法以邏輯理解希特勒這樣的人物。儘管如此，我們卻也無法將拍攝猶太大屠殺紀錄片《浩劫》的法國導演克勞德・朗茲曼（Claude Lanzmann）的話當作答案，他在不久前曾說：「任何關於希特勒的歷史性描述都是不被允許的，因為這是企圖讓無法理解之事變得能夠被理解。」

這些其實都無異於一種新形態的「驅魔術」，為了不讓人被他的傳統形象和犯下的滔天大罪搞糊塗，他們就將他排除在人類的歷史以外。然而，我們不能再以這種角度思考，而是必須意識到，所有的傳記式分析都無法還原真實，只能被視為比較成功或者比較失敗的「仿作」。希特勒本人則已經帶著他內心最深處的祕密——尤其是瘋狂憎恨猶太人的原因——逃離了這個世界。

儘管如此，就像其他的每一段歷史一樣，我們仍然有許多需要了解之處，例如：經常需要追溯到很久之前的，影響歷史進程的因素與發展機制，或是人類的侷限性、可收買性、失敗以及自由意志等等。曾有人在本書發行時批評：「作為一本歷史傳記的研究方法過時，沒有考慮到當時支持希特勒，並且一步步推動他前進的社會力量與社會架構。」讀者們也可以自行驗證這種說法是否為真。事實上，本書確實已經考量到這一點：對於歷史進程而言，個人所扮演的角色明顯變得比較不重要，不再像十九世紀的人那樣「創造」歷史；希特勒卻不同，他就像是一個姍姍來遲的古人，扮演著比其他同時代人物更重要的角色。

更全面的研究與討論

無可否認地，我們確實無法將個人對歷史的影響力完全轉嫁到社會環境和結構上，這點也在一九八〇年代與一九九〇年代初期被證實——從來沒有人想過，蘇維埃帝國明明擁有完全爲鞏固統治階層權力而設計的穩固結構，最後卻近乎無聲無息地崩解。從蘇維埃的倒塌與其他類似的案例，我們可以清楚得知，結構分析顯然並非認識歷史背景的理想方式；此外，這種重視結構的觀點也埋葬了歷史中的衝突性、混亂和意外性，以及此中所傳達的訊息。

假使社會結構眞的比一切其他主宰歷史進程的條件更霸道，那麼必然會對每一個歷史事件產生決定性的影響作用。如此一來，希特勒之所以成爲「希特勒」，他的生活背景、各種情結、恐懼、偏見，以及他從中生出的破壞性力量，就都變得無關緊要；同理，對於事件的發展，個人需要擔負的責任不是變得微乎其微、近乎消失，就是被減輕成一種「一切受命運操弄」的無力感。然而，如果沒有希特勒這個人——或者將他的重要性縮小爲「軟弱無力的獨裁者」——沒有支持他的那些或低調或高調的古老權貴家族，也沒有茫然失措、渴望領袖與嚴格秩序的廣大群衆的話，一切就都變得無法想像。

一切影響歷史進程的因素都有其重要性，然而，重要的是傳記作者自己要清楚如何取捨、建立平衡。英國歷史學家伊恩．科爾肖（Ian Kershaw）不久前出版了二冊裝的希特勒傳記，試圖以社會力量說明他的崛起與統治；他仔細研讀過幾乎所有的相關資料，孜孜不倦到甚至狂熱的地步，但是，在這部約兩千五百頁的作品中，除了一個由語言學家提出的想法——「將忠心官員的慣用詞語當作納粹機關運作的關鍵詞」——就沒有其他有助於讀者更了解希特勒的內容了。他想要以「社會歷史學家」的角度爲這麼一位左右歷史的人物寫傳記的想法，或許從一開始就過於矛盾吧。値得注意的是，科爾肖坦承，自己越描寫，希特勒的形象就越模糊，到最後只剩下一個朦朧的影子，這點和其他人的作品正好相反——他們對於希特勒在最後幾個月的描寫是最清楚的；

在科爾肖的描寫下，希特勒僅僅是一個所有社會力量的交會點，然而，這樣一個被弱化的爭議人物卻依舊改變了世界的發展，實在沒有比他的傳記更能揭示歷史傳記矛盾性的作品了。

事實上，希特勒的作用一直都不止於爲當時的社會動能發聲，眞正的問題在於，他與時代環境的分歧，以及他如何令其順從於自己的意志與瘋狂。或許龐大的權柄不僅能左右環境，也能改變時代，讓他成爲「橫空出世的人物」，引發歷史的斷層與最深的質疑。

人們將希特勒與納粹統治稱爲「文化衝擊」，但這樣的說法其實還是不夠深入。他造成巨大的破壞，不僅消滅人類、城市與國家，也滅絕價值觀、傳統與生活方式，儘管如此，人類對付彼此的高超手段才是他引起嚴重後果的「遺物」。雖然歷史上也發生過各式各樣的罪行，但從這時開始，人類才開始懷疑自己過去相信的人性，他們的美好想像被劃開一條深深的裂縫。一個世紀以來的文明樂觀主義令人們自豪於馴化人類的野蠻本性，全然信任文明的進化，他們相信即便有一切障礙與挫折，這個世界最終仍然會越來越好——這種想法被希特勒終結，也沒有人知道還有什麼能挽回這種信仰。

希特勒身上矛盾的現代特色是那些青年幫派遠遠所不能及，他們以挑釁、令人厭惡的標誌與符號包裝自己，但其實只是沒落年代的一片塵埃罷了。他不像人們所說的那樣，只是結束了一個時代，在某種意義上，這位令人類普遍抱持悲觀主義的始作俑者和我們處於同一個時代，而且正是開啓這個時代的人，這是任何反駁與粉飾太平都無法否認的。如果我們不認識這段歷史，就無法了解現今的世界。

筆者之所以在數年前決定寫作本書，除了想討論歷史問題，也試圖自我對話，對當代社會有更進一步的了解。只是希望以更全面的觀點討論開啓這個時代的那位人物，闡述令他得以崛起的個人與社會條件、他所造成的深遠影響，以及他能長久維持權力，就算在失敗時也能實現目的的方法。

二〇〇二年七月於克龍貝格

前言：希特勒及其歷史地位

「敗壞國家與人民的，既非盲目，也非無知。他們其實不會被蒙蔽太久，很快便察覺出自己的所作所爲將導致何種結果，但是他們從不抗拒自己心中的欲望。欲望受到他們的天性庇護，被他們的習慣滋養，他們對此從不抗拒，只要尚有一絲氣力，便不由自主地受其驅使。聖人能夠克己，但大多數人卻明知故犯。」[1]

德國歷史學家利奧波德・馮・蘭克（Leopold von Ranke）

希特勒這樣的存在，在歷史上絕無僅有。我們該稱他爲偉人嗎？沒有人能掀起這麼大的歡呼、狂熱與殷切期望，也沒有人能帶來這麼多仇恨。唯有他能在短短幾年內加速時代的進程，扭轉世界局勢；卻也唯有他，在歷史上留下了這麼一片斷垣殘壁。即使絕大多數的世界大國集結起來，也花了近六年的時間，才將納粹勢力掃蕩殆盡，如一名德國反抗行動的軍官所言：「像條乖狗狗一樣。」[2]

獨特的歷史地位與性格

希特勒獨特的歷史地位與其激進的性格密不可分，造就一股衝破所有標準的激流。他之所以在歷史上突出，不僅因爲他的宏偉霸業，也來自於他的平凡出身。更甚至，因他而激起的這股洪流無論在何時——即使是他敗亡的那週——所展現出來的意志。他曾於談話中多次憶及剛起步時，「我什麼都沒有，沒有名氣、沒有財力、沒有媒體支持，一無所有。」他恍惚出神地說道。他如何以自己的力量，從一個「可憐蟲」到統治全德國，接著又支配了其他國家，「實在是不可思議！」[3]他一人身兼數職的程度史無前例，他不僅是自己的導師，也是納粹黨的組織者、民族社會主義的創造者、戰術專家、煽動人心的救世主、領袖、政治家，以及那十年裡世界運行的中心。他駁斥了「革命總會吞噬自己的兒女」這句老話。因爲正如人們所言，「他就是他革命的盧梭、米拉波、羅伯斯比與拿破崙，也同時是馬克思、列寧、托洛斯基與列寧。儘管希特勒就性格與品德上而言，遠不及上述這些人，但他完成了他們所無法完成之事——牢牢掌控了這場變革在每個階段的變化，即便在他敗亡之時。這意味著，他對自己所喚醒的這股力量瞭若指掌。」[4]

他的直覺異常敏銳，清楚知曉何股力量能受他驅使，而不受當下趨勢誤導。其初入政壇之時，自由主義與市民階級體系的風頭正盛，他卻抓住了隱藏的反抗力量，大膽地投入自己的計畫中。希特勒的行爲從政治角度看來很荒謬，他因此多年不被高傲的時代精神認眞看待；然而，無論自己的外貌、誇誇其談與刻意營造的戲劇性引來多少嘲諷，他還是一直以一種難以描述的方式，凌駕於和他同時代那些平庸與沉悶的人。根據一九三五年於荷蘭出版的希特勒傳記《慕尼黑的唐吉軻德》所述，此人之所以具備這種特殊之處，其中一項原因就是他能夠以敏銳的理性無畏地織夢。[5]

他在十年前只是個混不出名堂的巴伐利亞政客，成天窩在慕尼黑的小房間裡，爲凱旋門和穹頂大會堂繪製華麗得可笑的設計圖。儘管所有的希望都在一九二三年十一月的啤酒館政變失敗後破滅，他仍然不收回自己曾說過的話，不降低挑戰難度，也無法容忍他統治世界的計畫有任何刪減。事後回想，他發現當時幾乎所有人都不認同他，認爲他只是個空想家，「他們總說我瘋了。」

然而，僅僅數年之後，他想要的一切不是已經成眞，就是變成可實行的計畫；那些曾經宣稱無可挑戰、永久留存的民主與政黨制國家、工會、國際工人團結、歐洲聯盟體制和國際聯盟，這時卻都走向滅亡。希特勒對此得意洋洋：「現在誰是對的？是他們，還是我這個空想家？我才是對的！」【6】

他以這種堅定的自信，表現出自己與時代思潮及傾向的密切一致，以及他將這種傾向公諸於衆的能力，都是希特勒達到今天這種歷史地位的原因。瑞士歷史學家雅各·布克哈特於其著名散文《世界歷史觀察》中寫道：「偉大的決定似乎就是實行超越個人意義的意志。」他談到存在於重要個體的利己主義與集體意志之間「玄妙的重合」，對他而言，希特勒的一生就像是這個理論的唯一範例，無論是一般的條件，或是某些特定的歷程，都彷彿在印證這個理論——這點在後續章節也有許多例證。

此外，對於他提出的歷史偉人所具備的其他條件，此人也全都符合。布克哈特表示：一個歷史偉人，他必須無可取代，帶領人民從過去的困境，走向所有人都未曾想過的新方向；他滿足時代的想像，不是「只知道完成黨的計畫、發洩黨的怒火」，而是成爲被大衆需要的存在，顯示自己「跨越深淵」的能力；他必須抽絲剝繭，有辦法分辨出勢力的眞假虛實；最後，他的意志力還必須具備魔法般的特殊威壓——「完全不可能在他周遭提出異議，假使有人還想反抗，就必須遠離他、加入敵營，雙方只可能在戰場相見。」【7】

儘管如此，大家依然猶豫不決是否該稱呼希特勒爲「偉人」。不過，我們所遲疑的，其實主要並非他精神病患者般的罪犯特徵。世紀歷史的發展確實並不以道德守則爲依歸，布克哈特也說過：「偉大人物得以奇異地豁免於一般的道德規範，保有他們的自我意識。」[8]雖然有人會問，希特勒所計畫並實行的種族滅絕罪行是否不該算在此列？又是否已經超出黑格爾與布克哈特所設想的道德背景？儘管這些確實是考量的原因，卻並非是質疑他的最大動機。

要成爲一個偉人，首先必須要符合大衆的審美標準。只有極少數人能夠同時符合審美標準和道德標準，然而，人們願意在道德的領域上放寬標準，卻無法在美的領域上妥協。根據古老的美學定理，無論一個人多麼傑出，他只要不討人喜歡，就無法成爲英雄。這樣的猜想很容易理解，而且在希特勒身上也找到很多支持這個想法的證據：他身上有濃重的陰沉氣質，睚眥必報、復仇心切、氣量狹小、庸俗赤裸的物質主義；他和圓桌會議的成員只認可權力的價值，嘲諷其餘的動機皆是「毫無意義」——這些無法錯認的市井氣息給希特勒一種令人厭惡的鄙俗感，不符合傳統對於偉人的概念。「世俗所欽佩的人物，」俾斯麥曾在一封信上寫道，「一直都接近於墮天使的形象，他們美麗卻不圓滿，爲了偉大的計畫付出一切，最後卻失敗收場，驕傲而哀傷。」[9]希特勒與這種標準顯然天差地遠。

無可抵擋、驅動一切的力量

不過，這種對「偉大」的概念也可能已經出了問題。德國作家湯瑪斯・曼（Thomas Mann）流亡在外時，曾寫過一篇充斥厭世氛圍的散文，雖然將風頭正盛的希特勒稱爲「偉人」與「天才」，但他的意思卻是「壞掉的偉人」與「低等的天才」。[10]在這種矛盾下，概念就偏離了原始的定義；但也有可能是因爲，這種概念其實來自於上個時代對歷史的理解——過分關注於歷史人物和歷史進程中的思想，輕忽了各種勢力交織出的大網。

然而，這種觀點已經改變了，一些歷史學家開始主張，與歷史人物的性格相比，社會中的利益、關係與物質衝突才是對歷史進程影響更大的因素。對他們而言，希特勒的例子無可辯駁地印證了這個理論：他作爲大資本的「僕役」或「打手」，由上而下地組織階級鬥爭，在一九三三年贏得渴望政治與社會自主權的大衆支持，接著，他爲了替「客戶」實現擴張勢力的目標而發動戰爭。在這種理論中，希特勒的位置基本上可以被其他人替代，就如同左派法西斯主義分析家所言，只是一個「最普通不過的小錫兵」[11]——無論如何，他都不是決定性的因素，而只是衆多因素中的一個。

基本上，這種反對過去觀點的論調，就是在否定以傳記呈現歷史知識的可能性。這些人指責，無論是歷史進程的糾葛和矛盾，還是不斷變化的複雜情勢，都不可能在一個人的傳記中被眞實地呈現出來，而傳記這種個人化的歷史寫作方式，嚴格來說也只是延續古老的宮廷文學與君主朝拜文學。無論在納粹解體之前或者之後，這些傳記的寫作方法並無不同，唯一變化的只有希特勒的象徵意義，他依舊是一股無可抵擋、驅動一切的力量，只是在性質上產生差異，從「救世主」變成了「惡魔一般的蠱惑者」。[12]他們闡述，所有的希特勒傳記，無論是否出於作者本意，最後都會變成在滿足數百萬前任納粹支持者的自我辯護需求——因爲希特勒的「偉大」，這些人很容易就能視自己爲犧牲者，或者將事件責任全數推卸，一切都歸罪於想出這種病態主意的邪惡、威嚴的領袖頭上。簡而言之，這些傳記就是一種以全面除罪爲目的的祕密免責手段。[13]

爲了加強這種論點，他們舉證：希特勒的個人特色實際上乏善可陳，多年來都蒼白而毫無特色，一直到接觸時代氛圍以後，他才開始展現出激情與魅力。在他身上可以看到很多德國哲學家華特・班雅明（Walter Benjamin）所說的「社會角色」，就像教科書一般地將當時社會大衆的一切焦慮、抗拒情緒與希望都雜揉爲一；這些情緒在他身上更激烈、更扭曲，還摻雜進其他奇怪的東西，但從未完全偏離其歷史背景。因此，如果不是因爲希特勒的傾向與狀況不限於個人，他的傳記也等同於年代史的一部分的話，他的一生就幾乎沒有被人敘述、解析的價值。

因爲這種觀點，後來的希特勒傳記會更強調歷史背景的重要性，以衆多塑造、支持、推動或者阻礙他的客觀因素呈現這個人的面貌，例如：德國浪漫主義的政治理解、對威瑪共和的奇特怨憤、《凡爾賽條約》造成的國族地位下降、通貨膨脹與經濟大蕭條對社會各階層造成雙重打擊、德國民主傳統的不足、共產革命威脅所引起的驚嚇、戰爭的經歷、保守派在地位不保時錯估情勢，以及人民普遍焦慮於從一個熟悉的舊體制，轉換到另一個不熟悉的新體制。面對這些複雜難解、彼此互相關聯的原因，德國人民渴望一個能簡單解決這些問題的方法，於是，他們帶著被時代激起的怒火，逃進獨裁者的保護傘下。

在衆多渴望、焦慮與怨憤的交會下，希特勒成爲一位歷史上的大人物；然而，沒有他，後來的一切也都不可能發生，個體對於歷史進程的巨大影響力在他身上展露無疑。本書將描述，當一個人集煽動人心的天賦、高超的戰術天分、卓越的政治才能，以及所謂的「神祕巧合」於一身時，錯綜複雜的時代氛圍將變得多麼強烈、多麼具有感染力——正如布克哈特所言：「歷史有時會濃縮在一個人身上，於是世界都臣服於他。」[14]再怎麼強調也不爲過，希特勒的崛起是獨一無二的，只有當天時、地利、人和都配合得當，當此人與時代建立起一種莫可名狀的重合關係時，一切才有可能。這種緊密的相互關係也駁斥了「希特勒具有超乎常人的能力」的觀點。令他成就霸業的，並非是「像惡魔一樣」的性格，而是代表整個時代、十分「尋常」的人格特質。

他的一生揭示出，那些將他理解爲「與時代和人民在原則上對立」的理論，都是出於意識形態的偏見，並不值得採信。與其說希特勒與時代完全矛盾，不如說他就是時代的倒影，我們在後文中也會不斷發現他與那個時代的共同之處。

著重客觀條件的探討

本書將討論重點放在客觀條件，而非希特勒個人身上，不僅是「階段小結」部分，正文篇章中也如此；然而，這也出現了一個疑問：希特勒在這些事件的發展上到底有什麼特殊的作用？毫無疑問地，即便沒有他的參與，一九二〇年代的種族主義運動也可以獲得迴響與支持，[15]但在當時的體制下，很可能最後只成爲某個重要的政治團體；希特勒對此所貢獻的，顯然是一種幻想與堅定意志的混合體——在很大的程度上，這種混合體也正是他的本質。

他與其他兩位納粹黨政客格里哥．史特拉瑟（Gregor Strasser）與約瑟夫．戈培爾（Joseph Goebbels）不同，他們的激進主義一直都只是破壞現有的遊戲規則，卻因此更顯現出規則的效力；希特勒的激進主義則相反，他推翻一切現有的前提，爲這場遊戲引進聞所未聞的全新元素。可以肯定的是，當時的無數緊急事件與怨憤情緒都可能引發危機，但如果沒有他的加入，就一定不會發展成後來我們見證過的那樣尖銳、具有爆炸性。

希特勒從一九二一年夏天發生的第一次黨派危機開始，一直到一九四五年四月的最後一天爲止都大權在握；即便在驅逐赫爾曼．戈林（Hermann Göring）與海因里希．希姆萊（Heinrich Himmler）之時，他的地位依舊無可動搖，甚至從不容許有任何一種思想的權威性更勝於自己。

他以一種已經不符合時代，而且後來也無人能複製的方式，專斷獨裁地創造了歷史：突然冒出的一連串想法、令人震驚的政變與突然轉向、驚人的背叛以及意識形態上的自我否定——在背後一直不變的，是他堅定的願景。順道一提，大概是因爲這種奇異特質，以及他爲歷史進程添加的主觀因素，在馬克思主義的理論中也出現「希特勒法西斯主義」的說法，一直到一九三〇年代爲止——以這種意義而言，將民族社會主義定義爲希特勒主義並無錯誤。[16]

問題在於，這種能如此忽略環境與利益的政治人物，在希特勒之後是否還會有其他人出現？客觀因素對歷史進程的強制力是否並非越來越大，留給重要歷史人物自由發揮的空間也是否並非越來越小？

毫無疑問地，一個人能得到怎麼樣的歷史地位，都取決於他面對大環境時能保有多少自主權。希特勒曾於一九三九年初夏的一場祕密演講中說：「不允許以適應環境來逃避問題，而是要爲了解決問題而改變環境。」[17]遵循此一格言，這位「空想家」仿效偉人，展開大膽、極端並且最後以失敗收場的冒險嘗試。一些證據顯示，這些問題就像其他許多事物一樣，隨著他走向終點：「無論是中國、俄羅斯或者美國，再也沒有人能像他一樣，以自己混亂的幻夢改造這個世界。站在頂端的人不再有做決定的空間，而是只能主持決策的程序，就像是模仿早就有的花樣織毛線。因此，希特勒可以被認定是古典主義『偉大』政治的最後一位實行者。」[18]

即使人類並不像傳統英雄崇拜文學那樣地創造歷史——至少在程度上遠遠不及——希特勒所創造的歷史顯然也比許多人要多；與此同時，歷史也造就了他，讓他成爲一個非同尋常的存在。儘管他的一切都並非原創，沒有一絲一毫不是來自於前人的想法，但也是因爲他，這些才得到了這麼巨大的能量。因此，這本希特勒傳記所講述的，是一段他與時代不斷互相深入影響的歷史。

最後，我們仍然要問：一個卑微、醜惡的個體是否能被稱爲歷史偉人？我們可以想像一下，如果歷史未曾創造出適當的環境，未曾喚醒他、讓他成爲萬千憤慨與抗拒情緒的代言者，那他的命運會是如何？他會是社會邊緣某個被忽視的存在，憤世嫉俗，期望自己有不凡的際遇，無法接受自己與偉大英雄角色無緣的一生。希特勒回憶自己剛踏進政壇的時候：「最令我感到折磨的，就只有完全被人忽視。」[19]秩序的崩塌、社會大衆的焦慮，以及改變的氣氛都賦予他機會，讓他得以擺脫不受衆人所知的狀態。按照雅各．布克哈特的說法，恐慌時代所需要的正是偉大的人物。[20]

希特勒的出現超越過去的想像，證明歷史偉人也可以是平庸之人。他的面貌在很長的一段時間都像是一片虛幻，這種像虛構人物的特色也令許多保守派政客與馬克思主義的歷史學家都奇異地達成共識，一致認定此人爲外國勢力的工具——希特勒好似成功體現這些人心中的「特務」形象，變得一點也不偉大，並且在政治上或歷史上都毫無重要性。然而，這些人都錯了，因爲這正是希特勒成就霸業的戰術之一；他在這些人錯誤地仇恨小市民階級時，成功獲取了政治資本。

此外，希特勒的傳記也是一個各方面逐漸幻滅的故事。那些對他的外表冷嘲熱諷、輕視貶低，看到千千萬萬人因他受害才閉上嘴巴的人，肯定無法了解他——對此，我們從他的生命歷程與事件發展都能找到解釋。此外，我們提出一個假設性的問題：假如希特勒在一九三八年就遇刺身亡，是不是人們就會幾乎毫不猶豫地稱他爲「德國最偉大的政治家之一」或者「德國歷史的締造者」？他野心勃勃的演講、《我的奮鬥》、反猶太主義和征服世界的想法很可能都會被當作他年少輕狂時的幻想，最後被大衆遺忘——只有被激怒的猶太民族才會偶爾因爲一些評論而想起這回事來。然而，此人於之後六年半的所作所爲，卻令其丟失了這種可能的崇高聲譽。或許只有血腥的結局才能令希特勒圓滿，他本性追求毀滅，就連對自己的生命也不例外；但無論如何，這就是希特勒。我們該稱呼他爲「偉人」嗎？

注釋

【1】蘭克的這段話引用自康拉德·海登的著作。筆者在很多方面都感謝後者，此人不僅最早爲希特勒現象及民族社會主義的歷史研究做出貢獻，其大膽的假設與自由開放的判斷直到今日也仍然值得我們效法。

【2】葛斯多夫上校（Rudolf-Christoph von Gersdorff）對麥恩斯坦元帥（Erich von Manstein）所言，引用自 Dieter Ehlers, »Technik und Moral einer Verschwörung«, S. 92。

【3】希特勒於一九三七年二月二十四日在慕尼黑皇家啤酒屋發表的演說，引用自 Hildegard v. Kotze/Helmut Krausnick, »Es spricht der Führer«, S. 107。

【4】»Le Testament politique de Hitler«, S. 13，出版人休·特雷費羅珀爲其所寫的序言。

【5】作者姓氏爲福拉特科（Frateco），此書的法文版 »M. Hitler, Dictateur« 於同年在巴黎問世。

【6】希特勒於一九三七年五月二十日的演說，引用自 H. v. Kotze/H. Krausnick, aaO., S. 223。

【7】Jacob Burckhardt »Gesammelte Werke« IV, S. 151 ff.；在戈特弗里德·貝恩寫給克勞斯·曼（Klaus Mann）的著名信件中，前者引用了布克哈特的歷史觀察來評論希特勒，寫道：「現在，您會一直聽到人們在問：究竟是希特勒造就了這個運動，還是這個運動造就了希特勒？這個問題很特別，因爲這兩者一體兩面，無法被區分開來；個體與集體玄妙地重合在一起，這就是布克哈特在《世界歷史觀察》中所描述的，世界的歷史運轉由偉人所推動的道理。偉大的歷史人物皆是如此：一開始會遭遇危機，

幾乎只在最恐怖動盪的時刻才會出場，他們有非凡的毅力，異常輕鬆地應付所有問題，更能激起特殊的化學反應；於是，所有懂得思考的人都預料到，他將實現只有他才可能完成，同時也必須完成的一切成就。」原文參照 G. Benn, »Gesammelte Werke« IV, S. 246 f.。

【8】J. Burckhardt aaO., S. 175 ff..

【9】俾斯麥於一八四七年二月十七日寫給未婚妻的信，引用自 Hans Rothfels (Hrsg.), »Bismarck Briefe«, Göttingen 1955, S. 69。

【10】Thomas Mann, »Bruder Hitler«, GW XII, S. 778.

【11】August Thalheimer, »Gegen den Strom. Organ der KPD (Opposition), 1929«，引用自 Wolfgang Abendroth u.a. (Hrsg.) »Faschismus und Kapitalismus«, S. 11，此處並不討論眾多希特勒理論和闡釋的方式。不過，諸如 Karl Dietrich Bracher, »Die deutsche Diktatur«, S. 6 ff. 以及 Klaus Hildebrand 刊登於 »Neue politische Literatur« 1969/3, S. 375 ff. 上的 »Der Fall Hitler. Bilanz und Wege der Hitler-Forschung«，都提供具有啓發性的概述。

【12】Reinhard Kühnl, »Der deutsche Faschismus«，刊登於 »Neue politische Literatur«, 1970/1, S. 13。

【13】這種反對意見並非毫無根據。有些人將討論範圍囿於希特勒的私人生活，對他們而言，無論是圍繞在這位獨裁者身邊的女性、他的藥物濫用問題，或是他的某次頭疼感冒，都比德國國家觀念的意識形態傳統具有更高的討論價值。有些人則在意識形態上先入爲主地認定，希特勒是由「納粹集團」——工業家、銀行家和大地主組成的勢力——費心培養出的候選人；嚴格來說，這個觀點只是將「人類創造歷史」轉變爲「資本家創造歷史」而已。此外，這也是一種隱含辯護意圖的負面頌歌文學，令希特勒脫離一切的歷史背景，成爲一種抽象的災厄；參照 Eberhard Czichon, »Wer verhalf Hitler zur

Macht?«，刊登於 »Das Argument«, Heft 47 的 »Der Primat der Industrie«，以及該刊討論法西斯主義問題的其他期數（Nr. 33 和 Nr. 41）。更多有關左派理論及其無法正確評價希特勒現象的難處，請見 Eike Hennig, »Industrie und Faschismus«，刊載於 »Neue politische Literatur«, 4/1970, S. 432 ff.。

【14】J. Burckhardt, aaO., S. 166.

【15】Ernst Nolte, »Der Faschismus in seiner Epoche«, S. 451.

【16】參照如 Hans Frank, »Im Angesicht des Galgens«, S. 137 和 S.291，以及 Helmut Heiber, »Adolf Hitler«, S. 157。

【17】希特勒於一九三九年五月二十三日在總理府對德意志國防軍所言，引用自 Max Domarus, »Hitler. Reden und Proklamationen«, S. 1197。

【18】Rudolf Augstein, »Hitler, und was davon blieb«，刊載於 »Der Spiegel«, 1970/19, S. 100 f.。

【19】»Mein Kampf«, S. 388.

【20】J. Burckhardt, aaO., S. 166.

總目次

目次

第一卷　迷茫歲月

第一章　背景與出身

「汲汲營營、渴望壯大自我，這是所有非婚生子女的特性。」

瑞士歷史學家雅各・布克哈特

希特勒窮盡一生努力，像是抹除人類天性地掩藏眞實的自己。幾乎沒有其他的歷史人物像他一樣，如此粗暴又一絲不苟地塑造自己的角色；從他身上看不出他一絲一毫的眞實個性，比起活生生的人，他所設想的自我形象更接近於一座牌坊，一生都努力將自己掩藏於其後。

費心掩蓋家庭背景的足跡

此人很早便意識到自己的使命，於是在三十五歲時就面容端肅，以偉大領袖那專注而冰冷的距離感包裹自己。他身上天選之人的光環蓋過了他的家庭背景，而他的含糊以對，也令各種傳說誕生；然而，這正是造成他焦慮、神祕與古怪性格的原因。

在他剛開始領導納粹黨嶄露頭角之時，大衆對他私生活的興趣已令其深感冒犯，他在成爲帝國總理後便禁止所有關於自己的八卦刊物出版。[1]從青年時期的好友到關係最近的夜間圓桌會議成員，這些曾與希特勒密切往來的人，都一直強調他很注意保持距離、隱藏自我：「終其一生，他都帶著一股難以言喻的疏離感。」[2]他年輕時在男子宿舍住了好幾年，與無數人有過接觸，後來卻幾乎沒有誰能想得起他。他低調而疏離地從這些人身邊走過，不曾引起他們的注意；也因此，後來所有的相關調查幾乎都一無所獲。

希特勒在剛進政壇時嚴防死守，不讓自己任何一張照片外流；人們有時會認爲，這是他作爲一個宣傳天才，在深思熟慮下的決定——只要隱藏自己的面貌，大家就會對他充滿好奇心。然而，我們可以看出，他之所以掩蓋過去，並非只是想爲了替自己的經歷增添魅力，更多其實是因爲他對自己可疑的出身隱隱感到不安。他一直費盡心思抹除自己的成長足跡，模糊自己的來歷，令他的出身與家族史更加撲朔迷離。因此，當他於一九四二年得知，司畢塔村爲自己建了一座紀念碑時，他大發雷霆。順道一提，希特勒將祖輩的身分定爲「可憐的小農夫」，將父親的職業由海關公務員篡改爲「郵務員」，並且無情地推開想接近他的親戚；此外，曾經在上薩爾茲堡替他管家的妹妹寶拉，也被要求改名。[3]

值得注意的是，他幾乎跟人沒有什麼私交。對於創立種族主義哲學、個性偏執古怪的約格·利本菲（Jörg Lanz von Liebenfels），他曾感謝此人於早期對自己的影響，卻在入侵奧地利後對其發布寫作禁令；曾一起在男子宿舍度過時光的夥伴海恩侯·哈尼希（Reinhold Hanisch），後來也被他下令殺害。

他將自己的一切體悟，全歸功於自己的靈感、上天的恩典以及他與神靈之間的對話。此外，就像他不願意當任何人的門徒，他也不願意做任何人的兒子——爲了塑造傳奇的人生，他在自傳《我的奮鬥》中，只用三言兩語就草率地帶過自己的雙親。

他偏愛利用自己來自國境另一端的身分來模糊自己的過去。就像亞歷山大大帝、拿破崙與史達林，他與歷史上許多革命家及征服者一樣來自外境，於是也抱持著同樣的局外人心理；他們爲了自己瘋狂的擴張計畫，隨時都可以將一個民族當作消耗品，一直利用至其消耗殆盡。當希特勒在戰爭的緊要關頭——一場慘烈的持久戰——得知新上任的軍官們傷亡嚴重，他只說：「這些年輕人的用途就是這個！」[4]

儘管如此，這種異國感仍不足以遮掩一切。他對秩序、規則與市民社會的情感，始終與自己那見不得光的家族背景牴觸。希特勒一直知道，他所渴求的和自己的出身差了多少，同時，他也爲自己的過往感到不安。他的政敵在一九三〇年動作頻頻，企圖揭露此人的家庭背景，希特勒對此十分焦慮：「這些人不許知道我是誰，不許知道我從哪裡來、在什麼樣的家庭長大。」[5]

希特勒的家族歷史

希特勒的父族與母族皆出身於奧匈帝國邊陲地帶的貧困森林區，一個介於多瑙河和波西米亞邊境之間的地區。該地居民皆以務農維生，他們世代近親通婚，左鄰右舍皆是親戚，以思想狹隘的名聲著稱。他們所聚居之處——多勒海姆、史通恩、菲特拉、司畢塔以及華特斯拉這些零星散布於荒蕪林區的小村落——同樣也頻繁出現於希特勒家的歷史中。

根據推測，希特勒（Hitler）——或者寫作希德勒（Hiedler）、喜特勒（Hüttler）——這個姓氏起源於捷克姓氏希德拉（Hidlar）或希德拉策克（Hidlarcek），最早於此地出現的紀錄可以追溯到西元一四三〇年代。[6]無論拼法如何，這個姓氏的原始含意爲「小農」、「住在茅屋的人」，即便經歷世世代代，這個姓氏的後人依舊與小農脫不了關係，不曾突破預定的社會框架。

一八三七年六月七日，未婚的瑪利亞．史克爾格魯伯（Maria Anna Schicklgruber）在農民約翰・徒門史拉格（Johann Trummelschlager）位於史通恩十三號的家中產下一子，以阿洛伊斯（Alois）之名於當天受洗。在多勒海姆鎮的出生紀錄冊上，阿洛伊斯的父親一欄是空白的，即使他母親在五年後嫁給失業的磨坊短期工人約南・吉奧・希德勒（Johann Georg Hiedler）也未曾修改。確切來說，瑪利亞可能是擔心自己無力扶養，在這一年將兒子送給了丈夫的兄弟——司畢塔的農民約翰・內波穆克・喜特勒（Johann Nepomuk Hüttler）。畢竟，她的丈夫延續了「住茅屋的人」的姓氏傳統，貧困到「最後連張床也不剩，只能睡在馬槽裡」。[7]

阿洛伊斯的父親人選除了磨坊工約南・吉奧・希德勒以及農民約翰・內波穆克・喜特勒，還有第三個可能：這個猜測比較大膽，不再限於希特勒這個姓氏，而是一位住在格拉茲，姓氏爲法蘭肯貝格（Frankenberger）的猶太人。瑪利亞・史克爾格魯伯可能是在他家幫傭時懷上了阿洛伊斯。

無論如何，漢斯・法蘭克（Hans Frank）——長期擔任希特勒的律師，後更任職波蘭總督——曾於紐倫堡大審中表示，希特勒在一九三〇年時曾收到他侄兒的一封信，這封信暗指了一些希特勒家族史的「確切情況」，有可能是想要敲詐。法蘭克之後受託暗中跟進，發現一些令他推測法蘭肯貝格爲希特勒祖父的線索。

雖然他沒有什麼理由在大審中謊稱希特勒具有猶太血統，但這個理論仍然缺乏可靠的證據，因而顯得極爲可疑——這份證詞在後來的研究中越來越站不住腳，幾乎禁不起學者們嚴肅探討。儘管如此，眞正重要的卻並非這個推測的眞實性，而是希特勒因爲法蘭克找到的線索而開始懷疑自己的出身。

一九四二年八月，祕密國家警察（譯註：納粹德國時期的祕密國家警察，因爲首字母縮寫爲

GESTAPO，也被譯作蓋世太保）在海因里希．希姆萊的命令下重新進行調查，卻沒有得到多少成果。因此，「法蘭肯貝格是希特勒的祖父」這個理論，和其他的猜測一樣缺乏可信度——就連出於某種複雜企圖，而被認定爲「非常有可能」的約翰．內波穆克．喜特勒也是如此。[8]無論是哪一種說法，最後都只能陷入一團黑暗的迷霧，沉進鄉下地方的貧困、沉鬱與昏昧之中；因此，希特勒並不清楚究竟誰才是自己的祖父。

瑪利亞．史克爾格魯伯於史通恩附近的克萊莫騰去世，死因爲「胸水引起的肺癆」。約翰．內波穆克與三位友人一同在她死後第二十九年，也是他兄弟死後的第十九年，拜訪了多勒海姆的贊宣恩（Zahnschirm）教士，申請將「養子」——當時四十歲的海關事務員阿洛伊斯．史克爾格魯伯——的身分確認爲婚生子。但他也表示，阿洛伊斯的父親並非自己，而是他已故的兄弟約南．吉奧，他的同伴也可以證明此事屬實。

事實上，這位教士也被他們說服——或者說被蒙騙——更改了舊戶籍冊上一八三七年六月七日的登記資料。他將「非婚生子」的註記改爲「婚生子」，於父親一欄填上他們所要求的名字，並且在頁緣處記下錯誤的資訊：「由以下證人作證，登記爲父親的吉奧．希特勒（Georg Hitler）乃瑪利亞．史克爾格魯伯所承認的阿洛伊斯之父，並申請登記於受洗名冊上。以下簽名者確認：+++約瑟夫．羅梅德（Josef Romeder），證人／+++約翰．布萊奈德（Johann Breiteneder），證人／+++安格柏．鮑柯（Engelbert Paukh）。」

三位證人因爲不會拼寫，只簽下了三個十字。這位教士代他們填寫名字，卻漏填了日期、自己的簽名，以及阿洛伊斯早已過世的雙親的簽名。儘管不合乎規定，這份申請卻依然有效，從一八七七年一月開始，阿洛伊斯．史克爾格魯伯改名爲阿洛伊斯．希特勒（Alois Hitler）。

這樁鄉野密謀無疑出自約翰・內波穆克・喜特勒之手。他將阿洛伊斯扶養長大，因此理所當然也以養子爲傲。這時的阿洛伊斯已婚，而且剛好再次升官，得到的成就比過去任何一個希德勒或喜特勒都要大；如此便不難理解，約翰・內波穆克爲何會希望養子繼承自己的姓氏。此外，阿洛伊斯自己可能也希望改姓，畢竟，他是這麼一個上進、盡責、有著大好工作的男人，自然也想有一個「堂堂正正」的姓氏來保障自己的金飯碗。

阿洛伊斯在十三歲時到維也納拜一位鞋匠爲師，在他手下做學徒，之後放棄手工業，轉而投身奧地利政府的財務機關。他擔任海關事務員升遷迅速，最後成了一名高等事務員——這是以他教育程度所能達到的最高職務等級。他喜歡在公衆場合以政府代表的身分現身，很重視別人稱呼他的頭銜是否正確，海關同事也以「嚴格、精確到一絲不苟」來形容他。曾有一位親戚爲了兒子的職業選擇去諮詢阿洛伊斯，他回答，財務機關的工作需要絕對服從與責任心，完全不是「過著酗酒、賭博、四處欠債之類不道德生活」的那些人所能做的工作。[9]

我們從阿洛伊斯的照片中——通常是爲了紀念升遷而拍攝——所看到的，都是一個魁梧的男人，帶著公務員的猜疑表情，顯現出他的嚴厲、幹練與市民階級的野心，他爲自己的身分洋洋自得，身上的制服鈕扣閃閃發亮。

然而，在這種嚴肅與可靠之下，卻掩蓋著他明顯不穩定的性情，這點從他經常做出衝動的決定就看得出來。一板一眼的海關工作顯然無法平息他的躁動，他不停地變換住所，在不到二十五年中搬了至少十一次家——當然有幾次是因爲公務。

此外，阿洛伊斯也結過三次婚。當第一任妻子仍在世時，他便盼著第二任能爲他生個孩子；到了第二任時，又盼望第三任爲他生孩子。第一任妻子安娜・格拉思（Anna Glassl）大他十四歲，而最後一任的克菈菈·波茲（Klara Pölzt）則小他二十三歲。克菈菈最初是他的女傭，她與其他希德勒或喜特勒一樣，都來自司畢塔。順道一提，克菈菈在阿洛伊斯改姓之後便成了他的外甥女——至少在法律上是如此——他們的婚姻也因此需要教會的許可。然而，他們兩人是否眞爲血親的問題，恐怕就像阿洛伊斯的親生父親之謎一樣，無人能夠解答。

克菈菈雖然低調細心地操持家務，也如丈夫所願地定期上教堂，在婚後卻一直沒有完全跳脫自己一開始進到這個家的角色——女傭及情婦。她在後來的許多年中依然無法將自己視爲海關事務員的夫人，繼續以「阿洛伊斯舅舅」[10]來稱呼自己的丈夫。我們在她的照片上所看到的，是一位樸素的鄉下少女的面孔，認眞、嫻靜、鬱鬱寡歡。

阿道夫·希特勒的誕生

一八八九年四月二十日，阿道夫·希特勒誕生於因河畔布勞瑙城郊二百一十九號，是這段婚姻的第四個孩子。他的三個兄姐分別於一八八五年、一八八六年以及一八八七年出生，卻都不幸夭折；而在他之後出生的兩個手足中，只有妹妹寶拉活了下來。除此之外，這個家庭還有他父親第二段婚姻的孩子，哥哥阿洛伊斯與姐姐安潔拉。

他出生的這個邊境小城對他的成長毫無意義，因爲阿洛伊斯隔年就被調職到下奧地利邦的格羅舍瑙。阿道夫三歲時，全家搬遷到帕薩，接著五歲時，父親又調任至林茨。根據他自己的說法，他七歲時在蘭巴赫鎭附近的那座古老著名的本篤會修道院中擔任輔祭與唱詩班的一員，於是有機會可以「時常陶醉於教堂盛事的莊嚴輝煌中」。[11]阿洛伊斯在一八九五年於此地購入一處近四公頃的房產，沒多久卻又售出。兩年後，他提早退休，在林茨城外的小鎭買了棟房子，開始自己的退休生活。儘管確實有著躁動的因子，但他身上更多的還是市民階級的穩健踏實。不過，在希特勒自己編造的故事中，卻出現惡劣的生活環境、貧困的家庭與逼仄的房屋，被上天選中的男孩最終用勝利意志戰勝了父親的暴虐。希特勒為了抹黑父親，還汙衊他時常酗酒，說自己必須在「極度丟臉的狀況下」，又咒罵又哀求地把他從「煙霧繚繞、臭烘烘的酒館」拖回家。希特勒很早就顯露出天才的鋒芒，他作為天生的領袖，不僅在村裡的草地廣場以及老舊的堡壘旁的騎馬打仗中戰無不勝，更向同齡玩伴展示自己精心設計的各種計畫——無論是騎士冒險活動，或是大膽的調查計畫。這種無害的兒童遊戲激發出他對行軍作戰的興趣，也預告了他的未來。此外，這位《我的奮鬥》的作者回顧過去，發現自己在「未滿十一歲時」已經完成「最重要的兩件事」，那就是成為民族主義者，並且「了解、領會歷史的意義」。[12]後來，他的父親意外身亡、家道中落、親愛的母親染病離世，以及他作為可憐的孤兒離開家鄉，都為他的童年畫下句點，導致他在十七歲時「已經不得不離開家鄉，自己養活自己」。事實上，阿道夫．希特勒曾經是個機靈、活潑又才華洋溢的學生，卻因為不耐煩重複性高的作業，從小耽誤了自己的聰明才智。他顯然好逸惡勞，個性又固執倔強，於是越來越任性，只專注於自己對美學的強烈渴望。他在曾經上過的幾所小學都拿到了好成績，證明他是個好學生，他在一八九九年的班級合照中，也故意以充滿優越感的姿態站在最高一排。

他的父母為了讓他有更好的發展，將他送進林茨的實科中學，沒想到他的成績卻從此一蹶不振。他被留級兩次，還有一次是在補考後才通過。他的成績單通常是四分，得到「偏科」的評語；只在操行、繪畫及體育三科拿過「令人滿意」或更好的成績，其他科目則幾乎從未超過「待加強」或「及格」。德語、數學及速記在一九〇五年九月的成績單上被評為「不及格」，而他「最喜歡的科目」——據其所言「在班上遙遙領先」[13]的地理和歷史，也只拿到四分而已。整體而言，他的表現很不理想，最後他離開了實科中學。

毫無疑問地，希特勒在學校的失敗可以歸咎於很多原因，其中之一便是他在新環境所受的屈辱。在萊翁丁那種鄉下地方，海關事務員兒子的身分無疑能令他在一干玩伴中作爲老大呼風喚雨，然而，他在林茨的同學們都是學者、富商或貴族的兒子，他成了一個外來的鄉巴佬，在學校格格不入、受人輕視。二十世紀初的林茨人口數已達到五萬，雖已具備象徵都市地位的劇院與路面電車等公共設施，但還是帶著一種沉悶無趣的鄉下氣息；不過，對於尚且稚嫩的希特勒而言，這裡顯然已經足夠令他意識到社會階級的差異了。

無論如何，希特勒在實科中學都「沒有朋友或夥伴」。他曾與五位同年齡的人，一起在又老又醜的塞奇菈夫人（Frau Sekira）家寄宿，即便在這段時間，他依舊拘謹、疏遠，與其他人保持距離。「我們五個寄宿生裡面，沒有任何一個人和他走得比較近，」他以前的室友回憶道，「我們幾個彼此說話時都不用敬稱，但他跟我們說話時都用敬稱，於是我們也以『您』稱呼他，從來不覺得有哪裡奇怪。」[14]值得注意的是，這是他第一次表現出這種家世良好的人身上會有的特徵，後來也顯然影響他的作風與舉止，令他無論是林茨的優雅少年，還是後來在維也納的無產階級，都保持這種階級意識以及堅持到底的意志。

希特勒後來將自己在實科中學的失敗，描述成一場他對父親的反抗。他表示，父親在公務員的職涯中一帆風順，最後安穩退休，於是強迫自己也選擇同樣的職業。他在許多年後仍可清楚地描述出，自己當年參觀林茨海關總局的情景：父親爲了激發兒子的興趣而帶他去，但兒子卻全然地「厭惡及憎恨」，只看到了一個「國家的鐵籠」，「裡面坐著一個個老先生，像一群猴子擠在

一起」。【15】

這場父子間的長期意見分歧，曾被他誇張地稱為「兩個意志堅定的人互不相讓地激烈搏鬥」；然而，我們後來發現，這很可能只是杜撰的。更可信的說法是，阿洛伊斯其實幾乎不曾憤怒地干涉他的職業選擇，希特勒的說詞只是為了替自己糟糕的課業表現開脫，塑造出他從小就具備鋼鐵意志的形象。

阿洛伊斯因為教育程度不高，無緣晉升高位，自然很希望看到兒子能成為高級官員，然而，這其實並非父子間產生衝突的原因。確切來說，希特勒描述的那種持續的緊繃氛圍，一方面是因為兩人個性不合，另一方面則是因為阿洛伊斯決定實現自己長久以來的夢想——順道一提，希特勒後來也有這種夢想——在一八九五年夏天，也就是他五十八歲這年，從工作壓力與責任解放，退休享受悠閒時光與自己的嗜好。對於希特勒而言，阿洛伊斯的退休意味著他的行動自由突然受限，在各方面都受管制，被要求展現出尊敬與紀律；父親曾經以他為傲，現在卻要求他百依百順——相較於在職業選擇上的意見分歧，這些顯然才是父子衝突的主因。

此外，阿洛伊斯在希特勒進入實科中學時便去世了，可能也還管不到這麼多。一九〇三年年初，他在萊翁丁的威辛格酒館正要喝第一口葡萄酒時倒下了，很快便在酒館的廂房中離世，甚至來不及等到醫生與神父趕來。林茨的自由派媒體《日報》為他寫了一篇較長的悼文，提到他的進步思想、熱情粗獷與勃發的公民精神，頌揚他為「詩歌之友」以及養蜂權威，也稱讚他的知足與勤儉持家。

在希特勒厭煩又任性地放棄學業之時，父親已於地下長眠超過兩年半了。此外，他所謂「被生病的母親逼著當公務員」這回事，也毫無疑問並不存在。克菈菈在兒子極力要求離開學校之時雖然也曾反對過，但很快就對他的自私自利與強詞奪理束手無策；在這麼多孩子夭折後，她對僅剩的兩個孩子的憂慮就變成軟弱與縱容，而希特勒也很快就學會如何善用這一點。學校在一九〇四年九月告知克菈菈，她的兒子只有轉校才能不被留級，於是她做出最後的嘗試，將他送去施泰爾的實科中學念書。然而，希特勒在那裡的表現依然不如人意，據他所言，第一張成績單差勁到令他在大醉一場後，拿來當廁所衛生紙使用——他因此還必須申請一份複本。到了一九〇五年秋天，他的成績依舊毫無起色，克菈菈終於讓步，允許他停止學業。她做出這個決定當然並非全然樂意，但也沒有證據證明，希特勒眞的如他在《我的奮鬥》中所描述，得了一場「幫上大忙的急病」；[16]更重要的應該是，她兒子又沒通過升級考試了。

藉由藝術掙脫限制

他後來還會時不時爲這場災難一般的勝利感到歡欣，權威的父親過世多年以後，希特勒用無數張不及格的成績單證明，阿洛伊斯希望他走上的那條公務員之路已經被永遠封死了。然而，他也帶著「深深的仇恨」離開學校，[17]成爲他一生中幾個最大的痛腳之一；儘管他一直試圖以藝術領域的才能安慰自己在學業上的差勁表現，卻還是永遠不能消解自己對失敗的怨憤。

希特勒在逃離教育機構之後，決定把自己的一生「完全獻給藝術」——他想成爲一名畫家。這個決定一方面是由於他具備素描才能，另一方面，這個鄉下公務員的兒子對自由自在、放蕩不羈的藝術家生活也有無數的美好幻想。他在很早開始就知道要替自己塑造奇特的形象，根據他母親的房客敘述，希特勒有時會在吃飯時突然開始作畫，著魔一般地在紙上畫下建築物、拱廊或柱子的草圖。

當然，這也是出於合理的需求。藉由藝術，他得以掙脫狹隘的市民社會對自己的壓力與限制，來到一片理想的領域；唯有狂躁而貪婪地沉溺於繪畫練習、音樂與幻想，激發出熱情的光芒，他才能忘卻、拋棄其他的一切。他拒絕從事任何實際的工作，他輕蔑地說，那些都只是「換取麵包的職業」。[18]

顯而易見，他也希望藉由藝術提高自己的社會價值。從他在成長過程中的一切喜好與決定，我們都可以看出他想超越其他人，對於「高人一等」有強烈需求，而他對於藝術的奇異熱情也是出於同樣的原因。因爲他認爲，藝術是「上流社會」的特權。

希特勒的母親在阿洛伊斯死後賣掉了萊翁丁的房子，舉家搬進林茨的一間公寓。多虧了他的鉅額退休金，十六歲的希特勒不需要急著規劃未來，可以整天無所事事，以及將自己裝扮成閒適的特權人士——這對他很重要。他每天在大道上閒晃，定期造訪「地區劇場」，加入博物館協會，也成爲推廣教育協會書庫的會員。據他所言，因爲對性的興趣覺醒，他走進了蠟像館的成人區，他在同一時期也於城裡的一間小戲院看了人生第一部電影。[19]根據我們得到的資料，希特勒當時瘦高、蒼白、羞怯，打扮一直十分講究，出門時大多都帶著一支有精緻象牙底飾的黑色散步手杖，看起來就像個大學生。

阿洛伊斯因上進心而成功，然而，在希特勒的眼中，父親的成就不值得一提——這是兒子在回憶這位「老先生」的一生時的評語，並表明自己的目標遠高於此。希特勒在自己建造的夢想國度中，培養出對天才的期望與自信心。他從第一次失敗後就躲進這個幻想世界，在這裡，在父親和老師面前無能的自己不會再受到傷害；在這裡，他孤獨地慶祝自己擊敗滿是敵人的世界；在這裡，他開始詛咒那些惡毒之人下地獄。所有認識他的人在事後回想時，都會想起他嚴肅、封閉、

「被嚇到」似的樣子。

希特勒沒有工作，卻有很多事要忙，因爲他保證要「澈底」而且「各方各面地」改變這個世界。[20]他生澀地規劃林茨市的城市重建計畫，爲此忙碌到大半夜，也爲戲劇院、豪華別墅、博物館以及橫跨多瑙河的橋梁畫了設計圖——在三十五年後，這些他在青少年時期擬定的計畫，也眞的被他洋洋得意地實現了。

他不斷尋求新的刺激、新的目標與新的可做之事，但在任何需要按部就班完成的事上都一塌糊塗。他的母親曾在他的強烈要求下買了一架鋼琴給他，但他只上了四個月的課就厭倦，最後放棄學鋼琴。他青年時期唯一交到的朋友奧古斯特．庫別茲克（August Kubizek）是林茨一位室內裝潢師的兒子，兩人都一樣醉心於音樂。在這位朋友生日時，希特勒從幻想世界的財產中挑了一棟義大利文藝復興風格的房子送給他。對此，庫別茲克表示：「到底是已經完成的事，還是仍在計畫中的事，他講起來都是一樣的。」[21]

希特勒會在買下彩券後幻想好一段時間，在他的幻想中，他將住在一棟豪華住宅的二樓（林茨烏爾法的教堂小巷二號），可以環顧多瑙河的另一岸。他在開獎前幾週認眞挑選室內布置、檢查家具與織品、自己設計裝飾花樣，向朋友闡述一位熱愛藝術的單身貴族的生活計畫。他表示，會有一位「年長、頭髮有些灰白，但非常高貴講究的女士」打理他的起居，而且，他也已經能看見，她是如何在「閃著華麗光輝的階梯上」接待來自「經過篩選的高格調交友圈」的客人們。他一心相信這個幻想即將成眞，開獎之後，他因爲夢碎而陷入狂怒，不僅咒罵自己的不走運，更咒罵人類的輕信、國家彩券體系以及這個陰險狡詐的國家。

希特勒稱自己當時是個「怪胎」，[22]與其他人的評價正相符。他的確專注而乖僻地活在自己的世界，只有母親與他的第一個聽眾——天眞崇拜他的「古特（奧古斯特．庫別茲克的暱稱）」，陪伴他度過最重要的少年時期，除此之外，鮮有其他人進駐他的生活，他在離開實科中學的同時，也與整個社會隔絕。

逃避現實的個性

他每天在市中心閒逛，發現如果在某個固定時間走過施密托雷克，自己就會遇上一位年輕姑娘和她的母親。根據庫別茲克所言，他的朋友受到這位姑娘吸引，而且這份好感很快就化爲濃烈的愛慕之情，持續多年。儘管如此，他仍然一直拒絕向她搭話、介紹自己——不僅是因爲他生性害羞，也是因爲他希望保護自己的幻想不受眞實世界傷害，不讓乏味的現實侵擾他的夢幻國度。若庫別茲克所言爲眞，希特勒曾爲她寫過「無數封情詩」，其中一首形容她：「就像一位高貴的小姐，穿著飄逸的深藍色絲絨連身裙，騎著白馬越過花朵盛開的原野。她披散的長髮是從肩頭傾瀉而下的金色流水。在她頭上的是春天晴朗的天空。一切都純粹、光輝、幸福洋溢。」[23]

此外，他也爲華格納的音樂心醉神迷。它那激昂的情感與淒切的旋律撼動人心，令希特勒夜復一夜地去聽歌劇，除了被他當作自我催眠的工具，也是因爲華格納的音樂最符合他逃避現實的個性，讓他得以脫離現實。値得注意的是，他當時喜愛的繪畫也屬於同樣的風格，例如畫風華美的魯本斯（Peter Paul Rubens），以及承襲其頹廢風格的漢斯．馬卡特（Hans Makart）。

根據庫別茲克的描述，在兩人看完華格納歌劇《最後的護民官：黎恩濟》的演出後，希特勒的反應很狂熱；他受華麗而富戲劇張力的音樂所征服，也感慨中世紀晚期的抗議群衆與主角的命運——因爲身邊人的疏離與諒解，護民官黎恩濟悲哀心碎。散場後，希特勒帶他走上弗賴山，晚上黑漆漆的林茨就在他們的腳下。根據庫茲別克的回憶，他朋友開口說話時，「就像是蓄勢已久的水流從破裂的堤防衝出，激昂地向我闡述他與他的子民的未來，那是一片偉大而動人的圖景。」三十年後，這對少年時期的好友於拜律特重逢，回想起這個時候，希特勒表示：「一切起於當時！」【24】

希特勒於一九〇六年五月第一次前往維也納，在那裡待了十四天。首都的輝煌燦爛令他目眩神迷，對他而言，宏偉的環形大道像是「一千零一夜裡的魔法」，更不用說博物館以及他於明信片中提到的「莊嚴崇高」的歌劇院。他造訪城堡劇場，觀賞了《崔斯坦》及《漂泊的荷蘭人》。他在給庫別茲克的明信片中寫道：「當洶湧的音浪淹沒了整個廳，當沙沙的風聲平息這陣怒浪，我們就感受到什麼是崇高莊嚴。」【25】

希特勒在返回林茨後，隔了一年半才又回到維也納報考美術學院。我們尚未找出他拖延這麼久才出發的確切原因，或許是因爲克菈菈對此的擔憂與反對，也或許是她爲此在一九〇七年一月病倒了，但眞正決定性的因素，應該還是希特勒自己害怕邁出這一步。

他不想結束自己無所事事的理想主義生活，再次回到學校的管轄下。他回到林茨後依然每天做夢、畫畫、四處閒逛或者看書直到深夜，就我們所知，他還會在房間裡走來走去直到很晚。希特勒一再將這段林茨歲月稱作「人生最幸福的時光」，同時也是一個「美夢」——只有在他想到自己在學校的失敗時，這個美夢才會被破壞。他於《我的奮鬥》中寫到，父親在搬進這個城市時曾發誓，在他獲得足夠成就之前，他都不會回到自己出生的親愛村莊。【26】帶著同樣的決心，希特勒在一九〇七年九月踏上前往維也納的路。儘管在接下來的幾年時間偏離了一開始的計畫及期望，他的核心渴望卻一直很清晰：有一天，他要衣錦還鄉，讓整個林茨都在他腳下慚愧、敬畏且佩服，他要將自己過去的「美夢」化爲現實。他曾多次於戰爭期間疲憊煩躁地說起自己的退休計畫：他以後想在林茨退休，蓋一棟博物館，每天聽聽音樂、讀讀書、寫點東西、好好沉思一番。

這與他曾經夢想過的沒有什麼不同——豪宅、講究的管家女士以及高格調的交友圈。就是這幅圖景，令他一路奮勇前行。據說，當蘇聯紅軍於一九四五年三月攻到柏林布蘭登堡門外時，他躲在帝國總理府的地下掩體，對著林茨的都市更新計畫的那些圖紙久久出神。[27]

注釋

【1】參照 Otto Dietrich, »Zwölf Jahre mit Hitler«, S. 149；以及 Konrad Heiden, »Geschichte des Nationalsozialismus«, S.75。

【2】Joachim v. Ribbentrop, »Zwischen London und Moskau«, S. 45.

【3】W. Mayer 在 »Der Spiegel« 1967/31, S. 46 上所述；有關希特勒對紀念碑的怒火，參照 Albert Speer, »Erinnerungen«, S. 111 f.。

【4】參照 Albert Zoller, »Hitler privat«, S. 196。

【5】參照 »Der Spiegel«, aaO., S. 40。

【6】Franz Jetzinger, »Hitlers Jugend«, S. 11.

【7】同上，S. 19 f.。

【8】Werner Maser, »Adolf Hitler: Legende, Mythos, Wirklichkeit«, S. 34 以及刊載其作者研究成果的 »Der Spiegel«, aaO, S. 40 ff。有關漢斯．法蘭克所言的上下文，參照 »Im Angesichts des Galgens«, S. 320

f，以及 W. Maser, »Hitler«, S. 26 f.。維納・馬瑟（Werner Maser）自然無法證明自己的理論，然而，他仍然以論證的口吻闡述自己的論點。就連喜特勒一直等到妻子於一八七三年去世，才將阿洛伊斯的身分合法化的這個事實，也被馬瑟當作證實自己理論的有力證據；然而，我們從這一點就能推論出，事實與其認定的並不相同，因爲只有當喜特勒承認自己是阿洛伊斯的父親，並將後者登記爲自己的兒子，才會符合馬瑟的設想，不僅如此，他的所有論據也都站不住腳。整體而言，馬瑟無法替喜特勒的行爲找出任何能支持自己觀點的動機，令他的論點都很沒有說服力。不過，從此之後，人們就經常推測，喜特勒將改名當作阿洛伊斯・史克爾格魯伯成爲他繼承人的條件，參照 August Kubizek, »Adolf Hitler, mein Jugendfreund«, S. 59。順道一提，在這種情況下，我們不應該忘記，希特勒的祖父問題事實上並不重要；除非漢斯・法蘭克的版本屬實，才有可能在心理層面上賦予其新的意義，否則，此事其實無關緊要。

【9】阿洛伊斯・希特勒於一八七六年十月九日寫給阿洛伊斯・費特（Alois Veit）的信，HA, File 17 A, R 1；出處同上，海關高級祕書赫本施泰特（Hebenstreit）於一九四〇年六月二十一日的聲明。

【10】荷莎莉亞・霍爾（Rosalia Hoerl）女士的聲明，HA aaO.。

【11】Adolf Hitler, »Mein Kampf«, S. 4.

【12】同上，S. 6 和 S. 8；有關所謂與酗酒成性的父親所發生的事件，參照 H. Frank, aaO, S. 331。

【13】»Mein Kampf«, S. 8；成績單的內容主要來自 F. Jetzinger, aaO., S. 100 ff.。

【14】參照 Walter Görlitz/Herbert A. Quint, »Adolf Hitler. Eine Biographie«, S. 34 f，以及 A. Kubizek, aaO., S. 68。

【15】Henry Picker, »Hitlers Tischgespräche«, S. 324.

【16】»Mein Kampf«, S. 16。希特勒提到「一場嚴重的肺病」，然而，至少到目前爲止，這個說法都明顯站不住腳。有關此，參照 F. Jetzinger, aaO, S. 148，以及 K. Heiden, »Hitler« I S. 28.。此事在 A. Zoller, aaO., S. 49 也出現過，被希特勒當作自己對酒精反感的原因。

【17】A. Kubizek, aaO., S. 72 及同上 S. 55 都提到，儘管早已去世，父親仍然是希特勒想要反抗的對象。

【18】同上 S. 25 以及威海姆・哈格慕勒（Wilhelm Hagmüller）在一九四二年對上多瑙河大區長官的報告，原文引用自 W. Görlitz/HA Quint, aaO., S. 38。

【19】»Hitler's Table Talk«, S. 191 及 S. 195。

【20】A. Kubizek, aaO., S. 110：希特勒的熟識者、教父與老師對少年希特勒的評價出自 Ernst Deuerlein, »Der Aufstieg der NSDAP 1919-1933«, S. 67，以及 J. Jetzinger, aaO., S. 105 f. 和 S.115 f.。

【21】庫別茲克一再強調，希特勒顯然有混淆幻想和現實的傾向，參照其著作 S. 100 f.。後續有關彩券的情節，參照同上的 S. 127 ff.。

【22】»Tischgespräche«, S. 194，以及 »Mein Kampf«, S. 35。

【23】A. Kubizek, aaO., S. 79.

【24】同上，S. 140 ff.。無論如何，這一幕似乎都被戲劇化了，除了庫別茲克的可信度令人強烈懷疑，我們也必須考慮到，他是以藝術加工的形式寫作自己的回憶錄。因此，這本書的價值經常不在於提供事實證據，而是在於與作者意圖相左的，對於希特勒此人的描寫和性格評斷上。

【25】原文引用自 A. Kubizek, aaO., S. 147。希特勒的德文拼寫在此處有誤，此外，他的拼寫及句法在此後的很長一段時間都一直有很大的進步空間，也參照 »Mein Kampf«, S. 18。

【26】»Mein Kampf«, S. 3 及 S. 17。希特勒於同上的 S. 16 提到「美麗的夢」。有關此，參照希特勒

於一九三三年八月四日寫給庫別茲克的信件，寫到「我人生中最美好的一段歲月」，收錄於 A. Kubizek, aaO., S. 32。另外也參照 »A. Hitler in Urfahr«, HA, File 17, Reel 1。

【27】亞伯特．史佩爾自己的說法；以及 A. Zoller, aaO., S. 57。有關希特勒退出政壇的夢想，參照 »Tischgespräche«, S. 167 f.，以及 A. Zoller, aaO., S. 57。

第二章　夢碎

「愚蠢！我若是從不曾幻想，您現在會在哪裡？今天我們所有人又會在哪裡？」

阿道夫・希特勒

十九世紀末、二十世紀初時，維也納作爲歐洲幾個大都會之一，坐擁榮耀與數百年間積累的財富，受輝煌顯赫的奧匈帝國所統治。當時的奧匈帝國版圖遼闊，從巴爾幹半島一直延伸至今天的俄羅斯；超過十個種族、共約五千萬的人口，都統一受其管轄：德意志人、馬札爾人、波蘭人、猶太人、斯洛維尼亞人、克羅埃西亞人、塞爾維亞人、義大利人、捷克人、斯洛伐克人、羅馬尼亞人以及盧森尼亞人。而維也納的「這座城市的天才之處」，便是懂得減緩對立關係，善用不同民族間的緊張局面來創造成效。

奧匈帝國的風光與哀愁

當時的一切都看似會長久存在。奧匈帝國皇帝法蘭茲・約瑟夫一世（Franz Joseph I）於一九〇八年慶祝登基六十週年，他與這個帝國都象徵著體面和長久延續，但也同樣與時代脫節。高等貴族在政治及社會上凌駕全國，其地位難以撼動；市民階級雖然財力雄厚，卻沒有値得一提的政治影響力；小市民階級與工人階級雖然還沒有普遍、平等的選舉權，但他們身爲急遽成長的工商業的中流砥柱，卻越來越受政黨與煽動者的追捧。

看似昌盛繁榮的維也納，實際已是明日黃花，充斥著顧慮、喪氣及對自身的深切懷疑。這座城市曾於世紀之交時再次綻放的風華，受這股頹靡氛圍的影響，失去了顏色；無論是現實生活或文學作品中的一切鋪張奢華的慶典，都顯示出這個時代已經失去活力，徒留一個華美的外殼。疲憊、失敗、恐懼、各民族之間越演越烈的衝突，以及統治階層的短視近利，都慢慢侵蝕著奧匈帝國這座滿是回憶的城堡，雖仍雄偉聳立，卻散發出比任何地方都強烈的疲憊與終結的氛圍。市民階級時代在維也納的落幕，比任何一個地方更風光、哀傷。

奧匈帝國各民族間的衝突早在十九世紀末時便日益尖銳，一八六七年以後更是越演越烈——匈牙利在這一年因爲著名的「折衷法案」被納入帝國。這個二元君主國就如同一口裂了很多縫的鍋子，只用舊鐵絲湊合地固定住，就繼續放在爐上加熱。捷克人要求捷克語應與德語有同等地位，克羅埃西亞及斯洛維尼亞雙雙爆發衝突；皇太子魯道夫於希特勒出生同年，爲逃避政事及私事的糾葛而於梅耶林自盡；二十世紀初，加利西亞總督於大街上遇刺身亡，逃兵人數年年攀升；維也納大學爆發少數民族學生的抗爭活動，工人們則集結成隊，在環形大道上舉著紅旗，展開激烈的示威遊行——全國各處的動盪與疲弱，在在昭示著奧地利即將分崩離析。

一九〇五年，德語及俄語媒體頻頻造謠，假稱柏林政府與聖彼得堡政府之間已有接觸，針對「在帝國覆滅前與周邊國家及利益關係者事先達成領土擴張協議」討論是否爲合適之舉。一時間，傳言甚囂塵上，德國外交部被逼得不得不在十一月二十九日的特別會談上安撫奧地利大使。[1]

在這個岌岌可危的帝國中，不同的時代願景——民族主義與種族意識、社會主義與議會制度——自然也特別發揮了爆炸性的作用。只要政府不對個別團體傾斜、實際滿足其利益，議會就會長時間無法通過任何一條法律。德意志人占奧匈帝國總人口的四分之一，在教育程度、經濟能力及文明水準上超過帝國內的其他民族，他們所擁有的影響力固然強大，卻未及自己所期望的程度。正由於德意志人如人們所期待地忠於帝國，一視同仁的援助政策才會對他們不利，因爲他們也渴望想強化自己的民族。

激進的單一民族國家主義曾經被自信滿滿的德意志領導階層冷待，現在卻不再如此。一八六六年普奧戰爭後，奧地利退出德意志邦聯，他們轉而格外注意這種廣泛流行的民族主義。薩多瓦戰役的挫敗，逼使奧地利的目光由德國轉向巴爾幹半島。德意志人在「自己的國家」被迫扮演少數族群的角色，於是民族自決意志隨之高漲。他們一方面責難帝國推行斯拉夫親善政策，忽視國內民族過度外國化的風險；另一方面，他們越來越過度吹捧自己的種族，「德意志」成爲一個描述他們與生俱來的品德的用詞，專橫而傲慢地與其他所有民族對立。

經濟動盪產生的危機

唯有對照當時普遍的適應危機，我們才能眞正領會這種反應所顯示出的恐懼。帝國領土內所殘存的、特別與時代脫節的古老歐洲，它的世界主義、封建與田園風情，都在這場無聲的革命中全數崩塌，掀起的震盪與衝突無人得以倖免，其中以資產階級與小資產階級在各方面特別感到深受威脅——無論是急速成長的都市、新科技、大規模生產，或者經濟的集中都是原因。長期以來，「未來」都被信心滿滿的個人或社會視作烏托邦，當時卻引發越來越多人一連串的焦慮。行業協會法在一八五九年被廢除，此後的三十年間，單單在維也納就有近四萬間手工業商號倒閉。

這種不安自然引起諸多反對運動，也映射出大衆越來越渴望逃避現實。其中，民族與種族主義的抵抗意識，更是將自己僞裝爲救贖受危難威脅的世界的教義，以每個人都熟悉的畫面，具象化他們心中難以言喻的恐懼感。

從泛德意志的格奧．迅納爾（Georg Ritter von Schönerer）到基督教社會黨的卡爾．呂格（Karl Lueger），這種牴觸心理以尖銳的形式出現在反猶太主義中，將互相競爭的黨派與聯盟都團結爲一。

早在一八七〇年代初期的經濟危機就爆發過反猶太的情緒，後來隨著加利西亞、匈牙利、布科維納的移民越來越多而再次出現。在維也納的民族協調、緩和策略的影響下，猶太解放運動得到長足進步，卻也因爲如此，有越來越多猶太人從東方移入這個更爲自由開放的地方。一八五七年至一九一〇年這五十年間，維也納的猶太人口翻了四倍以上，所占人口比例由百分之二上升至百分之八點五，超過所有的中歐城市。在維也納某些區域，例如利奧波德城，猶太人便占了四分之一人口。這些人維持傳統的服飾打扮，就像生活習慣一般。漆黑的卡夫坦長袍、頭上高高的帽子，他們陌生而奇特，像是來自一個恐怖而神祕的世界，成爲大街上引人注目的光景。

出於歷史背景，猶太人特別注重特定的社會角色與經濟活動，造就出他們的中立性與流動性。令大衆興起危機感與弱勢感的，除了他們從事學術工作的人數多得不成比例，對媒體有極大影響力，掌控維也納幾乎全數的大型銀行與當地工業相當可觀的一部分，[2]更是因爲他們這種類型更符合這個時代的大都市理性主義風格；與之相對，古老歐洲的市民階級仍死守著傳統，懷抱著絕望與感傷，對未來抗拒得多。

這種受威脅感日益嚴重，他們指責猶太人漂泊不定、搞破壞、愛革命、不覺得任何事物神聖，這種「冷冰冰」的聰明才智與德意志精神及性格互相敵對。猶太人作爲幾世紀以來不受法律保護的社會少數，他們有衆多知識分子帶著反叛精神與烏托邦嚮往，成爲工人運動中的著名領袖，德意志人因此更覺得自己的想法受到證實，立即在一幅不幸的大謀反圖景中給猶太人安插角色。無論是資本主義還是革命，都令已經被嚇壞了的小手工業者興起憂慮，擔心猶太人會讓自己在生意及市民地位兩方面——甚至在種族特性上——都受到威脅。

赫爾曼．艾爾沃特（Hermann Ahlwardt）的著作相當具有代表性，書名爲《雅利安人與猶太人的絕望鬥爭》，書中內容皆取材自德國的事件與情況；雖然一八九〇年代的柏林無視於各種反猶太的潮流，興起一股外來者奇想的熱潮，但這種種族主義的幻想在維也納還是比較受歡迎的。

喜愛自由的藝術性格

就在這樣的背景下，希特勒在這座城市度過了接下來的幾年時間。他帶著極高的期待而來，希望自己能一鳴驚人，同時也打算借助母親的經濟支持，在更輝煌的城市光景中延續自己過去幾年養尊處優的生活形態。

他毫不懷疑藝術就是自己的天職，更確切地說，據他本人所言，他當時對自己深深地「自信自豪」。[3]一九〇七年十月，希特勒報名位於席勒廣場的維也納美術學院的入學考試，顯然對於該校惡名昭彰的高標準缺乏明確的概念。在第一天的筆試中，一百一十二名報考者中就有三十三名被淘汰，希特勒則平安度過首日；儘管如此，第二天公布的成績總表上卻寫著：「術科考試不及格或不允許參加術科考試……阿道夫．希特勒，一八八九年四月二十日出生於因河畔布勞瑙，德意志人，天主教，父親爲高級事務員，實科高中四年級，缺乏才能，術科考試不及格。」

這是一記突如其來的重擊。在深深的失望下，希特勒找上了美術學院的院長。對方建議他轉修建築，並坦承，他的繪畫「正確無誤……但不適合做畫家。」他後來以「突然的打擊」、「刺眼的閃電」[4]來敘述這段經歷——事實上，後來在他的一生中，夢想與現實再也沒有如此激烈地互相碰撞了。由於修習建築學的先決條件就是通過高等中學畢業考試，他現在也嘗到自己過早放棄實科中學的苦果。即便如此，由於對學校與常規教育深惡痛絕，他從未想過回校念書；作爲成年男人，他甚至還將這個條件稱爲「極度困難」，也將高等中學畢業考試形容爲無法跨越的障礙：「經過我的合理判斷，想實現我的藝術家夢想是再也不可能了。」[5]

然而，更有可能的是，在他淒慘地名落孫山後，林茨的歸家路成爲一種羞辱，此外，他也害怕回到母校，面對自己人生的首次慘敗。希特勒留在維也納，不知如何是好，顯然一個字也不曾提過這場沒通過的入學考試。不過，他仍然絲毫不打算放棄這種年紀輕輕就可以領退休金的生活——散散步、聽聽歌劇，以及他爲了逃避正事，冠冕堂皇稱爲「研究」的千百個業餘愛好計畫。

就連母親的病情急速惡化，眼看著即將離開人世，他還是不敢回家。他的母親在去世前幾週悲傷地發現，她的兒子會爲了達到自己目的而不考慮其他人：「就好像只有他一個人在這個世界上一樣。」希特勒一直到母親離世，才在一九〇七年十二月二十一日回到林茨。他母親生前的家庭醫生描述，自己先前「從未看過如此悲痛憂傷的小伙子」。根據希特勒的說法，他當時哭了。[6]

事實上，在他看來，自己不僅遭受突如其來的挫敗，今後更是再也不能躲在母親的保護傘下安逸度日，令他的極端自憐與孤僻的傾向越發嚴重。隨著母親離世一同逝去的情感，除了是他對這個家庭成員的親情，也是他曾經對人類的喜愛。

或許正是這樣的雙重打擊，堅定了他回維也納的意向，也或許是林茨親戚們質疑的眼神與催促，讓他想逃回無人認識的大城市；此外，他必須表現出正在上學的樣子，才能領取頒發給孤兒的獎助金。因此，他自從完成遺產繼承手續，就很少出現在市長麥賀斐——也就是他的監護人——的面前。他後來解釋，這是因爲市長「可說是固執」，而且不准許談話時間過長。他對市長說：「監護人先生，我要去維也納了！」幾天後，他終於在一九〇八年二月中旬離開林茨。

他的新希望來自一封推薦信。他母親生前的房東瑪丹蕾娜．哈尼希（Magdalena Hanisch），認識當時非常著名的舞臺設計師阿爾弗雷德．侯勒（Alfred Roller），這位先生不僅是宮廷歌劇藝術總監，還任教於維也納美術學院。

一九〇八年二月四日，哈尼希給自己住在維也納的母親寫信，請求她爲小希特勒向侯勒先生牽線。她寫道：「他是個認眞上進的小伙子。今年十九歲，成熟，表現得比他的同齡人士穩重，友善可靠，出身良好……他眞的想要好好學些東西！根據我目前的認識，他不是會『打混摸魚』的人，因爲他有一個要認眞達成的目標。我也不希望你爲不值得的人說話，你就行行好吧！」

短短幾天後就得到回音，侯勒先生已經準備收下希特勒。這位林茨女房東在第二封信中感謝她母親：「要是妳能看到，這個小伙子被我叫過來時有多麼開心，就會覺得自己的努力值得了……我把妳的名片給他，讓他自己讀侯勒總監的信。慢慢地、一個字一個字地，他就像是想把信背起來一樣，一臉虔誠，還帶著幸福的笑容，安安靜靜地讀信。之後，他誠懇地道謝，把信放回我面前，問說他能不能寫信感謝妳。」

希特勒在兩天後模仿皇家書記員的裝飾文體寫的回信，也留存了下來：「最尊敬、仁慈的女士，在此獻上最誠摯的謝意，因為您，我才得以接觸舞臺裝飾大師侯勒教授。最善良的女士，我作為與您毫無關係的陌生人，斗膽奢求您的善心相助，真是不知羞恥。然而，您給我的這些幫助，以及您好心讓我收下、使用的名片，都令我深深感激，我會馬上善用這個幸運的機會。再次致以我最真摯的感恩與恭敬的吻手禮。阿道夫·希特勒敬上。」[7]

這封推薦信似乎真的打開了他夢想世界的道路——作個自由自在的藝術家，悠遊於音樂、繪畫及歌劇的壯麗幻想世界中。希特勒從未提起他與侯勒的會面，我們對當時的狀況也不得而知，不過，這位受人尊敬的先生顯然建議他，去工作、學習，並且於秋季再次報考美術學院。

之後的五年被希特勒稱為他人生中「最悲慘的歲月」，[8]在某些方面也是他最重要的一段時間。這段時間的危機造就出他的性格，令他摸索出一套他後來一直沿用的，鋼鐵一般堅定的應對方式，這也是他明明一生渴求群眾運動的激情，卻又同時給人僵硬印象的原因。

據他所言，「貧困與艱難的現實」是他在這段時間的難忘經歷。他以此作為素材編造自己的傳說，替代被謹慎抹除的真實生活經歷：「對我而言，維也納這個名字的意義包含著我五年的貧困與悲慘。在這五年，我一開始是助手，後來是小畫匠，自己賺錢養活自己。我賺來的麵包真的很少，甚至沒辦法讓自己不挨餓。當時，飢餓是我忠心耿耿的護衛，只有它幾乎從不離開我。」[9]

然而，我們經過謹慎的估算，得出相反的結果：不把後來母親的遺產、孤兒獎助金以及他自己所有的收入算在內，光是希特勒第一次到維也納時所能支配的父親遺產，每個月就有八十到一百克朗之多，[10]等同於、或者比當時一位審查員的月薪更多。

二月中下旬時，奧古斯特·庫別茲克也在希特勒的遊說之下到維也納念音樂學院。兩個人一起住在施圖普巷二十九號後屋的一個「空蕩可憐」的房間，房東是一位名叫瑪利亞·贊海（Maria

Zakrey）的波蘭老婦人。在庫別茲克忙於課業之時，希特勒卻依舊過著一貫漫無目標、無所事事的生活，正如他傲慢地說過的話：他是自己時間的主宰。

希特勒通常睡到接近中午才起床，到大街上或美泉宮旁的公園閒晃、逛逛博物館，晚上則前往歌劇院——他後來也證實，在那些年間，光是《崔斯坦與伊索德》一齣歌劇，他就愉快地觀賞過三十到四十次。接下來，他又開始埋首於公立圖書室，隨著自己的靈感與心情，想學什麼就自己學什麼；或者也會站在環形大道上的華美建築前出神，幻想自己有一天會建造出更雄偉的建築。

他以近乎狂熱的興致，沉浸在自己的幻想中，經常爲一些計畫忙到三更半夜，然而，這些計畫不是毫無實際用處，就是偏執狹隘或自作聰明。他想到什麼就做什麼，一點都靜不下來。

他認爲磚塊這種建材「對紀念性建築而言不夠結實」，於是替霍夫堡宮殿擬定了新的建築計畫，還設計出劇院、城堡及展覽廳；他提出一種無酒精的國民飲料的想法，爲癮君子尋找菸草的替代品；除了提出教育改革計畫，抨擊官員與房東，他還草擬出一個寄託自己憂慮、怨憤與迂腐願景的「德意志理想國」。

希特勒不學無術、一事無成，卻又不聽勸告，痛恨受任何人指導。他對作曲知識一無所知，就想要續寫華格納未完成的遺作——充斥血腥亂倫情節的《鐵匠維蘭德》；他試著成爲日耳曼傳奇劇的劇作家，寫下了「話劇」或「法想」（而非「想法」）；偶爾也會畫幾幅畫，但從他那些小巧、線條細膩的水彩作品中，看不出他當時顯然正承受的壓力。

他一個勁地高談闊論、做各種規劃、東遊西蕩，迫切地渴望替自己辯白、證明自己的傑出。但是，希特勒卻對室友隱瞞自己沒通過入學測驗的實情。有時被問起，他到底成天在忙些什麼，他就會回答：「我在努力解決維也納的住房問題，所以正在爲此進行研究。」[11]毫無疑問地，這種行爲模式不論多麼古怪誇張、帶著純粹的幻想主義，都顯露出後來希特勒的影子，我們從他的言論也能看出，他想要改革世界的想法與日後崛起的關聯性。然而，這也同樣預告著一種特有的連結，存在於他的昏沉麻木與緊張興奮之間，也存在於冷漠無情與將來的襲擊行動之間。

庫別茲克注意到小希特勒突如其來的憤怒與絕望、各種不同方面的高度攻擊性，以及明顯無止盡的仇恨，他對此憂心不已。他難過地發現，自己的朋友在維也納「完全失去了平衡」。

希特勒的情緒經常在興奮激動與極度沮喪之間擺盪，當他沮喪時，他看到的只有「不公不正、仇恨與敵意」；「他孑然無依，獨自對抗不理解、不接納他的全人類，受他們折磨、欺騙」；所有在他面前的「陷阱」，「都只是爲了阻礙他出人頭地」。[12]

一九〇八年九月，他再度報考美術學院的繪畫組。然而他作爲第二十四號考生，在名單上顯示爲「不得參與術科考試」，因爲他事先提交的作品不符合考試要求。[13]

美術學院對他再次、而且更明確的拒絕，更加深了他去年所受到的委屈。他一生痛恨學校與學術機構，從未減弱半分。據他所言，只有「凡夫俗子」會去上學，而學校也以這些人爲目標對象；「就連俾斯麥及華格納」這種偉人，也被學校給予錯誤的評價，安塞爾姆·費爾巴哈更是被退學，因爲學校就是以「扼殺所有的天才」爲目標——這是他於三十五年後，在總司令部所說的話。他作爲一個國家的領導人與軍隊統帥，憤怒而滔滔不絕地攻擊曾教過自己的老師，抓著那些可憐的鄉下教師的「骯髒外貌」、「邋遢衣領」、「沒修剪的鬍鬚」[14]等等諸如此類的小地方不放，試圖維持自己不受過去傷害——然而，這正說明了他過去遭受多大的創傷。

出於替自己辯護的需要，他一再尋找能撫慰自己這個「永不痊癒的心靈創傷」的理由。

例如，一九三〇年代初的黨內危機時，他寫了一封公開信，信上寫著：「我不是有錢人家的孩子，」好似他因此完全有理由埋怨自己的宿命，「栽培教育我的不是大學課程，而是『人生』這所最艱難的學校，是我生活中的苦難與困頓。世人膚淺，他們從來不問一個人學到了什麼，很遺憾，他們通常會問的是，這個人能用文憑得到什麼；他們從來不曾注意，我比成千上萬的知識分子懂得更多，他們只看得到，我沒有學校文憑。」[15]

在二度失敗的屈辱與極度難堪下，希特勒幾乎不再與任何人聯絡。嫁到維也納的異母姐姐安潔拉從此再也沒聽過他的消息，監護人也只收過一張僅有寥寥數語的明信片，與庫別茲克更是不再交好——他趁著好友不在維也納，果斷地搬離兩人一起住的地方，隱沒於維也納的街友收容所與男子宿舍的暗影中，未曾留下隻字片語。一直到三十年後，庫別茲克才再次見到他。

開始關注社會議題

離開兩人合租的地方後，希特勒落腳於第十五區的菲博街二十二號十六室，距離原先的施圖普巷二十九號不遠。從這時候起，他開始比較關注思想與意識的作用範圍，形塑出他比較沉鬱的那一面，他也從中得出前進的大方向。長期以來，他將挫敗當作證據，證明自己不凡的人格、早熟的天才、不被世人所理解，而現在，他要爲自己的失敗找出確切的解釋與具體的敵人。

他本能地將矛頭指向市民階級——他覺得自己的愛好與思維與市民階級無異，卻無法達成他們的嚴謹、對成功的標準以及其他的合理要求；自此，他對市民階級心懷怨憤，也在言談中無數次地表現出這點——這種對市民階級的仇恨對他自身的存在而言，恰恰是一種矛盾。

恐懼滋養著他，也同時束縛著他；他對社會地位突然下滑感到害怕，也對太過清晰地感知自己淪爲無產階級而驚懼不已。他以出乎意料的開放態度，於《我的奮鬥》中敘述同樣存在於他心中的，大環境所造成的「小市民階級對工人階級的敵意」，並解釋說，這是因爲他們害怕「被打回原本那種被人無視的位置，或者至少被算作其中的一員」。[16]

儘管有雙親的遺產，每個月也繼續領取獎助金，他還是因爲自己的未來充滿不確定性而感到壓抑。他精心打扮自己，依舊進出於維也納的歌劇院、劇場與咖啡廳；如同他所留意到的，藉由精心修飾的言語及謙遜矜持的態度，他得以展現出相對於下層階級的市民階級的地位意識。當時希特勒的一位女性鄰居，就如同其他後來的衆多旁觀者一樣，特別注意到他這種有禮貌、同時異常冷漠的行爲舉止。

也有另一個比較悲慘的說法，若所言爲眞，希特勒在維也納的那幾年會隨身攜帶一個信封袋，裡面是幾張他父親穿著軍禮服的照片，他會向其他人滿足地表示，「敬愛的先父以高級海關事務員的身分退休」。[17]

儘管不時會表現出叛逆的姿態，這種行爲模式揭露了他本質上對於歸屬感與被人肯定的需要，這些正好也是市民階級的基本需求。據其所言，他從很早開始就是藝術及政治的「革命者」；[18]然而，他在二十歲的時候其實從未懷疑過市民階級社會及其價值觀，相反地，他們的光鮮亮麗及財富令他爲之傾倒，他更試圖想接近他們，對他們的崇敬顯而易見。

希特勒身爲一個來自林茨的公務員之子，瘋狂景仰著這些人。他對於推翻他們毫無興趣，比起顛覆他們的勢力，他更想成爲其中的一分子。這是他無法抗拒的渴望，儘管不被市民階級社會接受令他深感屈辱，他卻並未因此轉而否認市民階級，而是更深切希望自己能被接納與肯定——這也算是在他奇特的早年生活中，最值得注意的其中一件事。

在過去二十年中，歐洲對於市民階級虛幻世界的抨擊日益激烈，讓他有無數藉口，可以藉著社會輿論將自己受過的屈辱合理化，並對此復仇，然而，希特勒卻保持著自己挫敗的姿態，逆來順受，沉默地冷眼旁觀。當年的時代氛圍就像是一場盛大的假面舞會，然而，各種時尚潮流都對希特勒毫無影響，就像時下所有的藝術激情、思想衝突以及大膽的求知慾，在他這裡都不具任何價值。

在邁入二十世紀後，奧地利首都維也納很快成爲了新思潮的中心，希特勒卻並未對此注意半分。這個纖細敏感、不得不反抗的年輕人，年少時因爲音樂而獲得很大的解放，卻對奧地利作曲家荀白克（Arnold Schönberg）一無所知，更不清楚其於維也納停留期間，與學生安東．魏本（Anton Webern）及奧本．伯格（Alban Berg）一起引發的「維也納音樂廳有史以來最大的震盪」；他對於馬勒，或是作品被評論家於一九〇七年譽爲「音樂圈暴風中心」的理查．史特勞斯，也同樣一概不知；相反地，他中意的是更早的華格納與安東．布魯克納（Anton Bruckner），他補聽完他們的音樂，陶醉於作品中表現出的造物者一般的感覺。

庫別茲克也證實，一些像是霍夫曼史塔（Hugo von Hofmannsthal），或是里爾克以及其於一九〇五年出版的《時刻之書》，希特勒都「毫無接觸」。[19]他雖然報考維也納美術學院，卻並未參與維也納分離派的事件，克林姆、席勒與奧斯卡．柯克西卡（Oskar Kokoschka）惹出的風波，也未曾觸動他半分。激發他藝術靈感的不是當時新崛起的人物，而是上一個世代的藝術家：安塞爾姆．費爾巴哈（Anselm Feuerbach）、斐迪南．沃德穆勒（Ferdinand Waldmüller）、卡爾．羅特曼（Carl Rottmann）或魯道夫．阿爾特（Rudolf von Alt）才是他所景仰的對象。

作爲一位懷抱遠大計畫的未來建築大師，希特勒也承認，自己對環形大道上古典風格或新巴洛克風格的建築著迷，能爲之佇足數小時，完全沒料到將有建築革命的代言人出現：例如，奧托．華格納（Otto Wagner）、約瑟夫．霍夫曼（Josef Hoffmann）與阿道夫．路斯（Adolf Loos）等人。一九一一年，新式風格的商業建築在米歇爾廣場旁落成，外觀素淨無雕飾，正對著霍夫堡的巴洛克式大門。新舊建築風格之間燃起激烈的論戰，其中一篇聲稱「裝飾與犯罪之間存在關聯性」的文章，被希特勒認爲實在是豈有此理。

更確切地說，他所單純、堅定地熱愛著的，完全是在維也納的沙龍與華美的客廳間被確立的藝術風格。藝術圈的躁動與突破對他毫無影響，被視爲「前所未有的一連串藝術革命」的這個時代的喧囂也同樣傳不進他的耳裡，希特勒頂多發現，宏偉壯麗的風格在當時似乎容易被貶低。如他本人所描述，這股突然到來的陌生與未知，令他的市民階級本能感到懼怕。【20】

他一開始接觸政治現實也是在類似的情況下。儘管他有著各式各樣的反抗情緒，革命思維卻對他不具任何吸引力，正好相反，他更像是現行體制的支持者，矛盾地捍衛自己所鄙棄的秩序；將拒絕自己的，化爲自己的一部分，彷彿能藉此抹消所受過的屈辱——在這種心理機制的背後，隱藏著希特勒性格的一道裂痕。

根據希特勒的敘述，他在當建築工人時，某次午休在一旁吃著自己的牛奶及麵包，對其他工人嚴重的負面情緒感到「極度」惱火：「他們拒絕一切。國家是『資本主義』階級的發明，祖國是資產階級剝削工人的利器，法律的權威性是鎮壓無產階級的刀劍，學校是栽培奴隸與奴隸主的機構，宗教是愚化被剝削人民的工具，道德是愚蠢的順民身上的標記等等。在他們眼裡，就沒有什麼是不能被推進骯髒深淵的東西。」【21】

值得注意的是，國家、祖國、法律的權威性、學校、宗教與道德——這些令希特勒反對建築工人、挺身捍衛的概念，幾乎組成了一本完整的市民階級社會的標準規範目錄；此時，也正是他第一次對市民階級社會興起不滿。

這種矛盾關係也一再出現於他人生中的不同面向：無論是在政治策略上一直尋求與他所鄙視的市民階級聯手合作，或者是他嚴謹到可笑的形式禮儀——例如，他以吻手禮向他的祕書小姐們打招呼，或是在總司令部的下午茶時間在她們面前擺上甜甜的鮮奶油小蛋糕。

在一切對資產階級的怨恨中，他培養出一種像小國君主的「老派紳士」的特徵，用來證明自己屬於這個他渴望已久的社會。如果說在青年希特勒的身上，有什麼洩露了他的奧地利特質，那就是這種特別的地位意識——因此，他捍衛自己作爲市民階級的特權。

在過度追求虛名的社會中，每個個體、每種職業都被分派到不同的社會位階，希特勒身處於這樣的一個社會，即便只能租到附傢俱的狹窄房間，他仍然希望自己至少能被人恭敬地稱呼一聲「先生」——這也是他當時不論在政治或藝術上，都沒有接觸反對派勢力的唯一原因。

對於默默開始轉變的市民階級世界，甚至是其特有的傲慢，他都盡力抱持正面的評價，這不僅爲他很大一部分的外在表現——像是說話方式及穿著打扮——還有在意識形態及審美上的偏好，都提供了解釋。比起社會的苦難，被社會大衆所蔑視更令他感到壓抑；他所絕望的，不是錯誤的世界秩序，而是這個世界令他扮演的低下角色。

因此，他害怕地迴避衝突，尋求別人的支持與肯定。維也納這個大都會的宏偉與魅力似乎震懾了他，令他渴望那道鎖上的大門爲自己開啓。他不想革命，只覺得孤單寂寞——他比任何人都不像、也不適合成爲一位革命家。

注釋

【1】參照 »Große Politik«, Bd. 22, Nr. 7349-7354，以及 Polit. Archiv Bonn, Dtl. 131, Bd. 36。

【2】參照 Hellmuth Andics, »Der ewige Jude«, S. 192；此處及前述數據及事實，出自 William A. Jenks, »Vienna and the young Hitler«, S. 133 ff。根據一九三一年的統計，猶太人占醫學院學生的百分之二十九，法學院學生的百分之二〇點五，以及哲學系學生的百分之十六點三；與之對比，猶太人罪犯只占總罪犯人數的百分之六點三，遠遠低於德國人口中的猶太人比例，參照 W. A. Jenks, aaO., S. 121 f。

【3】»Mein Kampf«, S. 18 f.。後文的「成績總表」收錄於 K. Heiden, »Hitler« I, S. 30。

【4】»Mein Kampf«, S. 19.

【5】同上，S. 19。

【6】愛德華．波羅在一九三八年十一月七日的報告，Bundesarchiv Koblenz (BAK) NS/ 27/17 a，以及 »Mein Kampf«, S. 223。有關希特勒母親的評語，見 A. Kubizek, aaO., S. 158。

【7】原文引用自 W. Maser, »Hitler«, S. 82 ff.。也參照維也納祕密國家警察於一九四一年十二月三十日的報告，引用自 Bradley F. Smith, »Adolf Hitler. His Family, Childhood and Youth«, S. 113。

【8】»Mein Kampf«, S. 20.

【9】同上，S. 20。

【10】希特勒月收入的精確計算必須感謝福蘭茲．耶慈格（Franz Jetzinger）的貢獻，他以一絲不苟的態度找出所有的文獻和資產數字，後續的收入比較也來自於他的資料。順道一提，耐人尋味的是，墨索里尼當時在還受奧匈帝國控制的特倫托擔任《工人的未來》的主編，而且兼任社會主義勞動協會的祕書，每個月的總收入卻只有一百二十克朗，並未比無業的希特勒每個月的收入要多多少；關於此，參

照 Ivone Kirkpatrick, »Mussolini«, S. 28。

【11】A. Kubizek, aaO., S. 126、S. 210-220、S. 256 f、S. 281 和 S. 307，以及 F. Jetzinger, aaO, S. 194 ff。根據希特勒的說法，他在維也納觀賞了《崔斯坦》三十到四十次，參照 »Hitlers Secret Conversations«, New York 1953, S. 270 f；此外，根據 W. A. Jenks, aaO., S. 202 的統計，華格納是希特勒在維也納期間最受歡迎的歌劇作曲家，光是在宮廷歌劇院（今日的維也納國立歌劇院），就至少有四百二十六個晚上在演出華格納的作品。

【12】A. Kubizek, aaO., S. 195 和 S. 197。

【13】K. Heiden, »Hitler« I, S. 30。不過，海登顯然搞錯日期，以爲第二次考試的時間早於希特勒母親的逝世——後者於一九〇七年去世，而不是他所以爲的一九〇八年十二月二十一日。

【14】»Tischgespräche«, S. 323、S. 422 和 S. 273。A. Kubizek, aaO., S. 199 也記錄下希特勒對學校教育所爆發的不滿，肯定指的是此人第一次被拒絕入學的時候，因爲第二次被拒絕的時候庫別茲克並不在維也納，等到他回來的時候已經找不到希特勒了。

【15】K. Heiden, »Geburt des Dritten Reiches«, S. 30，希特勒在史坦尼斯危機之際寫下的信件。

【16】»Mein Kampf«, S. 22。Stefan Zweig 在 »Die Welt von gestern«, S. 50 也指出：「市民階級社會所面臨的最大威脅」就是「回歸到無產階級的狀態」。也參照 K. Heiden, »Geschichte«, S. 16。

【17】Josef Greiner, »Das Ende des Hitler-Mythos«, S. 25。格雷納對希特勒的回憶有很多值得懷疑之處，因爲，不同於庫別茲克，此人無法證明他眞的如自己所說地與希特勒交往密切。他的記述雖然爲我們提供了一些新資訊，然而，只有從其他來源得到證實，這些資訊才能被採用——即便如此，我們還是應該持保留的態度。格雷納在 S. 14 提到，當他與希特勒結識，他就「立刻注意到希特勒的優雅談

吐」。此外，對於在維也納認識的人的「低下的道德」以及「低落的知識文化水準」，希特勒的驚懼反應也已經反映出自己的小市民階級的地位意識；參照 »Mein Kampf«, S. 30。有關前文中女鄰居對他的評價，參照瑪莉・福拉布（Marie Wohlrab）和瑪莉・斐林格（Marie Fellinger）的聲明，HA, File 17, Reel 1.

【18】»Mein Kampf«, S. 15.

【19】A. Kubizek, aaO., S. 220 f.

【20】»Mein Kampf«, S. 282.

【21】同上，S.41f.

第三章　花崗岩基石

「狂熱，是唯一一種連弱者與意志不堅定的人都能具備的意志力。」

弗里德里希・尼采

根據某篇研究，當時在菲博街上——距離希特勒租屋處不遠的地方——有一家小雜貨店會販賣一本種族主義的雜誌，該刊一版的印量就高達十萬份，在大學生及學術圈的中間階層廣爲流傳。封面以大字橫標宣傳著：「您有一頭金髮嗎？那您就是文化的開創者與保存者！您有一頭金髮嗎？那您正面臨危機！現在就打開這本金髮種族與男子漢的專屬讀物！」

一位還俗的修道士以「約格・蘭茲・利本菲」這個聽起來像貴族的名字發表這本雜誌，並且將其命名爲「奧斯塔拉」，也就是日耳曼春天女神之名。他發想出一套古怪又殘暴的高等種族——他稱爲阿辛（Asinge）或海德林（Heldlinge）——與低等種族——埃夫林（Äfflinge）或薛林（Schrättlinge）——之間的鬥爭教條。他在一些實業家的贊助下購入下奧地利邦的威佛斯坦堡壘，並以此爲基地，組建出一支英勇的雅利安男性教團，當作金髮碧眼的高等純血種族的先遣部隊，在血腥的鬥爭中與低等的混血種族對抗。

早在一九〇七年，他就升起了鉤十字——也就是後來的納粹卍字——的旗幟。在這面大旗下，他承諾要以種族鬥爭對抗社會階級鬥爭，一直到「動用閹割刀」的地步，並且發誓要系統化種族選育及滅絕的實行方式：「為了根絕禽獸人種，發展更高等的新人類。」絕育措施、放逐至「猴子森林」，藉著強制勞動令低等種族喪命，甚至直接謀殺，都包括在他的種族篩選與淨化計畫之中。

「女神的子民啊，為大人獻上祭品吧！」他狂亂地歡呼，「來吧！為祂獻上薛林之子！」此外，為了推廣雅利安人的理想標準，他也建議舉辦種族選美競賽。據蘭茲所言，希特勒因為缺了幾冊奧斯塔拉的舊刊，偶爾會來拜訪自己。一位蒼白謙遜的青年，這是他對此人的印象。[1]

市民階級文化

我們無法從現有的資料得知，希特勒到底是受到蘭茲的影響，還是根本照搬此人的想法。相較於對種族思想的實質推動或引介，這位古怪教團創始人的重要性其實更主要在於他所表現出的「症狀」：當時的時代氛圍出現一種精神官能症的病狀，蘭茲就是其中最引人注目的代表性人物，也為充斥著各種奇異意識形態的維也納增添了一抹獨特的色彩。然而，這不僅是在描述他，也同時限制了他對希特勒施加的作用——與其說他的意識形態影響希特勒，不如說是他的瘋癲影響了希特勒。

觀察當時的各種影響來源、報紙文章以及被希特勒稱為「早期的知識來源」的廉價小冊子，我們得出一個結論：他之所以會有那種世界觀，就是因為沉浸在這種不正常的、與市民階級文化對立的次文化中——事實上，他的意識形態也經常出現對市民階級文化和人道主義的憎恨。然而，這種文化其實長期被次文化滲透，並且長期否認、詆毀自己所立足的一切——或者換一種說法，希特勒在二十世紀初的維也納從蘭茲或其他刊物認識的次文化，嚴格來說都並非在否定主流的價值體系，而是在否定其破敗不堪的形象。

每當他渴望接觸市民階級，心中就會浮現與廉價小冊子同樣的想法、情結與恐慌，只是在形式上比較高級、講究：他不需要拋棄任何曾幫助自己在這個世上找到最初定位的思想，因爲當他崇敬地聆聽維也納最具影響力的政治家的演講，卻發現沒有什麼是他沒聽過的；當他在宮廷歌劇院欣賞最受人追捧的作曲家發表作品，卻發現這些都只是新瓶裝老酒。蘭茲、《奧斯塔拉》以及其他的垃圾刊物都像是替希特勒打開了一扇後門，儘管不是多數人走的正門，卻仍然令他得以了解、走進這個他想歸屬於其中的市民階級社會。

他渴望加深並合理化自己與市民階級社會的歸屬關係，於是開始嘗試將自己的怨恨情緒套進意識形態的框架中。他眼看著自己的社會地位下滑，自尊心隨之病態地升高，於是吸收了越來越多維也納社會的偏見、口號、焦慮和要求，其中也包括與德意志民族的憂慮相關的反猶太主義和種族優越理論、與過於激進的民族主義相關的對社會主義者的敵意，以及所謂的社會達爾文主義思維——事實上，這些都是當時流行的思想，希特勒試圖藉此貼近主流社會。

儘管如此，他一直將自己的世界觀描述成他個人的思辨成果，是他運用敏銳觀察力與理解能力得到的果實。他爲了否定所有重大的影響來源、證明自己本來對猶太人並無偏見，甚至在回憶過去時強調，他以前在林茨只要一聽到對猶太人不利的言論，就會感到非常地厭惡。然而，更有可能的是——而且各方面的證據也確實如此顯示——至少在世界觀的雛型與走向上，希特勒受到林茨當地盛行的意識形態所影響。

十九世紀末、二十世紀初的林茨不僅是民族主義團體與運動的中心，希特勒曾經求學的實科中學更顯然籠罩於一股民族主義的氛圍中。學生們會刻意地在鈕扣眼插上代表德意志民族的藍色矢車菊，偏愛使用代表德意志統一運動的黑紅金三色；他們以德意志問候語「萬歲！（Heil!）」彼此打招呼，不唱哈布斯堡《帝皇頌》，而是唱同樣旋律卻不同歌詞的《德意志之歌》。這種對立式的民族主義主要在反對哈布斯堡王朝，甚至從他們對學校禮拜與基督聖體聖血節遊行的抗拒，我們也可以看出他們認同的是信奉「新教」的普魯士王國。據希特勒於大戰期間的圓桌會議上所言，他當時在同學們的歡呼下，以自由思想的格言反駁神學教師沙勒．施瓦茲（Sales Schwarz），「令他絕望到經常不知該如何是好。」[2]

而引領這股氛圍的，是德意志民族地方委員兼實科中學的歷史老師，列普．波區博士（Leopold Pötsch），希特勒自然也對其印象深刻。他的口才以及色彩繽紛、用來在課堂上說明德意志先祖事蹟的油畫，都帶領學生們的想像飛翔。希特勒在《我的奮鬥》中也用了一些篇幅情感洋溢地回憶這位歷史老師，雖然他在歷史課的成績只有「合格」，但他身上那種邊疆居民的不安感、對種族混雜的奧匈帝國的厭惡，乃至於最後的反猶太基本傾向，都毫無疑問來自於此。

此外，可能對他產生影響的，還有他在林茨看過的雜誌：《除害者：提洛邦畫報月刊——政治、藝術與生活》。《除害者》呼應迅納爾行動，以辛辣諷刺的文章與漫畫討伐「羅馬人」、猶太人與議會，抨擊女性解放、道德敗壞與酗酒成癮。在一八九九年五月的創刊號上，已經出現了日後被當作納粹標誌的鉤十字圖案。顯然，鉤十字被當作德意志民族情感的象徵，被描繪成日耳曼神話中的「鑽木取火棍」——在其旋轉摩擦間，萬事萬物得以誕生於這個世上。除了這本雜誌，就連《老德意志日報》、德意志市民階級間流行的《南馬克年曆》以及鼓吹泛德意志主義與激進反猶太主義的《林茨飛行報》，少年希特勒都在求學期間，以及之後漫無目標的幾年間一一閱讀過。然而，反猶太現象與希特勒所認知的不同，其伴隨著政治與社會變遷出現，不僅在維也納流行，在其他邦也一樣普遍。[3]

雖然他聲稱自己經過長達兩年的「靈魂鬥爭」、人生「最艱難的轉變」，並且在情感上「千百次」抗拒無情的理智，最後終於「從軟弱的世界主義者，蛻變爲狂熱的反猶太主義者」。但事實上，他對猶太人的態度，只是從先前隱約的反感變成有意識的對立，從原本單純的情緒發展爲一種意識形態。

原本和平、願意與鄰里妥協的林茨式反猶太主義，現在開始展現新的樣貌，變得在原則上很尖銳、指涉廣泛，並且具有明確的敵人形象。律師約瑟·細金博士（Josef Feingold）與裱框師摩斯坦經常向希特勒購買他畫的水彩明信片，讓他覺得自己在藝術上受到鼓勵；他剛到維也納時，還會向家裡的猶太家庭醫師愛德華·波羅（Eduard Bloch）寄去「最誠摯感謝」的問候；又或者是紐曼，他在男子宿舍曾經交好、令他覺得非常需要關照的猶太夥伴：這些猶太人在他早年生活中所留下的身影，原本便已模模糊糊，經過這幾年的變化，更是澈底消散於空中，在他心中取而代之、越來越濃重的是像神話中的幽靈一般的「卡夫坦長袍與漆黑卷髮」的形象——這個原型來自於他「某次散步經過城中心」時所注意到的猶太人外型。

他在回顧這段過去時，對此感到印象深刻，並且敘述這次的偶然印象是如何在他腦中開始「扭曲」，逐漸變成了占據自己腦海的固定想法：

> 「在我思考這件事以後，我才開始特別注意猶太人，自此，維也納在我眼中展現出不同以往的面貌。現在我能看到猶太人了，就在我經常去的那些地方。我越看他們，就越能把他們與

其他人區別開來。他們最常聚集出現在市中心與多瑙河運河以北的區域，光是外表與德意志民族毫無相似之處就已經不太討人喜歡，除此之外，令人不禁覺得反感的，是這些「神的選民」不僅身體不潔，我們更會突然看到他們在道德上的汙點。到底有沒有哪一種汙穢之事、任何形式的無恥——特別是在文化生活上——與猶太人毫無干係？我們只要小心地切開這種惡瘤，就像發現裡面躲著一個小猶太人，就像蛆蟲在腐肉中蠕動一樣，因爲突如其來的強光而睜不開眼睛……於是，我漸漸開始討厭他們。」【4】

然而，希特勒從林茨式的一般反猶太主義，突然轉變爲瘋狂的仇恨，而且持續增長到他生命最後一刻的原因，我們或許再也無法釐清。某位可疑的「友人」表示，此人作爲家道中落的市民階級後代，嚴重的妒忌心是一切的根源；他更提供了相關細節：一位金髮女郎、一個有猶太血統的情敵，以及希特勒意圖性侵當他模特兒的姑娘——建構出一個荒唐，卻又不可思議地合理的故事。【5】對於「希特勒具有性變態心理」的推測，我們得到一些佐證：他對兩性關係的想法，從很早就不斷在理想主義的過度興奮與灰暗的恐懼之間來回擺盪；此外，在他後來的表述中經常會出現某個特定的猶太人形象，似乎也支持了這個說法。在《我的奮鬥》一書中，他只要試圖描述自己對猶太人的仇恨，該段落就會赤裸裸地飄散出猥褻的氣息；這肯定不是偶然顯露的特徵，也不僅僅是模仿自己少年時期的啓蒙讀物——《奧斯塔拉》與其他垃圾書刊——的語氣與風格，而是暴露出他的特殊怨恨色彩。

第二次世界大戰後，希特勒過去的心腹公開了一份情婦名冊，涵蓋的範圍廣泛，也不乏漂亮的猶太富家小姐。然而，事實卻可能正好相反，無論在林茨或是維也納，他可能都未曾「與姑娘實際認識」，就算有，也肯定沒發生過能讓他不再以自我爲中心的戀情。

希特勒曾經做過一個特殊的夢，正好與他在情感上的不足相對立，他坦承，那是一個「數百數千位姑娘，被噁心的O型腿猶太雜種勾引走」的噩夢。然而，早在他做這種夢之前，蘭茲便早已受這種畫面折磨——金髮的貴族小姐們受到引誘，投入留著髮辮、深膚色的男人懷中。性忌妒以及根深蒂固的厭女情結貫穿了他的種族理論，他斷言，女人將罪惡帶進這個世間，而高貴的北歐血統之所以受到汙染，主要就是因爲她們對下等畜生的淫技缺乏抵抗力。這種心理幻覺顯示出，蘭茲苦惱於自己遲來的性成熟以及受壓抑的男子氣概，而希特勒也有類似的困擾：「爲了那個毫無戒心的姑娘，黑髮的猶太小伙埋伏了幾個小時，他臉上帶著邪惡的笑容，要以自己的血統玷汙她、侵占她的民族。」不論是蘭茲或是希特勒，他們的這種幻想爲我們揭示了，欲求不滿的白日夢幻想家那煩悶、無聊的腦中世界；與此同時，民族社會主義的世界觀之所以帶著這種隔著大老遠也能聞到的奇異「惡臭」，或許也與市民階級社會鄙棄性欲的現象不無關係。[6]

希特勒年少時的好友庫別茲克，以及其他一些維也納底層社會的夥伴都曾指出，他很早開始就與全世界爲敵，仇恨一切他所見的事物。可以想見，反猶太主義只是此人一切仇怨的綜合體，將原本漫無目的的仇恨都發洩在猶太人身上。他在《我的奮鬥》中闡述自己的觀點：面對大衆，我們所指出的敵人只能有一個，兩個以上的敵人只會令人困惑。有人準確指出，這項準則更適用於希特勒自己：他會全力攻擊的目標只有一個——引發世間一切災禍的起源——此外，他責難的永遠都是一個具體、可想像的對象，從來不是一些難以理解的複雜因素。[7]

儘管我們依舊無法釐清，令希特勒的反猶太情結如此劇烈的原因究竟爲何，但整體而言，我們還是可以論斷出：他作爲一個絕望卻又充滿野心的局外者，眼見自己的社會地位逐漸下滑，於是便將他個人的問題政治化，試圖解決自己的焦慮。他從猶太人的形象了解到，自然法則與歷史法則都與自己這個「可憐鬼」站在同一邊。順道一提，這個論點也得到佐證，因為根據希特勒的陳述，在散盡雙親遺產之後，他的意識形態才轉變成反猶太主義。儘管他並未眞的因此陷入困境，卻還是免不了過得比較緊繃，無論如何都跌進一個更下層的社會位階；他想成為藝術家、天才以及受人驚嘆的存在，在以前都還是合理的夢想，現在卻再也不是了。

國家聯盟概念的萌芽

二十世紀初的維也納屬於德意志市民階級，希特勒在這裡一直想和主流社會建立連結。當時的代表人物主要有三位：格奥．迅納爾、卡爾．呂格以及華格納。他們對於青年希特勒建立意識形態有重大的意義：在政治上，他受到格奥．迅納爾與卡爾．呂格的影響，而在政治與藝術互相交會、對他所選擇的道路具有重大影響的領域，他則大多受到華格納的影響。

我們確信，他在維也納時表現得像是格奥．迅納爾的「信徒與追隨者」，床頭還掛著裱框的格言：「沒有猶太人，沒有羅馬，我們建立日耳曼大教堂，萬歲！」以及迅納爾的另外一則，表達出奧地利的德意志人想與國界另一端的祖國連結在一起的強烈渴望的標語。[8]從這兩則琅琅上口的格言中，迅納爾泛德意志運動的基本綱領已經傳達無遺。

與同名的德國泛德意志聯盟不同，他的泛德意志運動的目的不是「德意志世界政治」口號下的帝國領土擴張，而是致力於將所有的德意志人民統合為一個國家聯盟。他主張放棄奧匈帝國的非德意志地區，完全反對多民族國家的存在，這點也與德國泛德意志聯盟形成鮮明的對比。順道一提，他是一位地主，莊園就位於希特勒家族所在的邊境森林。

迅納爾以激進的民主派身分開啓自己的政治生涯，然而，後來的政治與社會改革思想卻越來越偏向極端的民族主義。他就像著魔一樣，對於過度異國化的抗拒令他只看得到德意志民族所面臨的致命威脅——猶太人、羅馬天主教、斯拉夫人、社會主義者、哈布斯堡王朝以及任何一種國際主義。他寫信時會在信末附上「德意志的祝福」，他與諸多致力於復興日耳曼習俗的機構會面，也建議將公元前一一三年設爲德意志元年——辛布里人與條頓人於此年在諾里亞戰役中大敗羅馬軍團。

迅納爾恪守原則、激進且生性大膽。作爲對斯拉夫基層神職人員的民族友善立場的回應，他組織「脫離羅馬行動」，與天主教教會敵對。歐洲的反猶太情緒原本主要源於宗教與經濟因素，因爲他而開始轉爲以政治社會，特別是生物演化爲動機的反猶太主義。「無關宗教，是他們的血統骯髒。」迅納爾作爲一個煽動者，對愚昧民眾的巨大影響力相當清楚，他以此作爲口號，發動民眾對抗所有民族同化的趨勢。

希特勒之所以將迅納爾視爲榜樣，不僅是因爲此人偏執地視猶太人爲「行走的禍端、令世間充滿災禍與恐慌」，也是因爲他宣戰時的激進表現；在舊奧地利一片溫和包容的生活氛圍中，他是演示出種族與民族恐懼的潛力的第一人。迅納爾深感不安，認爲德意志民族的末日正逐漸逼近，作爲社會少數，他們將無力還擊，被「屠殺」殆盡。爲了防範這種慘況發生，他要求制定反猶太特別法；其黨羽也紛紛在懷錶錶鏈掛上反猶太標誌——一個被絞死的猶太人，此外，在維也納議會上，他們更大膽提出，殺死每個猶太人都能領到酬金——現金或是被殺害的猶太人的一部分遺產。【9】

儘管如此，令希特勒更爲印象深刻的，卻是小市民階級反猶太主義的另一位代表人物——卡爾．呂格博士。希特勒在《我的奮鬥》中，對這位維也納市長兼善於雄辯的基督教社會黨領袖表現出前所未有的欽佩，不僅將其稱作「眞正的天才」、「有史以來最強大的德意志市長」，甚至更譽爲「東馬克地區最後一位偉大的德意志人」。[10]雖然他公開批評呂格施行的計畫，尤其是此人散漫投機的反猶太主義，以及他對奧匈帝國這個腐朽羸弱多民族國家的存活力深信不疑；然而，希特勒印象更深刻的，卻是這個人精湛的煽動技巧以及靈活的戰術——呂格知道利用主流的社會、基督教與反猶太主義的感情或信念，來實現自己的目標。

迅納爾由於傲慢、過於固守原則而激起強烈的反彈，無法有效地影響社會大衆。呂格則與他相反，他善於協調、機靈而大衆化。意識形態對他而言只是好用的工具，其實暗地裡對其不屑一顧；他以戰略性與務實的想法出發，對他而言，實事比思想重要得多。他在領導市政的近十五年間，推動交通網路現代化、擴增教育系統、改善社會福利制度、規劃綠地，更在維也納創造出一百萬個工作機會。他的崛起有賴於天主教工人階層與小市民階級的支持，以受雇員工、基層公務員、小商店主、房屋管理員與牧師爲基礎——隨著時代發展與工業化的腳步，這些人覺得自己備受威脅，有社會地位下滑或陷入貧困的危險。

兩者皆利用大衆的恐懼，然而呂格只會將矛頭指向他仔細挑選過、可以戰勝的對手。此外，他的宣示並非陰森灰暗的話語，而是絕不出錯、人道主義的老生常談，從他常說的一句老話就能看出這一點：「小老百姓需要幫助！」

希特勒之所以一直欽佩呂格，不單單是因爲這位市長是個精熟權術的馬基維利主義者，更是因爲他認爲呂格與自己有相似之處，此人除了啓發意義，更令他感到親近。呂格和他一樣出身尋常，卻能克服一切阻礙與衆人的輕視，就連被皇帝三次拒絕任命爲市長也未曾停止前進的腳步，最終獲得了社會的肯定——這同樣也是希特勒所奮力追尋的。

迅納爾的作風大膽，卻無意義地散發出敵意；呂格則相反，他在向上爬升的過程中，堅持不斷地嘗試與統治集團體結盟。就如同希特勒在對他的致敬詞中所敘述，他爲自己上了難忘寶貴的一課：「爲了實行自己的行動，要利用一切統治手段，令目前的權力機關向自己傾斜，從這些舊勢力中盡可能搾取最大的利用價值。」藉助情緒化的動員口號，呂格得以組建大衆型政黨。這顯示出，「恐懼」就像一世紀前的「幸福」一樣，在歐洲是個全新的概念，強大到甚至足以戰勝階級利益。

納粹主義者

與此同時，民族社會主義的思想也向同樣的方向發展。奧匈帝國的工業區於波西米亞及摩拉維亞地區迅速擴張版圖，捷克的廉價勞動力由鄉村湧入工廠，經常破壞罷工行動。德意志工人爲維護自身利益、對抗捷克工人，於是團結起來，於一九〇四年在陶特奧組成德意志工人黨（Deutsche Arbeiterpartei [DAP]，與後來一九一九年德國成立的德國工人黨同名）。這是一個新的開端，後續很快有各種完全不同形式的行動在整個歐洲展開，嘗試解決馬克思主義的困境：其從未眞正克服民族對立，人道口號也不具有說服力——在馬克思主義的階級鬥爭理論中，這些波西米亞及摩拉維亞地區德意志工人的民族意識並不存在。這個新黨派的成員很多來自社會民主黨，他們出於憂慮，不再認同自己過去的政治理念；他們認爲，無產階級團結一致的政策只會圖利該地區的捷克多數，據德意志工人黨的綱領所言，這種政策「是個錯誤」，「對中歐的德意志人帶來巨大損害」。

對這些德意志人而言，在民族認同與社會利益之間，存在著一個直接、明瞭、與馬克思國際主義背道而馳的普遍眞理；他們在民族共同體的思維下，尋求社會主義與民族情感的共存之道。

德意志工人黨的黨綱結合了他們自我防衛與自決的強烈需求，目標爲反資本主義、自由改革與民主；然而，從一開始就能看出其中的專斷、非理性，以及後來對捷克人、猶太人與其他所謂的「異民族」所展現的攻擊性。該黨早期的追隨者由礦工、紡織工、鐵路工、手工業工匠及工會成員組成，相較於未受教育的捷克工人，他們覺得與自己關係更近的是德意志市民階級、藥師、實業家、高級公務員或商人。不久後，他們開始自稱爲民族社會主義者，也就是我們俗稱的納粹主義者。

儘管希特勒與這個早期的民族社會主義團體有些關係，在第一次世界大戰後更是有過直接、緊密的聯繫，他卻不喜歡提及這些前輩。這位納粹黨領袖一再宣稱，他是第一個發想出這個對本世紀有重大影響的想法的人，顯而易見地，這些波西米亞同志的存在會令人非常懷疑他的說法。他於《我的奮鬥》中試圖闡述，他是在對比呂格與迅納爾後發展出這套思想，並在某種程度上描述得像是他從各種不同的元素統合出的想法：

「如果基督教社會黨不僅對廣大群眾有明確的認識，還能像泛德意志運動一樣，對種族問題的重要性也有正確的概念，他們是不是最後就會變得擁護民族主義？如果泛德意志運動不僅正確認知猶太問題、清楚民族思想的重要性，還能具備基督教社會黨的務實智慧——尤其是他們對社會主義的態度，那麼，我相信，這個運動當時就能成功影響德意志民族的命運。」[11]

藉此，他也得以解釋自己沒有加入這兩個黨派的原因。但事實上，他在維也納的大部分時間都對政治概念沒有太多深刻的想法，他只有那種最普遍、隨著迅納爾起舞的仇恨與排斥的情緒；除此之外，他腦中就只有對猶太人和其他「少數民族」的模糊偏見，以及因爲藝術家夢想破碎而期待自己成爲大人物的想法。

他更多是以情緒感受身邊發生的事，而不是以理智分析；他對於公共事務的興趣過於主觀，與其說他是政治人，不如說是八卦政治的人。他也坦承自己先前滿腦子都是藝術抱負，「順帶」才關注政治，一直等到遭受「命運的重拳」，他才打開了雙眼。他所敘述的一位年輕建築工人遭到同事敵視的故事，後來躍上學校課本，永久訴說著希特勒的傳奇；在這段故事中，他用來拒絕工會的入會邀請的理由十分引人注目：「我不知道爲什麼要加入工會。」

許多證據指出，很長一段時間以來，政治都只是他自我開脫的工具，讓他能怪罪這個世界，解釋自己是因爲錯誤的世界秩序而蒙受不幸，最後找出一個替罪者。値得注意的是，他在這段時期只加入了反猶太聯盟。[12]

現實生活的衝擊

希特勒在與庫別茲克分道揚鑣後，搬進位於菲博街的租屋，卻很快又搬走了；他不停搬遷，直到一九〇九年十一月。如果被人問起自己的職業，他會毫不考慮地回答「學院派畫家」，某次也自稱爲「作家」。有證據顯示，他可能在規避自己的義務兵役，希望以連續搬遷的方式逃脫當局的捉捕；這也暴露出他的漫無目標與不安定，以及他繼承自父親的遺產似乎越來越不夠用的事實。

膚色蒼白、面頰凹陷、長長的瀏海、步履匆匆，人們如此形容這段時間的希特勒。他後來也承認，自己當時非常羞怯，既不敢接近大個子的男人，也不敢在面前站了五個人的狀況下說話。【13】爲了領取遺孤獎助金，他謊稱自己在學院念書，再以這筆錢支付日常所需。父親的遺產以及變賣雙親房屋所得的錢財，讓他得以在很長的一段時間內無憂無慮、自由自在地生活，但似乎在一九○九年年末已經被他用得分文不剩——無論如何，他在九月才租了西蒙登巷的房間，卻在十一月就退租了。

康拉德·海登（Konrad Heiden）——寫出第一部重要的希特勒傳記的作者——發現希特勒當時身陷「最痛苦的貧困」中，曾有幾個晚上無家可歸，睡在公園的長椅上或者咖啡廳裡，直到寒冷的冬天驅趕他離開——一九○九年的十一月冷得異常，經常下雨，雨中夾雪的狀況也不少見。【14】

希特勒在當月便站進每晚在邁德靈遊民收容所前出現的長長人龍裡，在這間收容所認識一位叫作海恩侯·哈尼希（Reinhold Hanisch）的流浪漢。後者於一份手寫札記中記述：「我在德國與奧地利的鄉間小道流浪了很長一段時間，後來到了邁德靈的遊民收容所。睡在我左邊那張鋼絲床的是一個很瘦的年輕人，他的雙腳走得都是傷。我從農夫那裡弄來的麵包還有剩，就分了他一些。我那時候說話有很重的柏林腔，他很嚮往德國。我也曾經去過他的家鄉因河畔布勞瑙，所以很容易能跟上他在說什麼。」

一直到一九一○年的夏天，大約有七個月的時間，這兩個人都維持緊密的友誼以及生意夥伴關係。雖然哈尼希不會比其他見證希特勒早年生活的人可信多少，但是，當他強調希特勒經常什麼也不做、整天只是冥思苦想，又提到自己沒辦法說動他一起出去找工作的時候，至少聽起來有很高的眞實性。

事實上，在希特勒住在收容所的那幾週，他對市民階層的追求和現實間的衝突達到了最高峰。當時出現在周遭的盡是不三不四的失敗者，那個愚昧、奸猾，被他當作朋友的海恩侯·哈尼希也同樣如此——後來，在他的命令下，這位舊友於一九三八年被逮捕、殺害。希特勒在人生巔峰時回顧那段受現實壓迫的歲月，堅持道：「但是，我想像自己住在宮殿裡。」【15】

哈尼希有野心、善於處世，對自己所在的階級的困苦、伎倆與機會都瞭若指掌。某天，他問希特勒會做什麼工作，對方回答他是個畫家。哈尼希認爲友人所指的是彩繪牆壁的油漆匠，於是他回應：「做這個一定可以賺到錢。」儘管我們對哈尼希的可信度仍然有所質疑，但在他的筆下，青年希特勒的形象簡直栩栩如生：「他覺得受到侮辱並且反駁我，他說自己不是那種畫匠，而是一位學者、藝術家。」

後來，顯然是經過哈尼希的提議，兩人開始合夥做事。臨近聖誕節之時，他們搬進了位於第二十區的默爾德曼街男子宿舍，那是一家廉價的大衆旅店。白天的時候，因爲寢室需要打掃，希特勒就待在閱覽室裡，腳邊都是被陳列出來的各家報紙，他會看看科普類的報刊，或者畫畫明信片。他畫的這些水彩明信片筆法寫實，主要以維也納爲題材，再由哈尼希出售給畫商、畫框匠，有時還有裝潢師——當時流行將畫放進沙發或扶手椅高高的靠背——兩人再平分變賣所得的錢財。

希特勒表示，他沒辦法兜售畫作，因爲他「穿著破爛的衣服實在不能見人」；哈尼希則與他相反，表示自己很成功：「三不五時會做成很好的生意，所以我們才能還算過得去……幾個星期就這樣過去了。」【16】

男子宿舍的住戶來自社會的各個階層，以附近工廠與公司的年輕工人與雇員爲大宗，也有誠實勤奮的小人物，例如哈尼希在札記中提過的抄譜員、價目表畫匠以及花押字雕刻匠。

儘管如此，對這裡的氛圍與形象影響更多的，卻是那些三教九流、喜歡鋌而走險之人、破產的商人、賭徒、乞丐、放貸人或者遭開除的軍官——奧匈帝國各地的社會敗類在此齊聚一堂；也有所謂的「小生意人」，也就是從東部過來的猶太人，他們以賣貨郎或街頭攤販爲職業，試圖爬到更高的社會位置。連結他們所有人的，是共同的苦難；分裂他們的，是蟄伏的渴望——只要自己能脫離這一切、向上躍升，他們樂意犧牲自己以外的所有人：「底層社會的廣大群眾，他們最大的特點就是沒有團結意識。」[17]

除了哈尼希，希特勒在男子宿舍就沒有別的朋友。所有認識他的人，都會反覆強調他有多難相處；相對地，他表示自己討厭這種典型的維也納人，並且「打從心裡感到厭惡」。[18]畢竟，自從在哈尼希的幫助下逃離收容所，他就不再尋求友誼，一切的親密關係都只會令他煩躁、疲憊。他學到的是市井小民的虛假同志情誼：互通消息、保持匿名，對彼此的忠誠隨時都會消失得無影無蹤。這令他一生難忘，儘管他後來處於不同的社會階層，這次的經驗依舊不斷地浮現：不論是第一次世界大戰的戰壕中，或者是他作爲納粹黨領袖、總理以及最後在元首總部的地堡，被傳令兵與司機簇擁的時候，希特勒都似乎一直在重複自己在男子宿舍的生活模式，只知道與其他人保持距離，這正好符合他對人際關係的概念。

對男子宿舍的管理人而言，希特勒很難搞，喜歡用政治話題挑釁其他人。哈尼希在札記中也回憶：「氣氛經常很緊繃，時不時就會有敵視的目光，感覺很不舒服。」

希特勒的想法顯然尖銳、貫徹始終。選擇激進的方案、過度延伸自己一閃而過的想法，都是他基本思維模式的一部分，而當他意識到自己不被接納，更是激化了這一切——一些大大小小的事件，本來沒有什麼特殊的重要性，全都被他歪曲成巨大的災難。

他從很早開始就只對宏大的主題感興趣。他之所以會有過時的藝術品味，一心只喜愛英雄角色、繁複的裝飾風格和理想主義，都是出於同樣的原因。神靈、英雄、宏大的計畫，或是駭人聽聞、任何最極致的事物，都令他感到激動，爲他掩蓋日常生活的平庸乏味。哈尼希對此的描寫笨拙但也直觀：「華格納用音樂點燃了他的火焰。」

希特勒自己也表示，他當時已經開始著手第一批的柏林整建計畫。此人總是衝動地作一連串的計畫：因爲在建築公司做行政工作，他過去的建築夢就馬上被喚醒；甚至，據說他在幾次模型飛機的試飛後，就覺得自己已經是一家大型飛機製造廠的老闆了，而且「很有錢，非常有錢」。[19]

據稱，這時期的希特勒在約瑟夫．格雷納（Josef Greiner）的介紹下，也做過繪製廣告海報的工作，例如某款護髮油、窄庭巷的一家羽絨被商店，以及「泰迪牌」的痱子粉——因爲他的署名在海報上清晰可見，我們才得以找出這些作品。「泰迪粉」海報的畫風呆板、僵硬，像是學生的美術作業，上面畫著兩個郵差，一個筋疲力盡地坐著，長襪上流出大顆大顆的藍色汗珠，另一個則向這位「親愛的兄弟」說，「只要有了泰迪粉，每天爬一萬階階梯就變成人生樂事」。而在另一張現存的希特勒廣告海報上，則繪有聖史蒂芬大教堂的高聳塔樓，矗立在一座肥皀山上。

對希特勒而言，當時的生活狀態特別值得懷念，因爲他終於能夠主宰自己的時間。他在城郊的廉價小咖啡館裡一待就是好幾個小時，他埋首於報紙中，特別喜歡閱讀反猶太主義的《德意志民報》。我們可以從所有的線索中清晰地看出，希特勒在二十歲時所表現出的我行我素與孤僻的特質——他將當時的自己稱爲「怪胎」[20]——而且，嚴格來說，在他身上並未顯現出多少對政治的興趣。

視華格納為偶像

在這段歲月中，華格納不僅是被希特勒神化的音樂偶像，他更將這位音樂家的人生經歷當作人生幻想的原型——早年曾懷才不遇，卻仍然對自己的天職抱持頑強的信念，最後終於成爲「閃耀世界的大師」。[21]從這位拜律特的音樂宗師身上，我們得以看出浪漫主義的天才概念所造就的成與敗；這種天才概念不僅感染了希特勒，也令一整個世代的人爲之迷亂、傾倒，更改變了市民階級的世界。

希特勒於年少時的逃學，以及他來到維也納這個能讓人出人頭地的迷人大城市的衝勁，描繪出了一個輪廓，而他對華格納的崇拜，則補全了整幅圖畫——這是一條路，一條無數與他同齡的人都滿懷期望踏上的路，是一條驚才絕豔又面臨危難的外來者的王者之路。

於是，林茨海關事務員之子的灰暗而壓抑的身影，突兀地出現在浪漫主義輟學生的行列中——德國文學家湯瑪斯・曼（Thomas Mann）與海因里希・曼（Heinrich Mann）兩兄弟、格哈特・霍普特曼（Gerhart Hauptmann）、赫曼・赫賽（Hermann Hesses）以及其他許多人物都在此列；在二十世紀初的無數文學作品中，也出現了這種避世青年的典型：艾密爾・施陶（Emil Strauß）於一九〇一年所著的中篇小說《好友海恩》、里爾克的《夢時》（一九〇二）、羅伯特・穆齊爾（Robert Musil）的《少年托勒斯》（一九〇六）、赫曼・赫賽的《在輪下》（一九〇六）、韋德金德（Frank Wedekind）的《春醒》（一九〇六），或是弗德里希・胡赫（Friedrich Huch）在一年後出版的《毛》。

在這些作品中，主角無論是想逃避世間苦難，或是正走向滅亡，都美化了自己在市民社會所受的苦痛，以不事生產的藝術家理想對抗父輩那個兢兢業業、受日常義務所支配的，平凡庸俗的世界。在這背後一直存在的，是浪漫主義的對立關係：藝術家之於市民社會，以及天才之於市民社會，可以追溯到席勒所發表的《強盜》——卡爾．摩爾、其他強盜頭目們以及多愁善感的反叛者們這些受人推崇的反英雄人物，以及他們表現出的，自我懷疑的市民階級意識。

市民階級社會所代表的只有秩序、付出與持續性，總是確保了運作的效率；然而，如果有人想達成極爲難得的精神上的自我提升，就必須與社會和人群都維持最大的距離。根據法國文學家亨利．穆傑（Henri Murger）的分析，藝術家、天才以及所有性格複雜的人與社會格格不入、完全不屬於市民階級的世界，他們游離於社會邊緣，到底是以自殺收場，或是成爲永垂不朽的偉大人物，只有一線之隔。[22]因此，無論少年希特勒爲了實現浮誇的藝術家夢想所採取的行動有多麼可笑、簡陋，展露出的藝術天賦有多麼不可信，他在男子宿舍的所作所爲又被打上多少虛僞、遊手好閒與反社會的標籤——他都在市民階級晚期的天才概念中得到平反，華格納正是其中無可辯駁的典範。

事實上，希特勒後來也坦言，自己除了華格納，沒有其他的「前輩」——所談論的不僅是他音樂家與劇作家的身分，更提到他是「德意志民族最偉大的先知」，是個了不起的人物。他一向喜歡指出華格納對「德意志民族的發展」的重要性，敬佩這位音樂家在政治上付出這麼多的精力卻「其實不想成爲政治人物」，他有幾次也坦承，體認到自己的內在與這位偉大人物有相似之處，令他「興奮到歇斯底里」。[23]

這種相似之處並不難發現。當時身爲明信片畫師的青年希特勒帶著敬意，又刻意地模仿，多虧於此，他與華格納在性格上顯得相像，營造出一種異常清晰的家族相似感。而這點，被湯瑪斯．曼在《希特勒兄弟》這篇犀利的散文中第一次指出，他在希特勒於一九三八年大獲全勝時寫下：

「在這種現象中，我們難道不該——無論我們願意與否——認識到這就是藝術家性格的一部分嗎？有些難以啓齒，但事實確實如此：他早期的『困境』、懶散、可悲的茫然、無處安身以及『你現在到底想要什麼？』的問題；他在社會底層苟延殘喘，傲慢自大地抱持波西米亞精神，認爲自己過於優秀，拒絕從事一切合理而體面的工作。

這種想法到底從何而來？就是因爲他模糊地感覺到，有莫可名狀之事等待他去完成。一提到這件事——如果這件事眞的能被描述出來——別人就會捧腹大笑。其他像是良心不安、罪惡感、憤世嫉俗、革命的本能、默默累積於潛意識的爆炸性補償心理、或是想爲自己辯護、證明自己的頑強意志……這些都是相當令人尷尬的相似之處。儘管如此，我還是不想假裝沒看到。」[24]

希特勒與華格納還有更多驚人的共通之處：無法釐清身分的祖先、輟學、逃避兵役、病態的猶太仇恨以及素食主義——華格納最後瘋魔地認爲，人類必須經由蔬食才能得到救贖。此外，兩人都具有暴烈的性格，永遠都處於極端的情緒中，在沮喪與高漲、勝利與災難之間突如其來地切換，中間毫無過渡。

華格納的衆多歌劇作品都圍繞著一個相同的主題——只遵循自己原則的外來者與傳統刻板秩序之間的典型衝突。被維也納美術學院拒絕的希特勒坐在男子宿舍的閱覽室裡、自己的水彩顏料盒前，從黎恩濟、羅恩格林、史托金或是唐懷瑟的身上發現他們與自己的共同點——與這個世界互相衝突——只是自己的程度更爲嚴重。希特勒有時好像在追隨這位偶像，卻又像是在將自己塑造成華格納的樣子。

兩人都有過度的權力慾望，也都有專制獨裁的傾向。華格納的藝術令人永遠難忘的，就是其中顯露的巨大、深厚的征服意志，這同樣也是他在偏好宏大編制與壯觀大場面的原因。例如，他在《黎恩濟》與《飛翔的荷蘭人》後完成的第一個大型編制作品，就是由一千兩百人的合唱團與一百人的交響樂團所組成的合唱曲。大型編制的音樂效果正是華格納作品的特色，雜揉異教、表演劇與儀式感，在激烈的弦樂下展開樂曲。隨之而起的，是一個催眠群眾的時代——如果沒有這種歌劇傳統，沒有華格納這種能煽動人心的藝術，就無法想像後來第三帝國的集會活動會有怎麼樣的風格。

此外，兩人都知道如何狡猾地操弄人心，也明顯漠視平庸的人事物，自命不凡——這種異常的相似之處，我們從其他人的評價就得以看出：文學家戈特弗里德．凱勒（Gottfried Keller）曾將華格納稱爲「理髮匠」與「江湖騙子」；某位當代評論家出於仇恨，犀利地將希特勒描述爲「像是討人厭的酒店領班」，還有一位則將他稱爲「花言巧語的姦殺犯」。[25]他們所描述的這些粗俗、惹人厭的元素，無論是在希特勒或華格納身上都能找到，此外，他們還騙術高明，能靈機一動便設下騙局。

華格納自詡爲革命家，卻與巴伐利亞國王路德維希二世交好——因而被馬克思嘲諷爲「政府樂手華格納」；少年希特勒也是如此，他朦朧地幻想著自己的崛起——以一種能調和自己對社會的仇恨與機會主義本能的方式崛起。

華格納擺平了一切顯而易見的矛盾與衝突，聲稱藝術即爲存在的目標與意義，藝術家則是最高決策者，當「政治家絕望，政客放棄，社會主義者苦惱於無益的體制，甚至連哲學家也只能解釋，而無法事先預測」之時，就到了藝術家介入、拯救社會的時候了——他所宣稱的，正是美學家的信條：完全以藝術領導生活。[26]在這種狀態下，一個國家應該要有藝術作品的高度，藝術精神也會令政治得以煥然一新，更臻於完美。在後來的第三帝國中，不論是在公共生活的劇場化、將政府搬上舞臺的熱情，或者本來爲了推行政策而編寫戲劇，最後卻經常變成本末倒置——都可以很輕易地發現這種華格納的元素。

兩人之間的共同點還不僅如此：天生喜歡「賣弄」，是尼采在其名作《不合時宜的考察之四》中，對他當時的摯友華格納所下的評語，這點也同樣適用於希特勒。無論在何種領域，兩人都有一種強橫參與、高談闊論的強烈需求，十分引人注目；他們受虛榮心折磨，不得不向旁人證明，希望世人爲自己的才華傾倒。昨日的光輝很快就變得索然無味，每一天都必須比前一天更光芒萬丈。這種惱人的小家子氣與他們身上源源不斷的靈感無法分割，共同造就出兩人獨特的創造力。

希特勒與華格納的差異就在於他不自律、對藝術缺乏努力，以及他冷漠到彷彿麻木不仁。然而，在這兩人的身上，我們都能看到一種深層的、對無產階級化的激烈抵抗。他們希望受人尊敬，而心中一再浮現的預感更強化了這種意志——他們預感到，在遙遠的某一天，將有什麼聞所未聞之事發生，而那些令他們在這些年間遭受一切屈辱、痛苦的存在，都會得到可怕的報復。

受到華格納的影響，希特勒看待世界的方式其實政治冷感又戲劇化，這點從許多不同的面向都能觀察到。根據他的記述，他這個漫無目標四處閒晃的人在經過一天的「鑽研苦思」後，迎面碰上了維也納工人的大規模示威遊行活動，當時他所曾見的那個「看不到盡頭的四列縱隊」，令他在大概十五年後回憶起來，仍然有著難以抹滅的印象：據他所言，他在環形大道旁邊站了快兩個小時，「屏息注視著龐大的人龍從身邊緩緩經過」，接著，他「沮喪不安地」別過臉，跑著回家。

這場遊行最令他觸動的，似乎是它的戲劇效果，畢竟，無論如何，他都未曾說明引發這樁事件的政治背景或原因。顯然，對他而言，這些原因都不如群眾所能帶來的影響力重要——他所關注的是戲劇問題，在他看來，政治家的任務主要就是策劃戲劇演出。庫別茲克已經發現，這位朋友有多看重自己三不五時嘗試的「場面盡可能宏大」的戲劇作品；即便對於這些劇作，這位天眞的早期崇拜者後來回想不起多少內容，他也對希特勒的「巨大付出」十分難忘，相形之下，就連華格納對舞臺的所有要求都「完全黯然失色」。[27]

政治戰略知識的蘊積

希特勒回顧過去，聲稱自己在這段時期吸收了很多知識，他表示，自己在維也納的這五年「閱讀得非常多而且透澈」，此外，除了建築與歌劇，「看更多書就是他唯一的樂趣」。然而，確切而言，他在這個階段所吸收的，與其說是知識，不如說是煽動人心的技巧與政治上的戰略。

在他當建築工人時，他小心地與其他工人保持距離，一半是因爲市民階級之子的傲慢，一半是因爲他也害怕與人接觸。據他所述，曾有工人因爲一些紛爭，想把他從鷹架推下去；他從這場衝突學到一種非常輕易就能解決爭執的方法：「有人敢反對，就打破他的頭。」他以嘆服的語氣說出這句話。[28]

不管怎麼說，他在《我的奮鬥》中談論自己政治覺醒的篇章中缺乏論據，也並未對時代思想提出批評；正好相反，他遵循當時盛行的德意志市民階級的意識形態，對此毫無異議。然而，對於如何運作思想，思想又是否適合作爲動員民衆的工具，這些問題都激發他近乎貪婪的興趣，最初的體悟也在這時如閃電一般在他腦中閃現。從這段維也納歲月中，我們已經可以發現很多他後來使用的特殊用詞，例如他不屈不撓尋找的，那些將自身意志強加於大衆身上的「背後主使」與「幕後操縱者」。【29】

哈尼希在手札中描述，希特勒某一天去看電影，回來後還完全沉醉於其中——那是一部由班哈．凱勒曼的小說《隧道》改編成的電影，片中主角是一位受歡迎的演說家——「現在宿舍都是他嘰哩呱啦在講話」，哈尼希這麼寫道。此外，格雷納有次將希特勒介紹給一位名叫安娜．希菈的女人——這位女士利用假證據與感謝函，令自己製作的祕密配方生髮劑紅極一時。格雷納以自己特有的風格記述，在將近一個鐘頭的時間內，希特勒都爲這位女士使用的手段興奮不已，滔滔不絕地談著心理影響的龐大潛力。「這就是宣傳，宣傳啊！」他著迷地念著，「一直宣傳到變成一種信仰，大家就再也無法分辨什麼是幻覺，什麼又是眞實。」他說，因爲宣傳就是「每個宗教的基本精髓……無論相信的是天堂，還是生髮劑」。【30】

除了格雷納的說法，我們還有更確實的證據。無論是誰，只要閱讀過希特勒對社會民主黨宣傳手法——新聞稿、示威與公開談話——的觀察，都會相信他對宣傳的重視，而他做事的方法也確實受到很大的影響：

「就廣大群眾的心理，一切的軟弱或不堅定都不被接受。就像女性，她們的心理狀態很少被理性的因素決定，更常受到一種難以言說的，對強大力量的感性渴求所驅使。比起支配弱者，她們更樂於服從強者。大眾也是如此，比起苦口婆心的呼籲者，他們更喜愛強勢的支配者；比起自由主義，他們更滿足於強硬的教條——在自由主義的自由寬容下，他們多半會無所適從，甚至容易感覺自己無依無靠、被棄之不顧。

大眾很少意識到自己正遭受無恥的精神恐嚇，也不知道人類的自由正遭受殘酷對待，正是因爲他們察覺不出這種教條的瘋狂之處，他們看到的，只有無情的力量，以及其刻意表現出的殘暴，令他們最後永遠順服……此外，我也能理解對個體施加暴力恐嚇的重要性，這都是心理影響的精確算計。無論是在工作場所、工廠、會議場所或是群眾集會，恐嚇總是能帶來成功——除非同時還有另一個同等程度的威脅存在。」【31】

一九一〇年八月初，希特勒與哈尼希絕裂。他經過好幾天的工作，完成一幅維也納國會院的畫作。他對這棟古典的神殿式建築無比欣賞，稱之爲「德意志土地上的古希臘瑰寶」，顯然也因此讓他對這幅畫燃起十足的熱情與幹勁。總之，他認爲這幅畫應該賣五十克朗，哈尼希卻說自己只賣得了十克朗。哈尼希在吵完架後離開了一陣子，希特勒趁此機會，在宿舍另一名房客的協助下，馬上讓警察逮捕哈尼希，隨後提起訴訟。

哈尼希在八月十一日的審判中被處以七天監禁，他聲稱法院之所以對自己有偏見，是因爲他以假名弗茲·瓦特（Fritz Walter）在男子宿舍登記入住。雖然買家的遺孀於事後說明，自己的丈夫確實曾爲此付了大約十克朗，當時哈尼希卻並未將他傳作證人。【32】

一位同住在男子宿舍的猶太人紐曼接手了哈尼希的工作，繼續兜售希特勒的畫作，有時希特勒也會放下自己的尷尬，親自探訪客戶。

這些就是希特勒在這三年半的生活，永久建構出他對人類的認知和對社會的概念。在這種環境下，不難理解爲什麼他所有的遠大抱負，最後都發展成仇恨與反抗情緒的綜合體。多年以後，當他回想起「汙穢、令人作嘔的垃圾以及更糟的東西所組成的灰暗景象」——尤其是他曾經在自己居住的地區所看到的場景——依舊會不寒而慄。但値得注意的是，他對貧民窟的景象卻不會感到同情。

最重要的是，這段時間的經歷與生活狀況爲他的鬥爭哲學奠定了基礎，成爲他世界觀的核心思想、不變的「花崗岩基石」。無論是他日後所擁戴的「最殘酷的鬥爭」與「無情的自信」的思想，或是他所堅信的根絕敵人、冷酷無情、殘暴，或是強者的生存權；無論是在他無數的演講、評論、《我的奮鬥》的字裡行間，或者是元首總部的談話，貫穿其中的，一直都是他在男子宿舍培養出的世界觀，是這所「下等人的學校」所留給他的難忘教訓。

這段經歷經常被提起，然而，希特勒之所以具有社會達爾文主義思想，原因卻並非僅只於此。確切而言，他其實只是反映了當時的社會趨勢。

自然科學擁有至高無上的權威，達爾文與赫伯特·史賓賽（Herbert Spencer）所發現的演化與篩選的法則，被無數僞科學刊物奉爲圭臬，經過推廣，普羅大衆很快就知道「生存鬥爭」是生命的基本原則，「適者生存」則是個人或民族在共同生活時的基本權。在十九世紀下半葉時，這種所謂的社會達爾文主義理論爲所有的陣營、流派與政黨所用——或者至少曾經爲它們所用——社會達爾文主義理論一開始是左派民粹主義啓蒙運動的一部分，後來也被右派加以吸收利用，當作所謂的「民主與人道思想違反自然」的證據。

按照這種理論的最初概念，就如同生物在自然生態中優勝劣汰，民族的未來命運與社會的發展也同樣由天生的生物條件所決定。唯有嚴格的篩選機制——刻意培育優等品種，同時消滅劣等品種——才能預防錯誤的演化方向，確保一個民族更勝於其他的民族。

當時流行的衆多著作中，例如瓦謝·德·拉普熱（Georges Vacher de Lapouge）、麥迪遜·格蘭特（Madison Grant）、路德維希·貢普洛維奇（Ludwig Gumplowicz）或是奧圖·亞蒙（Otto Ammon）的作品，都出現了許多類似的用詞與概念：消滅沒有生存價值的生命，針對性的人口政策技巧，對「劣等人口」採取強制性的集中管理與絕育措施，或者試圖以頭的大小、耳朵的形狀、鼻子的長短，來判定一個人是否具有遺傳基因的優勢、能否適應生存鬥爭。

這種觀點經常堅決否定基督教的道德觀、多元包容與文明進步價值，主張庇護弱勢族群會造成「劣勝優汰」的逆向選擇的後果。儘管社會達爾文主義從未建立出一套完整的系統，某些倡議者後來甚至收回了自己的說法，卻依然受到廣泛的歡迎。總而言之，這是一種市民階級時代的典型意識形態，他們試圖以這種無可避免的自然法則，合理化當時的帝國主義行動與資本主義意志。

特別值得注意的是，這種思想與當時的反民主傾向密切相關，宣稱自由主義、議會政治、平等思想或國際主義都違反自然法則，並將種族融合視爲禍端。

第一位重要的種族思想家，法國貴族戈比諾伯爵（Joseph Arthur de Gobineau），於一八五三年出版《論人類種族的不平等》。作爲冷酷的貴族保守主義的代表人物，他反對民主、民族革命以及一切被他輕蔑稱爲「共同精神」的事物。然而，在德意志市民階級中影響更爲深遠的，卻是華格納的英國女婿，後來歸化爲德國籍的休斯頓·斯圖爾特·張伯倫（Houston Stewart

Chamberlain）的作品。

張伯倫出身於著名的軍官世家，他受過良好教育，可惜體弱多病、生性容易緊張。他對學術、寫作及華格納的作品深感興趣，於希特勒出生當年來到維也納，本來只預計停留幾週，最後卻在這個城市待了整整二十年。這座城市令他既著迷又反感，奧匈帝國這個哈布斯堡王朝的多民族國家，也令他建構出種族主義的歷史觀。

他那部於一八九九年出版的名作《十九世紀的基礎》不僅仔細闡述、強化戈比諾伯爵所提出的諸多概念，還加上自己大膽的假設，將歐洲歷史解讀爲一部種族鬥爭的歷史。羅馬帝國的衰敗被他視爲一起經典的歷史案例，證明血統混雜會導向滅亡；奧匈帝國也是如此，國內種族正在快速異國化，東方民族的人口越來越多。在這兩個國家的例子中，不是某個特定的國族、民族或種族遭受毀滅性的滲透或分裂，而是「各種顏色的匯聚」，是一種多重的混雜。

他敘述：「這些混血雜種有幾分才華，也時常有一種奇特的美感，也就是法國人所謂的『美麗禍水』（un charme troublant）。如今，我們在一些像維也納的大城市，每天都能觀察到、碰到這些最不相同的民族；然而，我們在這些人身上，也同樣能覺察出一種特殊的浮躁、意志不堅、品格低下——簡而言之，他們就是道德敗壞。」[33]張伯倫更向外延伸，將高貴種族的普魯士人比作攻進羅馬城門的日耳曼人，理所當然能在與種族混雜的奧匈帝國的鬥爭中勝出。

整體而言，這位精英個人主義者會有這種看法，最主要還是出於恐懼感與防備感。他在反覆出現的悲觀幻覺中，看見日耳曼人「處於種族深淵的邊緣」、「陷入無聲的生存鬥爭中」。他受自己幻想出的血統劣化景象所折磨：「現在雖然太陽還高掛在空中，黑暗勢力卻一再伸出章魚般的觸手，吸附在我們身上的千百處，試圖將我們拉進黑暗。」

時代的產物與破壞者

由此可見，希特勒的社會達爾文主義觀點並非只是「遊民收容所的哲學」，[34]相反地，這種觀點顯現出他與市民階級時代的深層共鳴——他是這個時代的產物，也是這個時代的破壞者。

他所擁護的思想基本上來自於他在市郊咖啡廳看過的報紙、書籍、廉價刊物，或者歌劇作品和政客們的高談闊論；能夠反映出男子宿舍經歷的，只有他道德敗壞的世界觀以及汙言穢語——即便後來作爲政治家及歐洲大陸的統治者，也仍然掛在嘴邊，例如：「東方的垃圾玩意兒」、「豬玀牧師」、「畸形的藝術狗屎」，或者以「十足的話癆」形容邱吉爾，並稱呼猶太人爲「最骯髒下賤、該被痛揍一頓的母豬」。[35]

他身上唯一的藝術家特質就是他的敏感性，他以此將塑造出當時時代氛圍與奇特色彩的複雜概念全部消化吸收——也就是說，他之所以會具有這種思想，並非出於單一的原因，而是受整個時代所影響。

除了反猶太主義與社會達爾文主義，他從中汲取最多的是某種帶有民族主義色彩的使命感——正好處於一切悲觀主義的焦慮想像的反面。他的世界觀就像是被隨機拼組的拼圖一樣，一開始極度混亂，也混雜著一些比較尋常的、受十九世紀末到二十世紀初的思潮所影響的的零碎概念，像是生命哲學、對理性與人性的懷疑，以及對本能、血性與衝動的浪漫美化等等，其中也包括被過度簡化的尼采超人哲學——超人的力量與不受道德限制的特性。尼采曾經提起，十九世紀並未按照叔本華所教導的眞實意義，去追求光明與理性，反而由於無從證實的意志理論、對個體的否定、天才的胡言亂語、仁慈的教條，以及對猶太人與科學的厭惡，變得「沉迷於野蠻、受野蠻的誘惑」。[36]這再次與華格納有關，因爲尼采正是以此人爲例，說明世人對於叔本華的誤解。

對少年希特勒而言，華格納不僅是偉大的人生典範，更是精神導師，一直深刻影響他的意識形態。二十世紀初，這位音樂大師的政治作品也廣為流行，是希特勒最喜愛的讀物——顯而易見，這種華麗浮誇的文風也影響他寫作時的語法與情感表達。

華格納的歌劇與政治作品共同建構出希特勒意識形態的框架：達爾文主義、反猶太主義（「猶太人是純潔人類與一切高貴事物的天敵」）、對強大日耳曼與解放「野蠻」的想像、歌劇《帕西法爾》中的血統淨化神祕主義——整體而言，在這位劇作家的戲劇世界中，善與惡、品德高潔與道德敗壞、統治者與被統治者之間非黑即白、勢不兩立，希特勒的恐懼與渴望於此找到了一片沃土。被詛咒的黃金、少數族裔的祕密陰謀、齊格菲與哈根的衝突、悲劇天才奧丁——這個奇異的世界一片混亂，充斥著血腥、屠龍、野心、背叛、性慾與異教徒，最後在耶穌受難日終於迎來救贖與噹噹的鐘響——這些作品、思想、元素都是堅實的「花崗岩基石」，搭建出他的世界觀。

執著偉大的夢想

後來，他將這段維也納歲月稱之為人生中「最艱難，同時也最深刻的一堂課」，他當時變得「嚴肅而沉靜」。因為自己遭受的屈辱與否定，希特勒一生憎恨著這座城市，這一點也與他的偶像很相似——華格納一直對年輕時在巴黎的糟糕經歷耿耿於懷，喜歡幻想這座城市在大火與煙霧中倒塌的情景。[37]世人猜測，希特勒或許是出於對維也納的憎恨，才計畫將林茨建設為能與之對抗的，多瑙河上的文化首都。這種猜想似乎有點道理，他雖然沒有像華格納一般，希望維也納被夷為平地，卻還是在一九四四年十二月駁回為這座城市追加反空襲部隊的請求，他說：維也納該好好認識一下空襲是什麼樣子。

對於未來的不確定性，顯然令他在這段期間感受到很大的壓力。據說，他的阿姨約翰娜．波茲（Johanna Pölzl）曾在一九一〇年的年底到一九一一年的年初資助過他一大筆錢，[38]他卻並未因此激發出鬥志，認真展開某項新事業，而是繼續蹉跎度日：「幾個星期的時間就這樣過去了。」他依舊假裝自己是大學生、畫家或者作家，也對成爲一名建築大師暗暗懷抱著希望，卻從未爲實現這些夢想付出任何努力。

希特勒只在做夢時才會充滿野心，邁向自己的偉大未來。儘管他在這個階段冷漠、被動又毫無未來目標，但他面對不理想的現實境況，依然堅持做夢，令他表現出一種驚人的堅定感。他避免被任何事物束縛，只維持短暫、臨時的關係：他爲了維持市民階級的身分，拒絕加入工會，也拒絕被當作工人看待；同理，他只要待在男子宿舍，什麼也不做，就能繼續相信自己驚才絕艷、未來無可限量。

他最憂慮的，是自己會被環境阻撓，無法闖下一番豐功偉業；他所害怕的，是一個風平浪靜的年代。希特勒坦言，他在年紀尚輕時就時常惱火於自己太晚外出歷練，對他而言，「平靜守序的時代是命運不該開的卑劣玩笑」。[39]他察覺到，唯有混亂的未來、騷亂以及秩序崩解，橫亙於自己與現實之間的裂痕才能被修復。他執著於自己的偉大夢想，寧可世界陷入一片災難，也不願意過上幻滅的生活。

注釋

【1】參照 Wilfried Daim, »Der Mann, der Hitler die Ideen gab«。揭示了蘭茲及其思想的病態結構：對他而言，希特勒、基奇納伯爵（Herbert Kitchener）甚至列寧都是他的學生，只有他們在相對早期的時候就領略到他的教誨，並且從中得出他們自己的結論。蘭茲的代表作於一九〇五年出版，光是標題就相當具有啓發性：「動物神學或者罪惡埃夫林與諸神之電的學說。最古老與最新潮的世界觀導論，維持諸侯國與貴族制度的理由」（Theozoologie oder die Kunde von den Sodoms-Äfflingen und dem Götter-Elektron. Eine Einführung in die älteste und neueste Weltanschauung und eine Rechtfertigung des Fürstentums und des Adels）。根據他的觀點，青金色頭髮的「阿里歐人」（Arioheroiker）是「諸神的傑作」，他們的器官帶電，甚至能夠發射訊號；以優生學的品種純化方法，他們可以重新培育出阿里歐種族，再次被賦予如神一般的電磁放射器官和力量。恐懼的時代情緒、精英的祕密結社傾向，以及當時所流行的自然科學偶像化，都被各種似是而非的理論融合在一起，出現在他的種族主義教條中。

戴姆（Wilfried Daim）肯定高估了蘭茲對希特勒的影響，事實上，其影響力絕對沒有超過內文所敘述的程度。然而，對於一些納粹黨的幹部而言——例如達里或海因里希．希姆萊——他的影響力就大爲不同。無論是以直接或間接的方式，無論是在親衛隊人種與移居部的育種索引卡，或者消滅「沒有生存價值的生命」、猶太人、斯拉夫人及吉普賽人的種族滅絕活動中，都可以看到，這位教團創始人的混亂、血腥的觀點，正以自己的形式存續下去。

【2】參照 Heinrich Heim 的報告，引用自 W. Maser, »Hitler«, S. 236。

【3】有關這種情結，參照 A. Kubizek, aaO., S. 70 ff、S. 107 和 S. 1122 f，以及 »Mein Kampf«, S. 10 f.。

根據希特勒的說法，他是到了維也納以後，才因爲自己的觀察與研究而成爲反猶太主義者，然而，這個說法與其他的資料來源並不相符，例如 Günter Schubert, »Anfänge nationalsozialistischer Außenpolitik«, S. 11 f.，此外，反猶太主義報刊 »Linzer Fliegenden Blätter« 也是他年少時的讀物。有關此，也參照 Andre Banuls, »Das völkische Blatt ›Der Scheren‹. Ein Beitrag zu Hitlers Schulzeit«，刊登於 »Vierteljahreshefte für Zeitgeschichte« (VJHfZ) 1970/2, S. 196 ff.。

【4】»Mein Kampf«, S. 59 ff.

【5】J. Greiner, aaO., S. 110。有關此，也參照 Alan Bullock, »Hitler. Eine Studie über Tyrannei«, S. 35 f，或 William Shirer, »Aufstieg und Fall des Dritten Reiches«, S. 43，兩者皆同意這個由魯道夫·歐爾登首次提出的理論有很高的可能性。

【6】»Mein Kampf«, S. 357。這個「希特勒在林茨和維也納都沒有和女性交往」的「肯定的保證」，來自於奧古斯特·庫別茲克，當然，他能夠打包票的只限於兩人還待在一起的時候：aaO., S. 276。

【7】E. Nolte, »Faschismus«, S. 359.

【8】J. Greiner, aaO., S. 78 f.。庫別茲克也提到，希特勒經常自詡「有著迅納爾一派的靈魂和肉體」：aaO., S. 297。

【9】參照 K. D. Bracher, »Diktatur«, S. 46f.，Francis L Carsten, »Der Aufstieg des Fa-schismus in Europa«, S. 37 ff.，以及 Peter G. J. Pulzer, »Die Entstehung des politischen Antisemitismus in Deutschland und Österreich«。

【10】»Mein Kampf«, S. 59 及 S. 74。

【11】同上，S. 133 f.：有關此，也參照 K. D. Bracher, »Diktatur«, S. 53 ff.。

【12】W. Maser, »Die Frühgeschichte der NSDAP«, S. 92 有不同的看法，認爲庫別茲克當時和希特勒意見不合，但是他並未對此提出根據。事實上，這個觀點也站不住腳。希特勒自己表示，他對於政治的興趣只是「順帶」而已，馬瑟卻認爲這個說法「不正確」。只因爲希特勒後來成爲重要的政治人物，馬瑟就認定他在年少時已經對政治問題具有基本的興趣，這個想法最大的問題就在於錯判希特勒和政治的關係。

希特勒所說的話參照 »Mein Kampf«, S. 36 和 S. 40 f.，他也坦承，自己在作爲建築工人工作時，對於工會組織的了解「依舊爲零」，我們沒有什麼理由懷疑這一點。此外，希特勒的反猶太情結也尚未發展成後來的嚴重程度，哈尼希——他在男子宿舍的夥伴——在一九三六年依舊堅持表示，希特勒在維也納時並不是反猶太分子，並且提出一串猶太人的名字，聲稱希特勒與他們關係融洽；參照 R. Hanisch 的說法，引用自 B. F. Smith, aaO., S. 149。

【13】»Tischgespräche«, S. 323，以及 J. Greiner, aaO., S. 14。

【14】參照 »Jahrbuch der KK Zentralanstalt für Meteorologie«, 1909, S.A 108 及 S.A 118，引用自 B. F. Smith, aaO., S. 127。維納．馬瑟特別在 »Frühgeschichte«, S. 77 批評康拉德．海登及其後繼者的歷史寫作。儘管證據薄弱，馬瑟還是大力堅持，經濟因素「肯定不是」希特勒住進遊民收容所的原因。他計算希特勒的財務狀況，認爲後者能依靠父親的遺產一輩子不愁吃穿；事實上，希特勒所繼承的遺產總計約七百克朗，而且，按照他揮霍的方式，這筆錢早晚都會被他花光。爲了這個「希特勒經濟狀況良好」的論點，馬瑟竟然還聲稱，希特勒之所以住進遊民收容所，有可能——後來甚至演變爲「極有可能」——是因爲他「想要研究那裡的環境」。

【15】»Libres Propos sur la Guerre et la Paix«, S. 46。在納粹德國併吞奧地利之後，哈尼希馬上被祕密國家

警察逮捕並殺害，至少，根據他的友人漢斯・費勒（Hans Feiler）的信所透露，他在一九三八年五月十一日時已經不在世了。順道一提，指責哈尼希這個流浪漢兼臨時工沒有學術道德、只想要用希特勒的故事換取金錢，甚至在一九三三年後宣布要將他的紀錄美化，都是很可恥的做法。參照 W. Maser, »Frühgeschichte«, S. 70。

【16】哈尼希的紀錄上沒有標註日期，見 BAK NS 26/64，後文所有哈尼希的引言皆出於此。也參照 Rudolf Olden, »Hitler«, S. 46 ff. 中哈尼希的陳述，以及 K. Heiden, »Hitler« I, S. 37。

【17】K. Heiden, »Hitler« I, S. 43：有關希特勒居住的男子宿舍的一些有趣的細節，見 W. A. Jenks, aaO., S. 26 ff.。該宿舍住戶的年收入不得高於一千五百克朗，總共有五百四十四張床位，是一個由矢志對抗住房短缺問題的基金會所建立的第四座宿舍。事實上，維也納正如希特勒在《我的奮鬥》中所述，其住房短缺的問題嚴重得令人幾乎無法想像：在一八六〇年到一九〇〇年之間，這座城市的人口暴漲百分之兩百五十九，緊跟在柏林（百分之兩百八十一）之後，成爲全歐洲人口成長第二多的城市，巴黎的人口在同時期則只上升百分之六十。根據詹克斯（William Alexander Jenks）所參考的數據，在維也納的八個主要人口爲工人階級的行政區中，一間房間的平均合租人數落在四人到五點二人之間。

【18】參照 A. Kubizek, aaO., S. 203 和 S. 205，以及 Ferner J. Greiner, aaO., S. 100：提到希特勒很難相處，其辯論時咄咄逼人的風格也很令人印象深刻。

【19】J. Greiner, aaO., S. 106 ff.、S. 38 ff. 以及 S. 78。希特勒當時已經擬定柏林的整建計畫，也在圓桌會議上宣布這一點，參照 »Libres propos«, S. 46。

【20】»Mein Kampf«, S. 35.

【21】Thomas Mann, »Leiden und Größe Richard Wagners«, GW 10, S. 356.

【22】Henry Murger, »Scenes de la vie de Boheme«, Paris 1851, S. VI。也參照 Robert Michels, »Zur Soziologie der Boheme und ihrer Zusammenhänge mit dem geistigen Proletariat«, in: »Jahrbuch für Nationalökonomie und Statistik« 1932/36, S. 802 ff.。根據格奧爾格・盧卡奇（Georg Lukács）以狄奧多・史篤姆（Theodor Storm）爲主題寫作的著名散文，秩序、奉獻精神和持續性是市民階級生活的基本要素，參照 »Schriften zur Literatursoziologie«, S. 296 ff.；順道一提，綜觀內文所提及的，見證市民階級青年與學校之間的衝突的文學作品，我們發現有趣的是，韋德金德在一八九一年就已經寫完《春醒》，卻直到一九〇六年才第一次發表，接著立刻獲得巨大的成功。有關此，參照 Stefan Zweig, aaO., S. 43 ff.。

【23】Hermann Rausching, »Gespräche mit Hitler«, S. 215 f.、一九六九年九月十三日作者訪問亞伯特・史佩爾的筆記 S. 6，以及 Hans Severus Ziegler, »Adolf Hitler aus dem Erleben dargestellt«, S. 125。

【24】Th. Mann, GW 12, S. 775 f..

【25】Friedrich P. Reck-Malleczewen, »Tagebuch eines Verzweifelten«, S. 27.

【26】R. Wagner, »Gesammelte Schriften«, 11, S. 334 f.。有關此，也參照»Kunst und Revolution«，同上 3, S. 35 ff.，以及 Michael Freund, »Abendglanz Europas«, S. 226。

【27】»Mein Kampf«, S. 43，以及 A. Kubizek, aaO., S. 220。

【28】希特勒於漢堡民族俱樂部的演講，參照 Werner Jochmann, »Im Kampf um die Macht«, S. 85。

【29】參照 A. Kubizek, aaO., S. 294 ff.，以及 K. Heiden, »Hitler« I, S. 45。後文提到的哈尼希的說法顯然不是眞的，因爲凱勒曼的小說在一九一三年才問世，但哈尼希在那之前就已經和希特勒分道揚鑣了。不過，我們可以想像，當時應該是有另一部同樣主題的電影。

【30】這個插曲引用自 J. Greiner, aaO., S. 40 ff.，因此必須持保留態度，就像對待該作者提供的其他資訊一樣；儘管如此，此處所描述的事件的確有其在心理層面上的可信度。

【31】»Mein Kampf«, S. 44 和 S. 46。

【32】有關該事件的更多細節，參照 K. Heiden, »Hitler« I, S. 48 f.。

【33】H. St. Chamberlain, »Die Grundlagen des 19. Jahrhunderts« I, S. 352.

【34】A. Bullock, aaO., S. 32；有關完整的資訊，也參照 Hans-Günter Zmarzlik, »Der Sozialdarwinismus als geschichtliches Problem«，刊載於 VJHfZ 1963/3, S. 246 ff.。

【35】»Tischgespräche«, S. 447、S. 179、S. 245、S. 361 和 S. 226；此外，在希特勒於戰爭期間發表的演說中，也經常出現此類言論。

【36】Friedrich Nietzsche, »Die fröhliche Wissenschaft«, Stuttgart 1950, S. 113 ff..

【37】Robert Gutmann, »Richard Wagner«, S. 155 和 S. 350。

【38】F. Jetzinger, aaO., S. 230 ff..

【39】»Mein Kampf«, S. 173.

第四章　逃向慕尼黑

「我必須前往偉大的德意志帝國，那是我夢想與渴望之地！」

阿道夫・希特勒

一九一三年五月二十四日，希特勒從維也納出發前往慕尼黑。當時的他是一名二十四歲的憂鬱青年，對於自己不理解的世界既痛苦又渴望；因爲過去的種種不如意，他的性格越發孤僻，也越來越深陷於自己的冥思苦想中。他在離開維也納時身邊沒有任何朋友，因爲他更容易在自己無法企及的人物身上得到共鳴，例如華格納、迅納爾與呂格等等，這點正好與他不切實際的性格相符。他在所謂「命運的壓迫」下獲得的「個人觀點的基石」，顯然就是一些在胡思亂想後噴發而出的怨恨不滿的情緒。希特勒描述自己離開維也納時的狀態：「我是絕對的反猶太主義者、泛德意志主義者，也是一切馬克思主義世界觀的死敵。」[1]

一如他所有的自我描述，這樣的標籤，顯然只是爲了假裝他的政治意識很早就覺醒了，這種企圖也同樣貫穿《我的奮鬥》一書。儘管如此，他選擇遷居慕尼黑而非帝國首都柏林的事實，卻明確標示出他依舊不關心政治，或者至少證明他天性更關注藝術與浪漫主義，而不是政治。

繆斯之城

慕尼黑於戰前素有「繆斯之城」的美譽，親切、感性而人文，是藝術與學術的中心。「這裡最常見的就是『藝術畫家』。」正如這句令人難忘的老話，這時的慕尼黑正是熠熠生輝的藝術之都。[2]這裡與帝國首都正好相反，當時的柏林是個現代化的城市，喧鬧而多元，社會議題高於美學，意識形態高於市民文化；簡而言之，在柏林，政治凌駕於藝術之上。

此外，希特勒選擇慕尼黑也是因爲這裡離維也納比較近，再次證明他遷居於此是出於很一般的生活動機，而並非什麼偉大的政治理由。距離因素和文化氛圍正是他擇慕尼黑而棄柏林的原因——如果他眞的曾經考慮過柏林、面臨過這種取捨的話。一九三一出版的《德意志社會帝國手冊》（類似德國社會名人傳）指出，希特勒是爲了追求「更大的政治舞臺」才搬到慕尼黑；事實上，如果眞的是出於這種目的，首都柏林應該能提供他更好的條件才是。

他在維也納歲月中養成的孤僻與懶散，也一樣延續到慕尼黑，有時會給人一種感覺，好像希特勒是在一個大而空蕩的空間獨自度過青春歲月似的；他不僅沒有與任何政黨或政治團體往來，顯然在意識形態上也同樣孤獨。在這個百家爭鳴、百花齊放的城市，人情往來頻繁，就連偏執癡迷都會被當作獨具創意的表現——即便是在這裡，希特勒也依舊獨來獨往。

即使是最古怪的種族思想派系，也能在這座城市找到支持者，同樣地，在經濟狀況不佳的小市民階級中，也可以看到立場兩極的反猶太主義和激進左派思想，不過，這些都在慕尼黑的多元包容氛圍中被軟化，以社交場上的友好辯論形式呈現出來。無政府主義者、波西米亞主義者、空想家、藝術家以及新興思想的髺髮信徒，都聚集於施瓦賓的市郊；年輕蒼白的天才們幻想著，以世界革新、救贖、血光、淨化一切的災難以及野蠻的回春療法來拯救墮落的人類。當時聚集在咖啡館高談闊論的有幾個比較重要的團體，詩人斯特凡·喬治（Stefan George）就是其中一個核心人物。一群才華洋溢的學生簇擁在他身邊，極力仿效他鄙視公民道德，不僅褒獎讚美青春、本能、超人特質和嚴謹的藝術家生活理想，更模仿其儀態舉止；他的門徒阿爾弗雷德·舒勒（Alfred Schuler）爲德意志找回先前被遺忘的鉤十字，路德維希·克拉格斯（Ludwig Klages）在與他密切交往時也曾宣稱：「頭腦與靈魂互相爲敵。」[3]奧斯瓦德·斯賓格勒（Oswald Spengler）也在同一時期明確表示西方文明正逐漸式微，並聲稱將有凱撒大帝一般的人物現世，延緩這個無可避免的衰退進程。

施瓦賓的悉格菲街曾經住著列寧這樣的大人物，而希特勒現在就住在幾個街區外的施萊罕街三十四號，房東是一位名叫波普的裁縫師。

一如思想界的動盪，這時的慕尼黑藝術界也瀰漫著新時代開端的氣息，然而，就像希特勒還在維也納時一樣，這些都與他毫無干係。康丁斯基、法蘭茲·馬克（Franz Marc）和保羅·克利（Paul Klee）當時都住在施瓦賓附近，儘管如此，對於希特勒這個剛起步的藝術家而言，這些開啓繪畫新紀元的藝術大師卻都毫無意義。他在慕尼黑的那幾個月只是位卑微的明信片畫匠，懷揣對未來的憧憬、噩夢與焦慮，卻不知道該如何以藝術表達；他以刻板忠實的筆觸描繪清新的田園畫，每塊牆磚、每根草莖、每片屋瓦都顯露出他對完整性與理想化美感的隱密渴望，卻傳達不出他纏繞著野心與複雜情緒的幽暗內心。

他越是清楚意識到自己的失敗、明白自己沒有成爲藝術家的才能，就越是迫切地希望找到足以證明自己優勢的地方。他冷嘲熱諷，沾沾自喜於自己能分辨出人們「經常極度幼稚、沒見識的看法」，也造成他只看得到周遭人們最低下的原始本能：貪腐、利慾薰心下的陰謀詭計、不擇手段、忌妒與仇恨——簡而言之，他想將自己的苦痛歸咎於這個世界。種族歸屬感也偶然成爲他個人優越感的基石，證明他不同且優於所有無產階級、遊民、猶太人與捷克人——也就是他平常會遇到的那些人。

儘管如此，他還是被焦慮壓得喘不過氣，擔憂自己會淪落成與反社會者、貧民院住民或無產者相同的存在。住在男子宿舍時，那些與他擦身而過、出現在閱覽室或昏暗長廊的人們，臉上浮現的是希望破滅與自身的衰敗，令希特勒久久無法忘懷。

希特勒的極端色彩

二十世紀初的維也納充斥著末日氛圍，空氣中瀰漫著疲憊不堪的氣息，「社會」這所學校首先教給他的道理就是衰亡。在希特勒的成長歲月中，沒有什麼能比得過他對此的焦慮，最後也推動出他令人屏息的一生。一如少數參與他早年生活的見證人所觀察到的，他對人類與世界的一貫看法、尖銳與殘忍主要都傳達出一種抗拒的態度，也反映出他其實「飽受驚嚇」。[4]

希特勒無論望向何方，看到的只有絕望、解體與離別的預兆、敗血症和種族壓迫的徵狀，以及廢墟與災禍。他的觀點無疑承襲自十九世紀，當時對於人類未來的悲觀態度就像是烏雲一樣，令發達的科技與進步的文明都爲之失色——但由於他的極端思想和焦慮，這種普遍的情緒也被染上獨特的希特勒色彩。

於是，我們在希特勒的聲明中也發現這種情結，用來解釋他爲什麼在幾年的無所事事、成天做大夢的生活後離開維也納；他混合泛德意志主義、香豔與感性的理由，發表自己對這座城市的憎恨宣言：

「這個帝國首都的種族雜居令我作嘔，我討厭這個由捷克人、波蘭人、匈牙利人、盧森尼亞人、塞爾維亞人、克羅埃西亞人還有其他民族組成的混合體，尤其是其中包括了人類永遠的害群之馬——猶太人，又是猶太人！對我而言，這個大都會就是近親相姦的化身……這些都讓我越來越渴望離開這裡，前往我自小便隱隱默默希冀且熱愛的那個地方。當時的我希望自己有一天作爲建築大師揚名於世，無論上天賦予的任務是大是小，我都要誠摯地爲國家奉獻自己。

但是，我還是希望能去到讓我實現自己最火熱的心願的地方，也就是我摯愛的故鄉和德意志民族共同的祖國——德意志帝國。」[5]

這些確實有可能是他離開維也納的動機，但想必也有其他令他下定決心的原因。希特勒後來承認自己學不會維也納的行話，也發現這裡的文化與藝術都浮現出退化的跡象，認定繼續留在此處已經毫無益處；他表示：「環形大道落成後，建築師能做的只剩下一些不重要的事，至少在維也納是這樣。」[6]

然而，上述這些都並非眞正關鍵的因素，最後發揮決定性作用的其實又是希特勒對一切規定與義務的憎惡——確切說來是爲了逃避兵役。希特勒在慕尼黑警察局登記入籍時，不僅表示自己無國籍，還造假自己離開維也納的日期——他聲稱自己在一九一二年的春天啓程，但其實是在隔年的五月才動身。後來，他爲了掩蓋事實，在一九三八年三月剛進駐奧地利時便下令澈底搜索這些文件——直到一九五〇年代，有關希特勒的軍事文件才得以再度見光。

當時，奧地利政府的調查一開始毫無成果。負責調查的林茨警衛員湊納在一九一三年八月二十二日的紀錄上寫下：「阿道夫．希德勒（編按：原拼字錯誤）似乎在本地及河對岸的烏爾法都未曾登記戶籍，也無法探知其去向。」萊翁丁市長約瑟．梅霍夫——希特勒曾經的監護人——也說不出他現在身在何處，他的兩位姐妹安潔拉和寶拉則表示：「從一九〇八年就沒有聽過他的消息。」負責人員一直查到維也納才得知他已經搬到慕尼黑，登記的住址為施萊罕街三十四號。刑事調查官在一九一四年一月十八日下午突然出現在希特勒門前，將這名通緝犯逮捕，並於翌日帶至奧地利。希特勒這麼久以來都覺得自己已經躲過一劫，現在卻突然面臨沉重的指控，陷入被判刑的危機。這樁事件就像其他看似不起眼的小事，很有可能令他的人生完全改變；假使他帶著這樣一個社會與名譽上的汙點，恐怕很難吸引到數百萬人的追隨，也沒有辦法將他們動員為半軍事性的部隊。

不過，希特勒這次依然得到意外的幫助。林茨當局原本指定的傳喚時間過於緊迫，令他無法及時接受傳喚，審判不得不延後舉行；於是，他利用多出來的緩衝時間，設計出一份縝密的書面聲明。他為了自我辯白，向「林茨市政府第二部門」寫了一封長達數頁的信；這封信也成了希特勒年少時期內容最豐富、意義最重大的一份文件，不僅暴露出他有待加強的德語程度與拼寫能力，從他對個人情況的描述中，我們也能看出此人在慕尼黑延續著之前在維也納的生活，每天依舊亂七八糟、渾渾噩噩：

「我在傳票中被稱為藝術畫家，雖然這個稱呼不算錯，但也不是完全正確。我只是為了攢錢繼續念書才以自由藝術畫家的身分謀生，因為先父是國家公務員，我現在沒有任何財產。我只有少部分的時間能掙取飯錢，因為我為了當上建築畫家目前還在自修。這就是為蛇麼（編按：原拼字錯誤）我的收入這麼少，只夠勉強和支出打平。

我附上我的稅單作爲證具（編按：原拼字錯誤），也在此請求之後可以好心地寄還給我。我的收入在上面被估爲一千兩百馬克，與其說太少不如說估得太多了，而且也不是每個月都能賺到一百馬克。不是這樣的，我每個月的收入很不穩定，現在肯定是很糟的，因爲慕尼黑的藝術市場這陣子都在冬眠……。」

他也爲自己的行爲開脫，雖然說法不怎麼高明，但完全有用；他寫道，雖然自己錯過第一次的期限，但他很快又申報一次，所以文件一定是在行政程序中遺失了。佐以賺人熱淚的理由、自憐自艾的語氣以及狡猾的乖順，他試圖以自己在維也納時的絕望處境爲他的疏漏開脫：

「我在一九〇九年秋天犯下的疏忽之罪與我當時所受的無盡苦楚有關。當年的我少不經事，毫無資金援助，我因爲太驕傲而不願接受任何人的幫助，更不用縮（編按：原拼字錯誤）去拜託別人。我沒有任何資助，只靠著我工作掙來的一些克朗——或者常常只有幾枚赫勒（譯註：一克朗等於一百赫勒）——幾乎不夠支付我的床位。在那兩年之中，我除了煩憂和困苦就沒有其他的朋友，除了永遠無法平息的飢餓就沒有其他的夥伴，我也從不認識『青春』這個美麗的詞。直到五年後的今天，我的手指、手掌與腳上都還有凍瘡，是那段歲月留給我的紀念品。就算我現在已經脫離最糟糕的境地，但回想起當時，我還是無法感到一絲欣喜。儘管如此，我在最困苦的時候、在混亂的環境中依舊循規蹈矩，我從未犯法，也無一對不起自己的良心。」

希特勒在大約十四天後——也就是一九一四年二月五日——出現在薩爾茲堡的檢查委員會，

他的檢查報告上寫著：「太瘦弱，不足以服兵役或擔任後勤，沒辦法使用槍械。」[7]上面還有希特勒的簽名。他在檢查後立刻返回慕尼黑。

游離人群外的局外者

一切證據顯示，他在慕尼黑並非眞的過得不開心。希特勒以「發自內心的愛」——這種他鮮少使用的說法——來描述他第一次看到這座城市時所迸發的情感，他表示：「野性力量與精緻藝術氛圍的絕美結合，從皇家宮廷啤酒屋到慕尼黑音樂廳，從啤酒慶典到繪畫陳列館皆是如此。」值得注意的是，他並未替這種「愛」提出政治因素。

他蟄居在施萊罕街的租屋處，依舊一個人獨來獨往，並且一如既往地不認爲自己需要更多的社交；他只會偶爾與房東波普和波普的鄰居朋友們談論時政，除此之外，他唯一能接受的社交模式顯然就是在施瓦賓的啤酒館裡與人聊天。一切的出身與地位在啤酒館皆無足輕重，所有人都能被接納，人們在這裡既可以互相認識又能同時保持距離；衆人在杯盞交錯之間隨意而偶然地締結友情，得來容易，也散得容易。

他在這些「小圈圈」裡被當作「讀過書的人」，顯然也是在這裡，當他談論奧匈帝國岌岌可危的現狀、德奧同盟的災難、哈布斯堡王朝的反德意志與親斯拉夫政策、猶太人議題或是如何拯救國家之類的議題時，第一次得到更多的贊同，而不是反對的噓聲。這樣的環境有利於游離於人群外的「局外者」，那些見解奇特、出場方式不同尋常的人容易被當作是天才，因此人們並不奇怪於希特勒的表現。據說他經常會在別人質問他時大吼大叫，但無論有多激動，他所說的話依舊驚人地合乎邏輯；除此之外，他也喜歡預言未來的政治走向。[8]

希特勒放棄了十年前逃離學校時立下的心願，坦承自己當時已經不想成爲畫家了；然而，他也從未提過自己對未來的規劃是什麼。他畫畫只是爲了支付日常開銷，好讓自己能夠繼續求學——雖然他後來也未曾眞正付諸行動。他會坐在自己房間的窗邊，繼續畫著以當地景物爲主題的小幅水彩畫，像是皇家啤酒屋、森德靈門、國家戲劇院、穀物市場和統帥堂，接著又回到皇家啤酒屋；這些作品於數年之後被政府公告爲「具有國家價值的藝術瑰寶」，發現者有通報當局的義務。【9】

他有時在慕尼黑的咖啡館一坐就是好幾個鐘頭，一邊大口吞食成堆的蛋糕，一邊閱讀店裡擺放的報紙；有時窩在皇家啤酒屋沉思，頂著一張蒼白的臉，很容易就情緒激動；有時也會在啤酒館裡塗鴉，將鄰桌的客人或店家的內部裝飾都畫進他隨身攜帶的素描本裡。此外，他一直很注重自己的穿著打扮，出門喜歡帶著一根手杖。

根據房東一家的說法，希特勒喜歡維持一種距離感，他們表示：「他很有神祕感，不僅沒談過他的父母，就連男性朋友或女性朋友都沒有聽他提起過。」整體而言，他對未來的目標關注得比較少，對於避免自己的社會地位下滑則關注得比較多。奧地利作家約瑟夫．格雷納聲稱自己曾在慕尼黑與他碰面，並且問他對未來有什麼打算；格雷納轉述希特勒當時的回答：「他說，反正很快就會有一場戰爭，所以他現在不管有沒有工作都一樣。大老闆在軍隊裡也不會比剃狗毛的人重要。」【10】

希特勒的想法並沒有錯。他後來於《我的奮鬥》回顧一戰之前的幾年，深刻地描寫當時風雨欲來的氣氛、一種難以言喻且亟待爆發的緊繃感；顯然，該段落之所以成爲全書亮點並非偶然：

「當我還在維也納的時候，巴爾幹半島就瀰漫著風暴將臨的壓抑悶熱氛圍，有時天邊已經出現一絲亮光，卻又迅速被黑暗吞沒。後來巴爾幹戰爭來了，在緊張的歐洲大陸颳起第一陣風暴。即將到來的時刻就像壓在心上的夢魘，像蒸騰火熱的熱帶暑氣一樣；因爲一直焦慮於將臨的災難，人們開始渴望它眞正到來。於是，第一道閃電落下，上天再也無法阻攔命運的齒輪轉動；天色大變，雷聲與世界大戰的隆隆炮火聲混合在一起。」[11]

戰爭帶來改變

一九一四年八月二日，民衆齊聚在奧登廣場上爲德國的宣戰歡呼，希特勒的身影也被意外記錄下來，他的臉孔、半開的嘴和熾熱的眼神，在照片上都清晰可辨。這一天將他從一切的狼狽、不知所措與自身的孤獨存在中解放出來。「那幾個小時對我而言，」他記錄當時的心情，「就像是青春的痛楚得以被救贖。即使到了今天，我也不會羞於承認我當時陷入了極度的興奮，還跪下來誠心地感謝上天。」

不僅是他謝天謝地，其實一整代的人都同樣感激，他們沒有比在一九一四年八月表現得更團結的時候了。即使不是前景堪憂、渾噩度日的藝術家，他們也會將戰爭爆發、「和平」被破壞的這一天視爲「神聖的時刻」，認爲自己「對道德的渴望」[12]被滿足；長期以來的倦怠感令德國，乃至於整個歐洲世界的主流意識都認爲戰爭能令他們脫離固有的困境，得以翻身。考慮到這種背景，我們可以發現希特勒十分符合當時的主流價值，與普羅大衆懷抱相同的需求和渴望，只是更尖銳、更激進；他們感到不安的不是他的訴求，而是他表現出的絕望。

就像希特勒所期盼地，這場戰爭將改變一切固有的關係與地位，這也是爲什麼每個參戰的國家參戰都得到了人民的歡呼；他們已經察覺到，一個時代正走向尾聲，而另一個新時代正要成形。這場戰爭被當時的美學視爲一種淨化的過程，是人民擺脫平庸與自我厭棄的新希望，詩集《神聖禮讚》甚至將此當作創造混亂、孕育新時代的「普世的高潮」。[13]正如英國外交大臣愛德華．格雷爵士對戰爭爆發所發出的感慨：「歐洲的燈火正在熄滅。」他對於向歐洲文明告別感到悲傷（譯註：在戰爭即將爆發的前夜，英國外交大臣愛德華．格雷爵士留下一句名言：「整個歐洲的燈光正在熄滅，我們有生之年不會再看到它們重放光明。（**The lamps are going out all over Europe, we shall not see them lit again in our life-time.**）」）；儘管如此，戰爭也爲很多人帶來希望。

一九一四年八月初的照片記錄下當時忙碌的慶祝活動、樂觀精神以及期待的喜悅：被動員的士兵們在民眾的夾道歡呼與飄散的花瓣下出征；穿著色彩繽紛的夏季洋裝的女士們從陽臺俯視下方的盛況；空氣中瀰漫著民俗節慶的氛圍，民眾開心地呼喊著萬歲，這些歐洲國家預先慶祝著勝利——他們永遠無法取得的勝利。

德國宣戰後的這幾天變成德國人民獨特的共同經驗，他們就像被施了魔咒一般放下幾世代以來的不合，團結爲一體。這種經驗帶著近乎宗教性的特質，一位當時經歷過的人在數十年後，自己已經白髮蒼蒼的時候寫道：「對於所有一起經歷過的人而言，那幾天是最難以忘懷、最值得回憶的經驗。」[14]人們會在街上或廣場上突然開始唱起《德意志之歌》——這首歌由長期備受爭議的自由派革命家霍夫曼．馮．法勒斯雷本於一八四八年塡詞，後來也成爲今日的德國國歌。

威廉二世於八月一日晚間對著柏林宮廷廣場上的數萬名民眾喊話，表示自己「從此不認一切黨派或信仰」，而「只認德意志弟兄」——這肯定是他說過最得人心的話，在這難忘的一刻掃平了長期分裂對立的德意志民族中的多道藩籬。他們直到現在才似乎再次統一，距離上次的團結已經過了將近五十年。

這幾天就像是個美好的幻象，過去的對立依舊存在於國族大和解的表象下，熱烈的歡呼聲其實各有不同的動機：個人的希冀、愛國精神的夢想、對現狀的厭煩、革命的衝動、反社會的憤慨、對霸權的渴望以及希望衝破市民社會秩序的冒險渴望——一切都匯集在一起，令他們一時之間就好像在爲拯救祖國奉獻自己。

希特勒的感受也同樣如此：「我的心中滿溢著幸福的驕傲之情，就像其他數百萬人一樣，」並且將激昂的情緒歸因於他終於有機會證明自己的民族情感。他在八月三日提出申請，請求巴伐利亞國王准許國籍爲奧匈帝國的自己作爲志願役歸屬在巴伐利亞的某軍團麾下（譯註：德意志帝國爲聯邦制國家，巴伐利亞王國即爲其下屬邦國之一，在規模、權力與財富上僅次於普魯士王國）。這看似與先前逃避兵役的舉動矛盾，但其實並非如此；因爲，服兵役對他而言是無謂的壓迫，戰爭卻意味著他能從不被理解的苦悶情緒以及毫無目標的空忙中解放。

據他所言，他年少時第一次醉心閱讀的書是兩本關於普法戰爭的愛國民族誌，而現在，他想要加入這支在童年的書中冒險裡閃閃發亮的強大軍隊。希特勒在之前幾天體會到過去缺乏的歸屬感與團結感，他在人生中第一次發現自己有機會能加入一個這麼偉大、令人望之生畏的組織。雖然他先前已經有了一些閱歷，了解人類的困境、渴望與焦慮，然而，作爲游離於團體之外的「局外者」，他並不像其他人一樣有共同命運的認同感；不過，滿足希特勒這種深層需求的機會大門，現在已經爲他打開了。

希特勒在遞出申請的隔日就收到回覆，他承認自己當時是以顫抖的雙手打開這封信。信中要求他至巴伐利亞預備步兵團第十六團——因爲指揮官的姓氏而稱爲李斯特軍團——向指揮官報到。他表示：「我人生中最難忘、最偉大的時刻開始了。」【15】

注釋

【1】一九二四年二月二十四日，希特勒在慕尼黑人民法院所言，參照 Ernst Boepple, »Adolf Hitlers Reden«, S. 96，以及 »Mein Kampf«, S. 137。

【2】參照 Thomas Mann, GW 9, S. 176。在《慕尼黑作爲文化中心》一文中將慕尼黑與柏林互相對比：「此處的人充滿藝術氣息，彼處的人則關注政治經濟議題。」GW 11, S. 396。

【3】此作雖然於一九二〇年代末才出版，其標題卻很快就成爲流行口號，正好傳達出二十世紀初的「慕尼黑」氣氛。

【4】參照 F. Jetzinger, aaO., S. 115，以及 A. Kubizek, aaO., S. 215。

【5】»Mein Kampf«, S. 135 f.

【6】有關驅使希特勒離開維也納的複雜動機，參照 »Mein Kampf«, S. 134 ff.。

【7】對兵役事件的描述沿用 F. Jetzingers (aaO., S. 253 ff.) 的研究結果，感謝他對釐清事件脈絡的貢獻，希特勒寫給林茨市政府的信函也一併收錄於該書中。

【8】參照 »Mein Kampf«, S. 138 f., S. 163，以及 K. Heiden, »Hitler« I, S. 53。

【9】參照 W. Maser, »Hitler«, S. 94 f.。一九四四年三月十二日，希特勒對海茵希．霍夫曼發表有關被他放棄的兒時夢想的談話，參照原納粹黨檔案總館，BAK, NS 26/37。

【10】J. Greiner, aaO., S. 119。福蘭茲．耶慈格卻表示自己有充分的理由懷疑，格雷納是否眞的曾經在這個時間點與希特勒會面。K. Heiden, »Hitler« I, S. 52，以及 W. Maser, »Hitler«, S. 120 和 S. 122。

【11】»Mein Kampf«, S. 173.

【12】Th. Mann, »Betrachtungen eines Unpolitischen«, S. 461.

【13】喬治．索雷爾（Georges Sorel）將普魯東（Pierre-Joseph Proudhon）對於世紀之交的看法加以推廣，完整原文如下：「戰爭是普世的高潮，其孕育混亂，唯一切創始的開端，就像救世主耶穌基督一樣，以死亡戰勝了死亡。」引用自 M. Freund, »Abendglanz Europas«, S. 9。加布里埃爾．鄧南遮將自己爲義大利參戰辯護的詩作編輯成冊，以「神聖禮讚」爲名發表。

【14】Friedrich Meinecke, »Die deutsche Katastrophe«, S. 43.

【15】»Mein Kampf«, S. 179.

第五章　因戰爭而得救

「軍隊打磨淬煉了我們。沒有軍隊，就沒有今天站在這裡的我們。」

阿道夫・希特勒

十月下旬，李斯特軍團在不滿十週的訓練之後被派往西部戰線。希特勒早就對此期待不已，因為他擔心戰爭可能在自己還來不及上場時就結束。結果，他在十月二十九日初次參戰時，便體驗到戰初最為血腥的幾場戰役之一——第一次伊珀爾戰役。

德軍嘗試突進至英吉利海峽的海岸，卻受到伊珀爾的英國駐軍激烈反擊，最終未能成功，破壞了德國的重要計畫。當時的戰鬥來來回回地持續了好長的時間，希特勒在給房東波普的信中寫到，他們軍團在四天的時間內，由原本的三千六百人剩下約六百人。根據軍團的紀錄，有三百四十九名烈士於第一場行動中犧牲，接著沒多久，也在巴瑟勒鎮失去了他們的指揮官。錯誤指令下的嚴重犧牲，令德軍獲得了「人民悲慟的支持」。[1]

希特勒在《我的奮鬥》中描寫自己首次作戰的段落，雖然其真實性無法透過詳細的細節考核，從這種不同尋常的細緻文風，以及詩化文句中的明顯用心，都得以看出這段經歷已經在他心上落下了無法抹滅的烙印：

「我們在一個潮濕寒冷的夜晚靜默行軍，穿越弗蘭德。當濃霧中開始透出天光，頭頂上突然響起炮擊的呼嘯，炮彈在尖銳的爆破聲中落在我們的行列之間，潮濕的泥土飛濺四散。在霧氣消散之前，兩百個士兵放開喉嚨，高呼狂吼著迎向第一位死亡的使者。

接著是喀嚏與轟隆作響、歌聲與咆嘯。每個人都赤紅著眼向前邁進，越來越快，當我們跨越甜菜圃與灌木叢時，戰鬥突然開始，兩軍短兵相接。這時卻有歌聲遠遠地傳進耳裡，越來越近，一個連隊一個連隊地過來。當死神在我們隊上辛勤收割時，歌聲也傳了過來，這下換成我們繼續傳唱：德意志，德意志，高於一切，高於世間所有萬物（譯註：《德意志之歌》的歌詞）！」[2]

在第一次世界大戰期間，希特勒作爲傳令兵在司令部與前線之間來回奔走。這份職務只需要依靠自己、不必與他人合作，正好符合他獨來獨往的性子。他的一位上級回想當時的希特勒，形容他是「安靜、看起來沒什麼軍隊氣息，一開始和他那些同袍沒什麼不一樣」，這位上級也說希特勒可靠、盡責，是比較認眞嚴肅的那種人。

然而，他在軍中也被視爲怪人、「瘋傢伙」，他的同袍也幾乎都肯定這個說法。希特勒經常「坐在角落，頭上還戴著鋼盔就陷入自己的思緒，我們沒人能讓他脫離那種心不在焉的狀態」。儘管我們蒐集到許多同袍對他的評語，時間跨度也將近四年，卻只能得到一樣或者極爲相似的評價——都一樣的蒼白，沒有一則能令他的形象更鮮明。甚至是他身上引人注目的地方，都帶著一種奇異的非人性，令人更注意到他的原則，而不是他這個人。希特勒有時會在長時間的沉思後爆發，並不是因爲軍中生活的無數摩擦，而是因爲他焦慮於無法獲得勝利、受到背叛或是某些看不見的敵人。

我們從任何相關軼聞都看不出他的個人面貌與特色，唯一一則廣爲流傳、後來被收錄於校園讀本的趣聞，事實上也不過又是一篇樣板文章：在某次傳令中，希特勒是如何在蒙迪迪耶附近遇上一支法軍的十五人小隊，又是如何憑藉著沉著、努力與出其不意，最後成功打敗他們，一路將其俘虜到指揮官的面前。[3]

他熱血激昂得如同一本教科書，用愛國月曆的插圖掩蓋眞實的自己，就像是想以老掉牙的情節躲避周遭的一切。例如，他在某次偵查中遭遇突如其來的敵軍掃射，他挺身保護指揮官，將其護在自己身後，懇求他「不要讓軍團這麼快就失去第二位指揮官」。[4]儘管後來有許多人質疑他的行爲乃是出於政治動機，但當時的他毫無疑問地勇敢無比。

希特勒在一九一四年十二月已經獲得二等鐵十字勛章，「這是我人生中最開心的一天，」他給房東波普的信中寫著，「當然，其他也應該獲得如此殊榮的同袍們，幾乎都已經死了。」一九一八年五月，他因爲英勇抗敵而受到表揚，獲頒獎狀；同年八月，他又得到了以他的軍銜而言相當少見的一等鐵十字勛章。

他獲頒一等鐵十字勛章的確切理由，我們至今仍然不得而知。或許是爲了避免承認這次表揚有賴於猶太裔軍團副官雨果．古曼（**Hugo Gutmann**）的建議，希特勒也從未提過這件事。

儘管軍團紀錄對此隻字未提，坊間流傳的說法卻是五花八門、各不相同。這些流言明顯以之前那則軼聞爲基礎，聲稱希特勒俘獲了十五人的英國偵查隊，或者戲劇性地描述他受到十二名甚至二十名法國佬監禁。有的版本甚至誤傳希特勒講得一口流利的法語，但他其實只會一點皮毛；又有某個版本聲稱他是如何穿越一個炮兵連的攻擊，在臨近的炮火下隱藏自己的位置。不過，最有可能的是，這枚勛章可能不是為了表揚他的某次行動，而是肯定他多年來的付出。

無論確切原因為何，這些勛章都表明希特勒的未來無可限量，賦予這個奧地利人精神上的德國公民資格，並且為他後來的職涯發展創造有利條件。藉此，他得以確保、並且合理化自己的政治話語權以及政治號召力。

戰爭帶來的改變

儘管如此，希特勒高漲的責任意識，以及持續對戰局的全面性關注，卻經常在戰場上惹惱他的戰友。「我們都會吼他。」他當時的一位同袍回憶道。其他人也表示：「那個瘋傢伙就是想掌控一切。」

在他瘦削蠟黃的面孔上，經常出現沉重抑鬱的神色。顯而易見地，與其說他不受歡迎，不如說是他又一次主動在自己與同袍之間劃下分界。希特勒與他們相反，他沒有家庭，鮮少像他們一樣寫信收信，對於這些人乏味的嗜好也提不起興趣，也不與他們一起討論女人、分享憂慮或歡笑。希特勒回想這段時光，他坦言：「無用之事最令我厭惡。」相對地，他說自己經常思索人生難題，閱讀基督福音書、荷馬及叔本華的著作，自己在這場大戰學到的，就像上了三十年大學一樣多。[5]

他比所有的同袍更堅定，深信唯有自己才明白這場大戰的意義；他因為自己的孤獨以及不與人交際，更自信於自己不同於凡人。從這個時期留存下來的照片中可以看到，蒼白的希特勒沉默而表情僵硬地坐在同袍們的旁邊，顯露出他們之間奇異的陌生感，以及各不相同的生活經歷與人生目標。

在社交上的無能或許就是他在四年的前線征戰中，僅僅止步於二等兵的決定性因素。紐倫堡審判中，李斯特軍團的常年副官表示，他們有幾次考慮將希特勒提拔爲下士，最後卻還是放棄，「因爲我們無法在他身上發現相應的領導能力」據其所言，甚至連希特勒自己都不想被提名晉升。[6]

他於大戰期間發現軍隊的人際關係很符合自己的天性，不帶感情與個人色彩，就像他在男子宿舍時的生活方式。不同點在於，軍旅生活能滿足他內心隱藏的激情，以及對社會聲望與盛大排場的嚮往。無論如何，男子宿舍或軍隊都符合他害羞、厭於社交的個性，同時又能提供少量的人際接觸，正好符合他的需求。他在戰場上找到過去未曾尋得的歸宿，兩軍對壘間的無人地帶就是他的家。

他過去的上級也證實：「對希特勒二等兵而言，李斯特軍團就是他的家。」[7]如此，我們便不再困惑於他在大戰期間所展現的強烈服從意志，似乎與先前的獨行俠作風相互矛盾。自從母親離開人世，他就不曾如此有歸屬感；他對冒險與秩序、無拘無束與秩序的矛盾需求，也未曾有機會像在司令部、前線戰壕及防空洞如此長久地得到滿足。相對於過去幾年的慘痛經驗，這場大戰是阿道夫·希特勒成長過程中相當具正面意義的一段經歷，他以「印象深刻」、「動人心魄」、「如此幸福」等詞語表示強烈的肯定。

希特勒坦承，自己因爲戰爭而改變。[8]原本多愁善感的年輕人在戰火中學會堅強、了解自己的價值，同時也再次有勇氣面對自己的親戚——他於一九一七年十月與一九一八年九月的探親假中，都在司畢塔與家人一起度過。他在戰場上更學到一點自我克制以及團結的好處，也受到當時盛行的那種慷慨激昂、反理性的宿命觀影響。

他的勇氣，以及在最猛烈的炮火中前行的那份冷靜沉著，令戰友都覺得他就像是頭上頂著神光一樣，只要有他在身邊，他們就會說：「一切都會沒事的！」對此，希特勒也印象深刻，顯然因此更堅信這就是自己的天命——經過這麼多年的失意，他也未曾放棄過這個信念。

然而，這場大戰也令他越來越喜歡批判性地沉思。年邁的領導階層失能，他想捍衛的社會秩序也因此內部耗損——就像周遭的其他人一樣，他在戰場上也被灌輸這樣的想法。「我想讓這些陣亡弟兄的上級負起責任」他有幾次對戰友這麼說，對方聽了一臉震驚。

「什麼是新的社會秩序？」當時，這個難題突然出現在鮮少關注政治的市民階級青年的面前，希特勒也同樣如此，開始模模糊糊地有所感覺。據他所言，自己一開始並不熱衷於政治活動，就像在維也納那幾年一樣對政治漠不關心，並不想「對政治多做了解」，但停不下來的思考癖卻打亂了先前的想法。沒過多久，他就因為「以老百姓的哲學探討政治與世界問題」，引起了其他人關注。

希特勒在大戰初期曾寄信給一位慕尼黑的熟識，從那封十二頁的長信中，我們得以一覽他對此的觀察。「我奇蹟似地平安健康」[9]他先是詳細描寫了自己參與的某場硬仗，最後在結尾寫下：

「我經常會想起慕尼黑。我們現在只希望，一切很快就能結束，無論付出多大的代價都願意。每天幾十萬人的犧牲與苦痛，以及日日流淌的血色河流，會令我們的家園被洗滌乾淨；若有弟兄幸運存活、得以再次歸國，就會發現家鄉乾淨不少、不再受外國勢力玷汙。被我們粉碎的，不僅是德國在外頭的敵人，還有國內興起的國際主義——這比獲得新的領土更重要。至於奧地利，之後的發展會像我之前一直說的那樣。」

由這段文字可以看出，希特勒在維也納時期的意識形態這時已經固化，他焦慮於國族的過度異國化，對這個充滿敵人的世界抱持著抵抗的態度。此外，從信中也能看出，他的想法乃脫胎於奧地利的泛德意志思維，後來也反映於他「內政優先」的理論——先達成國家的內部團結，才追求向外擴張。大德意志國首先必須屬於德意志民族，接著才得以偉大。

興起步入政壇的想法

一九一六年的十月初，希特勒的左大腿於雷巴克受到輕傷，於是被轉移到柏林附近的貝利茨軍事醫院。一直到一九一七年三月，將近五個月的時間，他都待在德國。若一切屬實，他也是在此期間興起步入政壇的想法。

一九一四年八月宣布德國參戰的那幾天，以及後來在前線的經歷，都特別令他覺得自己與德國緊密相連。他對自己在這兩年中體會到的團結一致感到滿足、踏實而幾乎無法被動搖。他在家鄉沒有歸處，也不知道未來該向哪兒去，於是幾乎放棄所有的休假權利；他安靜地沉浸在自己的幻想世界，根據他後來的回憶，自己當時所嚮往的「還是由古老英雄組成的強大軍隊」。[10]

然而，在貝利茨養傷以及後來首次造訪柏林時所發現的矛盾衝突，都令他久久震驚不已。無論是政治、社會層面，甚至是出身地的差異，過去的對立現在又全部捲土重來；人民在戰初的熱血，如今卻是絕望在他心中發酵。當年休戚與共的崇高熱血，再度被黨派之爭、意見相左與互相對立所取代——這點可能也是柏林遭受希特勒怨嫌一生的根本因素。

他觸目所及的是不滿、飢餓與灰心喪志；他對於在工作中混水摸魚、沾沾自喜於「自己比較聰明」的那些人感到氣憤。他將自己觀察到的假仁假義、自私自利，以及藉戰爭發財的現象都默記在心裡。最後，他發現這一切，以及自己從維也納時期就一直受到的壓迫，都離不開猶太人的影子。

直到傷勢近乎完全恢復，返回慕尼黑、歸入後備軍部隊之時，希特勒仍然不改這種想法，認爲德國已經不是自己能認得出的模樣了。他帶著不加掩飾的怒火，轉而敵視那些破壞他團結美夢、摧毀他從小到大首次正面的社會經驗的人。他針對的一部分是「該被送進毒氣室」的一萬兩千名或一萬五千名的「希伯來罪魁禍首」，另一部分則是政客與新聞記者。希特勒使用的詞彙——「空話家」、「社會的害蟲」、「作僞證的革命犯」——更反映出他對此是如何憤怒。此外，他也說這些人唯一應得的下場就是被殲滅：「我們必須無情地投入一切軍事手段，才能根絕這場黑死病。」[三]他依舊熱切、甚至歇斯底里地渴望著大戰的勝利。因爲他預感、同時算計出，戰爭失利對自己從無名小卒的狀態翻身並沒有任何幫助。

他於一九一七年的春天返回前線，得以再次遠離自己一直無法適應的市民社會，他因而感到解脫。根據軍事紀錄，他參與了弗蘭德的陣地戰——春天的阿拉斯會戰，以及秋天在貴婦小徑（Chemin des Dames）的激烈作戰。於此期間，他憂心地注意到，「愚蠢婦女寄來的無聊信件」令祖國的厭戰情緒在前線散播開來。

返回前線的這段時間，他經常與一位戰友——畫家恩斯特·施密特（Ernst Schmidt），討論自己將來應該從事什麼職業。施密特表示，雖然從未真正下定決心，但這位同袍當時已經在考慮是否該從政。然而，同時也有諸多證據顯示，他似乎仍然認爲自己會成爲一位藝術家。

希特勒在一九一七年十月，也就是試圖終止大戰的德國國會和平決議（Friedensresolution）引發軒然大波不久，德國即將在東線迎來勝利之時，利用休假前往政治中心柏林旅遊。他寄給施密特的明信片上寫道：「現在終於有機會能好好研究這些博物館了。」他也坦承，自己當時經常對朋友們說，他要在戰後一面從事建築師的工作，一面活躍於政壇。據說，他當時也已經知道要如何實現這個計畫——那就是成為一名演說家。[12]

這個計畫符合他從維也納時期以來的想法——所有的人類行為都是可以被操縱的，幕後操縱者無處不在地牽動一切。這個想法令他不安又著迷，當他想像自己某天也能成為這種操縱者，這個念頭就更蠱惑著他。這種對人類的想像否定了任何自發行為的存在，一切行為皆被操縱、一切皆可被「製造」。「最後交織出幾乎無法理解的結果」正如這句他帶著驚異所寫下的話，唯有對的棋手、在對的時刻、下出對的棋路才能達成這點。

因此，他以完全不合適的方式，將歷史發展與民族、階級和黨派的起伏跌宕，都歸因於宣傳能力的強弱所造成的不同結果。他於《我的奮鬥》第六章，更是以德國與協約國的宣傳手法為範例，闡述這種觀點。

根據他的想法，德國之所以戰敗，乃是因為他們的宣傳「在形式上不足、在本質上犯了心理錯誤」。德國領導層無法認知到這項武器的真正駭人之處，推出的宣傳稱不上「宣傳」這兩個字，他們的宣傳是「無味的和平主義洗杯水」，完全無法蠱惑大衆，「讓人民滿腔熱血地赴死」。唯有「最能洞察人性的天才」才足以完成這個任務，德國卻交給只會自作聰明、自命不凡的窩囊廢負責；不僅沒有效果，甚至有時會造成損失。

而另外一邊的對手，依希特勒所言，就是完全不同的狀況了。他對協約國「殘忍而天才」的抹黑攻擊印象非常深刻，屢次以內行人的姿態細細品味這些謊言的「堅定、大膽以及偏執」，【13】並從中獲益良多。正如他喜好以對手的手段爲例，演示自己的信念與行動原則，他最初在發展自己的心理影響理論時，也是以一戰時的敵軍宣傳手法作爲範本。

然而，這種「對手在心理戰上大占優勢」的理論，雖然符合多數德國民眾的看法，卻與其他說法基本上沒有什麼兩樣，都是以非軍事的因素爲這個以軍力爲傲的國家開脫，留下許多無法解釋之處。德國在這麼多場戰役取得勝利，付出了這麼多的努力與犧牲，最終卻仍然戰敗。

希特勒獨特地混合敏銳的洞察力與含糊空洞的說辭，令自己的謬論顯得很聰明。他以上述理論爲出發，嘗試闡述自己對宣傳的本質與作用的理解：宣傳必須通俗，不以知識分子爲目標，而是「永遠只面向大眾」，以思想最狹隘之人的接受程度爲標準，隨時調整內容；要有能琅琅上口的口號、只專注於少數幾個淺顯易懂的目標；只訴諸情感，永遠不談理性，拋開一切客觀性；不允許對己方的正當性有任何一絲懷疑，只有「愛或恨、正當或不正當、眞實或謊言」，並且「永遠沒有模稜兩可的空間」。

這些想法一樣並非希特勒所原創，然而他思想的活力與支配群眾的靈活度，令他很快擊敗所有對手與競爭者，贏得民心，無人得以望其項背。他不帶任何鄙夷，將大眾與其思想的狹隘、遲鈍、僵化都視爲可以令他達成目標的工具，支配自如。

同時，這也是他第一次意識到自己在這方面的優勢。一戰後期的經歷讓他更加肯定自己在維也納時期的體會：如果沒有群眾，如果不了解他們的長處、短處、敏感之處，就無法運作政治。他的偶像卡爾・呂格正精通此道，英國首相大衛・勞合・喬治（David Lloyd George）與法國總理喬治・克里蒙梭（Georges Clemenceau）這兩位民主派的重要人物也擅長煽動人心，之後的美國總統威爾遜也算在其列——雖然他有點蒼白無力，腦子也有點問題。

希特勒認爲，德國沒有能與這些協約國領袖抗衡的人物，也是現在日漸顯現劣勢的主要原因之一。德國的領導階層與人民隔絕，不了解大衆的重要性正日益擴大；他們保守而食古不化、傲慢得近乎無知，只知道因襲傳統。

他在這段時間的深刻印象，就是體認到他們的失敗。他沒有那些即將退位的德國統治階層特有的弱點，冷靜而不帶任何成見，毫不多愁善感或自私自利。因此，他甚至讚賞對手放出來的宣傳品——德國士兵以劊子手的形象出現，地上滿是被斬下的孩童手掌與被割開腹部的孕婦——這些圖畫正是在利用恐懼的魔力，以及大衆心中日益膨脹的憎恨。

此外，他也再次深刻體認到思想的動員能力。協約國以十字軍東征的模式，爲自己鍍上一層金光，好似他們以最神聖的善德，保衛世界免受來自深淵的野蠻勢力侵害——對手這種傳教士一般的自我描述，令德軍幾乎毫無還手之力。大戰早期的戰果，令德軍拋棄了純粹進行保衛戰的想法，越來越明目張膽地擁戴擴張主義下的勝利，卻沒有意識到，他們需要給世人一個冠冕堂皇的理由，最後得到慘痛的後果。

對於一個太晚才妄想擴張領土的國家而言，一切已經來不及了；這時興起的是一種社會救贖的概念。一九一七年的年末，由退出戰局的俄羅斯所提出的「正當、民主、沒有領土兼併的和平」，這是「根據人民的自決權」，也是「每個國家疲憊而飽受折磨的工人與勞動人民所衷心期盼的」；另一方面，美國總統威爾遜於一九一八年的年初，在美國國會上提出一項涵蓋廣泛、「對世界有用，保障人類生命安全」的和平草案，其中包括正義的秩序、政治與道德的自決，以及不再有暴力與侵略。

因爲帝國的不知變通，這項提案無可避免地在這個疲憊的德國帶來長遠的影響。一則關於這段時期的著名軼聞，便是在一九一八年秋天之時，德國總參謀長曾一拍腦門，突然頓悟：「我們所要對抗的想法有這麼多，而我們之所以即將輸掉這場大戰，就是因爲對它們一無所知！」[14]

「德國失敗並非由於軍力不足」的理論，後來演變爲各種版本，成爲右派政治家固定利用的說辭：不僅是出於這個國家的英雄情結——寧可自己敗於陰謀詭計與出賣背叛，也不願知道自己是敗於公平公開的戰鬥——也是因爲這個說法有一部分是事實。儘管並非民族主義代表人物的本意，但德國確實在戰場以外的地方同樣不如人：他們的政體比不上其他國家現代的民主秩序，既落伍又不合時宜。

此外，希特勒第一次察覺到，想要對抗某種思想，單以權威的強制力是無法成功的，必須要有另一種更有暗示性的思想作爲輔助工具：「如果沒有另一種新的觀點作爲武器，想以統治手段遏止某種世界觀只會以失敗收場。唯有讓兩種不同的世界觀彼此纏鬥，才能堅決而殘酷地使用武力，爲自己一方帶來最終的結果。」[15]雖然這種想法在大戰期前還只是模模糊糊的，與其說是清楚的意識，不如說是一種感覺，但也是他從這幾年得到的永久收穫。

面對敗局

一九一八年夏天，德國似乎再次比過去的任何時候都有希望獲得勝利。德軍剛在幾個月前取得的成果十分重大，而並非只是令他們疲憊不堪、短暫的會戰勝利：德意志帝國於三月初強迫俄羅斯簽下《布列斯特—立陶夫斯克條約》，一個月後又與羅馬尼亞簽署《布加勒斯特條約》，德軍勢力再次如日中天。

同時，兩面作戰的狀況也得以解除，德軍西線部隊帶著兩百師、將近三百五十萬的士兵迎戰協約國的主力部隊。雖然德軍在裝備及武器上明顯不如對手，以一萬四千門火炮對上敵軍的一萬八千門火炮，國內也並非百分之百的支持，興登堡與魯登道夫領導的最高陸軍指揮部卻還是重新獲得了民眾的信心，趁著美國援軍尚未抵達，在三月底發動了後來總共五波攻擊的第一波。

「德國人民現在的選項只剩下勝利或滅亡」德軍的重要主將魯登道夫曾如此聲稱，這份孤注一擲的瘋狂，後來也同樣出現在希特勒身上。

在這麼多次無益於戰局的小勝，以及得不到回報的辛苦付出之後，德軍收攏殘餘的勢力，頑強地展開攻擊，決心要全面突破戰線，奪得最終的勝利。希特勒在李斯特團中參與了這幾場會戰，尤其是蒙迪迪耶－努瓦永的追擊戰，以及蘇瓦松與蘭斯的戰役。德國與其盟軍也真的在初夏時，成功將英國與法國的軍隊擊退到距離巴黎只有六十公里的地方。

但是，他們卻再也無法推進戰線，又一次，德國能得到的只有勝利的幻影。戰果背後的慘烈犧牲、極度缺乏後備軍補充、敵軍的嚴防死守，都使得他們每每才突破戰線又很快陷入苦戰。後方的德國民眾對此卻並不了解，他們只爲捷報感到欣喜。

八月八日，協約國全線反攻，德軍此時早已停止作戰，亞眠的陣線甚至潰敗。於此關頭，最高陸軍指揮部仍然堅持隱瞞軍情，儘管他們未來可能必須在無法取得勝利時承認自己的決策錯誤。然而，在這種早已全無希望的境地，他們只能考慮任何令德國不戰敗的渺茫希望。

這讓德國民眾在一九一八年夏天最爲熱切地相信，大戰即將結束、勝利即將到來。然而，未來等待他們的，事實上只有突如其然的戰敗。很少有什麼能像這種勝利假象一般，如此有力地反擊希特勒對於德軍宣傳能力低落的評價——雖然他是從錯誤想像中推導出正確的結果——就連負責的高級官員及政客，也抱持著與事實差之千里的錯誤期望。[16]

因此，當德國的社會大衆發現現實並非自己所想像時，更是一下跌入谷底。一九一八年九月二十九日，魯登道夫要求德國政府立即宣布停戰，他瀕臨崩潰，拒絕戰術性的一切防守。顯然，他在發動攻擊時從未考慮過自己失敗的可能性，也不願意爲了得到政治上的支持而撤回攻勢。他從未有過確切的戰略，每當王儲提出質疑，他一向只暴躁地回覆：「我們殺出個缺口，剩下的再看著辦！」馬克斯．馮．巴登王子（Prinz Max von Baden）想要知道失敗的後果爲何，魯登道夫則惱火地回答：「那德國就會滅亡。」[17]

面對敗局，德國無論在政治或是心理方面都毫無預備。以當時的話來說，他們就像「信仰聖經」[18]似地堅信他們在軍械上的優勢，如今卻突然墜入無盡的深淵。

陸軍元帥興登堡所說的「從勝利的凱歌變成失敗的輓歌」，既富含深意又難懂，證明當時德國人民的幻滅。這位老元帥竟然在魯登道夫承認戰敗後，馬上要求外交部長務必於接下來的談判中全力拿下洛林區的礦脈[19]——他這種獨特的逃避現實方式，在往後的年月中也越來越常見於逃避國族苦難與絕望的德國人民身上，一直到那令人陶醉的一九三三年春天來臨。恰如興登堡的比喻，這種前後落差令人震驚，同時深深影響了後續的歷史發展。我們若是不把德國人這次所受的打擊納入考慮，就無法眞正理解後來所發生的一連串事件。

病中休養

與此同時，李斯特軍團那個總在想東想西、過於熱血、以統帥角度綜觀全局的希特勒二等兵，也受到了特別的打擊。一九一八年十月，希特勒所屬的部隊被投入弗蘭德的防禦戰。十月十三日的夜晚，英軍在從伊珀爾南邊發動毒氣攻擊，他在韋爾菲克旁的山坡上遭遇長達數小時的毒氣彈的密集攻擊。希特勒在即將天亮時感到劇烈的疼痛，當他於早上七點抵達軍團本部，幾乎已不能視物，並在數個鐘頭後失明。根據他的描述，當時他的雙眼像是燒紅的煤炭一樣。很快地，他被轉移到波美拉尼亞一所名為帕斯沃克的軍事醫院。[20]

希特勒於此休養期間，醫院裡流傳著各種關於奧匈帝國解體與大戰即將結束的傳聞，空氣裡似乎瀰漫著山雨欲來的緊張氛圍。他出於自己過度的責任感，害怕會發生地方的動盪、罷工或反抗之事；儘管於他而言，這些變化的徵兆「更像是某些人幻想出的怪物」。

疲憊與厭惡的情緒在全國人民中散播開來，比上回他在貝利茨養傷時更嚴重，他卻奇異地毫無所覺。希特勒的雙眼於十一月初剛開始好轉，卻仍然不能閱讀報紙，他這才表現出憂慮，他對戰友說，他害怕自己再也無法畫畫。

於是，對希特勒而言，十一月革命無論如何都是「沒有預期」、「在某一天突然發生」的。在他看來，就是幾個沒上過前線、從所謂的「淋病醫院」出來的猶太年輕人，舉起了「紅色的破爛旗子」——因此，他認為這些不過是偶然的單一事件。[21]

一直到十一月十日，他才獲悉自己「一生中所知的最駭人事實」。醫院的老神父將所有人聚集在一起，告訴他們德國已經爆發革命、霍亨索倫王朝被推翻，共和國宣告成立。據希特勒的描述，這位老先生追憶皇室種種，默默垂淚，當時在場的人沒有一個能忍住不掉眼淚。他接著說，他們已經戰敗，只能聽任一直以來的敵國處置，希望他們能手下留情……「此時，我再也無法忍受，再也無法待下去了。眼前又開始發黑，我摸索著踉踉蹌蹌回到寢室，撲到床上，把自己埋進棉被與枕頭裡，頭痛得快要燒起來。從站在母親墳前的那天開始，我就再也沒有哭過了……現在

我卻沒辦法不哭。」【22】

希特勒的幻想因為十一月革命而再度破滅，突如其來、令他無法理解，就像是自己當年想考進美術學院，最終卻只能被拒於門外。因此，這次的經驗在他的心中被誇張地放大，進而對生涯產生長遠的影響，他甚至將自己從政的決定也歸因於此。由此也得以看出，希特勒超乎常人的毅力是如何的頑強、熱烈。在幾乎每場大型談話中，他都要儀式性地提及此事，幾乎將這場革命稱作「令他一生覺醒的事件」。

史學家們對此也有各種評論，一戰的突然轉變毫無疑問令他灰心喪志，甚至可能是造成他於一九一八年十月失明的原因——或者至少是他歇斯底里的部分原因——希特勒自己有時候也助長了這種說法：例如，他在一九四二年二月的一場對官員及預備官員的演說中，談到了那場可能令他全盲的危機。他說，視力一點也不重要，如果只能看到一個自己民族受奴役的世界：「那我有什麼好看的？」一九四四年春天，希特勒的敗局就在眼前，他對著軍火與裝備部長亞伯特·史佩爾（Albert Speer）消沉地說，他怕自己會又一次地失明，就像一戰快結束時那樣。【23】

希特勒被耳邊迴響的聲音喚醒，再也不是過去那個微不足道的自己。這種概念也出現在《我的奮鬥》的段落中：天才經常就是「需要真正的逆境，才能發光發亮」；「即使是未來的大人物，在千篇一律的日常中也常常顯得無足輕重，很少會有突出的表現；當天下大亂，其他人或沮喪氣餒、或六神無主，這時，他們的天才本質才會像樹苗一般，破開平凡人的外表成長茁壯，令那些向來眼界狹窄的市民階級震驚不已……如果沒有這種考驗的時刻，幾乎是不會有人能在這個乳臭未乾的小毛頭身上，看出他是未來的年輕英雄。當命運的重鎚砸下，有的人會倒在地上，有的人卻正是塊精鋼，頓時錚錚作響。」【24】

對於這種說法，我們顯然只能理解爲，希特勒是在表達自己的特殊使命遭受中斷，並且合理化自己過去的放蕩不羈、懶散度日、成日幻想，與在軍旅中表現出的萬中選一與天縱奇才之間的強烈落差。然而，他在十一月革命的那段日子，其實完全無能爲力、不知所措：「我知道，一切都完了。」他在過去四年中因兵役而躲過的，市民社會對義務與秩序的討厭要求，以及工作與生存的各種難題——現在又全部迎面而來，而他對此的作答也與先前不再相同。他沒有學歷、沒有工作、沒有目標、沒有住所，也沒有人脈。獲悉戰敗與革命的消息後，他在床枕間爆發的絕望，與其是說出於國族情感，不如說是個人的巨大失落感。

因爲大戰的結束，希特勒二等兵突然被奪走了自己在戰場上得到的角色，他在被放歸回鄉的同時，也失去了自己的歸宿。他驚慌失措地發現，德軍向來聲名遠播的軍紀，就像是收到一道密令似地瞬間瓦解。戰友們與身邊的每一個人都只想卸下這四年來的重任，頓時變得再也無法承擔他們肩上的負荷；他們只希望做個了結，回到自己的故鄉，再也不用將焦慮與委屈藏在愛國精神或英勇戰士的外殼下。「於是，一切都是徒勞無功。無論是我們的犧牲與困頓、連著幾個月沒完沒了地忍飢挨渴，我們怕死怕得不了仍然奮力完成任務，甚至是死去的那兩百萬弟兄，都是白費功夫。」[25]

與希特勒切身相關的是這些因素，而並非革命的發展。不同於支持沙皇、堅決對抗蘇俄工農紅軍的俄國「白軍」不同，他對皇室的忠誠，就像對帝國領導階層的尊敬一樣地微乎其微。他只是震撼於突如其來的戰敗，以及自己社會角色的喪失。十一月革命就在這種艱難的處境出現，卻未曾爲他帶來新的定位，而他所暗自偏愛的那些概念——盛大、悲壯、死亡之愛——卻都在這場革命中被否定。

然而，撥開一切的喧囂表象，這場革命其實只是士兵們的罷工，其背後動機乃是最基本、對希特勒而言同時最庸俗的「生存意志」。

不算革命的革命

這場不算革命的革命，以一種膚淺、令人困惑的奇異姿態出現。十一月初的那幾天，逃兵們開始在全德國的大街小巷狩獵軍官。他們一群群地伏擊，粗暴地抓到人之後，一邊冷嘲熱諷地侮辱，一邊扯下軍官胸前、肩上或帽上的各種勳章與獎章——這種暴動，是他們對被推翻的政權的報復行動，雖然毫無意義，但也不難理解。然而，暴動行爲所造成的苦痛卻後患無窮，軍官們以及所有擁護法律與秩序的人都因此反感這場革命，以及在這種背景下建立的新政權。

此外，這場革命在歷史上也未曾有過高潮，不然應該會更值得德國人民的注意。早在一九一八年十月，新任首相的馬克斯．馮．巴登王子，爲了滿足美國總統威爾遜與德國人民的要求，已經進行一連串的內政改革，將德國改爲國會制政府。接著很快地，他在十一月九日上午擅自發布皇帝的退位詔書。於是，這場革命在爆發之前早已達成了目標，卻再也無法表明他們實現政治目標的意志。突然之間，他們就像失去網球廳宣誓和攻占巴士底監獄的機會一樣（譯註：網球廳宣誓被人們認爲是法國大革命誕生的標誌，攻占巴士底獄則是法國大革命爆發的象徵）。

在這種不利的情況，唯有一個方法能讓這場不是革命的革命，成爲一場眞正的革命——利用自己的新穎吸引大眾支持。然而，新任掌權者弗里德里希．艾伯特（Friedrich Ebert）與社會民主黨都是踏實能幹的人，他們憂慮重重、疑心重且客觀冷靜，自豪於一開始就廢除掌握大權的樞密院與商業理事會，並禁止頒發勳章與獎章。[26]可惜，這種拘泥於小節的作風，以及對他人缺乏同理心的表現，也說明了他們只看到眼前、缺乏長遠全面的社會計畫。

「一場沒有靈魂的革命」，某位親身經歷過的人如此評價。[27]無論如何，這都不是因戰敗而失望的人民所需要的答案。於一九一九年的上半年商議，最後在八月十一日於威瑪頒布的新憲法，也缺乏令人信服的價值。這部憲法嚴格來說，只是建構出民主的權力秩序的工具，無法體現民主的精神。

因爲他們的優柔寡斷、勇氣不足，這場革命在很早的時候就失去了第二次的翻盤機會。新的掌權者出於自身的軟弱無能以及德國在戰敗後所面對的千百道難題，他們以瀰漫全國的疲憊情緒以及俄羅斯革命時的可怕景象爲根據，有充分的理由拒絕工人委員會三不五時提出政治革新要求。儘管如此，這次的事件仍然爲德國人民放棄過去的傳統立場打下基礎，爲往後的發展埋下了伏筆；就連右派也擁戴十一月革命，保守派的知識分子更將「社會主義」與「社會主義化」視爲靈丹妙藥。

相對地，新政府除了維護安定與秩序，就沒有制定其他的新計畫；此外，他們相信唯有與傳統勢力結盟才能成功。他們不曾推動社會主義化，甚至連一丁點的嘗試也沒有；他們不曾動搖大地主如同貴族一般的地位，更是輕率地保留全數官員的職位。在國家轉型的過程中，除了霍亨索倫王室，其他向來舉足輕重的社會團體都幾乎沒有失去任何權力。

因此，希特勒的嘲諷並非毫無理由：有人會問，是誰阻止了十一月革命的參與者建立一個社會主義國家——說得好像這些人眞的有這種權力一樣！[28]

激進的左派剛開始還能描繪出革命的未來，但他們缺乏廣大民意的支持，而且一直都缺乏破釜沉舟的氣勢。[29]一九一九年一月六日，數萬名決心革命的群衆在柏林的勝利大道上集結，但革命委員會爭論不休，一直到傍晚都沒有宣布行動，最後大家又冷、又餓、又失望地各自散去。由此可證，思想到行動之間的距離一直都是如此難以跨越。儘管如此，革命的左派分子仍為德國帶來了暴亂、動盪與內戰似的鬥爭，尤其是在羅莎．盧森堡（Rosa Luxemburg）與卡爾．李卜克內西（Karl Liebknecht）這兩位傑出領袖，一月中遭到反革命的軍事力量刺殺之前。雖然未能建立大業，他們對歷史卻並非毫無影響。

這段時間的鬥爭與紛擾讓德國人民惱火，他們搞不清楚狀況，很快將這些全數怪罪於新的共和政府——儘管他們只是防禦的那一方。「那場革命」以及在這種災禍下建立的共和，不僅被大眾認為與當初的海軍譁變、戰敗以及國族屈辱有關，更是與街頭鬥爭、混亂與整個社會的失序無法切割，激起他們有史以來最強烈的本能抗拒。其中傷害威瑪共和的形象與成就最深的，就是它一開始就與「骯髒」的革命脫不了關係。很快地，社會大眾，即使是比較不關心政治的群體，在想到那幾個月時，也只剩下羞恥、悲痛與厭惡。《凡爾賽條約》後更是激化了德國人民的這股不滿。在他們看來，德國並非主動開戰，而是被扯入一場保衛戰，也並未因為一戰後期對於戰爭目的的大肆討論而改變想法。

因為美國總統威爾遜的說詞，他們誤以為只要推翻帝國、採用西方憲法原則，戰勝國就會平息怒火，與德國和解——畢竟他們也只是按照前朝的指令辦事；此外，他們也認為，威爾遜的「世界和平秩序」（Weltfriedensordnung）已經明顯為條約提出了禁止一切報復、不公以及強迫命令的根據。德國人民的這種希冀確實很容易理解，但也十分不切實際，因而被稱之為「停戰期的理想國」。[30]

因此，當他們在一九一九年五月得知《凡爾賽條約》的條件，就更加驚慌失措，由總理菲利普・謝德曼（Philipp Scheidemann）與外交部長波克多亨周爵士（Graf Brockdorff-Rantzau）的接連下臺，可以看出這種騷動。

毫無疑問地，戰勝國出於惡意與侮辱的想法，選定凡爾賽宮的鏡廳作爲談判地點；會議日期定在一九一九年一月十八日更是容易理解——就在近五十年前的同一天，一八七一年一月十八日，普魯士皇帝威廉一世於此登基爲德皇，宣告建立德意志帝國。然而，他們選在六月二十八日簽訂條約，正好是奧匈帝國皇儲斐迪南大公在塞拉耶佛遇刺的第五個忌日，與威爾遜高風亮節的十四點原則形成諷刺的對比。

《凡爾賽條約》造成的影響

相較於物質上的負擔，《凡爾賽條約》對德國造成的打擊，更嚴重的是心理上的嚴重創傷；從左派到右派，無論黨派與陣營，這份巨大的屈辱都令他們刻骨銘心。

割地賠款的要求一開始令德國人民議論紛紛，雖然不像他們所說的「像迦太基人一樣殘酷」，但也無疑可與德國對俄羅斯的《布列斯特—立陶夫斯克條約》，以及德國對羅馬尼亞的《布加勒斯特條約》這兩次不平等條約相比擬。然而，《凡爾賽條約》對德國榮譽的侵犯，才是眞正令德國人民難以忍受，感到根本被「羞辱」一般，而這種「羞辱」也很快地被右派運用於煽動宣傳。

條約第二二八條：德國交出被指名的數位德國軍官，至協約國軍事法庭受審；著名的第二三一條：德國獨力承擔戰爭爆發的道德責任；此外，在第四四〇條中，更是明明白白寫著自相矛盾與虛僞——戰勝國以法官的姿態合法地要求德國認罪，卻只是想藉此瓜分利益。

這種復仇心切雖然不難理解，卻毫無意義，激起了許多仇恨與冷嘲熱諷，就連協約國內也有強烈的批評聲浪。舉例來說，美國總統威爾遜所提出的民族自決權，地位等同於世界和解的原則，然而，任何對德國有利之處都不會被採納。例如，純德意志人口聚集的地區，像是南提洛、蘇臺德地區以及但澤都被分割或獨立出來，前奧匈帝國的德意志地區卻禁止與德國合併。跨國的奧匈帝國被摧毀，南斯拉夫及捷克斯洛伐克取而代之地建立。

國際聯盟爲了對抗民族主義而成立，現在卻正是民族主義在高唱凱歌。一九一四年一戰爆發時就早已存在的難題，《凡爾賽條約》幾乎一個也沒能解決，更明顯違反和平條約的最高目標——帶來和平。

反之，歐洲的團結意識、過去歷經世代戰火仍然留存的共同傳統，這時全都灰飛煙滅，而新的和平秩序對於修復這種意識也興致缺缺。

嚴格說來，德國後來一直遭受排擠，沒有一次獲准加入國際聯盟。因爲受到歧視，德國人民更加怨懟，轉而反對與歐洲國家之間的合作。由此看來，一個能要求戰勝國遵守諾言、逼迫他們正視自己僞善的人物出現，也只是時間早晚的問題。其實，希特勒早期獲得的外交成果，很大一部分便是由於他正直可靠的姿態，表現得像是威爾遜與《凡爾賽條約》的最大附和者——從這點來說，他更像是舊秩序的捍衛者，而非敵人。

「歐洲的恐怖時刻要來了，」《凡爾賽條約》於巴黎確立當天，某位敏銳的觀察者如此寫道，「現在是暴風雨前的寧靜，最後爆發的結果可能比世界大戰結束時更可怕。」[31]

德國人民因爲《凡爾賽條約》越發怨懟共和政府。政府無力拯救國家於「恥辱命令」帶來的殘酷與困頓，在事後才表示這些是出於不知所措、意外、疲憊，以及對和平的渴望，而非他們自己所願。

共和政府於內政上的軟弱早已招致眾多質疑，現在更是因爲對外事務上的無力而加上了醜名，甚至有越來越多人將「共和」當作屈辱、丟臉與無能的同義詞。無論如何，德國人民都拋不開一個想法——自己是因爲被欺騙、被強迫才不得已接受共和政府這種陌生玩意兒。

雖然困難重重，但共和政府還是並非全無希望；不過，儘管在局勢比較好的少數幾年間，它仍然「無法讓人民對其保有忠誠與幻想」。[32]

這段時間的發展大力推動了公眾政治意識的覺醒。許多在此之前從不關心政治的人，突然發現自己身上迸發出政治的激情、希望與絕望。年近三十、正在帕斯沃克軍事醫院休養的希特勒也同樣被捲入這股氛圍，模糊卻又強烈地感到不幸、被背叛。他因此更關注政治，然而，事實卻毫無疑問地與《我的奮鬥》中所寫的不同，十一月革命並非是他決心從政的原因。命運的瞬間直到將近一年後才降臨——他在煙霧繚繞的小型聚會中，狂喜地發現自己在演說方面的才能。這時，他才突然從自己被焦慮與無望淹沒的人生中，看到了出路與未來。

希特勒在後來幾個月的舉動也證實了這個觀點：他在十一月底康復出院，返回慕尼黑，向自己所屬軍團的後備部隊報到。慕尼黑這個城市在十一月革命中扮演重要的角色，推動德國皇室的傾覆，整個城市都飄散著狂熱的政治氣氛；儘管如此，他依然絲毫不受影響，正與其所聲稱的從政決心完全相反。對此，他輕描淡寫地說，這是因爲共產黨的統治令人厭惡；然而，這並不足以解釋爲什麼他在這時會對政治興致缺缺，因爲共產勢力幾乎貫穿了整個威瑪共和時期。

他想做點什麼事，卻又找不到目標，最後，他在二月初時自願到戰俘營擔任看守，就在距離國界不遠的特羅因斯泰因附近。然而，在大約一個月後，那裡的數百位法國與俄羅斯士兵就被釋放回國，整個戰俘營連同看守們也都被解散。他再一次地陷入茫然無措，猶猶豫豫，最終還是選擇回到慕尼黑。

重回慕尼黑

他不知道該何去何從，於是再次落腳於慕尼黑的上草地軍營。這個決定可能並不容易，因爲他必須逼迫自己爲當時掌權的共產黨效力，戴上紅軍的臂章。其實他大可以加入志願軍團（譯註：志願軍團過去經常被譯爲自由軍團，但原文含意爲志願軍、民兵團）或者其他非「紅色」的右派組織，卻還是爲了利益而選擇於此棲身。沒有比這更明顯的證據，足以證明這個時間點的希特勒多缺乏政治意識與敏感性，與他後來只要聽到有人提到「布爾什維克主義」就會暴跳如雷的樣子大不相同。姑且不論他後來的表現，至少在這個時期，希特勒表現出在政治上的缺乏幹勁，明顯多於作爲「世界革命司令部」士兵的恥辱感。畢竟，希特勒除了從軍確實別無選擇，軍隊是他唯一能適應的社會，退伍就等同於回到那個令他喘不過氣的世界，做一個沒有姓名的小人物。

他清楚地感覺到自己走投無路：「這時候，各種計畫沒完沒了地在我腦中閃過。我一連好幾天都在思考，自己到底能做什麼？最後每次都清醒地斷定，我這麼一個無名之輩，不論想做哪種事業，就連最基本的條件都沒有。」[33]這段話清楚說明，工作、生存以及成爲一個小市民，這些想法他想都沒想過，相反地，他所煩憂的是自己的沒沒無聞。

據希特勒所言，他在踏入政壇時，引起新成立的巴伐利亞蘇維埃共和國（譯註：巴伐利亞蘇維埃共和國爲十一月革命期間在巴伐利亞短暫出現的一個國家（一九一九年四月六日—一九一九年五月三日））的「中央委員會的不滿」，如果不是用一把上了膛的卡賓槍逼退了前來逮捕的人，他甚至會在四月底被逮捕；但事實上，在他所說的時間點，中央委員會早已不復存在。

希特勒在這段時間的行爲，更可能代表的是他的困窘、被動與機會主義式的適應。五月初，埃普志願軍團偕同其他聯盟，推翻蘇維埃共和政府，震驚整個慕尼黑，希特勒卻並未以任何值得注意的方式參與這場風暴。曾經是希特勒追隨者的奧托．史特拉瑟（Otto Strasser）後來公開質問：「那一天希特勒在哪裡？當他應該英勇對敵的時候，他把自己藏在慕尼黑的哪個角落？」事實上，身爲紅軍一分子的阿道夫．希特勒，當時被入侵的敵軍拘禁，直到某位認識的軍官爲他居中協調，才得以重獲自由。他那則中央委員會逮補未果的故事，很有可能便是由這段經歷脫胎而來。

隨著埃普志願軍團進駐慕尼黑，關於蘇維埃共和的調查也大規模地展開。史學家對於希特勒在此扮演的角色也有許多猜測，可以肯定的是，他受第二步兵團調查委員會的差遣，找出他之前的同伴們與共產主義蘇維埃政權往來的資料，以提供委員會深入審訊所用；而受到才剛結束的慘烈戰鬥影響，最後的判決結果往往極其嚴酷。他極爲圓滿地完成這個任務，很快得以受令參加「公民思想」的教育課程。

希特勒原本一直被埋沒於群眾，無名、無姓、無面貌，這是他頭一次得到了別人的注意；於是，他甚至將這份調查委員會的差事稱作「或多或少是我首次眞正積極參與的政治活動」。[34]

雖然仍是隨波逐流，這次帶走他的激流卻讓他迅速地來到人格形塑期的尾聲。値得注意的是，在他的形塑期中，反社會傾向與救世主意識都還只有模模糊糊的影子。

令人震驚地，希特勒作爲一位百年一見的大政治家，竟然到了三十歲也未曾在政治上占有一席之地。在同樣的年紀，拿破崙已經是法蘭西共和國的第一執政，列寧遭受迫害而流亡多年，墨索里尼也已經成爲義大利社會黨黨報《前進》的總編輯。相反地，這時的希特勒不受這些征服世界的想法所驅使，也沒有值得稱道的作爲。除了維也納的反猶太同盟，他不曾爲了實現自己的想法，而加入任何政黨或當時數量衆多的組織團體；也沒有任何證據足以證明他對政治活動的熱情，能在大家議論政事時結結巴巴地說些陳腔濫調，已經是他最好的表現了。

希特勒這種對政治的冷感，與他成長過程的外在環境有關係，或者至少有部分關係：無論是維也納的孤獨，或是在年少時便轉往慕尼黑，一直到戰爭爆發、他被送上前線之前，他都只是個「局外者」。可想而知，在這些年間與他接觸過的人都發現，他們對這個「年少時的朋友」和他的政治傾向沒有什麼印象——然而，這可能也意味著，政治於他而言可能根本就不重要。

踏上政治舞臺

希特勒在一九三九年十一月二十三日——他信心的巔峰時期——對總司令說的話令人訝異，他說，他是在一九一九年，經過長久的內心掙扎才最終決定從政，那是他所做過的「最艱難的決定」。[35]固然這是因爲萬事起頭難，卻也是因爲他對於從政還有一些顧慮，這可能與德國人對政治固有的輕視脫不了關係。與所有偉大的創造性工作相比，「瑣碎政治」這個說法已經可以看出其地位低下，更不用說希特勒還有一個無法完成的年少夢想——「如果沒辦法成爲德國第一的建築師，就當最頂尖的幾位之一」。

當一戰還如火如荼時，他多希望自己能以「沒名氣的畫家」的身分遊遍義大利，只是種族的存亡威脅迫使他走上政治的道路。[36]因此，便不難理解，爲什麼革命從來無法吸引他。十一月的一連串事件、一切權威的瓦解、王朝的覆滅以及隨處可見的混亂，雖然令他開始質疑自己的保守天性，卻仍然無法帶他走向積極的抗爭；相較於他對政治事務的輕蔑，更嚴重的是他對暴動與革命陰謀的厭惡。當希特勒在二十五年後於圓桌會議提到十一月革命的時候，那些搞顛覆活動的人被他拿來與罪犯相提並論，視之爲必須及早打死的「反社會雜種」。[37]

直到希特勒後來發現自己擁有足以蠱惑人心的演說才能，他才放下所有的顧慮——不論是對於政治生涯，或是對於「秩序破壞者」這樣的醜名——以革命者的姿態踏上政治舞臺。順道一提，他在四年後於慕尼黑人民法院受審時，卻辯解自己是反對革命的革命者。

然而，他眞的只是個不擅社交的憂鬱文青嗎？又眞的只是因爲他獨特的才能和對拯救世界的渴望與特殊，才走上了政治這條歪路嗎？這些問題會在本書中反覆出現，同時，我們也會一再試問，對於希特勒而言，政治本身是否比他的執行方式更重要——例如在言語上擊倒對手，行軍、遊行與黨慶的戲劇效果，以及在戰爭中使用軍事力量等等。

可以肯定的是，這條道路因爲舊有秩序的崩解而被開啓。只要市民社會屹立不搖、政壇仍然獨屬於市民階級，希特勒想要功成名就可說是前途渺茫，因爲這個嚴苛的世界沒有讓他出頭的機會；到了一九一八年，他的面前就不再有阻礙。「不久之前，我一想到將來就憂愁煩惱；現在，我只要想到自己的未來，就不由得笑出聲來」，他如此寫著。[38]

就此，他踏上政治的舞臺。

注釋

【1】K. Heiden, »Hitler« I, S. 54。在第一次世界大戰中，該軍團共有三千七百五十四名軍官或士兵負傷

或受俘虜，參照»Vier Jahre Westfront Die Geschichte des Regiments List R.I.R. 16«, München 1932、Fritz Wiedemann, »Der Mann, der Feldherr werden wollte«, S. 20 ff.，以及A. Bullock, aaO., S. 48中所引用的，希特勒寫給波普的信。

【2】»Mein Kampf«, S. 180 f.。然而，根據軍團史的記載，部隊進攻伊珀爾時所唱的歌其實是「守衛萊茵河」，而不是人們經常以為的《德意志之歌》：參照K. Heiden, »Hitler« I, S. 55。

【3】這些傳說可以在很多地方看到，例如Philipp Bouhler »Kampf um Deutschland«, S. 30 f.。其他相關資料可見：A. Bullock, aaO., S. 49 f.、W. Maser »Frühgeschichte«, S. 124 f.、F. Wiedemann, aaO, S. 21 ff.、Balthasar Brandmayer, »Meldegänger Hitler«, München 1933、Hans Mend, »Adolf Hitler im Felde«，以及Adolf Meyer, »Mit Adolf Hitler im Bayerischen Reserve-Infanterie-Regiment 10 List«, Neustadt/Aisch 1934。

【4】參照E. Deuerlein, »Aufstieg«, S. 77，在S. 79也列出所有希特勒在戰爭期間得到的表彰，例如勛章等。

【5】H. Frank, aaO.,S. 40.

【6】F. Wiedemann, aaO., S. 26.

【7】同上，S. 29。H. Mend, aaO., S. 134也提到：「戰壕和弗羅梅勒就是他的世界，在這之外的東西並不為他存在。」

【8】»Tischgespräche«, S. 323.

【9】希特勒於一九一五年二月寫給司法官海普（Hepp）的信件，影本存於慕尼黑當代歷史研究所。希特勒的這句負面評論引用自F. Wiedemann, aaO., S. 29，其之所以可信不只是因為有書信的佐證，更因為這符合他向來的談話風格，一直到他後期的閒談都是如此。也參照F. Wiedemann, aaO., S. 24，以

及 »Mein Kampf«, S. 182。

【10】同上，S. 209 ff.。

【11】同上，S. 186 及 S. 772。

【12】參照同上，S. 192。有關恩斯特·施密特（Ernst Schmidt）（被希特勒在其書中誤植爲 Schmiedt, Ernst，出處同上，S. 226）的說法來自維納·馬瑟：希特勒在一九一七年十月六日寫給恩斯特·施密特的卡片，出處：BAK NS 26/17a。有關希特勒家鄉寄來的信，參照 »Mein Kampf«, S. 208。

【13】»Mein Kampf«, S. 201：所有其他的引用皆來自內文提到的該書第六章 S. 193 ff.。

【14】引用自 Otto-Ernst Schüddekopf, »Linke Leute von rechts«, S. 78。

【15】»Mein Kampf«, S. 189.

【16】der Erste Weltkrieg«, Frankfurt/M. 1968, S. 671 和 S. 662 f.，關於更多細節，也見 Erich Eyck, »Geschichte der Weimarer Republik« I, S. 45 ff.。

【17】Prinz Max v. Baden, »Erinnerungen und Dokumente«, S. 242.

【18】尼曼（Niemann）少校——一個集團軍群的參謀長——在一九一八年七月寫信給魯登道夫，警告後者不要只知道依賴軍事力量。參照 Bernhard Schwertfeger, »Das Weltkriegsende. Gedanken über die deutsche Kriegsführung 1918«, Potsdam 1937, S. 68。

【19】參照 E. Eyck, aaO., S. 52。

【20】遺憾的是，希特勒的病歷在一九三三年之前就消失，後來再也找不到了。希特勒在軍中的證明文件只有簡單地記錄他「吸入毒氣而致病」。此處所指的是芥子毒氣，一般而言，吸入芥子毒氣並不會導致永久失明，但視力會大幅下降或者短暫失明。

【21】»Mein Kampf«, S. 221 f..

【22】同上，S. 223。

【23】史佩爾對筆者所述。希特勒在克萊斯海姆宮探訪生病的史佩爾時講出這番話，參照»Erinnerungen«, S. 346。前文提到的演講在一九四二年二月十五日進行，引用段落的原文為：「如果我能看到的是只一個受到壓迫的世界，我的民族在這個世界遭受奴役，那麼，這個世界到底重要嗎？還有什麼值得我去看的？」該場演說的全文收錄於 H. v. Kotze/H. Krausnick, aaO, S. 287ff.，引用的段落見 S. 322。另參照 W. Maser, »Frühgeschichte«, S. 127。其中引用文岑茲·繆勒（Vincenz Müller）將軍的私人書信，其奉施萊謝爾之令，告知布列多（Ferdinand von Bredow）將軍，希特勒的失明完全是出於自己的歇斯底里。然而，他在兵員名冊上被登記為傷員，標註「被毒氣所傷」。

【24】»Mein Kampf«, S. 321.

【25】同上，S. 223 f.。

【26】威瑪憲法第一〇九條。

【27】Harry Graf Keßler, »Tagebücher 1918-1937«, S. 173.

【28】»Adolf Hitler in Franken«, S. 38（一九二七年三月二十三日的演講）。

【29】馬克斯·韋伯所言，參照 W. J. Mommsen, »Max Weber und die deutsche Politik 1890-1920«, Tübingen 1959, S. 99 f.。

【30】Ernst Troeltsch, »Spectator-Briefe«, Tübingen 1924, S. 69。有關此，也參照 Klemens v. Klemperer, »Konservative Bewegungen zwischen Kaiserreich und Nationalsozialismus«, S. 86 ff.。

【31】H. Graf Keßler, aaO., S. 206.

【32】溫斯頓．邱吉爾所言，引用自 E. Deuerlein, »Aufstieg«, S. 23。有關對威法憲法的輕蔑評價，參照 Fleischmann, HdbDStR I,5 18, S. 221 f.。馬克斯．韋伯在一九一八年也哀嘆民主化與和平期望之間的連結：「在國內，以後人們會說：外國強迫我們民主！這是一段悲慘的往事……。」

【33】»Mein Kampf«, S. 226。有關紅軍臂章的問題，參照 M. Maser »Frühgeschichte«, S. 132。此外，恩斯特．多爾萊（Ernst Deuerlein）甚至聲稱，在一九一八年到一九一九年的那個冬天，希特勒曾經萌生過加入社會民主黨的念頭；參照 »Aufstieg«, S. 80。

【34】»Mein Kampf«, S. 227.

【35】希特勒在一九三九年十一月二十三日對總司令所言，IMT PS-789, Bd. XXVI, S. 328。

【36】»Tischgespräche«, S. 323，以及 »Libres propos«, S. 11 和 S. 45。

【37】同上，S. 449。

【38】»Mein Kampf«, S. 225.

階段小結：極度恐懼

「我們一再被指責看到鬼影。」

一九二〇年三月二十四日，《人民觀察家報》
（譯註：《人民觀察家報》即爲納粹黨黨報）

第一次世界大戰結束時，似乎沒有什麼是比民主思想的勝利更爲無庸置疑的了。民主思想顯然凌駕於新的國界、動亂以及持續不斷的民族紛爭之上，不受其干擾，成爲新時代的共同原則。戰爭不但左右權力的分配，也同時讓人們對政府概念產生不一樣的想法；在中歐與東歐國家近乎全數解體的情況下，衆多新興國家打著民主旗幟，在革命與動亂中誕生。一九一四年，歐洲只有三個共和國，君主國則有十七個之多；四年後，共和國與君主國的數量已經不相上下，各種不同形式的民選政府明確顯示出新時代的精神。【1】

唯有德國，在經歷短暫的狂熱與迷亂後轉而抵抗這股時代趨勢。拒絕接受戰後現實的德國人組成無數個民族主義的黨派與俱樂部，以及好鬥的教團與志願軍團；對他們而言，革命是一種背叛，而陌生的議會制民主是「協約國資本的掠奪機關」【2】、「違反了德意志的國家意志」，令他們無法心甘情願接受。

德國表現出的各種民族主義徵狀，被昔日的敵對國家視爲過去長久受獨裁統治的人民對民主與市民自決的回應。當然，這些國家並沒有忽視，當時德國正處於空前絕後的政治與心理的雙重壓力：對戰敗的震驚、《凡爾賽條約》的道德譴責、領土損失與賠償要求，以及各個階級的貧困化與精神傷害；儘管如此，他們還是隱約認爲，德國與多數鄰國之間都有一條道德上的鴻溝。根據他們的想法，這個難以捉摸的國家心懷怨恨而不受教，竟然走上回頭路，將過去的陳腐落後塑造爲特殊的高尚品德；不僅捨棄了西方的理性與人道思維，更與當時的世界趨勢完全背道而馳——數十年來，當大家討論民族主義崛起原因之時，這種看法也一直是主流觀點。

然而，在戰後帶來希望的民主大凱旋卻是場騙局。民主在完成歷史任務的同時也開啓了危機，在短短幾年後就遭受前所未有的質疑。取代民主而勝利狂歡、甚至有過之而無不及的，乃是近乎全歐洲於相似情況下興起的一波新運動。過去歡欣鼓舞的民主，如今只能受其打壓，甚至面臨存亡威脅。

其中影響最深遠的，是那些被戰爭引發、或意識到不滿，尤其是戰後爆發左派革命起義的國家。這波運動有時比較守舊，讓人們想起過去的美好時代——人人正直高尚、山谷和平寧靜、貨幣也尚未貶值；有時則帶著革命色彩，蔑視一切已然存在的事物。有的特別吸引小市民階級的群眾，有的則招攬到農民或一部分的工人階級。無論這些不同的行動雜揉了什麼樣的階級、關注方向與狀態爲一，它們都不約而同地從社會底層——充滿生命力卻又備受壓抑的社會底層人民——汲取動能。民族主義只是歐洲的保守反動運動的一種類型，卻即將完全扭轉世界局面。

民族主義起步於地方性的社團，一如希特勒所嘲諷的，這些社團成員無趣乏味、眼界狹小，他們會在慕尼黑的酒館圍坐著聚會，談論國家興亡與家長裡短。沒有人想過他們能挑動、甚至戰勝有權有勢、高度組織化的共產黨；然而，在後來的幾年中，很快有失望的退伍士兵與被迫無產化的市民階級加入了這些好議論政事的民族主義社團——一股龐大的動能就此誕生，等待著某一天被激發、凝聚、投入行動。

與這些團體誕生的理由一樣，這些成員背後的動機也各不相同。光是一九一九年存在於慕尼黑的政治社團就有大概五十個，許多政黨因爲戰爭與革命而崩潰瓦解，餘黨便成了這些社團的主要成員來源。這些新社團替自己命名爲：新祖國、精神工作委員會、齊格菲之戒、普世聯合會、新瓦科尼亞、社會婦女聯盟、社會學生自由同盟、奧斯塔拉聯合會等等，其中也包括德意志工人黨（納粹黨的前身）。能將這些人凝聚在一起、團結爲一的，除了壓倒一切的恐懼感再無其他。

恐慌與動盪

一開始最直接的是人們對革命的恐懼——也就是法文所謂的「大恐慌」。這種情緒從法國大革命就一直籠罩著歐洲市民階級，在整個十九世紀都如此。革命就如同大自然的力量，罔顧身處其中的人類的意志；如同自然一般，遵循著基本原理的發展，最後不可避免地帶來恐怖統治、破壞、殺戮與混亂。

與康德所認爲的不同，法國大革命並沒有展露出人類追求進步的天性，而是讓革命在大衆意識中留下難以抹滅的血淚印記。尤其是在德國，幾個世代以來的實際革命意識都因此敗壞，造成所謂「對安定的盲信」，以致於至一九一八年爲止的每次革命都以安定秩序的標準口號爲號召。

不僅是因爲德國境內各種類似革命的事件，更是受到俄羅斯十月革命的威脅，這種昔日恐懼再度復甦。民衆驚懼於紅色恐怖，於是多方面妖魔化，逃至慕尼黑的難民將其誇大爲嗜血蠻族的殺戮祭典，更是塡滿了民族主義者的腦中幻想。慕尼黑一家種族主義的報刊於一九一九年十月的文章中，以十分有特色的方式寫出當時的恐慌：

「這個不幸的年代！到處都是憎恨基督徒、行過割禮的亞洲人，他們舉著血跡斑斑的雙手，要將我們如同牛羊似地一群群勒死！伊沙哈·策德布魯（Issaschar Zederblum），那個別名列寧，屠殺基督徒的猶太人，他做的事就連成吉思汗也會臉紅！他的學生柯恩—也就是庫恩·貝洛（Bela Khun）——橫掃匈牙利，身邊那群猶太恐怖分子都受過謀殺劫掠訓練，就爲了能在絞刑架不夠的時候直接殺死市民與農民；他們偷來的皇家列車成了華美的後宮，供他一打一打地姦淫蹂躪有名望的基督教處女。據說，他手下的沙穆里少尉光是在一間地下室就殘忍地殺害了六十位神父——他們被劫掠一空，身上只剩流淌著鮮血的皮膚，屍身被開膛破肚、肢解一地。從八名被殺害的神職人員身上可以確認，他們先前被釘在自己教堂門上的十字架上！現在從慕尼黑得知的……正是這種可怕的景象。」[3]

然而，這份驚懼其來有自——東方發生的暴行暴政不斷有風聲傳來，並非無憑無據，而且還有可靠的證人。契卡（譯註：全俄肅清反革命及怠工非常委員會，前蘇聯的情報組織之一）的首腦之一，來自拉脫維亞的馬丁·拉特西斯（Martin Latsis）於一九一八年年末解釋道，決定一切懲罰與清算的，並非有罪或無罪，而是其所屬的社會階級。「我們正消滅整個資產階級。您不需要證明這個人或那個人做了什麼傷害蘇維埃政權的事，對著被逮捕的人，您首先要問：他屬於哪個階級？他來自哪裡？受過什麼教育？做什麼工作的？這些問題決定這個被告人的命運。而這，就是紅色恐怖的精髓。」[4]

就像是對此的回應，早期納粹黨的號召文宣也表示：「難道，各位是想等到，在每個城市都有成千上萬的人被吊死在路燈上嗎？想等到每個城市都像俄羅斯一樣有殺人委員會在運行……？各位想等到被自己妻小的屍體絆倒時才奮起反抗嗎？」革命的威脅此時不再來自歐洲的幾個陰謀分子，而是龐大神祕的俄羅斯——正如希特勒所言，這個國家是「殘暴的強權巨獸」。[5]

新上臺的蘇維埃政權更信心滿滿地大肆宣傳，以國際無產階級的團結力量征服德國，不僅是世界革命之路上的重要一步，更是他們的下一步；對此，義大利社會黨創始人菲利波．屠拉蒂（**Filippo Turati**）評價爲「布爾什維克主義的飄飄然」。

蘇維埃特務難以捉摸的行動、持續的動盪不安、巴伐利亞的蘇維埃革命、一九二〇年魯爾區的暴動、隔年於德國中部的數場起義、漢堡以及之後於薩克森、圖林根的反抗行動，都爲蘇維埃政權的革命威脅提供了舞臺，同時也令德國人民升起強烈的反抗動機。

希特勒的演說中——尤其是他早期的一些場次——特別常出現關於俄羅斯革命的恫嚇，他會繪聲繪影地描述「紅色屠殺分隊」、「殺人公社」以及「布爾什維克主義的血沼」。他某次聲稱：「有超過三千萬人在俄羅斯被緩緩折磨至死——有的被絞死、有的被機關槍或類似的槍械掃射而死、有的眞的進了屠宰場，還有幾百萬、幾百萬的人被餓死。而我們都知道，這股飢荒正不斷蔓延……我們正看著災難越靠越近，即將來到德國。」他又說道，蘇聯的知識分子在大屠殺中被殲滅，經濟被完全摧毀，德國戰俘不是被沉入涅瓦河就是被當作奴隸發賣；在這同時，敵人不斷在德國內部蠶食鯨吞，爲革命的破壞行動創造環境。套句老話——俄羅斯也在我們眼前！[6]

直到多年以後，希特勒已然大權在握時，他仍然重提自己早期說過的「共產主義的國際仇恨專政的恐怖景象」：「要是布爾什維克主義的革命成功的話，我們這個擠滿人的古老大陸會變成什麼樣，我一想到就發抖。」

在很大的程度上，正是這種對馬克思主義革命威脅的反抗態度，讓民族社會主義得以具備激昂的情緒、攻擊性與團結的力量。正如希特勒一再重申，簡而言之，納粹黨的目標就是藉著「精心培養、無與倫比的宣傳與偵查組織」，以「最殘酷的力量、最凶暴的堅決，以十倍的恐怖行動對抗任何馬克思主義的恐怖」，從而「消滅根絕馬克思主義的世界觀」。[7]義大利的墨索里尼也出於類似的想法，在差不多的時間建立了法西斯戰鬥團（Fasci di Combattimento），自此，這種新行動一律被稱爲「法西斯」。

然而，僅僅憑藉著對革命的焦慮，顯然不足以發展出後來足以挑戰世界趨勢的激烈能量——特別是革命對許多人而言代表著希望——這個運動仍亟需一股更強烈、更深層的推力。

事實上，馬克思主義之所以爲人所恐懼，只是因爲其乃革命浪潮的先鋒，全面抨擊傳統思維，也是最新的政治現象、形而上學的顛覆思想，向「歐洲的文化思想宣戰」。[8]馬克思主義只是一幅戲劇畫面，這個時代的恐懼都在其中清晰可辨。

當時的時代氛圍基調除了政治顛覆思想，就是這種恐懼。人民認知到，隨著第一次世界大戰的結束，他們不僅是向戰前歐洲的偉大、親密無間、君主制度、鍍上金邊的文書道別，更是向一個時代道別；此外，伴隨著舊政府的殞落，過去習慣的生活方式也同樣覆滅。動盪不安、大衆的激進主義和革命動亂不僅被公認爲戰後餘波，更預示著一個陌生混亂的時代即將到來。屆時，一切曾讓歐洲繁榮、國與國親密無間的事物將不再作數：「就好像我們腳下踩著的土地開始塌陷。」[9]

事實上，很少有哪個時代像當時一樣，如此清楚地意識到自己正處於過渡期。戰爭大幅加速了轉變的進程，同時也在歐洲第一次催生出對未來生活方式的共同想像。悲觀主義在先前很長的一段時間中只有少數人的看法，現在卻突然成爲主要氛圍，就如同那本名著的標題：《明日的陰影》。

悲觀主義的暗影籠罩一切：經濟在戰爭的引領下走向巨型組織模式，資本主義得到充足的發展空間；對照當時出現的理性化、流水線生產、信託機制與工商巨擘，小規模生產的結構劣勢顯得前所未有地明顯；大都市的獨資商號數目早在此前的三十年間就只剩一半，這時因爲戰爭與通貨膨脹的摧殘，減少地又更爲迅速。大衆比以往更清晰地感知到，「個體將被這個競爭激烈的社會吸納、利用殆盡，最後拋棄」的恐怖。

當時無數相關的分析，更擴大民衆對於個體將不復生存的焦慮。我們從大量反對資本主義的文獻中，都可以看到以下說法：個體的存在不再，只留下不同的功能，人類只是複雜巨大的生產線上「無知無覺的機器」——「生存只剩恐懼，再無其他」。[10]

對於這種工蟻一般的標準化生存模式，大衆深感焦慮，而他們對都市化、不斷增加的高樓與「灰色的城牆」的看法也得以看出一二。他們抱怨蓬勃發展的工業帶著工廠的煙囪，敗壞了安寧的山谷；因爲有人殘酷地「令這個星球變成一座工廠，就爲了得到材料與能源」，進步思想首次遭受重擊、文明正在摧毀世界。根據這些反對者所言，整個地球將成爲「有幾塊田的芝加哥」。[11]

作爲歷史文獻，早期用詞辛辣的《人民觀察家報》也見證了這種對於過往信仰式微的不安。報上時不時會出現「我們的城市究竟還要擴張到多大才會停止？」或者「擴張到哪天人們才會開始拆除營房、打碎石牆，讓狹小悶濕的住房通通風……在牆與牆之間種下花草、修建花園，好讓人們得以再次呼吸？」等文章。

工業生產建材所建造的建築物、「功能主義之父」勒·柯比意（Le Corbusier）所設計的大型鋼筋混凝土公寓、重視實用價值的包浩斯風格以及鋼管家具所代表的「技術實用性」，激起守舊意識的抵抗；在他們眼裡，這些都只是「監獄風格」的一種。【12】

這種反對現代世界的激烈情緒，也體現於一九二〇年代的鄉村移居風潮；以阿塔曼聯邦爲首，他們謳歌人與自然的關係、與大地緊密連結的簡單生活，反對「瀝青文明」與都市大眾社會的人性淪喪。其中，現有的道德規範被破壞更是刺痛他們最敏感的神經：據《共產主義的性倫理》一書所述，婚姻關係只是「資本主義的邪惡產物」，革命將廢除婚姻，終止一切對墮胎、同性戀、重婚罪與亂倫的懲罰。【13】廣大的中產階級一向將自己視爲「正常道德的代表人與掌管者」，他們因此將這種對婚姻關係的抨擊當作對自身的威脅；對他們而言，如果婚姻像在蘇聯一般只有民事登記的作用，那就如同所謂「一杯水理論」一樣令人無法忍受——性慾與口渴無異，都是人類的基本慾望，無須對於滿足慾望感到大驚小怪。

歷史學家們證明，狐步舞與短裙、在「帝國陰溝柏林」尋歡作樂、性病理學專家馬格努斯·赫希菲爾德（Magnus Hirschfeld）的「寡廉鮮恥的照片」或是當時的男士造型——膠底靴、喇叭寬褲、向後梳的油頭——對當時的社會大眾而言皆不成體統。

一九二〇年代的劇場是弒父、亂倫與犯罪情節的狂歡，人們嘲諷著自己身處的時代：例如，在布萊希特（Bertholt Brecht）與寇特·威爾（Kurt Weill）合作的歌劇《馬哈貢尼》（Mahagonny）的最後一幕，演員們走上舞臺前沿，高舉著標語：「爲了這座城市的混亂！」、「爲了可以販賣的愛情！」、「爲了殺人凶手的榮譽！」或是「爲了卑鄙無恥的永垂不朽！」【14】

至於視覺藝術的領域，則早在第一次世界大戰前便有了革命性的突破——雖然希特勒不論是在維也納或是慕尼黑都未曾對此投以任何關注的目光。在先前很長的一段時間，這種發展只被視為非主流而被忽視，現在卻匯集成一股藝術洪流，代表著顛覆、解體與革命的力量，向傳統的歐洲人文理念宣戰。

對保守勢力而言，野獸派、青騎士（譯註：一群被慕尼黑新藝術家協會排斥的藝術家組成的團體）、橋社（譯註：德國表現主義的藝術組織）或達達主義，就如同革命一般嚴重威脅他們，由當時流行的詞彙「文化的布爾什維克主義」就得以窺知一二。因此，他們的反抗不僅帶著激烈的情緒，同時也帶著對無政府狀態、專制獨裁以及混亂失序的恐懼。對他們而言，現代藝術是「混亂的劣品」[15]。這些症狀後來凝聚為一種複雜的恐怖概念，從當時風行的悲觀主義說法「西方世界的滅亡」便可明瞭。因此，我們難道不該害怕，一切的怨恨將在某一天結合為一體，爆發絕望的反擊嗎？

激烈現代化反而造成人民反彈

新風潮對於摧毀陳舊腐朽的社會與文化形式躍躍欲試，激起德國人的守舊情結；而德國的反對勢力之所以如此迅速地崛起、更勝於其他國家，與十九世紀末的社會氛圍與論戰也脫不了關係。

德國的科技現代化與經濟現代化開始得比較晚，卻進行得比任何地方都迅速、激烈。正如美國經濟學家托斯丹．范伯倫（Thorstein Veblen）所言，德國發展工業革命的堅決果斷，「在其他西方國家中無人能出其右」。[16]然而，這種激烈的現代化也造成狂亂的巨大恐懼，引起人民劇烈的反彈。

德國將疏忽失職、封建及專制，與生產效率、進步及社會國家的元素相結合，創造出一片光輝燦爛。德國在第一次大戰前夕可說是全歐洲最現代的工業化國家，國民生產總額僅僅在過去二十五年間便增長大於兩倍。以鋼鐵爲例，德國在一八八七年的產量只有英國的一半，後來卻達到近乎兩倍之多；個人收入達到最低納稅門檻的人口比例由百分之三十上升爲百分之七十；占領殖民地、建設城市，一個工業帝國就此誕生；股份公司的數量由兩千一百四十三所攀升至五千三百四十所；漢堡港的呑吐量更領先倫敦，落後紐約與阿姆斯特丹，在世界排名位列第三。政府統治與延續這個帝國的方式恰當有度，人民儘管有受限之處，在國內仍然享有很大的自由、行政司法與社會上的保障。

儘管如此，仍然有不符合時代發展的聲音出現在這個帝國中——並非出於經濟或封建社會的因素，而是源於德國在意識形態上的落後。德國人民勤勤懇懇、兢兢業業，對未來似乎胸有成竹；然而，籠罩於蓬勃興盛的大都市與工業區之上的，卻是奇特的浪漫主義氛圍——神話人物、古巨人與神族。對這種意識形態上的落後，日耳曼民俗傳說與學究的蒙昧主義無疑爲此貢獻良多；此外，汲汲營營追求的物質生活的市民階級也希望能藉此提高自我價值。

然而，正是因爲這種傾向，對於這個他們自己創造出來的成就非凡、朝氣蓬勃的現代世界，市民階級卻一直在文化上有所抗拒；他們反抗對這個詩意不再的新現實，並非出於懷疑主義，而是源於悲觀浪漫主義的精神，由此，已經可以看出反對革命的態度已隱隱成形。

這種抗拒態度在大環境下的批判文明氛圍中尤爲明顯，以東方主義者保羅．迪．拉加爾德（Paul de Lagarde）、浪漫主義藝術史學家朱利葉斯．朗貝恩（Julius Langbehn）以及社會主義哲學家歐根·杜林（Eugen Dühring）等作家爲代表人物。他們所傳達出的不適，反映出一種面對文明化的普遍危機感，也是對當時只關注生活而缺乏想像力的樂觀主義的反擊。到了世紀之交時，無論是在發生過屈里弗斯醜聞、法蘭西運動、莫拉斯宣言與巴雷斯宣言等民族主義事件的法國，或是在大洋另一端的美國，這種論點都得到迴響與支持。

義大利詩人加布里埃爾·鄧南遮（Gabriele d'Annunzio）、義大利小說家恩里戈·寇拉第尼（Enrico Corradini）、西班牙作家米蓋爾·烏納穆諾（Miguel Unamuno）、俄羅斯作家德米特里·梅列日科夫斯基（Dimitri Mereschkowski）、俄羅斯哲學家弗拉基米爾·索洛維約夫（Wladimir Solowjow）、挪威作家克努特·漢森（Knut Hamsun）、瑞士文化歷史學家雅各·布克哈特（Jacob Burckhardt）以及英國作家大衛·赫伯特·勞倫斯（David Herbert Lawrence），他們儘管各有差異，卻訴說著相似的恐懼與抗拒。

在歐洲國家中又以德國的變化特別突然、深刻，猛地一下從守舊的畢德麥雅時期被推進現代，掀起無數痛苦的撕裂與離別。因此，德國的反對聲浪與其餘國家不同，帶著一種獨特的歇斯底里，吶喊著對現實的恐懼憎惡，同時浪漫地渴望著已逝的和諧秩序。

對於文明帶來的「毀滅」感到痛苦的這種傳統，可以追溯到盧梭的作品或是歌德的《威廉·麥斯特的學徒歲月》（Wilhelm Meister）。那些發表「不適宣言」的代表人物就像是不符合時代的旁觀者，他們鄙視進步，自傲於自己與世隔絕的落後；正如東方主義者德拉加德（Lagarde）所言，這些人渴望看到的是一個過去從未存在、未來也可能不會出現的德國。他們傲慢地鄙視與自己立場相左的一切，尖酸刻薄地嘲笑「瞎了一隻眼的智慧」；他們的反理性主義有幾分機敏，他們反對證券交易與都市化、反對強制接種疫苗、反對世界經濟與實證科學、反對「共產」與首次飛行試驗——簡而言之，反對所有現代世界的鬆綁與解放，自行將一切現代現象組合為一幅「靈魂的墮落」的災難圖像。作爲「受激怒的傳統的先知」，他們懇切祈求著中止一切毀滅的那天到來，而「古老的神祇將再次從洪水中現身」。

這些人在許多方面的看法，例如自然、藝術、歷史、貴族、死亡之愛以及強人性格等等，皆與現代的價値觀相左。特別的是，在他們的抗議中也經常出現對德國文化衰亡的痛惜，參雜著帝國主義的宣揚使命；他們將恐懼化爲攻擊性，在絕望中向過往的偉大帝國尋求慰藉。朱利葉斯·朗貝恩的知名著作《林布蘭作爲教師》便是這股風潮的其中一例——該書於一八九〇年出版，轟動一時，兩年內高達四十刷。這本奇書之所以得到廣泛的認同，便是因爲當時瀰漫的恐慌、反現代化以及民族主義的宣教妄念；同時，這也說明了，此書本身正是其所痛惜的危機的一種表達方式。

反文明情緒與民族主義

反文明情緒與民族主義的結合產生無窮後患；而社會達爾文種族理論與反民主思維的連結也不遑多讓。兩者皆顯現出，遵守啓蒙運動與法國大革命以來政治秩序的自由西方社會，如今已走向衰亡。

這種轉變在全歐洲發生。「尤其是在法國及義大利，」法國哲學家朱利安·班達（**Julien Benda**）如此描述一八九〇年代的作家們：「以驚人的觀察力察覺，絕對權威、紀律、傳統、對自由精神的蔑視、在道德上對奴隸制度與戰爭的贊同，賦予了人們驕傲而堅定的立場；此外，對小老百姓而言，相較於多愁善感的自由主義與人道主義，這些也是比較能接受的想法。」[17]儘管這種現代痛苦永遠只屬於少數知識分子——藉此他們也獲得文學上的成就——這樣的氛圍仍然慢慢地發揮其長久的影響。看看德國，尤其是德國當時的青年運動，不僅是出於這股氣氛，更是其狂熱而純粹的一種表達。對此，尼采表示：「德國的整體趨勢與啓蒙運動及社會革命背道而馳，卻被誤解爲其產物。只是爲了令心靈與精神再次充實，人們不再信仰現在所存在的，轉而擁護過去所存在的；他們沒有留下任何空間給未來的新目標，理性的位置被情感所取代。」【18】

到了最後，反猶太主義也加入當時反文明情緒的行列。奧地利作家赫曼·巴爾（Hermann Bahr）根據他在全歐洲的調查結果，於一八九四年發表推論：「德國的反猶太主義是一種反動，是小市民對工業化發展的反抗。」【19】

事實上，猶太人被拿來與現代化相提並論並非毫無道理。他們被認爲特別能適應資本主義的競爭性經濟環境，而資本主義與競爭經濟正是令反對者恐懼未來的兩大主因。德國經濟學家暨社會學家維爾納·桑巴特（Werner Sombart）稱之爲「猶太使命」：「促進資本主義化……並掃除殘留的前資本主義時代的組織，瓦解最後殘存的手工業與工藝品商店。」【20】在這種背景下，傳統以宗教爲動機的猶太仇恨，在十九世紀下半葉時進一步演變成生物動機或社會動機的反猶太主義。在德國境內，哲學家歐根·杜林與記者威廉·馬爾（Wilhelm Marr）對於反猶太傾向的普及貢獻不少，後者還爲此發表一篇文章，標題爲〈無關宗教，猶太大敗日耳曼！吾等任其宰割！〉不僅德國，歐洲的其他國家境內也出現相同的現象。

反猶太主義在德國的情況肯定沒有法國激烈，也遠遠弱於俄羅斯或奧匈帝國；當時的反猶太刊物總是一再抱怨，他們的思想即使廣爲人知，卻仍然不受社會重視。儘管他們非理性的渴望「像是沒有主人的狗似地四處遊蕩」，反猶太主義思想卻因爲包含部分事實，成爲承載群眾不滿的容器。儘管如此，反猶太主義其實只是一種恐懼的表現形式，只是被誇張、神話化了。

理察．華格納的作品於此時也廣受好評，獲得巨大的影響力。不同於其他人，他以藝術的魔法對抗眼前的現代化發展，並以神話化的方式，將這種時代情緒化為強大的效果——未來悲觀主義、金錢統治的開始、種族主義焦慮、反物質主義、對庶民時代的自由與平均發展的恐懼，以及對即將來臨的滅亡的預感。

反猶太主義加入反文明情緒行列

市民階級時代中的各種矛盾情緒，因為戰爭而釋放、同時也演變得更為激烈。在一成不變的文明生活中，人們喪失了崛起的可能性；如今，戰爭卻將這種翻身的大好機會送回他們眼前。同時也讓暴力顯得冠冕堂皇、將破壞賜名為勝利——而這種勝利，據德國小說家恩斯特．榮格（Ernst Jünger）所描寫，是一次藉著火焰噴射器所達成的「虛無的大清洗」。[21]

此外，戰爭也全面否定了文明社會的自由主義與人道思維：這次的經驗帶著一股堪稱魔法的力量，在廣泛的歐洲文學作品中以不同的面貌反覆出現，並且被視為許多新興概念的起始點。同時，那些以戰爭之子自稱的人，從戰爭學到了迅速且獨自下決定、絕對服從以及信念一致的意義與優勢；也因為戰爭，這個時代的人，再次相信完美的軍事力量神話。因此，決策力薄弱、時常運作停擺又需要時時妥協的議會式秩序，絲毫無法說服他們。

如此便很容易理解，為什麼德國人民如此抗拒新成立的民主共和國，也不願意加入凡爾賽和平體系。在當時持續作用的反文明情緒籠罩下，這兩者對德國人而言不僅是政治局勢的改變，更是一種墮落、形而上的背叛與深切的不忠。為了眼下，它們將德國——浪漫、深沉、對政治不熱衷的德國——交到了正威脅著他的西方文明思維手上。《人民觀察家報》更稱《凡爾賽條約》爲「梅毒和平」，就像傳染病一般，「起始於被禁止的短暫歡愉，一開始是小小硬硬的膿瘡，接著蔓延至四肢與每個關節，全身皮肉都被感染，直到侵襲那個罪人的心臟與大腦」。【22】

這種對「體系」的牴觸之所以如此情緒激昂、根深蒂固，便是因爲他們拒絕成爲「文明帝國」的一分子；他們拒絕其人權、進步思想與啓蒙運動的熊熊火焰，同時也反對其膚淺、道德敗壞與繁榮崇拜。當時有許多文章就此提出抱怨：根據他們的說法，德國的忠誠、神權、愛國的理想，「在革命的風暴以及後革命時代中，被無情地摧毀」，取而代之的是「民主、裸體主義運動、狂妄的自然主義以及形式婚姻」。【23】

在共和期間也一直有右派的知識分子延續威廉二世時代的反文明立場，強烈傾向於與蘇聯，或者確切來說，與俄羅斯結盟；俄羅斯作爲大地母親、心臟地帶、「第四維度」，是被抱以厚望的對象。當反民主政治作家奧斯瓦爾德・斯賓格勒（Oswald Spengler）呼籲衆人與「心中的英國」鬥爭時，另一位爲國族心理認同奮戰的代表人物，政治家恩斯特・涅基施（Ernst Niekisch）也寫道：「德國人現在已經清醒過來，將目光轉向東方……向西方的道路讓德國衰弱，轉向東方而行，德國才能再次輝煌。」

這種「普魯士斯拉夫原則」與「膚淺的自由主義」對立，而「波茲坦莫斯科軸心」與國際聯盟總部所在的日內瓦之間的關係也同樣如此。比起被共產主義統治，保守的異議人士更害怕德國會被唯物主義、無神話的西方世界同化。

戰後初期，對革命的恐懼與反文明的不滿情緒再度發酵，兩者相互纏繞、交互刺激，催生出一股非同尋常的複雜動力，最後與風雨飄搖的德國社會的憎恨與牴觸情結相結合。

德國過去的帝制、公民秩序、國族信心、繁榮景象、獨裁權威以及整個社會系統，從上至下都被摧毀得一乾二淨。因此，有部分人盲目而激進地希望奪回自己被「不義」剝奪的一切，而各種未被滿足的集體利益，更是令這種普遍的不滿情緒雪上加霜。

其中最受影響的是不斷增加的白領階級：此時，工業革命剛剛進入辦公室，這些過去的「資本主義軍士」，一下成爲最新的「現代奴隸」；[24]此外，他們與工人階級不同，從未發展出階級自豪感以及屬於自己的烏托邦，因此，他們在舊有秩序被摧毀時也不認爲自己將被拯救。除此之外，也有許多同樣遭受巨大衝擊的職業：手工業者害怕自己將被大型企業、百貨公司與合理競爭擊倒；廣大的農民階級缺乏資金、結構老化，囿於自己傳統落後的思維；此外，許多學者與曾經家底殷實的市民階級也憂心忡忡，認爲自己正一步步落入無產化的漩渦。當時進行的一場問卷調查中，有某位受害者表示，人一旦沒了生計，「立刻就會被排斥、社會地位下降」，「失業就和變成共產黨員沒什麼兩樣」。[25]

沒有任何通貨膨脹、破產與自殺人數的統計數據，足夠描述當時顯然受失業與貧困威脅的人的感受；也同樣沒有任何一份報告，足以傳達當時另外一些人的憂慮——這些人尚有一些資產，他們害怕的是社會上積壓的不滿即將爆發。風雨飄搖，極端的集體情緒隨之而起，軟弱無能的共和政府無力抵抗；這回也不像德拉加德和朗貝恩那樣，只是一些呼籲與蒼白無力的預言——因爲，戰爭的經驗已經替恐懼披上了戰袍。

此時，主要是爲了抵抗共產革命的威脅，衆多的民防衛隊與志願軍團在私人勢力或政府祕密扶植下建立。他們隱隱成爲反抗現狀的中堅力量，並且期待著有誰能來引領他們走向新的秩序。

數目廣大的戰敗歸國士兵，也成了戰後初期的另一批好戰勢力：許多人在歸國後找不到自己的目標，只能在兵營中困苦度日，似乎只能與年少時野心勃勃的戰士夢想作別；他們曾在前線的戰壕中，模模糊糊地摸索出自己的人生意義，如今卻徒勞地在戰後日常中再次苦苦追尋新的意義。他們在過去四年間奮戰受苦也要捍衛的，不是如今這個軟弱無能、受先前敵對國家排擠打壓，就連理想也並非自己原創的新政權。此外，這些在戰爭中被提升了存在價值的士兵，也害怕自己會在市民社會的日常中被打回原形。

這些來自於平民百姓或軍士們的各種不滿，一直到希特勒的手上才第一次得到統合，也被賦予明確的方向與衝撞力。希特勒的形象就好似由這些恐懼、悲觀、離別與牴觸情緒共同組成；他在戰爭中得到救贖與淬鍊，如果有什麼是「法西斯」典型，那就是他了。除了早期還在猶豫不決的時候，在他身邊迅速增加的追隨者中，沒有誰曾在行動上表現出如他一般的心理、社會與意識形態上的原動力；希特勒不僅是他們的領袖，更永遠是他們的指標。

焦慮與狂躁的性格

早年的生命歷程在希特勒身上已經烙下深刻的焦慮印記，深深影響著他的思維與情緒反應；這種焦慮在他所有的言論與反應都能看出端倪，不僅潛藏在日常生活中，更自成一個體系。

從林茨的資助人、庫茲別克到格雷納，許許多多與他在早年生活中接觸過的人，都曾提到他蒼白的面孔以及「受到驚嚇」似的膽小個性——催生出他從小喜歡幻想、逃避現實的習性；此外，他對陌生人同樣抱持「不斷的焦慮」與極度的不信任，日後更發展為嚴重的清潔強迫症。【26】據我們所知，同樣的情結也出現在他經常表現出的，對於性病感染乃至於一般性感染的憂慮上，他曾說：「微生物正在攻擊我。」【27】

奧地利的泛德意志焦慮占據他的腦海：他不安於國家被外來種族過度異化、害怕「像蝗蟲一樣從俄羅斯與波蘭移民入境的猶太人」、焦慮於「德意志民族的黑鬼化」，而自己的種族將被「逐出德國」，最終被「殲滅」。

他令《人民觀察家報》刊登一篇據說由法國士兵寫的詩，詩中寫著：「德國人，我們將占有你們的女兒！」然而，他所焦慮的不僅僅如此，還有美國的先進科技、斯拉夫民族持續成長的出生率、蓬勃發展的大都市、毫無節制又有害的工業化、國家的商業化、具有匿名性的股份有限公司、「大都市娛樂文化的泥沼」，以及想藉由藍色草原與綠色天空「扼殺人民靈魂」的現代藝術。不漏掉任何一項對於文明化的悲觀批評，無論他往哪裡看，都會看到「一個逐漸敗壞的世界的衰亡現象」。[28]

而堅決抵抗這種發展的意志，正是希特勒與其他國家的法西斯主要代表人物所共同擁有的。然而，他不同於其他人的地方在於他會狂躁地針對猶太人，把猶太人當作唯一的罪魁禍首，將自己當時感受到的所有焦慮全數怪罪於他們的身上。在希特勒層層疊疊的龐大焦慮結構的正中央，是猶太人毛髮虯結、血親亂倫的黑色身影——渾身散發著難聞的氣味、好色地覆身於金髮少女之上，咂咂有聲地親吻著。儘管如此，希特勒在一九四二年夏天也擔憂地承認，猶太人比雅利安人「在種族上更堅韌」。[29]

他深陷於自己的精神錯亂，視德國為世界陰謀的目標，受布爾什維克主義者、共濟會成員、資本主義者與耶穌會士所脅迫；而在背後運籌帷幄一切、驅使這些勢力對德國人進行滅絕任務的，就是「嗜好鮮血與金錢的猶太民族暴君」。猶太人支配全世界百分之七十五的資本、掌控交易所與馬克思主義、全球的金色與紅色勢力；他們是節育與移民思想的基座，掏空一個個國家、使種族雜交、讚頌手足相殘、組織國家內戰；他們維護卑鄙之人、抹黑高尚之人，是「人類命運的幕後操縱者」。[30]

希特勒懇切呼籲：「全世界都處於危機，將陷入這隻章魚魔怪的觸手！」他不斷嘗試以不同的新意象表達自己的驚懼，將猶太人稱作「慢性毒藥」、「蛆蟲」、「蛔蟲」或「啃食人民身體的蝮蛇」。他的措辭有時可能極為瘋狂或者可笑，卻也同樣令人印象深刻，例如：「猶太化我們的精神生活」、「令我們的交配本能變得拜金主義」，以及「藉此讓我們的人民染上梅毒」；此外，他也寫過：「如果猶太人藉助馬克思主義的信條戰勝了世上的其他民族，那他們的王冠就是全人類的喪禮花圈。這個星球將會如同數百萬年前一樣地運行在乙太之間，杳無人跡。」[31]

隨著希特勒的加入，在危機下發展出的幾股能量被統合為一，蘊藏著巨大的潛在政治影響力。法西斯運動的三個社會要素現在全數到齊：在道德、經濟與反革命層面忿忿不平的小市民階級、軍事理性主義的領袖，以及領袖所必須具備的個人魅力。這個人必須堅定地維護秩序、控制混亂的局勢；他看得比別人遠、想得比別人深；他明白什麼是絕望，知曉如何拯救大眾——這種巨人一般的形象不僅出現於眾多著作中，更可以往上追溯到德意志的民間傳說：就如同其他不幸民族的神話，他們知道有那麼一個領袖人物在山中沉睡幾個世紀，但有一天他將重回人世，引領他的子民回到家鄉、懲罰這個有罪的世界。

到了一九二〇年代的悲觀主義文學，更是一再懇求偉大領袖降臨；這種渴望從德國詩人斯特凡．喬治（Stefan George）的著名詩作中便可窺見一二：「他斬斷鎖鏈、橫掃斷壁殘垣／秩序，鞭叱著走錯路的人歸家／在永恆的正義中，偉大的再次偉大、主宰者再次主宰、紀律再次紀律／他在民族旗幟上釘下真實的意義／越過疾風驟雨、穿過四伏危機，他引領忠誠的子民／在陽光下建造新帝國。」[32]在同一時期，哲學家馬克斯・韋伯（Max Weber）也描繪出傑出領袖人格的形象、其平民表決的正當性，以及其對於「盲目」順從的要求；不過，他也特別將這樣的領袖視爲抵抗未來不人道的官僚組織結構的根本。總而言之，這個時代出於不同的原因與動機，已經準備好迎接領袖人物的出現——無論是在情感、詩歌、思想或是科學層面。

關於領袖的想法從各種法西斯運動中萌芽，接著在戰爭中得到進一步的發展。這些運動顯然並非傳統的黨派之爭，而是將自己視爲好戰的意識形態集團，是「政黨之上的政黨」；他們以陰森的象徵符號（中間插著斧頭的一束木棒）與堅定態度所進行的鬥爭，無疑是大戰的延續，政治手段也幾乎完全相同。「我們現在正繼續戰爭」希特勒一再如此宣稱；而義大利外交部長加萊阿佐・齊亞諾爵士（Graf Ciano）有幾次也談到法西斯主義的「戰爭懷念」。[33]

這種「虛構的永久戰爭」中的領袖崇拜，不僅將軍隊的等級制度轉移進法西斯運動的內部組織，領導軍官的形象更因爲追隨者的信仰需求與奉獻渴望，被神奇地提升到非人類的高度。法西斯在石板路上行軍，腳步聲響徹歐洲，表明他們的信念：即使是社會問題，也能以類軍事的方式最有效地解決！一些具前瞻性的年輕人特別受這種嚴肅的軍隊作風吸引，他們受戰爭、革命與混亂的啓發，有了「幾何式」秩序體系的雛形。

而這種秩序，正是由法西斯運動的半軍事形式、制服、特定的打招呼方式、報告、筆直的站姿，以及一些由幾種象徵符號所組成的色彩鮮明的圖騰所構成。這種表明立場的圖騰在他們的旗幟、徽章、臂章上隨處可見，其中尤以不同種類的十字符號最常見——從一開始的挪威極右翼政黨「國民聯盟」所用的歐拉夫十字，到後來葡萄牙國家工團主義者所用的紅色聖安德烈十字——此外，也有箭矢、束棒、鐮刀等圖樣出現。

這些法西斯元素所代表的意義，除了展現出對於舊市民階級老一套的男士長禮服與立領襯衫的蔑視，其實更主要在於體現出現代精神中嚴謹、重實用技術與匿名性的特點。同時，在制服與軍隊特性的掩蓋下，階級差異與對立被弭平，老百姓的生活也變得更為平淡、缺乏情緒。

小市民與軍事元素的結合是民族社會主義最主要的特徵，同時也造就出納粹黨從一開始便存在的獨特兩面性，在很多方面都能明顯看得出來：像是衝鋒隊與政事組織之間互相獨立，或是黨員們彼此之間性格差異之大，簡直令人摸不著頭緒——被說服的理想主義者、社會行為脫序之人、小偷小摸之人與投機分子，他們出於渴望成功、緩刑、厭惡工作、可以得到好處以及不理性的行動主義等動機，在納粹黨齊聚一堂。

絕大多數法西斯組織所秉持的保守主義，也因為這種兩面性而破裂：他們聲稱在維護被擾亂汙衊的世界秩序，卻表現出自己有權力不顧傳統改變一切。將中古世紀與現代融合為一是他們的特色，自稱先鋒卻看不見未來，在極權國家的柏油地上栽植他們所喜好的古老民俗。他們再次夢想著先祖們褪色的幻夢、讚頌過去的榮光，在微光中看到國土擴張的燦爛前景：義大利的羅馬世界帝國、西班牙的天主教盛世，以及一個更宏大的比利時、匈牙利與芬蘭。

希特勒的霸權主義借助現代的軍武科技力量，被視為其中計畫最周詳、最冷血也最實際的一個；伴隨著雜亂的點綴與符號：茅草屋頂與代代相傳的農民身分、土風舞、夏冬至的慶典，以及納粹德國頒發給具備「德意志母親精神」的德意志母親十字獎章——是希特勒試圖藉此征服世界的工具。對此，湯瑪斯．曼評價為「爆炸的古風」。[34]

法西斯主義的意識形態

然而，這些所涵蓋的卻不僅僅是衝動的反動意志。與支持他的那些多愁善感的反動派所相信的並不同，希特勒所提出的主張只是爲了治癒這個世界，絕無喚回過去黃金時代的想法，更不打算恢復封建制度；他所企圖解決的，只是因文明化而產生的人類的人格解體。

當然，他並沒有爲此而採取自己所鄙視的經濟或社會手段。與義大利法西斯主義代表人物之一的馬里內蒂（Filippo Tommaso Marinetti）看法一致，他認爲社會主義是「對肚子權利的卑鄙挑動」。[35]他的目標更著重於以鮮血與靈魂的黑暗面，達成內在的革新；他所修復的並非政治，而是人的天性。根據其計畫與口號，法西斯主義並非階級革命，而是文化革命；其所致力服務的，並非人類的解放，而是人類的救贖。法西斯主義能夠有這麼大的迴響，也確實足以說明，其所追尋的烏托邦，正是人類所自然嚮往的心靈天堂——也就是發展遲緩、神話世界一般的原始狀態。隨著社會大眾越來越恐懼未來，他們就更容易神話化過去的時光。法西斯的「保守主義」無論如何都希望以革命的方式，扭轉歷史的發展，再一次回到走上歧路之前的時光，回到過去那個美好、自然而和諧的時代。

希特勒在一九四一年寫給墨索里尼的一封信中表示，過去的一千五百年只是個中斷，歷史即將「回到曾經走過的路」。即使並非有意如此，他在解體勢力的威脅下，仍舊復原了過去的價值體系、風格、道德觀。「對抗即將到來的混亂，這是最後的屏障！」希特勒如此宣稱。[36]

民族社會主義無論以多少革命語句作爲包裝，永遠也無法掩藏本質上的防衛態度，明顯與其偏愛展示出的「大膽果決的鬥士形象」相互衝突。德裔美籍的新聞工作者康拉德．海登（Konrad Heiden）將法西斯主義的意識形態稱爲「自吹自擂的逃難」，其「畏懼飛翔、新吹來的風與不認識的星辰」，是「不得安寧的肉身對不知疲倦的精神的抗議」。[37]正是出於這種防衛心理，希特勒在與蘇聯作戰後不久曾說，他現在理解中國人怎麼會想要用圍牆包圍自己了，因爲他「也很想建造一堵巨大的牆，將新東方（東歐）與中亞群衆隔離開來——雖然所有歷史上的教訓都顯示，被保護的區域都會發生衰退的情形」。

法西斯主義得以打敗衆多競爭對手，其優勢不僅在於更敏銳地覺察出時代危機，自身更是這種危機的表現徵狀。當所有其他的黨派都肯定工業化與解放，唯有其與人民共同分擔、並試圖舒緩恐懼。法西斯將恐懼轉化爲暴風般的戲劇性行動，以浪漫的儀式爲枯燥乏味的日常施加魔法，例如：火炬遊行、飄揚的四角旗、骷髏頭、戰鬥與拯救的口號、「生活與危險的新婚姻」以及「偉大死亡」的想法。人民從它手中接過的，是披上過去外衣的現代任務；而它之所以能取得成果，是因爲它對物質利益不感興趣，以及「將政治當作是自我克制與個人思想的犧牲」。[38]與那些承諾更高基本薪資的人相比，法西斯主義認爲自己了解人民更深層的需求。它似乎比所有的競爭對手更早體認到，馬克思主義或自由主義觀點中只受理性與物質利益驅使的人類，只是一個畸形的抽象概念。

暫且不論其顯而易見的反動氣息，相較於其他競爭對手，法西斯主義更能有效地滿足當時人民對全面反轉的強烈渴望；也唯有它表達出「一切都錯了、這個世界陷入歧途」的時代情緒。相對地，共產黨之所以比較不具備吸引力，不僅是由於其階級黨派與外國勢力打手的名聲，更多是被隱約懷疑爲這種錯誤的一部分——分明是疾病的誘因，卻將自己僞裝成解藥。共產主義並非激進地全面否認市民社會的唯物主義，而僅僅是翻轉；並非戰勝不公與無能的制度，而是戰勝這種制度下的無知之徒與上下顛倒的鏡像。

希特勒勢在必得、無可動搖，這份自信甚至經常顯得誇張。他是唯一的眞正革命者，將人類的本能重新加進人民的權利內，藉此打破了現有的秩序；希特勒相信，結合人類的本能，他就是無可戰勝的，因爲本能在「與經濟利益對抗、與公衆意見對抗，甚至與理智對抗」的鬥爭中，最後總能獲得勝利。

毫無疑問地，由於本能被喚醒，人性的卑劣也浮出了水面。法西斯主義想再次榮耀傳統，卻畫虎不成反類犬；其所宣揚的秩序，也僅僅是個照樣畫葫蘆的空殼。儘管如此，當蘇聯布爾什維克主要領導人托洛斯基輕蔑地將法西斯的追隨者嘲諷爲「人類的塵埃」[39]的時候，也只是證明，左派面對人類的需求與動力，只能表現出標誌性的不知所措；他們聲稱比其他人更了解時代精神與未來命運，卻因此聰明反被聰明誤，在判斷上犯下許多錯誤。

同時，法西斯主義所迎合的，不僅僅是民衆的浪漫需求。誕生於時代的恐懼，爲獨裁起義、爲秩序革命，衝突便是它的本質——動盪混亂與服從隸屬、傳統的破壞者與聖者、平等的民族共同體與森嚴的等級制度、財產私有制與社會正義。然而，一切的前提都指向強權國家的獨裁權威，正如墨索里尼所言：「現在，人民比之前更渴望獨裁、控制與秩序。」[40]此外，他也輕蔑地談到「自由女神那多少已經腐爛的屍體」，並且表示，自由主義即將「關閉被人民留下的神廟的門」，因爲「目前所有的政治經驗都是反自由的」。

確實，在整個歐洲，尤其是戰後才過渡到自由主義議會政治體系的國家，對這種制度越來越不信任；當他們越堅決地踏入現代文明，這種質疑就越發強烈。對自信的民衆而言，自由民主的手段不足以應付危機四伏的過渡時期，也沒什麼機會領先其他對手——這種情緒迅速地蔓延開來。目睹議會制度缺乏連續性的政策、政黨之間的博弈角力與內部消耗，人民開始思念過去——

政令由帝王決定，並無討論空間與選擇餘地。【41】

於是，在兩次大戰期間，除了捷克斯洛伐克，所有中歐、東歐國家，以及許多南歐國家的議會制度都無法留存下來，例如立陶宛、拉脫維亞、愛沙尼亞、波蘭、匈牙利、羅馬尼亞、奧地利、義大利、希臘、土耳其、西班牙、葡萄牙和德國。到了一九三九年，只剩下九個國家由議會所統治，然而其中有許多國家像是法國的第三共和一樣荒謬，另外一些則是以君主制維持穩定。至此，「法西斯主義的歐洲變成一種可能」。【42】

因此，想翻轉整個世界狀態的，並非只是某個單一國家的仇怨。厭煩、輕蔑與放棄的普遍情緒跨越一切國家界線，以反動、進步、野心勃勃以及無私的先驅形象展示自我，自由主義的時代隨之走到了尾聲。一九二一年開始，德國便不再有堅定擁護議會制度的國會多數黨；自由主義的思想幾乎沒有任何支持者，卻有許多潛力十足的對手。現在一切具備，只欠缺一個導火線、振奮人心的口號以及適合的領袖。

注釋

【1】參照K. B. Bracher, »Diktatur«, S. 72 f.。

【2】Ernst Niekisch, ›Widerstand‹ III, 11，一九二八年十一月；希特勒在《人民觀察家報》一九二一年一月三日的特刊，以及一九二〇年九月二十二日和一九二二年四月十二日的演講中，都大篇幅地討論這個主題。諸如此類的標籤還有很多，例如，《人民觀察家報》在一九二一年七月十九日將德國稱爲「世界經濟的思想訓練機構」和「戰勝國的殖民地」。希特勒有時將威瑪共和政府稱呼爲「協約國的執法

人員」，並將威瑪憲法貶低為「凡爾賽條約的施行細則」；也參照希特勒於一九二二年十一月三十日的演說（此處與其後未標明出處的註釋皆來自《人民觀察家報》）。

【3】一九一九年十月四日的《慕尼黑觀察家報》。該報刊為《人民觀察家報》的前身，聲稱此為一封不具名的巴塞爾天主教神職人員的來信。

【4】一九一八年十月一日的《紅色恐怖》，引用自E. Nolte, »Der Faschismus von Mussolini zu Hitler«, S. 24。

【5】希特勒針對一九二二年十月二十二日對納粹黨擴大規模所寫的備忘錄，Bayer. Hauptstaatsarchiv, Abt. I, 1509。文中對黨高層的呼籲刊登於一九二二年七月十九的《人民觀察家報》。

【6】參照一九二二年四月十二日的演講；關於文中提及的希特勒的看法，引用自一九二二年七月二十八日、一九二〇年四月二十七日、一九二〇年九月二十二日、一九二一年四月二十一日的演講，以及一九二一年一月一日刊登於《人民觀察家報》的文章。對於希特勒對俄羅斯暴行的想像，羅森堡顯然必須負起幾分責任。後者刊登於一九二二年四月十五日的《人民觀察家報》上的文章寫道：「俄羅斯在列寧奪權的過程中變得屍橫遍野，就像在地獄一般，數百萬人餓著肚子四處遊蕩，數百萬人染上疾病或者活活餓死，在空無一人的街上迎來悲慘的結局。」後文出自希特勒在一九三六年三月七日於國會的演說，參照M. Domarus, aaO., S. 587。

【7】前述的希特勒備忘錄，出自一九二二年十月二十二日所寫的內容。

【8】阿佛烈．羅森堡在一九二三年九月一日刊登於《人民觀察家報》的文章。希特勒在備忘錄中也稱，布爾什維克主義遠遠超出其較為狹隘的政治定義，是一場「摧毀整個基督教西方文明」的革命。

【9】Karl Jaspers, »Die geistige Situation der Zeit«, S. 5.

【10】同上，S. 52 和 S. 39；以及 Ludwig Klages, »Der Geist als Widersacher der Seele«, S. 1222。有關當時自營業的發展，參照 Emil Lederer/Jakob Marschak, »Der neue Mittelstand«，收錄於 ›Grundriß der Sozialökonomik‹ IX, 1, S. 127 f.。在第一次世界大戰之前的三十年中，白領勞工的人數上漲超過百分之六百，有關其社會狀態與心理狀態，見 Siegfried Kracauer, »Die Angestellten«。也參照 Heinrich Bechtel, »Wirtschaftsgeschichte Deutschlands«, München 1956, S. 423 f.。

【11】Ludwig Klages, »Mensch und Erde«, Stuttgart 1956, S. 10。後文的引文摘自一九二〇年四月六日的《人民觀察家報》。

【12】一九二七年第四刊的《觀察家畫報》刊登一張包浩斯風格建築的插圖，圖下標註：「座右銘：越像監獄越好。」

【13】Elfriede Friedländer, »Sozialethik des Kommunismus«, Berlin 1920。有關以中產階級作爲普遍道德的代表，參照 M. Rainer Lepsius, »Extremer Nationalismus«, S. 14。

【14】布萊希特的《馬哈貢尼》的最後一幕，收錄於 »Gesammelte Werke in 20 Bänden« II，Frankfurt/M. 1967, S. 561 f.。

【15】羅森堡於一九二二年五月二十七日的《人民觀察家報》的評論。對於畢卡索，他表示，此人的畫作變得「色彩更混濁、線條更凌亂、主題更離經叛道」。一九二〇四月六日的《人民觀察家報》也談到這種「尖叫的黑人藝術與小亞細亞藝術」、「達達主義的不流暢畫作」；有關希特勒對於現代藝術的相似的抵觸情緒，參照 »Mein Kampf«, S. 282 ff.。

【16】Thorstein Veblen, »Imperial Germany and the Industrial Revolution«, New York 1954, S. 86.

【17】J. Benda, »La trahison des clercs«, Paris 1928，引用自 Fritz Stern, »Kulturpessimismus«, S. 6。格里

哥・史特拉瑟於一九三二年六月所言也與之有關聯：「民族社會主義刻意與法國大革命相反：其作為法國大革命的對立者與戰勝者，拒絕接受個人主義，因為個人主義將國內的日耳曼自由概念歪曲成國內的經濟解放；其拒絕理性主義和理性的教條，因為理性主義只願意承認理解與判斷，不願承認主宰民族與國家命運的火熱意志與靈魂。畢竟，民族社會主義的國家概念就是要與自由主義的時代切割……。」參照 G. Strasser, »Kampf um Deutschland«, S. 381 f.。

【18】F. Nietzsche, »Morgenröte«，收錄於 »Werke« I, S. 1145。

【19】H. Bahr, »Der Antisemitismus. Ein internationales Interview«, Berlin 1894。巴爾以他與眾多德國、歐洲作家和名人的對話為基礎，完成這本著作。

【20】Werner Sombart, »Die Juden und das Wirtschaftsleben«, S. 140 f.，Eva G. Reichmann, »Flucht in den Haß«, S. 82 ff. 也有發人深省的深刻評論。根據 Franz Neumann 早在一九四二年就於 »Behemoth«, S. 121 提出的看法，德國的反猶太現象極其微弱，並認為「德意志民族是最不反猶太的民族」，這正是反猶太主義適合作為希特勒的武器的原因。

【21】›Tagebuch‹ v. 21. September 1929，引用自 Kurt Sontheimer, »Antidemokratisches Denken«, S. 129。

【22】一九二〇四月六日的《人民觀察家報》；亞瑟・穆勒・范登・布魯克談到「德國瘋狂吸收西方國家的思想」，就好像被接納進入自由主義國家的圈子是一項榮譽。

【23】Pfarrer Dr. Büttner, »Die sozialistischen Kinderfreunde«，收錄於 ›Gelbe Heft‹ 1931/VII, S. 263。後文中恩斯特・涅基施的評價出自 »Entscheidung«, Berlin 1930, S. 118。

【24】有關此，參照 S. Kracauer, aaO., S. 5f.。

【25】Hans Speier, »The Salaried Employees«，引用自 David Schoenbaum, »Die braune Revolution«, S. 37，

後者也提到，從一九二五年到一九二九年之間，百貨公司的數量由一百零一上升至一百七十六，幾乎翻了一倍。

【26】參照 F. Jetzinger, aaO., S. 114；也參照 A. Kubizek, aaO., S. 215 和 »Tischgespräche« S. 30。

【27】»Libres propos«, S. 225。希特勒習慣在餐後漱口，外出時幾乎都會戴上手套——至少在後期是如此。參照 A. Kubizek, aaO, S. 286。對於那個年代的人而言，染上性病是他們最害怕的事，Stefan Zweig, »Die Welt von gestern«, S. 105 ff. 就敘述這種想法在維也納有多麼普遍。

【28】以上依序引用自一九二〇年三月三日、一九二〇年九月十二日和一九二三年一月十日的《人民觀察家報》，以及 »Mein Kampf«, S. 255 ff. 和 S. 279 f.。完整的脈絡也參照 E. Nolte, »Faschismus«, S. 480 ff.，該文獻指出恐懼因素在希特勒整體行爲中的重要意義；此外，弗朗茲・諾伊曼（Franz Neumann）在《關於獨裁理論的筆記》中也指出恐懼在極權主義國家的功能，參照 »Demokratischer und autoritärer Staat«, Frankfurt/M. 1967, S. 242 ff, S. 261 ff，談到當時的德國是「充斥著異化與恐懼的國家」。

【29】»Tischgespräche«, S. 471.

【30】»Adolf Hitler in Franken«, S. 152；一九二一年一月一日以及一九二〇年三月十日的《人民觀察家報》。順道一提，刊登於一九二〇年三月十日《人民觀察家報》上的文章的標題爲《澈底處理猶太人！》，要求立刻將一九一四年八月一日以後移居德國的移民全數驅逐，將這些人從「所有政府機關、報社、劇場和電影院」拔除，送進專門爲此設立的「中轉營」。

【31】»Mein Kampf«, S. 70 f.；以及同上，S. 270、S. 272 和 S. 324。

【32】Stefan George, »Das Neue Reich«，收錄於 »Gesamtausgabe« 9, Düsseldorf 1964。

【33】Galeazzo Ciano, »Tagebücher 1937-1938«, Hamburg 1949, S. 13。希特勒的話參照其於一九二三年四月十七日的演說，見 E. Boepple, aaO., S. 51。E. Nolte, »Epoche«, S. 395 也將法西斯主義運動的政治實踐稱爲「以類似的手段延續戰爭」。刊登於 »Historische Zeitschrift« 198, S. 623 的 Rudolf Vierhaus, »Faschistisches Führertum« 也談到「虛構永久的戰爭」。有關此，也參照刊載於 »Faschismus und Kapitalismus in Deutschland«, S. 188 ff. 的 Henry Ashby Turner, jr., »Faschismus und Antimodernismus«，其認爲「法西斯主義」這個籠統的概念已經將許多不同的現象混爲一談，容易令人混淆，因此不建議繼續使用這個用語。

【34】Th. Mann, »Dr. Faustus«, GW VI, S. 597.

【35】F. T. Marinetti, »I Manifest! del Futurismo« I, Mailand 1920, S. 36.

【36】一九二二年八月二日的《人民觀察家報》。

【37】K. Heiden, »Geburt«, S. 266；希特勒於後文的評價參照 »Tischgespräche«, S. 144。

【38】Giovanni Gentile, »Manifest der faschistischen Intellektuellen an die Intellektuellen der Nationen vom 21. April 1925«，引用自 E. Nolte, »Theorien über den Faschismus«, S. 113。

【39】同上，S. 56；有關希特勒關於「人類願意採取違背自己利益的行動」的評論，參照 »Adolf Hitler in Franken«, S. 119 f.。

【40】B. Mussolini, »Die Lehre des Faschismus«，刊載於 E. Nolte, »Theorien«, S. 220；後文引用出處同上，S. 216。

【41】參照 J. L. Talmon, »Politischer Messianismus« II, S. 444 f.；恩斯特．諾爾特（Ernst Nolte）解釋，自由主義的議會民主制度的結構性弱點，正是強大的法西斯主義運動出現的前提，這點只要參考其

著作的書名就可明白：《自由主義制度的危機與法西斯主義運動》。有關此，參照 Herbert Marcuse, »Der Kampf gegen den Liberalismus in der totalitären Staatsauffassung«, abgedr. in: W. Abendroth, aaO., S.39ff.。

【42】George L. Mosse, »Die Entstehung des Faschismus«，刊載於»Internationaler Faschismus 1920-1945«, S. 29。

第二卷　踏入政壇

第一章　德國的未來

「德國已經完全變了。要是有月亮上的人下來，他會因爲認不出來而問說：這就是先前那個德國嗎？」

阿道夫・希特勒

「如果以前有人預言新時代會這樣開始的話，我一定會大笑不已。」

記者康拉德・海登（Konrad Heiden）回憶慕尼黑求學歲月

一九一九年夏初，巴伐利亞的特殊情況讓希特勒得以踏上了舞臺。當時風起雲湧，人事遞嬗迅速，許多歷史舞臺上的演員，一下子都走到聚光燈下了，希特勒蒼白而缺乏特色的臉孔也從這時開始逐漸爲人所熟知。

從歷史的眼光來看，在這片革命與反革命的混亂中，他比其他同一個舞臺的對手——例如庫爾特・艾斯納（Kurt Eisner）、恩斯特・涅基施（Ernst Niekisch）、魯登道夫、奧圖・馮・羅索（Otto von Lossow）、格哈德・羅斯巴赫（Gerhard Roßbach）和古斯塔夫・馮・卡爾（Gustav Ritter von Kahr）——更不知道自己要做什麼。此外，他比他們擁有的資源更少，起始點更低，也更加茫然；相較於這些人，這時的希特勒只是一個「一直住在軍營、不知道該何去何從的人」。[1]

他在一九一九年上半仍然表現得不太情願，或者很猶豫於踏上這個舞臺，卻在三年後成爲操控大局面的人。因此，他後來偏好以「第一次世界大戰的無名小卒」描述自己，藉此強調他崛起的意外性與神話性。

刺殺行動

在大戰剛結束的幾週中，德國沒有其他城市像慕尼黑一樣受到革命事件、激情與反抗情緒如此激烈的衝擊與影響。早在一九一八年十一月七日——比柏林政府在十一月九日宣布皇帝退位還要早兩天——慕尼黑的左翼就在「改善世界」的意志下，推翻了統治當地千年之久的維特爾斯巴赫王朝，也因此意外於自己擁有的巨大力量。他們完全相信美國總統威爾遜的說法，在波西米亞主義者暨《慕尼黑郵報》戲劇評論員庫爾特·艾斯納的領導下，試圖以體制革命爲「德國加入國際聯盟」做準備，並「促進和平、避免最糟糕的情況發生」。[2]

然而，他們的希望因爲美國總統的軟弱與前後不一致，以及右派人士強烈的仇恨情緒而全都落空[3]——順道一提，右派對於「外國和異族流民」的詆毀，以及對施瓦賓的布爾什維克主義者的仇恨時至今日依然存在。艾斯納他們幾個不說其他的，光是沒有從巴伐利亞出身的高層就注定這個革命政權在重視出身的這裡無法成功，更不用說他們有不少人是猶太知識分子、反對市民階級的權利。無論是不斷舉行的示威活動、公開音樂會、旗幟遊行，或是關於「光明、美麗與理性的國度」的激情演說，都未能替艾斯納鞏固地位、維繫他天眞建立的政權；當初期待自己的「良善政府」能受民衆愛戴，現在卻只招來同樣多的譏笑和怨恨。艾斯納的理想帶著哲學的深度，寫在紙上時看起來很有魅力，實行起來卻遭人唾罵。當他以「庫爾特一世」自稱，諷刺地將自己與被他推翻的王室傳統連結在一起時，街頭巷尾也傳唱起一首嘲諷革命的歌曲：「革命革命，萬歲萬歲歲歲！顛覆一切！翻轉一切！推翻一切！砰砰！」

此外，批評斯巴達克派領袖和世界革命的特務——例如馬克斯·列維恩（Max Levien）、尤金·萊文（Eugen Leviné）與托比亞斯·阿克塞羅德（Tobias Axelrod）——反對作家埃里希·米薩姆（Erich Mühsam）的無政府主義激情，或是至少口頭上承認自己造成分裂主義的氛圍在巴伐利亞盛行，都無助於改善艾斯納的處境。他在伯恩的社會主義會議上脫口而出一戰爆發是德國犯下的罪孽，很快就遭受有組織的攻擊，對方不擇手段地要他的命，宣稱艾斯納已時日無多。

沒多久，艾斯納就因爲選舉的慘敗不得不下臺。爲了宣布卸任，他於二月二十一日在兩位同事的陪伴下前往邦議會，卻在大街上被二十一歲的安東·阿科谷爵士（Anton Graf von Arco auf Valley）從背後射殺。這場刺殺行動除了無意義、多此一舉，還造成災難性的後果。

僅僅過了數小時，當人們在議會爲艾斯納舉行追悼會時，以屠夫與酒館服務生爲職的激進左派分子阿洛伊斯·林德納（Alois Lindner）就闖進會場。他射殺內政部長埃爾哈德·奧爾（Erhard Auer）後繼續瘋狂地四處開槍，殺死了另外兩位在場者，前來追悼的民衆在驚慌恐懼下四處逃散。

然而，此時的輿論不同於安東·阿科谷的期望，反而大幅傾向左派。左派領袖羅莎·盧森堡和卡爾·李卜克內西才在一月遇刺身亡，現在艾斯納又被射殺，大衆認爲反對派已經再次團結，這正是他們爲奪回權力而展開的反擊。巴伐利亞進入緊急狀態，宣布大罷工；當安東·阿科谷被部分學生奉爲英雄時，大學也被關閉；許多人被當作人質逮捕，審查變得更嚴密，銀行與公共建築皆被紅軍占領；裝甲車在街上巡迴，士兵在車頂上用擴音器宣布：「爲艾斯納復仇！」

在這一個月中，大權都掌握於恩斯特．涅基施手下的中央委員會，之後才設立了議會制政府。到了四月初，庫恩．貝洛在匈牙利建立無產階級專政的消息傳來，證明蘇維埃體系在俄羅斯以外的地方也能成功，巴伐利亞才剛穩定下來的局勢又隨之動搖。

少數的左派激進狂熱分子在缺乏群衆基礎的狀況下，違背大衆的明確意志、傳統與情感，以「德國是下一個！」的口號，宣布建立巴伐利亞蘇維埃共和國。作家恩斯特．托勒爾（Ernst Toller）與埃里希．米薩姆宣稱這個世界正轉變成「一片開滿花的原野，人人都可以分得屬於自己的那一份」，明確顯露出兩人的浪漫主義、不食人間煙火與領導能力的不足；報紙上不再有法律相關的作品、欄位與思想，與最新的革命政令一同占據頭版的是浪漫派詩人腓特烈．賀德林（Friedrich Hölderlin）和席勒的詩作。[4]

恩斯特．涅基施與當時大多數遷往班貝格的部會首長都已經辭職下臺，這個國家群龍無首，只剩下喃喃囈語的作家們和混亂恐慌的市民們。於是，一群作風強硬的革命家很快就奪得大權。

不僅隨意沒收私人財產、扣押人質、打壓市民階級，專斷的革命和越發緊缺的糧食也令人想起俄羅斯十月革命的恐怖，這段記憶在民衆腦海中刻下難以抹滅的烙印，造成了長久的影響，就連五月初，國家防衛軍和志願軍團在圍剿慕尼黑時所犯下的暴行都相形失色：五十名被釋放的俄國戰俘在普海姆附近被射殺；蘇維埃軍的救護隊在距離施塔恩貝格不遠的鐵路邊被按令屠殺；二十一名無辜的羅馬天主教會成員在慕尼黑的集會所被捕，在卡洛琳廣場的監獄被擊斃；另有十二位來自佩拉赫區的無辜工人也得到同樣的下場，還在調查報告中被算進「因爲自己輕忽或詭異的巧合」而喪命的一百四十八人之中。

這場蘇維埃實驗的領導人庫爾特・埃格霍夫（Kurt Eglhofer）、古斯塔夫・蘭鐸（Gustav Landauer）與尤金・萊文，最後不是被打死就是被槍殺。這些左派的死者很快就被淡忘，民衆卻一直記得右派的犧牲——某個小官員爲了清算右派組織的罪行，而在路易博德文理中學的地下室逮捕八名圖勒協會的成員——蘇維埃政權在他們心中留下的恐怖印象揮之不去，多年以後依舊記憶猶新。根據當時一本日記的記載，開進巴伐利亞的國家防衛軍和志願軍團無論於何處現身，「大家都對他們揮手帕，一邊朝窗外看一邊拍手，興奮得不得了……所有人都在歡呼」[5]。最早發動革命的巴伐利亞現在反而成了反革命之邦。

私人武裝勢力的興起

戰後幾個月的經歷，讓一些比較冷靜沉著的市民階級重燃信心，因爲左派的無能與困窘，顯然在那場混亂又意志不堅定的革命中被暴露無遺——顯而易見，這些人有很豐富的革命激情，卻沒有這麼多的革命勇氣。他們一方面以社會民主主義證明自己是充滿活力的秩序力量，另一方面又因爲建立巴伐利亞蘇維埃政權而暴露空想家的特質，顯示出他們不僅不了解權力，也對民衆一無所知。市民階級——或者說市民階級中比較鎮定的人——也因此第一次發現，德國工人階級看似無敵，其實卻想法天真，並非他們所不及。

此外，回歸的中階軍官——例如渴望行動的上尉與少校們——更是讓市民階級充滿這種新自信。用德國軍人恩斯特・榮格（Ernst Jünger）的話來說，他們像享受美酒一般享受戰爭，一直感到無比陶醉，就算經常要面對許多比自己強大的對手，他們也不覺得自己會輸。他們曾協助政府制服叛亂者和反逆的士兵委員會、打倒巴伐利亞的蘇維埃政權，也履行職責鎮守騷動的東方邊界——尤其是與波蘭及捷克斯洛伐克之間的界線；然而，德國軍隊因爲《凡爾賽條約》而被削減至十萬人，軍人的前景不再、社會地位下降、國族也受到汙衊。

他們自信卻又茫然，開始在政治領域尋求舞臺，也有許多人是不願放下、或者無法放下不受社會規範拘束的軍旅生活、行軍作戰的技能和同袍們的陪伴。這些人以豐富的經驗和戰火淬鍊出的作戰方式組織反抗行動，然而，他們想反抗的革命早已因爲民眾的恐懼以及對秩序的渴望而奄奄一息。

私人武裝勢力雨後春筍一般地出現，全國上下都是僱傭軍的營房，各勢力之間政治鬥爭你來我往；機關槍、手榴彈、加農炮等武器正是他們仰仗的眞正力量，存放在一座座迅速擴展的祕密軍火庫裡。利用政府的無能，他們在不同的地區各瓜分了極大的權力，在經歷過蘇維埃革命創傷的巴伐利亞更是如入無人之境，幾乎不曾受到絲毫阻礙。社會民主黨政府在蘇維埃統治巴伐利亞期間下令：「不計一切手段組織反革命行動。」[6]各武裝勢力在這種官方的鼓勵下互相競爭、影響，共同推進歷史，除了國家防衛軍，還有埃普志願軍團、高地聯盟、鐵拳軍官協會、埃舍里希組織、德國種族保護與防衛聯盟、舊王旗協會、拜律特志願軍團、符茲堡志願軍團、沃爾夫志願軍團、柏根多夫分隊、波茲邁爾分隊以及其他眾多組織。他們野心勃勃、各自割據，在政治與軍事上自主，同時也厭惡回歸到正常狀態。[7]

這些組織不僅受政府與官僚機關支持，更得到廣泛群眾的愛戴。深受軍事傳統薰陶的德國社會大眾誤以爲只要制服筆挺、步伐整齊，就算是宣洩個人情緒也具備崇高的民族性與道德情操。這些軍團在革命與蘇維埃的混亂下就像是對照組的典型，代表著人民心中最普遍的生活與秩序概念。埃普志願軍團的部隊行軍通過路德維希大街時動作整齊劃一、軍靴踏地聲隆隆作響；埃哈德特海軍陸戰隊也同樣如此，此外，他們還從波羅的海地區的戰役帶回鉤十字標誌，在軍歌中反覆宣傳：「鋼盔上的鉤十字……。」

這些軍團體現著民眾如今只能遙想的往日光榮與安全感，因此，當巴伐利亞第四集團司令部於一九一九年六月公布基本準則，將國家防衛軍稱爲「重建一切有意義的國內行動」的「支柱」，並正當化各種熱烈開展的宣傳活動時，也只是反映出當時德國社會的普遍意見。

無論是對戰爭的厭惡，或是對人民任人魚肉的怨恨，左派都幼稚地怪罪給已經經歷恐怖、爲之犧牲的士兵們[8]；與此同時，右派則開始關懷、撫慰這些人受創的驕傲，給他們落空的期待足夠的交代。

新課程的學習

公務繁忙的麥爾上尉領導著集團司令部的情報組——或稱爲宣傳組——舉辦各式各樣的活動，其中包括希特勒在完美達成蘇維埃餘黨調查任務後參加的「公民思想」課程：他們會在大學校園舉辦專門讓特定學員參加的講座，由具備民族意識的知名高校教師灌輸歷史、國民經濟與政治方面的理論。

希特勒對於一切影響自己的重大因素向來努力否認或者淡化其作用，在他看來，這種活動對職涯發展的意義不在於教導新知識，而是建立人脈，讓他有機會「認識一些志同道合、能一起詳細討論眼下景況的夥伴」。在這麼多的課程中，希特勒只承認自己在工程師戈特弗里德·費德（Gottfried Feder）的經濟學講座學到新知識，那是他人生第一次聽到「對國際證券交易與借貸

資本的原則分析」。【9】

嚴格而言，這些課程的意義在於爲他提供了一群特定的觀衆：他在此之前面對的都是隨機而無知的群衆，課堂討論的機會讓他發現自己的熱情與才智在特定觀衆間能得到多大的關注。其中一位課堂講師，歷史學家卡爾．亞歷山大．馮．繆勒（Karl Alexander von Müller）描述，某次課後，演講廳裡的人逐漸減少，一群人正好擋住了他的路，「有個男人被他們著魔似地圍在中間，那個人不停地說著話，情緒越來越激昂，聲音帶著奇特的喉音。我詭異地覺得，他就像工作一般地操弄著他們的情緒，而這種亢奮又反哺他更多的力量。他的髮型不像士兵，一綹頭髮垂掛下來，臉龐消瘦而蒼白，留著短短的小鬍子，他那雙淺藍色的眼睛大得驚人，冷冷地閃耀著狂熱的光芒。」下一回課後，他將這位學員叫上講臺，他描述：「他雖然動作僵硬，但還是聽話地走上來，看來似乎倔強而尷尬。」可惜，他在這場談話沒有什麼收穫。【10】

我們從中得以初步看出許多人都曾證實過的，青年希特勒身上的奇異表現——說服他人時胸有成竹、言詞間充滿信服力，卻在私人談話時絲毫無法引起別人注意。根據希特勒的說法，他之所以能在辯論上獲得難忘的初次勝利，是因爲「某位學員認爲有必要捍衛猶太人的權利」，令他覺得受到挑釁。

繆勒在聽完辯論後告知麥爾上尉這位學員的演說天賦，於是希特勒被派任爲集團司令部在某一幕尼黑軍團的「管理代表」；沒過多久，他的名字又出現在萊希菲爾德歸國士兵營的所謂「啓蒙小組」名單上：「陸戰隊，阿道夫．希特勒，第二陸戰軍團結算所」。這些剛歸國的士兵因爲曾被俘虜而不受信賴，啓蒙小組的任務便是灌輸他們民族主義與反馬克思主義的思想；除此之外，這對於「啓蒙小組」的成員也是一場「演說與煽動的實際演練課程」。【11】

在這種背景下，希特勒開始於萊希菲爾德軍營中累積自己在演說和心理操控上的經驗，學會將死板的意識形態運用在最新的事件上，如此一來，原理得到無可辯駁的實例支撐論點，而每日的政治事件都預示著未來的命運；同時，這也是後來他的民族社會主義會出現機會主義特徵，看似頑固死板的意識形態被烙上沒有原則的奇特印記的原因——作爲演說新手，希特勒的不安全感令他不斷測試觀衆的反應，試圖找出能獲得廣大迴響的一套固定公式。

關於這位講師的演說，軍營的報告如此描述：「這個主題燃起了學員們特別大的興趣，從他們臉上的表情就能看得出來。」這些歸國的士兵懷著深刻而具攻擊性的失望情緒，這幾年的戰爭騙取了他們的一切，偉大榮耀的青春轉眼成空。正當他們替自己錯付的英雄主義、錯失的勝利和荒謬的期待尋求交代時，希特勒的演講正好爲他們第一次勾勒出敵人的輪廓。據悉，他演說練習中最突出的特色爲「引人好感的舉手投足」、「簡單易懂的表達方式」以及「激情的狂熱」；他主要在抨擊掀起十一月革命、被他稱爲「十一月戰犯」的那些人，也激烈反對「凡爾賽恥辱」及有害德國的「國際主義」，並表示這一切都是由背後的「猶太馬克思主義世界陰謀」所操控。[12]

由此得以看出，希特勒可以毫不羞恥地從自己閱讀過的作品或接觸過的資訊中擷取碎片，自己拼湊出一套理論。他在萊希菲爾德軍營的其中一場講座就以「非常出色、清楚且振奮人心」的論述，解釋自己剛從戈特弗里德．費德的課堂習得的資本主義與猶太民族之間的關係。他粗暴而持續地擷取其他人的思想，一切說服力十足的元素在此時都已成形，一直到他在元首地堡迎來終局都未曾改變。

與此同時，他也第一次以書面形式表達對具體政治問題的意見，寫下了一封有關「猶太民族現今對我族人民造成的危機」的信。慕尼黑集團司令部的前「管理代表」，來自烏爾姆的阿道夫·更利希（Adolf Gemlich），寫信給麥爾上尉，要求他對此表明立場。麥爾上尉則將這封信轉寄給希特勒，並附上了一封以「親愛的希特勒先生」作爲開頭的說明信——以兩人在軍中的上下級關係而言，這種稱呼並不尋常。希特勒寫了一封內容詳盡的回信，闡述自己反對目前盛行的「情感上的反猶太主義」，因爲這種類型基本上只與個人的隨機經驗與印象有關；因此，如果希望反猶太主義成爲政治運動，他們就必須以「事實」爲前提：【13】

「首先，事實上，『猶太』指的絕對是種族，而非一個宗教群體。他們歷經千年的近親通昏（婚）——而且經常是在最小的圈子內近親通昏（婚），比周遭的眾多民族更嚴格地保存了他們的種族與特性。這一支非德意志的陌生種族在我們之中生活，他們不願意、也無法放棄自己的種族特性或者否認自己的情感、思維與抱負，卻仍然享有與我們相同的一切政治權利。如果說猶太人的情感純粹只繞著物質領域轉動，那他們的思維和抱負就更是如此……一切令人類追尋更高價值的事物，無論是宗教、社會主義還是民主，都只是讓他們達成目標、滿足金錢欲與掌控欲的手段而已。於是，他們就這樣成了德國的『種族結核菌』。

此外，純感性反猶太主義的最後極限就是先前的反猶搔（騷）亂，但是理性的反猶太主義必須按部就班地在法律上抑制、並清除猶太人的特權……不過，最終目標絕對是完全消滅猶太人的存在。而能夠完成兩者的，只會是有能的政府，而不可能是無能的政府。」

一九一九年九月十二日，也就是寫下這封信的四天前，希特勒受麥爾上尉之託拜訪一個激進的小黨。在當時，這種激進的政治團體與黨派幾乎數也數不清，經常在未經審慎評估的狀態下行動，時而團結、時而一盤散沙，直到它們後來重新整合成新的組織重出江湖爲止。對於渴望共鳴的人與追隨者而言，這些團體就是一座尚未被開啓的巨大寶庫。它們經常有一種混亂而怪異的教派特性，顯示出市民階級經歷長時間的政治冷感，現在近乎盲目地要爲自己的民族主義的反抗情緒找出一個合理的解釋，也爲他們在社會方面的危機感尋求安撫。

許多政黨相繼成立

其中，設址於著名飯店「四季」內的圖勒協會是密謀行動的起點，也是重要的宣傳事務中心，同時擔負右派極端分子聯絡點的任務，在巴伐利亞社會具有廣大的人脈。該會曾有約一千五百位成員，其中不乏一些影響力巨大的成員，他們一手掌控《慕尼黑觀察家報》，鉤十字符號也再度被採用爲協會的圖標。

圖勒協會的領導人是一位政治冒險家，他有著聲名狼藉的過去和一個好聽的名字——魯道夫．弗雷厄爾．馮．塞伯滕多夫（Rudolf Freiherr von Sebottendorf）；一位受困於東方的奧地利貴族收養他並給了他這個名字。[14]根據他本人的說法，他很早便受到西奧多．弗里奇（Theodor Fritsch）與蘭茲．利本菲等激進思想家的影響——這兩人的胡言亂語、沒頭沒腦的種族主義與神祕學脫不了關係，也影響了少年時期的希特勒。

承襲一九一二年於萊比錫成立的日耳曼圖勒教派之名，塞伯滕多夫於一九一八年設立慕尼黑圖勒協會。該會於創立後立刻活躍起來，也遵循戰前的種族主義兼反猶太主義聯盟的衆多傳統——成員必須在加入這個形同共濟會的群體時，證明自己的「雅利安血統」，他們會報告身體各部位的毛髮生長情形並出示腳印，以供識別自己是否種族純正。[15]

塞伯滕多夫的協會起始於一九一八年一月的一場大肆的反猶宣傳活動，他們在大戰尚未結束時就將猶太人批評爲「德意志民族的死敵」，戰後還得意地把蘇維埃共和時期的血腥與混亂當作所謂的「證據」。他們以過激的口號掀起無理智而下流的種族仇恨氛圍，持續助長激進的種族主義滋生。

圖勒協會於一九一八年十月已經與其他右派組織開始謀劃革命，後來也煽動刺殺艾斯納的計畫，並試圖在一九一九年四月十三日對蘇維埃政府發動政變。此外，他們也與大本營在慕尼黑的俄羅斯移民圈保持良好關係，由一位來自波羅的海地區，深受蘇維埃革命創傷的建築系學生阿佛烈·羅森堡（Alfred Rosenberg）居中維持聯繫。未來幾年將活躍於巴伐利亞政治舞臺的那些角色，幾乎都曾出現在圖勒協會的會所或會議中，其中也包括幾位未來的納粹黨風雲人物，像是狄特里希·埃卡特（Dietrich Eckart）、戈特弗里德·費德（Gottfried Feder）、漢斯·法蘭克（Hans Frank）、魯道夫·赫斯（Rudolf Heß）以及卡爾·赫勒（Karl Harrer）都與協會有著各種關聯。

一九一八年十月，運動記者卡爾·赫勒與機械技師安東·德萊克斯勒（Anton Drexler）在圖勒協會的指示下，創立「政治工人團體」。該團體自稱是一個「爲了討論與研究政治事務而成立的特定人士專屬協會」，然而，其眞實的創辦目的在於爲大衆與民族主義右派勢力搭起橋梁，消弭兩者的隔閡；這個團體一開始只有德萊克斯勒的幾個同事加入。

德萊克斯勒受雇於慕尼黑國營鐵路維修廠，是個安靜、魁梧，但有點奇怪的男人。他認定現有的政黨不符合自己的政治需求，早在一九一八年三月便自發成立「自由工人和平促進會」，用以對抗高利貸主並且提升全體工人的鬥志。這個戴眼鏡的嚴肅技師體認到，馬克思社會主義不僅無法實際解決社會問題，也無法在理論上給出令人滿意的答覆——他於一九一八年一月發表的

《無產階級國際的失敗與博愛思想的毀滅》[16]便反映出這種認知。

正是因爲同樣的原因，無論左派右派的社會主義者，才會在一九一四年八月時熱烈支持戰爭，波希米亞德意志工人在一九〇四年於陶特奧成立德意志工人黨也是如此。於是，安東．德萊克斯勒與二十五位同事，於一九一九年一月五日，也以同樣的名稱（Deutsche Arbeiterpartei）在符騰斐德霍夫建立自己的政黨——德國工人黨。幾天後，由於圖勒協會在四季大飯店的會議上的倡議，這個政黨被賦予一國執政黨的組織框架，卡爾．赫勒則任命自己爲「國家主席」[17]——這個職稱可說是野心勃勃。

然而，與這麼響亮的職稱相比，這個每週於塔勒五十四號的施坦艾克啤酒館聚會的新政黨，實在是太微不足道了。儘管德萊克斯勒時不時會邀請一些當地著名的種族主義者——像是狄特里希．埃卡特或是戈特弗里德．費德——舉辦講座，但德國工人黨的處境、動機與目標仍然模糊不清，只停留在邊喝啤酒邊抱怨國事的程度。重要的是，他們並沒有面向大衆，與其說是傳統意義上的政黨，不如說是慕尼黑典型的祕密結社與傍晚啤酒會的混合體，他們只是出於苦悶以及尋求支持而聚集在一起。

出席的人數從十到四十人不等，會議的主旋律由德國的恥辱、戰敗的創傷、反猶太主義以及對「秩序、法律與習俗的準繩被斷裂」的怨言所構成。德萊克斯勒於創始大會上宣讀的「指導方針」儘管言詞質樸，卻也坦白地表達出他們對富人、無產階級、猶太人、哄抬價格之人和煽動叛亂之人的全然憤恨。此外，「方針」除了限制黨員年收入不得超過一萬馬克，要求外交部必須由同比例的德國各地代表組成，也表示「長期居住於某地區的技術工有權被視爲中產階級」；他認爲創造幸福的並非「空洞的話語、集會、示威遊行與選舉」，而是「一份好的工作、豐盛的菜餚與不斷進步的下一代」。[18]

無論德國工人黨有多麼庸俗、不合邏輯，「方針」中的第一句話都體現出結合歷史經驗與大眾需求的思想，可見這位從啤酒館出來、笨拙古怪的安東．德萊克斯勒，在掌握時代精神上遙遙領先其他人；該黨將自己定義為一個無階級分別、「只由德國領袖領導的社會主義組織」，而德萊克斯勒的「偉大思想」，[19]就在於調合民族主義與社會主義。

雖然他既不是唯一一位，也不是第一位這麼想的人，他仍然在後代子孫與溫飽問題的憂慮上耗費了大部分的精力。這個樸實無華的想法，只是源於他對國族安全感的卑微渴望，無論如何都無法與馬克思說服力十足的世界觀與歷史觀相提並論；然而，無論是他的想法或是德國工人黨，都因為希特勒的加盟，以及德國社會因戰敗、受辱又受到革命刺激而興起的極端情緒，而得到極大的迴響。

德國工人黨

一九一九年九月十二日，戈特弗里德．費德於德國工人黨的集會中談論有關人們能如何戰勝資本主義，又是以何種方式戰勝資本主義的主題。阿道夫．希特勒受麥爾上尉的指示，當時也出席了這場集會，就坐在四十多位參加者當中。他在費德滔滔不絕地闡述其為人所熟知的理論時發現，這個新政黨「就像很多新創立的政治團體」一樣，「庸俗可笑」得令人窒息。他表示：「我很高興費德終於結束了，我已經受夠了。」

他也默默等待隨後的討論時間結束，直到某個人提出「巴伐利亞脫離德國，和奧地利結盟」的觀點時，他才憤而起身，說道：「我實在忍不住了！」他對那個人展開熱烈激昂的抨擊，使得德萊克斯勒向身旁的洛特低聲道：「這人眞是能言善道，我們可以好好利用！」[20]希特勒說完話，立刻就要離開這個「無聊的社團」，德萊克斯勒從後面趕上他，請求這位青年下次很快再來參加集會，還在門口把題名爲「我的政治覺醒」的自編自寫小冊子硬塞到他手中。

希特勒特別以寫實的筆法描寫他是如何在隔天早上——當老鼠在營房的地上互相爭奪自己丟出去的麵包皮時——開始閱讀那本小冊子，並從德萊克斯勒的人生中發現與自己相似的成長軌跡：在職場上受工會排擠、依靠半藝術性的工作（在夜間咖啡館演奏齊特琴）賺取微薄的收入過活，最後因爲某個安特衛普的猶太人的「毒殺企圖」，他震驚地發現猶太種族就是令世界腐敗的罪魁禍首。儘管這些相似之處皆來自於工人階級的生活，顯然還是勾起了希特勒的興趣。[21]幾天後，他就收到了德國工人黨主動寄來的編號第五百五十五號的黨員證。他對此有些惱怒，也有些被逗樂了，但更多是不知道該作何反應；但無論如何，他都決定接受邀請，出席即將到來的黨員會議。

據其所述，他在「老霍森巴德」——黑爾街上的一家破爛酒館——包廂裡的桌旁，在有些故障的煤氣燈發出的微光中見到幾位年輕人。外面的老闆、老闆娘以及一兩個客人悶悶不樂地坐著，而裡面的人「像是斯卡特紙牌俱樂部的理事」地朗讀會議紀錄、會計覆核黨內資產（現金七點五馬克）、減免黨費和草擬要寄給北德相似組織的信件——對他而言，這是最糟糕的那種社團。[22]

希特勒花了兩天的時間思索，一如他回憶一切人生中的抉擇時刻，這次他依舊以「艱辛」、「困難」或「苦澀」來強調自己爲此耗費的心神。最後，他以第七號黨幹部的身分加入德國工人黨，負責廣告與宣傳事務，他表示：「經過兩天的苦思煎熬，我終於下定決心走這一步。這是我人生最重要的決定。我已經不能回頭、也不許回頭了。」

這種說法讓我們看出，希特勒喜歡爲那些事後才能發現的命運交叉點打上充滿戲劇效果的聚光燈，此外，就算無法添加任何戲劇性，他至少也能將之描繪成歷經孤獨艱辛奮鬥後的結果。然而，所有現存證據都指出他顯然到最後都猶豫不決、對抉擇感到深深的恐懼。他後來的追隨者也描述，希特勒在思考問題時會先艱難的動搖和自我矛盾，但到最後都會放棄思考，交由運氣與擲銅板決定一切，而且還以天命論的崇高來合理化自己的優柔寡斷。

我們因此有充分理由推論，他表現出的一切人格特質，甚至某些政治決策，都只是在逃避令他感到更大威脅的其他可能性。無論如何，我們從他輟學、遷居維也納與慕尼黑、登記成爲志願參戰者一直到投身政治，都不難發現他逃跑的動機；後來的行爲模式也未曾改變，一直延續至他迎來最後的終結爲止。【23】

渴望逃避市民社會的苦悶義務與秩序、恐懼於重回平民生活，這種心理決定了希特勒退伍歸國後的一切行動，漸漸引領他踏上巴伐利亞政治舞臺——因爲他認爲從政是目前無業，而且想繼續保持無業狀態的人的職業。出於這種觀點，希特勒在一九一九年秋天加入德國工人黨的這個令人印象深刻的決定，就如同他人生的其他決定，都是在渴望規避社會規範的嚴厲與義務下做出的選擇，表達出他對市民社會秩序的拒絕。

因爲這個貫穿一生的逃避動機，希特勒對政治顯露出極大的熱情，而他迫切希望受人肯定的願望，也在鬱積多年後得到實現的機會。他終於不再因爲資格要求而受限，在他眼前的這片天地不會要求更多的條件，現在已經有的那些便已足夠：熱情、想像力、組織能力以及煽動人心的天賦。

他不知疲倦地在營房裡寫出或打出會議邀請函，並且親自遞送給他想邀請的人；他打聽適合的人選及其聯絡地址，親自與這些人談話，尋求可能的人脈、支持以及新黨員。希特勒一開始得到的成效很小，只要有任何生面孔出現在活動會場，他都會熱切地關注。由此得以看出，希特勒之所以能贏過其他競爭對手，在無止盡地投入大量時間以外還有其他的因素。

德國工人黨的七人幹部委員會，每週都圍著加斯泰格咖啡館角落的一張邊桌開會（這張桌子日後成爲被瞻仰的物品），因爲希特勒比其他人更有想法、更能幹、更有活力，他在委員會的聲望與地位便迅速攀升。

希特勒在其他成員的目瞪口呆之下，將這個待在小圈圈裡就滿足的「無聊的俱樂部」推進了大衆的視野。德國工人黨在一九一九年十月十六日舉行首次公開集會，這天對他和這個黨都是重要的日子。這天晚上，希特勒作爲第二位上臺的講者在一百一十一人面前發言，他的演講像滔滔激流，情緒越來越高漲，在三十分鐘內將激烈情緒全部釋放。他從住在男子宿舍時就只能在自言自語中累積越來越多的仇恨，現在，這些言語、妄念與控訴，都像是一下掙脫過去幾年的沉默與孤獨，洶湧地奔流而出，使得這個狹小空間裡的人們到最後都激動不已。對於自己的演說天賦，他先前是「不清楚是怎麼一回事，但能模模糊糊感覺到」，現在則被事實證明的確如此，這次的非凡經驗令他感到興高采烈：「我會演講！」【24】

假使眞的有一個確切的時間點能稱作是希特勒的「突破的時刻」，那就是現在了——「命運之錘」打破了「日常生活的外殼」，這一晚帶來的狂熱情緒和救贖意義，長久地銘刻在他的腦海中。雖然他已經在過去幾週反覆測試過自己的演說力，大致了解到自己說服人與拉攏人的能力，但今晚的三十分鐘演講，才讓他第一次眞正體認自己所擁有的無上力量，盡情發揮到汗流浹背，累得頭暈目眩。希特勒在演說時對一切情緒都毫不保留，無論是恐懼、自信或是他聽《崔斯坦》所得到的幸福感（即便他已經聽過一百多次）都毫無節制，陷入滔滔的演說怒浪中。從此以後，相較於一切政治激情，驅使他這個「可憐鬼」[25]一再站上講臺尋求自我肯定的，是他於此刻體會到的巨大成就感。

在他自行編造的傳奇故事中，希特勒將當年養傷的帕斯沃克軍事醫院設置為自己「決心從政」的場景，描繪出一位愛國者在「十一月叛變」時雖然對著枕頭痛哭，卻還是不屈不撓的畫面。然而，比起這種愛國者故事，他在一九一九年秋天的首次登臺才更接近眞相許多。

根據紀錄，希特勒在當時的黨員與出席者名單上，通常將自己的職業註記為畫家，有時也會註記為作家；然而，無論是畫家還是作家，大概都不是他眞正的工作，只能尷尬地證明他當時正試圖留住那些不斷消逝、自己年少時的偉大藝術夢想。此外，慕尼黑警察情報機關在一九一九年十一月中的報告上記載著：「他是位商人，將來會成為職業的宣傳演講人。」雖然我們還是無法從這些文獻找出希特勒在一年多前就做出決定的跡象，但是至少有人第一次提出關於這種傾向與可能性的看法——「他怎麼樣就是要說話，而且就是要有人聽他說話。」[26]庫茲別克已經觀察到這種特點。

這是希特勒第一次發現自己演說天賦的驚人力量，這位三十歲的青年雖然對未來仍然缺乏比較清晰的概念，但似乎已經在自己不斷失敗、進退兩難的人生中找到了一條出路——成為一名專業的宣傳演講人。這個決定與他後來為自己塑造的光輝形象大不相同，他總是聲稱自己是因為拯救德國社會的天職才決心從政，但或許只是出於個人的逃避心理而已。許多證據也都支持這個觀點，畢竟，從來沒有哪個事件喚醒過他的政治意識，也不知道他到底在哪一天感覺到「世界的不公像酸蝕洪流一樣落在我心」，讓他不得不開始消滅剝削者與僞君子。[27]

擴張組織與改造政黨

他在入黨後沒多久就開始改造德國工人黨，將這個畏首畏尾、僵硬呆板的圓桌會議改造成一個具有公衆意識、喧鬧而戰力十足的政黨。當時最爲反對的人是卡爾・赫勒，他無法擺脫承襲自圖勒協會的老舊祕密結社思維，希望德國工人黨維持過往的男性社團形式——成員們關係親密地在啤酒館一邊呑雲吐霧、一邊談論政治，維持他們的特殊感；希特勒則正好相反，從一開始就以大衆政黨的規模爲目標，不僅是因爲他不接受只安於小團體的現況，更是因爲他知道先前那些保守派政黨爲什麼會失敗。從赫勒的觀點能看出帝制德國時期市民階級政黨的排他傾向，這種缺點在很大的程度上也疏遠了同樣抱持保守立場的小市民和工人群衆。

由於希特勒的強烈要求，德國工人黨在一九一九年年底以前，在施坦艾克啤酒館昏暗的拱頂地窖成立了常設的固定辦事處，租金爲五十馬克。在委員會共同簽署的合約上，希特勒再次將自己的職業備註爲「畫家」。這個辦事處擺上了一張桌子和幾張借來的椅子，裝上了一部電話，他們還弄來一個用來存放黨員證與錢箱的保險櫃，接著很快又增添一臺老舊的鷹牌打字機和一枚印章。赫勒表示，當他發現這是在設立一個正規機構時，他罵希特勒是「自大狂」。[28]

希特勒於此時開始擴張委員會的組織，一開始增加爲十人、十二人，後來又加入更多的成員；他更特別培植一些心腹，其中不乏他在軍營認識的夥伴。德國工人黨日益茁壯，他們從一開始只能手寫廣告傳單，既簡陋又低成效，到後來能夠以機器印刷邀請函、在《慕尼黑觀察家報》上刊登廣告，活動現場的桌上更擺放著廣告文宣與傳單。這時候，他也首次在宣傳策略上展現出強大的自信，冒險提高這個無名小黨的公開活動入場費——這種自信雖然因爲毫無理由及現實根據而像是一種挑釁，卻經常帶給他成功。

作爲一位越來越知名的演說家，他在黨內建立並穩固了自己的地位，成功於一九二〇年的年初逼使反對自己的赫勒退出德國工人黨，掃平了政治路上的第一個障礙。事件過去沒多久，理事會儘管仍有疑慮、擔心會淪爲大衆的笑柄，最後仍然在這位野心勃勃的宣傳長的固執要求下，呼籲大衆參與集會——德國工人黨預定於一九二〇年二月二十四日，也就是希特勒入黨不到半年後，在慕尼黑皇家啤酒屋的宴會大廳舉辦第一場大型集會。

不過，這場活動的鮮紅色海報上的主角並非希特勒，而是約翰·丁菲德博士。這位主講者是一位醫師，同時也是正統的民族主義者，以筆名「日耳曼農夫」（Germanus Agricola）在一些民族主義的刊物發表經濟理論，反映出戰後社會對供給短缺的恐懼。他悲觀地預言自然環境將「罷工」，農產量將因此下滑，他也恐嚇剩餘的作物會被害蟲啃噬殆盡，人類的滅亡將至；唯有新的種族意識，才能爲充滿絕望的一切帶來希望之光。他在當天晚上也如此懇切呼籲著，根據情報機關的報告，他的演講「相當實事求是」，而且「背後經常有很深的宗教精神」。【29】

接下來才是希特勒的說話時間。爲了利用這個難得的機會向廣大群衆介紹德國工人黨，他已經事先擬定了一套綱領。根據紀錄，他在演講中先抨擊政府的懦弱與《凡爾賽條約》、人類貪圖享樂的本性、猶太人以及奸商和高利貸主之類的「吸血蟲」，接著開始宣讀新的綱領，中途經常被臺下的掌聲與騷動打斷。到了快結束的時候，突然有人插話反駁，引發現場巨大的混亂，所有人都站在桌椅上對那個人一直喊：「滾出去！」這場活動在一片喧鬧中結束，某些激進的左翼分子一路高呼著國際主義與蘇維埃共和，從皇家啤酒館走到市政府大門。「除此之外就沒什麼其他的騷動」，警察機關的報告書上如此記載。

幾乎未曾有任何相關報導出現在報紙上，即便是種族主義立場的媒體也並未對他多加關注，顯然，人們對於這種活動或是伴其而至的騷動都已司空見慣。直到後來發現了新的資料，我們才還原出當時的情境：希特勒以神話化的論述方式，讓這場集會變成一場皈依大會——開始於會場內的唇槍舌戰，結束於衆人久久不停歇的虔敬歡呼，在場的人對綱領的每一項都「同意再同意」。希特勒說：「當最後一個要點也走進大衆的心，我面前整整一個宴會廳的出席者都凝聚在一起了——因爲一個新的信念、新的信仰與新的意志。」

在標誌性的浪漫歌劇想像中，希特勒認爲自己點燃了火焰：「將來一定會有一把劍從這烈焰中降世，爲日耳曼民族的齊格菲奪回自由。」此外，他也已經聽到「無情的復仇女神正向那些一九一八年十一月九日作僞證的人」逼進的腳步聲。然而，民族主義立場的《慕尼黑觀察家報》只在報導中提到，希特勒在約翰・丁菲德博士的演講後，「繼續闡述一些相關的政治思想」，並宣布德國工人黨的綱領。[30]

起草綱領

儘管沒有得到什麼關注，但希特勒的決定在更高的層次上仍舊是正確的。隨著這場大會，德國工人黨開始從德萊克斯勒創立的種族主義啤酒議事團，發展成阿道夫・希特勒的大衆政黨。雖然他在這場活動不得不再次扮演配角，但最後有大概兩千人到場參加，這些人擠滿了整個宴會廳，而且對他的政治理念印象深刻、深感贊同。從這一刻起，他的意志、他的作風和他的團隊在越來越大的程度上推動整個黨的前進，決定一切的成敗。

希特勒也將一九二〇年二月二十四日的這場大會，和馬丁路德於威登堡城堡教堂大門釘下《九十五條論綱》相提並論[31]——但兩者在歷史意義上都一樣站不住腳，畢竟歷史向來無視人類對戲劇性的追求。儘管如此，這場大會在某種程度上仍然奠定了後來運動的基礎，雖然這種奠基行動並非當天的目的，主講人約翰．丁菲德博士也並非黨員，希特勒更是不曾出現在宣傳海報上。

希特勒在那天晚上宣布的綱領由安東．德萊克斯勒起草，戈特弗里德．費德可能也從旁協助了一些，接著再由委員會修改。雖然我們看不太出他在擬定大方向時有什麼確切的貢獻，但是部分要點的靈活與朗朗上口，都顯露他在編寫上花的功夫。綱領被分爲二十五個要點，他利用種族主義意識形態過去的情感訴求，專斷地將這些要點和社會大衆現下的抗議和否定現實的傾向結合在一起——其中明顯的反對情緒便充分證明了這一點。

他的綱領反資本主義、反馬克思主義、反議會、反猶太主義，並且否定一戰的敗局及其後果，但對於積極目標——諸如各種保護市民階級的要求——就大多含糊不清，還經常使得小老百姓的恐懼與貪念越發嚴重，例如：沒收非勞動所得的收入（第十一點）；充公一切因戰爭獲得的利潤（第十二點）；引進大企業分紅制度（第十四點）；轉交大型百貨公司所有權給地方政府，並以「低廉的價格」出租給小商販（第十六點）；要求土地改革以及禁止土地炒賣（第十七點）。

這份綱領顯然針對當下的迫切需求，帶著明顯的機會主義色彩，儘管如此，它還是有其重要性，並不像人們有時說的那樣微不足道。無論如何，它的意義都不僅僅止於希特勒爲了蠱惑人心而畫出的一張可口大餅而已，總體而言，它已經浮現了後來民族社會主義——也就是納粹主義——思想的傾向：充滿野心的生存空間理論（第三點）、反猶太主義（第四、五、六、七、

八、二十四點），以及聽來像無害的陳腔濫調、但能隨時派上用場的一切諸如「犧牲小我、完成大我」之類的概念（第十、十八、二十四點）——後來也由之衍生出極權主義國家的基本法。【32】這份綱領雖然總體上並未成熟，有太多太誇張的格言，卻已經具備民族社會主義的元素，強調要革除氾濫的資本主義、戰勝馬克思主義的階級鬥爭仇恨，最後還要求消弭社會各階層的矛盾對立，創造一個強大而團結的民族共同體。

對於深受民族問題與社會問題困擾的德國而言，這種想法似乎特別有吸引力。由十九世紀盛行的兩種思想——民族主義與社會主義——結合而成的民族社會主義，在此時的衆多政治規劃與法規草案中都能發現其蹤跡，例如安東．德萊克斯勒所寫的質樸「政治覺醒」經歷分享和愛德華．斯塔德勒（Eduard Stadtler）於柏林舉辦的講座皆如此——後者在工業界的支持下已於一九一八年成立「反布爾什維克同盟」；慕尼黑國家防衛軍集團司令部也將此當作教育課程的其中一項主題，奧斯瓦爾德．斯賓格勒（Oswald Spengler）所著的《普魯士與社會主義》贏得了廣大迴響，就連社會民主黨也受到這波思潮的影響——他們因戰爭爆發而對第二國際深感失望，一些具獨立思考能力的人便因此走上民族社會革命的道路。

「德意志社會工人黨」創始人之一的鐵路工程師魯道夫．約恩（Rudolf Jung），在一九一九年於奧希（現今捷克的拉貝河畔烏斯季）發表過一篇標題爲「民族社會主義及其發展與目標」的長篇幅理論作品。他信心滿滿地將民族社會主義認定爲政治上的時代思想，能夠成功駁倒馬克思社會主義。爲了顯示自己與一切國際主義勢不兩立，約恩與奧地利的夥伴們已於一九一八年五月將黨名改爲德意志民族社會主義工人黨。【33】

德國工人黨在大會後一週也參考奧地利及蘇臺德地區的同性質團體，將黨名改爲很相似的名稱——民族社會主義德國工人黨（簡稱納粹黨），同時也採取和外國戰友同樣的戰鬥符號——鉤十字。此外，德意志民族社會主義工人黨黨主席，奧地利律師沃爾特·里爾博士（Walther Riehl），也在不久前成立了方便所有民族主義政黨聯絡交流的「國際事務處」，並且已經與許多其他同樣立場的團體保持密切聯繫，尤其是由杜賽道夫工程師阿弗雷德·布魯納（Alfred Brunner）領導的「德國社會主義黨」。該黨聲稱自己「非常左派」、「我們的要求比布爾什維克主義者更激進」，在許多大城市都有黨分部，並由學校教師尤利烏斯·施特萊赫（Julius Streicher）領導紐倫堡分部。

希特勒最終在一九二〇年四月一日退伍，因爲他現在終於有其他的路能走。他決定將來要完全獻身於政治工作，他要奪下納粹黨的領導權，按自己的想法組建這個黨。他在伊薩爾河附近的提爾街四十一號租了一間房，儘管每天都在納粹黨辦事處度過大半的時光，卻避不受僱爲工作人員——那麼，他究竟如何支付自己的生活開銷？他的對手在後來的黨內鬥爭中也如此質問他。他的房東則認爲這個陰鬱、整日奔忙的年輕男人是「眞正的波希米亞主義者」。

希特勒沒有什麼好失去的。他的自信心更多來自於自己的演說天賦、無情以及冒險決心，而不是某種思想；與其說他受某種思想所吸引，不如說是他對這種思想爲自己所用的可能性感興趣——正如其所言，他關心的是它能否爲自己創造出「強而有力的口號」。

他厭惡且深切反感那些「紮著辮子的種族理論家」、「光說不練的人」以及「思想竊賊」，顯示出他極度不理解無法運用在政治領域的純思想，這也是他一開始只在反擊別人時才發表長篇大論的原因。對他而言，賦予思想說服力的不是證據、不是事實，而是靈活性和作爲武器的適切性。「任何思想，即使是最好的思想，」希特勒以自己典型的強硬、偏頗態度表示，「如果認爲自己的存在就是意義，事實上卻只是達成目的的一種手段的話，就會變得很危險。」他也強調，政治鬥爭中的暴力永遠需要思想作爲支撐工具，而不是反過來以暴力推行思想。[34]即便是他現在擁護的「民族社會主義」，也被看作是一種讓自己完成遠大目標的工具；他把這個浪漫又充滿魅力的詞組當作梯子，順利踏上了政治舞臺。

和解思想儘管比階級鬥爭口號更新、更現代，卻因爲戰爭與那些前線士兵們而失去優勢。保守主義作家亞瑟．穆勒．范登．布魯克（Arthur Moeller van den Bruck）早在二十世紀初便提倡過民族社會主義，現在更表示這「一定是德國的未來」。[35]未來肯定是掌握在某位足智多謀的政客手中，這個人必須聰明機巧、不因循舊習、蔑視常規，許多角逐者也都抱持著這種想法。不久之後，希特勒在越來越多的民眾支持下，開始深信自己會是帶領德國走向民族社會主義未來的人。

注釋

【1】Hanns Hubert Hofmann, »Der Hitlerputsch«, S. 53.

【2】艾斯納在一九一八年十一月八日的呼籲，引用自»Ursachen und Folgen« III, S. 104。

【3】無論是巴伐利亞人民黨於一九一九年四月九日的號召、巴伐利亞議會於四月十九日的呼籲，還是巴伐利亞集團司令部於一九一九年七月十五日的有關「布爾什維克主義危機及其鬥爭」的報告，都將這些政治新秀貶低爲「與我們的國家和種族格格不入」、「政治狂熱的外國猶太人」、從監獄出來的「不擇手段的外國惡棍」、「猶太惹禍精」以及「工人階級的蠱惑者」；有關此，也參照 Georg Franz-

Willing, »Die Hitlerbewegung«, S. 32 ff.。他們在宣傳中粗暴地將艾斯納與共產黨領袖列維恩、萊文或阿克塞羅德歸爲一類，直到今日，這種連結所產生的效果仍舊一直持續。

【4】參照 Erich Otto Volkmann, »Revolution über Deutschland«, Oldenburg 1930, S. 222。當然，必須補充的是，托勒爾和米薩姆頒布的命令只有短短幾天的效力，接著就眼睜睜地看著自己田園牧歌般的願景被遵循蘇聯模式、強硬作風的巴伐利亞蘇維埃共和國所取代——領導後者的是列維恩、萊文或阿克塞羅德，全部都是俄羅斯移民。

【5】Josef Hofmiller, »Revolutionstagebuch 1918/19«，刊載於 »Schriften« 2, Leipzig 1938, S. 211。根據警方的調查報告，這場發生於一九一九年四月三十日至五月八日之間的事件總共奪去了五百五十七條人命。在陸軍戰爭史研究所於一九三九年發表的《一九一九年鎮壓巴伐利亞蘇維埃政權》中，對此有詳細的報告，在這五百五十七人之中，「有三十八名白軍士兵、九十三名紅軍士兵、七名普通市民和七名俄羅斯人在戰鬥中死去；四十二名紅軍士兵和一百四十四名居民按照戒嚴令被槍斃；至少有一百八十四人因爲不小心或意外而無辜身亡，四十二人死因不明。此外，有三百零三人受傷」。其他數據來自 W. Maser, »Frühgeschichte«, S. 40 f.，以及 Emil Gumbel, »Verräter verfallen der Feme«, S. 36 多處。

【6】引用自 G. Franz-Willing, aaO., S. 31。

【7】細節參照 Friedrich Wilhelm v. Oertzen, »Die deutschen Freikorps 1918-1923«。也見 G. Franz-Willing, aaO., S. 31 ff.，以及有關國家防衛軍和威瑪共和的其他衆多文獻。

【8】有關此，參照 Giovanni Zibordi, »Der Faschismus als antisozialistische Koalition«，收錄於 E. Nolte, »Theorien«, S. 86。有關部隊宣傳活動的基本方針是以集團司令部公告的形式被發布，引用自 G.

Franz-Willing, aaO., S. 37。

【9】參照 »Mein Kampf«, S. 229：此處所指的是費德想要打破「利息奴隸制度」的古怪想法，他試圖在自己的課堂上推廣這個想法。

維納・馬瑟在 »Frühgeschichte«, S. 135 引述希特勒的話，接著指出，希特勒在維也納研究馬克思主義時並沒有解釋到這個問題；也就是說，他在上瓦特山說的是眞的！

順道一提，這個課程的講師包括：作家卡爾・波特梅爾（Karl Graf von Bothmer）、民主黨議員皮烏斯・迪爾（Pius Dirr）、工程師戈特弗里德・費德、約瑟夫・霍夫米勒教授（Josef Hofmiller）、農業協會理事暨巴伐利亞人民黨幹部米歇爾・霍拉赫（Michael Horlacher），以及卡爾・亞歷山大・馮・繆勒教授。有時，大學講師杜摩利埃卡教授（Richard Du Moulin-Eckart）與著名衛生學家馬克斯・格魯伯（Max von Gruber）也會到場演講。

【10】Karl Alexander v. Müller, »Mars und Venus«, S. 338 f..

【11】參照 Ernst Deuerlein, »Hitlers Eintritt in die Politik und die Reichswehr«，刊載於 VJHfZ. 1959/2, S. 179。順道一提，不同於希特勒在 »Mein Kampf«, S. 235 所敘述的，他並沒有被任命爲「教官」，而是作爲「情報蒐集員」被安插進去。此外，有關他扭曲事實到底是爲了僞造出受過市民階級教育的假象、提升自己作爲軍官的威望，或是企圖避開「線民」的臭名，學界目前尚無定論。

【12】參照 E. Deuerlein, »Hitlers Eintritt«, aaO., S. 198 ff.。

【13】希特勒於一九一九年九月十六日的書信，原文收錄於 E. Deuerlein, aaO., S. 201 ff.。文中引用的段落以及後文所引用的原始文獻都完全按照原文，意即保留所有在拼字和標點符號等方面的錯誤。

【14】馮・塞伯滕多夫這個市民階級的名字並非此人的眞名；雖然他以魯道夫・葛勞爾（Rudolf Glauer）

的身分活動，自稱來自西利西亞，但是，其他的調查顯示，他其實叫做厄文．托雷（Erwin Tore），來自薩克森。塞伯滕多夫在第一次事件大戰爆發之前在土耳其活動，在一九一七年帶著來源不明的豐厚資金回到德國。他在一九一九年的巴伐利亞政治插曲之後再度於國內消失，出沒於伊斯坦堡、墨西哥、美國等地，一直到一九三三年希特勒上臺，他才爲了重建圖勒協會而回到德國。然而，他這次也並未在德國久待，此人離開的原因和去向都不明，就如同他的來歷一樣神祕。有些人認爲他去了瑞士，有些人則猜測，他因爲見證了納粹黨的早期歷史，慘遭後者的毒手。參照 K. D. Bracher, »Diktatur«, S. 87；此外，Dietrich Bronder, »Bevor Hitler kam«, S. 232 ff. 也提供很多細節，順道一提，該書的標題與塞伯滕多夫在一九三〇年代初期出版的回憶錄相同。

【15】參照 K. D. Bracher, »Diktatur«, S. 87。

【16】參照 G. Franz-Willing, aaO., S. 63。

【17】這個新協會在當時已經名爲「民族社會主義德國工人協會」，因此應該已經被創立了；不過，由於卡爾．赫勒先前出於不明的原因並未參與成立大會，所以一直沒有職稱與職務。

【18】「指導方針」收錄於 »Ursachen und Folgen« III, S. 212ff.。

【19】K. Heiden, »Hitler«I, S. 100.

【20】G. Franz-Willing, aaO., S. 66 f.。希特勒爲了貶低自己入黨前的德國工人黨，聲稱當時只有二十到二十五人到場。然而，根據卡爾．赫勒遺留下來的會議名單，當時總共有四十六人出席；參照 W. Maser, »Frühgeschichte«, S. 158 f.。有關希特勒對此的敘述，參照 »Mein Kampf«, S. 237 ff.。

【21】爲了降低德萊克斯勒的重要性，希特勒並不稱呼其名（「我完全不知道他叫什麼名字。」），而是以「那個工人」或者其他相似的稱呼作爲代稱。當他最後不得不提到黨主席時，他並未指出此人就是將

小冊子硬塞給自己的那個人。參照 »Mein Kampf«, S. 238 ff.。

【22】參照同上，S. 240 f.；以及 Adolf Hitler, »10 Jahre Kampf«，刊載於一九二九年八月三日的 ›illustrierter Beobachten‹, 4. Jhgg. 1929/31。

【23】有關此，參照 K. D. Bracher, »Adolf Hitler«, Bern/München/Wien 1964, S. 12。有關擲銅板做決定一事，見 A. Zoller, aaO., S. 175。

【24】»Mein Kampf«, S. 390 f..

【25】同上，S. 388、S. 390 和 S. 321。

【26】A. Kubizek, aaO., S. 27。關於希特勒的職業，參照慕尼黑政治情報處——慕尼黑警察局長為了監控居民的政治活動而設立該處——有關德國工人黨在一九一九年十一月十三日的集會的報告，希特勒以演講者的身分出席出席了這場活動；參照 E. Deuerlein, »Hitlers Eintritt«，刊登於：VJHfZ 1959/2, S. 205 f.。

【27】普魯東針對自己的政治覺醒歷程所說的名言：引用自 W. Sombart, »Der proletarische Sozialismus« I, Jena 1924, S. 55。

【28】A. Hitler, »Das Braune Haus«，刊登於一九三一年二月二十一日的《人民觀察家報》。

【29】參照慕尼黑政治情報處的報告，引用自 Reginald H. Phelps, »Hitler als Parteiredner im Jahre 1920«，刊載於：VJHfZ 1963/3, S. 292 ff.；此出處也交代了蒐集這些史料的過程。希特勒對此事件的誇張敘述，見 »Mein Kampf«, S. 400 ff.。

【30】參照 K. Heiden, »Hitler«I, S. 107；»Mein Kampf«, S. 405 f.。

【31】以手稿複印的形式收錄於 Gottfried Grießmayr, »Das völkische Ideal«, S. 77。

【32】長期以來，這份黨綱的重要性都被低估，被誤認爲只是他們的宣傳噱頭，沒有體認到其中的嚴肅態度和眞誠的社會關切；此外，希特勒當時所扮演的角色也與這種解讀方式所假設的不同。關於該黨綱，近期也出現了不少比較平衡的解釋，例如 Hans-Adolf Jacobsen und Werner Jochmann, »Ausgewählte Dokumente zur Geschichte des Nationalsozialismus«, S. 24，或者 E. Nolte, »Epoche«, S. 392。K. D. Bracher, »Diktatur«, S. 93 對此尤其提出不同的觀點。

【33】有關此，以及有關種族社會主義團體的背景和關聯性，可參照 F. L. Carsten, aaO., S. 96 ff.。

【34】»Mein Kampf«, S. 234：希特勒談到與戈特弗里德．費德的理論相關的一個「強而有力的口號」，出處同上，S. 233；針對種族主義理論家的抨擊出處同上，S. 395 ff.。也參照 S. 186 ff.。

【35】Otto Strasser, »Mein Kampf«, S. 19.

第二章　地區性勝利

「希特勒會成為我們之中最成功的人！」

納粹黨黨員魯道夫．約恩，一九二〇年

希特勒在一九二〇年春天時還只是個政治新人，艱辛但醉心地發展自己的政治事業，距離能左右德國未來程度還有很長一段路要走。他現在不過就是慕尼黑的一名煽動者，為了爭取聽眾支持自己的信念，每晚都穿梭於喧譁而煙霧繚繞的啤酒館之間。這些聽眾一開始不是充滿敵意，就是帶著取樂的心情聽他說話，後來卻有越來越多人支持他，希特勒的名氣也因此水漲船高。

顯然，對於樂於辯論、容易受新奇事物吸引的慕尼黑人民而言，他戲劇化的演說風格和肆意的情緒噴發非常具有感染力。如果有人說當時的歷史背景是希特勒之所以崛起的原因，那無疑是漏掉了同樣重要的地理因素——這座令他得以嶄露頭角的城市。

當然，我們也不能忽視他的決心、深思熟慮以及一種少見的像女性一般的感受力——令他得以很好地傳達並利用當時的時代氛圍。第一本希特勒傳記的作者格奧爾格．修特（Georg Schott）曾憂慮又欽佩地稱呼這位惡魔為「夢囈預言家」；[1]直到今天仍然有很多人認為他行事依靠本能，因為自己的預知能力而胸有成竹，或者如希特勒本人所假稱的「夢遊」，走出自己的路。這些說法都忽略了理智、計畫周密和冷酷才是他行爲模式的基石，對他活躍於政治舞臺的貢獻不亞於那些「超能力」。

還有他非凡的學習能力和貪婪的求知欲：剛開始演講時的成就感令他陷入狂熱狀態，感受力與吸收能力更勝以往，他運用「組合事物的天賦」，[2]將自己捕捉到的各種不同元素拼湊成一條條堅實的準則。他從對手身上學到的，比他從偶像或夥伴身上學到的更多；他坦承自己總是從敵人身上學到很多，並表示只有傻瓜或弱者才害怕因此失去自己的想法。

希特勒以華格納、列寧、戈比諾伯爵、尼采、以群體心理學研究聞名的古斯塔夫・勒龐（Gustave Le Bon）、魯登道夫、一戰時擔任英國對敵宣傳總監的諾思克利夫子爵（Alfred Harmsworth, 1st Viscount Northcliffe）、叔本華及卡爾・呂格等人的作品爲素材，組合出自己的思想體系，專斷、奇特、充斥著無知之人的輕率卻又不失連貫性；墨索里尼與義大利法西斯主義在其中也占有一席之地，而且分量越來越重，就連所謂的「猶太賢士」及後來證明爲虛構的《錫安長老會紀要》（譯註：《錫安長老會紀要》爲一本以煽動反猶太情緒爲目的的虛構文學作品，也被認爲是現代陰謀文學的開端，因爲被希特勒指定爲教科書內容而廣爲流傳。該書假借爲一本錫安長老對新進「賢士」的指導手冊，虛構出所謂的「猶太人征服世界的陰謀」的具體計畫，描述猶太民族如何以控制媒體和金融操控世界，又是如何以大量宣傳來取代傳統的社會規範），都是他學習的對象。[3]

不過，對他影響最深遠的還是馬克思主義給他的教訓。雖然他內心深處對一切的意識形態都漠不關心，但我們從他在建立民族社會主義思想體系上投注的心力，就得以看出馬克思主義模式對他的影響。一開始從事政治活動時，他就考量到傳統的市民階級政黨已經無法與左派群眾組織

的戰鬥力抗衡；唯有具備相似組織，但意識形態更堅定的政黨才有可能克制馬克思主義。【4】

革命時期的經驗是他學習策略時的主要來源，俄羅斯發生的事件和巴伐利亞的蘇聯政權讓他看到意志堅定的革命者如何奪得權力；列寧教他如何激發革命衝動，弗里德里希．艾伯特與菲利普．謝德曼則讓他知道，這種衝動是如何被白費。

他後來承認：

「我承認，我從馬克思主義學到很多。我學習的不是什麼無聊的社會理論和物質主義的歷史觀，不是這種荒謬的玩意兒……而是他們所使用的方法。我只是用這種方法，認眞做了這些小商人和小祕書不敢動手的事，民族社會主義就只是如此。只要仔細看看……就會發現這種政治鬥爭的新手段，基本上來自馬克思主義，我只需要運用、開發這種工具，就能大概滿足我們的需求；我只需要不斷進行社會民主黨已經失敗十次的事就行——因爲他們想以民主的方式革命才會一直失敗。民族社會主義，就是馬克思主義切斷其與民主秩序之間荒謬、人爲的關係之後的樣貌。」【5】

他不僅貫徹實行自己所吸收到的，更超越了這些典範。他的天性帶著孩子氣，喜愛宏大、卓越的姿態，渴望一鳴驚人、超越其他人；他想確保自己具有最激進的意識形態，就像他後來想有最龐大的建築物或者噸位最大的戰車。正如希特勒本人所言，他的觀點、戰術與目標都是從「人生路上的灌木叢」蒐集到的，他自己付出的，則是堅韌、貫徹始終以及直到最後一刻都無懼無畏。

希特勒在理性考量下制定出一開始的策略，將全部心力放在擺脫無名小卒的身分、從眾多競爭的種族主義團體脫穎而出。他後來講述這段黨史時總會提到當初的沒沒無聞，得以看出長期懷抱無法實現的野心、意識到自己不受重視不被承認，對他而言有多麼痛苦。

他以肆無忌憚的姿態登上政治舞臺，由始至終明白拒絕任何規則或慣例。現在正是他闖出自己名號的時候，他不斷進行活動，無論是騷亂、醜聞、聚眾鬧事甚至恐怖行動，只要能違反法律、打破沉默、為自己增加曝光率，他都不擇手段。正如他所言：「不管他們把我們當作丑角還是罪犯，重要的是他們會討論我們、一直關注我們。」[6]

這種企圖決定了納粹黨的行動風格與模式。他們採用鮮紅色作為黨旗底色，不僅是為了利用紅色在心理影響上的效果，更是為了挑釁地奪取這個左派的傳統顏色。他們的集會宣傳海報幾乎都是醒目的紅色，經常在簡單易懂的標語間以大字印上簡介。

為了營造出勢力強大、衝勁十足的形象，納粹黨一次又一次地組織街頭遊行，負責發放傳單、黏貼海報的工作小組一直不知疲倦地忙碌著。希特勒模仿左派陣營的宣傳手法，令載滿人的軍用卡車於馬路上穿梭，這回車上的不是那些忠於蘇聯、揮舞著拳頭、在市民階級居住區散布仇恨與恐怖的無產階級，而是井然有序、擁戴激進主義的退伍軍人。這些戰後被遣散歸家的軍人現在在納粹黨以另一種形式繼續戰鬥，賦予該黨的集會活動一種威嚇性的半軍事色彩，這種活動浪潮一般地蔓延整個慕尼黑，接著掃向其他的城市。

這些退役軍人也逐漸改變這個黨的樣貌，原本由工人和小商販組成的閒適聚會摻雜進習慣暴力的強悍士兵。在最初的黨員名單上，一百九十三位黨員中就有至少二十二位將職業註記為軍人，[7]他們因為戰後復員或《凡爾賽條約》裁軍的影響，不得不回歸正常的平民生活；在這個新成立的政黨，他們不僅看到解決生計問題的希望，更期待找到新的共同歸屬，與新夥伴在戰場以外的地方繼續蔑視生死。

這些新人受過軍事訓練，慣於服從上級、紀律良好、有奉獻精神，有不少是被慕尼黑軍區司令部送過來的；借助他們的力量，希特勒逐漸建構出納粹黨緊密的內部結構。他後來一再聲稱自己由無名中崛起，毫無資源背景地獨自對抗這個充滿敵人的世界，然而，他雖然確實違反當時的潮流，卻從未孤軍奮戰。事實上，他從一開始就受到國家防衛軍及私人武裝組織的庇護，在某種程度上也是他崛起的前提。

其中以恩斯特．羅姆（Ernst Röhm）對納粹黨貢獻最大。他以上尉的軍銜擔任埃普志願軍團參謀部的政治顧問，同時也是巴伐利亞僞軍政府的眞正首腦，爲納粹黨提供了人員、武器與資金。協約國監管委員會的軍官出於各種原因支持羅姆進行這種非法的活動，一方面樂於看到德國維持這種近似內戰的狀態，另一方面也希望能提升軍事力量，以對抗日益猖獗的左派；此外，他們也想發揮騎士精神，與過去的對手化敵爲友。

羅姆從小唯一的想法和願望就是當兵，在大戰快結束時任職於總參謀部，雖然是一位出色的籌劃者，卻表現出更多的前線戰士氣質。他身材矮胖，臉上帶著一道傷疤，是個經常臉紅脖子粗的衝動派，在大戰中受過無數次傷；他把所有人一分爲二，不是士兵就是平民，不是朋友就是敵人；爲人赤誠、粗獷而頭腦清晰，是位既謹慎又直線條的老戰士，視良心譴責如無物。某位和他一起從事非法活動的夥伴曾說，不管羅姆在哪裡亮相，都會爲那個地方「帶來生命力」——但或許也經常有相反的情況發生。

在羅姆的巴伐利亞世俗價值觀中沒有任何意識形態的妄念，他四處點火的唯一目標就是讓軍人在德國占據統治地位。出於這種意圖，羅姆先加入埃普志願軍團，接著從一九一九年五月開始活躍於國家防衛軍第二十一軍團，後來又回到埃普。他對希特勒印象深刻，就像其他人一樣拜倒在這位青年煽動家的演說天賦下；他為希特勒提供第一批寶貴的政治與軍事界人脈，並且很早就以第六百二十三號黨員的身分加入納粹黨。

納粹黨的模式

隨著羅姆的人馬加入，納粹黨增添了一股軍隊色彩，而希特勒使用的大量政治象徵與標誌符號，更為這種風格增色不少。雖然他在《我的奮鬥》中聲稱自己發明了納粹黨的鉤十字黨旗，事實卻並非如此。鉤十字黨旗的真正創始者是一名職業為牙醫的黨員——弗德里希·克羅（Friedrich Krohn），他為了納粹黨在施塔恩貝格的分部成立大會而在一九二〇年五月設計出這面旗幟。事實上，他甚至早在一年前就於意見書中建議，將這個已經在種族主義陣營中流傳廣泛的標誌設為「納粹黨的象徵符號」。[8]希特勒的貢獻不在於提出初始想法，而在於馬上發現這個符號的號召力，將之設為黨徽，從此與納粹黨緊緊綑綁在一起。

他同樣模仿墨索里尼組建黑衫軍的標準，創立出自己的「褐衫軍」——衝鋒隊。他宣布以「羅馬式」的「萬歲！」作為招呼語，重視軍銜與軍服是否正確，而且異常關注所有的形式問題，像是出場的方式、裝飾的細節和日益繁複的國旗祭儀等等；他會在遊行、閱兵或盛大的黨慶活動時指揮人們在宏偉的石壁前排列成巨大的方陣，沉醉地揮灑自己在戲劇和建築學上的才能。

為了設計納粹黨公章上的老鷹標誌，希特勒曾花費很長的時間在舊藝術雜誌與慕尼黑國家圖書館的紋章圖徽區尋找合適的範本。他也在一九二一年九月十七日發出任職納粹黨主席後的第一則通告，洋洋灑灑闡述黨徽的意義，並要求各分部的負責人：「以最強烈的語氣宣傳配戴黨徽，請黨員無論何時何地都配戴黨徽。如果猶太人表示不滿，要立刻毫不留情地處理。」[9]

儀式化與恐怖主義是納粹黨在尚且弱小的初期就確立的發展模式，事實也證明這是希特勒最有效的宣傳方法。傳統的元素以現代風貌重現，政治在德國又開始流行起來；透過大眾娛樂和美學呈現的形式，訴諸武力就不再令人反感，而是顯得嚴肅而不得不為。無論如何，對於當時的德國，納粹黨的作風似乎比傳統政黨的假作勤政更適合這一刻。

除此之外，他們還有別的優勢。他們與過去的民族主義政黨不同，並非只專注於上層社會，而是不受社會階級思維的束縛，打破了一直以來的傳統——愛國情操是權貴的特權，唯有富人與受過教育的人才有祖國。該黨同時具備民族主義思想與庶民色彩，他們粗野無禮，隨時準備奮勇一戰，民族主義與平民世界因為他們而得以連結在一起。

庶民群眾在過去一直被市民階級社會視為需要時刻提防的社會亂源，這還是他們第一次被當作進攻行動的先鋒。「為了贏得這場鬥爭，我們需要暴力，」希特勒一再聲明，「讓別人癱坐在安樂椅上吧，我們要站上啤酒桌！」[10]他在啤酒館或馬戲團帳篷中演說，就像下蠱似地令群眾對他著迷不已。在許多人眼中，甚至那些不願跟從他的人也得承認，這位富戲劇張力的煽動者，似乎熟諳馴服及支配群眾的技巧。

希特勒遠比其他競爭對手忙碌，不停地來回奔波。他每八天就參加一次群眾集會，根據納粹黨的紀錄，他在一九一九年十一月到一九二〇年十一月舉辦的四十八場活動中，就擔任了其中三十一場的演講者。光是他越來越頻繁的登場，就反映出他與大眾之間的火花有多激烈，根據當時的紀錄：「希特勒先生陷入狂怒，大吼大叫，坐在後面的聽眾已經聽不太清楚他說的話。」

到了一九二〇年五月，演講活動的宣傳海報已經將他描述爲「傑出演說家」，並且保證觀衆會度過一個「極度興奮的夜晚」。從這個時候開始，有越來越多的人來聽演講，希特勒經常要在三千人甚至是更多人面前演說；此外，紀錄員一再提到，每當希特勒穿著藍色的制服西裝踏上演講臺，臺下就會響起一陣「轟轟烈烈的掌聲」。[11]

一份留存至今的紀錄，反映出這位演說家在初期所獲得的成功，正因爲其樸實的文筆，後人才更能了解當時的實際情況：

「集會從七點半開始，十點四十五分結束，講者進行了一場以猶太人爲主題的講座。講者指出，不論在哪裡，大家都會看到猶太人。德國被猶太人所統治。無論是腦力勞動者還是體力勞動者，德國的勞工都任憑猶太人操縱，實在是屈辱。這當然是因爲猶太人有錢。他們在政府單位坐著，一邊謀劃、進行非法交易。每當他們賺飽口袋，就又來把勞工操弄得亂七八糟，就這樣，猶太人一直掌握領導權，而我們這些可憐的德國人就只能忍氣吞聲。他接著也談起俄羅斯的事……這都是誰造成的？就只有猶太人！德國人要團結起來對抗猶太人，否則他們會把我們連骨髓都啃食殆盡……。最後，講者總結：我們要一直奮戰，直到最後一個猶太人也被趕出德意志帝國，即便要發動政變或再次掀起革命……。講者獲得了很多掌聲。他還譴責媒體，因爲上次集會時有個垃圾記者把一切都記下來了。」

另外還有一篇紀錄，敘述著希特勒於一九二〇年八月二十八日在皇家啤酒屋進行的演說：

「講師希特勒對我們闡述很多，關於戰前與戰後的情勢，關於放高利貸和走私的人——他們全都該被處以絞刑——關於僱傭軍等等。他說，假如年輕人之後又得當兵，對他們大概也不是什麼壞事，不會有誰因此受害，因爲現在已經沒有年輕人知道在長輩面前閉嘴，到處都是這些一點紀律都沒有的人……。他繼續演講其他的部分，獲得了很多掌聲。現場有人叫希特勒先生爲猴子，也被大家很平靜地送出會場。」【12】

納粹黨的自信越來越高漲，他們開始擺出「秩序維護者」的姿態，驅散左翼人士的集會活動、對臺上的講者大吼大叫，讓討論活動無法繼續進行、給這些人一些「警告」，甚至在某次公開展覽會上，將一件他們所謂的「有違大衆審美」的雕塑品移出展場。一九二一年一月初，希特勒在金德爾地窖向他的聽衆們保證：「今後，一切腐化以及精神不健康的人民同志的活動或講座，慕尼黑的民族社會主義運動都將毫不留情地阻止，必要時也會動用武力。」【13】

他們之所以得以囂張行事，不只是因爲受慕尼黑軍區司令部的保護，更是因爲他們已經成了巴伐利亞政府的「喜歡調皮搗蛋的寵兒」。【14】

三月中旬，柏林首度爆發一場政變：先前一直沒沒無聞的區長卡普博士（Wolfgang Kapp）帶領右派人士，在埃爾哈特海軍陸戰軍團的支持下發動政變；因爲過於外行，又遇上了大罷工，他們最終落得失敗的下場。與此同時，國家防衛軍與志願軍團聯盟，也在巴伐利亞展開行動，獲得了比較好的成果：三月十三日至十四日，社會民主黨組成的市民階級立場的霍夫曼政府被推翻，由「強人」古斯塔夫·馮·卡爾（Gustav von Kahr）領導的右翼政府取而代之。

這些事件自然驚動了左派陣營，激進派的核心人物察覺到這是一個大好機會，他們可以一邊對抗右派權力擴張，一邊爲自己的革命目標奮鬥。左派在反對卡普政變的大罷工期間奪下了德國中部與魯爾區的領導權，以「無產階級武裝」的口號得到熱烈支持。一場精心策劃的總動員很快就順利展開，大批群衆被分列爲固定的軍事編隊，光是在萊茵河與魯爾區之間就組建出一支超過五萬人的「紅軍」。這支紅軍在短短幾天內就占領了整個工業區，將阻撓他們腳步的國家防衛軍與警察部隊打得落花流水，某些地方也爆發了貨眞價實的會戰。

與中德、薩克森與圖林根地區相同，謀殺、劫掠與縱火燒城的浪潮也席捲全德國，因爲那場不澈底的革命而被壓抑的，不同社會階級和意識形態之間的緊繃關係，現在全都瞬間暴露出來；隨後而至的血腥軍事報復，諸如報復、槍擊或逮捕後立即處決等行徑，都揭露出彼此根深蒂固的怨恨與尚未解決的衝突。

這個在歷史上一再分裂、被各種矛盾所撕裂的國家，越來越渴望迎來秩序與和解，然而，它只能眼睜睜地看著自己身陷泥淖，在這個由仇恨、不信任、混亂和無政府狀態組成的瘋狂世界中，絕望地越陷越深。

巴伐利亞武裝勢力

新的權力關係產生，巴伐利亞理所當然地成爲激進右翼的活動中心，甚至較以往有過之而無不及。協約國一再強烈要求解散當地的準軍事組織，卡爾政府卻拒不從命，因爲這些正是他們最強力的靠山。當地民防隊與其他私人武裝部隊的人數已經高達三十萬人，越來越多威瑪政府的反對者加入，因爲他們在德國其他地區都會受到政府力量的干涉或者被起訴。

巴伐利亞武裝勢力的組成分子駁雜，有逃亡而來的卡普追隨者、東部地區被解散的志願軍團餘黨、「民族統帥」魯登道夫，也有自詡爲「制裁者」的殺手、冒險者以及懷抱各種意識形態的民族革命者——儘管如此，他們仍然團結爲一，打算推翻可恨的「猶太共和」。這裡的人民一向自豪於巴伐利亞王國的歷史、信仰羅馬天主教，因此強烈反感信仰基督新教又有普魯士王國背景的柏林政府，他們便利用這種傳統的特殊意識，喊出「秩序維持者巴伐利亞」的口號，以民族使命的外衣包裝自己的怨恨。在邦政府的明顯縱容下，他們開始設立軍火庫，將城堡與修道院拓建爲祕密據點，並制定暗殺、政變與行軍計畫；這些團體時不時地互相合作，一個又一個的叛國計畫在他們的耳語間不停傳遞。

這種發展也對正逐步崛起的納粹黨影響重大，他們因此越來越受軍事、準軍事及民間三方掌權者的青睞；隨著宣傳教育的成功，他們也受到越來越多人的追捧。在卡爾接見希特勒後，他的追隨者魯道夫·赫斯向邦總理寫了一封信，信中寫道：「最重要的是，希特勒相信唯有將廣大群衆——尤其是工人們——成功帶回民族主義的懷抱，德國才有可能復興……我很了解希特勒先生，因爲我們倆差不多每天都會說話，我們的關係也很親近。他是位少見的正派人，個性眞誠，宅心仁厚，是個虔誠的天主教徒。他的目標只有一個：爲國家謀福祉。爲此，他無私地奉獻自我。」

當邦總理在邦議會對希特勒多有讚賞，慕尼黑警察局長波納（Ernst Pöhner）也對他越來越聽之任之時，就表示一切都已就緒，希特勒這時才顯露出自己在政治舞臺上的人物性格，也被人們當做法西斯崛起與奪權的典型範例：[15]他與保守勢力結盟，自稱爲對抗共同的馬克思主義敵人的先鋒。保守派想利用這位無法無天的煽動家的能量與催眠群衆的能力，企圖在適當的時機再以智力、經濟與政治上的優勢制服他；希特勒則打算到時候要發動在統治者庇護下建立起來的部隊，向敵人與曾經的盟友進軍，以奪得全部的權力。

他在這場填塞著幻覺、背叛與虛假誓言的詭譎權力遊戲中幾乎大獲全勝，接連耍弄、擊敗了意圖利用他的卡爾、胡根貝格、巴本與英國首相張伯倫；回過頭來看，他後來之所以接連失敗乃至於最後戰敗的原因之一，就是他因為不耐煩、肆意任性或過於得意忘形而沒有維持住先前的假面具。雖然他自己後來也察覺到這點，卻為時已晚。

德國覺醒！

當時，希特勒顯然深受一些有財有勢的人物關照，納粹黨在這些人的贊助下，於一九二〇年十二月收購《人民觀察家報》——這家負債累累的種族主義報社一週發行兩次，訂戶有一萬一千位左右[16]——其中以狄特里希．埃卡特和恩斯特．羅姆兩人占了大部分，為收購資金貢獻出六萬帝國馬克。多虧交友廣闊的埃卡特，希特勒現在踏進了慕尼黑上流社會的圈子，在這裡得到不少贊助。

埃卡特這個人圓頭圓腦，粗獷又滑稽，喜歡喝好酒、講粗話。他夢想在詩人與劇作家的職涯上大放光芒卻不成功，自創的劇作沒得到多少迴響，反倒是改編自易卜生《皮爾金組曲》的作品得到了最多迴響；大概是為了填補缺憾，他轉而投身政治，成為一名熱心政治的波西米亞主義者。然而，他所創辦的「德國公民協會」無疾而終，由他編輯出版的週刊《有話直說》，雖然曾以犀利的言詞與詳盡考究的科普文章，帶領當時流行的反猶太主義，最後卻也不了了之。

他和戈特弗里德．費德一樣鼓吹以革命打破「利率牢籠」、實現「真正的社會主義」，同時，他也受到蘭茲．利本菲的影響，尖銳地主張禁止異種族間的通婚，以確保純淨的德意志血脈；他將蘇聯稱為「猶太救世主列寧用以屠戮基督教徒的獨裁政治」，並表示自己最想做的事就是「把所有的猶太人都裝進火車，一路開進紅海將他們淹死」。【17】

埃卡特很早就認識希特勒，兩人在一九二〇年三月卡普政變時，也都被他們的資助者派往柏林觀察情勢。他博學多聞、熟諳人心，雖然知識廣博但偏見也不少，深深影響了當時沒見過什麼世面也不擅交際的希特勒；此外，這個男人的直率也讓他成為第一位被希特勒接受的高級知識分子，而不是挑動深埋心中的複雜情結。埃卡特借他書也推薦他書，教導他社交禮儀，糾正他的表達方式，也為他打開了許多扇門；有一段時間，這兩人在慕尼黑的社交場上總是形影不離。

早在一九一九年時，埃卡特就曾在一首仿古的藝術詩中預言民族的救星即將降臨，此外，他也說過：「一個能聽見機關槍聲響的人。這群烏合之眾肯定要嚇得屁滾尿流。不能是軍官，人民已經不敬重他們。最好是個很會說話的工人……他不需要懂很多，因為從政是世界上最愚蠢的工作。」比起一打「學富五車卻只能穿著尿濕的褲子瑟瑟發抖」的教授，他還是比較喜歡時刻準備好要「強硬回擊紅軍」的人。他最後還要求：「這個人一定要單身！這樣我們才會得到女性的支持。」希特勒對他而言正是這種模型的眞實化身，因此，早在一九二一年八月《人民觀察家報》上的一篇文章中，他就首次稱頌這位青年為「領袖」；納粹黨早期的一首戰歌《風暴，風暴，風暴！》也出於他之手，這首歌在每段歌詞的結尾都是「德國覺醒！」，後來也成了該黨最有力的口號。

埃卡特對希特勒而言也同樣重要——他曾在某篇致敬文中稱讚此人寫詩像歌德一樣優美，也公開將這位詩人稱為「父親般的朋友」，甚至自稱為是他的門生。埃卡特似乎和另一位納粹黨的思想領袖阿佛烈．羅森堡一樣，對希特勒有深遠的影響，顯然也同時擴大了他的視野。希特勒在

《我的奮鬥》第二卷的最後以疏排（譯註：在過去，因爲部分字型缺乏粗體或斜體，所以普遍以加大字元間距的方式表示強調，這種排版方式目前已經被粗體或斜體取代）形式，呈現這位詩人的名字，足以顯示在他的心中，這位朋友占了多高的地位。【18】

他在埃卡特的引薦下踏進慕尼黑社交界，卻以無關政治的因素在此受歡迎。美國出生的漢夫丹格夫人是最早向他敞開大門的沙龍主持人之一，將希特勒介紹進她高貴的藝術交際圈，令其得以與自己身邊的作家、畫家、專門演奏華格納作品的音樂家以及教授們互相交流。

這群人所在的階級向來擁護自由主義，卻因爲這位青年大衆演說家與衆不同的樣貌、離譜的觀點與粗魯的舉止而被勾起興趣——希特勒不僅對十一月革命嗤之以鼻，稱呼那些參與者爲「十一月的罪犯」，還會因爲葡萄酒不夠甜而在裡面加一匙糖。除此之外，他身上也有其他吸引沙龍主人的地方：他有一種魔術表演家的氣質，交織著馬戲世界的氣息與悲憤的情緒，還閃耀著「珍奇異獸」的光芒。

希特勒與其他沙龍參加者以藝術作爲共同話題，其中又令希特勒沉醉不已的華格納最常被拿出來討論；拜這位音樂大師所賜，一段最令人匪夷所思的友誼就此誕生，即便他後來開始闖蕩政治圈，這些人還是稱呼他爲「希特勒老弟」。

根據紀錄，這段時期的希特勒一直顯得古怪而笨拙，在名流鉅子的面前表現得很拘謹、若有所思且卑躬屈膝。他在與魯登道夫商談時，會在這位將軍說完每句話時前傾身子，像是半鞠躬的樣子，十分崇敬地說：「閣下說得好！」或者說：「閣下所言甚是！」【19】

他覺得自己在市民階級社會格格不入，長久受這種不安全感折磨。如果現存的資料確實可信，那麼他確實一直盡力讓自己給人留下深刻印象：他刻意比較晚到場、帶來比其他人大的花束、鞠躬時腰也更彎；他一會沉默，又一會暴怒，他的聲音沙啞，就連講些雞毛蒜皮的小事都激動萬分。

據某位目擊者所述，希特勒曾在某次聚會時枯坐，沉默又睏倦地待了大約一個小時，卻在女主人爲猶太人說了一句好話時突然開口說話。「他滔滔不絕地講著，過了一會，他推開椅子站起來繼續說，或者可以說繼續大吼大叫，刺耳無比，我再也沒聽過其他人發出這種聲音。隔壁房間的孩子醒了過來，開始哭鬧。這是一場趣味十足但也非常片面的猶太人講座，他在講超過半小時的時候突然停下來，走向女主人、向她道歉，親吻她的手背後就離開了。」[20]

他害怕受人輕視，社會的鄙視顯然令他備受煎熬，反映出曾淪落至收容所的希特勒與市民階級社會之間無法被修復的關係。此外，他的穿著打扮在很長一段時間裡也帶著一種男子宿舍住戶的風格。當他第一次與普費弗．索羅門（Franz Pfeffer von Salomon）——也就是後來的衝鋒隊指揮官——見面時，身上套著一件舊的晨禮服，腳上穿著黃色的皮鞋，還背著一個後背包，不倫不類到令當時還是志願軍團團長的普費弗無言以對，不想結識此人；恩斯特．漢夫丹格（Ernst Hanfstaengl）也記得，希特勒會在穿藍色西裝時搭配紫羅蘭色的襯衫、咖啡色的西裝背心與鮮紅色的領帶，腰側還因爲配槍而隆起一大塊。[21]

希特勒後來才慢慢學會如何形塑個人風格，在穿著上體現自己的想法。從偉大護民官到探險家角色，他的服裝混合各種元素，能看出許多人的影子，例如著名的黑幫分子艾爾．卡彭（Al Capone）、魯登道夫將軍以及他曾經夢想成爲的護民官黎恩濟，最後呈現出一種古怪的風格，也反映了他深埋心中的不自信。不過，有人懷疑他是否也充分利用這點，將「古怪」提升爲一種形象戲劇化的工具？無論如何，與打扮得體相比，他更堅決於令其他人對自己印象深刻。

歷史學家卡爾．亞歷山大．馮．繆勒正是在這個時候第一次遇見希特勒。本篤會修士阿爾本．沙赫萊特（Alban Schachleiter）想認識這位政治新星，便與希特勒約定在恩斯特．漢夫丹格的姐姐恩娜家裡喝咖啡，繆勒與他的太太則在一旁作陪。

「當我們其他人在窗前的桃花心木桌子旁坐定，門鈴才響了起來。透過敞開的門，我們可以看到他在狹窄的走廊問候女主人，有禮的近乎乖順，也可以看到他放下馬鞭、脫下絲絨禮帽與風衣，最後卸下插著左輪手槍的皮帶，掛在牆上的掛衣鉤上——這畫面感覺很奇妙，讓我想起卡爾．邁（Karl May）小說裡的那些異國角色。我們這時都還不知道，他早已精確計算過一切服裝細節和自己的一舉一動會帶來的效果，他顯眼的小鬍子也同樣如此，故意修剪得比他不雅觀的寬大鼻翼要窄……。

他的眼神流露出對揚名立萬的渴望，但他身上有種揮之不去的奇特的笨拙感，令人不舒服的是，他自己感覺得到而且很厭惡別人注意到這一點。他的面孔一直瘦而蒼白，幾乎帶著一種病態，只有那雙外凸的水藍色眼睛時不時流露出堅決剛強的感覺，隆起的眉骨則顯現出狂熱的意志。他這次也很少說話，大部分的時間都在全神貫注地聆聽。」[22]

圍繞在希特勒身邊的人

隨著希特勒的名氣越來越大，女性——大多是一些老太太——也開始圍繞在他身邊、照拂他的生活。她們本能地推斷，這位流露出侷促與複雜情緒的青年演說家正處於某種困境中，於是認定他需要經驗豐富的人協助。她們像母親對兒子一般圍著他轉，渴望能得到他的回應。希特勒後來評論這些彼此妒忌的女士們時，嘲諷地表示有一位女士只要他一和其他女士說話——就算只是短短幾個字——就會因爲情緒太激動而聲音嘶啞。【23】

在這些女士之中，中學督導的遺孀卡蘿拉・霍夫曼（Carola Hoffmann）的家對希特勒而言，就像第二個家，這位住在慕尼黑市郊的夫人也因此得到「希特勒的媽媽」的稱號；將他納入保護傘下的，還有歐洲古老貴族世家出身的艾莎・布魯克曼（Elsa Bruckmann）——其丈夫爲發行種族主義作家張伯倫著作的出版商；此外，鋼琴製造商貝希斯坦的夫人也說過「眞希望他是我兒子」，她後來爲了探視入獄的希特勒，還自稱爲他的養母。【24】正是因爲這些女士，因爲她們的家族與派系，希特勒才得以擴展勢力、打響名聲。

他在黨外往來於名流之間，在黨內則依舊整日與中產階級和地痞流氓爲伍——前者容易糊弄，後者則滿足他對於侵略與暴力的渴望。他的幾位知己包括弱不經風卻能舌戰群雄的埃米爾・莫里斯（Emil Maurice），和大腹便便的馬販子克里斯蒂安・韋伯（Christian Weber）——韋伯曾在一間惡名昭彰的啤酒館擔任圍事，也像希特勒一樣隨身攜帶一根鞭子。除了這兩位，這個小團體兼希特勒親衛隊的成員還包括屠夫學徒烏爾里希・格拉夫（Ulrich Graf），以及曾與希特勒同一軍團的馬克斯・阿曼（Max Amann）——後者作爲心腹大膽又能幹，之後很快就接手管理納粹黨和納粹黨出版社的事務。

這些人總是吵吵嚷嚷地圍著希特勒轉，從不厭煩。他會在活動結束的傍晚，在這群人的簇擁下，走進聖母堂附近的「巴伐利亞義式餐廳」或「葛洛克炭烤香腸餐館」聚餐；他們也會在藝廊街的黑克咖啡店裡，喝咖啡、吃蛋糕地閒聊好幾個鐘頭——這間店固定爲希特勒在燈光昏暗的角落保留一張桌，以便他能在不被他人察覺的狀況下觀察整個空間。

由於很早就飽受孤獨寂寞之苦，他需要不斷有人圍繞在自己身邊，除了聽衆、護衛、僕從、司機，還有像攝影師海茵希．霍夫曼（Heinrich Hoffmann）或是恩斯特．漢夫丹格這樣的藝人、藝術愛好者或分享軼聞趣事的人聚集在他身旁，爲他的「宮廷」營造出一股「波西米亞」與「義大利傭兵團」[25]的色彩，他也樂於被稱作「慕尼黑的國王」。直到夜深人靜之時，他才會返回自己在提爾街的租房。

在希特勒的追隨者中，占據主導地位的是年輕的賀爾曼．埃瑟（Hermann Esser），他先前曾於某家報社實習，也擔任過國家防衛軍地區司令部的公關負責人，是當時除希特勒以外黨內唯一有煽動能力的人才：「他鼓譟群衆，幾乎幹得比希特勒還好……他是舌燦蓮花的惡魔，來自更下一層的地獄。」

此人機靈、狡詐，使用通俗生動的言語，是典型的腥羶色記者，總是孜孜不倦地揑造各種關於猶太人與投機客的「祕聞」。儘管一些正派的小市民階級黨員很快就反對這種「養豬戶取向」的文宣，[26]他卻依然故我——畢竟，當他還在肯普田上學的時候，就已經對士兵委員會要求吊死幾位市民階級了。他是狄特里希．埃卡特以外最早大力宣揚希特勒神話的人，然而，就連希特勒本人有時都覺得這位激進的戰友令人毛骨悚然。如果資料屬實，希特勒曾一再表示自己知道埃瑟「就是個混帳」，他只會在這個人還有利用價值的時候留著他。

紐倫堡的尤利烏斯．施特萊赫（Julius Streicher）在某些方面與埃瑟很相似。這位政治新秀曾於學校擔任高等教師，他以色情下流的反猶太主義代言人的身分而聞名，腦袋裡似乎充斥著各種瘋狂的幻想，像是猶太人爲了血祭而謀殺基督徒孩童、猶太人的發情期、世界陰謀、血親亂倫等等；他被自己偏執的想法所支配——無辜的雅利安女性被這些黑髮的猶太淫魔玷汙，只能任憑他們在身上喘息馳騁。

雖然施特萊赫比較愚蠢，思想也更狹隘，他在地方的影響力卻相當大，甚至足以與他一開始激烈反對的希特勒匹敵。一些證據顯示，希特勒之所以極力爭取他的支持，不僅是爲了將這個人的人氣收爲己用，也是因爲他感覺兩人心中有同樣的仇恨與執念。儘管曾經爭鋒相對，希特勒一直到最後都肯定這位綽號「法蘭肯長官」（法蘭肯地區大區長官之意）的同僚，也在戰爭時表示：狄特里希·埃卡特雖然說過施特萊赫在某方面是個傻瓜，但他自己也無法苟同那些針對《衝鋒報》（由施特萊赫創立並編輯發行的反猶太報紙）的抗議，他還說：「事實上，施特萊赫還把猶太人理想化了。」【27】

因爲有埃瑟和施特萊赫這種類型的黨員，納粹黨雖然進行了各種群衆運動卻還是顯得格局狹小，陷入庸俗乏味而市儈的境地；赫爾曼·戈林（Hermann Göring）則與這些人都相反，這位空軍上尉曾指揮傳奇性十足的里希特霍芬聯隊，是希特勒身邊難得出現的圓融世故之人——除此之外就只有恩斯特·漢夫丹格身上有這種特質，在他加入以前一直於希特勒的追隨者中鶴立雞群。

戈林個性大剌剌地平易近人、嗓音低沉，他與圍著希特勒轉的那些人不同，沒有那麼複雜的病態心理。他之所以入黨，只是因爲納粹黨允諾會滿足他對自由、行動與夥伴情誼的需求，而不是那些「意識形態的東西」。他遍遊各地、人脈廣闊，當他與魅力四射的瑞典妻子一同閃亮登場時，也在某種程度上爲其他黨員開了眼界，讓他們知道巴伐利亞不是全世界，在巴伐利亞以外的地方也有很多人生活著。

另一位黨員馬克史·厄文·馮·修伯納利特（Max Erwin von Scheubner-Richter）也像戈林一樣看似光鮮亮麗。他性好冒險，有一段動盪的過去，擅長從祕密政治交易上獲利。希特勒得以在頭幾年進行活動都有賴於他高超的募款能力，根據官方記載，他曾成功募得「鉅額的資金」。[28]他神祕莫測卻有很高的社會地位，口齒伶俐而人脈廣闊，無論是業界、世家貴族、基里爾大公，甚至是教會機構都與他有交情。他對希特勒的影響相當大，在一九二三年十一月九日啤酒館政變倒下的戰友中，他是唯一被希特勒認爲無可取代的那位。

修伯納利特出身於波羅的海地區的德意志家庭，是早期影響納粹黨的激進俄羅斯移民和波羅的海德意志人之一。希特勒後來也打趣道，當時的《人民觀察家報》其實應該加上「波羅的海專輯」的副標題才對。[29]修伯納利特與阿佛烈．羅森堡（Alfred Rosenberg）早在里加（現今拉脫維亞首都）時就已相識，當時後者還是個年輕學生，對政治不了解，也尚未著迷於叔本華、華格納、建築問題和印度智慧箴言；一直到親歷俄國革命，他才形塑出自己既反布爾什維克主義又反猶太主義的意識形態。希特勒對俄國革命殘暴行徑的描述，甚至是隱喻，有一部分就來自於羅森堡；此外，他也被當作是黨內的俄羅斯專家。

然而，羅森堡的貢獻與「納粹黨首席思想家」這個稱號其實並不相稱。他對希特勒主要影響在於將共產主義與全世界的猶太人畫上等號，可能也促使他不再堅持一開始對於拿回被同盟國分配的德國殖民地的要求，轉而向廣袤的俄羅斯尋求德意志人的「生存空間」。[30]但兩人還是走上不同的路：對實用主義的希特勒而言，意識形態的目的就是幫助他奪得權力；偏執的羅森堡則以近乎宗教性的虔誠來對待自己的意識形態，他摻雜了一些幻想，開始建構出雄偉而荒誕的思想體系。

這時候距離希特勒在大會宣布黨綱的那一天，大概只過了一年的時間，納粹黨卻已經取得了相當可觀的成就。他們光是在慕尼黑就舉辦超過四十場活動，在慕尼黑以外的巴伐利亞城鎮也如此；施塔恩貝格、羅森海姆、蘭互特、普孚茲海姆與司徒加特等地都成立了黨分部，黨員人數也成長十倍。他們在種族主義運動中的重要性，從一九二二年二月初的一封由「慕尼黑日耳曼教團」的「狄特里希弟兄」所寫的信就能看得出來；這位狄特里希弟兄向他住在基爾的友人寫道：「告訴我，你們黨在哪裡能一年舉行四十五場群眾大會？慕尼黑分部現在已經有超過兩千五百名黨員、大概四萬五千名支持者了，你們哪個分部有這麼多人？」他還提到自己也與科隆、威廉港和不來梅的弟兄們通信：「我們都認爲，希特勒的黨就是引領未來的黨。」[31]

納粹黨之所以能在短時間內成長至斯，自有其背景原因：《凡爾賽條約》正逐步生效，每一項新舉措都是對德國人民的再次侮辱；貨幣迅速貶值，經濟困境日益加劇；同盟國賠償會議於一九二一年一月決議德國須賠償共兩千兩百六十億黃金馬克，期限四十二年，於此期間同時徵收出口總額的百分之十二。

於是，兩萬名慕尼黑民眾在愛國聯合會、民防隊與納粹黨的召集下，在奧登廣場進行示威抗議。活動發起人拒絕讓希特勒發言，他就立刻宣布要在隔天晚間組織一場自己的群眾大會；行事謹慎的德萊克斯勒和費德都覺得他瘋了，但希特勒派遣插著旗子的卡車在大街小巷穿梭，車上的人一遍遍高呼宣傳口號，緊急繪製的海報上邀請民眾於二月七日到王冠馬戲表演廳。「阿道夫・希特勒先生，」公告這麼寫著，「將談論『未來或者滅亡』！」——這也是他決定踏進政壇時想解決的問題。當他踏進王冠馬戲廳的圓形大廳時，擠在場內的六千五百人都在歡呼，他們還在演講結束時唱起了德國國歌。

希特勒在這次成功以後，便等待奪取納粹黨大權的時機到來，畢竟，這個黨仰仗他的付出，才能有現在的發展。大眾對「強人」趨之若鶩這一點，也正好有利於他施展自己的計畫。這位宣傳長從入黨以來便有些浮躁衝動，現在更是越來越不加克制，有時甚至過度自信到荒唐的地步，多次引起黨內領導層的憂慮。然而，當戈特弗里德·費德抱怨希特勒越來越狂妄傲慢，安東·德萊克斯勒卻回覆他：「每場革命行動都一定要有一個獨裁的頭頭，在我們這場行動，我覺得希特勒就是最適合的那個人——不過我也不會因此就退居幕後。」[32]然而，他一語成讖，希特勒在五個月後出任納粹黨黨魁，德萊克斯勒被架空爲名譽主席。

合作與協商

時勢與政敵賜予希特勒機會，是他一生中最有力的盟友。因爲他的冷血、狡詐、果斷以及一再於危機中證明的不畏任何風險，他最後成功奪得納粹黨大權，同時劍指種族運動領袖之位。

納粹黨這場發生於一九二一年夏季的黨內危機始於他們與其他種族主義政黨——尤其是德國社會主義黨——之間的談判。納粹黨希望與這些競爭政黨有更密切的合作，花費幾個月的時間進行磋商，然而，他們爲團結統一所付出的所有努力，都因爲希特勒的毫不讓步而宣告失敗。

他要求這些合作團體完全順服，不允許他們以團體爲單位併入納粹黨，堅持要解散組織再讓成員各自入黨。德萊克斯勒完全無法理解他的固執，反映出這位性情合群的創黨人和要求絕對權力的希特勒之間的差別。

希特勒在初夏時到柏林待了六週，顯然是爲了誘使黨內的政敵輕舉妄動，賀爾曼·埃瑟和狄特里希·埃卡特於此期間待在黨內，作爲他的耳目不斷爲他傳遞消息。一些黨員想壓制「狂熱自大狂希特勒」[33]的氣焰，在他們的慫恿下，毫無戒心、希望平衡各方意見的德萊克斯勒，重新開啓了與所有社會主義右翼政黨間的協商，尋求統一或彼此合作。

待在柏林的希特勒開始在民族主義俱樂部發表演講，與志同道合的保守主義和激進右翼分子搭上關係，並結識了魯登道夫與雷文特洛伯爵（Ernst Graf zu Reventlow）。雷文特洛伯爵之妻阿萊蒙女爵，又將他介紹給前志願軍團團長沃爾特．史坦尼斯，將其宣稱爲「未來的彌賽亞」。

柏林的瘋狂、輕浮與貪婪，令希特勒更反感，這裡的一切顯然不合於他的陰暗性格。他喜歡將當時的柏林與衰弱的羅馬相提並論，就如同當初「外來的基督教」利用羅馬的積弱不振，現在布爾什維克主義也趁著德國道德淪喪之時入侵。希特勒早年進行的演講經常抨擊大城市的惡習、腐敗與放蕩，而這些正是他在腓特烈大街與選帝侯大街金光閃閃的柏油路上所觀察到的。「大家用跳舞和娛樂忘記我們的苦難，」他感嘆，「娛樂活動一直推陳出新不是因爲偶然，而是有人要刻意麻痺我們。」就像他在十七歲那年到維也納一樣，柏林這座大城市讓他感到陌生又茫然，迷失在喧囂、動盪與混亂中。他指在鄉下才眞正覺得自在，也只有鄉下那種簡單、有序、畢德麥雅時期的道德才符合他的標準。

他發現城市夜生活是他們天敵的一種發明，這是在有系統地嘗試「打亂一個種族的生理規律」。「猶太人將黑夜變成白天，讓臭名昭著的夜生活上演，他們很清楚這會逐漸摧毀一些人的身體和一些人的心靈，最後在剩下那些人的心中埋下仇恨，因爲他們自己無法參與，只能看著別人狂歡。」他繼續道，劇場是華格納爲了營造神聖嚴肅的氣氛而降低亮度的場所，也是一個人能脫離自身悲苦的地方，現在卻成了「滋養惡行與無恥行徑的溫床」。

這座城市在他眼中滿是販賣少女的人販子，他表示，愛情對數百萬人而言意味著「最大的幸福或者最大的不幸」，然而，這種被扭曲成商品的愛情「無非就是一筆交易」。他痛惜人們對家庭生活的嘲弄，痛惜宗教的衰亡，痛惜腐化與墮落的一切，他說：「在這個滿是卑劣謊言與詐欺

的時代，如果有人沒了這兩項，那他不是絕望地上吊，就是會變成一個無賴。」【34】

一得知德萊克斯勒擅自重啓談判，希特勒就立刻返回慕尼黑。黨委會因爲他這段時間的缺席而有了一些自信與元氣，要求他對自己的行爲提出解釋，卻對他的反應始料未及：希特勒在七月十一日直接宣布退黨。

他在三天後發表一份冗長詳盡的聲明，先是激烈指責黨委會的其他成員，最後才提出他重回納粹黨的條件。其中要求黨委會成員立刻辭職，爲他設立「有獨裁權限的第一主席」的職位，清除滲透黨內的外國勢力；此外也不得修改納粹黨的黨名或黨綱，必須維持慕尼黑分部在黨內的超然地位，不接受其他政黨的合併，只接受隸屬關係。由此，已經看得出希特勒後來的那種不容反駁，他表示：「我們這邊不可能讓步。」【35】

黨委會在隔天就立刻回信，我們從這封信能看出希特勒在黨內的威望與權力到達什麼樣的地步。黨委會不僅不敢反駁他的指控，反而忍氣吞聲地表現出十足的乖順，甚至還表示他們準備犧牲一直以來的第一主席安東．德萊克斯勒來平息希特勒的怒火。

後來很常見的將他神化一般的奉承語氣，也在這封信中第一次出現：「黨委會爲了表彰您淵博的學識，您對發揚這場運動的無私奉獻以及您難得的演說才能，準備授予您獨裁的權力。您在重新入黨時，我們將無比歡欣於看您接管第一主席的職位，這也是德萊克斯勒早就提議過的。德萊克斯勒之後將轉成黨委會委員，如果您願意，他也會兼任行動委員會的委員；如果您希望將他完全排除於這場運動，我們就必須在下次年度會議上討論這個問題。」

這場事件的開頭與高潮都預示著希特勒未來控制與駕馭危機的能力，然而，結尾也顯示出他經常因爲好大喜功而毀掉自己手中的勝利。他在黨委會通過自己的再次入黨前就爲了慶祝勝利而自行召開黨員特別大會，這下子就連好脾氣的德萊克斯勒都忍無可忍。

德萊克斯勒於七月二十五日向慕尼黑警察管理處第六部門陳述，這場集會的申請人並非納粹黨員，因此無權號召黨員參加集會，他也指出，自己致力於以合法的議會程序實現黨目標，希特勒卻企圖掀起革命、使用暴力手段；然而，管理處表示此事超出了他們的管轄範圍。

與此同時，希特勒發現自己遭受匿名傳單的攻擊，他被指控爲叛徒。傳單上寫著：「他出於個人野心和對權力的欲求，害我們產生分歧與裂縫，如此一來，他就能進行猶太人及其黨羽的勾當。」據其說法，納粹黨對他而言只是「用來達成骯髒目的的跳板」，此人毫無疑問是幕後黑手的一枚棋子，這麼小心地保密自己的出身與私生活，一定有什麼原因。

「有時候被黨員問到，他到底靠什麼生活，之前又做過什麼樣的工作，他都會勃然大怒……他一定做了什麼虧心事，尤其是和這麼多女士交往過密，時常自稱是『慕尼黑國王』，花錢也花得很凶。」在一張顯然未經警方允許就張貼的海報上，希特勒被譴責爲「喪心病狂追逐權力的瘋子」，這張海報最後呼籲：「暴君必須被推翻！」[36]

經過狄特里希．埃卡特的居中調解，這場紛爭最後在一九二一年七月二十九日的黨員特別大會中落幕，希特勒又一次大肆慶祝自己的勝利。雖然德萊克斯勒先前利用他的退黨，將賀爾曼．埃瑟清除出黨，但希特勒還是成功讓這場會議在這位親信的主持下進行。他受到場內「無止盡的掌聲」的歡迎，藉由技巧性地論述這次的糾紛贏得了全場認可，在五百五十四位出席者中得到五百五十三人的支持。他安排一個名譽主席的職位給德萊克斯勒當作補償，又按照自己的意思更改章程，將自己的心腹全數安排進黨委會，最後自己坐上獨裁主席的位子，將納粹黨完全掌握在手中。

同一天傍晚，賀爾曼．埃瑟在王冠馬戲表演場爲希特勒慶祝勝利，稱呼他爲「我們的領袖」，之後也像最勤奮的傳教士一樣，帶著宗教式的熱情在大大小小的餐館與酒館傳播希特勒的「領袖神話」；與此同時，狄特里希．埃卡特也開始在《人民觀察家報》上展開精心策劃的宣傳活動，在八月四日的一篇文章中，將希特勒描繪成一個「無私、奉獻、忠誠、正直」的男人，讚揚他「堅決又警醒」；短短幾天後，同樣的欄位上刊登了一篇由魯道夫．赫斯所寫的文章，替埃卡特爲希特勒設計的陽剛輪廓上添加上宗教畫一般超脫塵世的氣息：赫斯稱頌希特勒的「最純粹的意志」，也稱頌他的力量、演說天賦、令人欽佩的學識以及清晰的頭腦。

圍繞著希特勒此人的「邪教」很快興起，這種狂熱崇拜到底有多誇張？這點我們從赫斯一年後參加徵文比賽的作品就能看出一二。

當時的題目是「什麼樣的人才會帶領德國重返巔峰？」，赫斯以希特勒的形象爲基礎開始論述：

「對政治與歷史的各個方面都有深刻認知，能夠從中吸取教訓；相信自己的神聖志業，相信自己最終將會得勝；超乎常人的意志讓他的演講令人著迷，令大眾爲他歡呼鼓掌。爲了救國救民，無論是敵人的武器、煽動蠱惑、宣傳口號或是街頭遊行，他都不排斥使用。他甚至與一般民眾並無相似之處，他有著偉人的人格。

他也不怕在患難時流血，畢竟重大的問題總是得用鐵與血去解決……他眼裡只看得到目標，爲了達成自己的目標，即便是最親密的朋友，他也會從他們身上踏過去……。

如此一來，我們得到了一張獨裁者的肖像：思維敏銳、頭腦清晰、實事求是；他熱情卻又冷靜，冷酷卻又果敢，既會謹愼權衡，也會肆意迅速地行動；他對自己與他人都無情，他堅硬冷酷，卻又有著一顆柔軟的愛民之心；他不知疲倦地工作，那雙戴著絲絨手套的拳頭誰都能打敗，就算是他自己也不例外。

大家都不知道他什麼時候會來拯救我們，儘管如此，數百萬人都還是覺得這個人就要出現了……。」[37]

成立衝鋒隊

一九二一年八月三日，希特勒在澈底接管黨內大權後直接成立衝鋒隊（Sturmabteilung）——其首字母縮寫SA原本意指運動部門或是防衛部門，後來才用來指稱衝鋒隊。黨內於此前便反對他僱用志願軍團的前團員組成保衛隊，他們指責，這些人之所以被志願軍團開除就是因爲他們「想要偷竊和掠奪」。[38]然而，我們卻不該僅僅將衝鋒隊理解爲披著華美外衣、用來宣洩退伍士兵暴力渴望的組織，或是右翼陣營用來對抗敵對陣營恐怖組織的防衛工具——雖然這些可能都是原本的出發點；事實上，左翼陣營也有這種好鬥的的武裝部隊——例如社會民主黨的「埃爾哈德．奧爾（Erhard Auer）衛隊」，也蓄意針對納粹黨發起多次暴動。希特勒在解釋衝鋒隊的創建理念時聲稱：「馬克思主義比任何時代現象都更依賴恐怖行動，這也是他們用來對付種族運動的工具。」[39]

然而，衝鋒隊的概念遠遠超出這種防禦性目的；相反地，希特勒打從一開始就視其爲攻擊與征服的工具，因爲講到暴力革命，他就只能想到「奪權」兩個字。根據成立宣言，衝鋒隊應該要作爲「攻城錘」一般的第一線，教育黨員服從的精神、培養黨員的某種革命意志。

按照他的獨特思維，市民階級社會的秩序之所以在馬克思主義面前處於劣勢，是因爲他們將思想與暴力剝離，也未曾想到將意識形態與恐怖主義結合在一起；軍隊被嚴格排除於政治外，政客唯一能使用的工具就是思想。馬克思主義則正好相反，他們的特色是「思想與殘酷暴力相輔相成」，也正是衝鋒隊該仿效的。因此，希特勒在首次制定衝鋒隊規章時寫下：「不僅作爲保衛種族運動的工具，更要……最重要的是，作爲訓練班，爲即將到來的內部自由鬥爭做準備。」[40]《人民觀察家報》也相應地讚揚衝鋒隊這種「義無反顧的精神」。

無論是半軍事化的民防隊在一九二一年六月遭到清算，或者是從上西利西亞返回的高地志願軍團在一個月後解散，都爲希特勒建立私人武裝部隊提供有利條件。許多組織成員在這種打擊下發現自己失去緊密的戰友情誼、軍旅生活的浪漫和生活目標，於是和其他已經在納粹黨找到歸宿、性好冒險的年輕人一起成爲了納粹黨的傭兵。這些受過戰火洗禮的士兵在軍事化的衝鋒隊，在軍銜、指令及制服中找回了熟悉親切的軍旅生活元素——正是他們在共和政府下的無序社會所無從得到的。

他們幾乎都來自廣大的小市民階級，在德國長期遭受打壓，無法在社會階級中攀升，因爲正規部隊在戰時損失慘重才得以在軍中獲得領導位階。他們健碩、精神飽滿且渴望出擊，原本期待在戰後得到一份光鮮亮麗的工作，卻在《凡爾賽條約》以及國族恥辱下被扔回原本的社會階級，回到了小學老師的講臺、商店櫃臺以及公家機關的服務臺；對現在的他們而言，這些位置變得狹窄、悲慘又陌生。希特勒爲了普通的生活而踏入政壇，現在，這些人也出於同樣的原因走向希特勒。

這些與他動機相似的新人蜂擁入黨，被他視爲組建一支好鬥的種族運動先鋒隊的最佳素材；

此外，這些人的怨恨、精力與動用武力的決心，也都被他納入自己奪取大權的戰術考量中。根據他的心理影響原則，當一個穿制服的團體展示出他們動用武力的決心，不僅能震懾他人，更能吸引他人，此外，恐怖主義也可以變成一種奇特的宣傳工具。「殘酷會震撼人心，」他曾如此表示，「人們需要有助益的『恐怖』。他們想要害怕某種東西，他們想要有人令自己感到恐懼、令自己顫抖著臣服。各位難道不曾發現，每當集會的衝突打鬥結束，那些被揍的人總是第一個申請入黨嗎？各位在說什麼殘酷、又爲了什麼而氣憤不已？這些正是大眾所求啊！他們就是需要恐懼！」[41]希特勒對於運用恐怖越來越有把握，同時也不忘在宣傳性的演講和儀式活動上加進有宣傳價值的恐怖要素。他手下一位副軍長就曾在衝鋒隊的集會上勉勵道：「狠狠地打！就算打死幾個也沒關係！」

希特勒也以這種要素激勵衝鋒隊，讓他們在一九二一年十一月四日的「皇家啤酒屋之戰」締造神話。當時由他召集的集會遭到社會民主黨鬧事，據他所言，他們當時派出的大批人馬多達七八百人，然而，當天到場的衝鋒隊只有不到五十人——其他人都去幫忙納粹黨的黨部搬遷事宜了。希特勒敘述自己是如何以激昂的演說激勵這支憂慮不安的小隊，令他們做好戰鬥的準備。他對這些人說，除非是被當作屍體抬出去，不然今天無論如何都不許離開大廳，他會親手扯下懦夫的臂章與徽章，以及最好的防守就是攻擊之類的話。「他們的回答是三聲『萬歲』，」他描述，「聽起來比以往更沙啞，更聲嘶力竭。」

「然後我走進大廳，當時的情況好像直到現在都還能浮現在眼前。那些人聚集地坐在一起，試圖用眼神刺穿我。他們都盯著我，這麼多張臉上不是尖銳的仇恨就是嘲弄的鬼臉，傳達出一個明確的訊號：他們今天要來做個了結，我們最好小心肚破腸流。」

儘管被人不斷干擾，他仍然設法演說了一個半小時；正當他認爲一切都在自己掌控中，這時卻有一個男人突然跳上椅子，大喊社會民主黨的口號：「要自由！」

「霎時，整個會場的人們都在怒吼尖叫，無數的啤酒杯在他們頭上飛舞，發出榴彈炮一般的聲響，除此之外，還有椅腿的撞擊聲、陶壺的碎裂聲，以及叫嚷、咆哮與驚呼聲。一切成了一場愚蠢的喧鬧……。

在這場混亂開始之前，我的衝鋒隊員——這一天正是他們被叫做衝鋒隊的開始——已經展開了攻擊。他們像狼一樣成群結隊地行動，八個或十個人爲一組衝向對手，將他們一個個地攆出大廳。這些隊員在五分鐘後已經滿身是血，幾乎看不到任何一個身上還乾淨的……就在這時，有人從大廳門口朝主席臺的射了兩槍，接著一陣瘋狂的掃射。過去在戰場上的記憶被喚醒，心臟熱烈地怦怦跳著，簡直像在歡欣鼓舞。

又過了約莫二十五分鐘，大廳看起來就像是被手榴彈炸過一樣。我的支持者有許多都裹著繃帶，還有一些要被載走，但我們還是掌控了局面。當晚負責主持的賀爾曼．埃瑟宣布：『大會繼續進行，接下來請演講人發言。』」【42】

從這天以後，希特勒在慕尼黑就有更大的發言權。據他所言，這個城市的大街小巷從一九二一年十一月四日開始就變成了納粹黨的地盤，到了第二年的年初，他們的勢力範圍更一直向外延伸至整個巴伐利亞。

宣傳巡迴活動

衝鋒隊每到週末就會在鄉間進行宣傳巡迴活動，喧鬧地遊行前進。他們一開始用來標示的只有臂章，後來多了灰色的風衣以及所謂的「多節手杖」，他們穿過大大小小的村落，自信地高唱衝鋒隊的歌曲。一位早期的希特勒支持者表示，這些人不僅一點也不文雅，還相反地故意讓自己盡可能看起來野蠻好鬥。[43]他們在房屋與工廠的外牆貼上標語、與敵對陣營的人打架鬥毆、扯下黑紅金三色的旗幟，並且以軍事原則組織突擊隊，攻擊黑市商人和榨取員工血汗的資本主義黑心商人。

這些人的歌曲與口號也透露出嗜血與高傲，他們在貝格勃勞凱勒啤酒館舉行的會議中向出席者遞出募款箱，箱上寫著：「捐款支持猶太大屠殺！」此外，這些所謂的「紛爭調停者」驅散各種他們不歡迎的活動與音樂會，並且把「我們因毆打而偉大！」當作幽默的口號。

事實上，衝鋒隊這種空前的粗野表現正如希特勒所預料的，不僅並未阻礙納粹黨的崛起，也未曾削弱種族運動的吸引力——即使在堅定、正直的小市民階級之間也是如此。原因並不只是社會大眾在戰爭與革命後發展出不同以往的新標準，也是因爲納粹黨利用了巴伐利亞獨特的粗野性，成爲政壇上獨一無二的存在。椅腳與啤酒杯紛飛的大廳會戰、「猶太大屠殺」的想法、血腥可怕的歌曲、大規模的鬥毆——這些都令巴伐利亞人民感到非常有趣。值得注意的是，「納粹」（Nazi）——也就是民族社會主義德國工人黨黨員（Nationalsozialist）的縮寫——這個說法在當時開始流行，這個詞在巴伐利亞人的耳裡聽起來就像是伊格納茲（Ignaz）這個名字的暱稱；因爲這種熟悉、親切的特性，納粹黨在當地人民的心中贏得了一席之地〈譯註：民族社會主義德國工人黨（Nationalsozialistische Deutsche Arbeiter Partei），通稱納粹黨〉。

衝鋒隊的核心一開始是退役軍人，後來很快又有比較年輕的一代加入，就這層面來看，這場運動的確是「對現狀不滿的年輕人的反叛」。暴力、精英的男性共同體和意識形態陰謀兩相混合下，總能不斷產生強烈的浪漫吸引力。「能讓人團結的有兩件事，」在當時一場公開演講中，希特勒這麼說，「共同的理想，或者共同的壞事。」[44]這兩者在衝鋒隊中並無區別。

衝鋒隊在一九二二年急速擴大，在魯道夫．赫斯的領導下，他們每一百人編爲一隊，到了秋天的時候，就連完全由大學生組成的第十一隊也已經組建完成。同年，一支以埃德蒙．海涅斯少尉爲首，由前羅斯巴赫志願軍團成員組成的隊伍也作爲獨立單位加入其中。隨著衆多的特殊編隊成形，衝鋒隊也越來越有軍隊的樣子；羅斯巴赫志願軍團的創始人格哈德．羅斯巴赫也於其中成立了腳踏車部隊，下轄情報組、發動機中隊、炮兵隊與騎兵團各一。

隨著這些部隊的重要性越來越高，納粹黨也開始顯現出新式政黨的特性。與一些相關人員的說法不同，衝鋒隊只有最普遍的民族主義式好勇鬥狠，除此之外就沒有發展出其他顯著的意識形態特徵了；他們在飄揚的隊旗下遊行街頭時，也肯定不是在向新的社會秩序邁進。他們沒有烏托邦式的理想，只有躁動；沒有目標，只有自己也無法控制的衝動。嚴格來說，大多數的隊員從來就不是什麼政治鬥士，而只是黨的傭兵，他們試圖以冠冕堂皇的政治口號掩蓋自己的虛無、躁動不安以及對歸屬感的渴望。

這群人心中都有莫名的信仰，完全服從上級；「不惜代價地行動」就是他們所抱持的意識形態，「領袖人物」比任何綱領更能激發這些衝鋒隊員的奉獻精神——正符合了他們男性共同體與同志情結的特徵。希特勒曾於某次公開演講時強調：「能加入衝鋒隊的，只有那些願意服從領袖、準備好在必要時赴死的人！」[45]

正是衝鋒隊對意識形態的漠不關心，讓他們成為了堅強、穩固的核心，遠離一切派系鬥爭，隨時聽候領導人差遣。這個與傳統市民階級政黨不同之處令納粹黨團結一致，也讓他們得以承載各式各樣的不滿和怨懟的複雜情緒。衝鋒隊的核心部隊越是可靠、越是紀律嚴明，希特勒就越早能夠號召所有階層的人民。

因此，納粹黨並不符合「中產階級政黨」的普遍通則，反而在社會組成上呈現奇特的高度異質性。該黨雖然名為「工人黨」，卻有許多特徵來自於社會中層的小市民階級，甚至在希特勒所宣布的黨綱中也有很多反映出商業中產階級的焦慮與恐慌之處——他們擔憂自己將在經濟上受到大企業與百貨公司壓制，不滿其他人能輕鬆賺得錢財，更怨恨黑市商人與資本家。

此外，該黨主要的宣傳目標也是中產階級，阿佛烈．羅森堡就曾讚揚其為「不懈於抵制世界騙局」的唯一階層。希特勒不忘自己在維也納時的偶像卡爾．呂格的教訓，據其所述，呂格動員「面臨存亡威脅的中產階級」，並因此得到了「難以被動搖的追隨者」，這些人「不僅有著巨大的奉獻精神，而且隨時準備奮戰」。「鬥士一定要是中產階級，」希特勒如此表示，同時也補充道，「這些被剝奪應有權利的人，無論左派還是右派，都一定會加入我們民族主義者的行列。」[46]

雖說如此，現存的早期黨員名單卻呈現出很不一樣的面貌：公務員與白領族占百分之三十左右，手工業者和工人也占百分之三十，商人占百分之十六——其中不少是中小企業主，他們希望該黨能讓他們免受公會的壓迫——剩下的成員則為軍人、學生與自由業者；黨內高層主要由浪漫的都市波西米亞主義者所組成，他們在一九二二年指示各分部回報負責地區的社會結構，並規定

學者在領導層的比例不得超過三分之一。【47】

納粹黨的獨特之處，就在於吸引了當時無論何種出身或社會階級的人，彼此迸發出的能量讓互相矛盾的群體、利益與情緒都團結爲一。德語區的民族社會主義者在一九二一年八月於林茨舉行跨國會議，將自己定義爲「階級政黨」，但是希特勒當時並不在場；他一向嚴格否定此觀點，堅持納粹黨要以種族對立的原則戰勝階級對立。「跟隨納粹黨旗幟的，除了中產階級與市民階級，也有非常多的工人，」一九二二年十二月的一篇警察報告如此敘述著，「那些舊有的社會主義政黨認爲這個新的社會主義政黨，嚴重威脅到他們的生存。」

納粹黨黨員的社會結構具有高度異質性，讓這些黨員跨越矛盾與對立的，是一種共同的激烈抗拒態度，無論是對無產階級、市民階級、資本主義或馬克思主義皆如此。希特勒保證：「納粹黨沒有任何具階級意識的工人，同樣也沒有任何具地位意識的市民階級。」【48】

整體而言，這些人一開始會支持民族社會主義，並不是出於什麼社會階層的利益考量，而是因爲某種看似無關政治，實則親近權威心態、渴望受人領導的心態。這種心態不分階級，共和政權引起的變化令他們覺得自己被棄之不顧，這個缺乏權威的新政府也令他們無法繼續跟隨、效忠，於是越來越焦慮不安。

對政治秩序的認同向來是他們自尊的一部分，現在卻完全得不到滿足。德國戰敗而出現的共和政體、戰勝國——特別是法國——爲了報復帝制德國的罪行而推行的復仇性政策、飢餓、社會混亂、貨幣貶值以及各種德國爲了履行戰勝國的要求而推行的「背棄國族榮譽」的政策……諸如此類，都令他們感到臉上無光、深受羞辱。

對他們而言，這個國家一無是處，不值得付出忠誠，也不值得再抱有什麼幻想。他們在混亂的時代依舊嚴格維持著秩序與尊敬的概念，卻在威瑪共和下受到憲法的質疑；隨著這種新的國家政體出現，他們再也無法理解這個世界。正是在這種不安的情況下，這些人遇上了納粹黨——這個以堅決姿態作爲僞裝，實際上卻與他們一樣混亂迷茫的新興政黨。正是這種矛盾令他們覺得，這些大膽而背景神祕的納粹黨高層，最能理解自己對秩序、道德、忠貞與信仰的渴望。

根據希特勒早期的演講紀錄：「他會將井井有條、整潔又準確的戰前德國，與革命後的今日德國作比較。」德國人本能地追求規矩與紀律，以致於他們只能接受井然有序的世界，完全無法忍受失序的狀態。因此，當希特勒將共和政體稱爲「對德意志歷史與本質的否定」，這位新崛起的煽動家便獲得越來越多的贊同。他表示，共和只代表少數人的聲音，其他多數人要的是和平「而不是一團亂」。【49】

煽動群衆的一場場演說

通貨膨脹爲希特勒帶來新口號的創作靈感，雖然當年還尚未達到一九二三年夏天的荒謬程度，卻也已經造成多數中產階級的財產被沒收。德國馬克在一九二〇年初已經貶至戰前的十分之一，兩年後更是只剩百分之一——也就是一馬克只剩下一芬尼的價值。德國從一戰以來已經負債一千五百億，眼看著又要因爲正在進行的戰後賠款協商增添新債務，卻「幸運地」從嚴重的通貨膨脹得到好處；其他負債者也同樣躲過一劫，貸款人、商人、實業家都從中得利，其中又以幾乎零稅負、以最低薪資進行生產的出口製造商獲益最多。

他們樂見貨幣進一步貶值——或者至少沒有採取任何阻止事態惡化的措施——貸款的成本低廉，隨著貨幣持續貶值，還款時所支付的成本又變得更低廉，於是這些人開始以本國貨幣大肆投資炒作。腦筋動得快的商人在短短幾個月內創造巨大的財富，幾乎憑空建立出龐大的經濟帝國；與此同時，依靠債券利息、養老年金以及小額儲蓄爲生的社會族群，開始貧困化、無產階級化，這些商人的成功在他們眼中就更值得嫉恨。

大衆的貧困似乎與這些資本家的夢幻成就隱約相關，因此受害的人感到自己被社會無情地嘲弄，對此激憤不已。然而，造就出威瑪共和時期強烈的反資本主義氛圍的因素卻不僅僅如此：國家政府在傳統概念中一直是一種大公無私、公平公正、正直誠實的印象，今日的政府卻藉由通貨膨脹，對自己的人民犯下詐欺破產的罪行。對於恪守道德倫理的小老百姓而言，認知到自己受國家欺騙很可能比損失他們微薄的積蓄更具有殺傷力。總之，經過一連串的打擊，原本那個讓這些人過著嚴肅、簡樸、嚴謹的生活的世界，現在已經完全被摧毀，再也無法挽回。層出不窮的危機迫使他們尋找能再次信任的人、再次跟從的意志；無論前者或後者都是共和政府所滿足的需求，也正是一切的問題所在。

希特勒能成功地煽動人心，不只是因爲他的演說天賦高超不凡、言語詭詐，也是因爲他能敏銳地察覺這些憤慨的市井小民在想什麼、他又能如何滿足他們的理想。他也將之視作偉大演說家的眞正祕訣，並表示他隨著廣大群衆起伏，只要跟隨本能，他就能流暢說出那些直達聽衆心裡的話語。[50]

自己的渴望和價值觀都與現實背道而馳——市井小民所承受的這份痛苦，希特勒早在當年被維也納美術學院拒絕時便已經歷過。他因此得以汲取自己的不滿與鬱結，並提升到超越個體的層面。如果不是因爲他本人與社會的病狀高度重合，他對這些人也不會有這麼奇特的影響力；德國人民現在初次體驗的這些，無論是一開始的夢碎，接著墜落、階級下降，一直到後來尋找替罪羔羊和仇恨的對象等等，都是他先前就經歷過的過程。

他早已清楚原因和藉口，他了解公式，更已經找到罪魁禍首；他奇異的心理變成一種典範，其他人看到他就覺得看到了自己，因此激動不已。這些人之所以受希特勒吸引，不是因爲他的理論無可辯駁，也不是因爲他的形象與口號都立場鮮明、犀利，而是他作爲一名失敗的市民階級令這些一夕之間遭逢困境的人們有所共鳴，感覺到這個人與自己有著同樣的經歷、痛苦與期望；最後，這些人都因爲激進的性格而在納粹黨相遇。

希特勒的瘋狂、惡魔一般的蠱惑力和粗俗感，共同交織出令人無法抗拒的獨特魅力，歷史學家雅各·布克哈特的說法在他身上得到驗證：「歷史有時候會特別偏愛某個人，於是整個世界都對他俯首貼耳，一項偉大而神祕的協議在人與時間之間就此達成。」

這一切的「祕訣」和希特勒所稱的那些「本能」一樣，自然都經過理性、縝密的考慮。他雖然很早就發現自己的宣傳才能，卻還是持續磨練自己操縱群眾心理的技術。從他在系列宣傳照上擺出的姿勢，我們得以看出當時的浮誇風格，可能會有人覺得很好笑，但這是因爲他們看不出他煽動群眾的天賦，也看不出他研究、試驗了多少次才終於從錯誤中成長。

他很早就以心理影響爲出發點，設計出風格特殊的公開活動，其與傳統政治集會的差異主要在於強大的戲劇張力。宣傳車穿梭於大街小巷，海報四處張貼發放，明確宣告著「盛大的超大型公眾集會」的到來；他巧妙結合了馬戲團和大歌劇的宏大壯觀以及教堂禮拜的儀式性，旗幟飄飄的隊伍、隊伍行進時的伴奏、歡迎的標語、飄散在空中的樂曲，以及不斷響起的「萬歲！」高呼，都爲偉大的領袖演講營造出一股興奮的氛圍——因爲這些戲劇性的元素，他的演講活動就像是一場令人印象深刻的宣告儀式（譯注：大歌劇爲十九世紀流行的歌劇體裁，以歷史事件與英雄故事作爲主要題材，追求華麗的舞臺效果，陣容龐大、場面壯觀）。

此外，廣傳於指南手冊與講師培訓課程的活動議事規則，也被不斷改進，直至每個細節都被規定得清清楚楚；由此得以看出，希特勒不僅爲納粹黨擬定戰術方針，就連其他枝微末節的問題他也不會放過。他親自測試慕尼黑每個重要集會場所的音效，看看在哈克啤酒館演講是否需要比在皇家啤酒屋和肯德酒窖更大的音量，還仔細檢視這些場地的空間氛圍、通風程度以及動線安排。他擬定通則，規定集會場所一定不能太大，出席人數必須至少有三分之一是他們自己的人；爲了避免讓人有市民階級運動的印象，同時也爲了獲取工人們的信賴，他有時會發動自己的追隨者「反抗西裝褲」，讓他們不打領帶、不穿立領襯衫地參加集會；此外，他爲了得知對手的計畫與戰略，也會派人參加敵方的培訓課程。【51】

從一九二二年開始，希特勒越來越常一個晚上就跑八到十二場活動，而且在每一場都擔任主要演講人。這種做法符合他對「數大便是美」的執著，滿足他重複進行同一件事的癮頭，同時也符合他的密集宣傳準則：「今天我們所依賴的，同時也是我們不得不依賴的，就是創立、組織一場能夠不斷擴張的群衆運動，需要一場又一場的抗爭，不論是在集會廳或是街頭……，不，不是精神上的消極抵抗，而是必須讓我們的人民心中燃起反抗、義憤與激怒的熊熊烈火！」

有人曾於慕尼黑的「獅子啤酒館」參加過這樣的系列活動，他描述：

「我在這裡已經見識過不知道多少場政治集會了，但是這些活動——無論是戰時或是革命期間——都從來不曾讓我在一進門時就感覺一股熱浪向我撲來，在場的每一個人都興奮期待，像是被集體催眠一樣。『他們有自己的戰歌、自己的旗幟、自己的象徵符號、自己的致敬禮儀，』我注意到，『軍隊似的秩序維護人員、一整片的鮮紅旗幟上是一個白底的黑色鉤十字，這是軍隊與革命者，同時也是民族主義與社會主義的最怪異的組合；來參加的人也很奇怪，大多是走下坡的中產階級——這些人會在這裡重獲生機嗎？』

隆隆作響的進行曲和軍士演講毫不間斷地持續了幾個小時，他什麼時候才會來？是不是中間發生了什麼意外？空氣中流動著一股難以言喻的焦灼感。突然，入口處傳來一陣動靜還有下達指令的聲音，臺上的演講者話說到一半就停住了。所有人都跳起來高呼『萬歲』，大家期待已久的那個人帶著隨扈穿越尖叫的群眾與獵獵作響的旗幟，右手伸直向前舉著，疾步走向講臺。他經過我身前時和我離得很近，我發現他現在的樣子和我曾經在私人場合見過的完全不一樣。」[52]

希特勒的演講都遵循同樣的架構，一開始會大肆批評時局、挑起臺下的情緒，試圖在自己與觀眾間搭建初步的連結。「所有人都憤慨不已。大家開始發現，一九一八年所承諾的那些，並未讓德國恢復體面與美麗。」這是他在一九二二年九月某場演講活動的開場白。接下來，他會回顧歷史、說明納粹黨的黨綱，並且攻擊猶太人、十一月革命的罪人，和那些對戰勝國百依百順的政客；觀眾或臺下暗樁的喝采歡呼，會讓他越來越激動，一直到他在最後激昂地號召德國團結爲止。

他在中間會依照現場觀眾的反應、掌聲、酒氣和氛圍自行發揮；經過一次又一次的試驗，他越來越能清楚掌握現場的氛圍，懂得該說什麼樣的內容，諸如受到欺侮的祖國、帝國主義的罪惡、鄰近國家的妒忌、所謂的「德國女性被公有化」，以及被汙衊的德國歷史等等。保守的大衆對膚淺、商業化又淫亂的西方大國原本就很反感，更不用說這些國家帶來了新式政體、凡爾賽恥辱條約、協約國監督委員會、「黑鬼音樂」、鮑伯頭和現代藝術，卻沒有帶來工作、安全與麵包——希特勒對此有句令人印象深刻的評語：「在民主面前，德國就要被餓死了！」

他對神話典故的喜愛也讓他的長篇大論聽起來更有深度，這個在演講時手勢誇張的男人，能從偶然性的地方事件擴展爲一齣世界大戲，「今天發生的事會比世界大戰更偉大，」他這麼說，「爲了全世界，德國將決一死戰。我們只有兩種可能：不是成爲犧牲的羔羊，就是凱旋而歸！」[53]

在他講出這種自我膨脹的話時，本來還有一個比較死板的安東・德萊克斯勒會介入，不顧他的惱火，理智刻板地修正、補充他的說法，替演講作結；但現在再也沒有人會糾正他這些煽動人心的威逼利誘。希特勒說自己要在得權後撕毀和平條約，甚至不畏與法國再次開戰，還發下宏願要建立一個「東起柯尼斯堡，西至史特拉斯堡，北起漢堡，南至維也納」的強大帝國。越來越多的支持者蜂擁而至，事實證明他這種大膽、荒唐而挑釁的話語，才是人們在一片消極、放棄的氛圍中眞正想聽到的：「不是放棄，不是逆來順受，而是敢於挑戰看似不可能的事。」[54]許多人會以爲他是個毫無原則的機會主義者，但他們都無疑低估了希特勒的衝動與特殊性；正是因爲他敢明白說出其他人不敢說的話，才會有如此可觀的成就，更爲自己增添了陽剛、憤世嫉俗與倨傲的氣息，替後來的偉大領袖神話鋪路。

希特勒特立獨行的形象讓他在人人苦悶的年代大受歡迎，社會民主黨創立的《慕尼黑郵報》將他指責爲狡詐的唆使者，批評他害慕尼黑現在烏煙瘴氣；他對此的回應是：「沒錯，我們就是要鼓動人民，而且要不停地鼓動！」

可能他一開始也有些抗拒這種粗野、鄙俗的登場方式，但自從發現自己不僅在馬戲團帳篷得到更熱烈的掌聲，也有更多沙龍主人對他感興趣，他就越來越不排斥。有人批評他身邊盡是一些不三不四的人，他就反擊說自己寧可做一個德國混混，也不當一名法國伯爵；此外，他也毫不掩飾地煽動：「有人說，我們是一群反猶太的地痞流氓，沒錯，我們就是要掀起一場風暴！你們不該再睡了，醒醒！你們要知道，有一場暴風雨即將到來！我們捍衛德國，不讓祖國被釘死在十字架上！願我們能野蠻殘忍，因爲只要能拯救德國，我們就是在完成世上最偉大的事！」[55]他爲了加強演說效果，經常會使用宗教意象與主題，恰好反映出他在童年時受到的觸動：在蘭巴赫修道院擔任輔祭的回憶，以及宗教壁畫給予他的強烈震撼——痛苦、絕望和最終的勝利救贖——都讓他欽佩天主教教堂操控人類心理的天才之處，並且從中汲取教訓。然而他也毫不猶豫地瀆神，利用「我主與救世主」來宣洩自己的仇恨：「我作爲一個人、一個教徒，以無邊的愛通讀這個段落，看到主是如何振作起來，用鞭子將放高利貸者、遊蛇與水獺都驅逐出神殿。我在兩千年後的今天認識到，這是主爲了讓世界免受猶太人的毒害而進行的激烈戰鬥，祂不得不爲此在十字架上流乾鮮血，令我深受感動。」[56]

他的演講除了架構固定，所傳達的情緒也一成不變，沒有人知道這是因爲他本身就如此僵化，還是出於對群眾心理影響的考量。儘管我們能讀到演講稿已經是經過編輯的版本，卻仍然會感到喘不過氣，他的百般怨恨全都化作控訴、指責與復仇宣誓，他呼喊：「只有反抗和仇恨、仇恨、更多的仇恨！」

他大膽地逆向操作，在被折辱、茫然失措的德國人民中大喊著對敵人的仇恨——他也承認這就是自己所渴望的。[57]他每次都不忘喊出自信滿滿的口號，例如他曾激動地高呼：「等到我們掌握大權，就會像野牛一樣地向前挺進！」根據紀錄，當時臺下對此報以熱烈的掌聲。他宣稱，如果想要「解放」被其他國家占領的德國領土，只有理性審愼的政策和誠實勤奮的德國人民尙不足夠，「若想解放，我們還需要驕傲、意志、固執、仇恨和更多的仇恨！」

希特勒總是誇大一切：日常生活中的交易行爲，在他眼裡就是嚴重的腐敗與全面性的叛國策略；協約國的每次照會或法國衆議院的每次談話，他都看到背後隱藏著人類公敵的陰謀詭計。這位奇怪的巴伐利亞煽動家擺出標誌性的姿勢——仰著頭，手臂向前伸出，食指指向地面，上下點著——沉醉在自己的演講中，不僅向政府、向德國的現狀，更向整個世界發起挑戰：「不，我們不寬恕，我們要求的是復仇！」[58]

他對於被嘲弄感到不痛不癢，也對這些譏諷他的所謂「致命影響」嗤之以鼻。現在的他還不像後來那麼高高在上，相反地，他覺得身爲藝術家的自己和大衆之間有種距離感，所以經常刻意表現得很親民；他會舉著啤酒杯向觀衆打招呼，或者在臺下騷動的時候發出「噓！噓！」的聲音讓他們安靜。

這些觀衆顯然主要是來看他表演，而不是出於某種政治動機——儘管納粹黨在一九二二年初之後吸引到數萬名觀衆捧場，但眞正登記成爲黨員的只有六千人。全場觀衆會在希特勒演講時目不轉睛地看著他，身體一動也不動，啤酒杯的碰撞聲往往在他講第一句話之後就停止；當他說話時，底下經常一片安靜、人人屏氣凝神，不過時不時也會爆發熱烈的回應——某位旁觀者描述得很貼切：這時候就像是幾千顆鵝卵石砸在鼓面上，炸開一片劈里啪啦的聲響。

希特勒作爲一個「失意人」渴望自己有能力影響其他人，因而享受成爲衆人的目光焦點，享受這種飄飄然的感覺。「當你這樣走過十個大廳，」他向身邊人坦承，「不論到哪裡，他們都對你興奮地尖叫——就覺得自己很偉大，這種感覺眞的很好。」他在演講的最後經常請在場觀衆一起宣誓效忠，或者他也會目光向上，緊盯著集會廳的天花板，聲嘶力竭地不停瘋狂喊著：「德國！德國！德國！」直到其他人也加入他的呼喊。到了最後，呼喊的衆人會轉而開始齊唱納粹黨的戰鬥之歌——或者說是屠殺之歌，他們後來也經常會走出大廳，在夜晚的街道上一邊唱歌一邊遊行。希特勒坦白自己演講完經常一身大汗：「全身溼答答的，體重少了大概四到六磅，」並且表示他每次集會完，「內衣褲都被制服染得藍藍的。」[59]

根據他的說法，他花了兩年才完全掌握所有的宣傳手法，覺得自己是「這方面的大師」。他被當作在政治領域運用美式廣告法的第一人也有其道理，藉著這種手段和他煽動力十足的想像，他創造出當時最具創意的政治鬥爭概念。或許就如同政經週刊《世界舞臺》所言，希特勒的導師眞的是美國的馬戲之王、偉大的行銷鬼才巴納姆先生（**Phineas Taylor Barnum**），然而，這篇文章的作者是以揶揄的口吻宣布這項發現，無疑揭露了他的傲慢與見識短淺。這同樣也代表了許多與希特勒同時代的人的看法，無論左派或是右派，這些人都自信滿滿地將希特勒的手法與意圖混爲一談——只因爲他的手段可笑，就認定他的目標也一樣可笑。希特勒的目標一直都是顚覆這個世界，用另一個世界取而代之；即便他想著的是世界大戰與恐怖末日，也不妨礙他活用馬戲團的怪誕心理學。

然而，縱使希特勒在演講上大獲成功，這時候的種族主義陣營代表性人物，仍然是魯登道夫將軍。希特勒對他也十分尊敬，一直只把自己當作先遣部隊，他以施洗者約翰爲耶穌施洗爲典故，稱自己就像是「小小約翰」；如同他在一九二三年年初所言，他要爲一位比自己更偉大的人物帶來一支統一的民族和一把利劍。儘管如此，希特勒的影響力卻越來越大，顯然越來越像是一位救世主。民衆似乎比他自己更早察覺這一點，當時一篇評論描述他們就像湧向「救世主」一樣地湧向他。[60]很多希特勒的支持者都會經歷「覺醒」與「皈依」的階段，正說明極權主義運動的標誌性特色——僞宗教和渴望救贖。例如：恩斯特・漢夫丹格在這時第一次聽到他的演講，儘管還有很多有待商榷之處，他仍然覺得這場演講爲自己「開啓新的人生篇章」；庫爾特・呂德克（Kurt Luedecke）有段時間在希特勒左右，後來被關進位於奧拉寧堡的集中營，他在逃到國外後描述自己——和其他無數人——在遇到希特勒時經歷了多麼劇烈的情緒激盪：

「就在那一瞬間，我什麼批判能力都沒了……當那個人說話的時候，我突然有種不知道該怎麼形容的感覺。他的話語就像一陣陣的鞭笞，聽他說著德國所受的侮辱，我就覺得自己好像可以撲倒任何一個出現在眼前的敵人。他號召德國男人奪回榮耀，就像是在叫我們拿起武器；他所傳授的道理，就像是神的啓示。對我而言，他就像馬丁・路德再世。

我在當下忘記了關於他的一切。我環顧四周，發現在場的成千上萬個人都被他的魅力牢牢吸引。不用說，我當時已經不是什麼毛頭小子了。我這麼一個三十二歲的成年男人，爲生活中的苦悶與挫折感到無力，想找到人生的意義；我愛國，卻找不到空間發揮；崇拜英雄主義，卻找不到英雄可以崇拜。這個男人的意志力、他眞摯的信念與熱情，就像是滿溢的河水一般向我流淌過來，能與這種感受相提並論的只剩下皈依宗教。」[61]

納粹黨員人數的成長

納粹黨的黨員人數從一九二二年春季開始跳躍性成長，也不乏集體入黨的情形，到了夏天，納粹黨已經有接近五十個黨分部；到了一九二三年年初，慕尼黑辦事處甚至因爲無力負荷洶湧人潮而不得不暫時關閉；黨員人數在一九二二年一月底尙只有六千名左右，到了一九二三年十一月已經增加至超過五萬五千名了。之所以能吸引到這麼多新黨員，不僅是因爲黨令規定每名黨員每一季都必須拉進三名新黨員和一名《人民觀察家報》的新訂戶，更是因爲希特勒作爲演說者與活動組織者越來越有自信、越來越成功，才吸引大家蜂擁入黨。

爲了安撫這些失去人生方向的人，納粹黨盡力將黨員的私人生活與黨緊密地連結在一起。他們模仿社會主義政黨已經實驗過的做法，組織各式黨員活動，不過，無論是每週強制出席的談話之夜、全黨性的郊遊、音樂會和冬夏至慶典活動、大合唱、野炊和舉手禮，或者是在各黨部與衝鋒隊宿舍發展出的純社交活動，都遠遠勝過他們的學習對象，完全貼合這些惶恐的人們在政治與人際上的需求。藉著這種模式，納粹黨逐漸發展成一種宗派化的世外桃源，希特勒當時也多次將他們與基督宗教的原始教團相提並論。

當時最受黨員歡迎的算是「德國聖誕慶」的活動，當然，這種活動也是出於同樣的目的——納粹黨藉此將黨員的情感、「選民意識」和對抗敵意與黑暗的安全感綑綁在一起。希特勒說，這種運動最大的任務就是爲迷茫失措的廣大群衆創造機會，「至少讓他們找到能讓心靈安定的地方」。[62]

出於這種考量，他放棄不計代價擴張規模的計畫，轉而只在找到合適的負責人時才成立新的黨分部；負責人要有才幹、說服力以及很難達成的——滿足衆人對權威者的想像。無論如何，納粹黨從一開始就不只是一個有具體政治目標的組織而已，除了每日的政治事務，他們不但教導黨員嚴肅地解讀這個悲慘的世界，還不忘讓這些人在孤立、破碎的生活中也能有一些心靈安慰；納粹黨想成爲黨員的家、生命重心和知識泉源，他們日後的集體主義從這時就能看出一些苗頭。

就這樣，他們在一年內發展爲「南德民族主義陣營的最大勢力」，[63]其他種族主義團體大部分不是被吸收，就是對他們馬首是瞻。他們在北德的分部也飛速成長，尤其是德國社會主義黨解散後，許多原本的成員都轉而加入理念相似的納粹黨。

一九二二年六月，猶太裔外交部長瓦爾特·拉特瑙（Walther Rathenau）被某個民族主義的陰謀組織暗殺，普魯士、巴登、圖林根等邦，都決定禁止希特勒所領導的這個黨；不過，不忘過去被蘇維埃政權統治經驗的巴伐利亞一直是最激進的反共先鋒，當然不會阻礙同樣反共的納粹黨於此發展。就連慕尼黑市警察局的高層都有許多希特勒的支持者，其中以警察局長波納與政治部執行長官威廉·弗里克（Wilhelm Frick）尤爲重要。兩人聯手壓下了所有針對該黨的檢舉告發，隨時將局裡的計畫通報給黨高層以便應變；如果遇上無法阻止的行動，兩人就確保讓底下的人最後鎩羽而歸。弗里克事後坦言，如果他們沒有「向納粹黨和希特勒先生伸出援手」，當時的納粹黨其實不難鎮壓；希特勒自己也說，如果沒有弗里克的幫助，他「永遠也沒辦法出獄」。[64]

眞正令他感到嚴重威脅的只有一次：巴伐利亞內政部長施威耶（Franz Xaver Schweyer）在一九二二年提出，希特勒在慕尼黑街頭聚衆鬧事、打架鬥毆，並且騷擾、煽動市民，他們是否該將他當作惹事的外國人遣返奧地利？當時出席會議的各黨領袖都一致認爲希特勒越來越不可忍受，但是社會民主黨黨魁埃爾哈德·奧爾卻因爲「民主與自由原則」，反對將他驅逐出境。

希特勒因此又可以繼續將共和政體詆毀爲「外國騙子的庇護所」，還威脅政府自己有朝一日會奪得大權：「但願上主到時候會憐憫你們！」他還公開表示，對付社會民主黨黨主席那個叛國賊，「只有一種刑罰：絞死！」慕尼黑在他的煽動下變得烏煙瘴氣，像是一個敵意滿滿、反共和政府的國中國，政變、內戰、帝制復辟的謠言漫天飛舞。

威瑪共和的首任聯邦大總統弗里德里希・艾伯特於一九二二年夏天出訪慕尼黑，當時在火車站迎接他的是辱罵、吵鬧和在空中揮舞的紅色泳褲；[65]約瑟夫・維爾特（Karl Joseph Wirth）原本計畫出行慕尼黑，也被幕僚勸退。相反地，興登堡在這裡大受歡迎，此外，前巴伐利亞王國的末代帝王路德維希三世（Ludwig Leopold Joseph Maria Aloys Alfred）於流亡中去世，移靈至此地時，整座城市的人都在街上爲他哀弔。

發動攻勢

希特勒在慕尼黑得到的廣大成功，激勵他在其他城市發動大膽的首波攻勢：愛國聯合會要在一九二二年十月中於科堡舉行一場示威活動，邀請他蒞臨指教；對方建議希特勒「帶一點人來」，然而，他爲了奪得主導權、將這場活動收歸己用，十分挑釁地帶了八百人左右出行。他們搭乘專車而至，旗隊與樂隊俱全，當地顯要慌張地請求他們不要整團列隊進城，據希特勒所言，他當時「斷然拒絕」，並要求自己的隊伍在樂隊的吹吹打打之下出發。

雖然在街道兩側聚集著越來越多敵視他們的民眾，卻並未發生希特勒所預期的能占據報紙頭條的群眾鬥毆事件，於是，他在部隊抵達集會大廳時又命令他們原路返回；樂隊這回不再演奏樂曲，只有鼓手們敲擊出隆隆的鼓聲，替這場戲劇性事件增添巨大的緊張感。街頭混戰終於如希特勒所願地爆發，一場衝突接著另一場衝突，從白天一直打到黑夜，最後由納粹黨取得壓倒性的勝利。這場混戰鳴出了第一槍，各種對當局的挑釁動作在之後的一年中頻頻出現。值得注意的是，科堡後來成了納粹黨最堅實的幾座堡壘之一，與希特勒到此征戰的這群人也都被頒發一枚紀念獎章。

因爲納粹黨的傲慢狂妄，接下來的幾週出現了越來越多新的政變謠言。最後，施威耶將希特勒請到自己面前，警告他若再繼續肆無忌憚下去會有什麼後果——如果有任何暴力行動發生，他就會讓警察開槍。希特勒卻表示自己「這輩子都不會發動政變」，還向這位巴伐利亞的內政部長發誓。【66】

諸如此類的禁令、傳喚與警告就像是在肯定他的成就，證明他不再沒沒無名、一無所有，令他越來越有信心進行下一步。他幻想自己是劃時代的偉大人物，同一時期成功進軍羅馬的墨索里尼，以及在安卡拉順利奪權的凱末爾，都令他更肯定自己的想法。他激動地聽心腹報告墨索里尼的黑衫軍是如何憑藉著熱情、決心和當地軍隊的不作爲，一路凱旋高歌，從「紅軍」手中旋風似地奪下一座又一座的城市；他後來也表示自己從這個「歷史轉折點」獲得巨大的動力。

儘管在一九二三年出版的布羅克豪斯百科全書中關於希特勒的描述僅有寥寥數語——都是一些不重要的基本介紹——他的成就卻其實早已遠超於此。他一如少時，經常乘著想像力的翅膀飛翔，不是栩栩如生地看到農舍和柏林城堡都飄揚著鉤十字的旗幟，就是在路旁悠閒喝咖啡時突然從某個遙遠的白日夢中回神，提起：「下次開戰時最重要的任務就是占領波蘭與烏克蘭的糧食生產區。」【67】

科堡事件讓他信心大漲，開始不再依賴、模仿別人，他宣稱：「從現在起，我要走自己的路。」他在不久之前還只覺得自己是傳道者，他夢想著：「有一天，堅毅如鋼鐵的那個人會到來，他的靴子可能髒兮兮的，但心靈純粹、拳頭有力，他會終結政客的誇誇其談，爲德意志民族做事。」現在他覺得自己就是這個人，雖然一開始不太敢肯定，但最後他甚至把自己與拿破崙相

提並論。【68】

希特勒的上級曾在第一次世界大戰時拒絕將他晉升爲士官，理由是此人無法博得別人的尊敬；現在他卻展現出自己的領導才能，讓每個人都向他宣誓效忠。這種能力非同尋常，後來也帶來災難：只要是爲了希特勒，他的追隨者就無所畏懼，只要看著他，他們就能犧牲自己、違背良知，從一開始就做好犯罪的心理準備——於是，納粹黨越來越不像是政黨，而是發展成某種誓約共同體。

希特勒喜歡被身邊最親近的那群人——包括頗具陽剛氣質的布魯克曼夫人——稱呼爲「狼」，認爲這是「阿道夫」的日耳曼語原形，同時也符合他的「叢林形象」：力量、攻擊性與孤獨。他有時會以「狼」作爲化名使用，後來他也將這個稱呼送給替自己管家的妹妹寶拉，讓她當作新的姓氏使用；此外，福斯汽車的工廠即將在現今總部所在地落成前，羅伯特·萊伊（Robert Ley）也對希特勒拍馬屁：「這座城市應該要叫做『狼堡』，以您爲名啊，我的元首。」【69】

希特勒很早就意識到，自己的一舉一動都被「歷史女神」看在眼裡，於是他開始非常仔細地管理個人形象，企圖營造出一種傳奇色彩。他一直自稱是納粹黨的第七號黨員，而非他的眞實編號第五百五十五號，不僅是爲了將自己的地位提升到創黨元老，更是想從這個幸運號碼得到一個充滿魔力的光環。

同時，他開始抹除自己的私人生活：他基本上不讓人到自己家裡，就連那些最親近的人也不例外，並且盡可能地避免讓他們互相認識。有一位早年便與他熟識之人和他在慕尼黑重逢，他就急切地懇求此人不要和任何人——就算是那些關係最好的納粹黨同志——透露他年少時在慕尼黑和維也納的事；此外，他的一位「老戰友」也感慨地回憶，希特勒以前偶爾還會和自己的妻子跳跳舞，後來就再也沒跳過了。

他學著擺出各種姿勢，做出不同的動作，一開始看起來有些僵硬，感覺亂七八糟的——即便在後期，只要我們仔細觀察，就還是可以看出他下意識的反應和刻意自制的表現，在昏沉乏力和凱撒大帝似的裝腔作勢，在自然流露與矯揉造作之間不斷跳躍。現在這個時期他才剛開始塑造自我形象，自然還無法保持風格一致，各種不同的元素同時都出現在他身上，被義大利法西斯主義者評論爲「戴上巴伐利亞小帽的凱撒大帝」。[70]

名聲大噪

他的兒時夢想幾乎成眞了，不用做煩人的「賺取麵包的工作」，不受拘束，只受自己的心情左右，他是「自己時間的主宰」；他名震當地，集戲劇效果、魅力和掌聲於一身，已經差不多是藝術家在過的生活了。他開快車，在各大沙龍被簇擁，在貴族、工業巨頭、名流與學者的「偉大世界」中如魚得水。他在徬徨時也曾考慮是否要就此以市民階級的身分安頓下來，他表示自己要求的並不多：「我只希望這個運動繼續，我的收入像《人民觀察家報》的主編一樣多。」[71]

這些也只是想想而已，畢竟他本質就喜好冒險、貪婪又永遠不會見好就收。他不知道什麼是分寸，總是以最極端的方法行事，正如他的兒時好友所下的評論：「他身上的一切都迫使他採取激進而澈底的解決方式。」也有人說他就像狂熱分子，「本來就瘋瘋癲癲，被縱容後更是肆無忌憚。」[72]

無論如何，希特勒都知道那段令他痛苦的無名時期已經過去了，回顧起來才發現自己已經走了這麼遠。即使是最不帶偏見、不抨擊他的年少歲月的觀察者，也無法忽視他的成長，這個曾經蒼白、昏沉度日的三十歲男子在三年內完全變了一個人，前後差異過大，令他的人生就像是由兩段毫不相干的經歷拼湊而成。

不再依從他人，他憑藉非凡的膽識與冷酷走出了自己的路，現在只需要再克服一些技術問題、學習一些新的套路便足矣。他從此大開大闔、無所顧忌，什麼問題在他手上都迎刃而解；無論是人心、利益、勢力或思想，他只要看一眼就能掌握，都成爲他擴張權力的棋子。

希特勒的前後差異過大，使得作家們爲他書寫傳記時，總想找出某種令他得以「突破」的特殊經歷，他們到目前爲止已經提出一些想法，像是潛伏期、某種不明束縛甚至惡魔力量等等；然而，同樣有可能的是，現在的他其實和以前並無不同，只是抓到了某種訣竅，將自己身上的特質重新排列組合，塑造出看似不同、卻實際相同的另一種性格；於是，怪胎搖身一變，成了吸引眾人目光的煽動家，曾經的「瘋子」也就成了「天才」。他並未貢獻任何新事物或新思維，只是大幅推動事態發展，令危機提早到來；正如同希特勒催化了群眾，群眾也同時催化了他，他創造了他們，他們也同時創造了他。「我知道，」他以近乎聖經箴言的口吻向他的聽眾敘述這項事實，「你們的一切由我而來，而我的一切，只由你們而來。」[73]

這也解釋了他爲什麼從一開始就異常地僵化、固執。其實，正如他常說的，他的價值觀從維也納時期就一直沒有變過；雖然有群眾的覺醒在背後推了一大把，但其實所有的要素早已俱全。無論是恐懼或癡迷，他的情感都未曾再改變，他的藝術品味或個人偏好都與兒少時幾乎毫無二致；無論是對歌劇《崔斯坦》、糕點、新古典主義、猶太仇恨、浪漫主義畫家卡爾．施皮茨韋格（Carl Spitzweg）的偏愛，或是對奶油蛋糕的貪求，都是他從小到大不變的口味。

希特勒曾說他在維也納時，「在精神上還是個嬰兒」，[74]然而，他其實在某種意義上一直都是如此——二十世紀以後，沒有任何思潮、任何藝術事件、任何一本書、任何一種思想曾經觸動、影響他。如果我們比較他在不同時期的素描與寫實水彩畫，就會發現他無論是作爲二十歲的明信片畫師、一次世界大戰的士兵或者德國總理，畫風全都一模一樣；希特勒的畫反映不出他任何的人生經歷與心靈成長，時光在他身上凝滯，他就像被石化一般永遠維持過去的面貌。

希特勒唯一願意變通、學習的只有戰術與方法，然而，他成功的原因或許正是這種不成熟的特質。從一九二三年夏天起，危機與困境接踵而至，形勢似乎變得對他這種人最有利——不把危機放在眼裡，不挑戰政治而是挑戰命運，不承諾改善現狀而是激進地顛覆一切。希特勒如此道：「我向各位保證，最不可能的，最後會如願以償；最令人難以置信的，就是最有把握的。」

注釋

【1】出自格奧爾格．修特爲一九二四年出版的暢銷希特勒傳記《希特勒的大衆書》（*Das Volksbuch vom Hitler*）所寫的前言。

【2】K. Heiden, »Geschichte«, S. 11。有關後文的希特勒的評論，參照 Rauschning, »Gespräche«, S. 225。

【3】有關這本所謂的「紀要」，參照 Günter Schubert, aaO., S. 33 ff.。正如菲普斯（R. H. Phelps）所證明地，希特勒在他的第一場演講中——於一九二〇年八月十三日進行而且有逐字稿留下來——談論了許多在《錫安長老會紀要》中出現的主題。參照 VJHfZ 1968/4, S. 398。

【4】參照 »Mein Kampf«, S. 186 f.。希特勒於其書中指出：「具備某種思想基礎的運動……只會被同樣乘載著某種振奮人心的想法、思想或世界觀的敵手打敗。」他在兩頁後寫道：「只要沒有以新的思想作爲

攻擊的手段，任何試圖以權力工具對抗某種世界觀的做法最後都會失敗。」希特勒在一九二〇年八月十三日的演說也提到同樣的觀點，aaO., S. 415 和 S. 417。

【5】H. Rauschning, »Gespräche«, S. 174f..

【6】»Mein Kampf«, S. 544.

【7】然而，一九二〇年一月時的黨員名單並未特別提到職業軍人。希特勒當時儘管尙未被復員、仍舊穿著制服活動，在名單上登記的卻並非是軍職，而是普通老百姓從事的職業。因此，我們可以推測，只有職業軍人才會被登記爲「軍人」。此外，名單上並沒有所有人的名字（例如狄特里希．埃卡特和弗德里希．克羅的名字就不在上面），也不是所有的名字後面都有附註職業，因此，整體而言，這張名單提供的只是一些線索，而不能當作確鑿的證據。所占人數最多的幾個族群爲：工人與手工業工匠由於沒有分開登記，我們只能知道他們總共有五十一位，接下來是從事學術工作和腦力勞動的成員（三十人）、商人（二十九人）和白領族（十六人），其餘還有家庭主婦、藝術家、公務員等等；出處：Haupt-archiv der NSDAP, NS 26/Nr. 111, Bundesarchiv Koblenz。

【8】參照 G. Franz-Willing, aaO., S. 83 ff.。作爲元老黨員，克羅顯然對於黨的發展提供了很多建議和幫助。他邀請安東．德萊克斯勒出席施塔恩貝格的分部成立大會，當後者踏進活動大廳時，看到講桌邊垂掛的旗幟，高呼道：「這下我們有黨旗了！」這面旗幟在第二天就由納粹黨黨委會接收，並以此作爲範本設計黨徽。克羅建議將鉤十字符號向左轉，不過這個意見沒有被採納；儘管如此，他還是已經選出黑、白、紅三色，並且說明理由：「黑色代表喪服，哀悼輸掉的戰爭；白色代表無辜，意味著我們並未主動挑起一九一四年到一九一八年的戰爭（對於德國必須負起戰爭罪責的謊言表示抗議！）；紅色則代表我們對祖國的愛，尤其是對於失落的國土的愛。」希特勒提出的理由則不同：「我們從紅

色看到這場運動的社會主義思想，從白色看到民族主義的思想，從鉤十字看到爲了思想勝利而鬥爭的使命——也就是永遠的反猶太主義。」參照 »Mein Kampf«, S. 557。維納．馬瑟強調，希特勒於其中的角色比克羅重要得多。

【9】收錄於 G. Franz-Willing, aaO., S. 87。

【10】希特勒於一九二〇年八月十三日在慕尼黑皇家啤酒屋的演說，收錄於 VJHfZ 1968/4, S. 418；以及一九二〇年五月十五日在慕尼黑皇家啤酒屋的演說，參照 E. Deuerlein, »Hitlers Eintritt«，刊登於：VJHfZ 1959/2, S. 213 (Dok. 21)。

【11】G. Franz-Willing, aaO., S. 71、E. Deuerlein, aaO. 以及 R. H. Phelps, aaO., S. 301 ff.。

【12】E. Deuerlein, aaO., S. 211 (Dok. 19) 和 S. 215 (Dok. 24)。

【13】引用自 K. Heiden, »Geschichte«, S. 42。

【14】R. Olden, aaO., S. 75.

【15】E. Nolte »Krise«, S. 200 及 »Epoche«, S. 397。有關赫斯所寫的信，參照 W. Maser, »Hitler«, S. 288 ff.。

【16】狄特里希．埃卡特在一九二二年七月十五日的《人民觀察家報》上坦承，他私下收到埃普將軍捐的六萬馬克。納粹黨收購《人民觀察家報》花了十二萬馬克，也一併接收了該報的二十五萬負債。希特勒自己也表示，因爲當年的輕率，他必須付出「高昂的學費」，納粹黨似乎在他於一九三三年上臺之前都不得不處於負債的狀態。爲了維持《人民觀察家報》的營運，每位黨員都必須訂閱該報，不僅如此，從一九二一年開始，除了黨費，黨員們還必須繳納半馬克作爲黨報的支持費。該報的訂閱量一開始一直無法成長，後來更下滑到只有八千位訂戶，直到一九二二年的春天才達到一萬七千五百位；參照 Dietrich Orlow, »The History of the Nazi Party 1919-1933«, S. 22。

【17】海茵里希・德巴赫（Heinrich Derbacher）所寫的，針對一九二〇年一月與狄特里希・埃卡特會面的報告。於安東・德萊克斯勒的遺物中發現，引用自E. Deuerlein, »Aufstieg«, S. 104；其他內容引用自E. Nolte »Epoche«, S. 403。

【18】Paul Hermann Wiedeburg, »Dietrich Eckart« (Dissertation Erlangen), Hamburg 1939，引用自E. Nolte »Epoche«, S. 404。有關希特勒將埃卡特與歌德相提並論，見Baldur v. Schirach, »Ich glaubte an Hitler«, S. 24。

【19】54 O. Strasser, »Mein Kampf«, S. 17。有關希特勒在沙龍表現出的華格納狂熱，出自恩斯特・漢夫丹格的私人信件。也參照Heinrich Hoffmann, »Hitler was my friend«, S. 202。

【20】K. Heiden, »Hitler, a Biography«，引用自A. Bullock, aaO., S. 78 f.。

【21】E. Hanfstaengl, »Zwischen weißem und Braunem Haus«, S. 138，以及K. G. W. Luedecke, »I knew Hitler«, S. 98。

【22】Karl Alexander v. Müller, »Im Wandel einer Welt Erinnerungen« III, S. 139。

【23】»Tischgespräche«, S. 193；不過，希特勒強調，霍夫曼夫人並不曾爲此忌妒。

【24】參照K. Heiden, »Hitler« I, S. 130 ff.。

【25】Martin Broszat »Der Staat Hitlers«, S. 66。

【26】出自黨內反對派於一九二一年七月二十日散播的匿名傳單，後文中希特勒對埃瑟的評價也出於此；原文收錄於G. Franz-Willing, aaO., S. 117；有關埃瑟是「舌燦蓮花的惡魔」的評論，參照K. Heiden, »Geschichte«, S. 27。

【27】»Libres propos«, S. 151.

【28】巴伐利亞外交部備忘錄，其中第三項詳細討論後來的「奮鬥會」的資金及資金來源，該組織的祕書兼募款人爲修伯納利特；參照 E. Deuerlein, »Der Hitler-Putsch«, S. 386 ff.。

【29】»Hitler's Table Talk«, S. 665.

【30】有關這個問題，參照 G. Schubert, aaO., S. 125 f. 及眾多文獻；不過，參照 E. Nolte, »Epoche«, S. 404，狄特里希．埃卡特帶來的影響其實要大得多。

【31】該信寫於一九二一年二月八日，以摘要形式收錄於 G. Franz-Willing, aaO., S. 103。

【32】德萊克斯勒於此信中表示，自己在黨內的支持度比希特勒更高，因此「眞的看不出黨有什麼危險」；該文獻收藏於 BAK NS 26/76。

【33】出自阿弗雷德．布魯納寫給一位住在比勒費爾德的友人的信件，參照 G. Franz-Willing, aaO., S. 100。

【34】參照希特勒的演講，引用自：VJHfZ. 1963/3, S. 289 ff. 以及 VJHfZ. 1968/4, S. 412 ff.。

【35】同上，S. 107 ff.。同出處亦可見黨委會的回信。

【36】班尼迪克．賽特勒（Benedict Settele）——希特勒在黨委會的一位對手——簽字批准這張海報的構思。此人一開始被懷疑是匿名傳單的作者，然而，人們後來才發現，眞正的作者其實是商人恩斯特．埃恩斯伯格（Ernst Ehrensperger）。有關完整細節，參照 G. Franz-Willing, aaO., S. 114 ff.。

【37】引用自 »Rudolf Heß, der Stellvertreter des Führers«，收錄於作者佚名的 »Zeitgeschichte«, Berlin 1933, S. 9 ff.。

【38】引述納粹黨第一任經理魯道夫．敘斯勒（Rudolf Schüßler）一九二一年七月二十五日對警方的聲明；參照 G. Franz-Willing, aaO., S. 115。

【39】引述希特勒於一九二三年五月十六日對檢察機關的聲明，引用自 aaO., S. 138。

【40】引用自 K. Heiden, »Geschichte«, S. 82。也參照 »Mein Kampf«, S. 549 f.，以及希特勒於漢堡民族俱樂部的演說，收錄於 W. Jochmann, »Im Kampf um die Macht«, S. 84f.。

【41】H. Rauschning, »Gespräche«, S. 81；後文所引用的文字參照個人姓名檔案，一九二一年十一月九日，HA 65/1482。

【42】»Mein Kampf«, S. 564 ff.

【43】Philipp Bouhler, »Kampf um Deutschland«, S. 48 f..

【44】希特勒於一九二三年八月一日的演說，引用自 E. Boepple, aaO., S. 72。

【45】一九二二年十二月六日的警方報告，巴伐利亞內政部檔案，引用自 G. Franz-Willing, aaO., S. 144。

【46】希特勒在一九二二年八月三十日《人民觀察家報》的評論；以及 »Mein Kampf«, S. 109。黨內的小企業主與小商販在早期顯然比例過高，相對於國內的行業人口比例多了百分之八十七；有關此，參照 Iring Fetcher, »Faschismus und Nationalsozialismus. Zur Kritik des sowjetmarxistischen Faschismusbegriffs«，刊載於 ›Politische Vierteljahresschrift‹ 1962/1, S. 53。

【47】»Anweisung zur Ortsgruppengründung«，收錄於 Albrecht Tyrell, »Führer befiehl...«, S. 39。K. G. W. Luedecke, aaO., S. 101。有關此，也參照 G. Franz-Willing, aaO., S. 126 ff.；以及 W. Maser, »Frühgeschichte«, S. 254 f.。該原則在希特勒於一九二五年被釋放出獄，重新組建納粹黨後不再算數；伊爾默瑙分部提出申請，希望參加一九二六年於威瑪舉辦的黨代表大會，卻遭到拒絕，對方的理由相當簡單扼要：「因爲這場運動的出發點是領袖的自由選擇。」參照 HA 21/389。

【48】K. Heiden, »Geschichte«, S. 34，以及 E. Deuerlein, »Der Hitler-Putsch«, S. 159。

【49】一九二三年四月二十日的演講，引用自 E. Beopple, aaO., S. 54 及多處；以及 R. H. Phelps, VJHfZ

1963/3, S. 301。

【50】»Mein Kampf«, S. 527.

【51】»Tischgespräche«, S. 261 f.，希特勒完整列舉出他的戰術與伎倆；也參照»Mein Kampf«, S. 559 f. 及K. Heiden, »Geschichte«, S. 28。

【52】K. A. v. Müller, »Im Wandel einer Welt« III, S. 144 f.。前述的希特勒引文出自一九二一年二月八日《人民觀察家報》的文章。

【53】一九二三年九月十二日的演講，引用自E. Boepple, aaO., S. 95，以及一九二三年四月十日的演講，引用自G. Schubert, aaO., S. 57。《我們爲何反猶太？》（Warum sind wir Antisemiten?）是當時第一場有完整逐字稿的希特勒演講，可以清楚看出他的演說風格、演講主題以及個人偏見，引用自R. H. Phelps，刊載於VJHfZ 1964/4, S. 401 ff.。

【54】一九二三年八月六日的演說，收錄於»Adolf Hitler in Franken«, S. 20，以及一九二○年九月五日和一九二三年五月一日的演說，引用自R. H. Phelps，刊載於VJHfZ 1963/3, S. 314。有關德萊克斯勒的介入與修正，參照對一九二○年十一月五日和二十四日集會的個人姓名檔案的報告。

【55】一九二三年四月二十日的演說，引用自E. Boepple, aaO., S. 56；以及R. H. Phelps，刊載於VJHfZ 1968/4, S. 400和VJHfZ 1963/3, S. 323。

【56】在這段演說之後，「演講廳的觀眾深受觸動」。一九二二年四月十二日的演說，引用自E. Boepple, aaO., S. 20。

【57】引用自K. Heiden, »Geschichte«, S. 27；以及一九二三年四月十日的演說，引用自E. Boepple, aaO., S. 42。

【58】Norman H. Baynes, »The Speeches of Adolf Hitler« I, S. 107；以及R. H. Phelps，刊載於VJHfZ

1963/3, S. 299。

【59】»Tischgespräche«, S. 451，以及 K. Heiden, »Geschichte«, S. 109。有關希特勒於後文的言論，參照 »Mein Kampf«, S. 522。

【60】參照 E. Boepple, aaO., S. 95 sowie ebd. S. 67；以及 K. Heiden »Geschichte«, S. 60。

【61】K. G. W. Luedecke, aaO., S. 22 f。以及 E. Hanfstaengl, aaO., S. 43。

【62】參照希特勒於一九二二年四月十二日的演說，引用自 E. Boepple, aaO., S. 21。例如，一九二一年的「德國聖誕慶」就是以一首詩歌開場，接著是女中音演唱貝多芬和舒伯特的歌曲，鋼琴演奏歌劇《萊茵的黃金》中的《暴雨魔法及眾神進入瓦爾哈拉》以及聖誕組曲，然後是希特勒的演說。隨後才演奏巴伐利亞民謠，開始進行「比較歡樂」的節目，其中最大的看點在於大受歡迎的喜劇演員魏斯・費德爾的演出；參照 IfZ München, FA104/6。

有關前文提及的黨員人數，參照 Gerd Rühle, »Das Dritte Reich. Die Kampfjahre«, Berlin 1936, S. 75。

【63】《維也納新報》的說法，引述自 Ernst Röhm, »Geschichte eines Hochverräters«, S. 152。

【64】參照 »Tischgespräche«, S. 224。

【65】參照 E. Röhm, aaO., S. 125。紅色泳褲應該是在諷刺《柏林畫報》上的頭版照片——聯邦大總統與當時的國防部長諾斯克（Gustav Noske）穿著泳褲的合照；對於嚴格檢視政府權威的德國人而言，這種事令人無法接受。有關驅逐事件，參照 Ernst Niekisch, »Gewagtes Leben«, S. 109，以及 E. Deuerlein, »Der Hitler-Putsch«, S. 709。

【66】參照 K. Heiden, »Hitler« I, S. 156。

【67】一九二二年十月十四日，希特勒在科堡的「德意志節」活動上的演說，引用自 E. Deuerlein, »Der

Hitler-Putsch«, S. 709；以及»Tischgespräche«, S. 133 f.，還有 Ernst Hanfstaengl, aaO., S. 78。

【68】參照 Wilhelm Hoegner, »Der schwierige Außenseiter«, München 1959, S. 48，以及 K. Heiden, »Geschichte«, S. 50。有關信心滿滿前往科堡一事，參照 K. G. W. Luedecke, aaO., S. 61。數年後，希特勒依舊對呂德克表示，科堡事件是他最喜歡的一段往事。

【69】亞伯特・史佩爾對筆者所言。史佩爾本人當時就在場：「狼堡」是該地區的一個農莊的名字。

【70】引用自 K. Heiden, »Geschichte«, S. 51；也參照 James H. McRandle, »The Track of the Wolf«, S. 4。有關這種風格模式，參照 K. G. W. Luedecke, aaO., S. 81、E. Hanfstaengel, aaO., S. 56、J. Greiner, aaO., S. 126 以及 K. L. Liebenswerda, HA BAK, NS Nr. 547。

【71】參照 K. Heiden, »Geschichte«, S. 110。

【72】出自海軍元帥阿爾弗雷德・馮・鐵必制（Alfred von Tirpitz）寫給女婿烏勒希・哈瑟爾（Ulrich von Hassell）的信，引用自 H. v. Kotze/H. Krausnick, aaO., S. 26；以及 A. Kubizek, aaO., S. 203。

【73】一九三六年一月三十日的演說，引用自 M. Domarus, aaO., S. 570。

【74】»Libres propos«, S. 212。有關本章節最後的引文，參照 H. Rauschning, »Gespräche«, S. 13。

第三章　權力挑戰

「對我和我們所有人而言，挫折只會鞭策我們更勇往直前。」

阿道夫·希特勒

在政治圈中的分量日益增加

希特勒計畫於一九二三年一月底，在慕尼黑召開黨代表大會，打算藉此展示勢力、威嚇他人。五千名衝鋒隊員從巴伐利亞邦各地被召集而來，他們將在慕尼黑市郊的馬斯廣場上、他們的領袖面前列隊行進，爲盛大隆重的首次授旗典禮作見證，還要在市區至少十二處集會廳舉辦群衆大會。爲了符合大衆需求、吸引更多民衆參加，納粹黨還會聘請樂隊、傳統擊鞋舞舞團以及幽默作家兼喜劇演員魏斯·費德爾（Weiß Ferdl）到場。這場超大規模的活動加上已經瘋傳數週的納粹黨政變謠言，都顯示出希特勒在政治圈的分量越來越重。

巴伐利亞政府卻對他這種挑釁的宣告束手無策，暴露出其越來越無力應對納粹黨。迅速竄起的納粹黨已成爲當地一大勢力，然而，政府卻還摸不清他們到底在政治舞臺上扮演什麼樣的角色：作爲堅定的民族主義分子，他們有利於政府對抗左翼勢力，但也同時蔑視權威與遊戲規則，不停破壞他們聲稱要保護的社會秩序。

希特勒於一九二一年九月帶領手下破壞了擁護分離主義的巴伐利亞盟會的集會，並痛打其領袖奧托・巴勒斯泰特（Otto Ballerstedt）。當局將其判處三個月監禁作爲警告，儘管如此，他卻只在監獄待了四週，就得以在一九二二年七月被假釋出獄——他在出獄後的首次亮相得到觀衆的熱烈歡迎，「在永不停歇的掌聲中被拉上講臺」。

他被《人民觀察家報》稱爲「慕尼黑最受歡迎也最令人厭惡的男人」，[1]正顯示出現在的處境對他而言，仍然有許多難以預估的風險。一九二三年間，希特勒交替使用各種戰術，時而正面宣傳，時而威逼恫嚇，試圖界定自己與國家政權之間的關係。

巴伐利亞政府不知道該拿他如何是好，此人有些聲名狼藉，卻又相當有民族主義思想；最後，當局帶著矛盾的心情做出決議：禁止納粹黨舉行於戶外舉辦的授旗典禮以及半數由希特勒宣布的群衆大會，此外，社會民主黨預計於前一天舉行的集會活動也被強制取消。

希特勒懇求愛德華・諾茲（Eduard Nortz）解除這項禁令，他表示，這不僅嚴重打擊民族主義運動，肯定也會給德國帶來災難。然而，不同於親納粹的恩斯特・波納，這位新任的警察局長無動於衷，一頭灰髮的他冷酷而簡短地指出，即便是愛國人士也必須服從於國家權威。希特勒開始大吼大叫，他說自己無論如何都會舉行衝鋒隊的遊行，警察是嚇唬不了他的，他會走在排頭，讓自己被射死——即便如此，局長依舊不爲所動。不僅如此，政府更匆忙召開部長會議，宣布巴伐利亞進入緊急狀態，納粹黨代表大會的所有活動自然也隨之被全數禁止——看來，現在是提醒納粹黨黨主席遵守遊戲規則的時候了。

希特勒感到絕望，一時之間，他的政治生涯岌岌可危。就他的理解，政府本來應當不會對自己的挑釁有任何反應，因爲自己所要求的，其實就是政府一貫的目標——他只是表達得比較激進而已。

一直到國家防衛軍介入，他才看到了轉機。國家防衛隊從德萊克斯勒擔任主席時，就一直與納粹黨站在相同的立場，恩斯特．羅姆和埃普更成功說動巴伐利亞國家防衛軍司令——洛索將軍（Otto von Lossow）——與希特勒進行會談。納粹黨黨主席緊張不安到願意做出任何承諾，他向洛索保證，自己在一月二十八日的黨代表大會結束後，會立刻「向閣下報告」。將軍驚訝於希特勒這種奇怪的表現，也讓他願意向政府傳達，自己「出於國防利益的考量，對政府打壓民族主義組織感到痛惜」。

禁令在洛索的表態下被解除，然而，諾茲爲了自己的顏面，在第二次會談上仍然要求希特勒將集會活動縮限至六場，並且將授旗儀式由馬斯廣場改爲在附近的王冠馬戲表演廳進行；希特勒覺得自己已經穩操勝券，也就含糊地同意了。

到了當天，他在「德國覺醒！」的口號下，舉行十二場群衆大會，並且在五千名衝鋒隊員的見證下，於大雪紛飛的馬斯廣場爲自己設計的旗幟舉行盛大的典禮。「如果民族社會主義德國工人黨是德國的未來，」他向支持者喊道，「那麼就算是魔鬼也無法阻止我們；如果不是，那就會被毀滅。」衝鋒隊伴著軍樂隊的演奏遊行，高聲歡呼著經過一張張貼在牆上的戒嚴告示，他們穿越大街小巷，高唱著反對「猶太共和政府」的歌曲。這些人大多身著制服，希特勒在施旺塔勒街看他們列隊前行。

納粹黨這次的大勝令人印象深刻，也爲後來持續數月的各種衝突揭開了序幕。經過本次事件，許多人都相信希特勒不僅說話厲害、精熟於政治權術，還比他的政敵更有膽識；對於他的激憤與狂熱，那些先前只付之一笑的人，現在都動容不已；此外，隨著新血加入，納粹黨黨員的心理面貌也開始變得豐富多樣，在原先心懷怨憤或是過於天真輕信的成員中，加進了許多對未來具備敏銳嗅覺的人。

在一九二三年二月到十一月之間，納粹黨吸納近三萬五千位新成員，衝鋒隊人數增長至一萬五千人，黨產增爲十七萬三千黃金馬克。[2]與此同時，一個越來越密集、遍布全巴伐利亞的宣傳與活動網絡也隨之建立。《人民觀察家報》由一週發行一次改爲每日發行，創辦人狄特里希·埃卡特因爲積勞成疾而不堪重任，雖然依舊在編輯職位上奉獻了數個月，但實際管理權早在三月時就轉移到阿佛烈·羅森堡的手上。

壓垮駱駝的最後一根稻草

無論軍事或行政，當局之所以如此縱容希特勒以致於後患無窮，主要是因爲當時發生了一場動搖國家根基的大危機。一九二三年一月上半，法國對於德國多次未能及時還款忍無可忍，最後援引《凡爾賽條約》占領魯爾區，成爲壓垮駱駝的最後一根稻草。

戰後初期的動盪、戰後賠款的沉重負擔、資本普遍外逃與各方面缺乏儲備，早已大幅增加德國戰後經濟復甦的難度；右翼與左翼持續不斷進行激進主義活動，更一再摧毀其他國家對德國所剩不多的信心。一九二二年六月，德國外交部長瓦爾特·拉特瑙遇刺身亡，德國馬克隨之首次暴跌；儘管如此，直到法國占領魯爾區，通貨膨脹率才眞正災難性地急遽上升，物價高昂得荒謬。大衆不滿於這種新的生活秩序，再也不相信有任何事物能永久存在，他們開始習慣於這種「難以想像」[3]的生活氛圍；他們的世界完全崩解，無論是概念、準則還是道德都不復存在，爲日後帶來難以估量的巨大影響。

不過，社會大眾目前肯定還是比較把注意力放在建立民族信心上，至於不斷貶值、甚至最後不乏以重量計價的紙幣，則只是這次事件的奇異背景。德國政府於一月十一日呼籲民眾採取「消極抵抗」，並很快指示當地官員切勿服從占領軍的指令。

法軍開入魯爾區時，迎接他們的是集結於街上的大批民眾。帶著冰冷的憤怒，他們齊唱源於法德世仇的愛國歌曲《守衛萊茵河》，法國人則以一連串的羞辱作爲回應。殘酷的占領軍司法部門專斷處置一切的抵抗行動，雙方不斷爆發衝突，兩邊的怒火皆越來越高漲。

三月底，法軍部隊以機關槍掃射在埃森的克虜伯工廠示威抗議的工人，造成十三人死亡，三十多人受傷；爲犧牲者舉行的葬禮有將近五十萬人到場，克虜伯公司的負責人及八位主管被法國軍事法庭判處十五至二十年的有期徒刑。

一連串的事件讓德國人民心中重新燃起一九一四年後就再也沒有體會過的團結感，各方勢力也打著民族團結的旗號藉機謀取利益；先前被取締的各大志願軍團趁勢而起，政府宣布的消極抵抗也在他們的積極投入下越演越烈。激進的左派陣營努力收復自己在薩克森與德國中部的失地，右派陣營則進一步鞏固自己的巴伐利亞大本營；左翼的無產階級部隊和右翼的埃哈德特志願軍團有時會隔著巴伐利亞的邊界互相對峙，雙方皆荷槍實彈，蓄勢待發。[4]無數大城市因爲糧食短缺而爆發飢餓暴動，法國和比利時趁機在德西煽動分離主義運動——因爲條件不成熟最後無疾而終；在四年的風雨飄搖中辛苦建立、支撐的共和政府，現在似乎正瀕臨崩潰。

這時，希特勒以挑釁的方式展現出他的自信與大膽——他退出了民族主義的統一戰線。他還威脅自己震驚的追隨者們，任何積極參與抵抗行動的人都會被逐出納粹黨，後來也確實有人因而被開除黨籍。他斥責所有的反對意見：「全體大和解會害我們毀滅，要是連這個道理都不懂，就眞的是沒有救了。」[5]顯然他也明白自己的決定很令人懷疑，但無論是出於戰術考量還是爲了保持特殊性，他都知道納粹黨不能被淹沒在民族主義抵抗陣線的茫茫人海，也不該與市民階級、馬克思主義者和猶太人並肩作戰。希特勒擔心反對法軍占領魯爾區的行動會讓人民支持政府、進而強化共和政權，於是從中作梗，希望他掀起的混亂局面有利於未來推翻政府的計畫。

「一個國家只要沒有清除境內的殺人凶手，就不可能對外取得成功，」希特勒在《人民觀察家報》上這麼寫道，「我們對法國口誅筆伐，德國人民的眞正死敵卻還潛藏於國內。」儘管被許多人敵視、甚至面對魯登道夫逼人的權威，希特勒仍然堅持必須將清除內部敵人當作第一要務。三月初，陸軍總指揮塞克特將軍（Hans von Seeckt）與其進行會談時詢問，如果政策由消極抵抗轉爲積極抵抗，希特勒是否願意將自己的人馬編入國家防衛軍，希特勒則給他一個簡潔的答覆：要先推翻政府。兩週後，希特勒在面對總理威廉·庫諾（Wilhelm Cuno）派來的代表時，同樣表示必須先對付內部敵人：「我們該喊的不是打倒法國，而是打倒賣國賊，打倒掀起十一月革命的那些罪人！」[6]

可怕的意志號召

人們經常將他的行爲解讀成行事完全不擇手段、毫無原則的例證，然而，不因爲自己變得不受歡迎就改變決策，正顯示出他有多麼堅守原則；希特勒自己也覺得，這是他生涯中的重大決策之一。

對於一路扶植、支持他崛起的地方顯要與保守派代表而言，希特勒是他們四處尋求的民族主義代言人，也是自己人；如今，他爲全國性事務做出的首次重大決策卻否定了這種虛假的同志情誼，從古斯塔夫．馮．卡爾到法蘭茲．馮．巴本都被摑了一巴掌。希特勒清楚表明，當自己面臨抉擇，他會表現得像個眞正的革命者，在民族主義者與革命者的立場間毫不猶豫地選擇後者。事實上，他於後來幾年的表現也同樣如此。他甚至在一九三〇年表示，如果波蘭入侵德國，他寧願暫時放棄德國東部的東普魯士與西里希亞地區，也不願爲現在的政府保衛領土。[7]

希特勒也說過，要是他「在衝突發生時沒有優先爲德國考慮」，就會鄙視自己。然而，不同於自己那些支持者，他並不會被怒氣沖昏頭，而是保持一貫的冷靜，一邊滔滔不絕地闡述自己的愛國情懷，一邊理智地制定有利於己的戰術。他不僅譏諷消極抵抗是想「懶死」對手，也抨擊那些打算以干擾行動令法國知難而退的人，他高喊：「如果全德國都是民族社會主義者，沒有一個國際主義者，那法國今天會是如何？就算我們除了雙拳，什麼武器都沒有，只要德國六千多萬人一條心，每個人心中都熊熊燃著民族主義——拳頭就會化爲利器！」[8]這正是他一貫的演講模式：首先提出合理的初步構想，再描繪出一幅偉大願景，最後再以可怕的意志號召讓群眾熱血沸騰。

希特勒對法國的反抗意志肯定不下於其餘政黨或團體，他拒不合作除了前述的原因，其實也是因爲這並非眞正的「抵抗」，而只是被動、消極的「半抵抗」。他堅信國家必須先團結、革命統一，才能實行連貫而成功的外交政策——這種內政遠遠優先於外交的觀點，完全違反過去的德國政治傳統，從第一次於一九一五年二月的戰地書信中被提起，一直到他後來成功奪權爲止，都被希特勒當作戰術原則。

當消極抵抗行動似乎難以爲繼時，希特勒在自己戲劇化的想像中看到德國再次潰敗、丟失魯爾區的畫面；他進行了一場令人熱血沸騰的演講，替政府勾畫出「眞正的抵抗」該有的樣貌，也預示著後來他在一九四五年三月下令進行的「焦土政策」：

「就算魯爾區的工廠在這場災難毀滅又如何？有可能煉鐵爐會爆炸、煤礦被淹沒，房屋也被燒爲灰燼——但只要德意志民族重新站起來，堅強、堅定、堅決到底，一切都會重新建立。但若是一切都如常矗立，我們卻因爲內部的腐朽而毀滅，那麼這一根根煙囪、一幢幢廠房還有成片的房屋，不過就是德意志民族的墓碑罷了！魯爾區本該成爲德國的莫斯科，我們本該證明，一九二三年的德意志人已經不再像一九一八年那般……現在，貧窮與恥辱的民族又變成了英雄的民族！我們應該以熊熊燃燒的魯爾區當作背景，殊死抵抗法國，這麼一來，法國就會遲疑猶豫。炸掉一座座的爐子、一道道的橋，德國覺醒了！這種恐怖的光景會讓法軍就算被鞭打都不願意踏近一步！上主啊，要是如此，我們今天的情況會大不相同！」【9】

當時沒有幾個人能理解或看透他反對魯爾區抵抗行動的原因，於是一直有人謠傳，納粹黨之所以能負擔越來越大的人事成本，以及在制服和裝備上日益增加的開銷，是因爲得到法國的資助；不過，這些人一直找不到可靠的證據——事實上，我們至今依舊不甚清楚，當時到底有哪些政治或經濟利益集團試圖影響這個日益壯大的政黨。

無論如何，納粹黨的龐大支出——尤其在希特勒上臺以後更嚴重——明顯與其成員人數不成比例，令左派無法單以「希特勒是惡魔」的理論解釋該黨的經濟來源，於是，壟斷資本主義分子的陰謀被他們當作「與歷史逆向而行的民族社會主義」不曾失敗的背後原因。

正是因爲納粹黨鬼鬼祟祟地掩藏自己的資金來源，外界才會有各種天馬行空的臆測，令其經常受控告；然而，自從希特勒在一九三三年當上總理，這一系列威瑪共和期間的誹謗訴訟檔案不是被銷毀，就是不翼而飛。納粹黨內部從一開始就規定不得留下任何捐款憑證，辦事處的工作日誌對此也鮮少記錄，就算有，通常也只是註記一句：「由德萊克斯勒親自處理。」有時，希特勒甚至禁止慕尼黑肯德酒窖會議的出席者記錄他所報告的協商細節。【10】

毫無疑問地，納粹黨的財政基礎由黨員繳交的黨費、支持者自願奉獻的小額捐款、希特勒演講活動的入場費和集會上的募捐行動所構成，這些通常能帶來幾千馬克的收入。為了這個黨，一些早期的追隨者幾乎傾家蕩產，例如開了一家玩具店，後來在一九二三年十一月九日啤酒館政變那天於統帥堂前喪命的奧斯卡．寇納（Oskar Körner）。家裡開店的黨員為黨提供優惠，其他人則捐贈珠寶或藝術品；也有一些單身的女性支持者因為在夜間集會看到希特勒而情緒過於高漲，將自己遺囑的受益人更為納粹黨；希特勒一些家境富裕的朋友，像是貝希斯坦家、布魯克曼家或者恩斯特．漢夫丹格也都會不時資助高額款項。與此同時，納粹黨除了向黨員收取黨費，還發現了籌措資金的新方法——發行給黨員認購的無息債券，再讓他們轉賣給其他人。根據警方調查，僅僅是一九二一年的上半，他們就發行了至少四萬張這樣的債券，每張面額十馬克。【11】

儘管如此，他們在初期仍然一直缺乏資金，甚至到了一九二一年的年中，都還無力聘請一位專屬的出納人員；據某位元老級黨員所述，負責貼海報的小組有時候甚至連買膠水的錢都沒有。因為資金不足，希特勒在一九二一年秋天，不得不放棄在王冠馬戲廳舉辦大型活動的計畫。

一直到一九二二年夏天，該黨因為狂熱積極的活動而越來越受人矚目，開始與許多大金主密切往來，終於得以脫離財政上的窘境。不過，這些出資者嚴格而言，並非納粹黨的擁躉，他們代表著一群受共產革命威脅的富裕市民階級，支持任何反對勢力，從右派武裝集團、某教派的週報到提出批判的各種書刊——確切而言，與其說他們想幫助希特勒更上一層樓，不如說他們想利用這股勢力對抗革命。

能打入這個在巴伐利亞社會中財力雄厚又影響力甚鉅的圈子，希特勒除了憑藉狄特里希．埃卡特的幫助，更要感謝馬克史．厄文．馮．修伯納利特以及魯登道夫——後者從工業界與大地主得到大筆的資金，再斟酌分配給各大種族主義武裝組織。除此之外，當恩斯特．羅姆四處籌募資金、武器與裝備之時，埃卡特的朋友艾米爾．岡瑟博士（Emil Gansser）也將希特勒引薦給民族俱樂部裡一群來自巴伐利亞以外地區的商界名流，讓他有機會在一九二二年第一次對他們闡述自己的計畫。

這些贊助者中有許多都赫赫有名，例如火車頭生產商博爾悉、聯合鋼業的弗利茨．蒂森（Fritz Thyssen）、樞密顧問柯多夫（Emil Kirdorf）等等；聲譽鵲起的納粹黨不僅得到戴姆勒生產商和巴伐利亞工業協會的金援，更得到捷克斯洛伐克、斯堪地那維亞與瑞士金融界的資助——希特勒於一九二三年秋天前往蘇黎世，據說他回來時帶著整整一皮箱的瑞士法郎和美金。[12]高深莫測、足智多謀的庫爾特．呂德克也從一些不明來源——顯然來自德國之外——籌得大量資金，資助他超過五十名的「私人」衝鋒隊員。

海外德國移民紛紛捐款，從匈牙利到更遠的俄羅斯、波羅的海地區都有。納粹黨在德國馬克不斷貶值時，會以外幣支付一些幹部的薪水，像是擔任過衝鋒隊軍士長以及希特勒司機的尤利烏斯．施雷克（Julius Schreck），以及曾任衝鋒隊臨時參謀長的霍夫曼海軍上尉等人。除此之外，在修伯納利特的推動下，一位前軍官於柏林陶恩齊大街開設了一家妓院，就連這家妓院也爲民族主義事業服務，將所得上交給納粹黨的慕尼黑中央黨部。[13]

這些援助來自四面八方，這些人支持他們的動機也各有不同。可以肯定的是，如果沒有這些資金，就不可能有一九二二年夏天以後的驚人行動；同時，歷經多年的孤單與孤立，這位聲勢猛漲的煽動演說家，現在第一次陶醉於這種自己銳不可擋的感覺，卻並未替自己得到的經濟援助許下任何具有約束力的承諾。

該黨的反資本主義情緒也未曾引起對他們心懷忌妒的左翼分子重視，因為他們的論述實在太含糊、非理性而且站不住腳——雖然同樣反對高利貸主、投機客和百貨公司，但他們眼界過於狹窄，看事情的角度跳脫不出房屋管理員或店老闆的角色。然而，因為沒有什麼令人印象深刻的論述，他們的憤怒反而顯得更真實可信——即便他們質疑的只是有產階級的道德，而不是這些人的物質基礎。

該黨早期的某位演講者曾利用反理性主義的宣傳力，說服力十足地向絕望不安的群眾喊話：「請耐心地等一等！當我們呼喚大家時，請各位不要對儲蓄銀行動手，因為我們這些勞動階級的每一分血汗錢都存在那裡。但是，各位要衝進那些大銀行，把所有看到的錢都拿走，扔在大馬路上，放一把火燒光！再把猶太黑人和猶太白人都吊死在路面電車的橫架上！」

相似的演講、相似的情感爆發，希特勒在通貨膨脹造成的眾生苦難背景下，一再控訴資本主義的騙局——儘管他的資金就來自於擁護資本主義的大商人——並獲得了大批支持者。一九二三年十一月的啤酒館政變失敗後，納粹黨常務理事馬克斯．阿曼在慕尼黑警方的偵訊下表示，希特勒用來報答資助者的只有該黨的黨綱，「就像捐款收據一樣」。[14]儘管仍有許多人提出質疑，但總的來說，我們確實相信希特勒只有戰術上，而非本質上的妥協。畢竟，被人收買實在完全不符合他的作風，這些人都太低估他的頑固、幻想力和膨脹的自信。

領袖偶像崇拜

納粹黨因爲在一月底與政府的較量中獲勝，在一干巴伐利亞激進右派團體中得以穩坐第一把交椅，在一波波的集會、示威與遊行活動中，他們表現得比以往更囂張、更胸有成竹。各種政變與顛覆政府的傳聞甚囂塵上，希特勒以激昂的口號令大衆相信，一場澈底的變革即將到來；根據他的說法，那不是什麼「隨便的政變」，而是「前所未有的總清算」。

與此同時，該黨也著重在宣傳他們的「元首」。希特勒從過去幾週的經驗中學到，只要有「無懈可擊的元首光環」作爲掩護，無論他的決策多麼出人意表或挑釁，追隨者全都可以接受。他們說，「種族運動的思想在他身上熠熠生輝」，也已經有人說「他適合當民族主義新德國的元首」，以及「他想去哪，我們就跟隨他去哪」。

這種領袖崇拜像邪教崇拜一樣擴散，到了四月下半——也就是希特勒生日之際——更達到高峰：阿佛烈·羅森堡在《人民觀察家報》上寫了一篇頌詞，文中將希特勒這個名字的發音讚揚爲「奇妙的聲響」；納粹黨的全體高層、各民族主義團體的代表以及九千名支持者聚集在王冠馬戲廳爲他慶生；衆人發起一場以他爲名、用來資助這場行動的捐款，賀爾曼·埃瑟則在歡迎他入場時，將他介紹爲「那個令黑夜退去的男人」[15]。

此外，爲了迎戰顯然逐漸逼近的關鍵時刻，羅姆已經在二月初時推動納粹黨與若干民族主義武裝團體結爲聯盟，「高地聯盟」、「慕尼黑愛國協會」、「下巴伐利亞戰隊」以及海斯上尉領導的「帝旗」都在其列。他們以「愛國聯合奮鬥會」爲名組成一個共同的委員會，由赫爾曼·克里貝爾中校（Hermann Kriebel）掌管軍事領導權。

當時存在著另外一個民族主義聯合團體——巴伐利亞愛國聯合會。該會由高中教師包爾和前巴伐利亞總理卡爾所領導，形形色色的各路人馬都匯集於此，像是巴伐利亞分離主義分子、泛德意志分子、希望恢復帝制的人，以及零星一些種族主義分子等等。相較於這個以巴伐利亞傳統配色——藍白兩色作爲代表的巴伐利亞愛國聯合會，以黑白紅作爲代表色的愛國聯合奮鬥會顯得更軍事化、更激進、更「法西斯」，他們受到墨索里尼或凱末爾的啓發，渴望顚覆政府。

希特勒在組織擴張的同時，也被剝奪了一直以來的獨裁權。此人於政治路上一向過於順遂，直到他按捺不住地在五月一日對政府再次發起挑戰，這才發現失去軍權是多大的困擾。

他曾試著爲「奮鬥會」制定計畫，卻因爲隊友過於駑鈍而宣告失敗，只能在春天時眼睜睜地看著克里貝爾、羅姆和國家防衛軍「偷走」自己的衝鋒隊——這支由他建立、任他差遣的專屬部隊。根據《凡爾賽條約》，德國只能保有十萬人的軍隊，這些人爲了打造祕密後備軍，反覆操練各衝鋒隊分隊（一分隊相當於三個團的人數），舉辦夜間演習與檢閱遊行。希特勒只能以一般民衆的身分出席這種場合，雖然還是會時不時地發表談話，但他幾乎，或者說完全沒有領導權。

他惱火地察覺出衝鋒隊被那些人挪用，從一開始的意識形態先鋒被降級爲純粹的軍事部隊。爲了奪回指揮大權，他委託一位老戰友，前少尉約瑟夫．柏赫托德，爲自己組建一支警衛隊，取名爲「希特勒突擊隊」——正是後來武裝親衛隊的起源。

到了四月底，希特勒和奮鬥會認定左派勢力預定在五月一日舉行的年度集會是一種挑釁，決心採取一切措施阻止，同時，他們爲了慶祝巴伐利亞蘇維埃共和國垮臺四周年，也想舉辦自己的群衆遊行活動。克尼林（Eugen von Knilling）所領導的巴伐利亞政府立場搖擺不定，顯然沒有從一月的事件得到教訓，滿足了奮鬥會半數的要求——雖然左派被禁止舉行街頭遊行，但他們被批准在特蕾西婭草坪上進行集會。

希特勒對此反應激烈，他在一月時就試圖以軍事力量對當局施壓，現在又想故技重施。四月三十日，形勢一觸即發，克里貝爾、包爾和新上任的衝鋒隊總指揮赫爾曼·戈林向政府抗議，要求對左派發布戒嚴令；希特勒和羅姆則找上洛索將軍，不僅堅持要國家防衛軍介入，還要求將軍根據協議，歸還「愛國團體」存放在軍隊倉庫的武器——然而，希特勒的兩項要求都被直接拒絕了，令其無比震驚。洛索將軍強硬地說，他知道什麼對國家安全是必要的，任何掀起動亂的人都會被槍斃；巴伐利亞邦警察總長塞瑟上校（Hans Ritter von Seisser）對此也持相同的看法。

希特勒又一次陷入窘境。在這種近乎希望全無的時候，任何人似乎都會丟臉地選擇放棄計畫，他卻不然。希特勒否認自己失敗的方式極具個人特色，他「加碼演出」，惡狠狠地威脅洛索將軍：那些人想要舉行「紅色集會」，就得先「踏過他的屍體」。儘管多少有些虛張聲勢與作秀的意味，但無論是現在，或者是往後，他在這種時刻都展現出極度的堅決與認真——斬斷一切退路，最後不是大獲全勝，就是滿盤皆輸。

總之，希特勒後來下令加快速度準備。他們瘋狂蒐羅武器、彈藥與車輛，最後甚至從國家防衛軍手上騙得物資。他違反洛索將軍的禁令派遣羅姆和一小撮衝鋒隊員到軍營，讓他們以「政府擔憂左派會在五月一日暴動」爲藉口，替自己弄來了卡賓槍與機關槍。這種毫不掩飾的政變預備動作引來一些盟友的質疑，彼此爭論不休，然而，隨著歷史劇情的推展，事態逐漸變得不受這些「演員」所控制。

希特勒的人馬已經在他的命令下從紐倫堡、奧格斯堡與佛萊辛等地趕來，許多都帶著武器，從巴特特爾茨來的一隊人在卡車上裝了一門老式野戰炮，格里哥·史特拉瑟和海因里希·希姆萊領導的蘭互特部隊則帶著一些輕型機槍。這些人都渴望加入革命起義，正如口號：「消滅十一月革命的恥辱」，這是他們的多年夙願，也是希特勒對他們許諾過千百次的。慕尼黑警察局長諾茲要克里貝爾阻止這一切，對方卻這樣回答：「我沒辦法回頭了，現在已經太遲……流不流血都是一樣的。」[16]

各「愛國團體」為了抵抗所謂的「社會主義政變」，在五月一日破曉之前就聚集於慕尼黑近郊的歐博威森菲草場、市區的馬克西米利安宮以及其他一些重要場所。稍後，希特勒才踏進與野戰營地相差無幾的歐博威森菲草場，頭頂鋼盔，胸前別著他的一級鐵十字勛章，身邊環繞著赫爾曼．戈林、尤利烏斯．施特萊赫、魯道夫．赫斯、格里哥．史特拉瑟以及指揮慕尼黑衝鋒隊的志願軍團團長格哈德．羅斯巴赫。

衝鋒隊在等待進攻命令時進行作戰演練，這群領導高層這時候卻在討論現在該怎麼辦。因為先前和羅姆約定好的信號遲遲不來，他們不知該如何是好，幾人各執己見，氣氛越來越緊張。

另一頭，左翼陣營的各工會與政黨這時正於市區的特蕾西婭草坪上慶祝，他們雖然喊著傳統的革命口號，現場卻是一片和諧融洽、熱心公益的氛圍。警方大範圍封鎖歐博威森菲草場往市區方向的道路，於是左右派之間並未像先前預期地爆發衝突。

至於希特勒等人苦等未果的羅姆，現在正在洛索將軍——他在國家防衛軍中的上司——面前屏息立正呢！將軍得知他們在軍營玩的把戲，正大發雷霆地要他們歸還被竊取的武器。中午過後不久，全副武裝的國家防衛軍和警察部隊護送羅姆抵達歐博威森菲草場，傳達洛索將軍的命令。施特萊赫和克里貝爾期待國家防衛軍會在形同內戰的左右派衝突中，站在他們這邊，於是主張立刻進擊，但希特勒卻在這時放棄了。最後，雖然洛索將軍要求的當場歸還武器，改為由愛國組織自行將武器歸還軍營，讓他們成功避免公開羞辱，但希特勒的慘敗依舊昭然若揭——就連他在當天晚上為整個王冠馬戲廳的聽衆演講，臺上的炫目燈光也無法為他抹除這個汙漬。

政壇遇到的挫折

許多跡象顯示，這是希特勒崛起路上的首次個人危機。儘管他確實能將五一的慘敗歸咎在盟友，尤其是那些太古板頑固的民族主義團體上，但他也不得不承認，友軍的行為同樣暴露出自己的弱點、失策，以及最嚴重的——他錯誤的預想。出乎意料的事件走向和他自己的暴烈脾氣，令希特勒陷入極度不利的局面，他突然看到，令自己壯大的國家防衛軍不再是他的有力靠山，反而站在對立面，威嚇著自己。

這是他這幾年來在政壇第一次遇上的重大挫折。他一連好幾個星期龜縮於狄特里希・埃卡特在貝希特斯加登小鎮的屋子裡，滿心的自我懷疑，只會在偶爾發表演講或者散心時才會前往慕尼黑。如果說，希特勒先前的戰術模式大多出於本能，那麼很有可能，他是因為五一事件才開始建構最終的戰術模式，勾勒出「法西斯革命」的輪廓——這種革命方式不與國家政權起衝突，而是互相結合，也被貼切地描述成「經過總統先生允許的革命」。[17]他把這時候的一些想法記錄下來，後來也寫進《我的奮鬥》中。

五一挫敗除了讓他陷入自我懷疑，掀起的批評聲浪更令人憂心。希特勒總在激昂的演講中歌頌領袖的行動、意志與思想，就在五一行動的八天前，他還大言不慚地痛惜這個國家明明需要英雄，卻只會仰仗那些只會誇誇其談的人，此外也大力讚賞狂熱的執行力。顯而易見，他在歐博威森菲草場的猶豫不決和茫然失措，都完全不符合自己以前說過的話。

「大家普遍認為，希特勒和他的人出了個大醜。」五一事件的某份報告如此描述。就連賀爾曼·埃瑟在七月初於《人民觀察家報》「揭露」，有人密謀刺殺「偉大的阿道夫」——這是《慕尼黑郵報》奉送的諷刺性稱呼——對於希特勒回升人氣也沒有多少幫助，特別是四月時就有類似的「密聞」刊登，但隨後被揭發是納粹黨自己捏造的故事。美國德語報紙《紐約人國家報》的記者寫道：「希特勒不再受德國人幻想。」事實上，正如當時一位內行的評論家在五月初就觀察到的，希特勒身上的光環正在迅速消逝。【18】

他在貝希特斯加登的日子孤單而消沉，可能在他的眼中，自己的光芒已經逐漸熄滅；如此便不難理解，他爲什麼會如此退縮，不僅灰心喪志地放棄重新與洛索恢復聯繫，也沒有賦予奮鬥會和群龍無首的納粹黨新的目標。戈特弗里德·費德、奧斯卡·寇納以及一些長期追隨他的人都試圖將他拉回正軌，尤其是不要再與恩斯特·漢夫丹格往來——這個人將他介紹給那些「穿著絲綢褲跑來跑去」（譯註：當時的歐洲社會認爲女性著褲裝極不得體，在某些國家甚至有女性因爲著褲裝出現在公眾場合而被警察以「妨害風化」的罪名逮捕。直到第二次世界大戰後，女性因爲市場嚴重缺乏人力而由家庭走入工廠，褲裝才得以普及）、慫恿別人舉辦香檳宴會的「漂亮小姐」——他卻只是左耳進右耳出。【19】

他就像回到過去那種懶散、無精打采的狀態，每天得過且過。檢察機關早先已就五一事件提起訴訟，顯然，希特勒正在等待慕尼黑一級地方法院對此的審理結果。一把達摩克利斯之劍懸在頭上，無論最後判決爲何，他都必須服滿先前因爲毆打奧托·巴勒斯泰特而被判處、後來又得到緩刑的兩個月監禁，此外，巴伐利亞內政部長施威耶，想必也會以希特勒違背諾言爲由，實行先前將他驅逐出境的計畫。

他動用巴伐利亞的民族主義者人際網巧妙還擊。他向負責的檢察官寫了請願書，文中寫道：

「幾個星期以來，我在報紙雜誌和議會都遭受最嚴重的辱罵，但出於對祖國的尊重，我無法公開為自己辯護。所以，我感謝命運給我這個機會，讓我能屏除顧慮，在法庭上為自己辯護。」為了預防起見，他還揚言要將請願書交給媒體。

這個暗示很明顯，於是，檢察官寫了一封憂心忡忡的附函，連同這份請願書往上呈送。看到這份檔案，德國司法部長弗蘭茨·古特納（Franz Gürtner）想起自己向來對民族社會主義者的認同，偶爾還會稱他們為「我們的骨血」。[20]

德國情勢一天一天地惡化，隨著通貨膨脹、大規模罷工、魯爾區抗爭、飢餓問題引發的暴動與左翼煽動起義，似乎正逐漸逼近臨界點。在這種情況下，似乎有充分理由寬容對待一位民族主義的領袖人物——儘管他也是令國家陷入緊急狀態的原因之一。因此，古特納沒有通知已經三番兩次打聽調查進度的內政部長，直接下令檢察署，希望將此件推遲至「更平和的時候」再處理。一九二三年八月一日，此案的調查工作告一段落，次年五月二十二日，訴訟結束。

儘管如此，希特勒的聲望仍然蒙受極大傷害，從九月初的色當會戰紀念活動（譯註：一八七〇年九月一日的色當會戰為普法戰爭中最具決定性的一場戰役，德軍大獲全勝，大量法軍被俘，拿破崙三世亦淪為階下囚）就能看出這點。色當會戰勝利紀念日被當作一個「民族節日」，巴伐利亞各地時不時會為這類節日舉行盛大的慶祝儀式，各愛國組織更為此趕到紐倫堡參加活動。國旗與鮮花四處飄揚，退役將領也到場致意，在演講和遊行活動中，數十萬人被傷害的民族榮耀感被平復，再次為自己感到驕傲、振奮。

紐倫堡暨福爾特警察局更以毫不官腔的感性語調，記錄這場一九二三年九月二日的慶祝活動：「幾位貴賓與他們的隨行人員都被熱烈的歡呼聲包圍，無數民眾伸長手臂揮舞著手帕，鮮花與花圈從四面八方對他們傾瀉而下。民衆就像是數十萬被恫嚇踐踏而感到害怕絕望的人，他們會在瞥見一絲掙脫束縛與困境的希望光芒時開心地喊叫。許許多多的人，有男也有女，大家都站著落下淚來……」【21】

根據這份報告指出，納粹黨在這數十萬人的參與者中，是勢力最大的團體，儘管如此，這場歡慶活動的中心人物仍舊是魯登道夫。至於希特勒，他一方面被這場活動的驚人聲勢影響，一方面也回想起自己丟失的榮光，於是開始尋求新的盟友。他與海斯上尉的「帝旗」和弗里德里希·韋伯（Friedrich Weber）的「高地聯盟」組成「德意志奮鬥會」，自己卻完全無力主導這個新聯盟。他的地位迅速滑落不僅是由於五一行動的挫敗，更多是因爲先前淡出慕尼黑；只要他不能一出場就造成轟動，就表示希特勒的名聲、威望與煽動家的榮光，全都一去不復返。直到三週後，因爲羅姆爲朋友辛勤敦請、在奮鬥會的高層間恢復他的聲譽，他才得以在政務上取得這個聯盟的領導權。

事情的轉機來自於德國政府對魯爾區抗爭做出的新決議：新任總理古斯塔夫·施特雷澤曼（Gustav Stresemann）認定消極抵抗既無意義又耗費力氣，他於九月二十四日，也就是上任後的第六週，宣布中止魯爾區的行動，重新恢復對法國支付戰後賠償金。雖然希特勒在過去數月都反對魯爾區的消極抵抗，但他仍然嚴厲譴責這種不受歡迎的新政策，將其抨擊爲政府背叛人民的可恥證據，再從中吸取一切有利於顛覆政府的好處。

他在隔天就與克里貝爾、海斯、韋伯、戈林、羅姆以及奮鬥會的幾個高層見面，發表了一場兩個半小時的演講。在這場激昂的談話中，他闡述了自己的想法與願景，最後懇求他們將德意志奮鬥會的領導權交給自己。根據羅姆的描述，海斯上尉最後眼中帶淚地向希特勒伸出手，韋伯深受感動，他自己則是流下淚來，因為內心激盪不已而顫抖。[22]羅姆認為事態的發展正逼迫自己做出決定，於是在第二天就辭去國家防衛軍的職務，全心為希特勒的大業奮鬥。

利用民眾的激情

希特勒成為奮鬥會的領導人後，似乎想用魄力向不信任他的人證明自己。他命令一萬五千名衝鋒隊員進入警戒狀態，要求納粹黨黨員退出其他愛國組織以鞏固黨內戰力，並匆匆展開其他各項活動。儘管如此，希特勒一切的計畫、戰略與命令都以瘋狂而盛大的宣傳活動為導向，他執著地認定，這種喧鬧的舞臺背景會讓自己「無敵」。

就像先前也做過的那樣，希特勒計畫在九月二十七日晚間同時舉行十四場大規模活動，並且要親自出席每一場，將現場的情緒搧動得越來越高漲。令德國擺脫「屈辱與被奴役的狀態」，無疑是奮鬥會的遠程目標，他們要向柏林進軍，建立一個民族主義的專制政權，並消滅「內部敵人」——正如希特勒於九月五日所言：「不是柏林向慕尼黑進軍，就是慕尼黑向柏林進軍！布爾什維克主義的北德和民族主義的巴伐利亞無法共存！」[23]儘管如此，他此時的打算究竟為何，到底是真的想發動政變，還是只是打算再談判看看，卻一直沒有表現得非常清楚。

事實上，我們得以從許多證據看出，希特勒其實是走一步看一步，先觀察自己造成的效果、群眾的氛圍和熱度為何，才決定接下來的行動；此外，他也大大高估宣傳的作用，希望藉由大眾的激情帶動政府採取行動。他在演講時宣稱，新德國會在無止盡的論戰中成長茁壯。

無論實際打算為何，希特勒都對奮鬥會的成員發布密令，除了禁止他們離開慕尼黑，還通知他們在緊急狀況使用的暗號。

關於政變的謠言四起，民眾不信任這個所謂的「馬克思主義政府」，他們心懷怨恨，希望巴伐利亞能從德國獨立；面對如此窘境，巴伐利亞政府卻依舊早希特勒一步搶得先機。克尼林總理在九月二十六日無預警宣布進入緊急狀態，任命古斯塔夫．馮．卡爾為邦務總委，享獨裁大權。

於是，卡爾一如他在一九二〇年接任巴伐利亞總理時一樣獨攬大權。他雖然宣稱政府歡迎奮鬥會的合作，但也同樣警告希特勒不得「節外生枝」，而且暫時禁止其預計舉行的十四場集會活動。希特勒怒不可遏，多次爲此發作。他發表長篇大論、憤怒尖叫，最後似乎氣到完全失去理智，揚言要發動革命、掀起流血衝突，卡爾卻仍然無動於衷。

他領導著當地最強大、最團結的武裝組織——奮鬥會，本來以爲終於能和政府平起平坐，卡爾此舉無疑又將其打回原本受政府支配的地位。希特勒頓時想要奮起反抗，羅姆、波納和修伯納利特直到晚上才成功勸他放棄這個念頭。

事情發展至今，早已超出希特勒當初的計畫。此時，聯邦大總統弗里德里希．艾伯特在柏林召開內閣會議，討論眼下的局勢。卡爾過去便經常發誓要完成「巴伐利亞拯救祖國的使命」，現在他更清楚表明，這個使命對自己而言就是推翻共和政府、建立保守主義政權、讓巴伐利亞得到充分的獨立，並且恢復帝制——由這樣的人上任巴伐利亞邦務總委，自然引起共和政府的憂慮。

德國馬克暴跌，經濟幾乎被完全摧毀，漢堡與薩克森在這種絕望困境下被共產主義征服，德國西部正受分離主義蠱惑而蠢蠢欲動，共和政府的權力日益萎縮。在這樣的背景下，慕尼黑的事件對柏林政府而言確實可能代表著一切崩潰的訊號。

現在的形勢萬變、令人難以預料，國家防衛軍的立場左右德國的未來，於是，普遍期待專制政權的右派自然也對統領這支軍隊的塞克特將軍寄予厚望。他出席這場內閣會議時，刻意比較晚到，製造出讓人印象深刻的出場效果，面對一干惱火的內閣成員，他表現出真正掌權者的從容不迫。當艾伯特詢問，國家防衛軍現在站在哪一邊時，他回答：「國家防衛軍……總統先生，他們站在我這邊。」就這麼一句話的功夫，兩方的實際權力關係一目了然。儘管如此，當德國政府在同一天宣布全國進入緊急狀態，將全國行政權交到他手上時，他至少在形式上還是表現出對當局的忠誠。【24】

德國在接下來的幾週動亂四起，情勢複雜，在這樣的歷史場景中，有兩個角色早早被塞克特趕下舞臺——分別是「黑色防衛軍」和左派勢力。自魯爾區抗爭結束，由國家防衛軍非法成立的預備軍「黑色防衛軍」害怕遭受解散，於是在布赫胡克少校（Bruno Ernst Buchrucker）的帶領下，在九月二十九日於奧得河畔科斯琴揭竿起義。他們希望趁著國內開始動盪，向右派勢力——尤其是國家防衛軍——傳遞展開行動的訊號。只可惜，這場倉促而協調不足的行動在短暫的圍困後就被鎮壓。之後，塞克特由於革命時期留下的難以抹滅的負面記憶，也隨即開始掃蕩薩克森、圖林根與漢堡的左派勢力。接下來，他面對著巴伐利亞對自己的考驗。

於此期間，希特勒在巴伐利亞這邊已經按照計畫將卡爾拉攏過來。塞克特被《人民觀察家報》上一篇偏激、誹謗的文章給惹惱，要求取締該報，但無論是卡爾還是洛索，對此皆不予理會，更完全忽視塞克特後來對羅斯巴赫、海斯和赫爾曼·埃哈德特（Hermann Ehrhardt）上尉發布的逮捕令。洛索因此遭到革職，然而，邦務總委卡爾違反憲法，又將其任命為巴伐利亞國家防衛軍的總司令。

卡爾不斷挑釁，將巴伐利亞與柏林的中央政府之間的衝突推向高峰，最後還要求中央政府改組，此外，他對總統艾伯特的回信更無異於公開宣戰；被中央法院通緝的前志願軍團「埃哈德特海軍陸戰隊」的團長埃哈德特上尉，也被他從薩爾斯堡的藏身處接出來，奉其命令準備向柏林進軍——他們將行動日定爲十一月十五日。

卡爾不僅行爲強勢，說話也同樣強硬。他抨擊威瑪共和的憲法「缺乏德意志精神」，將政府評爲「紙老虎」，更在某場演講中自稱爲民族主義的代表人物，要帶領己方在這場重大的價值鬥爭中對抗國際主義的馬克思猶太思想。[25]儘管此人自從被任命爲邦務總委就動作頻頻，滿足民眾對他擔任這個職務的諸多期待，但事實上，他是在爲希特勒的計畫服務；卡爾只消在《人民觀察家報》刊登一篇文章，就扭轉了五一造成的致命打擊。

巴伐利亞和中央之間的衝突，讓希特勒順利與各大地方勢力結盟，爲他的革命提供助力。因此，當塞克特要求洛索辭去職務時，所有的民族主義團體都準備迎接即將到來的衝突，與柏林展開決戰。

這時，希特勒意外發現自己可能會得到天大的好機會。他被《義大利郵報》採訪時表示，冬天時將有最終定論。[26]他接連拜訪了洛索幾次，將先前的爭執擱置不談。兩人現在有著同樣的利益、共同的敵人，希特勒因此得以盡情闡述自己的觀點，而洛索也表示自己對他的看法「十點裡面有九點完全同意」。

這位巴伐利亞國家防衛軍的統帥進入政治舞臺的正中央，其實並非洛索自己所願，他也確實不擅長扮演謀反者的角色。他是個沒什麼政治頭腦的軍人，不擅長作決定，也越來越沒有辦法應付自己被捲入的衝突局面，希特勒很快就不得不在背後推動他前進。希特勒貼切地刻劃出洛索面對的兩難：「在反抗上級之後，手握大權的軍事領袖就必須下定決心，要不就奮戰到底，要不就只當個普通的叛亂者、造反者。」[27]

不過，希特勒和卡爾之間的溝通就比較困難了。希特勒對此人在九月二十六日傷害自己的自尊一直耿耿於懷，而卡爾則一直很清楚，自己被任命爲邦務總委的原因之一，就是爲了讓這位激進、瘋狂又野心蓬勃的煽動家「醒醒腦」、「回歸到巴伐利亞本位的理智」。他在和希特勒往來時，也幾乎不曾掩飾過這點，一直惦記著要在適當的時機，對這個吹牛皮大王和天賦十足的惹禍精「下達退出政治圈的命令」。【28】

兩人雖然各有不快、有所保留，但還是因爲與中央政府的衝突而決定合作；不過，每當問題牽涉到主導權以及進攻的時間點，他們就會意見分歧。

卡爾很快就與洛索和塞瑟組成一個合法權力擁有者的「三巨頭」，他在這種問題上往往表現得謹慎小心，表現得和往常的豪言壯語有點距離；希特勒則與其相反，總是不耐煩地催促他們採取行動。他喊道：「德國人民只會問一個問題：『什麼時候行動？』」他近乎癲狂，以末世論來慶祝對手即將垮臺：

「那一天即將到來，」他預言著，「我們正是爲此才發起這場運動！我們奮鬥多年，現在，這一刻就要到來，民族社會主義運動即將踏上拯救德國的勝利征程！我們不是爲了選戰，而是爲了在最需要的時候、在人民恐懼絕望地看著紅色巨獸逼近的時候挺身而出……現在已經有數百萬人感覺到我們的行動會帶來救贖，這簡直就像是一種新的宗教信仰！」【29】

到了十月，無論左翼右翼都爲接下來的行動緊鑼密鼓地做準備。陰謀、祕密與背叛的竊竊私語無處不在，他們不停地召開會議、將行動計畫一層層地往下傳遞、不斷更換發動攻擊的暗號；

此外，他們也馬不停蹄地各處蒐羅武器、舉行一場又一場的進攻演習。希特勒一派馬上要掀起政變的謠言在月初時就已經被傳得有鼻子有眼，奮鬥會的軍事統帥克里貝爾不得不寫信向巴伐利亞總理克尼林否認一切顛覆意圖。

各方的利益與協定互相糾纏，假動作與伏擊你來我往，你監視我、我試探你，成千上萬人蓄勢待發；房屋外牆貼滿各種海報，兩方的宣傳標語隔空交戰，「向柏林進軍」也成爲一個有望解決所有問題的神奇口號。希特勒一連數週都在搧動民眾的情緒，他說：「共和政府就要完了！樹葉開始發出簌簌的聲響，越來越大聲，預示著暴風雨的到來，無論如何，共和德國在即將爆發的狂風暴雨中都會有所變化。現在就是時候了。」【30】

展露自信

希特勒雖然相當確定卡爾與自己抱持相同的立場，但還是懷疑三巨頭可能會撇下他自行行動；他們可能會以分離主義者的口號「遠離柏林！」，而不是顛覆政府的革命口號「進軍柏林！」來動員群眾。此外，他時不時也會擔心，他們最後可能會毫無行動；根據某些證據顯示，他從十月初就開始考慮，自己可以怎麼樣以一場突襲逼迫盟友們進擊，又該如何拿到這次起義行動的最高領導權。

他毫不懷疑，如果和卡爾發生衝突，只要自己掌握正確的時機，人民就一定會站在他這邊。他鄙視卡爾這些誇誇其談的市民階級，他們錯誤地自視甚高，想奪取民心卻又沒有驅使群眾的能力。希特勒在某場採訪中將卡爾稱爲「戰前時代的軟弱官僚」，並宣稱：「一切革命史都表明，能駕馭革命的人，從來就不是來自於舊體系的人，只有眞正的革命者才能駕馭革命。」雖然三巨頭手握實權，但他這邊也有「一人能抵千軍萬馬」的「民族統帥」魯登道夫——他很快察覺這位將軍在政治方面的不足，並巧妙地加以利用。

這時的希特勒已經展現出他特有的無限自信，自比為義大利的墨索里尼以及內爭共和、外抗強敵的法國政治家萊昂·甘必大（Léon Gambetta）。他的同僚對此嗤之以鼻，克里貝爾對一位來訪者表示，希特勒當然不可能擔任他們的領導人，畢竟他腦子裡只想著要怎麼宣傳。希特勒對洛索身邊的一位高級軍官解釋，他認為拯救德國就是自己的工作，只不過還需要魯登道夫替自己拉攏國家防衛軍。他說：「他在政治上一點也無法干涉我——我可不是軟弱的霍爾韋格（譯註：Theobald von Bethmann-Hollweg，一戰時的德意志帝國總理）……您可知道，拿破崙建立執政府的時候，身邊也只有一些無足輕重的小人物？」[31]

到了十月下半，慕尼黑這邊的人對於向柏林進軍有了更確切的計畫。十月十六日，克里貝爾簽署擴大北方邊防軍的命令，作為警方防範圖林根動盪進一步南下的安全措施；然而，該命令形同作戰一般使用諸如「集結區」、「開始對敵」、「鬥志」、「進取心」以及「殲滅敵軍」等說法，最重要的是還為內戰提供了公開的動員機會。志願者們此時也對照著柏林地圖開始進行演習。

希特勒對陸軍學校的預官們讚揚革命精神：「對國旗宣誓的最高義務，先生們，就是打破這個誓言。」最後獲得雷鳴一般的掌聲。納粹黨為了向盟友們施加壓力，也號召警察們的家屬加入衝鋒隊。據希特勒後來所述，當時有六十至八十門的迫擊炮、榴炮和重型大炮已經被預先從祕密軍火庫取出備用。

戈林在十月二十三日的奮鬥會會議上仔細講解「向柏林進軍」的詳細計畫，並建議編列黑名單。他說：「必須採取最激烈的恐怖手段，只要有人造成任何一點阻礙，就必須被槍斃。高層必須現在就決定，什麼樣的人需要被清除；而且，爲了達到威懾的效果，法令公布後至少要馬上槍斃一個人。」如此一來，「德國的安卡拉」（譯註：一九二〇年四月，土耳其的凱末爾在安卡拉召開大國民議會，宣布組成代表國家的臨時政府；伊斯坦堡的蘇丹政府於同年八月與協約國簽署塞夫爾條約，安卡拉政府卻堅決否認該條約。德國媒體當時對此諸多報導，凱末爾的行動也引起右翼人士的廣大贊同與討論，他們希望慕尼黑成爲「德國的安卡拉」，將德國從《凡爾賽條約》的壓迫與協約國的掣肘中解放），便從外到內都爲起義做好了準備。[32]

他們的計畫就在這種互相猜忌、競爭的氛圍下，一環扣一環地展開。十月二十四日，洛索將國家防衛軍、巴伐利亞邦警與愛國組織的代表召集至軍區司令部，向他們說明國家防衛軍向柏林進軍的動員計畫，並將行動代號定爲「日出」。然而，他在邀請奮鬥會軍事統領克里貝爾到場的情況下，卻刻意忽略了希特勒和衝鋒隊負責人。

希特勒立刻舉辦一場「大閱兵」作爲反擊，根據當時的記載：「一大清早就有隆隆鼓聲與音樂聲從城裡傳來，一整天的時間大家到哪裡都看得到穿著制服的人，那些人不是在領子上別著希特勒的鉤十字記號，就是在帽子上別著高地志願軍團的雪絨花徽章。」[33]爲了駁斥「各種謠言」，卡爾再次主動聲明自己拒絕與現在的中央政府進行任何協商。

就好像是一場沒有硝煙的競爭，大家最後都想從被拯救的德國手上接過「布蘭登堡門的勝利桂冠」，現在只剩下一個問題：到底誰會率先出手？他們的計畫都有一種奇特的巴伐利亞激情和幻想元素，令他們舉行的各種活動都像是一場大型的「牛仔和印地安人」的對抗遊戲。

這齣戲的主角們沒有在權力分配的問題上停留太久就宣布，現在就是「進軍」、就是「像俾斯麥那樣澈底解決問題」的時候。有人將巴伐利亞歌頌爲「維持秩序的支柱」，必須用「巴伐利亞的鐵拳」解決「柏林的爛攤子」；在他們的描述中，柏林經常是以籠罩著陰霾的偉大巴比倫形象出現，某些講者爲了吸引聽衆，甚至還會許諾道：「健壯結實的巴伐利亞人北上懲罰墮落的柏林，他們會戰勝啓示錄中的巴比倫大淫婦，可能還會從她身上得到一些歡愉。」

某個來自漢堡一帶的線人對希特勒說，當他起義時，「北德會有數百萬人支持」；人們也普遍認爲，只要慕尼黑起兵，全國上下的部族都會群起響應，於是一場相當於一八一三年萊比錫戰役的「德國人民覺醒起義」便隨即而至。[34]因此，希特勒在十月三十日對卡爾收回自己不會擅作主張的承諾。

已經到了這個時候，卡爾卻還是下不了決心；說不定，他其實一直都像洛索一樣，從來沒有主動推翻政府的打算。三巨頭做出這麼多挑釁舉動、威脅恫嚇與進軍的計畫，有時卻給人一種感覺，好像他們並不是眞的要自己出頭起義，而只是爲了鼓勵塞克特與保守的、民族主義的「北方紳士們」去實現他們一直討論的獨裁統治——只有在進展順利、確定能夠得到好處的時候，巴伐利亞才會加入行動。

十一月初，卡爾與洛索派遣塞瑟前往柏林試探局勢。不言自明，他們只獲得令人失望的消息，除了沒多少人支持發動政變，塞克特的態度更是依舊冷淡。

三巨頭召開會議

於是，三巨頭在十一月六日召集各大愛國組織的領導者參與會議，強硬地宣布只有他們才具有這場行動的決策權與指揮權，不允許其他人自作主張。因爲行事畏縮、只會說大話，他們已經喪失行動準則，現在，他們爲重奪控制權付出最後的努力。

希特勒則依舊被排除於這場會議之外。在三巨頭召開會議時，他和奮鬥會其他高層也在同一天晚上達成協議：他們要把握下一個機會出擊，不僅是三巨頭，還要盡可能地以激昂的行動帶動其他還在猶豫不決的人，一起進軍柏林。

這個決定經常被用來證明希特勒性格中的戲劇化、誇張與自大的特質，後來發生的事件也被大衆嘲笑爲「啤酒館政變」、「政治狂歡節」、「有勇無謀的陰謀政變」或是「西部趣事」——確實如此，然而，我們同樣也能從中看出他判斷形勢的能力、勇氣和一貫的戰術；此外，許多不同的元素都出現在這場行動中，從荒誕劇的氛圍、土匪一般的作風一直到冷靜的理性都能找得到。

其實，希特勒在一九二三年十一月六日晚上也別無選擇——他在五一的挫敗後就不曾恢復到原有的聲勢，因此不得不採取行動。若是他不孤注一擲，就無法從越來越多的政黨與政客中脫穎而出，也無法讓人相信他眞的如此憤慨，好似攸關生存——顯然，想讓人印象深刻就必須絕不妥協、毫不退讓，而不是打算私下和解。奮鬥會領袖的身分讓希特勒得到屬於自己的戰力，不再受意見不同的盟友掣肘，衝鋒隊最後也開始不耐煩地催促他行動。

他們的躁動有許多因素：首先，衝鋒隊是渴望冒險的常備軍，他們在經歷數週的密謀後已經想要向目的地進軍；再來，許多人期待著未來的民族主義專政能突破《凡爾賽條約》的限制，擴大國家防衛軍的編制。最後，這些人在過去幾週的時間內持續爲進攻做準備，一些團體加入了國家防衛軍的「秋季演習」，所有的資金卻都於此期間被耗盡，就連希特勒的存底都消耗一空，士兵們開始塡不飽肚子，只剩卡爾還能維持麾下開銷——畢竟，埃哈德特上尉光是在紐倫堡爲實業家們演講一場就能進帳兩萬美元。

慕尼黑衝鋒隊負責人威爾海姆．布魯克納（Wilhelm Brückner）在後來一場祕密審判的供詞中，也清楚地指出希特勒這時的困境：「我記得，因爲沒有向柏林進軍，國家防衛軍相當不滿。他們說希特勒和其他人一樣只會撒謊，從不行動。誰帶頭都無所謂，反正我們都會跟著行動。我自己也跟希特勒說，我總有一天會管不住這些人，要是現在再不出手，他們就要告發你了。我們很多人都沒有收入，他們爲了參加訓練已經犧牲掉自己的最後一件衣服、最後一雙鞋子和最後一分錢。他們以爲事情很快就會上軌道，自己將成爲國家防衛軍的一分子，擺脫現在的一團亂。」[35]希特勒在十一月初與塞瑟討論時表示，現在必須做點什麼，否則奮鬥會的部隊會因爲經濟困境，不得不轉投共產主義的陣營。

他需要擔憂的除了奮鬥會部隊的低落士氣，還有隨著時間流逝而出現的新煩惱——經過長時間的拖延，衆人心中曾經熊熊燃燒的革命怒火已經開始逐漸消退。魯爾區反抗的結束和左翼陣營的失利，都預示著生活將走回常軌，就連通貨膨脹也似乎找到了解決辦法；隨著危機解除，人民也不再想推翻政府。

顯而易見，希特勒是因爲國內的緊急狀態才得到這麼大的發展空間。局勢讓他無法繼續猶豫，儘管要違背先前的諾言，他還是決心展開行動。不過，相較於違背誓言，他更不安的是自己必須破壞原本的戰術，在未經總統許可的狀況下冒險起義。

希特勒還是希望能在總統的准許甚或參與下發起行動，他後來對法官解釋：「我們堅信，唯有得到意志的支持，願望才能化爲行動。」他有充分理由展開行動，現在只剩下一個問題：這場政變是否無法點燃革命的野火、帶動三巨頭投身其中？

對於這種風險，他卻似乎從未認眞考慮過。他覺得自己只是強迫這幾位先生執行他們計畫已久的事罷了——這種錯誤的認知最後令整場行動失敗，也暴露出他對現實認知不清的缺點。他從來不承認自己有這種缺點，反而一直對自己蔑視現實感到有些自豪，更輕蔑地引用洛索的名言——只有成功機率在百分之五十一以上時，他才會參與政變——當作活生生血淋淋、被現實感奴役的絕望案例。【36】

希特勒的決定不僅有前述那些原因支持，歷史的進程在更深的層次上也證明他是正確的，儘管這次的行動以慘敗告終，卻依然對他奪取權力有著重大意義。

九月底，當大家都在忙忙碌碌地備戰、操演時，希特勒在拜律特舉辦了一場「德意志節」的活動，並在華格納的故居舉辦招待會。他在這裡深受觸動，並參觀了這位大師的工作室、藏書室以及矗立於花園中的墓碑。他經過介紹，得以見到華格納的女婿休斯頓．斯圖爾特．張伯倫，其著作對於青少年時期的希特勒有很大的影響。

兩人的交流雖然十分吃力，但這位幾乎癱瘓的老翁仍然覺察到希特勒散發出的能量與堅決。他在一週後，也就是十月七日，寫了一封信給自己的這位訪客，將其讚揚爲民族救星——而非哪位偉人的先鋒或夥伴——在他的筆下，希特勒就是德國反革命的關鍵人物。這位老翁表示他本來以爲遇上了一位狂信徒，但是，他感覺到希特勒不同於其他人，這個人有創意、意志力堅定，但並不殘酷無情。老人寫道，自己現在放心了，感覺心境一下子轉變：「德國在最艱困的時候生出了一個希特勒，恰好證明她的生生不息。」【37】

希特勒當時正爲各種不確定因素苦惱，只在轉瞬即逝的幻想中才能恢復信心。因此，這封信對於這位面臨生涯重大抉擇的煽動家而言，就像是華格納穿越時空對自己信心喊話。

注釋

【1】一九二二年八月二日的《人民觀察家報》。

【2】來自希特勒的說法，參照 W. Görlitz/H. A. Quint, aaO., S. 185。

【3】Pierre Vienot, »Ungewisses Deutschland«, S. 67.

【4】E. Nolte, »Krise«, S. 92.

【5】根據一篇針對希特勒在諾伊麥爾咖啡廳發表的談話所做的報告，參照 G. Schubert aaO., S. 198。有關個別黨員被開除黨籍，來自奧托·史特拉瑟的說法，參照 W. Maser, »Frühlingsgeschichte«, S. 586 f.。

【6】K. Heiden, »Geschichte«, S. 113。有關希特勒與塞克特的會談，參照 H. Meier-Welcker, »Seeckt«, S. 336 f. 及其他資訊；有關另一會談，見 E. Röhm, aaO., S. 169。

【7】參照 Thilo Vogelsang, »Reichswehr, Staat und NSDAP«, S. 118。以及 Albert Krebs, »Tendenzen und Gestalten«, S. 121 f.。

【8】E. Boepple, aaO., S. 65、K. Heiden, »Geschichte«, S. 112，以及 M. Domarus, aaO., S. 580〔貝特朗·德·朱韋內爾（Bertrand de Jouvenel）對希特勒的訪問〕。

【9】同上，S. 75。

【10】參照 W. Maser, »Hitler«, S. 405，此出處也提供許多後續可以參考的細節。其他資訊來自 K. Heiden, »Geschichte«, S. 143 ff.；G. Franz-Willing, aaO., S. 177，以及 A. Bullock, aaO., S. 79 ff.——當然，由於其較晚才得到國外贊助者的資料佐證，自然也比較不受重視。

【11】G. Franz-Willing, aaO., S. 182。也參照 K. G. W. Luedecke, aaO., S. 99，一位五十歲左右的婦人在聽過希特勒的演講後造訪納粹黨辦公室，主動提出要將自己剛獲得的遺產捐給黨。有關此事的更多細節，

參照 D. Orlow, aaO., S. 108 ff.。

【12】來自一開始也算是納粹黨高層的前海軍軍官黑爾穆．謬可（Hellmuth von Mücke）的說法。其於一九二九年七月在國會發表的公開信中，談到納粹黨的募資方法：參照國會會議檔案，Bd. 444, S. 138 f.。

【13】參照 W. Maser, »Frühgeschichte«, S. 410 f.；K. Heiden, »Geschichte«, S. 46，以及 Walter Laqueur, »Deutschland und Rußland«, S. 76 f.。

【14】引用自 G. Franz-Willing, aaO., S. 195；前文的反資本主義宣傳出處同上，S. 226。

【15】參照一九二三年四月十八日至二十三日，以及一九二三年一月三十一日和三月二十二日的《人民觀察家報》。

【16】來自愛德華．諾茲對這段對話的重述：一九二三年五月二十三日寫給檢察官德雷瑟（Martin Dresse）的信，參照原納粹黨檔案總館 BAK, NS 26/104。

【17】K. Heiden, »Hitler« I, S. 162.

【18】參照符騰堡公使墨瑟（Carl Moser von Filseck）的詳細報告，引用自 E. Deuerlein, »Der Hitler-Putsch«, S. 61；以及 K. Heiden, »Geschichte«, S. 129。希特勒於一九二三年四月二十四日的演說引用自 E. Boepple, aaO., S. 57。有關所謂的猶太人對希特勒的刺殺計畫，參照 W. Maser, »Hitler«, S. 412 f.。

【19】摘錄自戈特弗里德．費德在一九二三年八月十日的信件，引用自 E. Deuerlein, »Aufstieg«, S. 179 f.。以及 A. Tyrell, aaO., S. 59 ff.。

【20】參照 K. Heiden, »Geschichte«, S. 130。

【21】引用自 E. Deuerlein, »Der Hitler-Putsch«, S. 170。

【22】E. Röhm, aaO., S. 215 f.。

【23】E. Boepple, aaO., S. 87。

【24】行政權一開始是交到軍事部長葛斯勒手上，直到一九二三年十一月八日夜間，才因爲希特勒在慕尼黑發動政變的消息而正式移交給塞克特；然而，這只不過是企圖以形式掩蓋實際的權力分配以及當局的無能。毫無疑問地，一直到緊急狀態於一九二四年二月二十四日解除爲止，塞克特與國家防衛軍都掌握著至高無上的權力，我們從他們控制旨在打擊通貨膨脹的經濟政治措施就可以看出這一點。

【25】卡爾發言的上下文爲：「這是國際主義馬克思猶太世界觀與民族主義德意志世界觀之間的大戰，結果將決定全體德意志民族的命運……爲了達成偉大的德意志目標，巴伐利亞注定要在這場鬥爭中掌握主導權。」引用自 E. Deuerlein, »Der Hitler-Putsch«, S. 238。

【26】引述自一九二三年十月十九日《慕尼黑郵報》。

【27】一九二四年二月二十六日，希特勒於慕尼黑人民法院所言，引用自 E. Boepple, aaO., S. 100。

【28】E. Deuerlein. »Der Hitler-Putsch«, S. 72 及 S. 74。

【29】E. Boepple, aaO., S. 87.

【30】希特勒早在一九二三年九月十二日就如此表示，見 E. Boepple, aaO., S. 91。

【31】K. Heiden, »Hitler« I, S. 168，及其著作 »Geschichte«, S. 150；有關前文關於卡爾的引文，參照一九二三年十月十九日的《慕尼黑郵報》，以及 Wolfgang Horn, »Führerideologie«, S. 128。

【32】有關這種情結，參照 E. Deuerlein, »Der Hitler-Putsch«, S. 221 和 S. 506；以及 E. Röhm, aaO., S. 228，H. H. Hoffmann, aaO., S. 107f. 和 S. 118。

【33】符騰堡公使對一九二三年十月二十九日的慕尼黑的報告，引用自 E. Deuerlein, »Der Hitler-Putsch«, S. 90；有關卡爾的聲明，參照 »Dokumente der deutschen Politik und Geschichte« III, S. 133 f.。

【34】E. Deuerlein, »Der Hitler-Putsch«, S. 87；其他引文參照 W. Maser, »Frühgeschichte«, S. 422 和 S. 441；E. Röhm, aaO., S. 228，以及 K. Heiden, »Hitler« I, S.177。

【35】引用自 K. Heiden, »Geschichte«, S. 143。

【36】根據各個不同的消息來源，洛索的這番話是在十一月六日的會議後對奮鬥會的幾位高層所說的——雖然這番話之後被否定，但其可信度依舊無庸置疑。參照 E. Deuerlein, aaO., S. 97。希特勒自己也在一九三六年十一月八日的紀念演說中諷刺地引用洛索的話；參照 M. Domarus, aaO., S. 654。

【37】該信刊載於《觀察家畫報》一九二六年第二期（第六頁）。

第四章　政變

「接著有人喊道：『他們來了！希特勒萬歲！』」

一九二三年十一月九日的目擊者報告

所有相關人士在接下來的這兩天無不神經緊繃，磋商、會議接連不斷，一直到十一月八日爲止；慕尼黑如同大戰前夕似地忙於備戰，各種謠言漫天飛舞。

奮鬥會原先預定於十一月十日傍晚在慕尼黑北方的弗略特馬寧荒原舉行夜間演習，再於隔日清晨以慣常的遊行爲幌子，進軍慕尼黑市區，宣布民族主義獨裁政權的成立，藉此逼迫三巨頭加入行動。然而，他們中途得知卡爾將於十一月八日在貝格勃勞凱勒啤酒館發表重大談話，不僅邀請內閣成員，還有洛索、塞瑟、政府高層、商界名流以及各愛國組織到場參加。希特勒擔心被卡爾搶先一步，在最後一刻推翻了所有的計畫，決定隔天立即展開行動。於是，衝鋒隊和奮鬥會的部隊都被迅速動員起來。

到了隔天，也就是十一月八日，卡爾的集會於晚間八點十五分開始。希特勒身著黑色長外衣、別著鐵十字勳章，驅車前往貝格勃勞凱勒啤酒館。在這輛剛買沒多久的紅色賓士車裡，同時坐著阿佛烈．羅森堡、烏爾里希．格拉夫以及安東．德萊克斯勒。

德萊克斯勒對今晚的計畫毫不知情，此外，這也是他最後一次出現在希特勒的小圈子裡。他們出於保密原因，事前只告訴他今天要到鄉下參加一場集會，直到現在，希特勒才對他坦白他們將在八點半出擊。德萊克斯勒因此感到惱火，他祝福他們順利，但自己退出這項行動。

現場有大批民衆聚集於啤酒館門口，希特勒擔心自己無法按計畫衝進這場進行到一半的集會，於是毫不猶豫地命令執勤的警察淨空現場。正當卡爾投入地演說，以一種新的人性觀建構出「獨裁的道德根據」時，希特勒闖了進來，在門口現身。他表現得特別激動，據目擊者所言，當時部隊已經開至門外，突擊隊傾巢而出，形同作戰一般封鎖了這棟建築物。

他一向偏愛浮誇的戲劇化場景，此時也不例外。希特勒揚起啤酒杯，當一架重型機槍被安放在身側時，做作地喝下最後一口酒，把酒杯乒乓一聲地砸在地上。他高舉手槍，帶領全副武裝的突擊隊衝進大廳中央。

周遭滿是摔落的酒杯與翻倒在地的椅子，他跳上一張桌子，爲了吸引現場的注意，向天花板射出著名的一槍。接著，他穿過被嚇得六神無主的衆人，走上講臺。「民族主義的革命已經開始了，」他高喊，「大廳已經被六百名荷槍實彈的弟兄包圍了，所有人都不准離開這裡。要是各位還不立刻安靜，我就安一架機關槍在走廊上。巴伐利亞政府和中央政府都已經被推翻，臨時政府將要成立；邦警與國家防衛軍的營地都被占領了，他們已經投向我們的鉤十字大旗。」

根據記載，卡爾、洛索和塞瑟在希特勒「不客氣的命令」下，跟他走進旁邊的包廂。大廳的群衆這時候回過神來，大聲嚷嚷著「作戲！」或者「南美（與衝鋒隊同樣縮寫）！」，但是都被衝鋒隊鎮壓下來；而另一頭，包廂裡的希特勒正以一種奇異的方式，試圖讓這些心有不甘的政府代表支持自己。

該事件儘管留有一些矛盾與不明確之處，但基本輪廓仍然相當清晰：希特勒先是瘋狂地揮舞著手槍威脅道，他們沒有一個人能活著離開這裡，接著又馬上禮貌地道歉，表示為了讓幾位先生更容易接受新職務，他才不得不以這種不尋常的方式先斬後奏——當然，他們除了配合別無選擇。按照他的構想，波納被任命為具獨裁權的巴伐利亞總理，卡爾為巴伐利亞行政長官，他自己則上任中央政府的新總統；此外，魯登道夫負責指揮民族主義大軍進軍柏林，塞瑟則被預定為全國警察總長。

他越說越激動：「我知道各位先生覺得很困難，但這一步總是得邁出去，所以我必須在後面推一把。每個人都被分配自己的職位，不照做的人沒有理由繼續存在。各位必須與我一同奮戰，最後不是一起勝利就是一起敗亡。當行動失敗，我的槍膛會留四顆子彈，如果我的同伴背棄我，那三顆就送給他們，剩下一顆留給我自己。」根據記載，他當時戲劇化地將槍口對著自己的太陽穴，發誓道：「如果明天下午失敗，我就不活了。」

然而，這三人出乎希特勒的意料，對他的話幾乎無動於衷。尤其是卡爾，他對這種瘋狂的強買強賣戲碼和自己被分配的角色顯然都很不快，他開口道：「希特勒先生，您可以下令射殺我，您也可以親自射殺我，但對我而言，死或不死都無所謂。」塞瑟指責希特勒違背自己的諾言，洛索則沉默不語。其間，希特勒的追隨者站在門邊和窗邊，時不時舉起步槍威嚇他們。

突襲行動眼看就要因為這三人的沉默冷淡而宣告失敗，不過，早在希特勒當作奇襲暗號將啤酒杯砸向地面時，修伯納利特就開車出發，準備將不知內情的魯登道夫接過來幫忙；他現在寄希望於魯登道夫，希望這位將軍的權威能帶來轉機。希特勒返回氣氛躁動的大廳，他因為談判失敗而感到失望、煩躁，選擇退回人群聚集之處，他在這裡感覺對自己的影響力比較有把握。

當時也在場的歷史學家卡爾．亞歷山大．馮．繆勒作為目擊者，描述了名流們的怒火：這些人被粗野無禮的衝鋒隊員抓住、嘲弄、威脅恐嚇，而這幫無禮之徒的頭頭現在正興奮地排開人群，擠上講臺。在他們看來，這個狂妄自大的年輕人毫無背景，只是憑藉一時的瘋狂衝動行事，卻對普羅大衆產生奇特的影響。他就這樣站在他們面前，黑色長外衣在他身上就像是一件戲服，在這群自信、沉著的巴伐利亞顯要面前，看起來像個可笑的服務生。

據繆勒所述，希特勒當時用一場精采的演說扭轉了現場的氣氛：「只用短短幾句話就改變了氛圍，就像給手套翻個面一樣輕而易舉，我很少見過這種事。他上臺時現場鬧哄哄的，沒有人能聽到他在說什麼，於是他開了一槍。他的動作在我眼前浮現，從後面口袋掏出了那把布朗寧……原來，他過來是為了道歉，沒有做到他先前說的：十分鐘就能完事、放大家離開。」[1]當希特勒站在群衆面前，發現他們都看了過來，表情充滿期待，現場的喧鬧也在自己清嗓子的聲音中平息下來，他就再次滿懷自信。

踏上更大的政治舞臺

嚴格來說，他能講的並不多。就像陳述事實一般，他專橫地重述自己的希冀、預想及願望——新的名稱、新的政府機關和一系列的新提案。他喊道：「德意志民族主義臨時政府的任務，就是傾全國之力和各地德意志民族之力，向罪惡淵藪柏林進軍，解救德國人民。場外的三位男士——卡爾、洛索和塞瑟，經歷痛苦的內心掙扎才做出這個決定。現在，我請問在場的各位，是不是都同意我們向柏林進軍，解決德國的問題？大家都看到，讓我們這麼做的不是驕傲自負也不是自私自利，而是因為我們想在最後關頭為祖國奮戰。我們想建立一個聯邦國家，讓巴伐利亞得到它所應得的。各位到了明天早上，不是看到德意志民族主義的新政府成立，就是看到我們的死亡！」

他自身的說服力，以及假裝與卡爾、洛索及塞瑟三人達成統一意見的欺騙行徑，讓他澈底扭轉了現場局勢。根據目擊者報告所述，希特勒離開了大廳，他在民眾授權下對卡爾說：「如果你加入，整個大廳的人都會支持你。」

魯登道夫這時也到了。對鬼鬼祟祟的保密行爲感到不耐煩，又顯然惱怒於希特勒擅自分配職務卻只留給他軍隊司令一職，他一句話都不問，直接要求三人加入行動；據說，魯登道夫也驚訝於這後來發展成一場重要的歷史事件。

這些人直到面對民族主義傳奇人物的威望，才開始一個接一個地屈服。洛索將魯登道夫的要求當作軍令一般地服從，塞瑟後來也如此，只有卡爾仍然頑固地拒絕。希特勒激動地誘惑他，他一定要加入，只要他加入，人民就會向他下跪。卡爾卻無動於衷，他說這對自己毫無意義。短短的一個來回，兩人的差異立刻看得清清楚楚：希特勒追求戲劇效果，渴望影響他人；作爲政府官員的卡爾則對權力有很清醒的認知。

在各方壓力下，卡爾最終還是屈服了，一群人回到大廳演出相親相愛的戲碼。他們表現出的團結讓觀眾們興奮地跳上椅子，這群演員在現場的歡呼中彼此握手。魯登道夫和卡爾在歡欣鼓舞的民眾面前顯得臉色發白、表情僵硬，希特勒則「散發著喜悅的光彩，陶醉於自己得償所願，成功說動卡爾加入行動」。

他在這短暫而美妙的一刻似乎實現了夢想：被歡呼聲包圍，達官顯要圍繞身側，這些掌聲就像在補償他在維也納所吃的苦；卡爾和當局都站在他這邊，「民族統帥」魯登道夫也同樣如此，而作為選定的德國獨裁統治者，自己更凌駕於這些人之上——他，阿道夫·希特勒，這個在一生中長期猶豫不決、經常失敗的無業遊民，也走到了今天這一步。「對後代子孫而言，這就像是個童話故事。」他喜歡一邊表現得很驚訝，一邊說起這個人生中突如其來的向上翻轉。[2]他可以告訴自己，從現在開始，無論這場政變最後的結局為何，他都不再像過去幾年只能在地方政壇活動，而是已經踏上了更大的全國性舞臺。

他下意識地以熱烈而詼諧的語氣為自己的致詞作總結：「五年前的今天，我還在戰地醫院又瞎又瘸；現在，我要實現自己當時所立下的誓言：我不停歇、不休止，直到將那些掀起十一月革命的傢伙狠狠摜在地上，直到現在這個悲慘的德國從廢墟中重新站起，成為強大、偉大、自由而榮耀的德國為止！阿們！」[3]眾人歡呼吶喊，其他人也不得不簡短地發表聲明。卡爾含糊地向君主制、巴伐利亞和祖國表示忠誠，魯登道夫則談到歷史的轉捩點，雖然依舊對希特勒感到惱火，他還是向在場人保證：「我因為這偉大的一刻而感動、驚喜，自願為德意志民族主義政府服務，聽候差遣。」

集會解散後，他們也逮捕了巴伐利亞總理克尼林以及在場的各部長和警察局長。當衝鋒隊青年隊的負責人魯道夫·赫斯將這些人送去種族主義出版商朱利葉斯·萊曼（**Julius Lehmann**）的別墅關押時，工兵營前也爆發了衝突，希特勒不得不去處理。差不多在晚間十點半的時候，幾乎是希特勒前腳一走，洛索、卡爾與塞瑟就離開了，魯登道夫還向他們友好地道別。

等到希特勒歸返，他和修伯納利特都本能地懷疑離開的三人，魯登道夫卻氣憤地說，他不允許任何人質疑德國軍人的誠信；而兩個鐘頭前，塞瑟也指責希特勒掀起政變是在違反自己立下的誓言——這兩個場景正好反映出兩方的不同：一邊是謹守市民階級社會的原則、捍衛榮譽與勛章的後備軍人；另一邊則是以奪權爲目的，行事不擇手段的政治新秀。

不斷利用市民階級社會的準則與榮譽觀，一再忠實地引用自己所鄙視的遊戲規則，希特勒藉此在這些年間得到很大的優勢；市民階級明明已經不再相信原則，卻又無法割捨，於是，利用他們的原則行事就成了希特勒成功的不二法門。然而，他今晚卻遇上了「以背信棄義對付背信棄義」的對手，最後輸了這一局。[4]

儘管如此，對希特勒而言，這一夜依舊偉大，囊括了他所渴望的一切：戲劇性、歡呼、反抗、行動的亢奮，以及夢想即將實現的無與倫比的狂喜——而這種狂喜是現實所無法比擬。他在之後幾年爲此舉行週年紀念活動，以「勝利行軍」之名操辦得一年比一年盛大，試圖留住現在這偉大的一刻。

「更好的時候即將到來，」他熱情洋溢地對羅姆道，一邊擁抱這位朋友，「我們都希望日以繼夜地爲偉大的目標奮鬥，拯救德國免於貧困與恥辱之苦。」他向德國人民發布一則公告、兩項法令，並設立政治法庭審理政治罪案，宣稱「犯下一九一八年十一月九日叛亂罪的惡棍……即日起不受法律保護」，並要求每位公民都有義務將他們「送交德意志民族政府，死活不論」。[5]

反制行動的進行

然而，另一方在此時也展開反制行動。洛索從啤酒館回來，幾個重要的部下來迎接他，他們語帶威脅地說，他們相信長官與希特勒的友愛戲碼只是個幌子。於是，無論這位將軍先前猶猶豫豫地打算做些什麼，面對這些被激怒的軍官，他也只能放下任何掀起政變的心思。沒過多久，卡爾也發表公開聲明，撤銷先前在貝格勃勞凱勒啤酒館做出的承諾，並宣稱——同樣也對他的人馬保證——其爲武力脅迫下的結果，並下令解散納粹黨與奮鬥會。

希特勒仍毫無所覺，正興奮地忙碌於爲柏林大進軍動員人馬，殊不知邦務委員已經下令阻止他的支持者進入慕尼黑。在革命即將啓程的亢奮情緒中，突擊隊破壞了社會民主主義媒體《慕尼黑郵報》的樓房、挾持人質、肆意劫掠，羅姆則占領了迅納菲爾德街上的軍區司令部。接下來就沒有人知道該做什麼，時間一分一秒地過去，天上開始降下濕濕冷冷的小雪。

一直到過了午夜，卡爾和洛索都沒有傳來任何的消息，希特勒開始坐立不安。派出去的信使沒有一個返回，威廉·弗里克好像被逮捕了，波納之後也無影無蹤，他這時才察覺自己被擺了一道。

與先前受到挫折或失意時一樣，希特勒的脆弱心靈又無法負荷，立刻崩潰了。尤利烏斯·施特萊赫在凌晨來到啤酒館，敦促他向民衆發表慷慨激情的演說，重掌主動權。據施特萊赫所述，當時希特勒怔怔望著他，心灰意冷又茫然無助，寫下一紙聲明，要將「整個組織」託付給他，似乎已經放棄一切。[6]他先是一陣麻木心冷，接著開始極度絕望，從這種歇斯底里的發作順序，我們已經能看出他日後的瘋癲與狂躁。最後，希特勒決定拋開一切、瘋狂反擊，計畫發動示威遊行。他說：「如果能行，那很好；要是不行，我們就上吊。」這句話也同樣預示他未來是如何從勝利走向滅亡，轉眼間就從凱旋走向自盡。

他派遣一支小隊出去打探情況，在發現風向對自己有利後，又馬上重獲希望與激情，再次對煽動大衆情緒充滿信心。「宣傳！宣傳！」他喊道，「現在只差宣傳就能成功！」他立刻開始策劃，先是在晚上舉行十四場群衆集會，作爲主講者出席每一場活動，隔天還要在國王廣場與數萬人爲民族主義起義共同慶祝。天才剛亮，他就下令爲慶祝活動印製宣傳海報。[7]

這個反抗決定不僅重大，更是他僅存的出路。在描述這段歷史時，幾乎所有歷史學家都指責希特勒在關鍵時刻的表現不配當革命家，然而，他們都忽略了他的前提與目標，這些指控也就因此變得站不住腳。[8]希特勒的神經確實過於脆弱，但是他不占領電報局和政府部門、不掌控各大火車站和軍營的決定也合乎邏輯，因爲他完全不打算以革命征服慕尼黑，而是希望以慕尼黑爲後盾，進軍柏林。之所以灰心喪志，就是因爲他比這些評論家更敏銳、更現實地察覺到，沒有盟友的支持，這次的行動勢必失敗。

因此，他顯然不指望示威遊行和自己策劃的宣傳活動能力挽狂瀾，而是僅僅希望廣大的民意支持能成爲一把保護傘，讓他們這些參與叛亂行動的人免受政治清算與法律追究。儘管如此，他在那一晚的瞬息萬變中，也會不時幻想著自己在群衆間掀起一場風暴，將慕尼黑的一切拋諸腦後，踏上前往柏林的征程。沉浸在這樣的幻想中，希特勒在天快亮的時候想出派遣巡邏隊到街上高喊「亮出旗子！」的計畫。他說：「看看我們能不能激起大家的熱血！」[9]

事實上，這場「進軍柏林」的行動不乏支持。形勢在早上變得明朗，社會大衆絕對比較支持希特勒與奮鬥會：慕尼黑的市政廳、許多建築與民宅都被插上、或自行升起鉤十字大旗，各大早報也正面報導前一晚在貝格勃勞凱勒啤酒館的事件。納粹黨從昨天開始就不斷有新血加入，已累計兩百八十七名新黨員登記入黨，奮鬥會設置於慕尼黑各區的推廣處同樣門庭若市；軍營裡的低階軍官與士兵們毫不避諱地支持希特勒的行動與出征柏林的計畫；在這種寒冷的十一月早晨，被施特萊赫派出的宣傳員在周遭異常興奮的氛圍中獲得了熱烈的掌聲。

儘管如此，在這段時間與群衆隔絕的希特勒卻感受不到這種推動與鼓舞，於是在上午又開始重新思量；如此看來，即便是這個時間點——他政治生涯的早期——希特勒就已經極度依賴群衆的力量，他們能從根本上增強或削弱他的安全感、能量和勇氣。

一大清早，他就將奮鬥會情報組組長諾恩策少尉（Max Neunzert）派往貝希特斯加登，希望請動巴伐利亞王儲魯普雷希特出面調停。現在，他一是不願在少尉回來之前採取任何行動，二是擔心示威遊行的隊伍會與卡爾一方的武裝部隊起衝突，以更具毀滅性的形式重演五一的慘敗，衆人因此爭論不休。

當希特勒還在猶豫、懷疑、苦苦盼望諾恩策少尉歸來時，魯登道夫以一句響亮的「我們出征！」爲一切討論畫下句點。臨近正午時已經有數千人在旗手身後列隊，幾位領導人與軍官們在前方發號施令：魯登道夫穿著便服，希特勒套了一件風衣在前一晚的黑色長衣外，烏爾里希·格拉夫、修伯納利特、弗里德里希·韋伯醫師、克里貝爾以及戈林都站在他身邊。他後來表示：「我們走的時候堅信，無論如何，這就是結局。出發時，有人在階梯上和我說：『這就是終結！』的確，每個人都這麼相信著。」[10]他們唱著歌，踏上征途。

遊行隊伍在伊薩橋上與邦警狹路相逢。面對警方的強力封鎖，戈林威脅，只要他們開第一槍，所有被監禁的人質都會立刻被殺。邦警頓時動搖，被遊行隊伍趁機以十六人爲一組的人牆猛力推擠，將他們衝得七零八落；警察們不僅被當衆繳械，還被吐口水、打耳光。慕尼黑市政廳前的瑪利亞廣場，施特萊赫正站在高高的講臺上向民衆演講，而過去被群衆如「救世主」一般簇擁的希特勒，這一天卻只是沉默地領著隊伍遊行——由此可見，他現在遭逢多大的危機。[11]他還挽著修伯納利特的手臂，流露出一種依賴的、尋求支持的姿態，幾乎不符合他的領袖形象。遊行隊伍伴隨著路人的歡呼聲，漫無目的地轉進市區的狹窄街道，領導高層在他們接近官府路時帶頭唱起《噢，崇高榮耀的德意志》。

遊行隊伍在奧登廣場又一次碰上警方的封鎖線，接下來的發展就變得撲朔迷離，各方說法不一。混亂的說詞彼此糾結，有的證詞充滿幻想、有的證詞力求開脫，然而有一點是不變的：先是一聲槍響，接著雙方激烈交火，持續約莫六十秒。

第一個受到致命傷倒下的是修伯納利特，希特勒也因爲被拖著摔倒而手臂脫臼；納粹黨前副主席奧斯卡・寇納與高等法院法官普弗登（Theodor von der Pfordten）相繼倒下；共計十四位遊行者與三位警員當場死亡或瀕死，多人受傷——戈林也是其中之一。所有人在槍林彈雨中倒下、跌倒或者四處逃竄，只有魯登道夫一邊氣得發抖，一邊昂首闊步穿越封鎖線——如果當時有一小隊人堅定地跟隨他，或許這天就會迎來截然不同的結局，只可惜當時沒有人跟在他身後。

這麼多人屈服並非因爲怯懦，而是當他們直面邦警的槍口，心中就會本能地升起對政府權威的敬畏。魯登道夫的境界遠遠高過他的盟友，他倨傲地在廣場上等候值班的軍官逮捕自己；布魯克納、弗里克、德萊克斯勒和韋伯醫師也跟著束手就擒；羅斯巴赫逃到薩爾斯堡，賀爾曼・埃瑟則逃到國境另一端的捷克斯洛伐克尋求庇護。到了當天下午，占領軍區司令部的恩斯特・羅姆也在雙方短暫交火、兩位奮鬥會成員犧牲後投降——順帶一提，他當天的旗手是慕尼黑一位德高望重的中學校長的兒子，戴著眼鏡，相貌陰柔，正是日後大名鼎鼎的海因里希・希姆萊。

在一場沉默的送別遊行中，奮鬥會成員肩上扛著死去的弟兄，手無寸鐵地穿行過市區，各自解散；羅姆本人被逮捕。

對比魯登道夫的英勇無懼，這時再度崩潰的希特勒顯得更難看。追隨者們一致表示，他在情勢未定時就離開躲在掩蔽物後的大夥兒，倉皇遠離現場，置死者與傷者不顧。他後來道歉說，這是因爲他誤以爲魯登道夫已經身死——但要是眞的如此，希特勒作爲領導者就更該留下來主持大局才是。總之，他當時用一輛救護車逃出混亂的現場，幾年後還編造出「從火線救出一名無助孩童」的傳說，煞有其事的樣子，最後因爲被魯登道夫一派拆穿而放棄這個說法。[12]

他躲到鄉下——距離慕尼黑十六公里遠的施塔弗爾湖畔烏芬——漢夫丹格的鄉間別墅療養脫臼、發疼的肘關節。他垂頭喪氣地對漢夫丹格說，是時候了結一切、開槍自盡了，但這位朋友成功勸阻了他。希特勒在兩天後被逮捕，據說他當時「面色蒼白、像是被逼到絕境的獵物，頭髮亂糟糟的，還有一綹黏在臉上」，被移送至萊希河畔蘭茨貝格的要塞監禁。就連在這種災難般的境地，他也不忘維持個人形象，讓搜捕隊的軍官在押解之前爲自己戴上一級鐵十字勛章。

希特勒到了牢裡依舊意志消沉，一開始以爲自己會被槍斃。[13]馬克斯．阿曼、施特萊赫、狄特里希．埃卡特和德萊克斯勒在幾天後也被押解至此地，韋伯醫生、波納、弗里克、羅姆和其他人關押在其他幾所慕尼黑的監獄，只有魯登道夫沒有被逮捕——沒有人有這個膽子。

顯然，希特勒也隱約覺得他自己錯了，雖然還活著，但他的事業無論如何都已一敗塗地。有那麼幾天的時間，他都在計畫——雖然不曉得到底有幾分認眞——在自己被行刑隊處決之前，搶先絕食而死。德萊克斯勒後來聲稱，是他勸說希特勒打消這個念頭；此外，故友的遺孀修伯納利特夫人也帶他走出這段時間的陰霾。

對希特勒而言，當時在統帥堂前響起的槍聲不僅意味著他三年來的高歌猛進戛然而止、一切戰術布置被破壞，更是現實給予他的迎頭痛擊。他從第一場狂歡般的演講後，就沉浸在一個越來越不眞實的幻想世界，精妙地施展自己迷醉大衆與自我陶醉的把戲，主角專屬的掌聲與熱鬧場面圍繞身側，他甚至已經能看到飄揚的旗幟、軍隊和凱旋的隊伍——但很快地，白日夢的面紗被突然撕碎，坦露出被遮蓋的眞實面目。

儘管如此，在希特勒發現自己即將受審時，又信心大振。他馬上預感到，這場審判將會成爲自己的舞臺，他會以戲劇性十足的表演收穫觀衆的青睞與掌聲。一九二三年十一月九日的失敗政變後來被他稱作「可能是他人生中最大的好運」，顯然是因爲現在這場審判給了希特勒機會，讓他得以走出絕望和自暴自棄的情緒，回到自己所渴望的賭桌旁，再次以玩家身分參與賭局——他現在能再次下注，一舉將丟臉收場的草率政變扭轉爲煽動家的勝利。

開庭審判

一九二四年二月二十四日，法庭於布魯騰堡街的前軍校開庭審理叛國罪一案，所有參與者一致默認不觸及本案的「眞實核心」。希特勒、魯登道夫、羅姆、弗里克、波納、克里貝爾以及其他四位涉案者被控告，卡爾、洛索與塞瑟則以證人身分出庭——這種法庭上的奇異對立與雙方先前微妙的同盟關係大不相同，希特勒也善加利用這一點。

不同於卡普政變的參與者，希特勒沒有宣稱自己清白無辜，而是說：「每個人都舉手發誓：自己什麼都不知道，沒有這種打算，也不想做這種事。這種行爲是在摧毀市民階級社會——他們沒有勇氣爲自己的行爲負責，也不敢對法官說：『對，我們就是想這樣，我們就是要推翻這個政府。』」他對自己的企圖供認不諱，卻否認自己叛國：

「我無法承認自己有罪，」他解釋，「我承認自己的所作所爲，但不承認自己叛國——反抗一九一八年叛國犯政府的行爲並不算叛國；更何況，十一月八日到十一月九日的事件可談不上叛國，能用上這個詞的，頂多是幾週乃至幾個月前的結盟與行動。如果我們已經觸犯了叛國罪，那我很訝異，當時一同奮鬥的其他人現在不坐在我這邊。他們想做的事和我們一樣，大家還一起討論、為最細節的問題做準備。因此，只要那幾位先生不坐過來我旁邊，我就不得不否認指控。我覺得自己不是叛國賊，而是為人民謀福祉的德國人。」【14】

被他抨擊的人沒有一個知道該怎麼反駁。事實上，希特勒藉由這種方式，不僅將法庭變成「政治嘉年華」，更讓被告與原告互換角色，令檢察官突然不得不為三巨頭辯護。

審判長對此並無不滿，也未曾斥責希特勒對「十一月罪犯」的辱罵與宣戰，只在觀眾的掌聲太熱烈時才溫和地責備他們；甚至當波納直呼總統姓名、表示威瑪共和的政府與法律對自己不具約束力時，也不曾被打斷。這位法官正如某位巴伐利亞部長在三月四日的內閣會議上所言：「並未表現出與被告相左的觀點。」【15】

在這種情況下，卡爾和塞瑟沒多久就心灰意冷。卡爾面色陰沉地目視前方，試圖將這次行動的所有責任歸咎在希特勒身上，卻自相矛盾、破綻百出，落入希特勒的圈套卻不自知。只剩洛索還有一戰之力，他精神抖擻地一再指責希特勒屢次食言，並表示：「不管希特勒先生再講多少次，假的就是假的。」帶著上層階級對下層的全然輕視，他將納粹黨主席描述為「不得體、目光短淺、無趣、時而殘暴時而多愁善感，總之是個下等人」。他還找人針對希特勒做過心理分析，根據報告：「希特勒自認是德國的墨索里尼、德國的甘必大，而他的追隨者繼承了拜占庭帝國的糟粕，諂媚地稱其為德國的救世主。」希特勒時不時發出怒吼，試圖蓋過這位將軍的聲音。儘管擾亂法庭秩序，他僅僅被警告要自我克制，並未因為「藐視法庭」而受罰——因為審判長認為這種處罰「沒有什麼實際意義」。【16】

甚至連首席檢察官的起訴都分外客氣，他稱讚希特勒具有「獨特的演說天賦」，並表示：「稱其爲煽動者卻還是有失公允。」懷著尊敬與善意，他繼續道：「私生活一直很乾淨，這點特別值得肯定，畢竟作爲知名的政黨領袖，他身邊肯定會許多誘惑……這個人天資卓越，他出身平凡，卻還是憑藉認眞與努力，在社會上取得可敬的地位。他爲思想奉獻，即使犧牲自我也在所不惜；作爲士兵，他也盡了最大的努力。我們無法指責他以自己創造的地位滿足私利。」[17]

希特勒在法庭上逆轉劣勢，這場慘敗的政變由衆人恥笑變成風光凱旋，十一月八日深夜到十一月九日凌晨的痛苦與猶豫不決，也被塑造成大膽的民族主義壯舉。他的成功誠然得力於各方對他的優待，但眞正不可或缺的，還是他自身的能力。剛經歷慘敗就能以本能自信滿滿地迎戰訴訟，爲失敗的行動扛下全責，並且以更高尚的名義——愛國主義與歷史責任——替自己辯護，無疑能算作他最令人印象深刻的政治成就之一。希特勒的結語一如他在這場審判中所表現出的自信，也提到先前洛索只將他定位成「宣傳者和煽動者」的評論：

「眼界狹小的人，思想也如此狹隘！我希望各位離開這裡時都明白，我對部長的職位並無覬覦之意。如果有個偉人名留青史只是因爲他是個部長，那我並不認爲他值得敬佩……我的目標從一開始就比當部長要遠大千百倍——我要摧毀馬克思主義！我會完成這個任務，等到我成功的時候，部長的頭銜就變得微不足道。我第一次站在華格納墓前的時候，心中的自豪就滿溢而出，因爲長眠於此的這個人，不允許自己的墓誌銘被寫成『樞密大臣暨音樂總監理查·華格納男爵閣下於此安息』。我驕傲於他和德國歷史上的許多人，都滿足於以自己的名字而非頭銜流傳於世。我選擇當『鼓動者』並非出於謙虛，而是因爲這才是最重要的；於我而言，其他的

都不重要。」【18】

希特勒在替自己辯護時，理所當然地以偉人自居、不加掩飾地自誇，讓他一開口就引來現場的驚異，成功成爲這場審判的核心人物。儘管官方文件一直謹守階級順序地將魯登道夫的名字排在希特勒之前，但各方勢力都對這位一次大戰的參謀總長多有照顧，避免將炮口指向他，讓希特勒又得到了一個機會：他表示自己爲本次行動負全部責任，藉此，他得以越過魯登道夫，占據了種族運動仍然空缺的領袖位置。

隨著審判的進行，他在行動中的蠻橫不講理、不切實際與全然絕望都消失無蹤，示威遊行當天早晨的被動和不知所措同樣不見蹤影，啤酒館政變越來越像一場巧妙策劃、澈底執行的絕妙行動，引來現場的驚嘆與欽佩。「十一月八日並未失敗，」他在法庭上如此宣布，並以此在大衆面前爲日後的傳奇奠定基礎。最後，他激動地預言自己將在政治與歷史上皆取得勝利：

「我們訓練出來的軍隊，每一天、每一刻都在成長。我在這幾天更是自豪地期待，這些未經嚴格管束的小隊有一天能壯大成營，營成長爲團，團再發展爲師；到時候，舊帽徽不再埋沒於汙泥之中，舊旗幟將再次飄揚，我們也會在永恆的最後審判中得到平反。庭審的聲音將從我們的骸骨與墳墓傳出，只有祂，才有資格審判我們。因爲，不是您們——在座的先生們——來審判我們，而是永恆的歷史法庭要審判對我們的控訴。各位會做出什麼樣的判決，我很清楚；但歷史的法庭不會問我們：幾位是否犯了叛國罪？相反地，祂會將前參謀總長和他麾下的軍官與士兵評價爲『替人民與祖國謀取最大利益，並爲此奮鬥和犧牲的德國人』。即便各位千百次宣告我們有罪，永恆歷史法庭的女神也會微笑著撕毀檢察官的起訴書和法院的判決書，宣告我們無罪。」

最後，慕尼黑人民法院的審判結果與希特勒所預言的「永恆的歷史法庭」的判決相差無幾。審判長與三位參審員商議良久，直到他保證希特勒一定會被提前減刑，他們才同意做出有罪判決。

由於民眾都期待替這位被多方護航的鬧事者歡呼慶賀，宣讀審判結果就成了慕尼黑社會的一件大事。判決再次強調被告的「純粹的愛國精神與最崇高的意志」，判處希特勒最低五年徒刑，服刑六個月後得以緩刑；魯登道夫則宣告無罪釋放。

根據法律規定，爲非作歹的外國人應被處以驅逐出境；當法官宣判該法令不適用於「像希特勒這般所思所想一如德國人民的人」，他頓時得到觀眾席如雷的喝采。審判員紛紛離場，布魯克納高喊：「這才有理！這才有理！」希特勒走到窗邊，出現在爲他歡呼的民眾眼前，獻花在他身後越堆越高。在這場與希特勒的鬥爭中，政府當局又輸了。

納粹黨的困境

儘管如此，希特勒的事業上升期似乎也已經過去了。確實有民眾在十一月九日後馬上爲他在慕尼黑聚眾鬧事、進行暴力示威活動，種族主義勢力也在後來的巴伐利亞議會選舉和國會選舉中大有斬獲；然而，黨主席的缺席也讓政變後被取締的納粹黨不再團結。

缺乏希特勒的個人魅力與權術，他們在短短的時間內開始分崩離析，小團體之間毫無意義地彼此嫉妒、互相攻訐；德萊克斯勒也抱怨希特勒「用瘋狂的政變徹底毀了這個黨」。[19]社會大衆的不滿情緒一向是他們煽動群衆的唯一機會，然而，到了一九二三年的年底，隨著國內情勢越來越穩定，特別是通貨膨脹也逐漸趨緩，一向命途多舛的共和政府開始進入「幸福歲月」，他們的優勢也就越來越小。十一月九日的事件儘管只發生在巴伐利亞，卻是威瑪共和這齣歷史大劇的轉捩點，宣告著戰後時期的結束。大衆被統帥堂前的槍響喚醒，德國人不再如先前一般被虛幻蒙蔽，轉而將目光投向現實。

啤酒館政變不僅是威瑪共和的轉捩點，對納粹黨和希特勒自己也是一個重要的轉折點，他從中學到的教訓，無論是戰術或是人生體悟，都左右著他今後的人生道路。希特勒後來年年爲此舉行陰森的紀念祭祀活動，他會隨著遊行隊伍穿過一架架冒著濃煙的焚火臺，在國王廣場上召喚那一天的犧牲者從青銅棺木出來，響應最後的號召。這不僅是因爲他熱愛戲劇，偏愛抓住任何能將歷史素材轉換成政治作秀的機會，更是他作爲一位成功的政客，正在向自己最有政治啓發意義的經歷之一致敬，向一生中「最大的幸運」和納粹黨的「眞正誕生」致敬。[20]希特勒的名聲第一次在巴伐利亞以外的地方爲人所熟知，納粹黨得到了英勇先烈、一段傳奇、受迫害卻依舊堅貞的浪漫色彩，甚至是堅決果敢的光環。「各位不要搞錯了，」他在後來一場紀念致詞中讚揚這場政變帶來的一切好處，並將其歸結爲「命運的智慧」：「如果我們當時不行動，我就永遠沒辦法發起革命運動。那些人就有理由說：你和其他人講一樣的話，也同樣都不做事。」[21]

此外，屈服於國家權威槍管下的經驗，也讓他澈底理解自己與政府之間的關係，由此在後來幾年中發展出奪取權力的一貫方針，力抗己方陣營一切浮躁不耐、主張掀起動亂的反對聲浪。雖然希特勒坦承自己「從一九一九年到一九二三年都只想著政變」，[22]但其實並不完全如此，他先前也試圖爭取過當權人物的支持。如今，他更在政府權威的陰影下，學會妥善處理自己的衝動本性，發展出一套民族社會主義革命的戰術。

他從啤酒館政變的失敗體悟出一個道理：以武力征服現代的國家政府根本毫無指望，只有以憲法爲基礎奪取政權才有可能成功。當然，這並不代表希特勒願意在奪權路上受憲法管束，相反地，他只是決定以合法掩護非法行事。他後來不斷地主張憲政只是爲了頌揚權力與鬥爭的合法性，此外，他也曾經在公開場合談論事後的總清算。修伯納利特於一九二三年九月二十四日的備忘錄上就已經寫著：「在尚未接管政治實權之前，不得發起民族主義革命；唯有獲取國家的統治工具、足以調動警力，才有條件進行民族主義的革命。」[23]

希特勒表現得越來越嚴格遵守秩序，還被人諷刺地取名爲「阿道夫·合法」；他也一再聲明自己正派行事、捍衛傳統，贏得了諸多名流與各大組織的好感。早期的暴戾野心被壓抑，偶爾才能看出端倪——因爲他所尋求的不是再一次的失敗，而是與政府共同合作。許多人錯誤解讀希特勒這種戰術性的裝模作樣，而將他簡化歪曲成保守、反動的小市民階級。

他將自己無能拉攏軍隊與警察的領頭人當作政變失敗的主因，於是，改善與國家防衛軍之間的關係在他看來是目前的重中之重。他在慕尼黑人民法院發表結語時，已經透露出這種不容辯駁、幾乎被奉爲圭臬的新戰術原則；他於庭上高呼：「國家防衛軍站在我們這邊的那一天會到來！」爲了達成目的，希特勒冷酷地將自己的黨軍置於從屬位置，一直到一九三四年六月三十日血腥的長刀之夜爲止。同時，他也將衝鋒隊獨立出來，因其既不應歸屬於國家防衛軍，兩者也不應互爲競爭對手。

這次的挫折除了讓他制定出更明確堅定的戰術，也完全改變他對政治的觀念。在此之前，希特勒尤以態度斷然、行事偏激著稱，他就像是某種不可抵擋的「自然之力」；他以自己在戰場上習得的模式理解，政治就是衝向敵軍、突破防線、雙方交火，最後不是勝利就是毀滅。直到現在，他才完全了解政治遊戲的意義和可能性、策略性的手段、虛與委蛇和從長計議；直到現在，他才不再以情緒化、不成熟的煽動以及「藝術性」的想法對待政治。

他的形象大為改變，不再是被各種事件與自己的衝動沖昏頭的煽動家，而是一位行事有條不紊的權力掌控大師。因此，失敗的啤酒館政變是希特勒人生的重大事件之一，具有決定性的意義，也替他的「見習時期」畫上句點——精確來說，更是標誌出他在政治路上的真正起點。

政治生涯的突破

漢斯．法蘭克——希特勒的律師兼日後的波蘭總督——在紐倫堡審判中提到，希特勒的「歷史性的一生」與「性格本質」都在這場十一月的政變中展露無遺。一開始會看到的是他的極度矛盾、自我膨脹和滿溢的情緒——讓人不由得想起他在年少時期以都市規劃師、作曲家與發明家自居，成天瘋狂做著白日夢——接下來，他又像是覺得自己無力回天的絕望賭徒，一下子放棄全部希望，內心只餘麻木。

希特勒在九月時還對某位追隨者自信滿滿地說：「知道羅馬歷史嗎？我就像是馬略，卡爾是蘇拉；我是平民領袖，他則代表貴族階層，但是這次贏的會是馬略。」[24]卻在剛遇上一些阻礙時馬上選擇放棄。他不是行動者，而只是行動的宣傳者。

確實，他已經證明自己渴望接受挑戰，但抗壓性卻遠遠不及自己的野心。希特勒之前預言這是一場壯烈的「泰坦之戰」（譯註：出自希臘神話，是泰坦神族與奧林匹斯神族為了爭奪宇宙霸主地位而展開的一場戰爭），在貝格勃勞凱勒啤酒館那極度激昂的一刻，他更發誓這個行動沒有回頭路，而且已經成爲「世界歷史事件」；然而，後來面對這個「世界歷史事件」，他卻不光彩地逃跑了——據其於法庭所言，這是因爲他「不想再了解這個虛僞的世界」[25]——爲了「高額獎勵」，他再次下注，卻再次輸了。

最後，他藉著自己的三寸不爛之舌才挽救這一切。顚倒是非黑白，反轉自己的慘敗，我們能看出他對現實的體會有多麼少，而又是多麼精通於將事實呈現成自己想要的樣子——爲之加油添醋，塑造成自己的宣傳利器。他在政變的表現與法庭上的表現完全不同，行動時狂熱、倉促、優柔寡斷、笨拙又充滿不安全感，卻在面對法官時顯得極其冷靜而機智果敢。

此外，希特勒身上有一種鮮明的賭徒特質，因爲行事只憑運氣，他最後容易徒勞無功或者陷入絕望的境地。從他在一九二三年做出的一切決策就得以看出這種做事不留後路的風格，好似他總是先把自己逼入絕境，再不顧一切地往已經過高的賭注上加碼——算是自毀傾向的表現。他諷刺地將做事瞻前顧後的政客稱爲「政治場上的矮冬瓜」，對那些「從不冒險」的人表示輕蔑，俾斯麥的名言「政治是機會的藝術」也被他評爲「一個廉價的藉口」。[26]

希特勒的自毀傾向不僅體現於戲劇型人格，更從一九〇五年輟學後就伴隨著他，直到生命的最後一刻爲止；當面臨最極端的挑戰——成爲世界霸權或是毀滅——他再次不留退路，在總理府地下掩體的沙發上了結一生。

値得注意的是，當他步入政壇時，這種潛在的威脅依舊如影隨形。雖然一直在許多方面表現得過於激進，好似誇張的滑稽劇，然而，我們是否眞的只是因爲事後的投射才能了悟地說出：現在正在舞臺上興奮激動的希特勒，其實身上早就潛藏著災難的氣息？

一九二三年十一月九日就是希特勒的突破之日。隊伍在當天中午快要接近奧登廣場時，還有路人問說，領頭的那個希特勒是不是就是「那個住街角的小伙子」；[27]現在，這個「小伙子」已經正式踏上歷史舞臺。無論是十一月九日、整個人生抑或是生命的終結，他都以一場失敗讓自己被寫進歷史。後來也是如此，藉著一場更毀滅性的浩劫，他得以永垂不朽。

注釋

【1】此處及後文皆引用自繆勒於希特勒審判報告中所述，審判的第九天及第十三天，S. 60 ff. 及 S. 57。

【2】例如一九三五年十一月八日的演說，引用自 M. Domarus, aaO., S. 554。

【3】引用自 K. Heiden, »Geschichte«, S. 158。

【4】會議結束時，當時在場的內政部長施威耶走到希特勒面前，「像個生氣的老師一樣」拍擊後者的胸膛，對自認爲是當晚的勝利者的希特勒說，「這個勝利不過是背信棄義而已」；文中所引用的評論來自 K. Heidens, »Hitler« I, S. 181。

【5】參照 H. H. Hoffmann, aaO., S. 186；以及 E. Röhm, aaO., S. 235。

【6】尤利烏斯．施特萊赫在紐倫堡大審的供詞，IMT VH, S. 340。

【7】參照 K. Heiden, »Hitler« I, S. 109。

【8】舉例來說，W. Maser, »Frühgeschichte«, S. 453 f. 甚至指責希特勒討好君主派的將軍；K. Heiden, »Geschichte«, S. 162 f.；A. Bullock, aaO., S. 109 f. 也一樣，一方面證明希特勒沒有發動革命的能力，另一方面卻又否定他有發動革命起義的意圖。

【9】Wilhelm Hoegner, »Hitler und Kahr«, S. 165.

【10】一九三五年十一月八日的演說，引用自 M. Domarus, aaO., S. 553。

【11】H. H. Hoffmann, aaO., S. 201。

【12】參照 K. Heiden, »Geschichte«, S. 192：魯登道夫一派的人在一九三三年發表一篇文章，詳細探討該傳說的眞僞，並激動地引用魯登道夫在十一月九日討論示威遊行的適當性時的結語作爲文章的標題：Karl Fügner, »Wir marschieren«, München 1936。有關啤酒館政變的完整脈絡，也參照 Harold J. Gordon jr., »Hitler- Putsch 1923« 中的詳盡研究。

【13】上巴伐利亞政府對希特勒在烏芬被逮捕的報告，引用自 E. Deuerlein, »Der Hitler-Putsch«, S. 373。

【14】»Der Hitlerprozeß«, S. 28：前面有關希特勒對卡普政變者的行爲無法苟同的引文，引用自其於一九三四年十一月八日的演說。漢斯・胡森（Hans von Hülsen）將這場審判稱作「政治嘉年華」，引用自 E. Deuerlein, »Aufstieg«, S. 205。

【15】對法官的譴責來自於國務卿麥奈爾（Wilhelm von Meinel），參照 E. Deuerlein, »Der Hitler-Putsch«, S. 216；同上，S. 221 f. 也有文中提及的波納的說法。

【16】K. Heiden, »Hitler« I, S. 198 f.；以及 »Der Hitlerprozeß«, S. 104 ff.。

【17】來自首席檢察官史坦萊恩（Ludwig Stenglein）的發言，引用自 H. Bennecke, »Hitler und die SA«, S. 104。有關此，也見 H. H. Hoffmann, aaO., S. 247。

【18】»Der Hitlerprozeß«, S. 264 ff.。有關對法庭行爲的肯定，參照 H. Heiber, »Adolf Hitler«, S. 43，以及 A. Bullock, aaO., S. 111 ff.。

【19】Hans Frank, aaO., S. 43.

【20】K. Heiden, »Geschichte«, S. 169.

【21】一九三三年十一月八日的演說，引用自 Cuno Horkenbach (Hrsg.), »Das deutsche Reich von 1918 bis heute«, S. 530 f.。有關一九二三年的事件的詳細戰術教訓，一九三五年十一月八日的演說也提供了詳盡的資訊，參照 M. Domarus, aaO., S. 551 ff.。

【22】一九三六年十一月八日的演說，引用自一九三六年十一月九日的《人民觀察家報》。

【23】引用自 K. Heiden, »Geschichte«, S. 135。

【24】同上，S. 165。有關漢斯．法蘭克的評論，參照 »Im Angesicht«, S. 57。

【25】一九二四年二月二十六日的演說，引用自 E. Boepple, aaO., S. 110。

【26】見希特勒於漢堡民族俱樂部的演說，引用自 W. Jochmann, »Im Kampf«, S. 103 f.；以及 K. G. W. Luedecke, aaO., S. 253。也參照 James H. McRandle, aaO., S. 146 ff.。

【27】引用自 E. Deuerlein, »Aufstieg«, S. 197。

第三卷　蟄伏

第一章　幻影

「您要知道，我們是以歷史的眼光來看待這些事件。」

阿道夫．希特勒

希特勒的牢獄生活

希特勒在蘭茨貝格監獄的牢房牆上掛上一個月桂冠，似乎不僅爲了宣告自己的意志堅不可摧，也是爲了象徵自己終將勝利。其實，無論在政治層面或個人方面，被迫與政治圈隔離都對他有利：得以躲過政變失敗對納粹黨的重大打擊，一邊旁觀苦悶逃竄的追隨者們互相指責爭執，一邊不受干擾地維持自己「爲民族主義犧牲奉獻」的英勇光環。此外，這段時間的自省也令他擺脫這些年來不自覺的煩躁不安，重新恢復對自己，以及自身使命的信心。

隨著激昂的情緒平息，他作爲民族主義右派陣營領袖的形象也越來越鮮明；雖然一開始還有些遲疑，但隨著政變訴訟的進行，他越來越有自信，表現得像是被上天授予救世使命的唯一領袖。藉由這種強烈且一貫的角色意識，希特勒令獄友們覺得他是「被特別選定的人」；他也從此戴上一張面具，任何微笑、無私的行爲或忘我的舉止，都再也無法融化他的冷酷。

他在日後也以這種不帶個人情緒的假面活躍於政壇，統治了整個舞臺。早在啤酒館政變之前，狄特里希·埃卡特就抱怨過此人的狂妄自大與「救世主症候群」，[1]如今，希特勒爲了營造出偉大領袖的形象，更是刻意將自己塑造成一座冷硬的雕像。

牢獄生活並未影響他形塑自我的過程。在後來的附帶民事訴訟中，又有大概四十位政變參與者被判刑、送到蘭茨貝格監禁，其中包括「希特勒突擊隊」的成員、約瑟夫·柏赫托德、約翰·豪格（Johann Haug）、埃米爾·莫里斯、馬克斯·阿曼、魯道夫·赫斯、埃德蒙·海涅斯、尤利烏斯·施雷克以及當時還是學生的華爾特·賀斐爾。獄方允許希特勒在這些追隨者的環繞下享受愜意的團體生活，同時也盡力以任何方式滿足他的特殊要求。他能夠坐在休息室的主位用餐，在他背後的牆上還掛著鉤十字的大旗；不僅有獄友們代爲打掃自己的牢房，他也不用參加這些人的日常工作和體育競賽活動；比他晚入獄的同志們必須「馬上向領袖報到」，據說還要固定在每天十點「向頭兒匯報」。

希特勒白天忙於和許多人通信。一位名叫約瑟夫·戈培爾的年輕語言學博士寫了一封文采斐然的致敬信，對他在法庭上發表的結語表達敬意：「在這個逐漸崩潰、神靈已死的絕望世界，您所說的話就是一種新的政治信仰教義……上主讓您說出我們的苦痛，而您以救贖的話語講述我們受到的折磨……。」休斯頓·斯圖爾特·張伯倫也寄信到獄中給他，在此期間，阿佛烈·羅森堡也在外面廣發「希特勒明信片」，希望以這幾百萬張的明信片當作他們元首的象徵，讓大衆不會遺忘這位正在獄中的煽動家。[2]

希特勒經常在監獄裡的花園散步。他的風格依舊不統一，既會在追隨者對自己行禮時表現出一副凱撒大帝的作派，卻又會穿著傳統的巴伐利亞短皮褲和外套，還時常會戴上一頂帽子。只要他在所謂的「同志之夜」發言，監獄的公務人員就會擠在外面的樓梯間，安安靜靜地偷聽他說話。[3]他好像完全不受政變失敗的影響，依舊譜寫著自己的人生傳奇與偉大願景，也爲德國擬定出實用的計畫——根據後來的說法，高速公路和國民汽車都是從這個時候開始的想法。

按照規定，他的會客時間本來一週只有六小時，但他其實每天都會客將近六個小時。無論是支持者、請願者或者對他釋出善意的政客紛紛前來朝聖，其中也不乏女性訪客——於是，人們後來比照一九三一年啓用的納粹黨總部「褐宮」，將這裡稱爲「第一褐宮」，也並非毫無道理。[4]在希特勒三十五歲生日當天，也就是審判結束後不久，爲這位聲名遠播的囚犯送來的花束和包裹堆滿了好幾個房間。

希特勒因爲被監禁在蘭茨貝格而得到喘息的機會，他藉機自我檢視，試圖理順自己混亂繁雜的激昂情緒。他將自己在過去囫圇讀過、尚未完全消化的內容，結合最近才閱讀過的素材，勾勒出一個意識形態體系的雛型。他說：「這段時間讓我有機會能清楚了解各種不同的概念，我先前對這些都只有一種本能上的感覺而已。」[5]

就像其他自學成材的人一樣，他一直擔心別人會認爲自己人云亦云、拾人牙慧，因此甚少提及他讀過哪些書、喜歡哪些作者，因此，我們只能自行從一些證據推敲，或者從第三人的說法中獲得相關資訊。唯一一位被希特勒在不同語境下反覆提起、帶著著作上戰場，還會大段大段引用的作者就是叔本華，其他曾經被提及或引用的還有尼采、席勒和萊辛。

爲了給人「知識原創者」的印象，他一直避免引用其他人的說法。在一九二一年寫下的自傳草稿中，他聲稱自己在青年時期「澈底研究國民經濟學說和當時找得到的所有反猶太主義文本」，並且表示：「我從二十二歲起就潛心研究軍事與政治著作，也從未停下對世界通史的深入探索。」[6]卻從未提及這些領域的任何一本著作，或者任何一位作者的名字。他對於知識量有種特殊的執著，總是想表現出自己對整個知識領域都瞭若指掌的樣子，他也列舉自己有獨到見解的其他領域，例如藝術史、文化史、建築史以及「政治難題」；然而，我們有充分理由懷疑，這些都只是他從第二手或第三手資料習得的知識，而不是他的原創想法。

據漢斯．法蘭克所述，希特勒在蘭茨貝格要塞的這幾個月大量閱讀尼采、休斯頓．斯圖爾特．張伯倫、蘭克（Leopold von Ranke）、特賴奇克（Heinrich von Treitschke）、馬克思、俾斯麥等人的作品，以及德國與協約國政治家的戰時回憶錄。這些都對他造成影響，不過，除此之外，各種僞科學的通俗文學的元素，也早已在他腦中架構出一部分的世界觀——這些通常來源不可考的作品包括一些種族主義理論、反猶太主義著作，關於日耳曼主義、純血神祕主義和優生學的學說，以及歷史哲學宣傳小冊和達爾文主義教條等等。

當時有許多人都提到希特勒熱愛閱讀，但是，比較可信的說法應該是他閱讀過很多書，以及他確實求知若渴。庫別茲克曾經說過，希特勒在林茨時已經同時進出於三座圖書館，在他的印象中，這位年少時期的好友「身邊無時無刻不圍繞著書本」，不是「撲」在書上，就是在「吞食」這些書。【7】不過，我們從希特勒的演講、著作、座談會乃至周遭人的回憶錄都可以看出，他對學術與文學都漠不關心。在大概兩百場的圓桌會議演講中，只有兩到三位德國文豪的名字被偶然提起過；歌德和叔本華的名字在《我的奮鬥》中也只出現過一次，而且還是在乏味的反猶太主義語境中被提及。

對他而言，知識其實什麼也不是。他不知道什麼是求知的狂喜和辛苦掙扎，只知道知識的實用性。他所謂的「正確閱讀的藝術」，也只不過是爲自己的偏見尋找可以引用的公式和權威保證，「填補目前已經存在的畫面」。【8】

著手撰寫《我的奮鬥》

七月初，希特勒開始寫作《我的奮鬥》，就像先前埋首於書堆一樣地忙碌、渴切，只花三個半月就完成第一部分的內容。他表示自己「必須發自內心地寫出感動他的一切」，據其所言，他的打字機一直喀啦喀啦作響到深夜，其他人也會聽到他在狹窄的寢室裡向赫斯口述內容；他會在週六晚上朗讀自己已經寫完的段落，獄友們會像門徒一樣圍坐在旁邊。[9]

他寫作這本書，本來是想回顧「過去四年半的奮鬥」，後來卻慢慢發展成一種自傳式的，意識形態宣傳冊和戰術理論的混合體，同時也爲自己譜寫出領袖人物的傳奇故事。在希特勒的神話筆法下，他在踏入政壇前的那段可悲、苦悶的歲月被大膽地加入危難、貧困與孤獨的元素，塑造成一個磨練心志、迫使內心成長的時期——就如同英雄注定要經過重重考驗與磨難才能成就大業。這本書的出版人馬克斯·阿曼原本期待的，顯然是一本充滿轟動性政治祕聞的回憶錄，因此一開始對這份生硬、嘮叨又無聊的手稿感到極度失望。

然而，我們相信希特勒的野心一開始就比阿曼要大得多。他不想揭密，而是要論證自己確實配得上他剛取得的領導地位，並稱頌自己爲「政治人物與開創者的絕妙結合」。該書第一部分中段的某個不起眼的段落便揭示出他遠大的目標：

「如果政治人物的藝術眞的就是可能性的藝術，那我們就可以說，所謂的開創者就是一群只有在追求、嚮往不可能之事時，才會討好神靈的人……在漫長的人類歷史中，政治人物與開創者的角色也許也會互相結合，然而，當這兩個類型融合的程度越深，政治人物所面對的阻礙就會越大。他不再爲了滿足市井小民的需求而工作，而是爲只有極少數人能理解的目標奮鬥。

他的生活因此被愛與恨撕裂……。

這種人的存在很稀少，更稀少的是他們的成功。儘管如此，幾百年來還是會出現一個，而且可能在此人年紀稍微大一點的時候，就已經能看出一些將來的光芒。不用說，這種偉人都是歷史上的馬拉松選手，只會在將死之時被戴上勝利的桂冠。」【10】

希特勒在書中不斷地暗示，他就是那個正閃耀微光的存在，更試圖以垂死英雄的悲劇形象美化先前的失敗。他以超乎尋常、渴求獲得肯定的認真態度，投入於這本書的寫作，不僅想證明，儘管自己沒受過完整的學校教育、無法通過美術學院的入學測試——甚至還有一段住在男子宿舍的悲慘過往——他依舊可以自行達到市民階級的教育程度，也企圖展現出思慮周詳的樣子，他不但可以解讀現今的局勢，更能提出未來的藍圖——這份自命不凡也正是他在這本書上投注這麼多心力的原因。

早年失學令希特勒擔心讀者質疑自己的學識，他鏗鏘響亮的文句無疑是想掩蓋這種憂慮。為了營造出雄渾的氣勢，他經常將一長串的名詞推砌在一起，然而，由於他使用的許多名詞其實都由動詞或形容詞轉品而來，最後反而顯得空洞而刻意，像是：「以民主決策達成認可的見解的擁護……」這種僵硬、費力又令人喘不過氣的表達方式在該書中經常可見：「我再次埋首於這個新世界的理論文獻中，試圖了解其可能產生的影響，將之與政治生活、文化生活和經濟生活中的實際現象和事件進行比對……我的信念逐漸產生花崗石般的堅實基礎，從此以後，我再也不曾被迫改變對這個問題的看法。」【11】

儘管許多追隨者都在編修上付出巨大心力，他們仍然無法完全消除這本書中的眾多錯誤，因爲這些都是希特勒用以假裝自己學識豐富的冗贅詞句。我們因此得以看到諸如「毒害國家政治的大老鼠從廣大人民的心臟與記憶中啃噬本就淺薄的學識」，或者「帝國的旗幟從戰爭的懷抱中升起」和「讓人們在身上犯罪」之類的表達方式。

倡導人權、反對納粹的知名律師魯道夫．歐爾登（Rudolf Olden）指出，希特勒的過度修辭摧毀了邏輯。他以希特勒描述貧困的話爲例解釋：「『如果沒有被這條毒蛇纏身到近乎窒息，就永遠不會認識牠的毒牙。』他在這短短一句話裡犯的錯，已經比別人寫一篇論文會犯的錯還要多。毒蛇不會絞殺人，會絞殺人的蛇則沒有毒牙；如果有個人是被蛇勒到窒息而死，那他也永遠也不會看到牠的牙齒。」[12]儘管如此，在《我的奮鬥》中，我們除了看到他的誇誇其談和混亂思緒，也還是可以發現某些源於他內心深處的深刻見解、貼切的描述以及令人印象深刻的意象。此外，這部作品表現出的矛盾感和生澀感也是它的特色：希特勒的性格頑固僵硬，但他卻熱愛使用繁複華麗的語句；他一直想塑造個人風格，卻又缺乏自我克制的能力；他希望用邏輯說服別人，卻只能重複一些空洞單調的論點。唯有他狂熱的自我中心主義始終如一、毫不矛盾，完全與此書缺乏人性的特點相符。《我的奮鬥》雖然是一本不易閱讀、難以理解的書，但也準確地向讀者描繪出作者的具體形象；希特勒一直擔心被人看穿眞面目，卻沒想到自己反而因此被看透。

可能是發現自己不小心暴露短處，希特勒後來就不常提起這本書，只偶爾稱之爲「寫給《人民觀察家報》的不成熟的社論集」，並自評爲「鐵窗後的幻想」。他說：「要是在一九二四年就預料到我後來會當上德國總理，我無論如何都不會寫這本書。」不過，他也表示，這只是出於策略或形象方面的考慮，他說：「我在內容上沒有什麼想修改的地方。」[13]

該書充斥自命不凡的語氣、矯揉造作的複雜長句、市民階級式的炫耀癖好，以及奧地利官僚式的浮誇文風，這些無疑大幅增加閱讀的難度，於是，將近一千萬本的《我的奮鬥》最後無人閱讀，落得和所有指定閱讀文獻或宮廷文學一樣的下場。

此外，希特勒陰沉、執拗的強迫觀念也同樣不利於這本書的推廣。當他以講者的身分站在設計好的舞臺上，他可以掩藏自己因爲心結而產生的各種情結與情緒，然而，當一切化爲文字，這種莫名的偏見就變得無法掩飾。讀者們可以感受到一股撲面而來的「腐爛臭氣」，這點在有關梅毒的章節最爲明顯，此外，全書也反覆出現汙言穢語、被用爛了的意象以及某種雖然難以言喻、但不會被錯認的窮酸感。

這個思緒混亂的年輕人從未與年輕女性密切往來，不論是大戰期間、或是戰後忙碌於政治活動的那幾年皆如此。他身邊的女性朋友頂多是一些阿姨輩的年長女性，據說這是因爲他害怕「被別人說閒話」。[14]於是，他將得不到滿足的苦悶和壓抑，全都投射進自己的世界觀中。希特勒無論是對於歷史、政治、自然或人類生活的看法，都透露出他的焦慮與飢渴。就像是一直沒有脫離青春期一樣，這位男子宿舍的前住戶腦袋裡全是有關交配、雜姦、性變態、強姦與血統玷汙的想法：

「猶太人的終極目標就是『去民族化』、令其他民族的血統混雜、降低最高種族的種族等級，他們還要消滅其他種族的知識分子，再以自己的人馬取而代之，藉此統治混合得像一鍋粥的眾多種族……就像他們按部就班地誘使婦女和姑娘們墮落，他們也不畏更大膽地打破其他的血統壁壘。

把黑人帶到萊茵河流域的就是猶太人，目的在於造成必然會發生的種族混雜，摧毀他們所憎恨的白種人。他們要將我們從文化與政治的至高點拉下來，自己翻身爲王……要不是現在的時尚完全不注重肉體之美，我們就不會有幾十萬的姑娘被O型腿的噁心猶太雜種引誘……這些黑色的民族寄生蟲有系統地奸汙我們未經世事的年輕金髮姑娘，摧毀了世上無法替代之物……德意志民族的世界觀最後會帶來崇高尊貴的時代，大家不再想著培育出更好的犬類、馬匹和貓，而是專注於提升人類的品種……。」[15]

因爲這本書獨特的神經質氣息、矯揉造作的文句和零散混亂的邏輯，讓民族社會主義意識形態的重要性長期以來都被低估。曾短暫加入納粹黨的赫爾曼・勞施寧根據自己的背景經驗寫道：「沒有人把它當一回事，沒有人能認眞看待這本書，也根本沒有人能接受這種風格。希特勒眞正想要的……沒有寫在《我的奮鬥》中。」[16]勞施寧將民族社會主義解釋爲「虛無主義的革命」，爲史學提供了一個獨特的思路，對後人解讀希特勒產生很大的影響。他表示，希特勒和他所領導的種族主義運動都缺乏完整的思想和完整的世界觀，只是利用當時的社會氛圍和趨勢擴大自己的影響力、招攬新的支持者。對這位毫無原則的機會主義者而言，無論是民族主義、反資本主義、民間習俗的狂熱崇拜、外交政策理念，或是種族思想和反猶太主義，都只是他手上的棋子；他無所畏懼，毫不尊重也毫不相信任何事物，能夠以最肆無忌憚的態度打破最莊重的誓言。

在勞施寧看來，只要是出於策略考量，民族社會主義可以近乎毫無底線地背信棄義，一切的意識形態都只是用來掩蓋權力欲的魔術花招。他們追求的永遠只有權力本身，中途獲得的任何成就都只是通往瘋狂新冒險的機會和階梯；這些人追逐權力不爲任何意義，沒有具體的目標，更沒有饜足的時刻。勞施寧說：「無論是這場運動的行動者還是領導者，他們都毫不設限、沒有任何行動綱領、隨時蓄勢待發。最優秀的核心部隊只會本能地聽令行事，領導高層則非常愼重、冷酷且狡猾。對民族社會主義而言，只要是爲了這場運動，沒有什麼目標是不能隨時放棄或設立的。」此外，一九三〇年代也流傳著一句嘲諷民族社會主義意識形態的老話：「一個沒有思想，只有決心的世界。」

正如勞施寧所言，民族社會主義的確具備高度的靈活性，希特勒也確實對綱領和意識形態方面的問題毫不關心。他坦承，自己之所以堅持二十五條綱領，在已經顯得過時的時候也不改變，只是出於策略上的考量——因爲任何一點更動都會造成混淆，而且綱領是什麼也完全不重要。此外，納粹黨首席思想家阿佛烈．羅森堡的代表作被公認爲民族社會主義的基本讀物，希特勒卻直接表示：「只讀了一點，因爲……寫得太難懂了。」【17】

儘管民族社會主義沒有所謂的「正統教義」，對其而言，民眾的跪拜就差不多證明了正統性；但是，這並不代表他們只有策略性的成功欲及控制欲，按照自己的需求隨意地將各種意識形態玩弄於股掌之間。正好相反，他們更像是教條與控制手段雙管齊下，彼此疊加，又刪去很多不需要的部分。

我們由希特勒及其左右的邪惡自白中發現，他們一邊空洞地渴望權力，卻也同時受自己的偏見與可怕的烏托邦幻想桎梏。正如納粹不會不考慮某種意識形態對他們奪權的潛在助益，就直接將之當作動員群眾的動機，如果我們忽略了意識形態上的動機，也就無法理解其關鍵的權力表現——雖然這種意識形態有時顯得十分難以捉摸。

希特勒令人驚嘆的職業生涯可以歸功於靈活的戰術，他或多或少藉此替自己創造出有利的條件，不過，眞正令他得以成功的還是德國當時已經意識形態化的國族焦慮、希冀與願景——他一邊爲之所苦，一邊從中搾取好處。此外，他也具備強大的說服能力，能將自己對歷史與政治、權力與人類生存問題的想法灌輸給其他人。

作爲表述世界觀的作品，《我的奮鬥》尚有許多不足，在文字運用上也不成功，但顯然已經含括了民族社會主義意識形態的一切要素——儘管寫得既零碎又混亂。雖然當時沒有人發現，但希特勒其實已經把自己眞正想要的一切都寫在書裡了。如果有人能將零散的內容重新整理，提煉出其中的邏輯架構，就會得到「一棟連貫性和密度都令人屏息的思想大廈」。[18]

他在出獄後仍然持續修改這本書，主要是讓它看起來比較有條理，但是並沒有增添其他的內容。他的想法從未改變，無論是剛開始還是寫下這本書的時候，無論是剛在政壇崛起或者最後統治德國都一樣，一直到他生命終結之時，這種完全不像虛無主義的姿態都展現出足以癱瘓他人的力量。生存空間的意識、反馬克思主義、反猶太主義與達爾文主義的鬥爭意識彼此纏繞，形成他世界觀中永恆不變的常數，也決定了他最初及最後的立場。

宇宙的大災難

這種世界觀既沒有提出新的思想，也沒有提出新的社會幸福觀，其中思想全部來自於十九世紀中葉流行的缺乏邏輯性的民族主義僞學，希特勒只是武斷地將這些內容自行組裝黏合。這些他過去以「海綿般的記憶力」貪婪吸收的資訊，現在經常以出人意表的形式出現在新的情境中。他的世界觀就像是一座風格獨特而駭人的建築，不乏幽深的暗處，以時代思想的殘磚破瓦搭建而成；他的獨特之處就在於有能力將許多異質性、難以調和的事物強行組合在一起，爲自己滿是補丁的意識形態增加厚度與結構性。可以說，他的頭腦雖然幾乎沒有生產任何思想，卻生產出巨大的力量，壓縮並淬鍊了這些思想的混合物，賦予他冰川一般的冷酷。

英國歷史學家休·特雷弗羅珀（Hugh Trevor-Roper）以令人印象深刻的畫面描述他精神世界的冷漠與錯亂：「他花崗岩一般的剛強著實令人敬佩，但是在一片錯亂中又顯得淒慘，就像是一個表現出巨大力量和狂野精神的強大異族雕像，被腐爛生臭的垃圾堆——像是舊罐頭、死蟑螂死老鼠、不明遺骸、果皮與汙泥——這些幾世紀以來的知識碎屑所包圍。」[19]

值得注意的是，希特勒能夠以「是否能助他奪權」的觀點檢視每一種思想體系。與那些失敗的民族運動代表人物不同，他從不過分拘泥於意識形態；相反地，他認爲意識形態只是「純理論」，只有具備實用核心價值的思想才會被他採用。所謂的「以黨的角度思考」，指的就是一切的思想、趨勢甚至盲目的信仰，他都能以符合自己權力需求的角度考量，賦予其眞正的政治意義。

他爲長期擔驚受怕的市民階級制定一套防衛性的思維，先是放大他們自己的恐懼，再爲其提供目標明確且具侵略性的行動準則。他的價值觀體現出市民階級時代的所有惡夢與思潮：自從一七八九年法國大革命爆發，大衆心裡就潛藏著對左派革命的恐懼，最近更是因爲俄國與德國的革命事件而再次擴大——這是社會層面的焦慮；作爲奧地利的德意志人，他對於生存空間被異族過度侵占感到極度不安——這是種族與生物層面的焦慮；民衆百般擔憂遲鈍又沉溺於白日夢的德國會在民族競爭敗北——這是國族的焦慮；最後，市民階級眼看著自己的偉大時代走向終點，安全感被擊潰——這是時代的焦慮。希特勒疾呼：「再也沒有什麼確定的事，再也沒有什麼根植於我們心中，一切只流於表面，從我們身邊一閃而過。我國人民的思想變得浮躁、倉促，生活被澈底撕裂……。」[20]

希特勒向來極端，他將這種焦慮氛圍延伸解讀爲世界危機的前兆，已經預見時代面臨新生或滅絕，人類命運正值危急存亡之秋，他說：「這個世界完了！」他中邪似地沉迷於全球災難的想像，無論是病毒、白蟻啃咬或是人體潰瘍都幻想過一輪，後來接觸到霍比格（Johannes Hörbiger）的世界冰川論時，他對其中的「地球誕生與人類發展皆起於宇宙大災難」的說法感到特別信服。世界末日正在逼近的預感令他著迷，也因爲這種洪水滅世的歷史觀，他意識到自己救贖世界的使命。

希特勒後來在戰爭期間不顧一切軍事需要，堅持實行猶太人滅絕計，之所以會有這種令人難以理解的決心，不是因爲他固執得病態，而是因爲他相信這是一場無比重要、攸關日耳曼民族未來的生存之戰。爲了拯救這個宇宙，他要將這些邪魔送進地獄。[21]

這種「宇宙的善惡大鬥爭」的概念貫穿了《我的奮鬥》，支配書中的一切論點與敵意，無論有多麼荒謬、離奇，都爲希特勒創造出一個宏大而色調沉鬱的舞臺背景，令他的話語聽起來玄奧而嚴肅。他有一次用預言末世般的語氣說道：「我們可能會滅亡，或許吧。但是，整個世界都會和我們一起滅亡，就像《穆斯皮里》（Muspilli）（譯註：穆斯皮里的意思爲「世界在大火中毀滅」，爲一本在九世紀初寫成的古高地德語敘事詩，內容描寫世界毀滅、死後靈魂的命運以及末日審判）中的世界大火一樣。」

他在《我的奮鬥》的許多段落都賦予自己的主張普世性和宇宙的意象，例如：「猶太人的馬克思主義教條……如果眞的是宇宙的原理，一切人類能想像得到的秩序就都會被終結。」從這種將意識形態上升爲宇宙秩序原則的無意義的假說，我們就能看出，希特勒對於從宇宙層次思考問題無法抗拒：他用「恆星」、「行星」、「世界乙太」和「數百萬年」譜寫戲劇性的事件，「創

世」、「地球」與「天國」也被他當作舞臺背景。【22】

「宇宙善惡之爭」的概念，十分合理地與「人人互相鬥爭」的想法以及「強者戰勝弱者」的原則結合在一起，發展出一種末世論的達爾文主義。「地球就像是一個輪換於衆人之手的獎盃，」希特勒經常這麼說，「所以它總是在最強者的手中，從數萬年之前就是如此……」【23】在這種人與人之間的永恆殊死衝突之中，他相信自己找到了一種世界法則：

「自然之神將眾生安置在地球上，看著他們自由發展。勇敢勤奮的最強者會成為祂的寵兒，得以主宰一切存在……只有弱者會覺得殘酷，這是因為他們弱小又鼠目寸光。如果沒有這種法則，一切有機生命體就不可能向上發展……最終只有自我保護的機制會占上風。所謂的人性就是一種愚蠢、怯懦與自以為是的混合體，只要遇上這種法則，就會像冰雪遇上三月暖陽一樣融化一地。人類在永恆的鬥爭中偉大，卻將在永恆的和平中滅亡。」

以這種「自然鐵則」爲出發點考量，歷史無非就是民族與民族之間的生存競爭。在這場爭取生存空間的殊死鬥爭中，他表示，「所有想得到的手段」都是被容許的：「勸說、詭計、機智、不屈不撓、寬和、狡猾，但也包括暴力。」戰爭與政治不再對立，相反地，政治的最終目標就是戰爭。【24】「自然鐵則」也影響了希特勒對法律與道德的看法，令他認爲只有符合自然界規律的存在才值得尊重，啓發他的領袖思想，並把重點放在民族侵略的種族優生概念：爲了讓金髮白膚的人種「擴展自己的血脈」、成爲無法被擊敗的存在，他要在整個歐洲進行這項「有利於我們民族的偉大行動」。

在鬥爭哲學的旗幟下，順從比思想更重要，奉獻心比洞察力更有價值，狂熱的盲信更是無上美德。希特勒一再呼喊：「不相信的人要遭殃了！」就連婚姻也被他當作自我主張的結合，家庭也被認定爲「生存鬥爭的堡壘」。希特勒粗糙地用動物世界類比爲人類社會，他讚揚無情凶猛的生物凌駕於組織精巧的生物，武力戰勝頭腦。他表示，猿猴群會把每隻外來的猿猴當作「非我族類」踩踏至死：「適用於猿猴的道理，肯定更適用於人類社會。」【25】

可能有人認爲他這句話是在諷刺，事實卻並非如此，因爲他也誠摯地以猿猴的食性來肯定自己的素食主義，他說：「猿猴指出了正確的道路。」

他也表示，只要觀察大自然，我們就能知道什麼是錯的、什麼是對的，例如腳踏車就是對的，飛船就是「完全瘋了」；人類別無選擇，只能研究大自然的法則、遵循大自然的法則，因爲我們完全想不出比無情的自然篩選機制更好的辦法。自然界沒有什麼不道德的，他諷刺地說：「貓吃老鼠，誰有錯？」所謂的人性只是爲人類的軟弱服務，但其實也最爲無情地摧毀了人類，鬥爭、征服與滅絕皆爲不可改變的道理：「一個生物喝另一個生物的鮮血；一個死去，另一個以其爲食。我們不該胡說八道什麼人性。」【26】

在這條「神聖的存在法則」，希特勒「無條件地臣服」。沒有什麼比這更明白地顯示出，他完全無法理解他人的權利和別人的幸福是什麼，也沒有什麼比這更清楚地表現出，他極度無視道德標準的存在；這也凸顯出晚期市民階級意識形態的一種特色：爲了與那個時代的頹廢與墮落相抗衡，他開始頌揚單純、無顧慮的生活，並將殘酷與野蠻鼓吹爲事物的自然原始狀態。

當然，我們也可以推測出，他之所以將自己的冷酷無情與自然法則相提並論，是想要爲自己找一個冠冕堂皇的理由。這樣一個超越個體的原則，除了可以爲他減輕罪責，更可以將鬥爭、謀殺與「血祭」都轉化爲「謙卑地實行神的指令」。他在《我的奮鬥》中寫道：「我抵禦猶太人，就是在爲神的事業奮戰！」此外，他在將近二十年後，在第二次世界大戰進行種族滅絕計畫之時，也有一種道德上的滿足感，他說：「我一直問心無愧。」【27】

無論是戰爭還是殲滅猶太人，都是爲了重建這個世界即將崩潰的基本秩序——這就是希特勒的政治道德與政治哲學。

他喜歡讓每段歷史在自己的眼前一一浮現，思索這些民族與文化滅亡的原因。最後，他發現，他們滅亡的原因就是不遵從自己的本能。所有偉大的統治體系最後會疲軟、虛弱、災難四起的原因，就是它們忽視人類的天性，更放任各種族互相混雜。自然界的所有生物都遵守自己根深蒂固的本能，嚴格維持種族的純度，依照「山雀配山雀，燕雀配燕雀，鸛配鸛，田鼠配田鼠」的原則繁衍後代，人類卻被蠱惑著違背自然的法則，犯下對自己的生物本能不忠的錯事；順道一提，這也是華格納的《論人類女性》中的主題，他在一八八三年二月十一日——也就是去世當天——在威尼斯開始動筆寫作這篇論文，但一直沒有完成。

在他們看來，一個民族之所以會疲弱無力、滅亡，都是因爲不遵守原始秩序而遭到報復：「種族品質因爲血統混雜而下滑，這就是古老文化逐漸凋萎的唯一原因。人類不是因爲戰敗而滅亡，而是因爲喪失唯有純正血統才能擁有的抵抗力而滅亡；存在於這個世界上的，不是優秀的種族，就是廢物。」【28】

支持這種論點的，是他首創的種族核心學說，據其所述，少數的雅利安精英自古以來就征服了低等種族，利用這些頭腦昏沉、沒有歷史傳承的民族，發揚自己的天才。根據他的說法：「雅利安人就像普羅米修斯，是帶來光明的人，也是唯一能建立國家、創造文化的種族。他們總是重新點燃知識的火種，照亮沉默神祕的夜晚，也爲人類照亮向上攀登的道路，令其得以統治地球上的所有生物。」只有當雅利安人種與被征服的種族混雜時，衰退與滅亡才會到來，因爲「這片大陸上的人類文化和人類文明皆與雅利安人的存在密不可分，他們的滅絕或消亡會令地球再度陷入陰霾，回到沒有文化的狀態」。[29]

這也正是人類再度面臨的危機：與古代偉大帝國的滅亡不同，現在的威脅不僅僅是一個文化的滅絕，更是高等人類的終結。雅利安人的核心比以往衰敗得更嚴重，希特勒絕望地表示：「日耳曼民族的血液正在逐漸耗盡。」黑暗力量就像意識到勝利在即，開始從四面八方逼近，「我爲歐洲顫抖」他在某次演講中呼喊著，已經預見古老的歐洲大陸沉沒在悲傷的血海之中。[30]

他指出，再度破壞大自然基本法則的，是那些「懦弱而自以爲是的人」和「批評自然的人」，他們是「全面總攻擊」的特務，以各種不同的僞裝形式出現。除了共產主義、和平主義、國際聯盟、所有的國際運動與國際組織，猶太基督宗教的共同道德倫理，以及天花亂墜的世界公民思想也同樣試圖說服民衆，讓他們相信人類可以戰勝自然、主宰自己的本能，實現永恆的和平。然而，沒有人能夠「違逆天意」。[31]不容置疑的自然意志肯定種族的存在，肯定他們之間的戰爭發展，肯定他們一爲主、一爲奴，也肯定這些人以暴力捍衛自己的人種。

從希特勒的邏輯中，我們不難發現戈比諾伯爵的影子。正如先前提過的，此人對於「人類種族不平等」的學說，是第一篇表達出新時代對種族混雜的焦慮的作品，所有文化的滅絕也是第一次與種族雜交連結在一起。雖然這位法國貴族的種族情結，以及他對「下等人的腐敗血統」的厭惡，顯然都是出於統治階層對於自己權勢不再的怨恨，但他的構想隨性、創意又巧妙地含糊其辭，對當時的文學流派產生長遠的啓發作用，催生出後來的無數作品，影響力甚至遠及華格納，我們從他關於英雄主義的散文或是歌劇《帕西法爾》皆能看出這點。

反猶太思想

值得注意的是，希特勒又將戈比諾的理論進一步濃縮成能讓他煽動群衆的程度，爲當下所有的不滿、焦慮與危機提供一套可信的解釋。如此一來，無論是《凡爾賽條約》、巴伐利亞蘇維埃共和國的恐怖、資本主義帶來的壓力，還是現代藝術、夜生活與梅毒，都顯示出古老的種族鬥爭的含意，是下等種族對高貴的雅利安人種發動的致命攻擊。隱藏於其後的主要敵人，這一切的挑唆者、策劃者與野心家的眞面目，現在終於揭開面紗——那是一張像神話中的惡魔一般，永恆的猶太人的恐怖畫像。

猶太人就像來自地獄的古怪鬼影，在整個地球蔓延增生，他們是世仇、是「敵對世界的主宰者」，也是希特勒難以解開的執念和算計的結果。[32]希特勒按照他的「集中對付同一個敵人」的理論，將猶太人的形象塑造成人們想得到的一切罪惡和恐懼的化身。他們既是事物，又是事物的對立，既是正論又是反論，簡直就是「必須爲一切負責」——爲股市大戶炒股負責、爲布爾什維克主義負責、爲人道主義的意識形態負責，也爲死於蘇聯暴政的三千萬名犧牲者負責。

在希特勒於蘭茨貝格要塞監禁期間，他與已故的狄特里希·埃卡特的對話錄也被出版。其中，他引用《以賽亞書》第十九章第二至第三節，以及《出埃及記》第十二章和第三十八章的內容，宣稱猶太教、基督教與布爾什維克主義皆相同。[33]他表示：猶太人之所以被逐出埃及，就是因爲他們企圖以人道主義的口號煽動平民，點燃革命的情緒——就像他們在這裡做的一樣；由此可見，摩西是布爾什維克主義的第一位領袖。此外，就如同保羅是爲了削弱羅馬帝國的實力，才在某種程度上發明出基督宗教；列寧也是為了終結現有的秩序，才利用馬克思主義的教條行事。因此，希特勒認為，聖經舊約已經揭露猶太人一直以來的模式：謀害具有創造力的高等種族，歷代皆如此。

他從未忽略反猶太主義的宣傳，並且將猶太人的地位提升成「唯一有罪的世界共敵」；如果沒有猶太人存在，他說：「那我們就必須創造一個。因為大家需要一個看得到的敵人，只有看不到的敵人是不夠的。」[34]除此之外，猶太人也是他情緒的聚焦點，是一種病態的妄想。在希特勒的眼中，猶太人和他為其塑造的惡魔形象並無明顯的區別。

他的所有憎恨與渴望，都奇異地投射在猶太人身上。「猶太人正在爭奪世界統治權」的理論，在宣傳上確實能帶來很大的效果，不過，除了這種馬基維利式的理性考量，他顯然也將此當作理解一切現象的鑰匙。因為這條「救世法則」，[35]希特勒越來越相信，只有他能夠理解這個時代危機的本質，也只有他才能解決這個問題。

一九二四年七月底，一位波西米亞裔的納粹黨員到蘭茨貝格要塞探望當時正在服刑的希特勒。兩人會晤期間，希特勒被問到，他對於猶太人的立場是否有所改變，他回答說：「對、對，完全正確，我真的改變了和猶太人鬥爭的看法。我發現自己先前實在太仁慈了！我在寫書的時候發現，未來必須使用最鋒利的鬥爭工具，才能成功實現我們的意志。我相信這不僅攸關德意志民族的存亡，同時也攸關所有民族的存亡，因為猶太人就是這個世界的禍端。」[36]

他聲稱，他的仇恨情結會變得如此尖銳、殘暴，都是因為他在服刑期間所做的沉思，然而，事實卻不僅如此。早在一九二三年五月，他在王冠馬戲廳進行演說時就高呼：「猶太或許是一個種族，但並不是人類。他們不可能是人類，因為他們不可能與永恆的神有相似的形象。正好相反，他們的形象與惡魔相似，『猶太教』的意思就是人民的種族結核病。」[37]

當希特勒第一次將衆多零碎的想法與情緒組織成一個連貫的體系，他就證明了自己的智商和不容置疑的思想家身分，也鞏固了自己的世界觀。因此，當他否定猶太人的人類身分、以寄生蟲學的術語闡述理由時，其實不只是爲了煽動群衆，他自己也眞的如此肅穆、虔誠地相信著。他表示，自然法則本身就有對抗「寄生蟲」、「永恆的吸血蟲」和「人民的吸血鬼」的方法，自有其不可更改的道德標準；因此，在他的思維中，種族滅絕與大屠殺同時是這種自然道德的大勝利。

希特勒抱持著這種認知與激進主義直到最後，認定自己爲人類做出了巨大的貢獻。他說，他追求的不只是拿破崙的那種「征服者」榮耀，畢竟此人「也只是個人，而不是動搖世界的重大事件」。[38]一九四二年二月底，也就是在萬湖會議中決定所謂的「猶太人問題最終解決方案」後不久，希特勒在圓桌會議上表示：「猶太病毒的發現是世上最偉大的革命之一。我們正在進行的戰鬥，就像巴斯德和柯霍（譯註：路易・巴斯德（Louis Pasteur），法國微生物學家，以發明預防接種的方法聞名，與羅伯・柯霍共同開創細菌學，常被稱爲「微生物學之父」。羅伯・柯霍（Robert Koch），德國微生物學家，細菌學始祖之一，與路易・巴斯德共享盛名，因結核病的研究獲得諾貝爾生理醫學獎）在上個世紀時所做的那樣。有多少疾病都是由猶太病毒所引起的！……只要消滅猶太人，我們就會恢復健康。」

他想得比別人深、看得比別人通透，對自己的使命堅定不移：這是造物主賦予他的特殊任務，就像奧德修斯除掉獨眼巨人一樣，消滅猶太人就是他的「獨眼巨人任務」。[39]

這也是他對戈比諾伯爵學說做出的另一項重大改變：不僅將猶太人的形象塑造爲造成一切衰敗的罪魁禍首，將種族滅亡與文化滅亡的進程個性化，更將戈比諾「憂鬱而宿命論的悲觀主義」

轉化成積極的樂觀主義，讓人們再次以烏托邦主義想像歷史的發展。【40】

與這位法國貴族不同，希特勒堅信種族的沒落並非無可避免。在他的認知中，雅利安人在德國的霸權是猶太人征服世界陰謀的最大敵人，甚至沒有一個國家像德國一樣，被猶太人有計畫地汙染種族，或是被他們以資本主義和布爾什維克主義詭計交替折磨。不過，也正是如此，他獲得驅動眾人意志的動能，他指出：德國是世界的戰場，將左右全球的未來。

由此，我們得以看出，他的觀點和德國與歐洲傳統的反猶太主義有多大的差異。比起任何榮耀民族的偉大願景，對猶太人的仇恨妄想更令他狂熱。他表示：「如果我們的人民和國家淪為這個嗜血貪財的猶太暴君的犧牲品，那整個世界都會陷入觸手怪物的陷阱。不過，只要德國能掙脫出這個網羅，這個全世界最大的民族危機就會迎刃而解。」在希特勒看來，他將因此獲得一個千年帝國，因此，他才剛走過第一塊里程碑，就忍不住為此歡呼。秩序將自深層的腐朽中重獲新生，統一將會實現，主人與奴僕各歸其位；在明智領袖的領導下，「世界的各核心種族」將互相尊重、愛護——因為世界疾病的根源、令人民本能感到不安全的原因，以及反自然的種族混雜的源頭終於被剷除。【41】

這種邏輯縝密的意識形態雖然從未形成一套完整的思想體系，卻仍然賦予他的政治道路一種擔保——他喜歡稱之為「夢遊者的保證」，意思是這些都是上主的旨意，是上主令他如此行事。

無論希特勒為了得到民眾的支持做出什麼樣的讓步，一直不曾改變的，就是他對世界形式的解讀以及生存鬥爭的意識，令他的政策一直保持貫徹性與不受動搖的特性。所有曾與之共事的人都一致認同，希特勒優柔寡斷、害怕做決定，然而，他只在戰術的抉擇上如此，對於原則問題則從來不會猶豫或退縮；雖然他喜歡拖延、蹉跎光陰，但他在推動「偉大的最後衝突」時，卻表現得堅定而迫不及待。

當時的民眾經常以爲，希特勒對於納粹政權的暴行並不知情，這種想法卻是最大的誤解。事實上，他遠比任何人知道得都多，更比已經發生的暴行清楚什麼是「不人道」。正如他的某位心腹所言，他就是「最激進的納粹黨員」。

精英主義色彩

此外，這種意識形態也特別影響了他的外交政策。他在《我的奮鬥》中早已闡述過自己後來一直遵循的基本方針，但因爲設定的目標過於夢幻，從未有人將之視作具體的政治計畫。他表示，德國積弱不振的原因就是血統被玷汙，只有恢復種族的純淨，德國才能再度崛起；他也聲稱，「血緣上的割裂」害德意志帝國失去主宰世界的能力：「如果德意志民族像其他民族一樣團結爲一，那德意志帝國今天可能就是世界的主人了。」

他也以納粹黨常用的民族主義傳統語彙「沒有空間的人民」，發明出一個對照的詞組：「沒有人民的空間」。他認爲，「將人民安置在默茲河和梅梅爾（譯註：默茲河，源於法國、流經比利時，最後在荷蘭入海。梅梅爾，立陶宛在波羅的海的唯一一個海港，現名爲克萊佩達，舊德語名爲梅梅爾）之間的空地」，就是民族社會主義在內政上的迫切任務，因爲：「我們今天看到的是信仰馬克思主義的不同群體，而不再是一個德意志民族。」【42】

希特勒心目中的革命有強烈的精英主義與生物學色彩，目標不僅是建立新的統治模式和制度，還有創造新人類。在他的眾多演講與宣告中，這種新人類的出現都被稱頌爲「真正的黃金時代」的開端。「那些只把民族社會主義當作政治運動的人，」他如此表示，「他們對此幾乎一無

所知。民族社會主義甚至超越宗教，它是創造新人類的意志。」【43】

因此，新政府最迫切的任務就是遏止「種族雜交」，「令婚姻從持續的種族恥辱中解放」，這樣才能生出「與主的形象相同的嬰孩」，而不是「介於人與猿猴的畸胎」。他認爲，在理想狀態下，經過漫長的教育與篩選，透過「人工選擇」重新培育出的純種雅利安人會再度居於支配地位。希特勒在一九三九年一月二十五日對一群高級軍官發表祕密演講，提到將會有一個「持續一百年的發展」，在這個一百年結束的時候，大多數的德國人都會具有被特別挑選出來的種族特徵，他們就能夠征服、支配全世界。【44】

他一再主張的「生存空間」，也絕對不僅僅是爲「過剩的人口」確保糧食供應、避免饑荒的危機，以及幫助受工商業威脅的農民恢復原有的權利，而是被他當作征服世界策略中的起始點。每個有野心、有想像力的民族，都需要一定的空間，領土的面積需要大到令他們不必與其他國家結盟，也不受國際情勢干擾。希特勒一直認爲，國家的歷史地位與領土擴張密切相關，直到死前於地堡沉思時，他還在感嘆，自己被命運迫使著奔忙征服，因爲如果一個民族沒有廣大的空間，就根本無法立定偉大的志向。

解決未來人口過剩問題的方法有四種，其中的三種——限制生育、內部殖民（譯註：中央政府在國家內部採取類似殖民主義的統治形式，由經濟或政治強勢地區扮演殖民者的角色，利用經濟政策手段奴役和剝削較弱勢的地區。美國的狀況，應指美國在開發西部時大量屠殺原住民）與海外殖民——被他斥責爲「膽小鬼的夢想」和「不值得嘗試的任務」；他特別提起美國的狀況，認爲只有征服大陸才是眞正的解決辦法。「軟的行不通，就得來硬的，」他在蘭茨貝格要塞中寫下，表明自己對領土擴張的渴望：「要是想在歐洲取得土地，就只能向俄羅斯下手。新德國必須

走上討伐俄羅斯的老路，就像以前的條頓騎士團一樣。」【45】

在這背後的是一種「世界大轉向」的想法：希特勒發現一個新時代正要開始，歷史的巨輪將再次轉動，機會與命運也將重新洗牌。海上霸權的年代即將過去，那些以艦隊征服遠方、累積財富、建立據點並且統治世界的海洋強國，未來將輝煌不再。在科技不發達的時代，船運是古典的交通方式，掌握海洋就意味著掌握世界；然而，這些國家在現代難以掌控龐大的殖民地，殖民帝國於是變得不合時宜，注定走向滅亡。相反地，在現代技術的輔助下，人們能將公路、運輸帶與鐵軌一路拓展進一望無際的未開發地區，再以緊密的基地聯絡網彼此連結，因此，過去的制度被完全顛覆。他聲稱，未來的霸主會是一個龐大、組織完整嚴密的陸上強國；新的紀元正要開始，過去的優勢早已宣告消失。

希特勒後來發動的入侵行動確實與他不安定的天性有關，然而，他也在絕望地對抗時代與歷史的演進；他同時一直擔憂，德國是否又要再度錯過瓜分世界的機會。當他思索有哪些大國可能會與德國競爭世界霸主的寶座，他總會想到俄羅斯；無論是種族、政治、地理或歷史層面的考量，都指向同一個答案——那個位於東方的大國。【46】

以此，希特勒發展出自己的對外政策：在政治生涯剛起步時，他和當時的主流意見一致，抱持著修正主義的看法，主張廢除《凡爾賽條約》，恢復德國在一九一四年的領土——必要時不惜動用武力——以及將所有德意志民族統一為一個強國。這一派思想通常格外敵視法國，將這個多疑的「和平秩序守護者」當作主要敵人，並且寄希望在法國與義大利、英國之間的意見分歧，視之為全面復仇計畫的起點。然而，希特勒有不同的觀點。他喜歡從大局考慮，很快就把注意力放在整個歐洲大陸，於是，他的想法也從「恢復原有國界」轉變為「尋找更大的生存空間」。

他所考慮的出發點爲：德國無論在軍事、政治或地理都處於備受威脅的中間位置，只有強調「冷酷的強權政治」才能生存下來。早在之前一場針對威廉二世對外政策的討論會上，他已經發表過自己的看法：德國不是放棄海上貿易和殖民地，和英國一起對抗俄國；就是選擇發展海上貿易和殖民地，聯合俄國對抗英國。【47】

他在二十多歲時顯然更青睞第二個選項，因爲他認爲英國是德國的「主要對手」之一，並且以此發展出明顯的親俄傾向。希特勒受到修伯納利特和羅森堡的斯拉夫移民圈的影響，希望與「民族主義」、「復原狀態良好」並且「從猶太布爾什維克主義的束縛中解放」的俄羅斯結盟，共同對抗西方。這時候，無論是生存空間的概念，或是「斯拉夫種族的劣等性」的想法——後者之後成爲他向東方擴張的中心思想——都還尚未進入他的腦海中。

立場的轉換

一直到一九二三年的年初，因爲蘇維埃政權在俄羅斯越來越穩固，希特勒才轉換立場，興起和英國結盟抗俄的想法。如果我們的解讀無誤，他後來又花了超過一年的時間反覆驗證這個新念頭，深入研究並預估後果與實現的可能性，最後才在《我的奮鬥》著名的第四章中，寫下對俄羅斯發動生存空間爭奪戰的想法。

當然，希特勒並未因此放棄對法國開戰的想法，一直將之保留在對外政策中，甚至到他最後於柏林地堡的獨白都不忘這一點。就像德國用南提洛地區換取義大利的好感，或是以放棄爭奪殖民地爲代價拉攏英國，暫時不對法國宣戰也讓德國能專心對付東方。

他在一九二五年寫下的《我的奮鬥》第二卷中，就已經以極端尖銳的態度反對修正主義。他表示，這些人主張恢復的國界過於狹隘、完全不符合邏輯，只是出於偶然而存在；從軍事地理的觀點來看，這種國界也不適合繼續存在。此外，這種主張會導致德國與先前的敵國再度對立，令正在瓦解的協約國聯盟再次凝聚在一起。「恢復一九一四年國界的要求，」他以疏排形式強調這段，「是政治上的無稽之談，其規模之大，後果之嚴重，幾乎是在犯罪。」與此相對，他主張，替德國人民爭取巨大的生存空間，是唯一一項「能在上主和德意志子孫後代面前證明血沒白流」的行動，負責行動的政治家們也「有朝一日會被赦免身上的血債」。【48】

此後，向領土遼闊的俄羅斯進擊就成了希特勒政策的中心思想。為了讓偉大的日耳曼遠征軍在曾經的「德意志民族在東方的指揮部」建立強大的大陸帝國，他甘願「全心奉獻」、「保持緊繃」、「耗盡所有的能量」，並且將之讚揚為有意義的政治行動的「唯一目的」，賦予這個決定特殊的意義：【49】

「藉此，我們民族社會主義者特意廢除戰前的對外政策方針，重新拾回六百年前的方針。我們不再無止盡地向南歐與西歐遠征，轉而將目光放在東方的土地上；我們停止戰前的殖民政策與貿易政策，開始邁向未來的土地政策。」

這個觀點到底是他以合乎邏輯的方式自行發展出來的，還是他借助第三方的理論拼湊出來的，目前還有待釐清。不過，無論如何，對希特勒的思想帶來重大改變的生存空間理論，顯然是由魯道夫·赫斯引進的。

赫斯是眞正的希特勒信徒，喜歡以「那位」代稱希特勒。因為這種崇拜到煩人的態度，他成功在蘭茨貝格服刑期間擊退所有競爭對手，奪得本來屬於埃米爾・莫里斯的祕書位置。此外，他顯然在一九二二年就已經居中牽線，讓希特勒與自己的老師卡爾・豪斯霍弗爾（Karl Haushofer）互相認識——後者以英國爵士哈爾福德・麥金德（Halford Mackinder）創立的「地緣政治」理論爲出發點，發展出一套帝國主義的擴張哲學。

雖然希特勒的征服思想充滿著馬基維利主義，但他也隱隱受到這些地緣政治學家的影響。麥金德提出「心臟地帶」的概念，認爲東歐與歐俄受到遼闊的國土保護，得以不被侵擾，是「統治世界的堡壘」，甚至預言：「只要統治心臟地帶，就能統治全世界。」這種僞科學理論的、魔幻的理性主義，似乎正好符合希特勒的特殊思維：對他而言，知識也有其黑暗面。[50]

他從各個不同的來源擷取靈感，發展出自己的外交策略，幾乎沒有什麼比這個更能證明他「高超的組合能力」：他將德國與各大歐洲強國的關係、對法國的復仇心、對生存空間與征服的渴望、歷史轉折點的概念以及許多意識形態固定元素組合成一個連貫的思想體系；不僅如此，他最後還插入種族歷史的主題，令其形成一個完整的圓。

> 在此，命運似乎想給我們一個提示。祂將俄羅斯交給了布爾什維克主義，俄國人民因此被剝奪他們一向用以維繫、確保國家存在的智慧。因爲，一個俄羅斯國家的建立，並非是斯拉夫人運用政治能力的成果，而只是一個證明日耳曼種族能力的絕佳案例，顯示日耳曼因子對於劣等種族建立國家的影響力。數百年以來，俄國都汲取上層領導階級的日耳曼核心生存，然而，這種核心現在已經幾乎完全滅絕，被猶太人取而代之。
>
> 就像俄羅斯不可能憑自己的力量擺脫猶太人的桎梏，猶太人也不可能長久維持強大的帝國

運作——因爲他們不是建立組織的要素，而是瓦解一切的催化劑。這個東方的巨大帝國已經趨近崩解，等到猶太政權在俄羅斯潰敗，這個國家也將同時覆滅。命運選定我們作爲災難的見證者，而這場災難，正是種族理論正確性的最有效證明。[51]

早在一九二〇年代初期，希特勒就以這個思路構想出後來的政策概念，例如早期嘗試與英國結盟、與義大利建立軸心國、對法國開戰，以及爲了征服和占領「心臟地帶」，在東方發動大規模的殲滅戰。

他沒有道德考量的包袱。他在《我的奮鬥》中寫道：不以戰爭爲目標的同盟關係，根本毫無意義；此外，國界也總是由人類劃定、更改，只有「沒腦袋的蠢貨」才會認爲它不可更動；征服者的力量就足以證明其所擁有的權利——「誰有能力，誰就有權利」正是他的政治道德格言。[52]

他以自己的夢魘、歷史理論、生物學謬論和情勢分析建構出這個計畫，無論看起來多麼駭人聽聞、荒唐，這種激進態度都比溫和節制、要求歸還南提洛和亞爾薩斯地區的修正主義更有希望成功。與其他的民族主義夥伴不同，希特勒認爲德國在現有的權利及秩序體系中得不到機會，此外，他對於「正常」的深刻不滿，也有利於他從根本上挑戰這個體系。只有拒絕遊戲的人，才能贏得遊戲。蘇聯明顯對舊體系的存續造成威脅，他因而以反對蘇聯爭取到其他國家的支持，令德國的勢力越來越大。突然之間，德國就「有如此強大的潛力……確切來說，征服這個龐大帝國，要比單獨收復勃洛姆堡或科尼希乎特來得容易」[53]，攻占俄羅斯的莫斯科，也比攻占法國史特拉斯堡或義大利博岑更有希望。

希特勒不僅清楚自己的目標，也同樣清楚並願意承擔隨之而來的風險。他在一九三三年推行計畫時的堅定表現令人印象深刻；畢竟，對他而言，德國最後的結果不是成爲世界強國，就是完全滅亡。「每一種生物都努力拓展自己的地盤，」在一九三〇年於愛爾朗根舉行的一場演講活動中，他對現場的教授們與學生們說，「每一支民族也都力求統治這個世界。」此言完全體現出他的自然法則：強者必勝，而弱者只能被消滅，或是無條件服從於強者。

即便希特勒最後發現自己全盤皆輸、覆滅在即，他也不改其想法。他對亞伯特．史佩爾說的話，令這位曾經的知己深受震撼，他說：「不需要去考慮，德國人民要以什麼基礎來維持最基本的生存。事實已經證明，德國是弱者，未來只屬於更強大的東方民族。」[54]希特勒知道，德國輸掉的不只是戰爭而已，他因此完全喪失希望。他在生命中最後一次向自然法則低頭，順服於這位專橫主宰他生命與思想的「殘暴的智慧女王」。

監禁結束

希特勒在蘭茨貝格待了一年左右的時間，到了一九二四年的年底，他在這座要塞——他諷刺地稱之爲「政府公費大學」[55]——的監禁期已經即將結束。應慕尼黑一級地方法院檢察處的要求，典獄長雷保德在一九二四年九月十五日針對希特勒寫下一紙鑑定書：「希特勒很遵守紀律，他不僅約束自己，也約束獄友。他謙遜、簡樸、與人爲善。他不多做要求，安靜明理，認眞平和，竭盡全力遵守監獄的規定；他不貪慕虛榮，對監獄的伙食很知足，不抽菸也不喝酒。雖然人緣很好，但他也知道如何在獄友面前保持權威……希特勒將來還是會試著發動民族主義運動，但已經不會像先前那樣，在必要時以暴力手段反抗政府，而是與相關的政府單位共同合作。」因爲這張鑑定書，希特勒對假釋許可勢在必得。

在他服刑剛滿六個月之時，法庭就承諾將視其表現給予假釋的機會，現在，這份鑑定書所描述的模範表現，正好滿足了假釋的必要條件。然而，我們實在難以理解，希特勒是如何證明自己值得信任，最後得到假釋的機會——畢竟，這位納粹黨領袖已經一度違反假釋規定，在某位立場相同的部長說情下逃過一次訴訟，在過去這麼多年來，更是煽動各種動亂與集會暴動、罷黜政府、逮捕部會首長，還犯下殺人罪。

雖然檢察處提出申訴，令希特勒的假釋決議暫時推遲，但是，政府已經決定偏袒這位違法者，原諒他所犯下的罪行，因此並未對其澈底執行具法律強制力的驅逐出境辦法。儘管慕尼黑警察局在九月二十二日發給巴伐利亞內政部的公函中表明，將此人驅逐出境是「必要的」措施，新任的巴伐利亞總理甚至向奧地利當局探問，他們是否準備要接管可能被驅逐出境的希特勒[56]——最後卻什麼也沒發生。

在獄中的希特勒害怕自己被驅逐出境，於是小心翼翼地行事，竭盡所能地表現出溫順可靠的樣子。他對格里哥．史特拉瑟在邦議會大放厥詞感到惱怒，後者聲稱：持續囚禁希特勒是巴伐利亞之恥，統治這個邦的是「一群豬玀，一群下賤的豬玀」。此外，他對羅姆正在進行的地下活動也感到不快。

在十二月七日的國會選舉中，種族主義陣營只贏下百分之三的選票，原本的三十三席只剩下十四席，時局似乎再度對希特勒不利。不過，這種「右翼極端主義開始走下坡」的觀點，顯然對巴伐利亞最高法院產生影響，令其在十二月十九日駁回檢察機關對假釋決議的上訴，提前釋放希特勒。十二月二十日，當蘭茨貝格的囚犯們已經準備迎接聖誕節的時候，一封從慕尼黑發來的電報下令獄方立刻釋放希特勒和克里貝爾。

事先得到消息的朋友和追隨者開車到監獄門口等希特勒，但到場的人數少得令他失望——因爲種族運動分崩離析，他的擁護者已經四散或互相敵對。在他於慕尼黑的家中迎接他的，只有賀爾曼．埃瑟和尤利烏斯．施特萊赫，沒有盛大的排場，也沒有凱旋的喜悅。

在獄中變胖的希特勒表現得焦躁不安，當天晚上就去見恩斯特．漢夫丹格。他一進門就可憐兮兮地請求自己的友人：「演奏《愛之死》給我聽！」在蘭茨貝格時，他便時不時就會陷入一切終結的悲傷情緒中，現在，週刊《世界舞臺》更是刊登了一則諷刺性的訃告，聲稱希特勒英年早逝，並補充：「日耳曼諸神肯定很喜歡他。」[57]

注釋

【1】出自漢夫丹格的記述：「你知道嗎，漢夫丹格，阿道夫在某方面完全走歪了。他正在變成一個無藥可救的自大狂。他上個禮拜在中庭走來走去，手上拿著那條該死的皮鞭，喊著『我必須前往柏林，就像耶穌到耶路撒冷，將那些放高利貸的人趕出神殿一樣』之類的胡話。我告訴你，要是他的救世主症候群繼續發展下去，我們所有人都會被他害死。」E. Hanfstaengl, aaO., S. 83。

【2】出自一九二四年一月十四日寫給漢諾威黨分部的一封信，參照 A. Tyrell, aaO., S. 73。

【3】Hans Kallenbach, »Mit Adolf Hitler auf Festung Landsberg«, S. 117 和 S. 45；參照 W. Jochmann, »Nationalsozialismus und Revolution«, S. 91。

【4】K. D. Bracher, »Diktatur«, S. 139。根據 H. Frank, aaO., S. 47，希特勒聲稱自己是在蘭茨貝格想出高速公路和廉價國民汽車的主意。Ernst Hanfstaengl, aaO., S. 114 指出，希特勒的牢房就像是美食販賣店

一樣，充裕的物資有利於他收買獄卒，令後者的態度更爲友善。有關大批的訪客、他們的願望、要求及意圖，參照典獄長於一九二四年九月十八日的紀錄，BHStA I, S. 1501。

【5】一九四二年二月三日，希特勒在老戰友圈子的發言，參照 W. L. Shirer, aaO., S. 516。

【6】BAK, NS 26/17a；以及 »Tischgespräche«, S. 82。

【7】A. Kubizek, aaO., S. 75 和 S. 225；此處提到希特勒「最喜歡的作品」是一本《德意志英雄傳說》，他閱讀過《建築藝術史》以及但丁、席勒、赫爾德（Johann Gottfried Herder）和施蒂弗特（Adalbert Stifter）的作品，並指出，希特勒自己表示，羅斯格（Peter Rosegger）對他而言「過於流行」。有關漢斯．法蘭克提供的名單，見 aaO., S. 40。恩斯特．漢夫丹格提到得另一份清單出自 aaO., S. 52 f.，除了政治書籍與傳說，自然還有愛德華．福克斯（Eduard Fuchs）著名的民俗史著作。前述與狄特里希．埃卡特的對話也提到以下作品，或者以知曉以下作品爲前提：Otto Hauser, »Geschichte des Judentums«；Werner Sombart »Die Juden und das Wirtschaftsleben«；Henry Ford, »Der internationale Jude«；Gougenot des Mousseaux, »Der Jude, das Judentum und die Verjudung der christlichen Völker«；Theodor Fritsch, »Handbuch der Judenfrage«；Friedrich Dolitzsch, »Die große Täuschung« 以及 »Die Protokolle der Weisen von Zion«。希特勒後來對他的祕書小姐們說，他「在艱困的維也納年少時期」，「將市立圖書館庫藏的五百本書都讀完了」；見 A. Zöllner, aaO., S. 36。

【8】»Mein Kampf«, S. 37.

【9】引用自 W. Maser, »Hitler's Mein Kampf«, S. 20；以及 H. Frank, aaO., S. 39。

【10】»Mein Kampf«, S. 231 f..

【11】同上，S. 170。

【12】R. Olden, aaO., S. 140；以及 »Mein Kampf«, S. 32、S. 552、S. 277 和 S. 23。根據各種不同的說法，負責訂正與編輯手稿的是《人民觀察家報》的音樂評論員史多欽徹尼（Josef Stolzing-Cerny）、發行反猶報刊《米斯巴赫報》的前修士伯恩哈德・斯滕弗（Bernhard Stempfle），以及恩斯特・漢夫丹格（此人的貢獻自然有限）。然而，魯道夫・赫斯之妻伊爾瑟・赫斯（Ilse Heß）駁斥一切由第三者協助編輯的說法，也否認這本書是由希特勒口述給她先生記錄的；正好相反，她指出，這本書是希特勒「監禁於蘭茨貝格時，自己用兩根手指頭在一臺老舊的打字機上打出來」。參照 W. Maser, »Hitler's Mein Kampf«, S. 20 ff.。

【13】H. Frank, aaO., S. 39.

【14】參照 A. Zoller, aaO., S. 106，以及 O. Strasser, »Hitler und ich«, S. 94 ff.。

【15】»Mein Kampf«, S. 357、S. 449、S. 630 和 S. 458，以及 »Hitlers Zweites Buch«, S. 221。

【16】H. Rauschning, »Gespräche«, S. 5；以及 »Revolution des Nihilismus«, S. 53。

【17】»Tischgespräche«, S. 269 f.。值得注意的是，希特勒還補充道，只有民族社會主義的敵人才眞正了解這本書。

【18】E. Nolte, »Epoche«, S. 55。緊接著休・特雷弗羅珀的基本調查，埃伯哈德・傑克爾（Eberhard Jäckel）在《希特勒的世界觀》一書中試圖得出最終的結論。

【19】H. R. Trevor-Roper, »The mind of Adolf Hitler«，»Hitler's Table Talk« 一書的前言，S. XXXV；K. Heiden, »Geschichte«, S. 11 稱希特勒爲「非常綜合型的天才」。也參照 R. H. Phelps, »Hitlers grundlegende Rede über den Antisemitismus«，刊載於 VJHfZ 1968/4, S. 395 ff.。

【20】»Adolf Hitler in Franken«, S. 39 f.。在此，我們必須指出：想要闡述希特勒世界觀的脈絡，不能只依

靠《我的奮鬥》，而是必須將他之前與之後的言論一併納入考量。由於希特勒的意識形態自一九二四年以來就沒有改變過，採取這種模式就更爲合理。

【21】»Mein Kampf«, S. 751.

【22】有關這些範例，參照 »Mein Kampf«, S. 68 ff.。有關前述引文，見 H. Rauschning, »Gespräche«, S. 11。關於阿佛烈．羅森堡的意見，出自 K. G. W. Luedecke, aaO., S. 82。

【23】»Tischgespräche«, S. 320。Hans Frank, aaO., S. 133 也有很相似的意見，指出希特勒曾經在作者面前將地球稱爲「種族競賽的獎盃」。有關後文的引文，參照 »Mein Kampf«, S. 147、S. 312 及 S. 148。

【24】一九三九年一月二十五日希特勒對軍官發表的祕密演說，引用自 H. A. Jacobsen/W. Jochmann, aaO., S. 5；以及 W. Jochmann, »Im Kampf«, S. 83。

【25】»Tischgespräche«, S. 346；同上 S. 321 以及 M. Domarus, aaO., S. 647。

【26】一九二九年十一月三十日希特勒於黑爾斯布魯克的演說，參照 »Adolf Hitler in Franken«, S. 144。以及 »Tischgespräche«, S. 152 和 »Hitlers Zweites Buch«, S. 56。也參照與之相關的，希特勒於一九二六年二月二十八日在漢堡民族俱樂部的演說，引用自 W. Jochmann, »Im Kampf«, S. 117。

【27】»Tischgespräche«, S. 170 和 »Mein Kampf«, S. 70。

【28】同上，S. 324。

【29】同上，S. 421 和 S. 317。

【30】M. Domarus, aaO., S. 646 和 S. 587，以及 E. Boepple, aaO., S. 21。

【31】»Tischgespräche«, S. 153。希特勒在一九三七年九月十三日的演講中談到「全面總攻擊」，其中的許多細節與此處相關；參照 Domarus, aaO., S. 727 ff.。

【32】H. Rauschning, »Gespräche«, S. 220 f..

【33】參照 Ernst Nolte, »Eine frühe Quelle«, S. 590，其功勞在於找出並闡述這篇半被人遺忘到腦後，並且在此之前都無人關注的文章：《從摩西到列寧的布爾什維克主義——我與希特勒的對談》。也參照同作者的 »Epoche«, S. 404 ff.，據其所述，基督教與布爾什維克主義的相同之處是「餐桌閒談的核心論點」，不過，即便在權力最巔峰之時，希特勒也從來沒能明目張膽地如此表示。有關三千萬名犧牲者，參照希特勒在一九二二年七月二十八日的談話，引用自 E.Boepple, aaO., S. 30。

【34】H. Rauschning, »Gespräche«, S. 223.

【35】G. Schubert, aaO., S. 39.

【36】刊載於一九二四年八月十七日的 ›Der Nationalsozialist‹, 1. Jg., Nr. 29，引用自 E. Jäckel, aaO., S. 73。

【37】個人姓名檔案 Nr. 409, DC1477。

【38】H. R. Trevor-Roper, aaO., S. XXV.

【39】同上，S. XXV。有關前文的引文，參照 »Libres propos«, S. 321。

【40】E. Nolte, »Epoche«, S. 405.

【41】»Mein Kampf«, S. 703，以及前述與狄特里希．埃卡特的對話——在這場對話接近尾聲的時候，以不成熟的思維提到烏托邦式的世界狀態，接著又說到要揚棄「人人相互鬥爭」的自然法則。

【42】一九二七年八月二十一日，希特勒於紐倫堡舉辦的第三次全國黨代表大會上發表的結語，引用自 »Adolf Hitler in Franken«, S. 81。也參照 G. Schubert, aaO., S. 221。希特勒也對赫爾曼．勞施寧表示，爲了「解決我們國家眼下的任務」，他首先必須「創造出民族」。

【43】H. Rauschning, »Gespräche«, S. 232；以及 Gottfried Grießmayr, »Das völkische Ideal«, S. 160（以手稿

形式印刷）。

【44】參照 H. A. Jacobsen/W. Jochmann, aaO.，雖然此處錯將聽眾群誤植爲一九三八年那一屆的軍官；以及 »Mein Kampf«, S. 444 f.。

【45】同上，S. 152 ff.。

【46】此處根據一九五九年於慕尼黑舉行的歷史學家日活動上，休・特雷費羅珀針對「希特勒的戰爭目的」所發表的演講；參照 VJHfZ 1960/2, S.121 ff.。

【47】參照一九二四年三月二十七日，希特勒於慕尼黑人民法院的發言，引用自 E. Boepple, aaO., S. 166。此外，一九二四年四月發表於期刊《德國革新》上的文章〈爲什麼必須要有啤酒館政變？〉也犀利地提出這個可能性。有關完整的脈絡，也見 Axel Kuhn, »Hitlers außenpolitisches Programm«。

【48】»Mein Kampf«, S. 736.

【49】同上，S. 153 和 S. 742。

【50】引用自 H. R. Trevor-Roper, aaO., S. 129。

【51】»Mein Kampf«, S. 742 f..

【52】參照同上，S. 740 和 S. 749，以及 »Tischgespräche«, S. 320。

【53】E. Nolte, »Faschismus«, S. 135 f.。

【54】亞伯特・史佩爾於一九四五年三月二十九日寫給希特勒的信，IMT XLI, S. 425 ff.；此處提到的愛爾朗根的演講，收錄於 »Adolf Hitler in Franken«, S. 171。

【55】H. Frank, aaO., S. 40。後文由蘭茨貝格的典獄長所寫的鑑定書收錄於 Otto Lurker, »Hitler hinter Festungsmauern«, Berlin 1933, S. 60 ff.。此外，這份鑑定書中還有一段像是希特勒自己加進去的內

容：「希特勒在出獄後不會以威脅或敵對的態度對待破壞他政變計畫的政府官員，不會滋事反對政府，不會與其他具民族主義思想的政黨為敵。他強調，自己堅信，如果沒有穩定的國內秩序和強而有力的政府，一個國家就無法存在。」

【56】引用 W. Maser, »Hitlers Mein Kampf«, S. 260 f.。有關後文引用的格里哥．史特拉瑟的言論，參照 W. Görlitz/H. A. Quint, aaO., S. 243。

【57】海因茲．波爾（Heinz Pol）在《世界舞臺》上發表的言論，引用自 Philipp W. Fabry, »Mutmaßungen über Hitler«, S. 28；以及 E. Hanfstaengl, aaO., S. 119。

第二章　危機與阻礙

「希特勒將一無所獲！」

巴伐利亞內政部長卡爾．施圖策（Karl Stützel），一九二五年

「哈！我會讓這些畜生看看，我過得有多好！」

阿道夫．希特勒，一九二五年春天

希特勒從蘭茨貝格回來時，面對的是一副令人氣餒的場景。一切已然改變，前一年的興奮激動已經隨風而逝，歇斯底里的情緒也早已過去，霧霾散去、揚起的塵埃再度平息，生活回歸平淡無奇的日常樣貌。

德國馬克的回穩是一切的轉捩點，穩定的貨幣不僅為民眾注入一劑強心劑，還同時剝奪志願軍團與其他半軍事組織的物質基礎——這些製造混亂的好戰分子在德國馬克大幅貶值之時，只需要花費很少的外幣就能維持組織運轉，現在卻變得無力負擔日常開銷。

共和政府日漸穩固，越來越有威望。一九二四年的二月底，政府宣布解除啤酒館政變當晚開始的緊急狀態，同一年間，古斯塔夫．施特雷澤曼在外交上的「和解政策」也收到初步成效。這

種成效並非表現在某種具體的建樹上，而是體現於改善德國人民的心理狀態，令他們慢慢放下過時的戰時仇恨與怨懟。戰後賠償問題在美國道威斯計畫下出現一絲希望，法國準備撤出魯爾區，安全保障協議以及同意德國加入國際聯盟的問題也開始被拿出來討論。美國資金湧入，德國經濟得以逐漸復甦，高失業率曾經令街邊、慈善廚房和社會福利機構一片愁雲慘澹，現在也開始顯著下降。

我們從選舉結果也能看出這種情勢變化：極端勢力雖然在一九二四年五月再次取得成功，但到了同年十二月的選戰，顯然又被打回原形——種族主義陣營光是在巴伐利亞就弄丟百分之七十的選票。儘管主張民主主義中間路線的各政黨並未立刻壯大，不過，德國經過了這麼多年的危機、蕭條以及政府被推翻的威脅，似乎終於要回歸正軌。

當時有許多政治人物都因此面臨失業，希特勒也不例外。他已經度過十年無拘無束且不同於市民階級的刺激生活，如今，好日子已經到頭，他不得不再度面對從少年時期就害怕的，平凡生活的「安定與秩序」。[1]他清醒地體認到自己絕望的處境。儘管他當初在法庭上打了漂亮的一仗，但還是無可避免地落入「失敗政客」的境地，不僅遭受輕視，更快要被大衆淡忘。納粹黨的一切組織都被政府取締，就連《人民觀察家報》也沒能逃過禁令；國家防衛軍和大多數的私人贊助者都退出種族主義運動，這些人體驗過動盪和內戰遊戲，最終還是選擇回歸日常生活的責任與事務。回想起一九二三年，許多人只會惱怒地聳聳肩，對他們而言，那似乎是一段瘋狂又糟糕的時間。

狄特里希．埃卡特與修伯納利特都死了，戈林流亡國外，克里貝爾也正要逃向國外。希特勒的其他心腹現在大多不是還在獄中，就是互相疏遠、分道揚鑣。

先前，希特勒在自己被逮捕之前，成功向阿佛烈．羅森堡寄去一張匆忙之下用鉛筆潦草寫下的紙條：「親愛的羅森堡，從現在開始，這場運動就交給您了。」於是，羅森堡化名爲羅夫．埃德哈特[2]（譯註：羅夫．埃德哈特（Rolf Eidhalt）由阿道夫．希特勒（Adolf Hitler）重新排列組合而來，埃德哈特的意思是誓言守護者，意味著羅森堡將遵守自己對希特勒的誓言），成立一個名爲「大德意志民族共同體」的新組織，企圖將剩下的希特勒追隨者都收攏在一起。衝鋒隊也在他的運作下，以各種運動俱樂部、男子合唱團和射擊協會作爲僞裝，繼續留存下來。然而，由於羅森堡缺乏威信、囉嗦又固執己見，這場運動很快就分裂成幾個互相鬥爭的小團體。

魯登道夫倡導，納粹黨餘黨應該與格雷夫（Albrecht von Graefe）和雷文特洛伯爵創立的「德意志種族自由黨」團結在一起；於此同時，尤利烏斯．施特萊赫卻在班貝格成立「巴伐利亞種族同盟」，另外提出自己的主張。

最後，賀爾曼．埃瑟、施特萊赫和來自圖林根的暢銷小說家——作品以種族主義的血統幻想爲主題——阿圖爾．丁特博士（Artur Dinter）都在爭奪大德意志民族共同體的領導權。魯登道夫很快也與格雷夫、格里哥．史特拉瑟和羅姆組建「民族社會主義自由黨」，作爲所有種族主義團體的聯盟組織。爭吵與勾心鬥角層出不窮，這些人都試圖趁希特勒不在的時候向上攀登，甚至想將他從在法庭上得來的「種族主義領導者」的寶座上拉下來，塞回原本的「煽動者」的位置。

從失望中看到新機會

不過，這種令人心灰意冷的境況不但沒有嚇到希特勒，他還從中看到自己的機會和新希望。羅森堡後來承認，自己對於被任命爲種族運動的臨時領袖感到很驚訝，並且有理由懷疑，希特勒這麼做是出於其他的策略因素。畢竟，此人爲了更長久地掌握領導權，不僅能忍受這場運動分崩離析，更會對其推波助瀾。人們經常因爲這一點而譴責希特勒，然而，就他本人而言，這種行爲其實無可指摘。他並非單純追求權力，而是認爲自己的使命無法分派給其他人執行。畢竟，在宗教的救世史上，可從來沒出現過什麼「副救世主」。

因此，希特勒冷眼旁觀羅森堡、施特萊赫、埃瑟、波納、羅姆、阿曼、史特拉瑟、格雷夫、雷文特洛伯爵和魯登道夫之間的爭端，正如一位追隨者所言，他「連小指頭都沒動一下」；不僅如此，他還鼓勵這些人彼此對立，阻撓一切嘗試將各種族主義團體合併爲一的計畫。

只要自己還不能出獄，他就盡可能地阻止他們做出任何決議，防範任何權力中心成形，也阻撓任何想登上領袖寶座的人。出於同樣的理由，他也批評納粹黨員參與議會選舉：儘管參選確實符合合法取得權力的新戰略，但是，只要黨員獲得議會豁免權和議員津貼，他們也就得到一定程度的自主性。因此，當他在蘭茨貝格得知，民族社會主義自由黨在一九二四年五月的國會選舉成功贏下四百二十七個席位中的三十二席時，他一點也不高興。他很快在一封公開信中辭去納粹黨主席的職位，收回之前給他們的授權，並且拒絕面見任何出於政治目的來訪的客人。魯道夫．赫斯在獄中寫下的一封信中，也得意地談到外面那些追隨者有多愚蠢。【3】

事實證明，希特勒下了一手好棋，他的高付出得到很高的回報。當他從蘭茨貝格出獄，納粹黨已經是一盤散沙，沒留下什麼需要他認眞對付的對手。在他面前的，不是一個團結的敵對陣線，而是幾個無能又性急的小派系。他就像是萬衆期待的拯救者，在納粹黨深陷困境之時閃亮登場——雖然這種局面不乏他的推波助瀾——很快就建立自己無可爭議的領導權威。他後來承認：「不然，我當時（出獄後）絕對沒辦法對所有黨員說：現在，我想怎麼打就怎麼打，不准有其他

意見。」【4】

新策略的訂定

無論如何，回歸後的希特勒不僅要面對各方的巨大期待，也必須回應支持者們各異且互相矛盾的需求。他的政治前途將取決於，他是否能解決黨內分裂的局面，為納粹黨在人數眾多的右派陣營中訂立一個清楚明確——但又模糊得足以滿足各種不同需求——的方針。

許多右翼人士都盼望他和魯登道夫一起組織一場種族主義的團結運動，然而，希特勒自己明白，唯有至高無上、令人陷入狂熱崇拜的領袖人物才擁有這種凝聚力。對他而言，現在重要的不是倉促結盟，而是劃定界線和實現個人的絕對主張，這決定了他接下來幾週的策略。

首先，他採納波納的建議，請求與新任巴伐利亞總理海德（Heinrich Held）進行會談——這位篤信天主教的巴伐利亞人民黨黨主席因為堅決擁護聯邦制度，先前曾被希特勒一派激烈抨擊。為了降低一九二五年一月四日這場會議的話題性，希特勒假稱自己的目的只是要求釋放目前還被監禁於蘭茨貝格的夥伴。然而，事實上，這是他尋求合法性的第一步。種族主義陣營的評論家指責希特勒想「與羅馬講和」，但事實並非如此，他只是想與政府和平共處。他嘲諷地說自己和魯登道夫不一樣，他可不能事先通知敵人，自己打算打死他們。【5】

對他未來的政治命運而言，這場會談的重要性不亞於奪下種族主義陣營的領袖寶座。為了實現自己毫不動搖的奪權野心，他除了要建立一個獨裁、好戰的政黨，還必須重新贏回各大組織對他的信任。這也是他從啤酒館政變失敗得到的教訓：政治不只是征服、狂熱與侵略，還必須具備雙面性——為此，他必須扮演一個新角色。他是革命者，卻又必須同時捍衛現存的體系；他的行事風格必須激進卻又溫和，既威脅秩序的存亡，卻又維護秩序；一邊違反法律，卻又一邊最誠懇地呼籲重建法律的權威性。希特勒是否意識到自己的戰略在理論上自相矛盾，這一點我們不太清楚，不過，他所做的一切，幾乎每一步都在實行這個策略。

他在與海德的會面中，首先向這位態度冷淡的巴伐利亞總理保證自己絕對忠誠，接著申明自己以後會奉公守法，並表示啤酒館政變就是一個錯誤。他繼續道，他已經認識到，國家權威必須得到尊重；作爲一位市民階級的愛國主義者，他已經準備爲此盡最大的努力，尤其當政府與馬克思主義的腐蝕力量戰鬥時，他更是隨時聽候差遣——不過，爲了讓自己能派上用場，他需要他的政黨和《人民觀察家報》。

當被海德問到，他打算如何處理種族主義陣營的反天主教偏見時，希特勒解釋，這種對天主教的攻擊是魯登道夫的個人怪癖。他表示，他對這位將軍抱持懷疑態度，不打算與之有任何關係，自己向來反對一切的教派之爭，但對此也是無可奈何，畢竟，所有的民族主義勢力都必須站在一起。

面對希特勒的舌燦蓮花、滔滔不絕，海德依舊表現得很冷淡。他說，他很高興希特勒終於打算尊重國家權威了，不過，就算希特勒不打算尊重，他也不在乎。作爲巴伐利亞總理，他會向每一個人宣揚這種權威，十一月九日政變之前的那種狀況不會再出現在巴伐利亞了。

儘管如此，海德還是因爲朋友的施壓——古特納博士，希特勒的贊助者之一——最後同意解除對納粹黨和《人民觀察家報》的禁令。他表示，與希特勒的對談令他覺得，「猛獸已經被馴服了」。[6]

幾天後，希特勒出現在邦議會的種族主義黨團面前，就像嫌這場種族主義運動還不夠慘澹似地，他這次又挑起了一場激烈的爭端。

他手裡握著一根河馬皮做的鞭子——現在已經成了他的標準配件之一——走進邦議會，種族主義的議員都興高采烈地過來歡迎他。然而，希特勒只寒暄了一下，很快就開始指責他們領導能力不足、沒有自己的想法，並且對他們拒絕海德的共組政府提議感到特別憤怒。黨團對他突如其來的怒火感到驚愕，他們抗議道，有一些原則是正直的人不會拋棄的，他們不能先指責對手背叛德國人民，卻又和這些人共組政府。最後，甚至有人質疑他只是想利用這種結盟來換取提前出獄；對此，希特勒輕蔑地回應道，對於這場運動而言，他的出獄可比在場的兩打議員所捍衛的原則重要一千倍。

事實上，他似乎是希望以這種粗暴而挑釁的領導權宣示方式，將那些不願屈居於自己之下的人趕出陣營。他後來嘲諷、輕蔑地談到納粹黨在一九二三年「通貨膨脹似的成長」，並指出，就是因爲他們在這段時間過度迅速的擴張，才會在後來的危機中如此軟弱、毫無反抗之力。

很快地，各大種族主義團體的領導者開始忿忿地抱怨希特勒的不合作，多次提到他們當年一起在統帥堂前流過的血。[7]這種多愁善感的「話當年」並未改變希特勒的態度，正好相反，他回想起自己在一九二三年處處受制於人、依賴團體，必須一直顧慮那麼多過於嬌氣或頑固的同伴，他就得到一個教訓：任何合作關係都是一種束縛。

他對外、對政府表現得有多麼遷就；對內、對種族主義陣營就有多麼專橫、嚴厲和高壓。他也很樂意接受後果：在這場爭端後，二十四位邦議員中只有六位站在他這邊，其餘多數人則轉投其他政黨。

然而，他還不滿足於此，接下來又按捺不住地掀起幾次新爭端，令這個已經萎縮的陣營變得更小。希特勒喜歡強調自己不同於其他眾多的種族主義和右翼激進團體，拒絕與他們進行任何合作。種族主義陣營的十四位國會議員只剩下四位還忠於他，但這些人也表現出牴觸的情緒，要求他與諸如賀爾曼．埃瑟、尤利烏斯．施特萊赫之類行為不端的追隨者劃清界線。這場激烈的衝突長達數月之久，但希特勒比他的對手們更清楚，這次的關鍵不在整頓風紀，而是爭奪黨內的唯一話語權，因此寸步不讓。

同時，他已經準備與魯登道夫決裂。不僅是因為這位將軍在啤酒館政變當天中午嚴厲批評他：「希特勒從統帥堂前逃走這件事，沒有什麼能夠挽回，沒有任何一位德國軍官還能在這樣的人底下任職。」更多是因為，這位「民族統帥」已經成了一個大麻煩——至少在南德是如此。

魯登道夫由於自己的頑固以及第二任太太瑪蒂達的古怪野心，陷入無止盡的糾紛中，不僅奚落、攻擊天主教教會，策劃與巴伐利亞王儲來一場毫無必要的「榮譽決鬥」，甚至和軍官團鬧翻，被一些昔日戰友切割關係。此外，他也越來越絕望地陷入某種偽宗教意識形態的陰謀焦慮、日耳曼神靈信仰和文明悲觀主義彼此融為一體，充斥在他腦海中。

這種傾向令希特勒想起蒙昧主義、蘭茲．利本菲的理論以及圖勒協會的妄想。雖然他早已掙脫這些早期曾支配他大腦的思想，也在《我的奮鬥》中尖酸刻薄地表達出，他瞧不起這種種族浪漫主義，但還是不免受到影響。此外，他對魯登道夫的嫉妒情結也是一個重要因素：作為一位前二等兵，他再清楚不過，在德國這種軍國主義國家，自己和這位將軍之間的地位差距可謂雲泥之別。例如，某種族主義團體在一九二五年年初的一封信中表示，他們看到了希特勒的「火的精神」，並描述他「用自己的光芒照亮今日的黑暗」，然而，他們還是尊稱魯登道夫為「偉大的領袖閣下」。此外，對於魯登道夫以軍令調走自己的保鑣烏爾里希．格拉夫一事，希特勒也感到被羞辱；畢竟，早在他們初次談話時，魯登道夫就已經激烈地批評過自己。

希特勒就像是被不斷增長的瘋狂敵意沖昏頭腦，與領導北德的民族社會主義自由運動的格雷夫和雷文特洛伯爵也發生了爭執。因爲這兩位曾公開宣稱：希特勒不能重回他原本的權力地位，他雖然是煽動群衆的天才，卻不是一位政治家。希特勒後來寫給格雷夫的信中則展現出他的新自信，他說自己以前是煽動者，以後也會是煽動者，但他這麼做只是爲了德國，再也不是爲了格雷夫這種人：「我向天發誓！」[8]

一九二五年二月二十六日，《人民觀察家報》恢復發行，並公告納粹黨隔日將於當初政變失敗的貝格勃勞凱勒啤酒館重新成立——而非恢復運作。希特勒在一篇以《一個新的開始》爲標題的社論，以及他同時發表的納粹黨組織方針中，都進一步奠定了自己的領導主張。他拒絕做出任何讓步，面對他人對於埃瑟和施特萊赫的指責，他表示，無論是追隨者的道德或是教派之爭，都與領導政黨無關，有關的只有政治本身而已；此外，他也將那些批評自己的人稱爲「政治上的兒童」。事實證明，這種強而有力的態度正是當時的群衆所需要的，希特勒在第一時間就收到來自全國各地的效忠聲明。

他精心策劃隔天的出場：爲了加強號召力，他已經有兩個月的時間沒有發表演講，大大提高了支持者們的期待感以及對手們的緊張情緒；他拒絕面見任何訪客，就連其他國家的代表也被拒之於門外；此外，他更對外放出風聲，所有的政治信件都被他「看都不看就丟進廢紙簍」。

到了當天，雖然要到晚上八點才開始集會，但第一批觀衆在下午很早的時候就出現了，還要繳交一馬克的入場費。到了晚上六點的時候，警察已經不得不關閉入口，當時已經有大概四千位支持者到場。在場的許多人都互相敵對、彼此勾心鬥角，然而，當希特勒踏進大廳，他們都對他表現出狂熱的敬意；與會者紛紛爬上桌子，大聲歡呼，揮舞著石製的啤酒杯，或者開心地互相擁抱。順道一提，由於安東·德萊克斯勒將開除埃瑟和施特萊赫當作自己出席的條件，這場活動最後由馬克斯·阿曼主持，此外，史特拉瑟、羅姆和羅森堡也都缺席這次的集會。

希特勒向所有人、所有這些或猶豫或頑固的黨員們發表一場長達兩小時的精彩演說：先是空泛地頌揚雅利安人在文化創造上的成就，接著轉向討論外交政策；他闡述道，和平條約可以被打破、賠償協議可以不算數，但是，即便如此，德國還是會因爲被猶太人汙染血統而走向毀滅。他回憶道，只要走在柏林的腓特烈大街上，就能發現每個猶太人手臂上都挽著一位金髮的德意志姑娘。他向觀眾保證，馬克思主義可以被推翻：「只要我們提出一個更接近眞理，但實行方法同樣殘酷的學說。」接著，他指責魯登道夫到處樹敵，批評此人不懂得「圓滑處世」，最後才切入重點：

如果有人想來對我提條件，我就會和他說：等等，朋友，先聽聽我對你有什麼條件。我又不是在討好大眾，等到一年後，各位同志應該就能評斷了。要是我做得對，那很好；要是我做得不對，那我就把這個職務還給諸位。不過，在那之前，我都會獨自領導這場運動。只要我自己負起全部的責任，就沒有人能對我提條件；換句話說，這場運動發生的任何事都是我的責任。[9]

他激動得一張臉通紅，呼籲在場的人放下敵意、忘掉過去，也結束他們在這場運動中的爭執。他不是在請求這些人的追隨與妥協，而是在命令他們：不服從，就離開。最後，一陣歡呼聲在場內響起，他因此對自己的計畫更堅定不移，要將新的納粹黨塑造成只聽他號令的獨裁政黨。

馬克斯．阿曼在場內一片激動興奮時站出來，對群衆高喊：「爭吵必須結束——爲了希特勒！」就在這時，那些彼此齟齬的老對手們——施特萊赫、埃瑟、費德、弗里克、圖林根大區長官丁特和領導巴伐利亞黨團的布特曼（Rudolf Buttmann）——也都突然站上講臺。他們組成一幅壯觀的畫面，在數千名爬上桌椅喊叫的觀衆面前，示範性地互相握手言和。施特萊赫恍惚而結結巴巴地說了一些關於「天定的命運」的話；布特曼最近才在黨團面前嘲諷且尖銳地反對希特勒，現在卻說，自己過去的所有顧慮，「在元首說話時都消失無蹤」。

這種魯登道夫做不到，格雷夫、特拉瑟、羅森堡、羅姆幾人無論是個別還是合力也都辦不成的事，希特勒卻輕而易舉地完成了，不僅加強了他的權威，更鞏固了他的自信。雖然布特曼先前就已經這麼稱呼過他——儘管當時的意思只是「領袖」，而且魯登道夫和其他競爭也都用過這個稱呼——但是，從這天開始，希特勒就眞的成爲了無可爭議的「元首」〔譯註：元首（Führer）的德文原意爲領袖，後來被希特勒設爲一個職稱，意指納粹黨和國家的最高領袖〕。

專斷獨裁的領袖

正如賀爾曼．埃瑟所描述，希特勒比以往更專斷獨裁地對付競爭對手的「下流計謀」，加強對納粹黨的控制，令他得以實現自己的第二個目標：將該黨打造成爲順手又強大的工具，以完成他的戰術計畫。

他已經決定不再以暴力，而是要以法律進行革命。當他還在蘭茨貝格時，便已對某位追隨者嘲諷地說過：「等到我重新開始活動，就不得不遵守新的策略：不以武力奪取權力，而是要把手伸進國會，讓那些擁護天主教和馬克思主義的議員傷腦筋。在選戰中贏過他們，雖然可能要比射殺他們花更長的時間，但最後，我們的勝利會受到他們的憲法保證。所有的合法程序都要花很多時間。」【10】

這個過程比希特勒設想的要緩慢、艱辛得多，各種挫折、阻礙與衝突也都一再出現。不過，他現在遭遇的首次嚴重挫折，也確實是他自己的責任：巴伐利亞政府不僅將他說過的「我們大可以陽奉陰違」，理解成他對憲法敵意不減的證據，也對他說過的「不是敵人踏過我的屍體，就是我踏過敵人的屍體」感到不滿。希特勒還說：「我希望，當我下次被擊倒時，鉤十字的大旗會成爲我的裹屍布。」

諸如此類的言論令人強烈懷疑，他對遵守法律的保證到底有幾分眞心。因此，巴伐利亞政府果斷下令禁止他發表公開演說，德國的大多數地方政府也都很快跟上。考慮到希特勒還處於假釋期，隨時有可能被驅逐出境，再加上當時情勢的變化，這項禁令顯得可怕又突然，似乎斷送他的一切希望，無異於暫時阻斷了他的合法路線。

不過，他並未因此迷惘或者顯露出絲毫的惱怒。在一年半前，也就是一九二三年夏天的時候，他還會因爲一場打擊而被打回原形，回到年少時期的軟弱與渾渾噩噩，現在卻全然不受動搖。雖然演說禁令讓他損失最重要的收入來源，卻並未造成太大的影響。他轉而在黨報上發表社論，以稿酬維持生計，也經常在布魯克曼家對著四十至六十人的小團體發表談話——公開演說禁令使他失去感染和動員群衆的利器，不得不開始尋找新的宣傳管道。

當時的觀察家一致發現，蘭茨貝格的牢獄生活改變了希特勒。他變得更冷酷、更嚴厲，他的面孔原本像精神病患一般恍惚無神，現在增添了獨特的個性與鋒利的線條：「那張瘦削、蒼白、病懨懨、經常面無表情的臉孔看起來更沉著有力，額頭到下巴的線條顯得更銳利；先前可能還看起來很熱情，現在卻是不容錯認的嚴厲。」[11]這也賦予他一種韌性，讓他得以跨越一切磨難，度過痛苦的停滯期，在一九三〇年代初期終於踏上勝利的征途。

一九二五年的夏天，正是希特勒感到最希望渺茫的時候，納粹黨高層會議討論要替他找一名副手，卻被他桀驁地回絕了；他說，只有他自己才能決定這場運動的成敗。[12]

確實，只要看看現在跟在希特勒身邊的人，就能發現他無疑是對的：經過他在前幾個月刻意製造的衝突與紛爭，現在還繼續留在黨內的大多是一些平庸之輩。他的隨從團又縮減回先前的樣子，剩下一群牲畜販子、司機、保鑣和前職業軍人——從納粹黨慘澹的草創時期以來，這個族群就一直對他另眼相待，幾乎能說是青睞有加。

希特勒不在意這些親隨糟糕的名聲，也不在乎他們吵鬧、粗野和頭腦簡單。這種擇友品味清楚顯示出，他已經和自己所出身的，重視美學的市民階級離得有多遠。偶爾有人指責這一點，他就會有些心虛地回答：就算是他也可能會在交友上犯錯，畢竟，人非聖賢，孰能無過？[13]話雖如此，但一直到他當總理的那幾年，這種類型的追隨者都最受他的喜愛。他們和希特勒一同度過漫長空虛的夜晚，在從前屬於俾斯麥的房間看電影、聊瑣事，看他解開外套癱坐在大扶手椅上，一雙腿伸得老長。這些人沒有背景、沒有家庭也沒有職業，但都在人格或職涯上有一些瑕疵，正好喚醒希特勒對男子宿舍住戶的親切回憶。從克里斯蒂安·韋伯、賀爾曼·埃瑟、約瑟夫·柏赫托德和馬克斯·阿曼這群人身上，他似乎再度感受到維也納時期的氛圍與氣味。

這些人雖然提不出什麼有建設性的意見，但他們毫無保留地崇拜他，真誠地向他奉獻自我。當他在「巴伐利亞義式餐廳」或「諾伊麥爾咖啡廳」發表長篇大論時，他們都會專注地聆聽。希特勒渴望群衆激情，就如同癮君子渴望毒品；可想而知，對於因爲演說禁令而得不到滿足的他而言，他們毫不批判的熱情反應正是一種替代品。

是領導者還是煽動者？

這段停滯期中，希特勒在只有少數幾項值得被記錄的成就，其中最重要的就是得到格里哥・史特拉瑟的支持。

史特拉瑟因爲「前線的經驗」而決心從政，不過，在啤酒館政變失敗之前，這位出身蘭戶特的藥劑師兼下巴伐利亞大區（譯註：大區，地方行政區域，也是納粹的黨組織層級）黨部領導人，在政治舞臺上並不活躍。他利用希特勒服刑期間走向臺前，以「民族社會主義自由運動」替納粹在北德和魯爾區贏得一些支持者。此人身材粗壯但心思細膩，他會在各酒館替人調解糾紛，也會閱讀荷馬史詩的古希臘文原文——總而言之，他完全是一位典型的巴伐利亞小鎮鄉紳，令人印象深刻。他不僅有非凡的演說天賦，更有一個熟稔媒體運作、野心勃勃的盟友——他的弟弟奧托（Otto Strasser）。

史特拉瑟發現，他很難與冷酷無情、精神衰弱而且經常與人鬧翻的希特勒共事；無論是希特勒，還是他那群聲名狼藉、對他卑躬屈膝的隨從，都令史特拉瑟感到難以忍受。他們兩人在政治觀點上的一致之處，也僅限於「民族社會主義」這個尚未明確定義、可以被多方解釋的概念。

雖然他依舊欽佩希特勒的個人魅力，以及此人號召、動員支持者的能力，但他並未出席納粹黨的重新建黨典禮。一九二五年的三月初，希特勒爲了回報史特拉瑟退出社會民族主義自由運動的舉動，讓他指揮整個北德地區的納粹黨，在很大的程度上享有獨立的領導權。史特拉瑟充滿自信地強調，他不是以追隨者的身分，而是以戰友的身分加入希特勒的行動。對於希特勒，他依舊有道德上的顧慮和懷疑，然而，對他而言，前瞻性與必要性勝過了一切：「這就是為什麼我會和希特勒先生合作。」【14】

然而，儘管增添了一員大將，納粹黨還是遭受嚴重的損失。正當史特拉瑟聲勢浩大地在北德組建納粹黨的勢力，短時間內就在什勒斯維希—霍爾斯坦、波曼和下薩克森建立七個新的大區黨部的時候，希特勒卻選擇展現自己不計代價維護權威、即便引來更多的反彈也不足惜的決心，和羅姆決裂了。

自從被慕尼黑人民法院宣判有罪卻當庭釋放後，羅姆就馬上開始召集以前志願軍團和奮鬥會的老夥伴，成立一個新的組織——「前線」。這些只知道打仗的老兵對當時日益恢復正常的環境感到茫然失措，幾乎每一個都加入這個新組織，於是，在羅姆高超的組織能力和積極運作之下，「前線」迅速壯大。

希特勒在尚未出獄時，就憂慮地關注羅姆的動向。無論是有關自己能否提早出獄的問題、他在種族主義運動中的地位，還是「以合法途徑奪權」新策略，「前線」的活動都是一個威脅。他從啤酒館政變失敗學到一個教訓：必須與這些軍事集團劃清界線，一勞永逸地擺脫這些人的耀武揚威、密謀狂熱以及把戰爭當成兒戲的態度。按照他的想法，納粹黨需要的是一支半軍事性質的部隊，只從屬於自己、被自己的政策領導。然而，羅姆還一直堅持之前的想法，計畫為國家防衛軍建造一支祕密的後援部隊，不僅如此，他還想將衝鋒隊從納粹黨完全獨立出來，當作「前線」的一個分隊。

基本上，兩人就是在重演先前的分歧，對衝鋒隊的指揮權和功能各執己見。不同於反應遲鈍的羅姆，希特勒在這段時間已經有了新的見解和怨懟；他對洛索及其手下軍官在啤酒館政變的背叛耿耿於懷，不過，他也因此認識到，對於大部分的軍官而言，誓言與法律是他們無法跨越的道德障礙。因爲卡爾、希特勒、洛索的搖擺不定以及當時的情勢，軍隊被推向違法的邊緣；洛索會選擇背叛，只是因爲他絕望地試圖擺脫違背軍人原則的不光彩境地。由此，希特勒也得出一個符合他權力野心的結論：不要和國家防衛軍走得太近，因爲勾結軍隊就是違法的開始。

他們兩人的爭端始於四月的上半月。羅姆一直對希特勒抱有強烈的好感，他爲人眞誠、隨性，對自己的朋友有多忠誠，對自己的觀點就有多固執。希特勒可能沒有忘記，自己從踏入政壇就一直受到羅姆的幫助，不過，他同時也清楚，現在已經不一樣了。這個曾經很有影響力的男人，如今變得固執己見、難以相處，而且幾乎無法適應已經改變的環境。他猶豫了一段時間，其間迴避了羅姆迫切的要求，但最終還是下定決心，在毫無預兆的情況下和這位朋友決裂。

在四月中旬的一場會議上，羅姆再次要求將衝鋒隊與納粹黨嚴格劃分開來，並且頑固地堅持，自己的部隊要成爲一支無關政治、不受一切黨務與日常糾紛干擾的私人軍隊。於是，雙方爆發激烈的爭吵。希特勒感到特別惱火，羅姆的要求不僅會令他回到一九二三年夏天那種手無實權、只能仰人鼻息的局面，更是想剝奪他的領導地位、將他再次降級成「煽動者」。希特勒覺得很受傷，指責對方背叛他們的友情。羅姆就不再說話，結束這場會議。

第二天，羅姆寫信辭去衝鋒隊的負責人職務，但是並未得到希特勒任何回覆。到了四月底，在同樣放棄「前線」的領導權之後，他又寫了一封信給希特勒。這封信的結尾很有意思：「我藉此機會緬懷那些我們一起度過的、或艱難或美好的時刻。我衷心感謝你的陪伴，並且請求你不要收回過去對我的私人情誼。」儘管如此，他還是沒有得到任何回音。隔天，他將一封辭職書交給

《人民觀察家報》。該報也只是如實刊登在報紙上，並未對此做任何評論。[15]

在這個時候也發生了一件事，不僅令希特勒發現自己的前途岌岌可危，更讓他知道，自己與魯登道夫劃清界線的決定有合理的政治考量——雖然他與此人決裂大多是出於個人的因素。

社會民主黨黨籍的總統弗里德里希・艾伯特在一九二五年二月底病逝。能幹但完全沒有名氣的亞赫斯博士（**Karl Jarres**）被市民階級右翼政黨提名爲候選人，種族主義陣營則在史特拉瑟的鼓吹下，推舉爲人所熟知的魯登道夫參加競選。然而，這位將軍只拿下比百分之一多一點的票數，慘吞敗局，希特勒對此感到非常滿意。

選舉完沒過幾天，波納——希特勒身邊僅剩的值得信賴的重要夥伴——就意外身亡。對希特勒而言，他的政治生涯好像真的走到了盡頭。納粹黨在慕尼黑只剩下七百人，對他失望的安東・德萊克斯勒與他分道揚鑣，按照自己的喜好，自行成立一個作風比較沉穩的新政黨。希特勒的爪牙卻不讓他們好過，總是喜歡搜索這些昔日戰友，破壞他們的活動。其他相關的團體也遭逢同樣的下場，希特勒經常闖進這些人的集會，拿著皮鞭出現在講臺上——因爲不能演講，他就向觀衆微笑、打招呼。

在總統大選的第二輪選舉開始之前，希特勒呼籲自己的支持者投票給被提名的興登堡元帥。雖然有些人想將他選擇支持興登堡這件事，解釋成他的「長期政治投資」，[16]但事實並非如此——更何況，他能貢獻的那幾張票也不足以左右選舉結果。重要的是，他藉此高調地加入了「守序陣營」，得以接近那個傳說中的男人暨祕密的「候補皇帝」——興登堡掌握著，或者即將掌握著，能夠啓動幾乎所有權力機關的鑰匙。

挫敗帶來的影響

持續的挫敗無可避免地對希特勒的黨內地位產生損害，在他於圖林根、薩克森和符騰堡爲自己岌岌可危的主導權進行鬥爭時，史特拉瑟正在北德繼續爲納粹黨開疆闢土。後者不知疲倦地四處奔波，夜晚大多在火車上或候車大廳度過，白天則忙於拜訪支持者、設立地方辦事處、招聘工作人員、開會或者在集會活動登臺。當他在一九二五年和一九二六年都擔任將近一百場活動的主講人之時，希特勒卻因爲演說禁令而不得不保持緘默；儘管史特拉瑟無意競爭，但這種狀況還是令人一度以爲納粹黨的重心正在向北部轉移。

多虧史特拉瑟的忠誠，希特勒的領導地位還是被大多數人承認。不過，頭腦清晰、信奉新教的北德人還是一直不信任這位浮誇的小市民階級波西米亞主義者，以及他所謂的「羅馬路線」；爲了招攬新人入黨，北德的黨分部經常必須保證自己在很大的程度上獨立於慕尼黑總部。就連希特勒的「黨分部負責人必須由黨中央任命」的要求，一開始在北德也完全行不通。

納粹黨中央與大區黨部爲了黨員手冊的發放問題爭執了很長的一段時間。希特勒馬上就以敏銳的權力意識察覺到，這種看似不重要的問題其實正在決定黨中央對地方的控制程度。然而，雖然他在這一點上毫不退讓，仍然不得不容忍個別大區的專斷獨行，例如，一直到一九二五年的年底，北萊茵大區黨部都還拒絕使用慕尼黑總部發放的黨員手冊。【17】

北萊茵大區黨部設於埃博斐德，負責人是一位年輕的學者，先前做過記者、作家和證券交易所傳喚員，但都以失敗收場，最後才以某位德意志種族主義政治人物的祕書接觸到納粹黨，並且很快與史特拉瑟搭上線——此人的大名就是保羅．約瑟夫．戈培爾（Paul Joseph Goebbels）。

戈培爾之所以走向史特拉瑟，就是因爲他懷有一種知識分子的激進主義，關於這一點，我們由其充滿激情的文學作品和日記就能看出來：「我是最激進的那個，是新的類型，是革命者。」【18】他的聲音高亢，有一副令人著迷的特殊嗓音，演說既言簡意賅又帶著熱烈的情感，令群眾感到可靠。民族主義和社會革命的意識形態共同交織出他的激進主義，就像是史特拉瑟——他的新導師——思想理論更精要、更尖銳的版本。

不同於冷血無情、生活在一個奇異抽象感官世界的希特勒，情感豐富的史特拉瑟受戰後苦難的影響而抱持著浪漫的社會主義，相信無產階級有一天也會支持民族社會主義，並一度認爲戈培爾和弟弟奧托足以作爲這個路線的代表人物。然而，他的理想從未被實踐，只是曾作爲希特勒那套「法西斯」的南德民族社會主義的替代方案，短暫地受過重視。

這種北德納粹黨員的特殊意識，於一九二五年九月十日在哈根成立的工作小組上初現端倪。史特拉瑟和戈培爾坐在這場會議的首位，雖然與會者都一再否認自己反對慕尼黑總部，但他們還是提到了「西部集團」、「反擊」和「慕尼黑那些思想僵化的幹部」，也指責黨高層對綱領性的問題提不起興趣；此外，對於《人民觀察家報》的「可怕的低水準」，史特拉瑟也發出嘆息。

不過，值得注意的是，在這麼多的批評中，沒有一項是針對希特勒個人或他的行事方式。依照這些人的想法，希特勒的地位應該要被鞏固，而不是被削弱。他們針對的不是希特勒，而是「黨中央的豬玀和混帳」，以及埃瑟和施特萊赫的「滿口胡言」。【19】他們完全錯判情勢，希望將希特勒從「腐敗的慕尼黑一派」和「埃瑟獨裁」解放出來，讓他來領導他們這一邊。從希特勒政治生涯早期，我們就經常能發現這種令人費解的想法：他的支持者完全無視一切證據與眼前所見之事，認定他們的「元首」充滿人性、需要被保護；以爲他身邊的人總是給予錯誤的建議，自私又惡毒地妨礙他實現自己真正的想法，令他無法掌控全局。

週刊的觀點

史特拉斯一派的想法在樸實無華，但由戈培爾悉心編輯的雙週刊《民族社會主義書簡》中展露無疑。他們試圖令種族主義運動擺脫懷舊的中產階級意識形態，將目光轉向當下，並表示：所有在慕尼黑被尊崇的，在這裡或早或晚都會被質疑，或者被眾人唾棄。

《書簡》也特別考慮到北德具有無產階級和都市特質的社會結構，強調與巴伐利亞不同的反資本主義傾向。就如同一位柏林的黨員所投稿的，民族社會主義不應該「由激進的市民階級組成」，也不該「對『工人』和『社會主義者』這兩個詞感到恐懼」，[20]這本週刊坦承：「我們是社會主義者，是現今這個資本主義經濟制度的死敵。我們反對它對經濟弱勢者的剝削，也反對它不公平的薪資……我們決定要不顧一切地消滅這個制度。」

本著這種精神，戈培爾開始尋找能統合民族社會主義者與共產主義者的方法，最後也發展出一套完整的態度與理念。他完全不排斥階級鬥爭的理論，並斷言俄羅斯的崩解將會「永遠埋葬建立一個民族社會主義德國的夢想」；此外，他也質疑希特勒的「猶太人乃人類公敵」的理論：「資本主義的猶太人和布爾什維克主義的猶太人不應該混為一談。」他也大膽表示，猶太問題「比人們想像的要複雜得多」。[21]

不僅如此，他們在外交政策上的想法也和慕尼黑總部大相逕庭。史特拉瑟一派雖然響應當時的社會主義號召，但是，他們認為號召的並非「無產階級」，而是「無產階級國家」——被出賣、羞辱、洗劫一空的德國自然也在其中。

在他們的眼中，這個世界被劃分為壓迫人的民族和被壓迫的民族，他們主張的是被希特勒在《我的奮鬥》中斥為「政治瞎話」的修正主義觀點。當蘇聯被希特勒視為擴張計畫中的侵略目標、被羅森堡稱爲「猶太暴君的殖民地」，戈培爾卻欽佩俄羅斯人建立理想國的意志。此外，史特拉瑟也主張與莫斯科建立緊密的同盟，以便「對抗法國的軍國主義、英國的帝國主義以及華爾街的資本主義」。【22】

在綱領性的宣言中，他們要求沒收大地主的土地，強制建立農業生產合作社，將所有小企業合併爲行會，並且將員工人數超過二十人的營利企業部分社會主義化——繼續以私營企業的形式營運，但全體員工得到獲利的百分之十，中央政府分得百分之三十，地方政府得百分之六，村里得百分之五。此外，他們也提倡簡化立法、建立對所有階級開放的教育體系，以及用實物支付部分薪資——由最後一項，我們得以看出，先前嚴重的通貨膨脹令大眾無法信任貨幣。

一九二五年十一月二十二日，史特拉瑟於漢諾威舉行的一場會議上提出這套綱領的基本要點，將北德與西德各大區反對黨中央和「慕尼黑教皇」——這是令北漢諾威大區黨部部長魯斯特（Bernhard Rust）博得滿堂彩的說法——的叛逆氛圍展露無疑。

隔年的一月底，他們再度在漢諾威聚首，於魯斯特黨部長的住宅中進行大會。這一次，戈培爾還要求，把希特勒派遣過來的觀察員戈特弗里德·費德趕出去——因爲這個人把他們的每一句尖刻評論都記錄下來。不僅如此，如果我們得到的消息屬實，他甚至在這場會議上提出，「將小市民階級的阿道夫·希特勒從納粹黨開除」。【23】

然而，比這種反叛語氣更引人注意，並且顯示出希特勒的權威下滑得有多嚴重的，還是這群人討論的內容。早在十二月時，史特拉瑟就在未知會黨中央的情況下提出自己的綱領，企圖取代由希特勒提出的二十五點綱領，讓納粹黨擺脫「小市民階級走狗」的臭名。雖然希特勒已經對史特拉瑟的擅作主張表示「震怒」，這些人還是對戈特弗里德·費德的抗議置之不理，並且不允許他參與任何表決。除了費德，在這二十五位與會者之中，只有「不知道是傻瓜還是陰謀家」的科隆大區黨部部長羅伯特・萊伊為希特勒說話。【24】

在此期間，關於是否應該沒收王室的房產，以及是否應歸還他們在一九一八年被徵用的財產的問題，德國社會正展開激烈的討論。希特勒考量到自己的新戰術，不得不站在貴族和資產階級這一邊；史特拉瑟工作小組抱持相反的立場，和左派陣營一樣要求完全徵用前任統治者的財產——當然，他們在表態之前並未徵求黨中央的許可。

此外，他們也在未經慕尼黑總部批准的狀況下發行名為《民族社會主義》的報紙，以史特拉瑟抵押自己在蘭戶特的藥房得來的資金創辦一間出版社，並且很快發展為規模可觀的聯合企業。這間出版社不僅一度以六期週報擊敗慕尼黑總部的厄爾出版社，依康拉德・海登所言，在「知識的多元性和眞實性」上也同樣超越對手。【25】

這個在漢諾威齊聚一堂的工作小組毫不掩飾他們與希特勒一決高下的決心，這一點，我們可以從史特拉瑟積極的、準備採取最極端措施的「災難政策」看得最清楚：他主張以此取代希特勒怯懦的合法化政策，任何損害國家政府、破壞秩序的手段——政變、炸彈、罷工、街頭戰或是暴動——都符合他直接奪權的計畫，將為他帶來成功。不久後，戈培爾指出：「如果飢餓、絕望和犧牲都能為我們的目標所用，那我們就能達成所有的事。」這句話證明，他的目的就是「點燃人民心中的火焰，令民族主義者的絕望和社會主義者的絕望合併成唯一的熊熊烈火」。【26】

到目前為止，希特勒都對這個小團體的活動保持沉默——雖然這些人建立了自己的權力中心，有時就像是黨內的第二號政府，在北德，史特拉瑟的名號也幾乎比他自己的名號更響亮。「沒有人還會相信慕尼黑，」戈培爾在日記上欣喜地寫著，「埃博斐德就要成為德國社會主義的麥加。」【27】然而，對於這些人想以名譽主席之位架空自己，以及他們想將四分五裂的種族主義陣營集結成一場偉大運動的計畫，希特勒只表示出十足的輕蔑，並且在《我的奮鬥》中以數頁的篇幅大肆嘲諷。

不過，希特勒之所以表現得如此克制，有部分是出於他個人的原因。在這段時間，他於貝希特斯加登附近的上薩爾茲堡，從一位漢堡出身的商人手上租了一幢別墅。這幢別墅雖然沒有華麗的裝飾，但景色優美，在一樓有一個很大的客廳和檐廊，樓上還有三個房間。他喜歡對來訪的客人強調這棟房子不屬於自己，如此一來，他就「不會顯得驕奢腐敗，不會有人說他像其他政黨大老一樣做出壞榜樣」。【28】

隱居與觀望

在他的請求下，同父異母的寡婦姐姐安潔拉．羅包爾（Angela Raubal）過來替他打理家務，她十六歲大的女兒潔莉也一起過來了。希特勒很喜歡這個漂亮、膚淺的外甥女，他的好感很快發展成一種親密的關係——然而，他的偏執、對女性的浪漫理想以及對不倫戀的顧慮，都爲這份感情加上沉重的枷鎖，最後終結於一場悲劇。

希特勒很少離開住處，出門的話，最常是陪外甥女去慕尼黑聽歌劇，偶爾也會探望住在城裡的朋友——照舊是漢夫丹格家、布魯克曼家、埃瑟家和霍夫曼家。他也不怎麼關心黨內事務，就連在南德都有許多人激烈批評他對黨務漠不關心，抨擊他公款私用，指責他只知道和外甥女四處踏青。不過，他幾乎沒有注意到這些。《我的奮鬥》的第一卷在一九二五年的夏天問世，儘管並未獲得多少迴響，在第一年只賣出不到一萬冊，但他出於強烈的傾訴欲以及爲自己辯護的渴望，還是立刻開始籌備第二卷。

他一邊在山上隱居，顯然一邊也冷靜地關注北德黨員對綱領的討論。他之所以持觀望態度，不只是因爲他向來厭惡做決定，也是因爲他對理論問題毫無興趣——作爲一位實踐家，他對這些概念上的討論嗤之以鼻，但在必要時，他也會利用任何說辭掩蓋一切事實。此外，他可能也暗自希望重演在蘭茨貝格時成功的伎倆，像先前一樣鼓動對手們、推動對立，以消耗他們的勢力來鞏固自己的權威。

一直到史特拉瑟提出「災難政策」，才終於打破了希特勒的平靜，因爲後者有充分理由將之視爲對自己的刻意挑釁；就像羅姆的行動一樣，史特拉瑟的計畫也對他假釋在外的狀態，甚至是他的政治前途產生威脅。從這時起，他開始迫不及待地等待機會到來，打算擊潰這些尚未成熟的對手，重建自己的威望。

如果回過頭看，希特勒雖然成功重建納粹黨，但他的急躁和專橫似乎又迅速毀滅了這個黨，程度不亞於當年失敗的啤酒館政變——畢竟，在他的脾氣面前，一切的戰術性考量都是浮雲。舉例來說，有個黨分部在一九二五年一月時還有一百三十八位成員，到了八月的時候，還會參與活動的成員就只剩下二十到三十位。於此期間，他也對安東·德萊克斯勒發起誹謗訴訟；在這場訴訟中，一位過往的希特勒支持者出庭爲德萊克斯勒作證，最後還表示，以希特勒的方法行事，納粹黨最終是得不到成功的，他高喊：「你們的下場會很悲慘！」【29】

然而，這一連串的失敗似乎並未影響希特勒分毫。他的固執，以及令他建構出自己的世界觀的確信感，都是他得以毫不氣餒地度過一切危機的原因；不僅如此，對於自己將事態推向戲劇化的最高潮，他似乎也覺得心滿意足。在這個時期，他就像是完全不受身邊的麻煩事件影響一樣，埋首於素描本或明信片上，畫出許多模仿古典風格的氣派建築、凱旋門和華麗的拱頂大廳。簡而言之，儘管處於失敗的悲慘境地，他依然用這種崇高莊嚴的戲劇舞臺，傳達出自己從不間斷的、征服世界的野心，以及對二十世紀的期待。【30】

注釋

【1】參照第一卷第三章第二十四條註釋。

【2】A. Tyrell, aaO., S. 72 f. 和 S. 81。有關此，也參照 Alfred Rosenberg, »Letzte Aufzeichnungen«, S. 107 和 S. 319。

【3】引用自 A. Tyrell, aaO., S. 85。也參照 K. G. W. Luedecke, aaO., S. 224。

【4】希特勒於一九二四年十一月九日的演說，引用自 A. Bullock, aaO., S. 115。

【5】W. Breucker, »Die Tragik Ludendorffs«, Stollhamm o. J., S. 107.

【6】O. Strasser, »Hitler und ich«, S. 82。其上下文也見 K. Heiden, »Hitler«I, S. 212 f.。

【7】參照德意志民族自由黨黨主席格雷夫的信，收錄於 H. A. Jacobsen/W. Jochmann, aaO.，日期爲一九二五年六月十七日。以及希特勒在一九二七年七月三十日的黨員大會上發表的演說，引用自 A. Tyrell, aaO., S. 176；以及一九二五年三月二十七日，希特勒與奧地利駐慕尼黑總領事之間的談話，引用自 E. Deuerlein, »Aufstieg«, S. 251。

【8】寫給格雷夫的公開信，參照一九二六年三月十九日的《人民觀察家報》，引用自 F. L. Carsten, aaO., S. 154。有關對民族社會主義解放運動的報告，也參照 E. Deuerlein, »Aufstieg«, S. 242 f.。有關文中提

到的信，參照 Ifz Fa 88/Fasz. 199。

【9】一九二五年三月七日的《人民觀察家報》；以及 K. Heiden, »Geschichte«, S. 190。

【10】K. G. W. Luedecke, aaO., S. 217 f.；有關前文的埃瑟引文，參照 W. Horn, aaO., S. 214。

【11】K. A. v. Müller, »Im Wandel einer Welt« III, S. 301; E. Hanfstaengl, aaO., S. 121.

【12】慕尼黑警方對一九二五年八月四日的納粹黨高層會議的報告，引用自 A. Tyrell, aaO., S. 110。

【13】一九二五年六月十二日，希特勒在普勞恩舉行的納粹黨邦代表會議上的結語，BAK NS 26/59。

【14】K. Heiden, »Hitler« I, S. 215，及同一作者的 »Geschichte«, S. 180 f.。

【15】E. Röhm, aaO., S. 341 ff..

【16】K. Heiden, »Hitler« I, S. 221。有關黨員人數，參照赫爾曼·福布柯（Hermann Fobke）的報告，收錄於 W. Jochmann, »Nationalsozialismus und Revolution«, S. 207。

【17】參照 O. Strasser, »Hitler und ich«, S. 80。以及 Reinhard Kühnl, »Die nationalsoziali-stische Linke«, S. 14。

【18】»Das Tagebuch von Joseph Goebbels 1925/26«, S. 95。幾乎在每一頁都可以發現更多狂熱、末世論的激進主義的證據。戈培爾還特別讚揚格里哥·史特拉瑟，稱其「已經爲任何的思想激進化做好準備」；參照同上，S. 30。

【19】有關文中提及的赫爾曼·福布柯的報告，參照 W. Jochmann, »Nationalsozialismus und Revolution«, S. 207 ff.；以及 »Goebbels-Tagebuch«, S. 22 和 S. 26 f.，以及格里哥·史特拉瑟於一九二五年十一月十一日寫給戈培爾的信，BAK, NS 1, 304/Bl.208。

【20】引用自 H. A. Jacobsen/W. Jochmann, aaO，日期爲一九二五年十二月十四日。以及 A. Krebs, aaO., S.

188。有關後續引文，參照一九二七年七月一日的《民族社會主義書簡》。

【21】引用自 K. Heiden, »Geschichte«, S. 204 以及 A.Tyrell, aaO., S. 125。

【22】一九二五年十一月二十四日於國會發表的談話，引用自 K. Heiden, »Geschichte«, S. 205。然而，我們必須考慮到，主要闡述希特勒外交政策思想的《我的奮鬥》的下冊，在當時尚未出版。有關後文提到的史特拉瑟一派對社會政策的要求，參照 R. Kühnl, aaO., S. 20 ff. 的詳細敘述。

【23】O. Strasser, »Hitler und ich«, S. 113；根據此出處的說法，這個要求是戈培爾站在椅子上提出的。儘管人們有充分的理由懷疑這一幕的可信度，但可靠的格里哥・史特拉瑟也證實了這一點，所以，有可能就像黑爾穆・海博（Helmut Heiber）所推測的一樣，戈培爾並非在奧托・史特拉瑟所描述的戲劇化情境下說出這句話，而是私下向一小群人提起過；參照 »Goebbels-Tagebuch«, S. 56 的註釋。

【24】戈培爾在他的日記的 S. 56 和 S. 31 如此寫道。

【25】K. Heiden, »Geschichte«, S. 217。這間「鬥爭出版社」最重要的刊物是《柏林晚報》，奧托・史特拉瑟試圖令其流行起來，以「唯一不對貸款低頭的柏林工人組織」作爲宣傳口號；然而，從發行數量來看，這份報紙並不受讀者歡迎。

【26】J. Goebbels, »Die Zweite Revolution«, S. 56.

【27】A. Krebs, aaO., S. 185，以及 »Goebbels-Tagebuch«, S. 59。

【28】A. Krebs, aaO., S. 141.

【29】K. Heiden, »Hitler« I, S. 227；以及波茨坦黨分布在一九二五年八月二十五日的報告，見 BAK, Sammlung Schumacher, Nr. 205。

【30】文中提及的這些圖紙無法確認作畫的時間點。亞伯特・史佩爾以希特勒的說法爲依據，認定這些設計

圖出於這個時期；然而，史佩爾的辦公室主任阿培爾爲希特勒留在史佩爾這邊的草圖做出一份清單，將「大凱旋門」的時間點定爲「一九二四年左右」，「大廳」、「柏林南站」和「柏林國家圖書館」也是如此。這些草圖有部分收錄於 A. Speer, aaO.。

第三章　部署戰鬥

「如果我們想成爲一大勢力，就需要團結、權威和反覆操練。我們的目標絕對不是一支由政客組成的隊伍，而是一支由具備新世界觀的士兵們所組成的軍隊。」

阿道夫・希特勒，一九二五年

艱難的處境

希特勒現在的處境極爲艱難。他從蘭茨貝格歸來時，身上帶著一種救世主的光環，賦予他拯救者與統一者的特權，令他得以四處挑釁、侮辱和分化其他人；然而，這個光環已經在一年後消失得無影無蹤，此外，納粹黨顯然也禁不起更多類似的折騰了。

如果他想要保住自己的政治前途，不僅要擊潰反對派，還必須將他們拉攏到自己這一邊；要遏止社會主義的傾向，駁回北德黨員的災難政策，並重建黨內的團結；最重要的是，他不僅要將史特拉瑟拉下高位，還必須拉攏此人，令其與慕尼黑總部的施特萊赫、埃瑟和阿曼握手言和。幾乎沒有什麼比這一次的事件更淋漓盡致地展現出，希特勒在戰術上的靈活性、難以捉摸的待人之道以及個人魅力。

這時，有關「是否歸還王府被充公的財產」的爭論，就成爲了希特勒的工具。由於社會主義政黨提議全民公投，在全國上下掀起一陣風暴，所有的陣營和政治派別都興起內部矛盾，也就成為他打散現有派系的最佳時機。

漢諾威的工作小組也展開激烈的討論，最後只能以折衷的方式統一意見。工人、中產階級、小儲戶和小財主——也就是納粹黨最原始的組成分子——全都激憤地發現，他們過去被剝奪的那些，正是現在王室想再次取回的東西。然而，對於他們的民族情感而言，「和馬克思主義者一同反對德國的前統治者」的想法，也同樣令人難以接受；更何況，如果他們對充公財產表示肯定，也就是在部分贊同革命的暴行——因為這種兩難的局面，他們爭論不休。

希特勒馬上決定利用形勢賦予他的戰術優勢，在一九二六年二月十四日於班貝格召開全黨高層會議。光是選在這座城市舉行大會，就是他深思熟慮後的結果：這裡正是他的死忠支持者施特萊赫的據點之一，此外，他在幾週前才參加了班貝格黨分部的聖誕慶祝活動，也顯示出這裡不同尋常的地位。他刻意利用旗幟裝飾、搶眼的海報以及盛大的場面，令大部分沒見識過這種排場的北德大區黨部部長們在抵達會場時就留下深刻的印象，甚至很有可能震懾住某些人。此外，他在時間很接近的時候才發布通知，又特別調整過參加名單，使得自己的人馬能夠在比例上占上風。[1]

他用一場將近五個鐘頭的演講開啓一整天的討論。他稱呼那些支持充公王府的人為騙子，因為他們只知道沒收王室的財富，卻放過了猶太銀行家和證券大亨的財產；他聲明，這些前任統治者不應該得到他們無權得到的東西，但是，屬於他們的東西也不應該被奪走，因為納粹黨捍衛私有財產和正義。接下來，在南德支持者越來越大的掌聲中，他一條一條地細數、指責史特拉瑟工作小組的綱領違背納粹黨一九二〇年綱領之處。漸漸地，一些北德黨員也有些遲疑地加入鼓掌的行列。希特勒說：「這是我們信仰和思想的根本。一旦改變，就是在背叛那些為我們的理念而犧牲的人。」

從戈培爾的日記中，我們可以清楚看到反對派當時越來越惱怒：「我被打敗了。希特勒是什麼？一個反動分子？極度不明智又不可靠。他完全沒回答到俄羅斯的問題，還說義大利和英國是我們的天然盟友。太可怕了！我們的任務是毀滅布爾什維克主義，而布爾什維克主義是猶太人的東西！我們必須繼承俄羅斯！一億八千萬人！充公王室！……太恐怖了！原本的綱領就足夠了，大家都很滿意。費德點頭，萊伊點頭，施特萊赫點頭，埃瑟點頭——當我在這些人之中看到你的時候，我打從靈魂感到疼痛！簡短討論過後，史特拉瑟說話了。善良又眞誠的史特拉瑟結巴著、顫抖著、笨拙地說著。天啊，我們完全敵不過臺下的那些豬玀！……我一個字也說不出來，我目瞪口呆。」[2]

不過，希特勒沒能成功逼迫對手改口。史特拉瑟依舊堅持：反布爾什維克主義並無道理，只是資本主義散播混亂的典型手段，這些剝削者藉此得以令民族主義勢力爲自己的利益服務。

儘管如此，格里哥・史特拉瑟還是輸得澈澈底底。後來，奧托・史特拉瑟爲了擺脫恥辱，聲稱這是因爲當時只有格里哥・史特拉瑟和戈培爾到場參加會議。根據他的說法，希特勒爲了將黨內無支薪、必須從事其他工作的北德大區黨部部長排除在外，奸詐地選擇在工作日召開大會。

事實上，二月十四日當天不僅是星期日，史特拉瑟一派的知名人物也幾乎全數到場，例如：什勒斯維希—霍爾斯坦的欣里希・洛澤（**Hinrich Lohse**）、波曼的特奧多・伐勒（**Theodor Vahlen**）、漢諾威的魯斯特以及漢堡的約瑟夫・克朗（**Josef Klant**）。然而，他們沒有一個人站出來捍衛史特拉瑟的左翼民族社會主義，而是尷尬地看向他們之中最能言善道的戈培爾——不只戈培爾目瞪口呆，他們也全都說不出任何話來。

正如同戈培爾震驚於希特勒的蠱惑力、華麗的出場方式、張揚的車隊，以及慕尼黑總部的設備和財力，史特拉瑟也屈服於此人的演說技巧和煽動能力——至少在當下是如此。希特勒在自己對「叛徒組織」[3]的抨擊達到最高潮時，突然作秀式地走向史特拉瑟，一把摟住他的肩膀表示善意——即便史特拉瑟並未因為這個動作而改變想法，也會因為在場者的反應而不得不做出讓步。

最後，北德與西德大區黨部部長們組成的工作小組被確實解散，從此不得再討論他們提出的綱領，並且必須對充公王室財產表示反對。三週後，在三月五日這天，史特拉瑟以膠板印刷的通知信向同伴急切地要求，將綱領的草稿送回：「出於特定的因素，我已經對希特勒先生承諾徹底收回每一份草稿。」[4]

不過，我們可以推論，希特勒強力反對的其實並非這份左翼綱領，而是史特拉瑟一派的左翼心態。畢竟，對他而言，思想就只是思想，不具有更高的意義；無論是在這之前，或是在這之後，他也都隨意地吸收，或者裝飾性地利用過社會主義思想。因此，戈培爾也有理由在班貝格大會之前還滿懷期待：「可以將希特勒騙過來我們這邊。」[5]

事實上，被希特勒認為荒唐、將為種族主義運動帶來致命危機的，是史特拉瑟兄弟所栽培的那一票純粹黨員：他們積極參與討論，希望解決問題，經常提出質疑，渴望得到理性的解答。他怕這些人像過去那些鬧宗派之爭的黨員一樣，又要搞得種族主義運動四分五裂。按照他的極端立場看來，任何針對思想的爭論都會立刻被與「宗派主義」劃上等號。他有多看重追隨者之間的私人衝突——甚至時不時搧風點火——他就有多厭惡他們對綱領問題意見分歧；他認為，理論之爭只會白白消耗精力，降低種族主義運動對外的衝擊力。

他經常說，基督教成功的祕訣之一，就是它的教義不容更改。幾乎沒有什麼比這種對僵化、不變的公式的信任，更能令人看出希特勒的「天主教徒」性格。他表示，眞正重要的只有政治信念，整個世界都圍繞著它轉，並指出：「一個綱領無論有多愚蠢，只要夠堅定，就會被人所相信。」

儘管舊黨綱有許多瑕疵，希特勒仍無視於此，在數週後就把握時機，宣布其「不容更改」。事實上，陳舊、過時的特性反而令黨綱脫離被討論的範疇，進入被崇拜的領域，意義不在於解答疑惑，而是傳遞火花。對希特勒而言，闡釋問題只會帶來分裂；因此，他嚴格維持領袖和思想的一致，建立出「元首絕無錯誤」和「綱領不容更改」的原則。他說：「盲目的信仰可以推翻一座山。」他的追隨者也肯定了這個說法：「我們的綱領就是『阿道夫．希特勒』。」[6]

班貝格大會和格里哥．史特拉瑟在事後的忍氣吞聲，幾乎意味著左翼民族社會主義思想的終結。雖然史特拉瑟一派——主要是奧托．史特拉瑟——依然就此在媒體上大做文章，不過，從此以後，左翼思想就淪爲一種惱人的理論，再也不被視爲需要認眞考慮的政治選項。不僅是「社會主義」被不問政事的愛國口號取代，經過納粹黨的宣傳，敵人也從原本的「投機的資本主義者」，轉變爲古斯塔夫．施特雷澤曼，或者政府官員之類的「出賣國家利益的人」。

經過這場大會，納粹黨也澈底轉變爲一個被嚴格控制的領袖導向政黨。從這時開始，一直到最後爲止，納粹黨都不再出現有關意識形態的紛爭，只剩下對權力和利益的鬥爭。對此，希特勒滿意地指出：「我們種族主義運動的同化能力是非常巨大的。」

於此同時，民族社會主義也不再以自己對社會的想像挑釁共和政府，變得不像是一種思潮，而是一個樂於付出、紀律嚴明、被「元首」的個人魅力迷得暈頭轉向的戰鬥組織。希特勒聲稱，這種「單一的原始力量」會令「那些高高在上的人」感到恐懼。他還以「男人的拳頭」這個不甚成功的比喻表示：「它知道，能對付毒藥的只有解毒劑……意志堅定的人必須做出決定，要有最偉大的決心，以及更偉大的奉獻精神。」他也在別的場合說道：「想在這種戰鬥中獲勝，需要的武器不是『頭腦』，而是狂熱的信仰。」[7]

正是因爲擁有工具一般的冷酷特質，納粹黨很快就從所有政黨和政治運動中脫穎而出。納粹黨的紀律顯然遠勝共產黨，甚至超越那些聽話的共產黨幹部——因爲他們也經常意見分歧，或者表現出懷疑、抗拒的態度。

隨著黨內反對派毫無抵抗地自我瓦解，黨員普遍表現出強烈的服從心，史特拉瑟的眾多支持者現在更是亟欲「將這個運動打造爲元首手裡的一個方便、順手的工具」。[8]自此，就連黨內最高的那些幹部，希特勒也都用啪啪作響的鞭子將他們馴得服服貼貼；只有他才享有絕對的指揮權，就連其實無關緊要的問題，幹部們都無權置喙。

他宣稱，能夠算作「納粹黨的模範黨員」的，只有那些「隨時都能爲元首犧牲生命」的人。由黨員大會依規定提出，「將希特勒選爲第一主席」的提案，也因此成爲一場娛樂性的空洞儀式。[9]如戈林所言，在「元首」壓倒性的權威下，所有人都不過是他的「墊腳石」。

希特勒以歷史解釋自己對絕對領導權的主張。「有人指責我們進行個人崇拜，」他在一九二六年的一場黨員大會上指出，「這不是事實。在所有歷史上的偉大時刻中，每一場運動都只會有一個人揚名；會在歷史上留名的，只有那些重要的人，而不是那些運動。」

希特勒一反常態，在班貝格大勝後沒有露出得意洋洋的嘴臉，而是顯得相當友好和善。他在史特拉瑟出車禍的時候，「帶著一大束花」去醫院探病，根據其他病人的說法，他當時表現得「非常親切」。就連作爲史特拉瑟一派代表人物，在慕尼黑高層間名聲最差的戈培爾，也發現自己突然被示好；希特勒邀請他以主講人的身分參加貝格勃勞凱勒啤酒館的活動，並且在演講結束時含淚擁抱他。戈培爾感動地寫下：「他對我們好得令我們羞愧。」【10】

然而，與此同時，希特勒也在制度上下功夫，希望一勞永逸地保住自己新得來的權威。

納粹黨召開大會

一九二六年五月二十二日，納粹黨於慕尼黑召開大會，頒布了顯然為希特勒設置的新規定：從此以後，慕尼黑的民族社會主義德國工人協會——也就是慕尼黑黨部——就是納粹黨的支柱，其領導高層同時領導全國各黨部；依照規定，第一主席由選舉產生，然而，能代表全黨投票的只有希特勒的個人勢力，也就是只有慕尼黑黨部的數千人，完全剝奪其他人的表決權。

此外，由於只有慕尼黑黨部有權對第一主席問責，而且程序極度複雜，確保了希特勒擁有不受限制、不受監控的全黨支配權，不受多數表決所束縛。大區黨部的部長和委員會的主席也不再由地方大會選舉產生，改為統一由第一主席任命——如此一來，就連再小的地方派系也沒有辦法成形。

不僅如此，他為了進一步鞏固權力架構，還設立了一個調查與仲裁委員會——其實就是一種黨務法庭，實際意義在於其有權力開除個人或整個地方黨部的納粹黨黨籍。首任主席海涅曼中將因為將其誤解為「打擊黨內腐敗與不道德行為的工具」，最後慘遭撤職；後來，希特勒任命比較好掌控的沃爾特．布赫少校（Walter Buch）為第二任主席，並點名聽話的烏爾里希．格拉夫和當時還很年輕的漢斯．法蘭克擔任委員。

他在六週後，也就是七月初的時候，於威瑪舉行的黨代表大會上慶祝自己的勝利。在這場活動上，新時代的發展與趨勢已經展露無遺；一切的批評、或者被希特勒輕蔑地稱爲「有趣」、「未發酵」和「不確定」的想法都被鎮壓，並且規定，唯有得到第一主席簽名的議案才能被提出討論，後來也一直延續這個做法。

這是因爲，納粹黨應該傳達給大衆的，不是「意見分歧、對黨綱爭論不休、『紛紛擾擾』」，而是「上下一心，領導層團結一致」的形象才對。希特勒在《基本方針》中規定：各個特別會議的主席「應該將自己當作領導者，而不是執行表決結果的單位」；在會議上完全禁止表決，並且要「遏止漫無邊際的討論」，因爲這些只會令人誤解，以爲「坐在會議室就能解決政治問題」；全體會議上的發言時間也被嚴格限制，如此一來，「整個流程就不會被個別幾位先生打亂」。【11】

這場於國家戲劇院舉行的活動結束以後，希特勒穿著一件束腰風衣和打著綁腿的長褲，在敞篷車上檢閱五千位追隨者列隊通過；他伸出手臂，第一次以義大利法西斯主義者的方式向他們致意。戈培爾看著制服筆挺的衝鋒隊從面前經過，欣喜於德國的覺醒，期待即將到來的第三帝國。儘管如此，由於這場黨代表大會被壓抑一切的自主性，當時的觀察家們還是評斷其爲「蒼白空洞」；因爲，這時候的希特勒尚且無法像後來一樣，以群衆大會的光輝掩蓋意識形態和思想上的空乏。

「鋼盔前線士兵聯盟」的領導者特奧多．杜斯特堡（Theodor Duesterberg）和威廉二世之子奧古斯特．威廉王子，都以貴賓身分出席那天的活動，後者之後也很快加入衝鋒隊。此外，因爲被納粹黨的團結與勢力打動，一些種族主義團體也決定放棄獨立自主，轉而加入納粹黨。然而，格里哥．史特拉瑟也指出，從威瑪大會開始，民族社會主義已經注定走向滅亡。

衝鋒隊的改造

由於衝鋒隊對於史特拉瑟一派的激進口號的迴響特別持久，這些隊員就成爲最後殘留的動盪與反叛的分子。因此，希特勒在羅姆離職超過一年後，才在一九二六年的秋天任命弗朗茨．普費弗．索羅門爲新衝鋒隊的最高負責人——此人參與過許多志願軍團和私刑活動，先前也擔任西發利亞大區黨部的部長。

希特勒試圖與這位新領袖解決衝鋒隊一直以來的角色問題，並建立一套組織的原則：衝鋒隊不應該是軍事輔助部隊，不是祕密結社，不是納粹黨地方政要的打手，而是一個被黨中央牢牢掌握在手中的宣傳和恐嚇的工具，將民族社會主義的思想轉化成狂熱、純粹的戰鬥力。爲了令衝鋒隊揮別過去所有半軍事性質的特殊任務，也爲了昭告他們被徹底編入黨內，希特勒在威瑪國家戲劇院，伴隨著「效忠宣誓」和神祕的儀式，將自己設計的隊旗頒發給這支重新建立的部隊。

「衝鋒隊的訓練，」他在一封寫給普費弗的信上闡述，「不是以軍事考量爲出發，而是要合乎黨的需求。」他表示，過去那些軍事組織雖然強大，但因爲缺乏思想，最後總是失敗；那些祕密組織和恐怖組織一直不了解，敵人也會潛伏在大衆的頭腦和靈魂中進行活動，這也是暗殺領頭人物無助於消滅敵人的理由。「因此，這場鬥爭必須脫離復仇和陰謀行動的小格局，上升到世界觀殲滅戰的偉大程度。我們要對付的是馬克思主義、馬克思主義的結構和幕後的操縱者……我們要進行的不是祕密活動，而是盛大的群衆遊行。能爲種族主義運動掃平障礙的，不是匕首、毒藥和手槍，而是占領街頭。」[12]

隨著時間的推移，普費弗在一系列的命令和基本指令中，進一步確立衝鋒隊的特色和可能性；同時，他也領略到，這種嚴格操練的部隊對於群衆心理會有多大的影響力。當他下達活動指令時，他覺得自己不僅是衝鋒隊的最高領袖，還是他們的導演；他必須規定他們每次的出場、每次的遊行、每次高舉手臂或歡呼萬歲，精心計算這些盛大場面對於群衆的心理影響效果。

此外，他的宣告也經常聽起來像是應用心理學的原則。他聲稱：「『團結一致』就是衝鋒隊面對公衆的唯一形象，也是一種最強力的宣傳方式。只要看到這麼多人對內、對外都一樣紀律嚴明，看到、感覺到他們明確的戰意，每個德國人心裡都會留下最深刻的印象，比任何文字、話語或道理都更有說服力、更令人情緒激昂。冷靜沉著和不加思索服從命令的態度，都彰顯著力量——這就是行軍隊伍的強大力量。」

然而，這個試圖將衝鋒隊改造成一支非武裝的宣傳部隊——要有戲劇性的吸引力，卻又不能有軍隊的傲慢——的計畫，整體而言依舊沒有成功。希特勒付出諸多努力，卻還是無法將其打造爲滿足自己政治目的的利器。究其原因，不只是因爲這些士兵有一種不在乎意識形態的僱傭兵思維，也是因爲，在德國傳統中，軍事機關向來擁有凌駕於政治機關的特權。普費弗的再教育口號從來不曾令衝鋒隊改變自己的想法：他們認爲自己進行的是「戰鬥運動」，在道義上勝過只知道出一張嘴的政治組織，不僅如此，他們還經常輕蔑地以「P零鴨蛋」稱呼政治組織的縮寫「PO」。

出於這種心態，衝鋒隊吹噓自己是「黨的王冠」，對那些所謂的「議會多數黨」不屑一顧：「他們沒辦法模仿我們衝鋒隊。」[13]不過，也正是如此，這些政黨就不需要像納粹黨一樣長期面對黨軍帶來的難題。這些第一次世界大戰的軍官和士兵們心中有太多包袱，無法指望他們完成需要卑躬屈膝的棘手任務；能夠完美維持平衡的，只有下一代的人。

因此，希特勒和普費弗很快爆發第一次衝突。事實證明，後者和羅姆一樣難以駕馭，而且更獨立、更冷酷，不像上一任衝鋒隊領袖會爲了情誼而讓步；畢竟，他身爲堂堂普魯士樞密顧問之子，並不會被這個「無能的奧地利人」打動。【14】

其中以柏林衝鋒隊顯得特別不受控制，其附屬組織各行其是，表露出犯罪傾向和流氓作風，大區黨部部長史朗恩博士（Ernst Schlange）對此卻束手無策。這裡的政治組織和衝鋒隊水火不容，兩方負責人有時甚至會在爭執中互甩耳光；然而，與這種激烈的衝突場面相比，柏林黨部在納粹黨的重要性實在不值得一提——只有不到一千位成員，直到史特拉瑟兄弟在一九二六夏初於柏林發行報紙才獲得一些關注。一九二六年十月的報告上如此寫道：「黨內在這個月一直很不好。衝突已經尖銳到有可能完全摧毀整個柏林組織。這個大區的悲劇，就是沒有一個好的領導者。」【15】

這種令希特勒難以忍受的狀況，被他在一個月內畫下句點。他在戰術上的狡猾老練顯露無遺，因爲他不僅利用混亂的局面，將這個地方組織的管轄權從格里哥・史特拉瑟手上奪走，更將此人最能幹的手下拉攏到自己這邊——他任命戈培爾爲新任的柏林大區黨部部長。

早在七月時，這位野心勃勃的反對派就因爲被希特勒盛情邀請至慕尼黑和貝希特斯加登，而對自己產生動搖，開始強烈懷疑自己的左翼極端理念。他在日記中將被誹謗中傷的希特勒稱爲「天才」和「實現神聖使命的天然工具」，並且在最後坦承：「我站在他面前，深受感動。這就是他：像個孩子，友好而富同情心；像一隻貓，狡黠、聰明而靈巧；像一頭獅子，咆哮陣陣、形象宏偉。他是個好傢伙、眞男人……他縱容我就像縱容孩子一樣，他是個善良的朋友、和善的師傅！」【16】不過，這種激昂的情緒仍然不免帶著內疚。雖然戈培爾奉行機會主義，但他對於背叛史特拉瑟也並非毫無顧慮，因此，他也寫下：「我想，他終究不是以理智行事，而是一直感情用事。我有時候眞的很愛他。」

現在，希特勒正設法令戈培爾與史特拉瑟越來越疏遠。他之所以在戈培爾上任後賦予他特殊的權力，不僅是爲了替這位新任大區黨部部長鞏固地位，更是爲了增加他和史特拉瑟之間的矛盾。例如，希特勒特意令戈培爾管轄衝鋒隊，但衝鋒隊向來都忌妒各大區黨部部長，處處捍衛自己的自主性不受侵犯；爲了安撫史特拉瑟，或者說爲了削弱他的反抗力量，希特勒拔擢他爲納粹黨的全國宣傳領導，然而，爲了在這兩人之間製造長久且不可避免的衝突，希特勒同時又讓戈培爾自行主導柏林的宣傳政策。戈培爾曾經的朋友與戰友都指責他可恥地背叛了史特拉瑟，然而，只要這些左翼反對派不像史特拉瑟兄弟一樣，最後被殺害或是選擇逃亡，也或早或晚會投入了希特勒的陣營。

戈培爾的勢力

隨著戈培爾掌管柏林大區黨部，左翼反對派在北德已經受損的權力更是明顯開始瓦解。在史特拉瑟天眞地支持這位戰友上任新職，希望他能藉此對抗慕尼黑黨部的赫斯和羅森堡等人之時，戈培爾似乎已經更敏銳地察覺到希特勒隱密的意圖。總之，他很快公開宣戰，不僅針對共產黨，也針對自己過去的夥伴們。他展開鬥爭，創辦八卦報刊《進攻報》與史特拉瑟兄弟的報紙打對臺，並散播他們有猶太血統、被大企業收買的謠言。格里哥・史特拉瑟事後回想戈培爾的表現，罵自己眞是個「該死的傻子」。[17]

戈培爾冷血、沒有道德底線，精通詭辯又熟諳操縱人心之道，開創出政治宣傳的新紀元，也比其他人更了解、更善加利用新的可能性。爲了令沒沒無聞的柏林黨部爲人所熟知，他組織了一支暴徒部隊，不斷進行集會鬥毆、動亂與槍戰；而這些，正如一九二七年三月，警方對柏林黨部和共產黨在利希特斐德東火車站的血腥鬥爭的報告所述，「令之前的所作所爲都黯然失色」。[18]雖然這種作風很快就令納粹黨在柏林被取締，但戈培爾一脈的人也因此興起一種殉道者意識和密謀感。無論如何，柏林黨部都從原本的無足輕重迅速崛起，隨著時間的推移，最後甚至足以動搖所謂的「紅色柏林」。

在納粹黨積極向外擴張之時，希特勒也把握時機開始緩慢、但始終如一地強化黨內組織，目標是建立一個完整的中央集權指揮系統，服從於自己這個獨一無二的魅力型領袖。上下階級嚴明，所有的指令與規定都嚴格由上層發布，以及越來越常出現的筆挺制服，都凸顯該黨的準軍事化特色，以及該黨領導高層皆歷經戰爭淬鍊的事實。戈培爾還規定：「在關鍵時刻，再小的舉動都必須服從上級的指令。」[19]

納粹黨所受的限制和政府的控制也令希特勒得利，外來的敵意和組織內部的緊繃情緒都爲他鋪平道路，幫助他進一步全面掌控黨內，才令慕尼黑總部能夠毫不費力地將影響力一直拓展到最底層的組織單位。在第一版的《我的奮鬥》中還有保留一些無關緊要的民主元素，但後來也很快被他刪除，並且以「絕對的元首權威原則」取代原先的「日耳曼民主」；此外，他提出警告：「地方黨部舉辦太多黨員大會了」，並認爲這是「造成爭端的根源」。[20]

除了黨組織，納粹黨也發展出完整的官僚體系，建立許多各司其職的部門，迅速擺脫過去的地方俱樂部性質——這是該黨以政變政黨之姿迅速崛起時也未曾甩脫的包袱。儘管希特勒的私人生活和工作風格一點也不井然有序，他卻對納粹黨員的三重登記制度感到極度自豪，並且以狂熱的語氣宣布他們購置了新的辦公用品、索引卡和檔案夾。

納粹黨建立出廣大的辦公部門與下屬機關的網絡，取代了早年結構簡單的軍隊式官僚體系——光是在一九二六年這一年，慕尼黑黨部的辦公空間就足足擴張了三次。很快地，官僚機構甚至超越了社會民主黨的巨大組織規模，對於黨員人數不多，而且成長緩慢的納粹黨而言，實在大得不合理；更何況，希特勒其實想將這個黨打造成一個精於宣傳和暴力手段、規模小卻強悍的核心組織。他一再強調：一個一千萬人的組織勢必平和安寧，不會主動參與行動，只有狂熱的少數派才能驅使他們投入運動。[21]納粹黨在一九二三年有五萬五千名黨員，到了一九二五年的年底只剩不到一半，兩年後卻又上漲為近十萬名黨員。然而，這個看似臃腫的官僚系統不僅符合希特勒對納粹黨成為大衆型政黨的信心，更同時為他提供掩護，分散其他人的權力，擴張與鞏固自己的權力。

納粹黨的影子政府逐漸成形

於此其間，納粹黨的影子政府也開始成形，並且不斷地發展。希特勒在《我的奮鬥》中，已經呼籲將這項行動視為在替未來變革做準備，因為這不僅「代表未來的政府」，更是「替未來政府預先架設完整的組織結構」。於是，在這種意義下，黨內機關就與「威瑪非政府」的各部會角色重疊，並以所謂「眞正的、未得到代言的人民」的名義，挑戰共和政府的權限和合法性。

納粹黨依照政府的部會官僚體制建立影子政府的組織架構，例如外交政策、法律政策或國防政策部門；此外，他們也有其他單位處理與民族社會主義、國民健康與種族、宣傳、戶政或農業政策相關的優先議題，並且已經以「新政府」的角色提出一些有點大膽、業餘的提案和法案。

一九二六年起，他們開始創立民族社會主義的醫師、法律顧問、學生、教師與公務員聯盟作爲納粹黨的救援組織，就連園藝業和家禽養殖業也在這個網絡中占有一席之地。他們在一九二七年短暫考慮過設立女性衝鋒隊，但這個提議很快被否決，最後，在隔年成立「紅色鉤十字會」——後來演變爲民族社會主義婦女聯盟——用來吸收越來越多的政治狂熱婦女，爲她們在這個向來帶著同性戀色彩的男性政黨中保留一個可憐的小角落。

戈培爾在一九四〇年的一則祕密聲明中表示，當納粹黨在一九三三年上臺時，只需要「將自己的組織照搬到國家」即可，因爲他們是「國家中的國家」，「已經準備好一切、考慮好一切」。雖然他的話有誇大的嫌疑，但納粹黨確實比其他政黨更有效、更高調地宣揚了自己的權力主張。[22]早在希特勒於一九三三年上臺以前，全國領導與大區黨部部長就擺出內閣部長的姿態，衝鋒隊未經許可就在公開活動上代替警察的角色，希特勒更是經常以「反對黨政府」[23]領導人的名義，派遣自己的觀察員出席國際會議。不僅如此，經常被使用的納粹黨象徵也引起爭論：他們將鉤十字當作正直、光榮的德國的象徵符號，把《霍斯特．威塞爾之歌》當作影子政府的國歌，也從黨的褐色制服、獎章、徽章與紀念日得到一種與共和政府對立的歸屬感。

然而，雖然納粹黨在這些年狂熱於發展官僚體系，之後也對這個盤根錯節的管轄機制感到滿意，其領導風格卻依舊傳達出強烈的主觀意識。他們一次又一次地強調標準與能力，但這些到了緊要關頭都靠不住。正如同各人的黨內地位不是由職銜，而是由受希特勒賞識的程度而決定，所有的標準也都可以隨意更改，規則也都任憑他的心情變動。他的衝動和靈光一閃都是「元首的意志」，不受任何規則束縛、凌駕於一切，像憲法一樣至高無上、不容置疑。他任命、免職黨的幹部和職員，決定候選人或擬定候選人名單，管理下屬的收入，甚至監控他們的私人生活——總而言之，元首的權力沒有任何限制。

一九二八年的年初，漢堡大區黨部部長阿爾伯特．科海勃（Albert Krebs）因為大區的內部爭執而自請辭職。希特勒一開始拒絕接受他的辭呈，並且以極其繁瑣的報告向黨內傳達一個訊息：能夠給予或收回權力地位的，不是黨員們的信任，而是他這個領導者的信任；只有他能表揚功績、斥責失敗，並且調停、感謝和寬恕。在詳細闡述這個道理以後，希特勒才同意了科海勃的辭職申請。[24]

透過這種方式，黨的結構越來越受希特勒的性格所左右、支配，就連他的個人背景也反映在官僚主義中。對官僚主義的過度喜愛、複雜龐大的辦公組織、對頭銜的崇拜以及空洞的部門職能，都洩露出作為奧匈帝國公務員的父親對他的影響；他在武裝團體的那段不受任何法律、規則束縛的生活，也體現於他現在按照個人主觀意識任意行事的特性上；他年少時喜愛誇耀的傾向，也在現在的誇張排場中得到滿足；出於對「體面」的渴望，他也為那些最微不足道的辦公單位取了華麗閃耀的稱號。

無論是「影子政府」的構想，或是建立龐大的政黨官僚體系，都是在迫不及待地替未來做準備，希望搶先一步實現自己的期待。同時，納粹黨也不知疲倦地舉辦集會活動，根據希特勒的說法，他們光是在一九二五年就舉行了近兩千四百場群眾大會。不過，社會大眾顯然對此並無多少興趣，他們的激烈打鬥以及為搏版面而進行的鬥爭，並未替黨內帶來多少收穫。

在共和政府逐漸穩固的那幾年間，用戈培爾的話來說，納粹黨根本激不起這個對手的仇恨。就連希特勒自己也不禁懷疑他們能否成功，每當內心動搖，他就會從眼前的現實逃進自己設想的宏大前景中，把信心押在未來上。他說：「或許還要再過二十年、一百年，我們的理想才會實現。到時候，我們這些懷抱這個理念的人可能已經死了。不過，相較於全民族、全人類的發展，一個人、兩個人又算得上什麼？」他有時也會信心滿滿，認爲自己將支配將來的那場大戰。他曾坐在黑克咖啡店裡，面前擺著一碟蛋糕，大聲地對沃爾特．史坦尼斯道：「然後，史坦尼斯，我們得勝以後，要建一條勝利大道，從德貝里茨一直到布蘭登堡門，要有六十公尺寬，左右兩邊都堆著我們的戰利品。」【25】

在此期間，總部抱怨有三十多個地方黨部——總共有大概兩百個地方黨部——來不及爲定在一九二七年八月中舉行的黨代表大會印刷海報，也提到籌備這種大型集會活動的難處。這些因素使得希特勒突發奇想，第一次決定在紐倫堡這個充滿浪漫主義的城市舉行黨代表大會——這裡就和鄰近的班貝格一樣，都在施特萊赫的管轄之下。

不同於去年在威瑪舉行的大會，這次大會在希特勒的特意安排下，有效地展現出種族主義運動的團結和蓄勢待發；他的一位追隨者因此稱呼他爲「群眾領導的魔術師」，此外，從這場大會中，我們已經能看到一些後來發展成浮誇儀式的活動流程：衝鋒隊和黨眾乘坐特別列車，帶著旗幟和樂隊從全國各地趕來，許多外國代表團也到場參加，一年前才成立的希特勒青年團也在這一天初次亮相。羅斯巴赫將他從前駐防軍得到的褐色襯衫引入衝鋒隊，於是，當初在威瑪大會上還參差不齊的制服到這時已經幾乎完全一致，就連希特勒也穿上同樣的衣服——雖然他肯定覺得很難看。最後，他們在紐倫堡市郊的律波海姆舉行隆重的十二面四角旗的獻旗儀式，爲這場大會寫下句點。會後，希特勒站在敞篷車上，筆直地伸出手臂，在市集廣場上檢閱追隨者們組成的遊行隊伍。根據民族社會主義立場的媒體報導，當天有三萬人到場參加，《人民觀察家報》甚至號稱有十萬人，不過，比較合理的人數應該是一萬五千人，一些身穿褐色華服的婦女也不被准許列隊從希特勒身前走過。

這場大會建議爲解決工會問題召開會議——當然從未如此實行——決議以「奉獻圈」的方式解決黨的經濟困境，並要求創立一個學術性的協會，藉此打入學術界，向知識分子宣傳黨。[26]

過了一段時間，希特勒在漢堡第一次對什勒斯維希—霍爾斯坦地區的幾千位農民進行演講，停滯不前的局面迫使納粹黨開始向不同的社會群體尋找新的支持者。

具有古怪特質的領袖

事實上，共和政府成功延續一九二三年和一九二四年的情況，政局越來越穩定。德國簽署新的賠償協議、《羅加諾公約》與《非戰公約》、加入國際聯盟，並且與法國達成和解——一開始只是雙方外交部長施特雷澤曼和白里安（Aristide Briand）互相尊重，但社會大衆最後越來越支持——總而言之，這些跡象都清楚顯示出，當時的時局趨向於緩和與國際間的和解。美國的鉅額貸款儘管帶來不少債務，但同時也提供大量的投資，令德國得以實現生產合理化和經濟現代化。德國在一九二三年至一九二八年之間的經濟指標，幾乎超過所有歐洲國家，不僅如此，還在領土縮小的情況下超越了戰前的經濟表現；一九二八年的國民所得比一九一三年上升百分之十二左右，失業人數也降低至四十萬人。[27]

顯而易見，此時的社會氛圍並不利於納粹黨推行極端主義。希特勒於此時隱居在上薩爾茲堡，經常幾個星期都不露面。這種淡出顯示出，他終於認爲自己在黨內無人能夠挑戰，只需要偶爾在計算好的時候，以斥責或威脅的方式彰顯一下自己的權威便已足夠。不過，他也會爲了保持聯繫和尋找新的資助者而遠行。

《我的奮鬥》的下冊在一九二六年十二月十日問世，依舊沒能獲得希特勒所期待的大成功。

上冊在一九二五年出版時還賣出將近一萬本，隔一年也有近七千本的銷量，《我的奮鬥》全集在一九二七年卻只售出五千六百零七本，一九二八年的銷售量甚至只有三千零一十五本。[28]

不過，無論如何，這筆收入還是足以讓他在上薩爾茲堡置產。貝希斯坦太太提供他家具，華格納一家替他置辦瓷器和床單、被單等織品，之後更送來一套華格納作品集以及一頁《羅恩格林》的總譜原稿。就在差不多的時候，他也以兩萬馬克的價格買了一輛機械增壓的賓士六人座敞篷汽車，不僅滿足他對科技的要求，也滿足他的炫耀心。

我們從戰後發現的稅務文件中可以看出，這種高額花費遠遠超出他所申報的收入——當然，這一點也沒能瞞過稅務局的法眼。他以悲情的口吻向稅務局寫了一封信，令人不由得想起他當初如何狡猾地向林茨市政廳爲自己逃避兵役開脫；在這封信中，他宣稱自己經濟困難、生活簡樸：「我在任何地方都沒有能夠稱爲我的地產或財產的東西。我嚴格限制自己的需求，只在最必要的時候花錢；我完全戒除菸酒，只在最便宜的餐館用餐。我作爲政治作家的宣傳費就只有用來付低廉的房租，沒有其他不應該有的開支……就連買車也是有理由的，它讓我能夠完成每天的工作。」[29]

他在一九二六年九月宣稱自己無力支付稅款，並且一再提到自己的高額銀行債務。即便在許多年以後，他有時還是會提起這段錢財匱乏的時期，並且表示，他當時一度只靠蘋果維生；事實上，他在慕尼黑的家——從海赫太太手上分租來的提爾街住屋——的確相當簡樸：一個狹小的房間，房內只有簡陋的家具，地上鋪著的是破舊的油氈。

爲了增加收入，希特勒與埃瑟以及他獨家授予肖像權的攝影師海茵希·霍夫曼一起創辦《觀察家畫報》，並且固定爲「本週政治」專欄寫稿。他的評論千篇一律，乏味得驚人，顯示出當時時局穩定，沒有發生什麼值得討論的事件。他在一九二八年的夏天，在這段等待、籌劃和停滯不前的時期，開始寫作第二本書，闡述自己於此其間日漸成熟的外交政策理念；然而，這本書在他有生之年一直沒有出版。

他強力號召，竭力將因爲意見分歧而動搖的納粹黨團結爲一，不接受任何人對「以合法方式取得權力」表達不滿。不同於自己的某些追隨者，希特勒並未因爲共和政權的穩固而貿然下結論，相反地，善於發現一切弱點與破綻的本能令他懂得耐心謀劃。以自己獨特的方式，他在障礙與絕望的境地中找出成功的信心。「這就是我們的運動將來能夠得勝的絕對因素，而且我想說，這是能夠用數學計算出來的，」他向追隨者高喊，「只要我們作爲極端運動，只要我們被公衆唾棄，只要目前的國內情勢於我們不利，我們就會繼續吸收到最寶貴的人才，就算是在這種，就像他們所說的，所有理性都反對我們的時候！」

在一場由某個慕尼黑黨分部舉辦的聖誕慶祝活動上，他再次將納粹黨比喻爲早期的基督徒，將兩者受到的迫害與苦難相提並論，以此激發黨員的信心。不僅如此，他被自己大膽的想像和當時的聖誕氣氛沖昏頭，更聲稱自己要「實現耶穌基督的理想」——他，希特勒，將會完成祂未完成的事業。[30]在此之前，黨員們的聖誕戲劇表演《救贖》已經描繪出德國目前的「困頓與被奴役」，爲他的這番發言鋪路。「在平安夜升起的星子指向救世主，」《人民觀察家報》如此敘述，「布幕升起，在臺上出現的是新的救星，是令德國人民免於恥辱與苦難的拯救者——我們的元首，阿道夫・希特勒。」

因爲這種宣告，外界更覺得他這個人怪裡怪氣。他在政治生涯剛起步時以怪胎的形象聞名，幾乎不被認眞看待，人們經常以巴伐利亞政壇的多元性來解釋他身上的古怪特質；不僅如此，他後來逐漸發展出的風格也時常令人感到不可思議。舉例來說，他尊崇一面曾經在啤酒館政變的遊行被帶到統帥堂的旗幟，稱之爲「血旗」，並且規定，在獻旗儀式中，被敬獻的四角旗都要觸碰這面「血旗」的邊緣，以獲取神祕的力量。此外，他爲了彰顯納粹黨員的純粹血統，也曾經在書信往來時以「德意志血脈」稱呼他們。【31】

然而，人們也可以從其他的活動看出，納粹黨是以百分之百的認眞和要求在實行計畫。他們在一九二六年的年底建立第一所演說學校，向支持者傳授技術、知識和資源；根據該黨的統計，到一九三二年的年底，他們已經培訓出大概六千名演講者。

到了一九二七年的春天，薩克森政府和巴伐利亞政府出於新的信心和對納粹黨的輕視，宣布解除希特勒的演講禁令。希特勒也心甘情願地發表聲明，保證自己不會追求任何不法的目標，也不會使用任何非法的手段行事。隨後，鮮紅色的宣傳海報被四處張貼，上面公告他將於三月九日晚上八點在王冠馬戲廳對慕尼黑大衆進行首次回歸演講。

一份警方的報告生動地描寫這場活動的過程，令人記憶深刻：

「在七點十分的時候，馬戲廳已經有超過一半的人入座了。舞臺上懸掛著紅色大旗，旗上畫著白色的圓圈，圈裡是一個鉤十字的符號。舞臺上的座位保留給傑出黨員和演講者，包廂似乎也預留給一些特別的黨員——因爲坐在裡面的人都穿著褐色的襯衫——看臺上有一支樂隊，會場內看不到其他的裝飾品。

坐在長椅上的觀衆興奮又期待，他們都在談論希特勒，談論他之前在這個馬戲廳的演講有多成功。許多女性都前來捧場，似乎對他熱情不減。大家聊起過往的光輝歲月……一股熱切的渴望在躁動、感性的空氣中浮動。樂隊演奏著激昂的進行曲，新來的觀眾一群群地湧入會場。《人民觀察家報》被四處傳閱，得到人們交口讚賞。

觀眾在售票處會拿到納粹黨的黨綱，在入口也會被遞上字條，告誡他們不要理會別人的挑釁，要保持良好的秩序。會場有人兜售小旗子：『歡迎小旗，十芬尼一個！』這些小旗子不是黑白紅三色，就是上面有鉤十字符號，女性觀眾是它們最捧場的顧客。

到場的人越來越多。『就應該像以前一樣！』我聽到有人這麼說。馬戲廳越來越擁擠……來的人大多屬於下層勞動階級，像是工人、工匠和小生意人。很多年輕人身上都穿著風衣和中筒襪。在場很少，或者說幾乎看不到立場激進的工人階級代表。大部分人都衣著光鮮，有幾位先生甚至穿著燕尾服。馬戲廳近乎全部坐滿，估計有七千人到場……。

現在是八點半。入口處傳來一陣激昂的『萬歲』，穿著褐色衣衫的人列隊進場，音樂響起，馬戲廳內響起熱烈的歡呼聲。希特勒穿著褐色的防水大衣現身，在心腹的陪伴下快速穿過整個會場，登上舞臺。人們興奮地揮手，一直高喊萬歲，紛紛踩上長椅，跺著腳，發出雷鳴似的聲響。這時，長號手猛地吹了一聲，就像在劇場一樣，全場立刻安靜下來。

褐衫軍在熱烈的歡迎聲中進場，領頭的是兩列鼓手，接著輪到旗手。他們向前伸直手臂，以法西斯的風格敬禮，觀眾發出歡呼，臺上的希特勒也以同樣的方式伸直手臂回禮。音樂響起，旗手列隊經過，鉤十字、花圈與老鷹合一的旗幟——模仿古羅馬軍旗而設計—在燈下閃耀著光芒。這個隊伍應該有兩百人左右，旗手帶著旗幟走上舞臺，其他隊員則站在臺下，填滿了整個會場……。

希特勒迅速走到舞臺前。他演講不需要看稿，一開始說得緩慢而有力，後來變得很急促，在情感激昂時又聲音哽咽，變得聽不懂他在說什麼。他揮舞手臂、打著手勢、來回跳躍，試圖吸引這幾千名的觀眾不斷注意聽講。當他被臺下的掌聲打斷時，他會戲劇性地抬起雙手示意他們安靜。這個動作在後半段的演講中經常出現，產生出一種戲劇效果，這是他故意的。不過，對我這個觀察者而言，他的演講內容並沒有十分出色。」[32]

希特勒重獲演講自由並未解決納粹黨的困境，正好相反，現在看來，演講禁令先前似乎還保護了他，令他得以逃過揶揄或毫不關心的目光，不會被活動會場的空蕩冷清消耗名氣。他後來也發現保持神祕感和距離感對自己有好處，於是刻意減少曝光率，在一九二七年時還發表過五十六場公開演講，到兩年後就縮減到只剩二十九場。

在他剛重回衆人視野時，局面對他十分不利，失敗與批評接踵而至。人們不僅指責他的領導方式，更抨擊他嚴格執行的合法化方針；就連極度順服於希特勒、領袖崇拜推手之一的戈培爾，都在他編寫的《納粹黨員問與答》小冊子中，批評他的絕對合法路線。此外，當被問到：「納粹黨在無法取得多數支持時該怎麼辦？」戈培爾更表示：「要怎麼辦？到時候，我們就咬緊牙關、做好準備，向這個政府出兵，爲德國做出最後的奮力一擊！到時候，話語的革命者會變成行動的革命者，我們將掀起革命！」

不僅如此，希特勒的個人行爲也引來諸多非議，像是他對圍繞在自己身邊歌頌、讚揚的黨員們不屑一顧，在黨務管理上馬馬虎虎，以及他對外甥女潔莉的嫉妒心理——據說，一九二八年初夏，希特勒在在她房間意外撞見埃米爾·莫里斯時，氣沖沖地舉起鞭子威脅他，使得莫里斯只能跳窗自救。就連沃爾特·布赫——對他「絕對忠誠」的調查與仲裁委員會主席——最後也不得不

表示：「希特勒先生，您越來越蔑視所有人，這一點令我十分焦慮。」【33】

召開高層會議

有鑑於黨內動盪的氛圍，希特勒取消預定舉行的一九二八年黨代表大會，改在慕尼黑召開高層會議，並且禁止地方黨部正在準備的所有會議。他在八月三十一日的高層會議上發表演說，熱烈地讚揚服從與紀律，並表示，只有無條件奉獻自我的精英，才有能力以「歷史少數派」的身分創造歷史。

此外，他也說到，納粹黨最多只能接納六十萬到八十萬黨員：「這才是適合的人數！」剩下的只是黨的支持者，要收攏他們為黨的目標服務。「一小群狂熱分子會迫使大眾不得不隨之起舞，你們看看俄羅斯和義大利……我們只有成為強大的少數派，才有可能爭取成為多數派。」他如此解釋。【34】

會上，希特勒輕蔑地駁回為他成立「元老議事團」的提案，並表示，對他而言，顧問毫無價值。提出此案的圖林根大區黨部部長阿圖爾·丁特，之後很快被開除黨籍；因為希特勒早在先前與此人的通信中就寫到，自己作為政治家「無懈可擊」，並聲稱，他盲目相信自己會是創造歷史的其中一人。

納粹黨在不久之後又召開一場會議。這時的會議還尚未演變成後來常見的希特勒命令大會，他在眾人討論時沉默坐在旁邊，露出明顯感到無趣的表情，逐漸營造出一種壓抑的空洞感與麻木感，逼得他們無可奈何地放棄討論。某位與會者後來懷疑，希特勒之所以同意開會，只是為了以這種方式破壞會議。【35】

希特勒作爲一個不起眼、但內部組織嚴密的政黨的領導者，正等待自己的機會到來。他沒有任何需要灰心喪志的理由，因爲這是他第一次無論對內或對外都有這麼大的勢力；從這時候開始，納粹黨有時也會將「希特勒運動」當作他們的正式稱呼。他們缺乏有權有勢的贊助者，也沒有政府機關的有力支持，卻仍然證明，他們即便無法取勝，也還是可以憑自己的力量生存下去。

在一九二八年五月二十日的國會選舉中，納粹黨得到百分之二點六的選票，在所有政黨中排名第九，爲黨內贏下十二個席次。議員名單包括格里哥．史特拉瑟、戈特弗里德．費德、戈培爾、弗里克，以及帶著富有的妻子和廣大人脈從瑞典回歸的赫爾曼．戈林。雖然希特勒作爲「無國籍者」，並未參與競選，但他憑藉自己化劣勢與困境爲優勢的能力，用這個特點和其他人再次拉開距離；他藉此表明，他不會對自己所輕視的議會制度低頭，營造出一個獨一無二的領袖形象——自己不同於普通政客，凌駕於這些爭權奪利和貪婪慾望之上。

他猶豫很久才決定讓納粹黨投入選戰，其中決定性的因素就是希望取得國會議員的特權。戈培爾在選舉後一週發表的文章也證實了這點，並揭露該黨堅持合法路線的原因：「我不是國會的一員，我只是享受豁免權和免費的車票。國會和我們有什麼關係？我們被選來反對國會，我們將爲我們雇主的利益服務……有了豁免權，我們就可以叫糞堆爲糞堆，用不著委婉地稱呼其爲『政府』。」最後，他坦言：「你們現在很驚訝，對吧？但是別以爲我們只有這樣而已……你們會和我們玩得很開心的，現在只等好戲上場了。」【36】

雖然戈培爾口出狂言，但這種輕蔑的態度也無法掩蓋他在吹牛的事實，畢竟，這時的納粹黨只不過是一個行事囂張的小黨罷了。儘管如此，希特勒還是保持冷靜，蓄勢待發，並且令幹部們隨時做好準備；他正等待群眾激進化的新時機到來，希望藉此令納粹黨上升到大眾型政黨。

不過，不幸的是，即便他付出一切熱情、引起諸多風波，到目前為止還是無法動搖到共和政府的根基；他的個人魅力在情緒激昂的混亂時局中有巨大的影響力，卻在回歸正軌的日常環境中消失無蹤。這個國家的人民就好像總算準備要與共和政府和平共處，決定拋棄所有虛構的真實和英雄浪漫主義的回憶，與歷史的平淡和日常妥協。

因此，儘管在國會大選中有許多小黨嶄露頭角，暴露出以市民階級為中心的體系正在瓦解，納粹黨的規模也擴大到接近十五萬人的程度，任教於波昂大學的社會學家約瑟夫．熊彼得教授（Joseph Schumpeter）仍於次年年初指出：「社會狀況很穩定，而且很可能會越來越穩定。」不僅如此，他還保證：「在任何意義、任何領域、任何方面上，應該都不會出現強烈的波動、躍進或災難。」[37]

然而，希特勒比這位學者更敏銳、更透澈地看清了形勢。在這段共和政府的短暫的幸福歲月中，他於某次演講中提到了德國人民的心理：「我們有『第三價值』，也就是我們的鬥爭精神。它一直都在，只是被埋沒在異國的理論和教條之下。某個強大的政黨一直想掩蓋這個事實，直到一支普通的軍樂隊突然到來、演奏音樂，他們的追隨者這才從睡夢中清醒，開始覺得自己是正在行軍的德國人民的一分子，於是加入這個行列。這就是今天的狀況。我們的人馬只需要展示出更好的選項，各位就會發現，自己已經在我們的隊伍中向前行進。」[38]

從這時開始，他就一直在等待進攻的時機到來。不過，問題在於，隨著時間的推移，納粹黨能否一直保持衝勁、希望、目標以及他們元首的形象——也就是令他們得以立足的幻想和信仰的結合體？奧托．史特拉瑟在分析一九二八年五月國會大選時，抱怨「民族社會主義拯救德國」的概念既無法引起大眾共鳴，又打不進無產階級的市場。[39]該黨的支持者主要由白領階級、小商販、農民以及贊成浪漫反抗行動的年輕男女所組成，他們是納粹黨的先鋒隊，比其他族群更容易被所謂的「普通的軍樂隊」的激昂樂曲感染。

然而，僅僅數月之後，這一切就完全改變。

注釋

【1】工作小組內的大區黨部部長並非每一位都受到邀請，例如魯爾區的大區黨部部長卡爾·考夫曼就曾在一九二六年二月十二日的信中抱怨過此事，參照 BAK, 203/Blatt 78 及 85。此外，黨高層更從南德帶來了忠誠的支持者。

【2】參照 »Goebbels-Tagebuch«, S. 60；以及 Hinrich Lohse, »Der Fall Strasser«, S. 5，漢堡納粹研究中心。

【3】這個說法顯然來自於戈特弗里德·費德，他有時不得不為此辯解；參照 A. Tyrell, aaO., S. 124 ff.。

【4】收錄於 W. Jochmann, »Nationalsozialismus und Revolution« S. 255。奧托·史特拉瑟針對「叛徒」戈培爾的憤怒情緒很容易理解，他將在班貝格失敗的責任全數歸咎於後者身上。面對希特勒和慕尼黑黨部的抨擊，戈培爾不發一言，這種反應不僅引人注目，其實更可以被當作他背叛北德夥伴的證據。然而，事實上，他在班貝格時並沒有這種意圖，奧托·史特拉瑟所散播的謠言——戈培爾在辯論中起身承認自己有錯、轉投希特勒的陣營——也經不起驗證，後者顯然是在為自己兄弟的失敗開脫。根據卡爾·考夫曼的說法，戈培爾在班貝格大會後還表示，希特勒背叛了社會主義；而且，雖然他們為班貝格的失敗怪罪戈培爾，但他們還是在很長的一段時間中將此人當作同伴，而不是叛徒；參照 A. Tyrell, aaO., S. 128; Roger Manvell/Heinrich Fraenkel, »Goebbels«, S. 99。

【5】»Goebbels Tagebuch«, S. 59。根據同上的 S. 72，希特勒也曾在對話中表達自己的理想，例如：「混合的集體主義與個人主義。在立足點上下的皆為民族。創意的工作要個人主義。聯合企業、壟斷行業、成品、交通等等要國有化。」

【6】阿達貝特．佛爾克（Adalbert Volck）於一九二四年七月十八日的《威瑪基本方針》中所述，引用自 W. Jochmann, »Nationalsozialismus und Revolution«, S. 96 f.；以及一九二六年三月二十一日有關慕尼黑萊姆區黨員會議的個人姓名檔案第五百三十五號，HA 25 A/1762。早在一九二一年夏天的黨內危機，希特勒就曾要求不得更動黨綱，以之當作自己重新入黨的條件，到這時已經有六年之久。他在闡述原因時，提到了基督教能夠成功的原因，參照 G. Franz-Willing, aaO., S. 111 和 S. 116。以及希特勒於漢堡發表的演說，引用自 W. Jochmann, »Im Kampf«, S. 110。也參照 Theodor Heuss, »Hitlers Weg«, S. 22。

【7】希特勒在一九二六年及一九二七年黨員大會前提出的工作報告，參照 A. Tyrell, aaO., S. 135 和 S. 176。以及 W. Jochmann, »Im Kampf«, S. 104 f.。

【8】戈培爾於一九二六年七月三日的《人民觀察家報》上如此表示。

【9】有關黨員大會的選舉，參照一九二八年九月二日至三日的《人民觀察家報》；以及 A. Tyrell, aaO., S. 298。此處的皮鞭場景為希特勒與普費弗之間的衝突，這來自下巴伐利亞大區黨部的前部長歐圖．埃伯都勒（Otto Erbersdobler）的說法，aaO., S. 254 ff.。有關此，也參照 A. Krebs, aaO., S. 142，希特勒表示，即便是無關緊要的問題，其他人也不能在未經他許可的情況下做合乎他決定的事。後文中戈林的評論來自內維爾．韓德森（Neville Henderson）的轉述，»Failure of a mission. Berlin 1937-1939«, New York 1940, S. 282；有關後文的希特勒引文，參照個人姓名檔案第五百三十五號，HA 25

A/1762。

【10】»Goebbels-Tagebuch«, S. 70 f.。以及格里哥・史特拉瑟於一九二六年三月二十九日寫給約瑟夫・戈培爾的信，見 BAK, NS 1, vorl. 34, Blatt 156 和 160。

【11】出自希特勒爲威瑪大會發布的《全國黨代表大會的特別會議主席與祕書的工作基本方針》，他在一九二七年及一九二九年的紐倫堡黨代表大會上也發布了同樣的準則：見 BAK, NS 26, Blatt 389。

【12】希特勒於一九二六年十一月一日寫給普費弗的信，引用自 H. Bennecke, »Hitler und die SA«, S. 237 f.。

【13】一九二九年五月十八日的《人民觀察家報》。

【14】K. Heiden, »Hitler« I, S. 231.

【15】海諾・穆秋（Reinhold Muchow）所做的情況彙報，引用自 M. Broszat, »Die Anfänge der Berliner NSDAP 1926/27«, in: VJHfZ 1960/1, S. 102 f.。此出處亦提供更多詳細的資訊。

【16】»Goebbels-Tagebuch«, S. 92 ff..

【17】A. Krebs, aaO., S. 188；以及 »Goebbels-Tagebuch«, Dok. 13, S. 127 ff.。

【18】這份報告指出：「納粹黨以猛烈的左輪手槍火力和長矛一般的鐵製旗桿向共產黨發動攻擊，大概有九人因爲輕傷、五人因爲重傷而被抬出場。」兩方在一個月前於北柏林的法魯斯廳進行的會戰以九十八人受傷告終，戈培爾在事後得意地寫道：「從此之後，我們在柏林就出名了。不過，我們還不至於天真到認爲一切大功告成。法魯斯只是一個開端罷了。」見 »Goebbels-Tagebuch«, S. 119 的註釋；以及 M. Broszat, aaO., S. 111。

【19】一九二六年五月十五日的《民族社會主義書簡》。

【20】BAK, NS 26, vorl. 390。希特勒所謂的「日耳曼民主」的特點就是「領袖的選擇與絕對的權威」。

在早期的版本中還是：「主席由選舉產生，其爲運動的唯一領導者。」從一九三三年的版本開始就變成：「負責人永遠由上層任命，同時被授予無限制的全權與權威性。由於結社法的規定，只有全黨領袖會在黨員大會上被選出。」參照 3. Aufl. 1928 Bd. I, S. 36 f. 和 37. Aufl. 1933, S. 378。值得注意的是，志願軍團「高地」及其領導者貝波・羅門（Beppo Römer）因爲違反軍團內部自由選擇領袖的原則，被希特勒指控爲具有布爾什維克主義的傾向；參照 A. Krebs, aaO., S. 121。

【21】Jochmann, aaO.，日期爲「一九二七年年初」的 S. 2。有關納粹黨的官僚化，見希特勒於一九二七年一月一日至三日的《人民觀察家報》的新年呼籲，以及其餘一九二六年四月二十二日納粹黨的南區黨員大會上所發表的演說，HA PND Nr. 536。

【22】引用自 H.-A. Jacobsen, »Der Zweite Weltkrieg«, S. 180。歐圖・班格（Otto Bangert）在一九二七年十一月九日《人民觀察家報》上的一篇文章中預測，納粹黨在接下來的幾年中將會「越來越像是一個正在成形的政府」，其必定會「越來越滲透到我們千瘡百孔的公共生活之中」，並表示：「如此一來，當納粹黨奪得大權的時候，第三帝國的基礎也已經建立起來了。」也參照 E. Nolte, »Epoche«, S. 453。

【23】J. Goebbels, »Der Führer als Staatsmann«，收錄於 »Adolf Hitler«, hrsg. vom Cigaretten-Bilderdienst Altona, S. 48。

【24】A. Krebs, aaO., S. 130 f..

【25】引用自 K. Heiden, »Hitler« I, S. 242。以及 J. Goebbels, aaO., S. 51。

【26】慕尼黑邦立檔案總館，引用自 E. Deuerlein, »Aufstieg«, S. 279；以及 A. Krebs, aaO., S. 57 f.。有關前述的總部的控訴，參照一九二七年八月七日的《人民觀察家報》。

【27】有關完整的脈絡，參照對此提供豐富資訊的 Ferdinand Friedensburg, »Die Weimarer Republik«。

【28】直到納粹黨成爲大衆型政黨，該書的銷售量才跟著上升，其間還推出了上下二冊合售八馬克的廉價版本。一九三〇年售出五萬四千零八十六冊，一九三一年售出五萬八百零八冊，一九三二年來到九萬零三百五十一冊，此後的銷售量年年都突破十萬大關。到了一九四三年，該書的總銷售量爲九百八十四萬冊；參照 Hermann Hamer, »Die deutschen Ausgaben von Hitlers ›Mein Kampf‹«，刊登於 VJHfZ 1956/2, S. 161 ff.。

【29】收錄於 W. L. Shirer, aaO., S. 128，其引用 O. J. Hale 刊載於一九五五年七月 ›The American Historical Review‹ 上的一篇研究。

【30】慕尼黑巴伐利亞邦立檔案總館，引用自 E. Deuerlein, »Aufstieg«, S. 266，以及 K. Heiden, »Der Fuehrer. Hitler's rise to power«, Boston 1944, S. 250；有關後文中的敘述，參照一九二六年十二月二十三日的《人民觀察家報》。

【31】參照收錄於 A. Tyrell, aaO., S. 160 ff. 的希特勒的信件。

【32】慕尼黑祕密國家檔案館，引用自 aaO., S. 269 ff.。希特勒在這場演說中以提到原始基督教。

【33】引用自 A. Tyrell, aaO., S. 211 ff.，同上的 S. 196 以及 H. Hoffmann, aaO., S. 151 f.。

【34】希特勒早在一九二七年年初就於圖林根種族主義領袖會議上說過的話，參照 H.-A. Jacobsen/W. Jochmann, aaO.，在「一九二七年年初」關鍵字下的 S. 2。

【35】A. Krebs, aaO., S. 131 f.。希特勒於一九二七年七月二十五日寫給阿圖爾·丁特的信，刊載於丁特的期刊 ›Das Geistchristentum‹, 1. Jahrgg. Heft 9/10, S. 353 f.。有關「歷史少數」，參照 K. Heiden, »Geschichte«, S. 269，以及 »Mein Kampf«, S. 651 ff.，希特勒於其中定義了各種類型的追隨者：「如

果一個運動的目的是毀滅一個世界，並且在原來的位置建立一個新的世界，那麼，其領導層就必須完全掌握以下的基本原則：每個運動首先都要將其吸引到的人力資源分成兩大類：支持者，以及運動的成員。宣傳活動的任務在於吸引支持者，組織的任務在於贏得成員。一個運動的支持者是那些贊同運動目標的人，黨員則是爲此奮鬥的人……在十個支持者之中，通常最多只會有一到兩個成員。支持者從領悟中誕生，成員卻要有勇氣維護並傳播這種領悟……一種思想在全體人類中宣傳得越廣，其組織越是獨特、嚴格、堅定，就越是能夠切實地進行戰鬥。由此可見，支持者的數量有可能會不夠多，但成員的數量經常會太多，而不是太少。當宣傳令整個民族都抱持一種思想，組織只需要少數人就能展開行動。」

【36】J. Goebbels, »Der Angriff. Aufsätze aus der Kampfzeit«, München 1935, S. 80 ff..

【37】J. A. Schumpeter, »Aufsätze zur Soziologie«, Tübingen 1953, S. 225.

【38】»Adolf Hitler in Franken«, S. 81.

【39】收錄於 R. Kühnl, aaO., S. 344 (Dok. Nr. 34)。

第四卷　戰鬥的時刻

第一章　向更大的舞臺突進

「我們按照老方法再次投入戰鬥，喊著：進攻！進攻！一直進攻！如果有人說，你們再也沒辦法打了，那就記住：我不只能打，我還能再打十回！」

阿道夫．希特勒

希特勒選在一九二九年的夏天對日益穩固的共和政府發動第一波大規模的攻擊，並且立刻趁勢追擊。在此之前，他其實已經爲了動員口號苦思已久，是施特雷澤曼的外交政策剛好讓他發現一個煽動群眾情緒的切入點；他抓住這個機會，耗費自己所有的資源和心力，企圖讓納粹黨擺脫邊緣小黨的角色，爬上更大的政治舞臺。幸運的是，這個時間點很靠近後來的全球經濟大蕭條，社會大眾的心理已經受到影響，令他得以預先試驗自己的手段、組織和戰術的效果。他以戰後賠款的爭論引發長期的危機，再從旁推波助瀾，直到共和政府最後垮臺。

不過，嚴格來說，歷史的轉折點其實並非在此時，而是要等到古斯塔夫．施特雷澤曼去世，也就是一九二九年十月初的時候才會出現。按照施特雷澤曼的看法，德國應該認眞履行《凡爾賽條約》，如此一來，協約國才會相信戰後賠款的金額確實超出德國的能力，從而考慮更動賠款計畫。然而，這個政策的目標明明是逐步消除《凡爾賽條約》，卻被貼上「履行政策」的標籤，引來諸多抗議與抨擊。

儘管施特雷澤曼的內心依舊存有疑慮，但是，直到快要去世之時，他都還是主張採用由美國銀行家揚格（Owen D. Young）與專家委員會提出的計畫，重新調整戰後賠款。「揚格計畫」確實大幅減輕德國的負擔，不僅如此，因為他的堅持和外交手腕，協約國占領軍也提早撤出萊茵地區。

不過，這項協議還是引起國內的激烈反彈，不僅是一般社會大衆，就連對德國的困境知之甚深的有識之士也如此。畢竟，德國甚至連頭幾年的款項都拿不出來，又要怎麼承擔將近六十年的還款義務呢？因此，商界、學術界與政治界的兩百二十位知名人士發表公開聲明，表達他們對此的擔憂，化學家卡爾·杜伊斯堡（Carl Duisberg）、神學家阿道夫·哈奈克（Adolf Harnack）、物理學家馬克斯·普朗克（Max Planck）、政治家康拉德·艾德諾（Konrad Adenauer）以及前任總理漢斯·路德（Hans Luther）都在其列。

第一次世界大戰已經過去十一年了，然而，現在看來，國際間的和解也不過是空談罷了。揚格計畫無疑賞了所謂的「國際大家庭」概念一耳光，犀利地揭露在和樂融融表象之下持續存在的戰勝國與戰敗國之間的對立關係；不僅如此，該計畫以長久傷害德國人民自尊的《凡爾賽條約》第二百三十一條——也就是通稱的戰爭罪責條款——為參考基準，提出還款至一九八八年的條件，也令德國社會感到無法接受。

法國所說的「德國要付出一切代價」，也被激進的民族社會主義團體用以曲解這個不切實際的計畫，造成負面的影響。於是，這個本該逐步減輕戰爭後遺症、穩固威瑪共和的措施，反而引起相反的效果，令人民對威瑪政府的好感降至冰點，成為他們「澈底反對威瑪制度」[1]的原因。

全國委員會成立

一九二九年七月九日，激進右翼陣營共同成立全國委員會，準備以公投反對揚格計畫。他們發起激烈且毫不間斷的宣傳活動，轟轟烈烈地持續了九個月，直到該計畫正式簽訂協議才悻悻罷休。事實上，不僅是激進右翼反對揚格計畫，激進左翼陣營中的共產黨員也加入這個行動。他們將複雜的國際競爭實情濃縮成幾個具煽動性的口號，塑造敵人的形象，再藉由反覆的宣傳，將仇恨根植在大衆的心中。他們聲稱，這個協議將「對未來子孫宣判死刑」，會成爲「德國人民的各各他山（譯註：各各他山，位於羅馬統治以色列時期的耶路撒冷城郊，是耶穌被釘在十字架上的受難之地）」，在這裡，全國人民將「被劊子手冷笑地釘上十字架」。不僅如此，這個首次團結爲一的「民族反對陣線」還要求刪除《凡爾賽條約》中的戰爭罪責條款、停止一切戰後賠償、協約國軍隊立刻撤出被占領區，以及懲處協助外來勢力「奴役」德國人民的所有部長和政府代表。

這個全國委員會由樞密顧問阿爾弗雷德·胡根貝格所領導。此人野心勃勃、心胸狹窄、做事不擇手段，此時已有六十三歲。他一開始只是一個東進移民委員，後來擔任克虜伯公司的董事，最後建立出一個龐大的媒體帝國，不僅掌控多家報社，手上還有一家廣告公司、一家通訊社以及烏髮電影公司；此外，他作爲重工業界在政治圈的代言人，也擁有十分可觀的資金。

他的目標明確，將自己的所有資源都用於摧毀「社會主義共和政府」，毀滅工會，以及——按照他的話來說——「以上層階級的階級鬥爭」來回應下層階級的階級鬥爭。他個子不高、胖乎乎的，留著小鬍子和平頭，看起來像個有軍人氣質的退休警衛，而不是他想表現出來的、一個驕傲而憤慨地堅守自己原則的硬漢。

一九二八年的秋天，胡根貝格以黑馬之姿奪下德國國家人民黨的領導權，並且將自己塑造成激進憤恨情緒的代言人。右派本來已經快要開始支持共和政府，但因爲他的攪和，這種苗頭又馬上消失了。

德國國家人民黨開始在運作手段和部分黨綱上模仿納粹黨，不過，理所當然地，該黨的發展終究無法超越後者，只能止步於「市民階級版的納粹黨」的程度。畢竟，胡根貝格在對付可恨的共和政府上不擇手段，舉例來說，他曾在德國社會爲揚格計畫鬧得沸沸揚揚時，向三千位美國商人寄出印刷的信函，警告他們不要向剛進入大蕭條的德國提供貸款。[2]自從他上任黨主席，德國國家人民黨很快就流失近半數黨員，然而，這位新的黨主席卻對此不以爲意，聲稱自己想要的是精英小組，而不是一大群烏合之衆。

他所提倡的全民公投不僅是新激進路線的第一波高潮，更是他的一項嘗試。他企圖藉此將零散的右翼團體——特別是鋼盔前線士兵聯盟、泛日耳曼聯盟、鄉村同盟以及納粹黨——聚攏在一起，組織他們展開攻勢，令過去的上層階級奪回部分影響力；因爲一九一八年那場不甚成功的革命，這個階級雖然依舊保有勢力、地位和財產，但已經不再受到人民的尊重。

帶著一種「上等人」對下等人的傲慢，胡根貝格並未把希特勒這位下等暴民政黨的領袖放在眼裡。他認爲自己能夠利用此人煽動大衆的才能，令現在被遺忘在社會邊緣的保守主義重新成爲社會主流；於是，他打算等到時機一到，自己就要立刻收服、控制此人。

相較之下，希特勒的想法就沒有這麼陰險。國會議員欣里希·洛澤在得知結盟的消息以後，擔憂地表示：「但願元首已經知道如何騙過胡根貝格。」[3]不過，希特勒想的卻不是欺騙，因爲他從一開始就表現得傲慢自大，幾乎不屑於掩飾自己對這位市民階級反動派，以及所有被戈培爾稱爲「被蟲蟻啃噬的灰色老鷹」的輕視。當黨內的「左派」還在懷疑、打算進一步觀察之時，胡根貝格的提議已經被希特勒近乎全數否決——畢竟，就算有人想協助納粹黨發展，也必須按照他自己的條件進行才可以。

希特勒起初提議大家各做各的，但最後還是被哄著加入了同盟；不過，他不僅要在宣傳上完全獨立於同盟，還要求得到相當多的資金。此外，就像是想要迷惑或是羞辱這些新盟友一樣，他任命黨內最著名的反資本主義者格里哥・史特拉瑟作為自己在財務委員會的代表。

這個聯盟的成立為希特勒開啓後來一連串的戰術勝利，令他終於得以擺脫低潮，向目標邁進。他具有非凡的能力，能夠分辨形勢，洞察利益關係，找出破綻並促成暫時的同盟關係；此外，在天生的說服能力加成下，他的戰術意識也得到更好的發揮效果，連同各界對他的支持——例如國家防衛軍、工業界和司法部門——衝鋒隊的恐怖威嚇，以及他的演說能力，一同促成他的崛起。

如果有人堅持片面地以個人魅力、陰謀和暴力來解釋希特勒的崛起，那麼，他們不僅暴露自己對事件發展了解不足的事實，更是在對眾多的反證視而不見。這些人看不透眞相，堅持自己災難性的錯誤觀念，認定這位納粹黨主席只是煽動家或某種被利用的工具；然而，事實與他們想像的相反，希特勒證明自己確實精熟於政治。

他巧妙運用戰術，在一開始商議結盟時顯得很遲疑，後來在談判時又一下挑釁、一下悶悶不樂的，再加上他一直營造自己坦率、進取又充滿活力的形象，最後成功將這些盟友玩弄於股掌間，讓他們支持、資助自己崛起，甚至甘願為此犧牲他們自己的政治利益。

當然，他之所以能在結盟中取得成功，也是因為黨內反對他做出任何重大的讓步——在談判期間，史特拉瑟的鬥爭出版社以粗體大字將希特勒說過的話印刷在報紙上：「德國人民的最大危機不是馬克思主義，而是那些市民階級的政黨。」【4】不過，保守派的德國國家人民黨對權力的盲目渴求也不能被忽視：這些人像寄生蟲似地利用納粹黨的勢力和生命力，藉由與他們偷偷鄙視、但也同樣佩服的政治新星希特勒結盟，他們得以延後原先已經注定的、離開歷史舞臺的時間。

儘管如此，希特勒的成就依然十分了不起。他在這四年半中等待時機、做好準備，不忘卡爾．呂格的教誨，努力爭取與那些「有力團體」，或是那些有政治和社會勢力的大人物結盟；當他們終於對自己伸出橄欖枝，他也小心地隱藏自己對奪權的渴望和迫不及待，而是冷靜、自信地提出自己的條件。這麼多年來，他一直領導這個不起眼、沒有話語權，還被當作笑柄的極端主義政黨。我們必須將這一點納入考量，才能充分體會到，胡根貝格的保護對他而言有多麼重要：他藉此擺脫革命派和叛亂分子的臭名，再度於有頭有臉的市民階級社交圈亮相，更可以利用這些顯要人物的好名聲——這些都是他過去曾經擁有的，現在，他決心更慎重地使用這個失而復得的機會。

能量噴薄而出

隨著同盟關係的締結，納粹黨第一次得到能夠令宣傳部門大展身手的資金，向大眾展示出史無前例的強烈、具衝擊力的宣傳風格；在此之前，德國從未出現過這種運作方式。在這段時期留下的一封信中，希特勒寫道：「我們對民眾的耕耘是其他政黨所沒有的。」【5】

納粹黨從長年蟄伏中積累的能量，以及他們渴望付諸行動的怒火，都在這場突進中噴薄而出。沒有任何一個民族主義的同盟政黨，可以在肆無忌憚、尖銳和蠱惑人心的程度上和他們相提並論。打從一開始，他們就表明揚格計畫只是一個開端，後來更擴大行動，煽動大眾公審所謂淪落爲無能、背叛、唯利是圖同義詞的「共和制度」。「總有一天，」在十一月底，希特勒於黑爾斯布魯克的一場演講上呼喊道：「那些必須爲德國潰敗負責的人會再也笑不出來。他們將被恐懼攫獲，他們知道，審判者就要來了。」

胡根貝格和其他保守派的盟友都對納粹黨的強大煽動力感到著迷，也對他們釋放出的巨大浪潮目瞪口呆。他們一再鼓動、驅使著這波巨浪，沾沾自喜地以爲自己正駕著浪頭前行，殊不知，他們其實早已被怒浪吞噬。

在這種情況下，雖然這次行動沒能對外取得成功，對於希特勒而言也不太重要了。在公民投票中，他們提出的「反對奴役德國人民法」的草案獲得百分之十的同意票，達到送審國會的門檻；然而，該法案不僅在國會表決中以八十二票同意對三百一十八票反對敗下陣來，在一九二九年十二月二十二日的最後公投中也同樣以失敗告終。不僅如此，提出這項法案的聯盟只拿下了百分之十四的選票，只達到國會過半的四分之一，甚至比納粹黨和德國國家人民黨在去年國會大選上的得票率少了百分之五。

儘管如此，希特勒終於還是躍上全國政治的大舞臺。多虧胡根貝格在出版媒體方面的支援，他不僅一舉打響了自己的名號，更證明自己在這個隨波逐流、四分五裂的右翼陣營中，是最有活力、最堅定的勢力；他自己也談起社會輿論對納粹黨的「極大轉變」：「幾年前還在理所當然、傲慢、高傲或愚蠢地排斥我們，現在竟然對我們充滿希冀，這種變化實在驚人。」[6]

行動開始以後，他在一九二九年八月三日至四日於紐倫堡召開全國黨代表大會。很容易推測地，這是在向保守派的盟友展現自己的勢力和戰力；同時，這也是黨代表大會第一次從傳統的集會形式，過渡到以表演效果和心理影響爲方針的軍事化群眾示威活動。

三十列特別列車從全國各地開來，如果數據正確的話，到場參加的追隨者有二十萬人左右。在這幾天的時間中，他們的制服、旗幟和樂隊占據了這座曾經的神聖羅馬帝國的帝國自由城市。二十四面新旗在莊嚴的獻旗儀式上出現，大部分都來自於巴伐利亞、奧地利和什勒斯維希—霍爾斯坦。在盛大的閉幕式中，衝鋒隊員統一穿著制服，背著野戰部隊的裝備，在樂隊伴奏下列隊前進——總共有大概六萬名隊員，花了三個半小時才全數從希特勒面前走過。

有些部隊被這幾天的亢奮沖昏頭，揚言採取暴力行動推翻政府；黨內的極端派也提出類似的意見，提倡納粹黨應該「立刻且永遠」禁止加入政府。他們的提議都被希特勒直接駁回，他說，只有合乎法律規定，他們才能逐漸掌握政治權力。然而，黨軍迅速擴張，信心也逐漸高漲，到了這一年的年底，衝鋒隊的人數已經足以與國家防衛軍匹敵，[7]爲他對合法路線的堅持帶來新的威脅。

與胡根貝格結盟替希特勒帶來廣大的商界人脈，這些人原本一直支持施特雷澤曼的外交政策，現在卻大力反對揚格計畫。在此之前，除了少數幾位工商界泰斗——例如弗利茨．蒂森——希特勒多半只能從小工廠主得到物質上的支持，即便他在充公王室財產的議題上採取反社會主義和保護私人所有權的立場，也並未從中得到新的好處。不過，現在不一樣了，更多更好的資源都向他敞開大門。

他善用時間，早在演講禁令期間便已經有系統地遍遊魯爾區，經常在數百位質疑自己的企業家面前進行非公開的演講。爲了消除這些人對民族社會主義的恐懼，他會擺出「堅定捍衛私有財產」的姿態；由於將成功認定爲一種高貴的象徵，他也會將大企業家頌揚爲「爲領導而生」的高等種族。總而言之，希特勒試圖對資方傳達出一個意思：他不會提出令他們爲難的要求。[8]

此外，他在慕尼黑的沙龍間向來大受追捧，這裡的人脈也再度派上用場。沙龍主艾莎・布魯克曼曾說過，爲希特勒和重工業圈的領頭人物牽線是自己的「一生志業」，她也確實在一九二七年成功安排希特勒和年邁的科多夫見面。科多夫是魯爾區最重要的實業家之一，一生反對上層階級、鄙視下層階級，就如同希特勒對這位粗野無理的老人印象深刻，他也被對方所吸引，並成爲此人的有力支持者。他勸希特勒將自己的思想寫下來，印刷成小冊子，在實業圈中廣發流傳；他以貴賓身分參加紐倫堡的黨代表大會，並在會後寫信給希特勒，表示自己永遠不會忘記這幾天的感動。【9】

不過，一直到一九二九年的地方選舉，這些新爭取來的資金和支援才第一次轉化爲令人稱道的成就。納粹黨在薩克森和梅克倫堡—施威林地區的春季選舉中已經贏下近百分之五的選票，不過，他們在普魯士地區選舉的表現更令人印象深刻：不僅在科堡當選市長，威廉・弗里克還在圖林根當上第一位納粹黨籍的政府部長。儘管後者將納粹黨的「禱告詞」導入學校，與中央政府產生衝突，但整體而言，他還是一直努力證明，納粹黨具備組建聯合政府的能力。

新總部的建造

希特勒立刻著手爲這次的勝利打造華美的舞臺，符合他向來喜歡炫耀的個性。不過，此舉也是在爲將來的成功做準備：自一九二五年以來，納粹黨總部一直坐落於薛林街上一座簡樸但實用的建築裡。現在，他買下布林納街上的巴洛宮——資金主要來自弗利茨・蒂森的贊助和黨員們的捐款——擴建成新的總部，也就是後來的「褐宮」。

希特勒和建築師保羅・路德維希・圖斯特（Paul Ludwig Troost）一起在室內裝修上耗費大

量時間精神，就像被喚起對於華貴豪宅的兒時夢想，他沉迷於繪製家具、門和鑲嵌細工的設計圖。

「褐宮」大廳的大階梯通往他的辦公室，在這裡，除了少數幾件大型家具，只有腓特烈大帝的畫像、墨索里尼的胸像和一幅描繪李斯特軍團攻打弗蘭德的繪畫作爲裝飾。辦公室旁邊的是元老議事廳，裡面有一張巨大的馬蹄型會議桌，沿著桌緣陳列著六十把以紅色摩洛哥革製成的扶手椅，椅背都印上納粹黨的老鷹圖徽。議事廳入口兩側的銅牌記載著於啤酒館政變中犧牲的黨員姓名，廳內也放置著俾斯麥和狄特里希·埃卡特的胸像。然而，這個所謂的元老議事廳顯然只是爲了滿足希特勒的戲劇需求，從來沒有發揮過應有的作用——畢竟，他堅決拒絕一切爲他設置元老議事團的提議。他在褐宮地下室的餐廳有一個專用的「元首座位」，就在狄特里希·埃卡特的畫像下方；他經常在副官和司機的環繞下於此坐上數小時之久，就像當初在咖啡館聚會一樣地發表長篇大論，滿足自己無可抑制的傾訴欲。

隨著納粹黨的資金越來越雄厚，希特勒也開始過著奢侈的生活。從一九二九年開始，他不再爲鉅額債務的利息和分期付款帳單傷腦筋，也於這時搬進了攝政王大街十六號的豪華公寓。他的新家位於慕尼黑的典型市民階級住宅區，寬敞舒適，總共有九個房間；海赫太太——他原本在提爾街的房東——以及安妮·溫特（Anny Winter）女士都過來替他打理家務，同父異母的姐姐則照舊替他管理在上薩爾茲堡半山腰的房產。

在此其間，他的外甥女潔莉就像他一樣愛上了戲劇，開始學習歌唱和演戲，也很快搬進了這個豪華公寓。外界有關他和外甥女的蜚短流長或許也令希特勒感到煩惱，不過，他同樣著迷於這種打破市民階級社會規範的放蕩不羈感以及舅甥之間的禁斷糾葛。

反共和政府行動持續進行

反對揚格計畫的行動才剛告終，希特勒就以冒險、但十分有效的方式，展現出自己剛獲得的政治信心：他與胡根貝格一派的守舊派盟友決裂以作爲表態，並且指責，這些人的三心二意和市民階級的軟弱就是公投之所以失敗的原因。不顧共同的目標和一起流過的汗水，他毫不猶豫地背信棄義，再次令自己在戰術上占上風：他的突然倒戈不僅平息了黨內對於他和「資本主義豬羅胡根貝格」結盟的指責聲浪，[10]更鞏固他作爲反共和右派中「唯一的中堅勢力」的好名聲，並且甩脫自己需要對公投失敗負起的責任。

這種不符合小黨作風的大膽舉動令人印象深刻，不過，希特勒還不滿足於此。他早已體認到，維持並加強大眾對於種族主義運動的熱情，是眼下至關重要的任務。爲了實現更激進的計畫，他著手改組納粹黨，任命格里哥．史特拉瑟領導第一組織部門——也就是政治組織；由康斯坦丁．希爾（Konstantin Hierl）接管第二組織部門——也就是民族社會主義影子政府；最後，由戈培爾出任全國宣傳長。希特勒在一九三〇年二月二日的一封信中，以未卜先知一般的篤定語氣寫道：「最多在兩年半到三年之內……我們就會迎來勝利。」

在希特勒和胡根貝格決裂以後，納粹黨依舊憑藉自己的力量，毫不間斷並同樣激烈地進行反共和政府的活動。早在一年前，當時的宣傳委員海因里希．希姆萊就下令進行所謂的「宣傳行動」，開啓政治宣傳的新策略：他們以前所未有的強度投入宣傳活動，宣傳講師們經常要在一週內參行數百場活動，將工作效率「推至最極限」；他們像暴風雨一般地襲捲每一個大區，就連最偏僻的村落都不放過。

在此其間，城市和村莊的每個角落都充斥著海報、標語和傳單——這些經常是由希特勒親自挑選；此外，衝鋒隊員也會伴隨著音樂在所謂的「宣傳晚會」上現身，按照黨中央的指示，他們要「展現自己所能辦到的事」，例如：運動賽事、生動的照片、戲劇演出、歌唱表演、演講以及放映黨代表大會的紀錄影像。[11]在一九三〇年六月的薩克森邦議會選舉之前，這種活動已經舉行了不下一千三百場。

納粹黨不僅在地方上付出甚多，也爲了在某些特定族群中取得一席之地而努力，其中尤以贏得白領勞工和農民的支持最爲重要。他們透過猛烈、有針對性的行動，奪得農業生產合作社、同業公會和專業協會的領導權，以應對農村的嚴重困境；例如，當什勒斯維希—霍爾斯坦的農民們舉著黑旗示威遊行時，他們就喊出模稜兩可的「土地改革」口號作爲回應，並且將問題歸咎於猶太人——按照納粹黨的訓練守則，他們必須挖掘潛藏在農民心中的反猶太情緒，「一直煽動到他們怒不可遏爲止」。[12]與此同時，魯道夫．赫斯曾介紹給希特勒認識的海外德國青年華特．單涅（Walter Dane），在一九三〇年三月發表了一項農業計畫，不僅提出多種針對農民的津貼補助，更盛讚他們爲「最高貴的階級」。

不僅如此，白領勞工因爲戰爭、都市化以及社會結構改變而普遍產生危機意識，這點也被納粹黨善加利用。雖然工廠工人們還是保持觀望的態度，但自從白領和農民在一九二九年開始蜂擁入黨，納粹黨就確立了「所有勞工的黨」的定位，在全國上下建立無數黨分部和據點，爲將來的重大突破鋪平道路。

經濟危機再現

然而，納粹黨能有這番成就，其實不僅是因爲希特勒的不斷鞭策，或者是他擅於統合、並以戰術強化右翼陣營各種混亂又情緒化的想法，更多其實是因爲得利於當時的經濟危機。德國在一九二九年年初已經進入經濟大蕭條，失業人數首次突破三百萬大關；春季時，企業破產數以驚人的速度攀升，到了十一月，柏林光是在十一月一日到五日之間就提出五十五件破產申請，每天更有五百至七百人宣告自己無力履行付款義務。[13]這些數據已經部分反映出一九二九年十月二十五日華爾街股市崩盤——也就是著名的「黑色星期五」——在經濟和心理上的後續影響，並且在德國引起毀滅性的後果。

憂心忡忡的國外債權人紛紛撤回先前令德國經濟復甦，但有時也助長地方政府浮濫徵稅的貸款——這些大多爲短期貸款。同時，因爲國際貿易的急遽衰退，德國「以增加出口的方式塡補部分損失」的希望也跟著破滅。不僅如此，國際市場價格下滑也令農業深陷危機，農民們很快就只能依靠補貼艱辛度日，再度加重社會大衆的經濟負擔。一個災難帶來另一個災難，引發一連串的連鎖反應。德國股市行情暴跌，失業率急遽攀升，越來越多企業倒閉，於是有越來越多財產被扣押，報紙上刊登著一列又一列的強制拍賣清單。

政治同樣躲不過經濟危機的影響，自一九二八年的選舉以來，執政的大聯合政府在社會民主黨黨籍總理赫爾曼．穆勒（Hermann Müller）的領導下，本來一直勉勉強強維持團結；然而，在稅收縮水、不得不厲行節約之時，政府內的保守派與左翼就開始各執己見，互相指責對方應該爲大蕭條負責。

顯而易見，到了這個時候，已經沒有任何人能夠置身事外了。

經濟大蕭條在德國最顯著的特點就是它的全面性，其他國家——特別是英國和美國——雖然也在經濟和社會上遭遇同樣嚴重的打擊，但並未因此產生普遍的信心危機，也就不會像德國一樣，被粉碎所有政治、道德與理智的標準——這遠遠不止於實際的經濟問題，而是對現有世界秩序的信心崩塌。因此，如果想要解釋德國在這段時間的轉變，單單考量客觀的經濟因素並不足夠，更重要的是理解社會大眾在心理上遭受的衝擊。德國人民對看不到盡頭的困境感到疲憊，在戰爭、失敗與通貨膨脹中逐漸消磨掉意志力，更對民主派不斷呼籲理智和冷靜的漂亮話感到厭煩，於是放棄思考，放任自己沉浸在強烈的情緒中。

不過，在這場不幸又神祕莫測的災難降臨時，社會大眾當然不會馬上就開始檢討政治，而是表現得聽天由命。民眾主要憂心的問題還是生計，他們每天前往勞工局的職業介紹所尋找新工作，在雜貨店搶購民生物資，或者在食品救濟站前大排長龍，成天忙於這種攸關他們生存的窮酸事。同時，有些人會麻木或絕望地到處遊蕩，在空無一人的酒館、街角或是昏暗的公寓閒晃，感覺自己在浪費生命。

德國的失業人口在一九三〇年再度突破三百萬大關，一年後上升到接近四百五十萬，一九三二年九月時超過五百萬人——這個統計數字已經下降了不少，畢竟，失業人數在同年年初已經超過六百萬人，兼職工作者還不包括在內。每兩個家庭就有一個受到直接衝擊，有一千五百萬人到兩千萬人必須依靠救濟金生活——根據美國記者尼克博克的推算，救濟金在某種意義上足以維持受領者的生存所需，讓他們在十年內不會被餓死。[14]

德國社會一片灰心喪志，民眾感覺自己的生命毫無意義。許多令人觸目驚心的現象伴隨著經濟大蕭條而來，史無前例的自殺潮便是其中之一：破產的銀行家和商人一開始在自殺者中占大宗，然而，隨著事態惡化，也有越來越多中產階級和小市民階級走上絕路。對於對社會地位有敏銳感受的小商販、白領勞工以及依靠退休金過活的人而言，貧窮不只意味著物資上的缺乏，更是不體面的、社會地位下滑的標誌，一家人一起自殺的事件因此屢見不鮮。出生率下降，死亡率上升，於是德國二十個大城市的人口都在減少。

因爲這些混亂的社會現象，以及資本主義在這種岌岌可危的狀態下的剝削，大衆意識到一個時代即將終結。就如同歷史上的每一次，末世的氛圍喚醒人們扭轉世界發展、掀起大變革的激進渴望，騙子、占星師、預言家、手相師和靈媒也都開始興風作浪。面對這種絕境，大衆即便不虔誠禱告，也會產生一種類似宗教的信仰，不由自主將目光放在那些顯然天資非凡的人身上；因爲，這些人不僅能令社會回歸常態、秩序與正常的政治狀態，更能令德國人民的生命再次充滿意義。

憑藉非凡的本能，希特勒敏銳地察覺到這種需求，並且善加利用。從各方面而言，現在正是屬於他的時刻。他在過去幾年中經常表現得漠不關心，似乎懶得打理黨務，把重心放回私人生活上，現在態度卻大爲改變。

他長期以來缺乏能宣洩激情的機會，無論是道威斯計畫、占領軍的騷擾，或是施特雷澤曼的對外政策，都不足以成爲適合的譴責目標；他自己可能也很清楚，光憑這些事，他不僅無法激起民衆的激憤情緒，還有可能引發荒謬的後果。現在就不一樣，這場災難爲他創造出煽動群衆的戲劇背景：雖然他依舊把宣傳重點放在《凡爾賽條約》、施特雷澤曼的外交政策、議會制度、法軍的占領、資本主義、馬克思主義，當然還有猶太人的全球陰謀上，但是，他現在可以輕而易舉地將這些與每個人都能感受到的、瀰漫整個德國的痛苦與困頓連結在一起，得到更多的共鳴。

能夠以政治包裝自己的願望和大衆的絕望，並且讓各自懷抱不同期望的人都接受他的想法，這就是希特勒勝過其他競爭者的最大優勢。其他政黨的發言人在民衆面前都顯得很狼狽，暴露出他們不知該如何是好的事實，面對這種災禍，他們只能勸說無能爲力的大家保持團結；希特勒與這些人相反，表現得積極、進取、具前瞻性，並且維持一貫的敵對態度。「在我的一生中，」他如此表示，「從來沒有像這幾天一樣，感覺這麼好、這麼滿意。」[15]

他對那些茫然失措的人、對社會地位下滑感到恐懼的人、感覺自己被左右兩派、被資本主義和共產主義同樣迫害的人，以及指責現有的社會制度無法幫助自己的人喊話，呼籲他們都站出來。他提出的綱領反對一切；既反資本主義又反無產階級，既革命又復辟，喚起人們對未來的憧憬，卻也令人懷念過去的美好年代；他提出一個革命起義的悖論：不是爲了改革，而是爲了恢復過往的地位而革命。他刻意將過往的一切對立關係混合在一起，還以激進的態度與現有體制劃清界線，藉此申明自己對現在的困境毫無責任，證明自己的確有資格評判現狀。

就像是在證實他的說法一樣，議會制度確實沒能度過第一次的嚴峻考驗。在經濟大蕭條發展到最高潮之前，大聯合政府已經在一九三〇年的春天解體，預示著共和體制即將走向終點。表面上看來，聯合政府之所以解體，是左右兩派對分擔失業保險費用的問題意見分歧所導致的後果，但其實並非如此。兩派之間雖然一直不和，但這次的分歧倒是不嚴重；事實上，眞正令赫爾曼·穆勒所領導的政府毀滅的，是左右兩派都突然轉而支持反對黨，令他措手不及——因此，民衆後來會投向激進勢力，也不過是在重複社會民主黨和德國人民黨已經示範過的行爲罷了。

這一連串的過程暴露出，共和政府的支持率到底有多低，支持者們的忠誠度又有多麼不值得信賴。威瑪共和雖然已經有一些成就，但仍然一直被詬病能力不足，就連在景況最佳的那幾年都無法得到民衆的青睞。共和政府的官員在每日勤政中從未認識、從未體會到的，足以驅動大衆的渴望，直到希特勒的手上才被挖掘出來：德國人民追求烏托邦和超越個人的目標，需要被鼓吹寬宏大度和奉獻精神；他們渴望領袖出現，希望他將權力轉移的過程從不透明變成公開透明；最後，他們還想要得到一個針對眼下困境的英雄主義式說法。

「第三價值」口號

對於徬徨迷茫的大衆而言，其他政黨在經濟上含糊其辭的承諾遠遠不如希特勒的「第三價值」口號有吸引力，於是慢慢向納粹黨靠攏。這時，希特勒也開始放下對大衆型政黨的保留態度，龐大的黨組織第一次以高度的靈活性證明自己存在的價值。

納粹黨不囿於黨綱，也不受單一階級的限制，幾乎毫不費力地吸收社會上最邊緣的分子；接納任何的出身背景、年齡和動機，不具備嚴格的階級概念，也無法清楚地歸納出黨員的組成。因此，如果只從經濟社會方面考量，試圖將之歸納爲「守舊市民階級和廣大農民爲捍衛物質利益而掀起的運動」，那就完全搞錯了納粹黨崛起的主要原因。

對於納粹黨而言，在階級上互相對立的小商販、農民、大企業主，都是不可或缺的一分子，因此，納粹黨不可能發起專屬於某一階級的階級運動。

階級對立是每個政黨遲早都要遇上的難題，就像是一個無法跨越的障礙。在經濟和社會最困頓的時候，再也無法以空洞的承諾輕易解決問題，因爲場上多得是要著同樣花招的政客，很快地，再也沒有民衆相信這一套說詞。任何想從物質問題著手的政治人物都會很快陷入兩難：想要吸引大衆，他們就必須承諾更高的薪水和更低的物價、更多的股利和更少的稅、更優渥的退休金，以及更高的進口關稅；在農產品價格方面，他們甚至必須給生產者更高的收購價，再提供消費者更低的售價——然而，這些承諾都互相矛盾，完全不可能達成。

希特勒的訣竅就是以冠冕堂皇的漂亮話迴避經濟上的階級對立，當他提起物質利益時，主要是爲了有效地將自己與其他對手區分開來。「我不像其他人，我不會對各位承諾幸福和富裕舒適的生活，」他如此呼喊著，「我只能說：我們希望作爲民族社會主義者，然而，我們必須體認到，如果德國還有數百萬人依靠失業救濟金過活、沒有衣服可以穿，我們就無權自稱愛國分子，也無權叫嚷『德意志，德意志，高於一切』。」[16]他之所以勝過其他的競爭者，不僅是因爲他了解到經濟因素並非驅動人類的唯一動力，更滿足大眾對超越個人的生存意義的需求，並且相信「第三價值」具備衝破階級界線的力量——所謂的「第三價值」，就是關於民族榮耀、民族偉大、宣誓忠誠和獻身精神的宣傳口號。他提倡不計得失的全心奉獻：「如此一來，各位就會發現，我們正在向前邁進！」

不過，到目前爲止，對納粹黨產生共鳴、蜂擁入黨的，大多還是中產階級。他們堅持自己的基本政治思想，並且一直傾向於逃出令他們難以生存的環境，躲進嚴格又易懂的秩序下尋求庇護。檯面上存在的那些政黨沒有一個能確實替他們發聲，沒有一個政治人物能完全代言他們的願望、怨懟和利益。原本，他們因爲不喜歡共和政府而對政治冷漠，但現在，飢餓和恐懼令他們像無頭蒼蠅似地開始找尋屬於自己的政黨。

與希特勒相遇後，這些人不僅臣服於此人在煽動人心上的偉大力量，也被他們之間的相同命運所吸引：希特勒也是市民階級，在從政以前沒能達成自己的市民階級抱負，極度恐懼於社會階級的下滑；因爲政治，他才得到解放，獲得更高的社會地位。於是，他們不由得期待，政治也能在自己身上發揮同樣的魔力。對這些人而言，希特勒的命運就像是在預示他們自己的命運。

正是這群「逐漸沉淪的中產階級」令納粹黨擴展成大眾型政黨，更在那幾年之間決定了黨員的主要組成結構。不過，如果有人因此把經濟危機當作納粹黨號召力上升的直接原因，那可就不對了，因爲最支持納粹黨的地區並非在經濟上受創最嚴重的大城市，而是小城鎮或鄉村地區。相對於大城市，這種小地方的秩序雖然尚未被破壞，大蕭條對於居民們的影響卻更澈底、更具毀滅性；相反地，大城市的居民早已習慣與紛亂共處，在心理上所受的衝擊比較小——對他們而言，「混亂」這個概念，只是共產主義的另一個名稱而已。[17]

爭取工人的支持

另一方面，隨著經濟危機的狀況越來越嚴峻，納粹黨也第一次打進工人們的圈子。

格里哥·史特拉瑟企圖以「納粹黨工廠支部」對抗所謂的「工廠馬克思主義」，戈培爾也為此想出「每家公司都有黨支部」的口號；然而，這個計畫最後完全失敗，因爲希特勒對於建立民族社會主義工會組織的想法始終持保留態度。對他而言，社會民主黨就是前車之鑑，該黨因爲與工會結盟而被世界革命的念頭收買，只知道執著於工資問題，不再關心如何解放人類。因此，當黨內殘餘的左派分子試圖阻止這個社會主義革命的工人政黨淪落到「只剩下反猶太分子和小市民階級」，或者聲稱「招募一個工人入黨，遠比一打高官或『高等』人物發表入黨宣言更有價值」之時，希特勒都幾乎從未表態支持。[18]

不過，他的想法確實帶來了成果。長期以來，納粹黨都無法吸引到階級意識鮮明的工人，現在卻能吸引越來越多的失業人口入黨；其中，衝鋒隊就像是一個完美的蒐集槽，收容了特別多人：在漢堡衝鋒隊的四千五百名隊員中，就有兩千六百名是無業人士，比例將近百分之六十；不僅如此，布列斯勞的部隊無法在嚴寒的天氣接受檢閱，就因爲他們沒有鞋子可穿。

納粹黨以失業者爲目標，針對這些人的憂慮和困頓編輯出《失業者》宣傳報，並組織宣傳部隊到勞工局辦事處門口發放刊物——領取救濟金的失業人士必須每週到這裡報到兩次；宣傳小組也會向這些無所事事的人攀談，和他們展開長時間的對話，希望吸引更多的支持者。

對於共產黨而言，這種行爲無疑是在自己的地盤上撒野。他們的反擊導致雙方展開第一波的鬥毆和街頭戰，隨著參戰人數越來越多，後來更逐漸升級爲「無聲的內戰」，雙方持續爆發小型的流血衝突，一直到其中一方在一九三三年一月成功掌權才戛然而止。

這一連串的激烈摩擦起始於一九二八年三月在迪特馬爾申的一場激烈混戰，兩名衝鋒隊員——農民黑曼·施密特（Hermann Schmidt）與木匠歐托·史泰伯（Otto Streibel）——因此喪命，三十人受傷，其中一些更傷勢慘重。後來，這種衝突開始逐漸向城市轉移，大城市的工業區和巷弄間成爲爆發小型混戰的場地；衝鋒隊在許多街角的酒館和地下室的酒吧都建立據點，也就是所謂的「衝鋒酒館」——出於這個原因，親身經歷過這些戰役的人將這種酒館形容爲「戰區裡的牢固陣地」。[19]衝鋒隊與「紅色陣線戰士同盟」——共產黨的武裝組織——水火不容的狀況在大城市特別嚴重，經常讓一整條街都陷入喧鬧吵雜、戰爭般的動亂中，造成死傷無數，往往需要大規模的警察部隊全副武裝出動才能鎮壓。

在此其間，柏林在納粹黨奪取政權的計畫中也變得越來越重要。馬克思主義的政黨在這個向來左傾的城市中，一直將其他對手遠遠甩在身後，因此，柏林不僅是他們在合法取得政權路上必須攻占的堡壘，納粹黨更令戈培爾大膽認爲，單憑一小群支持者，他們就能在這個「紅軍」認定自己毫無敵手的勢力中心挑釁對方。「阿道夫·希特勒會吞下卡爾·馬克思！」就是他揭開戰鬥序幕的幾句最猖狂的口號之一。

戈培爾不讓納粹黨員繼續在市民階級聚集的市郊過著無憂無慮、只知道互相鉤心鬥角的生活，把他們派到無產階級在北區和東區的貧民窟，第一次與共產黨爭奪街道和工廠的控制權。他自己也會穿著一件黑色的雙排釦皮衣出現，面色蒼白、一副睡眠不足的樣子，成爲當時極具特色的知名人物。左翼陣營已經在失望的民眾面前假作太久世界革命的姿態，從德國共產黨柏林分部反擊戈培爾的口號中，我們就得以看出他們的焦慮不安：「把法西斯分子趕出工廠，見一次就打一次！」

戈培爾以希特勒爲榜樣，同樣從鑽研對手發展出自己的戰術。他吸收社會主義政黨的宣傳方法，像是朗誦隊、樂隊遊行、在工作場所進行推廣活動、在街頭設立黨支部、群眾示威遊行以及挨家挨戶進行宣傳等，並與希特勒的「大慕尼黑風格」結合；不僅如此，他還替土氣的納粹黨增添一些大都會和知識分子的氣息，從而吸引不同社會階層的人入黨。

他的機智、狡猾和嘲諷給大眾留下很深刻的印象。他從共和政府的標語「人人捍衛共和」（Schützt alle die Republik!）的首字母自創「殺得列」（Schadre）這個字——聽起來就像在用猶太語說髒話。敵對陣營以「柏林的土匪頭子」這個稱呼來貶低他，他卻把這當成榮譽稱號笑納了，就像黑幫分子以江湖稱號爲自己增光一樣；此外，他爲了諷刺一九一八年革命時許諾的「美好又有尊嚴的生活」，殘忍地在《進攻報》刊登的自殺者名單前，加上「再也無法忍受這種美好又有尊嚴的幸福生活」作爲標題。[20]

納粹黨和老派保守勢力的區別，在於他們絲毫不以向對手學習爲恥，在權術上也不會表現出驕傲自負的態度，這些爲他們落後的反動立場增添新潮的色彩。值得注意的是，他們對於激進左翼媒體的關注遠遠大於市民階級報刊，爲了啓發追隨者，他們經常在自己的報刊上刊登共產黨指示中「值得注意的段落」。[21]他們也借鑑共產黨的做法，試圖以粗魯無禮的言行傷害對手，更標榜天眞和理想主義就是他們自己的弱點。戈培爾毫不害臊地以「赤子之心的英雄」、「耶穌基督一般的社會主義者」讚頌死於共產黨槍下的衝鋒隊隊長霍斯特・威塞爾（Horst Wessel），將後者塑造成一位殉道的納粹烈士——然而，威塞爾會與他的共產黨對手發生衝突，其實是因爲兩人爲一位妓女爭風吃醋，因此，這起槍擊事件的動機至少有一部分是出於情殺。順道一提，戈培爾也曾讓那些在街頭戰受傷、包裹著繃帶、躺在擔架上的傷患在自己的演講臺旁亮相，這是他最有激勵效果的作秀方式之一。

警方在關於迪特馬爾申流血事件的報告中，描述死傷者對於宣傳的效果，也證實納粹黨以犧牲者作爲宣傳工具是一項十分有利的投資。根據這份報告，納粹黨黨員的人數在該事件後增加百分之三十，紀錄者也指出：「從此以後，純樸的老農婦開始在她們藍色的工作圍裙上配戴鉤十字的徽章。只要和這些老太太談話，就會馬上發現她們對於納粹黨的目標和意圖一無所知，但她們堅信，全德國的老實人現在都在被剝削，政府軟弱無能……只有納粹黨才能拯救人民脫離苦難。」[22]

年輕黨員的加入

在年輕族群中，納粹黨取得了最突破性的進展，因爲他們比任何政黨更懂得利用年輕人的渴望和期待。大蕭條對於十八歲到三十歲的這一代打擊特別嚴重：面對大規模的失業，他們的野心和證明自己的渴望都毫無實現的希望；他們激進又渴望逃避現實，形成一股巨大的侵略性潛勢；他們鄙視周遭的人、父母、教師以及家族長輩——這些人迫切希望恢復舊有的市民階級秩序，年輕一代卻早已脫離這種秩序。

就像一篇現代詩所寫的：「再也無法對過去深信不疑，卻又尚未病態到足以全盤否定。」[23]或者，我們也可以用比較理性的說法來表達同樣的氛圍：「德國不僅輸掉戰爭，在革命上也失敗，現在不得不彌補錯誤。」大多數的德國青年都鄙視共和政府，它不僅頌揚自己的無能，還將自己的軟弱和優柔寡斷意識形態化，稱之爲民主制度的妥協精神；他們也抨擊共和政府無趣的物質主義福利國家制度，拒絕接受其「享樂主義的理想」——因爲他們無法從中尋得一絲一毫自己體會到的悲劇人生氛圍。

年輕一代同樣不喜歡傳統類型的政黨，因爲這些政黨無法滿足他們對於「和諧團結」共同體的渴望——這種渴望在戰前的青年運動中被喚醒，在戰爭中被進一步強化。傳統政黨的領導幹部們表現出的狹隘的「正義」形象，正好引爆年輕人對於「老人統治」的不滿——在他們對「歷史轉折點」焦躁不安之時，這些老人卻依舊自鳴得意，肥胖的臉上完全看不出任何相似的情緒。

因此，共產黨的階級鬥爭思想雖然對很多人而言過於狹隘，但依舊吸引到相當多年輕人入黨。也有人試著在雜亂無章的民族布爾什維克主義陣營爲破碎的秩序尋找出口，不過，大多數的，尤其是受過高等教育的年輕人還是投向民族社會主義的陣營，於是，納粹黨理所當然就是他們的最佳選擇。

從各種納粹黨的意識形態宣傳中，年輕人聽到最多的是革命的論調。他們追求紀律、希望做出貢獻，因此，他們感覺自己被民族社會主義運動的浪漫主義氛圍吸引。納粹黨一直遊走在合法的邊緣，並且允許毫不保留奉獻自我的人跨越那條線。與其說是政黨，他們其實更像是一個對成員資格不設限的戰鬥組織，以軍隊似的新秩序，慷慨激昂地迎戰這個腐朽而崩壞的世界。

在轉型成大衆型政黨之前，這些新湧入的年輕黨員們令納粹黨一度像是青年運動的組織。

舉例來說，在一九二五年時，漢堡大區黨部有大概三分之二的黨員不到三十歲，在哈勒甚至多達百分之八十六，在其他大區黨部的比例也都差不多如此。到了一九三一年，柏林衝鋒隊有百分之七十的隊員未滿三十歲，不僅如此，這個年齡層在整個納粹黨所占的比例也有將近百分之四十。與其相反，在社會民主黨中，未滿三十歲的黨員只占全黨人數不到百分之二十，在全黨議員中只有百分之十左右的比例是不到四十歲的年輕議員——納粹黨則有百分之六十是青年議員。

事實證明，希特勒在吸引、鼓動年輕族群上的付出卓有成效，不僅如此，這些年輕人也漂亮地擔負起他們被託付的重任：戈培爾二十八歲，卡爾．考夫曼（**Karl Kaufmann**）二十五歲就當上大區黨部部長，巴爾杜爾．馮．席拉赫（**Baldur von Schirach**）被任命爲希特勒青年團領袖時年僅二十六歲，海因里希．希姆萊晉升爲親衛隊全國領袖時也只有二十八歲。這些青年領袖的無條件奉獻、從未減弱的信念，以及「純粹的活力和好鬥」，都賦予納粹黨一種「市民階級政黨越來越無法抗衡」[24]的衝勁。

從一九二九年開始，早在大眾蜂擁入黨以前，這些特徵就已經影響了納粹黨的黨員組成。不過，該黨卻依舊沒有明確表示，他們到底想吸引那種社會階層的人入黨。事實上，納粹黨的號召標語之所以看起來野心勃勃、並未區分目標客群，就是因爲希特勒企圖掩飾一個事實：他們的宣傳在有政治意識的工人階層中並未取得多少成果；總體而言，納粹黨在組成結構上仍然局限於原本的社會階層。

政府也開始明顯抵制他們的存在：巴伐利亞在一九三〇年六月五日發布制服禁令，普魯士自由邦也在一週後下令禁止穿著褐色襯衫，令衝鋒隊不得不穿白色襯衫出場；不僅如此，普魯士又在兩週後規定公務員不得加入納粹黨和共產黨。除此之外，我們也可以從越來越多的法庭訴訟看出共和政府的強硬態度：截至一九三三年，一共進行了四萬場審判，總計判處刑期爲一萬四千年，總罰金爲一百五十萬馬克。【25】

然而，這些舉措並未消除共和政府在民衆心中的軟弱印象。自從大聯合政府不光彩地落幕，政府內部就開始出現改革制度的聲音。總統興登堡雖然並未對憲法精神有多少認同，但到目前爲止，他都一直遵照憲法履行職責，然而，在這時，就連他的幕僚都開始鼓吹以獨裁總統制取代無能的議會制度。我們無從得知興登堡到底聽進去多少，然而，從他在新政府組建時積極主導協商會議，還選擇讓海因里希·布呂寧（Heinrich Brüning）接任總理，就能看出他未來打算干預政府事務。

新總理布呂寧忠誠、嚴謹而負責，有一種浪漫主義式的冷靜，似乎一直都有沉默地犧牲自我的心理準備——這點也一直是興登堡對周遭的人的要求。才剛上任，布呂寧就在未經充分協商的狀況下，冒著不信任動議的風險，倉促地解散了國會——在這種失業率不斷攀升、人民對經濟危機的焦慮日漸增長的關頭，他的決定無疑十分冒險。與布呂寧同黨的內政部長維爾特（Karl Joseph Wirth）懇求政敵們合作，請求他們不要讓這場議會危機鬧大成共和體制的危機，最後卻徒勞無功。沒有人願意讓步，就好像民主也已經自我放棄，最後，他們只能在九月進行新的國會大選。【26】

對揚格計畫的反擊

納粹黨才剛緩和一點的宣傳活動又開始轟轟烈烈地進行，再度大張旗鼓地對揚格計畫展開激烈攻擊。宣傳小隊喧鬧地入侵城市和鄉村，毫不間斷地舉辦一場又一場的活動，例如露天音樂會、運動節、賽車比賽、火炬遊行或是共同參拜教堂；他們知道什麼時候該表現出理智、激進或興奮的樣子，而且始終貼近大衆的品味。戈培爾寫道：「把害蟲趕出去！撕下他們臉上的面具！在九月十四號那天，抓著他們的脖子，踹他們的肥肚腩，我們要帶著勝利的光輝榮耀，把他們掃地出門！」這次選戰正是他上任全國宣傳長後的第一個考驗。

對此，德國哲學家恩斯特．布洛赫（Ernst Bloch）曾輕蔑地評論爲「愚蠢的熱情」。事實上，這種激情其實正是納粹黨的優勢之一。共產黨與之相反，雖然對於勝選有極大信心，卻總是一副死氣沉沉的樣子，就好像他們沒有什麼歷史的浪漫，只有日常生活的磨難。

在此其間，納粹黨演講學校，也有兩千至三千位結業生投入了大規模的宣傳活動。雖然這些新手講者的演說技巧不夠純熟，他們關於民族社會主義意識形態的演說也無法吸引多少新人入黨，但是，因爲有這麼多小煽動家一場又一場地舉辦講座，納粹黨不知疲倦、勢不可擋的印象就更深入人心——希特勒認爲這會帶來很大的影響。此外，在精心安排的大型活動上，歷練豐富、在各大區或舉國知名的演講者也會出現在民衆面前。「在大城市，一千至五千人的集會活動是家常便飯；」普魯士內政部的一份備忘錄上如此記載，「甚至不得不在多個會場同時舉行活動，因爲原先預定的集會場地已經無法容納更多的民衆了。」[27]

而作爲領導者、政治明星與活動組織者，主掌這一切的人自然就是希特勒。他以一場在威瑪的大型活動拉開選戰宣傳序幕，接下來便不知疲倦地奔赴各地演講，搭乘汽車、火車和飛機四處奔波。無論在哪裡，只要他一出場，就能夠點燃群衆的情緒。雖然他沒有確切的計畫，沒有解釋大蕭條的成因，更提不出如何與之抗衡的理論，但是他知道將矛頭轉向那些罪人——協約國、貪汙腐敗的政府官員、馬克思主義者以及猶太人；不僅如此，他還知道結束這場苦難所不可或缺的條件——決心、自信心和重掌霸權。

他的情感訴求依舊空泛籠統。「停下那些日常瑣事的問題！」希特勒表示，一味關注這些瑣事會讓德國人民走向滅亡，「這些瑣事會令我們看不見偉大的事物。」他也以此作爲根據，斷定議會體制的危機就在於各黨過度關注這些「日常屁事」，以致於沒有人願意自我犧牲。[28]

將眼下的萬千苦難歸咎於一些很容易理解的理由，再增添世界陰謀理論和可怕幕後黑手的角色，賦予自己的說辭更大的格局和更詭譎的氣氛，就是他一向使用的手段，並且屢試不爽。當然，除了高超的演說技巧，震撼人心的儀式以及他的堅定態度，也在影響群衆心理有很大的作用。他也一直專注於將自己的思想轉化成標語和口號，喊出許多獨具特色、令人印象深刻的概念，從此種在群衆的腦海中，在演講後依舊於他們的潛意識中發揮影響力。

從這幾週的選戰宣傳，希特勒不僅獲得非凡的組織活動經驗，更精進操縱群衆心理的技術，爲兩年後更大規模、更激烈的活動做好準備。

不過，與宣傳活動的活力和聲量相比，納粹黨的黨綱實在顯得非常空洞，這也是他們一直被低估的原因；在當時批評他們的人看來，該黨就是這個喧鬧又有些瘋狂的時代的一種喧鬧、麻煩又有些瘋狂的表現方式而已。「這個人其實並不存在，他只是他自己製造出的那些噪音罷了。」[29]這是德國政論作家庫爾特．圖霍爾斯基（Kurt Tucholsky）對於希特勒的評價——聽起來異常中肯，但同時大錯特錯。

德國內政部的一份備忘錄披露，該黨雖然在形式上主張以合法途徑取得政權，反憲政的特質卻昭然若揭。可惜這份備忘錄並未得到多少關注，相反地，人們當時認定這個急於擴張的政黨會毀於其才智不足、粗野以及高層之間的鬥爭。

整頓納粹黨

該黨於一九三〇年夏天再度發生動盪，持續好長一段時間，似乎印證了大衆的推測。然而，這些人在事後才發現，這其實是希特勒清除異己的行動——該黨不僅沒有因此崩解，反而更有紀律、凝聚力以及破壞力。

希特勒被來自四面八方的歡呼聲包圍，他在越來越劇烈的心跳聲中預感到自己的機會來臨，於是決心將反對批評自己的人都清掃出納粹黨。他先前迴避與黨內左派起衝突，但是，現在不同了，他首先就要與這些顯然與自己越來越立場相左的人正面交鋒。

如果納粹黨還是一個邊緣小黨，只能以鬧事博取關注，不必在國會或政府將自己的想法付諸實現的話，他們想要掩飾黨內在意識形態上的分歧並非難事。然而，最近在地區選舉的勝利迫使他們不得不明確表達自己的立場。

奧托．史特拉瑟和他那些組成奮鬥出版社的支持者們態度固執，一再對希特勒的合法路線提出質疑，主張採取更具攻擊性的「災難策略」。他們貿然擺出反資本主義的姿態，不僅贊成大規模的產業國有化，要求與蘇聯結盟，並且違背黨的方針，支持地方性的罷工運動。當然，這種行爲不僅對納粹黨才剛與工商界建立的利益關係產生危害，更滿不在乎地破壞黨綱以及希特勒希望迴避問題的策略。

早在一月時，這位納粹黨主席就要求奧托．史特拉瑟交出奮鬥出版社的控制權。他恭維、威逼、利誘都用上，甚至含著眼淚，提出以慕尼黑中央黨部新聞官的職位以及大概八千馬克作爲這位頑固同志讓出奮鬥出版社的補償，還以老兵和納粹黨元老的身分懇求此人答應自己。然而，奧托．史特拉瑟自詡爲民族社會主義思想的眞正捍衛者，堅持不接受他許諾的一切利益和威脅。一九三〇年五月二十一日晚間，兩方在希特勒當時於柏林的住所——林克街上的「忘憂旅館」——進行詳細會談，在馬克斯．阿曼、魯道夫．赫斯以及格里哥．史特拉瑟的見證下，展開長達七小時的激烈辯論。

根據史特拉瑟的紀錄，希特勒作為自學者，為了彰顯自己的淵博學識，選擇以藝術為主題開始自己的說教，他說：藝術沒有革命性的突破，而是只作為「永恆的藝術」存在——當然，能配得上這個名號的，只有希臘和斯堪地那維亞的藝術，其他的都是在譁眾取寵。他接著談論到品格的作用、種族的問題、世界經濟的危機、義大利法西斯主義的難題，最後才終於切入正題：社會主義的「彼拉多問題」（譯註：彼拉多問題，出自新約聖經約翰福音，彼拉多問耶穌：「眞理是什麼？」）【30】——社會主義的眞諦究竟是什麼？

希特勒指責奧托．史特拉瑟把理念看得比領導者更重要，批評他「想讓每個黨員都有決定理念、甚至評斷領導者是否忠於理念的權利」。「這是最糟糕的民主，在我們這邊沒有生存的空間。」他憤怒地喊道，「在我們這邊，領導者和理念是一體的。領導者下了什麼指令，每位黨員都必須服從，因為他就是理念的代言者，也只有他才清楚最終的目標為何。」此外，他也表示，不希望這個以黨員的紀律為基礎建立的黨組織「毀在幾個狂妄自大的文人手上」。

從他們的爭論中，我們可以清楚地看出，希特勒顯然沒有辦法以上下關係以外的模式看待人與人之間的關係。就像是思維上的反射動作一樣，他以權力問題來反駁任何的顧慮和反對意見：誰才是有指揮權的人？下令的是誰？聽令的是誰？

他將一切問題無情地歸結為主宰者與奴僕的對立關係，人類只有兩種，不是偉大的領導人物，就是粗野、未受教育、被領導者利用操弄的大眾。對他而言，社會主義就是以法律保護大眾，滿足他們對社會福利的要求。

因此，當史特拉瑟指責他爲了與市民階級反動陣營搭上線，試圖打壓黨內的革命社會主義勢力時，他激動地反駁：「我是和雷文特洛伯爵之類的富豪是完全不同類型的社會主義者。我一開始只是一個工人，直到今天，我也還是看不得我的司機吃得比我差。但是，您所認爲的社會主義，根本就是馬克思主義！您看，這麼多的工人只知道麵包和賭博，他們對任何理想都不理解，我們永遠無法指望從他們那裡得到多少支持。我們要篩選出一個新的統治階層，這些人不是受到同情心的感召，而是清楚地體認到，種族上的優越性賦予他們統治他人的權利，他們也會殘酷無情地確保、鞏固自己對廣大民眾的統治權……諸位的一切思想體系都只是閉門造車，與實際的生活毫無關係。」

希特勒轉而對負責厄爾出版社的馬克斯．阿曼說：「阿曼先生，如果您的速記打字員突然想插手您的工作，您能夠忍受嗎？企業主不僅要爲生產負責，也要爲工人提供溫飽的生活。對於我們的這些大企業家而言，最重要的不是斂財或者過上富裕的生活，而是責任與權力。這些人因爲自身的卓越能力而脫穎而出，成爲了人上人，這再次證明了，唯有高等的種族才有權利成爲領導者。」

經過一番激烈的爭論，奧托．史特拉瑟對希特勒提出一個關鍵的問題：如果納粹成功掌權，現今的生產關係（譯註：生產關係爲一個馬克思主義的概念，意指人們在生產過程中形成的社會關係；討論範圍包括生產資源與工具的所有權、人們在生產過程中的地位與相互關係，以及產品分配的形式等）是否會維持不變？對此，希特勒回答：「這是當然，難道您認爲我會瘋到去摧毀經濟嗎？只有當人們的行爲有損國家利益的時候，政府才會介入；即便如此，也還是沒有必要充公私人財產，或者允許工人擁有共同決策權。」他表示，只有一種制度在現實中始終存在：「對上負責，對下權威。」幾千年來都是如此，沒有任何其他的可能性。[31]

顯而易見，希特勒版本的社會主義既沒有人道主義的動機，也沒有改革社會制度的需求。他自己也宣稱，他的社會主義與經濟生活的機制並無關係，而是一個用來補充「民族主義」的概念——社會主義是全體對個體的責任，民族主義則是個體對全體的奉獻，他在民族社會主義中將兩者結合為一。

他以這種手段讓所有利益團體都能得利，也令思想概念淪為自己手上的籌碼：資本主義只有在希特勒的社會主義中才能實現，而社會主義也只有在資本主義的經濟體制下才有可能成真——他之所以為民族社會主義貼上左派的標籤，主要是出於戰術上的考量。他要求成立一個對內對外都強大的政府，凌駕於「廣大的不知名群眾」和「心智永遠不成熟的人們」，[32]擁有不容挑戰的領導權。

納粹黨內的紛爭不斷

無論納粹黨一開始的出發點為何，到了一九三〇年，他們都按照希特勒的意思宣揚「社會主義」的立場，利用這個流行詞彙在煽動情感上的價值；不僅如此，該黨也自我標榜為「工人政黨」，就為了吸納這支最有活力的社會勢力。對於希特勒而言，社會主義的口號就和傳統認同、保守的價值觀或者基督教信仰沒有兩樣，只是一種可以操縱的意識形態工具，只需要變換說詞，就能達到掩護或欺敵的作用。一位年輕熱血的新黨員從戈培爾身上發現，至少黨高層對於這些綱領性的問題都嗤之以鼻；因為當他在與戈培爾的談話中提到，戈特弗里德·費德想粉碎「利息奴

隸制」就是一種社會主義的表現，戈培爾卻回覆道：只有聽信這種胡言亂語的人才需要被粉碎。【33】

在這場激辯中，奧托．史特拉瑟理智地揭穿對手耍弄花招、論述矛盾的事實，對希特勒造成巨大的打擊。他悶悶不樂地回到慕尼黑，並且一如受挫折時的反應，他連續數週都保持沉默，令對手感到忐忑不安。直到奧托．史特拉瑟發行一本名爲《部長寶座或革命？》的小冊子，敘述兩人的爭論過程，並指控黨主席背離了黨內共同的社會主義核心思想，他才進行反擊。

他寫了一封信給柏林的大區黨部部長，嚴厲地要求他將史特拉瑟及其黨羽開除黨籍，逐出納粹黨。從這封信的遣辭用句，我們就能看出他有多麼惱火，他寫道：

「過去幾個月以來，我作爲負責任的納粹黨領袖，一直注意到有人企圖將黨內搞得不團結、混亂又無紀律。這些人戴著『爲社會主義奮鬥』的面具，試圖捍衛與我們的敵人——猶太人、自由主義者和馬克思主義者——同樣立場的政策，他們所要求的，就和我們的敵人所要求的一樣……我認爲，從現在開始，有必要將這些有害分子毫不留情、一個不留地驅逐出黨。

這場運動的內涵由我們所形塑、決定，我們創建出這場運動，爲此奮鬥，爲此在監牢裡受苦，並使之從崩潰解體的邊緣發展到今日的高度。如果有人不適應這個由我們——主要是我——決定的運動內涵，那他一開始就不應該加入，或者應該現在就退出。

只要我還在領導納粹黨，那這裡就不會是流浪文人或不守規矩的布爾什維克主義者的辯論俱樂部，而是一直保持今天的樣子：一個紀律嚴明的組織，不是爲了服務那些只會誇誇其談的政治牆頭草，而是爲了破除社會階級，爲了德國的未來而奮戰。」【34】

後來，戈培爾於六月三十日在柏林的漢瑟海德召開大區黨部集會，他對集會者喊道：「適應不了的人，將會被開除！」在場的奧托．史特拉瑟和他的同伴想發表自己的觀點，卻被衝鋒隊粗暴地驅逐出會場。奧托．史特拉瑟一派評論其爲「極度的史達林主義」，並且刻意說「黨高層迫害社會主義者」，然而，形勢對他們顯然越來越不利。

格里哥．史特拉瑟在隔天就辭去了奮鬥出版社的出版人一職，無情地疏遠自己的弟弟，雷文特洛伯爵和其他重要左派人士也同樣棄這群造反者不顧。有些人做出這種選擇可能是出於利益考量，從希特勒手上拿到了職位、肥缺或議會的席位，大多數人卻是因爲他們對希特勒有一種「近乎邪門的個人忠誠」才會如此——儘管希特勒已經失信多次，他們卻還是一樣忠心耿耿。戈培爾信心滿滿地表示，黨將會「解決這次的破壞計畫」。[35]

七月四日，奧托．史特拉瑟在報紙上宣告：「社會主義者離開納粹黨！」卻幾乎沒有任何人響應。事實證明，納粹黨內幾乎不存在社會主義者，不僅如此，也幾乎沒有人想了解自己的政治立場的理論解釋。他後來組建了一個新的政黨，一開始叫做「革命民族社會主義黨」，後來又改名爲「黑色陣線」，但無論名稱爲何，這個新政黨都擺脫不了宗派主義的味道。

希特勒的追隨者們被禁止閱讀奮鬥出版社發行的刊物，不過，無論如何，他們很快就不再關注刊登其上的那些話題；畢竟，面對這樣一個響應歷史的號召，爲阻止世界災難而堅決奮戰的政黨，揭露黨高層的隱私實在格局太小、不合時宜。人們對於思想概念理論的筆戰也絲毫不感興趣，畢竟，大眾是將拯救世界的希望寄託在希特勒身上，而不是放在一個綱領上。

奧托．史特拉瑟的離開不僅永遠結束了黨內對社會主義原則的爭論，也對其兄的勢力造成嚴重打擊。格里哥．史特拉瑟從此失去實權和能夠替自己發聲的報紙，雖然仍然擔任納粹黨的總組織長，住在大本營慕尼黑，手上也有許多人脈，卻越來越少出現在黨員和大衆面前。就在僅僅半年前，《世界舞臺》還預測他「不久後就會把主人兼師傅的希特勒逼到角落」，自己奪取納粹黨的大權[36]——現在卻已經不可能了。早在此時，在他尚未於兩年後的最後決裂辭職，尚未對納粹黨感到疲憊而沮喪的時候，他的敗局便已經注定。

親自接管衝鋒隊最高負責人

史特拉瑟事件爲納粹黨帶來一些後患，其中之一就是柏林衝鋒隊在衝鋒隊東部總長暨前警察隊長沃爾特·史坦尼斯（Walther Stennes）的帶領下譁變。這支黨軍的不滿其實和社會主義的爭論無關，更多是在抗議政治組織單位越來越嚴重的官僚政治和結黨營私，以及他們爲了選戰宣傳奔波勞苦，卻只能拿到微薄的薪資。

衝鋒隊最常指控的一點就是，當他們必須値勤得筋疲力盡、夜復一夜地「犧牲奉獻」時，政治組織單位的人卻可以舒舒服服地待在華美的宮殿裡。在褐宮有一座以大理石和青銅爲材料打造的衝鋒隊紀念碑，衝鋒隊卻對此提出抗議，認爲它看起來比較像墓碑；某位幹部更表示，政治組織單位的人都普遍認爲：「衝鋒隊的用處只有送死罷了。」

戈培爾不知如何是好，慌張地從西利西亞向希特勒和親衛隊請求支援。短短數日後，反叛的衝鋒隊就闖入海德曼街上的大區黨部辦公室，與海因里希·希姆萊率領的黑衣親衛隊爆發第一次的流血衝突。然而，隨著希特勒出面，這場兵變就戛然而止，可見他具有多高的權威。

値得注意的是，希特勒一開始並沒有與史坦尼斯展開對話，而是直接向各部隊喊話，說服他們讓步。他在武裝親衛隊員的陪同下走過一間又一間的小酒館，探訪衝鋒隊員經常聚會之處，懇求他們團結一致，講著講著，他甚至有時還會落下淚來。他談論即將到來的勝利，以及他們這些革命士兵在最後會得到的豐厚回報；他保證會給他們法律保障和更高的薪資，為此，他說他要向黨員課徵每人二十芬尼的衝鋒隊特別稅。此外，為了感謝親衛隊的付出，希特勒也授予他們一則座右銘：「你的榮耀名為忠誠！」

隨著兵變落幕，衝鋒隊的最高負責人普費弗也退出納粹黨的權力中心。這位衝鋒隊總長一開始試圖反抗，但後來也逐漸灰心喪志，眼睜睜看著政治組織單位的權力一再擴張，衝鋒隊的影響力也隨之下降。

會有這種重心移轉的現象發生，顯然是因為希特勒越來越喜歡被吹捧，在他身邊的人自然不遺餘力地對他諂媚奉承。他越來越覺得自己就是救世主，民眾的歡呼聲更天天為他加強這種意識，於是他希望受人崇拜、尊敬——當然，說到阿諛恭維這回事，政治組織單位的小市民階級幹部肯定比滿腦子軍階意識的衝鋒隊最高長官要擅長太多了。因此，無論是在分配稀少的資金、擬定議員名單和其他的資源贊助上，政治組織單位都顯然更受優待。

此外，希特勒和普費弗之所以關係緊繃，也是因為兩人個性相差太多：前者是半個藝術家，無拘無束，帶著南德的波西米亞氣質；後者則相反，認真又嚴肅，帶著「普魯士」的特點，他身邊那群領導幹部也同樣如此。希特勒曾經怒視這位傲慢的衝鋒隊最高長官，說道：「嚴格說來，他不應該叫作普費弗〔譯註：普費弗（Pfeffer）的意思為胡椒〕，而該叫作葛縷子燒酒！」【37】

希特勒在八月底解除普費弗的職務，自行接管衝鋒隊最高負責人的位置——後來於一九三八年及一九四一年與國防軍發生衝突時也同樣如此——並且召回正在玻利維亞擔任軍事教官的恩斯特．羅姆，令其管理衝鋒隊的日常事務。藉此，希特勒終於成為種族運動的真正主人，普費弗曾經擁有或主張的特權現在也全都落到他的手上。

上任僅僅數天，希特勒就要求衝鋒隊各隊長親自對他宣誓「無條件效忠」，很快地，每個衝鋒隊隊員也都必須如此發誓。不僅如此，新隊員在加入時也必須另外承諾道：「不屈不撓、認眞負責地完成每一個指令，因爲我知道，我的元首不會要求我做任何違法亂紀之事。」事後，希特勒在《人民觀察家報》以一篇文章回顧這場危機，並解釋自己採取這些行爲的理由，在這篇文章中，「我」這個字總共出現一百三十三次。【38】

値得注意的是，希特勒對於無條件忠誠的要求，在黨內——就連在衝鋒隊——都幾乎沒有受到任何阻礙。納粹黨現在終於在組織上和心理上都做好準備，要成爲希特勒手上的一把利劍。而他自己也很清楚，就像過去的每一場衝突事件，這次的進攻會替他再次鞏固自己的地位與威信。

早在六月時，他就已經向幾位特別挑選過的黨報記者揭露自己獨攬大權的野心。他坐在新褐宮的元老議事廳中，爲他們描繪出一幅天主教教會的等級制度與組織圖像，並且聲稱，黨必須按照這個模式建立統治金字塔，他說：「最底層的是在廣大人民中服務的政治『牧師』，接著往上是地區長、大區黨部部長、參議員，最後才是『元首教皇』。」

根據當時在場的人描述，希特勒毫不避諱地以大區黨部部長類比爲主教，並將未來的參議員和樞機主教相提並論，更利用容易令人混淆的比喻，將宗教領域的權威、順服與信仰等概念移植到世俗領域。他在結語時不帶一絲諷刺意味地說：「我不想否定羅馬那位聖父在心靈——或者說宗教——信仰問題上的正確性，畢竟我對此知之甚少。我想我在政治上懂得更多，因此，我希望聖父此後也不會質疑我的主張。在此，我向自己和我的接班人——未來領導民族社會主義德國工人黨的人——宣布，我的政治主張絕對不容辯駁。而且，我也希望，就像世人迅速且毫無異議地適應聖父的主張，他們也會如此接受我的主張。」[39]

然而，比希特勒的這番話更能說明問題的是其他人的反應：在場的黨報記者既沒有露出驚愕的表情，也沒有提出任何的意義，證明他強硬、注意細節的領導風格成功讓整個黨都對他服服貼貼。當時的衆多條件都對他有利：首先，納粹黨一直都是一個以領袖的群衆魅力和信仰紀律爲基礎建立的武裝集團，他們有一種生機勃勃的強大信心，這是那些以利益及黨綱爲基礎建立的傳統政黨所缺乏的。其次，他們還能借鑑「老戰士」的背景與經驗，這些人幾乎都參加過第一次世界大戰，受過嚴格的軍事訓練，甚至有很多更出身於軍事家庭，懂得服從上級和聽從指令。總之，專制的教育體系對希特勒大有助益，這也是爲什麼在七十三位大區黨部部長中，就有不下二十位曾經從事教職。[40]

隨著希特勒在一九三〇年輕而易舉地解決了兩次黨內危機，黨內再也沒有任何不屬於希特勒的勢力。雖然，無論是奧托．史特拉瑟、史坦尼斯，或者普費弗，他們對於希特勒都稱不上什麼威脅，但是，這些名字至少在理論上代表著其他的可能人選，多少曾掣肘他獨攬大權的行動。

然而，現在可就不同了。南德衝鋒隊司令奧古斯特．史奈德赫柏於回憶錄中寫到，納粹黨的重要性與吸引力之所以逐漸擴大，並非是黨幹部的貢獻，純粹是希特勒本人的功勞，他指出：「在『希特勒』這個名字下，所有人團結爲一。」[41]

希特勒被忙碌的宣傳員簇擁包圍，有越來越多宗教信仰的特性堆疊在他身上，宗教與世俗領域的界線越來越模糊，這位「元首」現在正逐漸成爲一座孤高的雕像，任何反思、批評或黨內的表決結果都無法動搖他。曾有一位追隨者因爲與大區黨部部長發生衝突而向他求助，希特勒感覺受到侮辱，寫了一封信回覆此人，強調他不是黨的「奴僕」，而是黨的創始者和領袖；不僅如此，他更表示，提出這種控訴的人，不是「愚蠢」、「魯莽」，就是「無恥又狂妄」地認定，他比任何一個黨內麻煩精都眼瞎。順道一提，根據當時某位觀察家的說法，納粹黨報刊這時候只剩下兩個工作：神化希特勒，以及攻擊猶太人。

理所當然地，控訴希特勒過分強調和追隨者保持距離的怨言越來越多。史奈德赫柏抱怨這種「每個衝鋒隊隊員都感受到的疏離感」，他說：「衝鋒隊正在努力博取元首的歡心，雖然目前還沒有成功，但我們一定要成功。」此外，他也提到他們曾「向元首呼喊」，卻一直得不到回應。因此，先前零星出現的致意與戰鬥口號「希特勒萬歲」，在戈培爾引進柏林後被普遍接受也並非巧合。同時，納粹黨越來越少在活動海報的演講者欄位印上「阿道夫・希特勒」，取而代之的是無名無姓、只有籠統概念的「元首」二字。

當他奔波各地出席活動時，他極度不樂意與那些在飯店大廳或辦公處包圍自己的黨員們多打交道。無論是下屬們的積極報告，或者是他們的過度接近，都令他感到煩悶；就連有人將可靠能幹的黨員介紹給他，他也表現得很勉強，也盡量避免和不認識的人交際應酬。

當然，只要壓抑住某些笨拙的本性，希特勒也可以表現得很討人喜歡。他可以在任何群體間如魚得水，無論是順利融入談論八卦的女士們、與粗獷豪放的工人們打成一片，或者是像個父親一樣，親切友好地低頭向金髮的孩子們打招呼。「他莊重的握手和認眞的凝視無與倫比」，當時有位觀察家如此表示。[42]然而，這種行爲到底有多少作秀的成分，希特勒的親信都心知肚明。

他不停地思考演講效果、計算什麼樣的偉大姿態才能符合大衆喜好、激勵人心。沒有人像他一樣，在打造自我形象上花費這麼多的心神；也沒有人像他一樣，迫切地意識到自己必須吸引大衆的注意力。他比所有人都清楚，這個時代的政治明星到底意味著什麼，又必須遵守何種規則行事。他原先早就因爲健康因素戒菸，之後也不得不戒酒，現在，他利用這兩點替自己博得苦行主義、遠離世俗的好名聲。

有鑑於他高度的角色意識，希特勒無疑是當年德國政壇中最新潮的人物。無論如何，對於民主主義公衆社會的需求，他比所有對手都了解得多，而那些人——從胡根貝格一直到布呂寧——卻對如何掌控群衆依舊一無所知，顯現出他們有多麼依賴出身背景，只知道著眼於過去，不知道利用當下的條件。

從這時開始，已經沒有誰能夠對希特勒造成重大的影響，他倚重狄特里希·埃卡特甚至是阿佛烈·羅森堡的那些日子，已經是很久很久以前的事了。「我從來不會有錯！我的每一字每一句都有歷史意義！」他在第一次與奧托·史特拉瑟發生爭執時如此怒喊道。與此同時，隨著「元首教皇」的形象越來越鮮明，他也越來越少徵求其他人的意見。簇擁在他身邊的一直只有頭腦簡單的崇拜者與追隨者，沒有能夠商量的對象，他越來越陷入一種精神上的孤立狀態。

卡爾·呂格——他過去的偶像——對於人類的悲觀評論曾經令他讚嘆不已，他現在卻對自己的追隨者和敵人都表現出一視同仁的蔑視。他秉持自己的守舊本性，堅持認定人性本惡，他在一封信中寫道：「這種混蛋到處都是。大衆盲目、愚蠢，而且不知道自己在做什麼。」【43】

他有多麼鄙視人類，他就多麼任意地耗損手上的人力；他不斷地打壓、斥責或提拔手下，不停地更換人員和職務。這種手段當然是希特勒得以成功的前提之一，不過，他也發現追隨者喜歡被自己殘酷地對待和苛求，於是在選舉季嚴厲苛刻地對待助選人員。

該黨的核心幹部與幫手出身的社會階級並無參政的傳統，他們精神奕奕、行事毫無顧忌，興奮積極地像是要把這場曠日廢時的選戰當作自己的職業；相較於老政黨乏味、例行公事一般的競選活動，他們敢衝敢闖的激烈作風令人印象深刻得多。光是在大選之前的最後兩天，納粹黨就在柏林舉行了二十四場大型集會活動，宣傳海報再次貼滿家家戶戶的外牆、圍牆和庭園的柵欄，整座城市都陷入一片鮮紅色；巨幅印刷的黨報以一芬尼一份的價格賣給黨員，讓他們向每個家庭或公司行號發放。

至於希特勒自己，則是作爲主講者，從八月三日至九月十三日出席超過二十場大型集會活動。他將追隨者們在宣傳上的付出視爲一種篩選過程，他比喻道：「現在只要將磁鐵從糞堆旁邊掠過，我們就可以發現，糞堆中有多少鐵會被磁鐵吸起來。」[44]

大選定在一九三〇年九月十四日舉行。希特勒預估他們可以拿下五十席，樂觀一點的話，能有六十席到八十席。他所倚仗的就是正逐漸崩解的市民階級、第一次投票的年輕族群，以及按照政治邏輯應該投向自己陣營的、多年來不曾投票的選民們——當然，前提是他們都出來投票。

注釋

【1】K. D. Bracher, »Auflösung«, S. 291.

【2】K. Heiden, »Hitler« I, S. 268.

【3】同上，S. 271；有關後文中戈培爾的評價，參照 H. Heiber, »Joseph Goebbels«, S. 79。

【4】引用 R. Kühnl, aaO., S. 234。

【5】一九三〇年二月二日的信，刊載於 VJHfZ 1966/4, S. 464；有關內文中引用的其他威脅，參照 »Adolf Hitler in Franken«, S. 146（一九二九年十一月三十日的演說）。

【6】出自前文提及的信，aaO., S. 461。

【7】有關此，參照 K. D. Bracher, »Diktatur«, S. 182，以及 A. Hitler, »Nürnberger Tagebuch«，刊載於一九二九年八月十日的《觀察家畫報》，有關黨代表大會的提議，參照 BAK, NS26, vorl. 391。

【8】《萊茵西發利亞報》針對一項在一九二九年六月稍晚展開的活動所做的報導，引用自 K. Heiden, »Hitler« I, S. 222。

【9】埃米爾．柯多夫寫給希特勒的信，引用自 K. Heiden, »Der Fuehrer«, S. 271。艾莎．布魯克曼的言論出現於柯多夫爲一九三七年一月三日的《新普魯士（十字）報》的文章中，引用自 E. Deuerlein, »Aufstieg«, S. 285 f.。柯多夫因爲對黨綱不滿，很快就與黨決裂，儘管如此，他在一九三四年又重新入黨。有關此，參照 Henry Ashby Turner, »Faschismus und Antimodemismus«，收錄於 »Faschismus und Kapitalismus in Deutschland«, S. 60 ff.。

【10】一位納粹黨宣傳講師於一九二九年十月二十九日在巴特克羅伊茨納赫舉行的集會上所言，引用自 Franz Josef Heyen, »Nationalsozialismus im Alltag«, S. 17。德國國家人民黨帶著一種素來虛幻的優越感，將希特勒與全國委員會的決裂解讀爲他和黨內左派之間的不合。當然，我們必須指出，史特拉瑟一派將此事當作他們的成就來慶祝——這也並非毫無道理，畢竟格里哥．史特拉瑟對終結與全國委員會之間的聯盟關係有很大的貢獻。有關此，參照 R. Kühnl, aaO., S. 234 f.。

【11】黨中央的宣傳部門於一九二八年十二月二十四日下達的指示，收錄於 A. Tyrell, aaO., S. 255 ff.。有關此，也參照這項行動的報告，F. J. Heyen, aaO., S. 33 f.。

【12】一九三一年三月十五日的《納粹黨領袖與訓練書》，引用自一九三一年三月二十一日的《柏林日報》。

【13】參照 Wilhelm Treue, »Deutschland in der Weltwirtschaftskrise in Augenzeugenberichten«, S. 34、S. 43

及 S. 64 的資料。

【14】H. R. Knickerbocker, »Deutschland so oder so?«, S. 15 f..

【15】引用自 W. L. Shirer, aaO., S. 131。

【16】»Adolf Hitler in Franken«, S. 63。民族社會主義的嚴格的階級特徵主要是由馬克思主義的歷史學家們所提出的。於 W. Abendroth, aaO. 中可見的文獻可以說是海量：E. Nolte, »Theorien« 也提供許多更詳細的資訊。

【17】西摩・馬丁・利普塞特（Seymour Martin Lipset）在一項研究中定義納粹黨的理想典型選民：「獨立自主、信奉基督新教的中產階級，不是住在田莊就是住在小村落裡，早先支持的是反對大型工業及工所帶來的影響的，中間路線或地區型的政黨。」參照 E. Nolte, »Theorien«, S. 463。

【18】雷文特洛伯爵在一九三〇年五月十七日的《民族社會主義者》上如此表示，引用自 R. Kühnl, aaO., S. 60。有關後文中對漢堡衝鋒隊的敘述，參照 F. L. Carsten, aaO., S. 164；有關布列斯勞衝鋒隊的敘述，參照史坦尼斯於一九三一年二月二十八日寫給羅姆的信，HA 17。

【19】Julius Karl v. Engelbrechten, »Eine braune Armee entsteht. Die Geschichte der Berlin- Brandenburger SA«, München/Berlin 1937, S. 85.

【20】參照 H. Heiber, »Joseph Goebbels«, S. 90 和 S. 72。

【21】一九三二年二月十七日的衝鋒隊指令，出處：HA der NSDAP, Fasc. 307。

【22】引用自 Gerhard Stoltenberg, »Politische Strömungen im schleswig-holsteinischen Landvolk 1918-1933«, S. 208 f.。

【23】引用自 Sigmund Neumann, »Die Parteien der Weimarer Republik«, S. 74。此外，也參照 O. E.

Schüddekopf, »Linke Leute von rechts«, S. 42 ff.。

【24】A. Krebs, aaO., S. 34 以及 BAK, Sammlung Schumacher 201/1,202/1,208/1。

【25】H. Frank, aaO., S. 58.

【26】引用自 C. Horkenbach, aaO., S. 315。

【27】收錄於 »Ursachen und Folgen« VIII, S. 330。

【28】»Adolf Hitler in Franken«, S. 42 和 S. 57（一九二七年三月二十六日的演講）以及 S. 102（一九二八年十二月八日的演講）。

【29】Kurt Tucholsky, »Gesammelte Werke« III, S. 834，《世界舞臺》的出版人卡爾・馮・奧西茨基在接近一九三〇年九月的選舉時發表了一篇文章，表達類似的看法：「民族社會主義的運動現在很熱鬧，但完全沒有未來。」

【30】K. Heiden, »Geschichte«, S. 259.

【31】有關著眼於環境因素，詳盡且肯定風格誇張的敘述，參照 Otto Strasser, »Mein Kampf«, S. 37 ff. 和 S. 50 ff. ——尤其是 S. 50 ff. ——其寫作基礎爲早期的會議紀錄。被記錄下來的對話整體而言可信度都很高，不僅是因爲在這之後有眞實性受肯定的回憶錄出現，更是因爲其符合希特勒在其他場合的許多言論。

【32】H. Rauschning, »Gespräche«, S. 45 f.。有關希特勒對社會主義的概念，也參照 »Adolf Hitler in Franken«, S. 144 和 S. 167 ff.（一九二九年十一月三十日的演講）。

【33】引用自 K. Heiden, »Geburt«, S. 38。

【34】引用自 K. Heiden, »Hitler« I, S. 275，以及 R. Kühnl, aaO., S. 374。

【35】全國宣傳長於一九三〇年七月一日發布的通告，參照 R. Kühnl, aaO., S. 251。有關「近乎扭曲的個人

忠誠」來自卡爾．奧托．帕特爾（Karl Otto Paetel）的說法，當然，其所指的不是只有格里哥．史特拉瑟而已；同上，S. 215。

【36】»Die Weltbühne‹ 1930, S. 566.

【37】»Tischgespräche«, S. 419。有關此處只有大概提及的衝鋒隊危機的背景，更詳細的資訊請參照 D. Orlow, aaO., S. 216 ff，以及 Heinz Höhne, »Der Orden unter dem Totenkopf«, S. 64 ff.。

【38】一九三一年四月四日的《人民觀察家報》（〈希特勒的算帳〉一文）；一百三十三這個數字引述自四月九日的《法蘭克福報》的說法；另參照一九三〇年九月三日的公告，Doc. Ctr. 43/I，以及一九三一年十月一日的《納粹黨衝鋒隊工作守則》（Dienstvorschrift für die SA der NSDAP (SADV)）S. 82。

【39】參照 A. Krebs, aaO., S. 138 f.。

【40】參照 A. Tyrell, aaO., S. 270。

【41】南區衝鋒隊最高負責人於一九三〇年九月十九日的回憶錄，Doc. Ctr. 43/II, Bl.1。

【42】Weigand v. Miltenberg, »Adolf Hitler-Wilhelm III.«, S. 74 和 S. 18；有關與黨內知名宣傳講者赫爾曼．弗里德里希（Hermann Friedrich）之間的衝突——此人由共產黨轉投納粹黨，接著與希特勒爆發爭吵——參照 H. Friedrich 和 F. Neumann 的 »Vom Sowjetstern zum Hakenkreuz«, Karlsruhe 1928, S. 20 ff.。

【43】出自已經被提及多次的，希特勒於漢堡民族俱樂部的演說，aaO., S. 97，以及此處提到的，在一九三〇年二月二日寫給一位不知名的黨員的信，收錄於 VJHfZ 1966/4, S. 464。有關奧托．史特拉瑟所轉述，並且很有可能加油添醋一番的評論，參照其著作 »Mein Kampf«, S. 98 和 S. 43。

【44】參照 K. Heiden, »Hitler« I, S. 272。

第二章　大勝

「有了適當的時機，也必須動用適當的武器。第一階段是試探對手，第二是備戰，第三就是出擊。」

阿道夫．希特勒

國會大選

一九三〇年九月十四日的國會大選，是威瑪共和的歷史轉捩點，不僅標誌著民主政黨統治的落幕，也宣布這個政府總體上已經陷入了瀕死的狀態。選舉結果在翌日清晨三點發表，一切都發生改變：納粹黨一鼓作氣地奪得角逐大權的資格，而受人崇拜或嘲諷的該黨元首——「煽動家」阿道夫．希特勒——也成爲了政治舞臺上的重要角色。共和政府的命運已經注定，民族社會主義立場的媒體歡欣鼓舞，追擊戰由此拉開序幕。

納粹黨的訴求得到超過百分之十八的選民響應。支持該黨的選票從兩年前的八十一萬張左右增加至超過六百四十萬張選票，他們在國會中席位也不再只有先前的十二席，甚至超出希特勒推估的五十席，而是一百零七席。納粹黨一躍成爲國會的第二大黨，僅次於社會民主黨，是該黨黨史中的空前大突破。

在市民階級政黨中，只有天主教背景的中央黨還能維持原有的地位，其他黨派都慘遭重創，抱持中間立場的四個政黨總共只保住七十三個席位。胡根貝格所領導的德國國家人民黨支持度下降一半，得票率從上次的百分之十四點三縮減到現在的僅僅百分之七。事實證明，該黨先前與立場更激進的納粹黨結盟帶來了自殺式的效應：他們在國會只拿下四十一席，不僅遠遠不如納粹黨，更顯然證實希特勒在右派陣營中的領導地位。

就連國會第一大黨社會民主黨也蒙受不少損失，除了納粹黨，就只有共產黨在這場大選中得利——雖然成長幅度並不大，只從百分之十點六上升到十三點一。儘管如此，他們還是興高采烈，認爲歷史站在自己這一邊，將這次的成果自我神化爲唯一的成功：「九月大選的唯一勝利者就是共產黨！」【1】

絕大多數人都清楚這次大選結果在歷史上的意義爲何，他們各有不同的關注點，將之解釋爲政黨政治的重大危機，對自由主義與資本主義秩序缺乏信心的結果，以及民衆對於澈底變革日益高漲的渴望。根據當時的觀察：「促使極端勢力成長的大多數選民其實並不激進，他們只是不相信舊勢力罷了。」至少有三分之一的民衆在原則上否定現有的秩序，但他們既不清楚，也不詢問接下來會發生什麼事；因此，有人說，這是「憤怒的選舉」。【2】

威瑪共和成立的背景

這時候，我們有必要回顧一下威瑪共和成立的背景。德國在十年前的困境與軟弱無力催生出威瑪共和，也因爲這個原因，無人將其視爲一個眞正的政府，而現在正是問題爆發的時候。基本上，德國人民只是容忍威瑪共和的存在，在許多人的心中，這只是德國歷史中的一個臨時政府而已。正如一位浪漫主義的評論家所言，威瑪共和只是一段過渡時期：「沒有強大的形象，沒有值得歡欣鼓舞之處，沒有大膽的越界行爲，沒有永久的諾言，也沒有偉大的人物。」[3]

無論左翼右翼、無關何種社會階層，似乎有越來越多民衆開始期待這個政府重新思索自己的價值，恢復傳統的角色。過去被壓抑的對於民主政黨政治的懷疑情緒，以及曾經歇止的對於「非德國式」的議會制度的鄙視，現在都重新出現在危機四伏的絕望聲浪中，形成一股不容辯駁的說服力；於是，希特勒重複上千次的理論——這個政府只會向敵人進貢，它是《凡爾賽條約》留下的最糟的枷鎖——也得到了廣大的迴響。

值得注意的是，許多外國媒體——尤其是英國和美國的報紙——也持相同的論調，將這次的大選結果歸結爲德國對苛刻的和平條約和虛僞的戰勝國的反擊；只有法國對此忿忿不平，然而，法國政府其實也隱隱期待，極右翼傾向能成爲他們對萊茵河右岸的鄰國採取更嚴厲措施的藉口和理由。

就在這些國家的政府抱持差不多的意見時，它們也興起了令希特勒爲自己所用的念頭，並且於此後的十年間，一直爲此人的侵略行動和違反道德的暴行遮掩。羅特梅耶勛爵（Harold Sidney Harmsworth）在《每日郵報》中寫道，人們不應該只將此人的勝利視爲危機，而應該體認到，他的勝利會帶來「諸多好處」。他表示：「因爲他正在建造一道堅固的反布爾什維克主義長城。因此，反對歐洲文明的蘇維埃無法將版圖拓展到德國，這個重大的危機就在他手上解除了。」[4]

納粹黨能有這番成果，在很大的程度上要歸功於他們成功動員年輕族群以及原先不投票的人出來投票——這次的投票人數比一九二八年時增加四百五十萬人，投票率高達百分之八十點二。順道一提，共產黨也在同樣的目標客群中下了心血，雖然收穫比較少，但是他們也在這場選戰中喊出了色彩鮮明的民族主義口號。納粹黨當初提出的名單遠遠不足當選的一百零七個席位，而且一時半會也找不出其他適當的人選，我們由此得以看出，該黨對於大勝到底有多麼驚訝。[5]希特勒一直沒有德國國籍，所以並不在這張競選名單上。

這次的選舉結果經常被描述為「大勝利」，卻帶來了近乎悲劇性的影響：選舉當夜人心惶惶，納粹黨掀起政變的謠言四起，導致大量外國資金撤離，德國已經形同災難的信任危機更因此雪上加霜。

不過，另一方面，這個新政黨也一下子吸引住大眾的興趣和好奇心。隨著權力的轉移，投機客、憂心忡忡的人，以及一無所知的機會主義者都迅速適應新的形勢，更不用說永遠敏銳警醒的媒體——記者大軍正搶著搭上這波「未來的浪潮」，他們的廣泛報導同時也補足了納粹黨媒體在傳統上的弱項。

這時候，成為納粹黨的一員就是一種「時尚」。奧古斯特·威廉（August Wilhelm）——普魯士王子之一——早在春天時就加入了納粹黨，他說：有希特勒領導的地方，就是所有人的歸所；現在就連亞爾馬·沙赫特（Hjalmar Schacht）——揚格計畫的發想人之一，當納粹黨員攻擊該計畫時曾為此辯護——也加入了，還有更多的人跟隨他們的腳步。光是在大選結束到年底的這兩個半月期間，納粹黨的黨員人數就增加將近十萬，總數達到三十八萬九千人。不僅如此，各利益集團也試圖適應權力的轉移，搭上這股顯而易見的趨勢。現在，納粹黨幾乎是自動得到超然的地位以及跨領域勢力的協助，大幅助長了種族運動的擴張與鞏固。[6]

「一旦廣大群眾轉而對我們歡呼擁戴，我們就會迷失自我。」希特勒在兩年前，也就是一九二八年的慕尼黑高層會議上如此說道。現在，戈培爾也輕視那些勝選後才加入的新黨員，將他們稱爲「九月派」，他說自己經常「憂傷而感動地回想起過去的美好時刻」，他表示：「當時我們只是全德國的一個小宗派，在柏林的納粹黨員甚至還不到十三個。」[7]

該黨高層擔憂，這些毫無節操的民衆蜂擁入黨後將會腐蝕黨的革命意志，只要一遭受挫折就會馬上拋棄黨，急忙地四處逃散，就像在一九二三年因爲通貨膨脹招募到的那批新血一樣。大選後五天，奧古斯特·史奈德赫柏在備忘錄中寫下：「我們絕對不能讓破產市民階級的屍體加重我們的負擔。」[8]

不過，不同於他們的預想，納粹黨輕而易舉地將大批的新黨員「帶進民族社會主義思想的大鍋裡」——這是格里哥·史特拉瑟的說法——將他們都同化。當種族運動的敵對陣營還停在原地，苦尋內部和解的方法時，納粹黨已經氣勢洶洶地繼續向前挺進。

希特勒忠於自己的心理戰術格言——發動攻擊的最佳時機就是趁勝追擊——在九月十四日後馬上展開一連串的活動，爲納粹黨帶來新捷報。在十一月三十日的不來梅市議會選舉中，該黨的得票率幾乎是國會大選的兩倍，拿下百分之二十五的席位，其他的政黨不得不吞下損失；不僅如此，他們在但澤、巴登以及梅克倫堡的選戰也同樣獲得傲人的成績。這些戰果令希特勒感到飄飄然，有時會不禁認爲，自己似乎可以在不依靠外力的情況下，將這個共和政府「投票處死」。

第一次猶太大屠殺

十月十三日當天，國會會議在一片混亂中展開。爲了抗議普魯士持續實行制服禁令，納粹黨議員們在國會大廈更衣，穿著褐色的襯衫大吼大叫地走進議事廳，表現出不容錯認的反抗姿態。格里哥·史特拉瑟發表了慷慨激昂的演說，向「無恥、腐敗和罪惡的共和體制」宣戰，聲稱他所屬的納粹黨不畏動用最後的手段，以發動內戰的方式達成目標；不僅如此，他還表示，國會阻撓不了他們的計畫，因爲眞正具有決定權的是人民，而人民就站在他們這一邊。

於此其間，納粹黨正與共產黨在國會大廈外鬥毆，戈培爾所組織的第一次猶太大屠殺也正轟轟烈烈地上演，猶太商店與猶太籍路人都慘遭攻擊。事後，當人們質問希特勒此事時，他卻回答，地痞流氓、竊盜和共產黨滋事分子才是這起騷動的始作俑者。《人民觀察家報》更補充，相較於現在的馬克思主義警察系統，猶太商店的櫥窗在希特勒的第三帝國會得到更好的照顧。與此同時，超過一萬名金工工匠也在共產黨與納粹黨的支持下展開罷工，社會秩序顯然正在崩塌。

即便到了這個時候，希特勒似乎仍然不曾有任何一刻對自己的戰術產生動搖。他也不曾遺忘自己在一九二三年啤酒館政變所學到的慘痛教訓：瘦死的駱駝比馬大，一個腐朽的社會秩序儘管搖搖欲墜，也仍然比街頭抗爭的權威要強大得多。

黨內那些假革命分子抱持浪漫主義的想法，無法想像沒有硝煙的革命是什麼樣子。在九月十四日的大選勝利後，他們立刻又提起「向柏林進軍」、革命與火拼混戰的主意，但都被希特勒不爲所動地以「合法取得政權」的概念一一駁回。當然，他也闡述自己採取這種戰術的動機：「從根本上而言，我們並不認同議會制，」他在慕尼黑如此說明，「因爲那與我們的觀點完全相悖。我們是一個不得不服從議會制的政黨，而強迫我們這麼做，就是憲法……因此，剛剛才取得的勝利，也只不過是替我們的戰鬥贏來一項新武器而已。」

戈林的說法雖然比較嘲諷，但也表達出同樣的觀點，他說：「我們之所以與這個政府和現有的體制鬥爭，是因爲我們想完全消滅它們——不過是以合法的方式進行。在進入議會之前，我們說，我們恨這個政府；但自從我們成爲議員，必須遵守維護政府的法律以後，我們就說，我們愛

共和政府——不過大家還是都明白我們在說什麼。」【9】

希特勒之所以嚴格堅持合法路線，有一部分是因爲他對國家防衛軍有所忌憚。他後來也承認，由於這支軍隊的緣故，自己不得不放棄發動政變的想法；【10】這是因爲，當社會秩序崩壞得越明顯，國家防衛軍的權力和影響力也就變得越能夠左右大局。

無論是一九二三年的政變，或是國家防衛軍隨後發布禁止接觸新成立的衝鋒隊的命令，都對納粹黨和軍隊之間的關係產生嚴重的損害。儘管如此，早在一九二九年三月，希特勒就對這支軍隊慎重地提出建議：在一場針對性的演說中，他駁斥了塞克特將軍提出的「士兵不問政事」的準則，並預言道，如果左翼陣營勝利，國家防衛軍就會成爲共產黨的「劊子手和政治委員」；與之相較，自己所領導的衝鋒隊因爲專注於發揚民族與軍事榮譽，顯得更光榮。【11】

得益於希特勒熟練的心理操弄技巧，這場演講擊破了國家防衛軍年輕軍官的心防。九月大選結束沒幾天，三名烏爾姆戍衛部隊的軍官就在萊比錫的國家最高法院接受審判——因爲他們違反國防部的法令，不僅與納粹黨有所聯繫，更在軍隊中替他們宣傳。

希特勒在自己的律師漢斯・法蘭克的要求下，以證人身分被邀請出席審判。這場轟動一時的審判不僅讓他能夠公開拉攏國家防衛軍，更提供他一個能夠有效闡述自己政治目標的機會。在審判進行的第三天，一九三〇年九月二十五日，他作爲一個因大選得利而春風得意的黨主席，自信滿滿、勝券在握地出庭作證。

在審問中，希特勒解釋他的信念來自於三個動機：一是隨處可見的民族異國化，也就是國際主義帶來的危機；二是品格的墮落與民主思想的崛起；三是德國人民被和平主義精神毒害的威脅。他繼續闡述，爲了抵抗這幾個令人不安的趨勢，他在一九一八年就開始奮戰，組建出一個絕對服從領袖權威、絕不放棄戰鬥的狂熱德意志政黨，不過，他絕對無意與軍隊作對。他表示，誰要是煽動挑撥軍隊，誰就是人民的敵人；衝鋒隊既不打算攻擊政府，也不打算成爲國家防衛軍的敵手。

接著，有人質疑希特勒的鬥爭是否合法；對此，他大膽宣稱，納粹黨不需要採取暴力手段：「只要再舉行兩三次選舉，民族社會主義陣營就會成爲國會的多數黨，到時候，我們就會進行民族革命。」當被問到這是什麼意思，他回答：

「『民族革命』這個概念總是被理解成純粹的內政問題，然而，對於納粹黨而言，這只意味著被奴役的德意志民族挺身起義。德國被和平條約綁住了手腳，現今德國的一切立法根本是試圖將和平條約釘在德國人民的身上。

納粹黨人不把這個條約看做法律，而是強加在我們身上的束縛。我們不承認戰爭罪責，更不會讓完全無辜的後代子孫背起這種重擔。我們要反對這個條約，不論是以外交手段或是以完全不履行條約的方式都可以。當我們用盡一切方法反抗，諸位就會發現，我們已經在革命了。」

這個回答將「革命」的概念轉移成對抗外界，自然也就掩蓋住他對內政的野心。當審判長詢問他，是否將以非法手段進行對外部的革命行動，他毫不猶豫地肯定道：「不計一切手段，包括那些以世界觀點來看都非法的手段。」

當被問及他對國內的那些「叛國賊」的各種威脅，他回答道：

「向全知全能的上主發誓！我告訴各位，如果我合法掌權，我就會在我的合法政府設置一個國家法庭，依法審判那些造成我國人民不幸的始作俑者。到時候，根據法律，有些人恐怕就要人頭落地了！」【12】

觀衆席傳來的掌聲越來越熱烈，充分顯示出當時法庭的氛圍。雖然內政部提出抗辯，提供納粹黨反憲政活動的豐富證據，但已經沒有人在聽了。不僅如此，法官還淡定地接受希特勒隨即發表的聲明：他只會在爭奪權力時受憲法的約束，等到自己獲得合乎憲法的權利，他就要廢除或修改憲法。

事實上，按照當時的主流學說，以法律途徑廢除憲法並不違背嚴格的民主憲法理念，因爲人民的主權也保障人民有權放棄自己的主權。對於希特勒而言，這就是一扇大門，他藉此得以不受阻礙地向前挺進，掃平所有的反抗，征服這個政府，令其臣服於自己。

希特勒在主張憲政的同時也明確表示出，儘管他現在不使用暴力，但一旦有法律作爲掩護，他就會重新啓用暴力手段；不僅如此，他的憲政主張也一直模稜兩可的令人不安。他一邊信誓旦旦地說自己對合法性的態度「像花崗岩一樣堅決」，卻又一邊鼓勵他的支持者肆無忌憚地發表充斥暴力意象與駭人譬喻的演說，例如：「作爲敵人，我們來了！就像野狼闖入羊群一樣，我們來了！」

嚴格來說，只有黨高層在談論合法與否的問題，底下的人則經常在柏林威丁區的後巷，或者晚上在阿通納和埃森的街弄間犯下謀殺、毆打致死或其他不法行徑。對於這些犯行的證據，高層也只會聳聳肩，輕描淡寫地評價爲「地方單位的行爲過當」。戈培爾對薛林格少尉——在萊比錫國家最高法院受審，最後被判刑的國家防衛軍之一——坦承，希特勒的憲政承諾只不過是空話。他愉快地向這位年輕軍官解釋：「他發這個誓可眞是天才妙招。那些傢伙以後還能怎麼對付我們？他們只能慢慢等待機會了！我們現在可是依法行事，和他們一樣光明正大！」【13】

但是，無論是希特勒令人捉摸不透的意圖，還是在宣誓效忠憲法和威脅破壞憲政之間不斷搖擺，在很多方面都對他的事業有利，正中他下懷。他的態度安撫了大衆，卻又留下恰到好處的不安全感，吸引許多人投向納粹黨；他一方面對權力大門的守衛者——特別是興登堡和國家防衛軍——提出結盟的請求，另一方面又警告他們不要提出不合理的條件；最後，他還滿足了那些始終期待向柏林進軍的支持者們的幻想，令這些人一致相信，他們的領袖知道如何以天縱之才戲耍所有的對手。

由此看來，希特勒在萊比錫起誓所帶來的影響作用似乎大得無法衡量。不過，整體而言，這種曖昧不明的立場不僅顯示出他靈活的戰術和老奸巨猾的算計，其實更暴露出他優柔寡斷的本質。這個策略也無疑極度大膽，需要高度的平衡能力，正符合他喜歡冒險的天性；畢竟，如果他失敗了，剩下的只有倉促而無望成功的政變，或者直接退出政治舞臺。

關於衝鋒隊

如果有人想要認識希特勒戰術的理念、風險與難處，衝鋒隊正是最佳範例。根據他的複雜設想，這支褐衫黨軍應該尊重法律，但同時保有浪漫主義的政治鬥爭精神，並在放棄武裝的情況下，維持尙武的精神——顯然，普費弗無法達成這種互相矛盾的要求。

恩斯特·羅姆在一九三一年的年初接任衝鋒隊參謀長一職，再度以軍隊爲範本強化衝鋒隊的組織。在他的規劃下，全國被分爲五個大集團（Obergruppe）和十八個集團（Gruppe），分隊（Standarte）則等同於先前的軍團，被分配了帝制時代的軍團編號；此外，他還編列一系列的特殊部隊，例如衝鋒飛行隊、衝鋒海事隊、衝鋒工兵隊和衝鋒醫療隊等，令這個武裝團體的結構更接近正規軍隊。此外，因爲普費弗原先發布的規定很零散、複雜，羅姆就將之概括成一本有條有理的《衝鋒隊工作守則》。

就像早先一樣，羅姆依舊執著於將衝鋒隊打造成一支可以在內戰派上用場的軍隊。不同於一九二五年，希特勒這次同意了這位部下的做法，不僅是因爲他對自己的權威已經更有自信，更是因爲羅姆的計畫有利於他繼續保持模稜兩可的態度。

我們只要綜觀衝鋒隊在普費弗離去後進行的改革，就可以發現希特勒虛假改革的所有特點：沒有解決問題本身，而是替換了幾個領導高層的位置，接著令這些人宣誓忠誠，再建立一個與衝鋒隊互相競爭的組織。[14]由於在衝鋒隊事務上不斷遭遇阻礙，希特勒開始小心翼翼地發展親衛隊，令其越來越遠離羅姆的掌控範圍——作爲精銳組織、突擊部隊和「黨內警察」，親衛隊一直保持低調，在一九二九年年初時只剩下二百八十名隊員。不僅如此，正如同其他所有的改革，衝鋒隊的改革也只迎來了悲劇的結局；希特勒以一場大規模的血腥清算，提前了結了自己與衝鋒隊之間無可避免的衝突。

在羅姆的領導下，衝鋒隊才眞正發展爲一支規模驚人的大軍。因爲這位新任參謀長非凡的組織能力，到了一九三二年的年底，衝鋒隊的規模已經發展到超過五十萬人。無數失業者受到免費食宿的吸引，加入了這支褐衫大軍，他們的反社會仇恨情緒和激進冒險分子的怨恨混合在一起，形成一種不尋常的侵略性。

羅姆在第一時間整頓衝鋒隊的高層，將一大批普費弗一脈的軍官都清掃出去，以自己的同性戀朋友們取而代之。這些人又利用關係，帶來一大票聲名狼藉的夥伴，於是，當時很快就開始謠傳，羅姆要「在私人軍隊中建立自己的私人軍隊」，黨內開始傳出激烈的反對聲浪。

針對要求懲罰這位衝鋒隊最高長官的黨內通報，希特勒以一紙著名的命令，將這些反對意見尖銳地駁斥為「完全無理的苛求」；他聲明，衝鋒隊是「為政治目的成立的男性組織」，而不是「培養年輕貴族女性的道德教育機構」，因此，重要的不是道德問題，而是是否履行個人的義務。他寫道：「只有在違背民族社會主義思想的基本原則時，個人的私生活才能成為被檢視的對象。」[15]

得到希特勒的首肯，衝鋒隊高層更加胡作非為起來。因此，雖然希特勒一再對外宣稱合法路線，這支黨軍卻很快製造出一股前所未有的，令人害怕到癱軟的恐怖氛圍，為日後建立獨裁統治打下基礎。

根據警方的調查結果，衝鋒隊的軍火庫存放著一切典型的犯罪武器：短棍、手指虎、橡膠棍等等；在情況危急的時候，他們甚至仿效犯罪團夥的做法，令女孩們替他們運輸槍枝。除此之外，他們使用的行話也透露出黑社會的氣息：無論是慕尼黑部隊將手槍稱為「打火機」、橡膠棍稱為「橡皮擦」，或是柏林衝鋒隊異常自豪於擁有亡命之徒一般的綽號，例如，威丁區的某部隊名為「強盜衝鋒」，米特區的某部隊則叫做「舞蹈協會」，還有人的綽號是「啤酒王」、「槍手穆勒」或「機關槍嘴」[16]——無疑都證明了，所謂的「革命衝動」不過就是這個武裝集團用以宣傳的幌子。

除此之外，從《柏林衝鋒隊之歌》的歌詞，我們就得以看出無產階級的傲慢自負、動用暴力的決心以及淺薄的意識形態：「勞動的汗水在額上／空空的胃腸／滿是粗繭與煤灰的手掌／握緊來福槍／衝鋒隊立正／預備種族鬥爭／只有猶太人淌血／我們才得救！」

不過，衝鋒隊令人退避三舍的這一面並不常暴露，他們給社會大衆留下的印象主要是整齊劃一的列隊前行，一模一樣的制服以及響亮的號令聲——對德國人民而言，這些就象徵著他們所熟悉的秩序。希特勒後來表示，經歷了混亂的那幾年，德國渴望著秩序，不計一切代價都想恢復秩序。【17】

當衝鋒隊上街時，路上的行人越來越常保持肅靜。這支褐衫大軍由旗手和銅管樂隊領頭，踏著自信的步伐前行，他們的紀律和灰暗悲慘的共產黨形成鮮明的對比；後者的隊伍伴著木管樂器的嗚咽聲，亂糟糟地走著，他們握緊拳頭喊出口號：「飢餓！」——這種可悲的形象只能讓人意識到最窮苦的社會底層所遭遇的困境，但也僅止於此，無法發揮更大的影響力。與此同時，衝鋒隊卻因爲各種政治衝突，激發出自我犧牲與無私的精神。只要從一位三十四歲的衝鋒隊分隊的隊長寫給格里哥．史特拉瑟的信，我們就得以看出他們的獻身精神到達什麼樣的程度：

「因爲替納粹黨服務，我已經受審超過三十次，犯下八次像是傷害罪、妨礙公務以及其他類似的，對納粹黨員而言家常便飯的違法事件。我到今天都還在付罰款，也還有其他案件需要出庭。除此之外，我還受傷了二十次左右，在後腦杓、左肩、下嘴唇和右上臂都有刀疤。我不僅從來沒索求或領過黨的任何一分錢，還犧牲自己的時間，犧牲父親傳給我的好生意；現在，我正面臨財務危機……。」【18】

面對這種堅定的獻身精神，共和政府著實一籌莫展，不僅如此，自從納粹黨突破瓶頸，成為黨眾無數的大黨，政府就再也無法在不掀起內戰的前提下有效遏止他們的行動。

共和政府的捍衛者希望以理性討論的方法阻止這股反理性主義的浪潮，因為這些人相信民主制度的教化效果，也相信人類社會向人道主義發展的進程不可逆轉；然而，到了這個時候，事實已經證明，這種老舊的進步觀大錯特錯——因為該理論的前提是理性和明辨是非的能力，但是，眼下盛行於社會中的，卻是一種由恐懼、慌亂和侵略性組合而成的化合物。

雖然納粹黨的宣傳員並不具備專業知識，無法充分解答有關經濟危機的問題，對反猶太主義的闡述也很單調一致，卻正好符合大多數觀眾的品味；因此，就算有極少數專家信心滿滿地駁斥他們的說法，卻仍然阻止不了納粹黨繼續成長茁壯。不過，德國總理布呂寧的待遇就沒有這麼好了：一九三一年春天，他到東普魯士和西里西亞的貧困地區進行宣傳，處處被當地人民冷落甚至敵視；當他演講時，觀眾會對他舉起寫著「飢荒獨裁」的標語牌，喝倒采的口哨聲四起。

政治手段的展現

在此其間，納粹黨越來越熟練於扮演自己在國會的雙重角色——共和體制的破壞者與審判者。不過，與先前的情形完全不同，納粹黨的議會黨團現在已經強大到足以癱瘓國會，並以亂吼亂叫的脫序演出替國會坐實了「鬧扯會」的名聲。他們反對一切旨在穩定局勢的認眞嘗試，理由是政府改善現狀只是為了履行與協約國的協議；他們也聲稱，只要政府要求人民做出犧牲，就等同於叛國行為；他們還使用技術性的阻撓手段，例如大吵大鬧、就議事程序問題展開辯論，或者每當有「馬克思主義者」發言，黨團就集體離開議事廳。根據議程委員會的紀錄，這一百零七位的納粹黨議員總共被提起四百次的譴責動議，如此便可知道，該黨團有多麼肆無忌憚、視規矩於無物。

一九三一年二月，一項限制議員濫用豁免權的法案被通過，納粹黨黨團立刻全體退出國會，德國國家人民黨緊隨在後，共產黨也有一段時間完全不出席。隨即，納粹黨更勝以往地將重心轉移到街頭示威和集會活動上，因為他們認定，想要贏得群眾支持、給民眾留下深刻的印象，在國會大廈外活動遠遠比在議事廳開會有前途得多。

戈培爾對留在國會的議員們嗤之以鼻，嘲諷這些人是「坐著不動黨」。他指出，在過去的四天中，他已經對超過五萬人演講，那些人卻只會在無實權的國會虛度光陰。[19]納粹黨在圖林根內政部長弗里克的協助下，本來打算在威瑪成立一個專屬於民族主義反對派的「『反』國會」，卻因為政府威脅制裁該邦，最後不得不放棄這個煽動力十足的計畫。

納粹黨之所以決定出走國會，自然有其道理。他們已經盡一切可能地癱瘓會議，敗壞國會的名聲，然而，國會其實早就不再是決策政治之地。早在一九三〇年九月的國會大選之前，布呂寧就時不時會依據《威瑪憲法》第四十八條的規定，越過爭吵不休的國會，自行以總統的緊急命令權裁決事務。到後來，由於正常的國會多數決的運作方式被破壞，他就幾乎都使用總統的特殊權力進行決策，實行一種半獨裁政府的統治模式。

如果有讀者認定這已經是「威瑪共和死亡的時刻」，[20]就應該要注意一件事：這種權力轉移的過程之所以得以實現，是因為幾乎所有的國會政黨都不願意承擔政治責任。時至今日，還是有一派意見認定，「政治冷漠的大眾」需要為獨裁政權的興起負責，然而，無論是哪個國家，之所以會在「獨裁國家的結構」出現時就立刻順服，就是因為無論左派右派，只要面臨緊急關頭，所有的政黨都會將所有的責任推卸到總統——「代皇帝」——的頭上，試圖藉此和極度不受歡迎的政策劃清界線。因此，當納粹黨第一個出走國會時，他們勝過其他政黨之處就只是態度更堅定罷了——其實，他們得以崛起的「祕訣」也正好與此有關。

頻頻爆發的經濟戰

在這個時候，由於這個民主政府——雖然幾乎不再能稱爲民主政府了——顯然在內政和外交上都一事無成，人民對威瑪共和的厭惡便日益增加。布呂寧大規模實施撙節政策，節約得近乎自我折磨，不僅無法解決財政困難與銷售危機，沒能替龐大的失業者大軍縮減規模，在戰後賠款與裁軍的問題上更是毫無建樹。最重要的是，法國因爲九月國會大選的選舉結果而心生警惕，拒絕做出任何讓步，並且開始疑神疑鬼。

隨著大蕭條的到來，國與國之間的經濟戰頻頻爆發，國際間開始嘗試以簽訂貿易協定和降低關稅壁壘的方式緩和情勢，卻也在一九三一年的年初陷入僵局。後來，德國與奧地利主動成立關稅同盟，簽訂互不侵犯對方經濟自主權的關稅條約，並邀請更多國家加入其中。然而，法國聲稱這份協議正試圖破壞《凡爾賽條約》的重要地位，根據某位法國外交代表在事後的說法，這對法國而言，無異於「古老大陸的和平再次受到威脅」。[21]法籍銀行立刻在德奧兩國收回發出的短期貸款，令其陷入嚴重的經濟危機，逼得兩國只得在秋天時狼狽地放棄這個計畫。當奧地利因此不得不在經濟上做出巨大的讓步時，在德國的希特勒與激進右翼卻興高采烈地慶祝政府顏面掃地，並對共和政府接下來不可避免的妥協報以冷嘲熱諷。

當美國總統胡佛於六月二十日提議將賠款日期延後一年時，巴黎議會裡的氣氛「就像戰爭爆發一樣」。[22]受這個提議影響最大的法國隨後一直推遲談判，直到德國因此爆發一連串的破產倒閉，事態嚴重到超過任何人能夠想像的程度。當時在柏林的一位觀察家不由得回想到戰爭前夕，令他有這種感覺的正是眼下空蕩蕩的街道、死寂的城市以及極度緊繃的氛圍。[23]不過，每到週末仍然會爆發激烈的衝突和街頭鬥毆事件。希特勒在一九三一年的年底坦承，納粹黨在過去的一年中有五十位黨員喪命，四千位黨員受傷。

各式各樣的憲法改革方案

無論是理論上或現實上，威瑪共和顯然越來越偏離民主政黨政治的制度。面對自暴自棄、無力解決經濟危機的國會，以及威信一落千丈的政府，人們不由得開始討論擬定新憲法的可能性。

只要觀察當時各式各樣的憲法改革方案，我們就能看出，德國人民一方面鄙視民主議會制的不足，另一方面又對左派和右派極端分子的極權思想感到忐忑不安。保守派的政論作家提出一些朦朧模糊的想法，像是「新政府」或者「法治的獨裁者」等等，希望以這種比較中庸的選項阻撓希特勒的激進提案。

出於相同的意圖，以及同樣對民主感到厭倦，聯邦大總統興登堡周遭的人開始計畫恢復革命前的專制憲法。這些人打算逐步恢復帝制，希望在民主政權、傳統以及人民希望回到過去的渴望之間尋求一個平衡點。他們之中最重要幾個代表人物包括總理布呂寧本人、國防部長威廉・格勒納（Wilhelm Groener）及其政治知己，部長辦公室的主任庫爾特・馮・施萊謝爾將軍（Kurt von Schleicher）。

施萊謝爾因為與興登堡的關係密切，成為了政治舞臺上的重要角色。早在布呂寧被任命為總理時，他就已經具備一定的影響力，後來更以機敏、靈巧和狡猾的性格，進一步擴大自己的勢力；在當時，他的影響力已經大到沒有任何一位總理或部長的任命或免職不是在他的同意下進行。爲了模糊政治立場，隱藏陰謀與圈套，他偏愛進行幕後活動，因此得到一個「軍灰衣主教」（譯註：灰衣主教來自於法語 éminence grise，意指擁有很大權力的幕後決策者。施萊謝爾又因時常穿著灰綠色的軍服，而被稱爲軍灰衣主教）的封號。他這個人憤世嫉俗、敏感、衝動，但做事時不偏不倚、不帶偏見；只要在任何地方、任何人身上察覺到危險，他就會像走鋼索的人一樣小心翼翼，就連自己的朋友和鄰居都會下令監視。漫不經心、責任感和喜歡玩弄陰謀詭計的特性，都奇異地在他身上重合，讓施萊謝爾成爲威瑪共和晚期最難以對付的人物之一。

施萊謝爾認爲，由希特勒所動員的種族運動人數眾多、涵蓋範圍廣泛，政府是無法憑藉權力工具鎮壓的。由於歷經過革命的衝擊，當軍官們對上絕望、叛逆、令人望而生畏的群眾時，國家防衛軍中比較開明的高層就體認到，軍隊絕對不能再與人民對立了。

雖然施萊謝爾幾乎從未認眞將希特勒放在眼裡，譏諷其爲「空想家和愚者的偶像」，但依然認可並尊重此人贏得大批支持者的原因。他絕對沒有忽視納粹黨令人不安的特點，例如違法亂紀、怨懟以及意識形態狂熱——他的一位同僚將之稱爲「俄羅斯特色」[24]——相反，正是因爲如此，他才會加速進行自己的計畫。在他看來，只要興登堡還在，國家防衛軍沒有解體的跡象，他就能夠「教化」希特勒，令其承擔起政治責任；如此一來，即便德軍規模受到《凡爾賽條約》的限制，德國仍然可以利用此人的大規模私人軍隊強化「保衛的意志」。因此，他小心翼翼地繞過羅姆和格里哥．史特拉瑟，開始試著與希特勒取得直接聯繫。

在保守派陣營中也有其他人抱持著類似的想法，希望藉由馴化這位叛逆的演說與煽動大師，奪回己方喪失的權力，阿爾弗雷德．胡根貝格就是其中一人。與登堡在一九三一年夏天向他抱怨那些「被希特勒唆使的年輕人」，並說道，納粹黨並非一個值得信賴的民族主義政黨，胡根貝格則自信地答道：「正是因為如此，我們才有和他們結盟的必要性。」不僅如此，他還認為自己已經在教育納粹黨上有所貢獻；[25]因此，儘管先前有一些不愉快的經驗，兩人也斷了聯繫，胡根貝格現在還是試圖與希特勒重修舊好。

這些人企圖拉攏希特勒的想法，正好與這位納粹黨領袖的打算不謀而合，到目前為止，納粹黨在九月大選的勝利依舊沒有替他帶來什麼成果；儘管希特勒憑藉漂亮的選舉成績單，一躍成為政治舞臺上的要角之一，但是，只要他沒有盟友，處於被孤立的狀態，他就注定只能扮演相對沉默的角色。

「希特勒已經損失了幾個月的時間，」一位觀察者如此寫道，「他所虛度的光陰，是任何『永恆不朽』都無法彌補的。世間任何的權力都無法讓他回到敗者瑟瑟發抖、政府不知所措的九月十五日那天——那是這位德國領袖的時刻，誰還會問他的行為到底是合法還是非法？然而，這個德國領袖懦弱又嬌氣，是個很快就被養胖的小市民階級反叛者，他耽於逸樂，沒有憂患意識，直到被命運狠狠地打擊，被連同頭上的桂冠一起按進鹽酸中清洗，才終於醒悟過來。這位煽動家只知道在後方搧風點火……失眠患者終於得以安眠。」[26]

希特勒的追隨者與其說是因為政治信念而加入納粹黨，不如說他們是出於一種不穩定、轉瞬即逝的激情而聚集在他身邊。因此，希特勒其實比其他的政治領袖更需要一直取得新的傲人成績。納粹黨確實在一九三一年也一直高歌猛進：五月初，他們在紹姆堡—利珀的邦議會選舉得到百分之二十六點九的選票；兩週後，他們甚至在奧登堡拿下百分之三十七點二的席位，第一次成為邦議會中的最大黨團。不過，這些成績基本上只是在地方上重複已經在九月國會大選上取得的重大成果，並未讓納粹黨更靠近權力中心。

當支持者們在廣場或狹窄的街道上吼著「希特勒來了！」的時候，聽起來不像是事實，更像是他們在假裝有這麼一回事；此外，納粹黨在國會的癱瘓戰術也理所當然地收效甚微。因此，該黨很快只能越來越勉強、了無新意地讚頌不停增長的黨員人數、不斷破紀錄的集會活動，以及用僞善的口吻感嘆持續新增的殉難者名單。

暴動再起

因爲對這種停滯不前的現狀感到不滿，沃爾特．史坦尼斯在一九三一年春天再次率領柏林衝鋒隊掀起暴動。然而，這位衝鋒隊領袖在還來不及公開脫黨，將猶豫不決的戈培爾拉攏到自己這邊的時候，就被希特勒撤職了；後者也重新對未來做出保證，消弭其他謀反者的不滿，讓這些人再次對自己宣誓效忠。

然而，與他所做出的「在一連串的選戰中打垮『共和體制』」的保證正好相反，從這個春天開始，希特勒顯然致力於贏得所有勢力的信任與支持。他比以往更清楚地意識到，如果只依靠民衆的擁戴，他永遠也無法取得執政的權力。由於《威瑪憲法》第四十八條的存在，總統與他的一小撮心腹得到了大權，國會的權力以及勝選的意義就隨之被削弱；當總理人選不再由選票，而是由總統的意願所決定之時，爭取興登堡的支持就比爭取多數人的支持更重要。

一如以往，希特勒這次也選擇多管齊下。他當初在萊比錫國家最高法院宣誓進行合法競爭，其實就隱含著對於正派行爲和合作的承諾。施萊謝爾在一九三一年的年初就暗示他，納粹黨員不得參與邊防軍的禁令已經被解除；作爲回報，希特勒在二月二十日的公告中宣布禁止衝鋒隊參與街頭混戰，不僅如此，一支卡塞爾的部隊因爲違法取得武器，也被他立刻解散。羅姆甚至必須在四月的備忘錄中寫下，如果希特勒當上總理，衝鋒隊「可能會變得很多餘」，他嘲諷地表示：「親愛的阿道夫渾身散發出忠誠的氣味。」與此同時，國防部長格勒納則寫信給朋友，表示希特勒不再讓他感到頭疼了。[27]

當天主教的主教們提出尖銳的聲明，警告教徒反對納粹黨時，希特勒立刻派遣形象正派的赫爾曼．戈林前往羅馬調停此事；接受英國媒體《每日快報》訪問時，他直言支持德英合作廢除戰後賠款，表現得既成熟又有見地，強調兩國應該聯手的原因；當共產黨議員威廉．皮克（Wilhelm Pieck）聲稱，紅軍已經做好支援國內革命解放軍的準備時，希特勒向美國媒體宣布，對於逐漸逼近的世界布爾什維克主義，納粹黨就是抵抗它入侵的城牆。

「他比以前少罵人得多，」當時有人如此評論道，「他吃早餐時不再用咒罵猶太人來下飯了。」希特勒顯然很注意，不再讓自己表現得「像個偏執狂」。[28]他對於聲譽的在意，除了體現在得體的行爲，也顯現在一些枝微末節之處：例如，他搬出小而簡樸的「忘憂旅館」——這一向是他在柏林的投宿地——此後都改住在威廉廣場旁大名鼎鼎的「凱薩宮酒店」；此舉不無挑釁之意，因爲這間飯店正好在德國總理府的斜對角。

由於他的諸多改變，右派陣營的幾位代表人物相信他們已經馴服了這個人，他們互相確認道，希特勒終於逐漸成爲能爲國家政府所用的人。

與企業工商界的連結

希特勒也大量接觸這時還大多持保留態度的企業家們，極力爭取他們的支持。這時，經常在「凱薩宮」舉辦沙龍、擁有強大人脈的狄克森夫人（Viktoria von Dirksen）適時出現，幫助了他——又是一位對希特勒的事業貢獻良多的年長女性朋友——貝希斯坦夫人也依舊爲他忙前忙後。

他在經營一家大企業的戈林以及商業記者瓦爾特・馮克（Walter Funk）的幫助下，結識更多的有力人士。威廉・克普勒（Wilhelm Keppler）——一位因大蕭條而受害的商人——爲他引薦了許多贊同他立場的實業家，還組成了「經濟友誼圈」；不過，這個「友誼圈」後來因爲與希姆萊扯上關係，變得臭名昭著。

在工業界有著強大家族關係的奧托・迪特里希（Otto Dietrich）自八月起擔任納粹黨的全國新聞官，他指出：「在一九三二年的夏天，元首突然決定要和反對他的工商界權威人士，以及這些人所領導的市民階級中立黨派，進行有計畫的合作。」於是，希特勒駕著他的賓士車巡迴全國，與企業家們進行祕密會談。爲了不引起別人的懷疑，有些會議是在「上主的自由大自然中的荒蕪林間空地」舉行，例如他曾在柯多夫的莊園「爭論園」（Streithof），對超過三十位重工業領域的實業家演講。【29】

格里哥・史特拉瑟和戈特弗里德・費德爲了向自己放棄的社會主義目標致敬，在國會提出的「沒收銀行與證券大亨財產」的動議，也被希特勒特意強迫撤回；不僅如此，當共產黨以此取樂，特意再次提起同樣的議案時，希特勒也逼迫納粹黨的議員投反對票。從此，他對於自己的經濟計畫都三言兩語帶過，從不詳細表示自己的立場，同時也開始疏遠腦袋頑固的費德，甚至有時還禁止他公開發言。

到了七月初的時候，希特勒終於在柏林和胡根貝格會面，接著很快又與想和他再次結盟的鋼盔前線士兵聯盟的領導人法朗茲・塞德特（Franz Seldte）和特奧多・杜斯特堡進行會談；然後，他見了施萊謝爾與國家防衛軍總司令哈麥施坦因—埃克沃德將軍（Kurt von Hammerstein-Equord），與布呂寧和格勒納磋商，接著與施萊謝爾和布呂寧再度進行會談。

這幾位右派陣營代表人物之所以與希特勒進行會晤，目的在於試探他的意圖，並透過戰術性的結盟，將他拉攏進這個他原則上一直在反抗的體制——就像格勒納說的，現在要將他「雙倍或三倍地綁在合法性的支柱上」。[30]然而，他們沒有一個人事前對希特勒的強硬和頑固有清楚的認知，全部都被他的裝模作樣騙過了。最後，得利的只有這位納粹黨的元首，他不再陷於被孤立的狀態，得到一個屬於合作夥伴的地位；不僅如此，這幾場會談更發揮其他的效果——鼓舞追隨者、迷惑對手，並使選民們感到印象深刻。

對於這個轉折點，希特勒已經迫切地期待良久，這點我們從他被叫去柏林和布呂寧會面時的反應就可以看得出來：當電報傳到慕尼黑時，赫斯、羅森堡以及羅森堡的副手威爾海姆・魏斯（Wilhelm Weiss）都在場，希特勒在草草讀過後就興奮地將電報遞給他們，說道：「現在他們都在我的手上了！我變成他們的談判對象了！」

從格勒納對他的評語，我們就能看出他當時在這些人面前的形象爲何：「希特勒的企圖和目標都很好，不過有點空想主義、狂熱、對很多事都有興趣。他很討人喜歡，爲人樸實、正派，是個勤勉積極的自學者。」從這時開始，幾位右派大老在祕密交換意見時，會以「阿道夫」[31]指稱希特勒——顯而易見，他成功打進了這個圈子。

在這段時間，只有他在施萊謝爾的安排下，在十月十日與興登堡進行的會談以失敗告終。事實上，對希特勒最持保留態度的正是總統府內部：對於他想和興登堡會面的請求，奧斯卡·興登堡——興登堡總統的兒子——一開始滿是嘲諷：「他是想來喝免費的酒吧！」

在會議過程中，與戈林一同前來的希特勒過於緊張，並未回應總統的建議——「鑑於國家的危難，請一同支持政府」——而是瑣碎冗長地闡述納粹黨的目標。他被指責縱容追隨者越來越多的暴力行爲，對此，他做出了詳盡的保證，但顯然並未令對方滿意。後來，從興登堡左右逐漸傳出他對希特勒的評價：他充其量願意讓這位「波西米亞的二等兵」擔任郵政部長，當總理是絕對不可能的。[32]

與興登堡的會晤結束後，希特勒就前往哈爾茨堡。民族主義的反對派隔天就要在此地舉行盛大的示威活動，慶祝他們的團結，並組織對「體制」的總攻擊。胡根貝格將之當作一場檢閱大典，所有右派陣營有權有勢、有錢、有名望的人物都應他的召集而來：納粹黨和德國國家人民黨的高層幹部——也包括其國會黨團和普魯士自由邦的邦議會黨團——以及德國人民黨、經濟黨、鋼盔前線士兵聯盟和全國農業聯盟的代表；許多聲名遠播的贊助者，例如由兩位王子所主持的前王室霍亨索倫家族、泛德國同盟的主席克拉斯（Heinrich Claß）和理事會成員也都出席——例如已經退休的呂特維茲將軍（Smilo Freiherr von Lüttwitz）和塞克特將軍——當然，同樣也少不了工商界大老，像是貨幣局長和中央銀行行長亞爾馬·沙赫特、聯合鋼業的恩斯特·彭斯根（Ernst Poensgen）、鋼鐵批發協會的路易斯·拉文（Louis Ravene）、漢堡港航運商布隆，以及銀行家施特勞史、海根丹茲和索格邁爾。簡而言之，除了共產黨，所有反對政府的代表性人物都在這裡齊聚一堂；這支成分複雜的雜牌軍不是出於共同的目標，而是因爲共同的不滿和怨懟的情緒而聚集於此。

希特勒極爲不滿，他原本就十分不情願前來，現在又因爲與興登堡的對談失敗，更不樂意參加這個活動了。一方面是因爲，這種同盟與先前共同反抗揚格計畫時一樣，會爲他帶來黨內的反對與批評，另一方面則是因爲，這種和市民階級的勾結令他感到很不舒服。

因此，在活動即將開始的時候，他令自己的人馬先召開一場內部會議。在這場會議中，弗里克認爲，出於戰術上的考量，他們應該參與這個「市民階級大雜燴」同盟，他說道，就連墨索里尼，當初也必須先迂迴地參與民族主義聯盟，最後才能奪得大權。弗里克話音剛落，希特勒就帶著隨扈一陣風似地闖了進來，以莊嚴的儀式對在場的人做出宣誓。

與此同時，「民族團結陣線」的其他人正在大廳等著希特勒現身。

戰術的運用與談判

對於從籌備階段開始就對這位納粹黨主席諸多隱忍的胡根貝格而言，希特勒的遲遲不出場也不是他在活動期間所受的最後一次難堪。因爲後者根本是在踐踏這些影響力強大的盟友的感情，破壞胡根貝格企圖心十足的同盟概念。早在前一天晚上，他就缺席了聯合編輯委員會的會議，並宣稱其工作純粹是在浪費時間；到了最後的遊行，照理來說應該要是整場活動最高潮，他卻在衝鋒隊的隊伍才剛經過臺前，鋼盔前線士兵聯盟正要接上時，公然離開舞臺；他也沒有出席聯合餐會，聲稱自己無法在數千位支持者「餓著肚子工作」時大吃大喝。事後，胡根貝格抱怨，自己只是因爲「對負面新聞有所顧慮」，才沒有「在公開場合和他決裂」。[33]

然而，對於希特勒而言，他在哈爾茨堡表現出的不滿絕非某種戰術動作，更不是在故作姿態，而是因爲有關權力的問題比以往更直接地出現在他面前。胡根貝格作爲這場盛會的籌辦人，儘管口口聲聲都是團結、統一，卻掩飾不住他對主導權的野心。因此，希特勒以自己的邏輯理解，任何諸如此類的結盟都只會令他受制於人，最好的狀況頂多是他和另一人平起平坐，從此德國就會極其荒謬地同時有兩位「救世主」存在。

爲了消除這種錯誤的印象，在哈爾茨堡地大會結束後一週，他又自己在布朗施維克的法蘭茲草地舉辦了一場盛大的示威遊行活動。超過十萬名衝鋒隊員從各地搭乘特別列車到場，遊行時間長達六個鐘頭，在此其間，拖曳著巨大鈎十字旗幟的飛機一直在場地上空盤旋。希特勒在獻旗典禮上表示，這是他在眞正掌權前最後一次舉行這種儀式，他們的運動距離目標只剩最後一公尺。爲了緩和黨員的一切質疑，他宣布在十月二十一日進行「攻擊」，他說：「哈爾茨堡只是一個戰術性的小目標，在布朗施維克宣布的才是不可改變的最終目標。最後會留下來的是布朗施維克，而不是哈爾茨堡。」

不過，希特勒在哈爾茨堡的失禮行爲也顯現出，他對市民階級社會懷有某種一直無法抑制的反感。只要看到這些市民階級的大禮帽、禮服和漿過的「假領子」，他就感到一陣惱火，他們的頭銜、勛章和高傲的態度也同樣如此。這些人認爲道德思想鞏固了他們的統治地位，喜歡談論自己「被歷史賦予的角色」，然而，希特勒卻敏銳地察覺到，他們在堅定態度下隱藏的軟弱與腐朽——這些人只不過是一群做出中產階級樣子的木乃伊罷了。

然而，這也正是當年那個年輕的咖啡廳潮人、遊手好閒的藝術迷所嚮往的市民階級世界。雖然慘遭拒絕，無法成爲其中的一分子，他仍舊不加批判地吸收了這個世界在社會、意識形態以及審美方面的各種價值觀，並且在很長的一段時間內維持這種思想；不過，他也同時看到了這個世界衰敗腐朽的眞面目，而且，與出席哈爾茨堡大會的市民階級代表不同，他從未忘記過這一點。

在胡根貝格身上，他好像又看到了巴伐利亞總理古斯塔夫・馮・卡爾的狡猾、傲慢卻又軟弱的身影；對希特勒而言，這個男人就是所有市民階級顯貴的縮影：一群要求超凡地位，本質卻庸庸碌碌的可憐蟲。因此，只要一想到這一點，他就會在腦海中反射性地浮現貶低性的形容詞，其中又以「懦弱」、「愚蠢」、「白癡」和「腐朽」特別常出現。他經常強調：「在政治問題上，沒有哪個社會階層比所謂的市民階級更愚蠢了。」有一次，他還補充說明，納粹黨長期以來喧鬧的宣傳方式和不恰當的言行都是刻意爲之，目的就在於和這些市民階級保持距離。

當理查・布萊廷（Richard Breiting）——《萊比錫新聞最前線》的主編——在一九三一年五月來採訪他時，他一開始就說：「我們正在對抗市民階級，您就是其中的一位代表。」他還說自己絕對不會拯救垂死的市民階級，相反地，他要毀滅它，而且，比起馬克思主義，他無論如何都會更早將市民階級解決。[34]他當時也經常強調自己與文化市民階級的差距：「如果今天有一個無產者對我粗暴地說他的想法，我會希望，他有一天能用這份粗暴對付他的敵人；然而，當一個市民階級沉溺於白日夢，只知道談論文化、文明和美學的時候，我會對他說：『你對德意志民族一無是處！你就適合待在柏林西區！到那裡去，跳你的黑人舞，直到最後翹辮子！』」[35]

他有時也會自稱是「無產階級」，不過，這種時候與其說他在表述自己的社會歸屬，倒不如說他傳達出一種「被社會排斥」的概念。他曾這麼說：「我永遠不會被理解成市民階級的一員。」同時，即便他希望贏得工人階級的支持，曾三番兩次地以欽佩的語氣稱呼他們爲「眞正的貴族」，但是，他所流露出的絕對不是自己對這個工廠裡的階級的好感，而是對另一個階級的仇恨。

他原本有可能晉升爲市民階級，然而，他先是慘遭拒絕，後來更遭受蒙騙，於是在失望中爆發出深深的仇恨。在希特勒最親密的心腹群中，最受寵就是粗野、頭腦簡單的「司機類型」，尤里烏斯·肖布（Julius Schaub）、施雷克、格拉夫和莫里斯幾人都是如此，得以看出他對市民階級的怨恨；唯有少數人，例如恩斯特·漢夫丹格或亞伯特·史佩爾，才能打破這種情結，以市民階級的身分成爲他的親信。一九三九年，希特勒對市民階級出身，擔任但澤自由市國際聯盟高級專員的卡爾·雅各布·布爾克哈特（Carl Jacob Burckhardt）「悲傷」地說：「您來自一個對我而言很陌生的世界。」【36】

希特勒與這個「陌生的世界」毫無聯繫，不僅如此，他和這些人就連一個還靠得住的戰術性同盟關係都從來沒辦法建立。哈爾茨堡大會也證明了這一點，無論是反對派的共同概念、已經討論過許多次的影子內閣，還是爲即將來臨的總統大選共同推舉一位候選人，都沒有任何一項得到實現；市民階級陣營由褐衫衝鋒隊萌生出建立戰鬥共同體的想法，也遭受希特勒一派人馬的無情訕笑。

胡根貝格原本希望在哈爾茨堡大會上令納粹黨、其他右派組織和市民階級顯貴們結成同盟，他就可以像狡猾的狐狸一樣暗中謀劃設計，讓自己成爲這個民族主義反對陣線的主導者；然而，希特勒卻粗暴地給他兩個選項：要不就乖乖聽話接受指揮，要不就乾脆放棄這個統一陣線的主意。因此，就如同納粹黨和市民階級右派陣營先前的每一次「試婚」【37】一樣，這次依舊是以失敗告終。與其說這場大會是一個開始，還不如說是最後的終結。

無論如何，胡根貝格都在此告別了自己的領袖幻夢，也告別他對希特勒的錯誤印象——這位德國國家人民黨的黨魁曾經自大地以爲，此人的格局僅止於畫匠、啤酒館演講家和煽動家而已。

不過，他並未因此放棄聯盟的主意，他抗議道：「我們無意被當作『大雜燴』，也不打算讓自己被人利用，接著又被一腳踢開。」然而，他的做法卻一再與他的意圖互相牴觸。

納粹黨的經濟支持來源

「哈爾茨堡陣線」後來經常被提起，然而，人們所談論的與其說是真實的歷史，還不如說是一個政治神話。在某些喜歡陰謀論的人眼中，這就是證明在第三帝國建立之前，希特勒就和大資本家之間進行過一連串金錢與權力交易的大好證據；然而，他們認爲能夠吸引希特勒的閃亮勳章、禮服和市民階級的作派，卻正好是他有更多理由鄙視的東西。

不可否認地，希特勒確實和一些舉足輕重的企業家有聯繫，而且納粹黨也同樣藉此提升威望並且獲取了物質上的援助。然而，納粹黨現在所得到的好處，不過是那些正逐漸崩解的中間路線市民階級政黨先前早就獲得的利益，而且在程度上還遠遠不及。因此，無論是納粹黨在選戰上春風得意，或者是中間路線市民階級政黨的頻頻失利，其實都不能將原因歸咎於富商們的贊助與否。

希特勒就曾多次抱怨工商界對他的觀望態度，他說：「墨索里尼之所以能夠比較輕鬆，就是因爲義大利的實業家都支持他……德國工業界對德意志民族的復興貢獻了什麼？什麼也沒有！」[38]到了一九三二年四月，他驚訝地得知，勢力已經縮減的德國人民黨從工業界募得的資金竟然還比納粹黨更多。同年年底，瓦爾特．馮克跑遍整個魯爾區進行募款，最後只得到唯一一筆捐款，金額也只有大概兩、三千馬克。

人們往往太高估政治獻金在黨收入的比例。有人估計，從一九三〇年到一九三三年一月，納粹黨從工商界募得了大概六百萬馬克的捐款；如果認爲這個金額合理，那就必須先知道一件事：即使是這個數值的兩倍，也完全無法養活像納粹黨這樣的政黨，畢竟，他們有大概一千個地方黨部、衆多幹部、將近五十萬名衝鋒隊員，而且在一九三二年還進行了十二場所費不貲的選戰。事實上，根據康拉德．海登的說法，當時納粹黨的年度預算是七千萬到九千萬馬克；正因爲金額如此龐大，希特勒有時也會開玩笑地自稱爲德國最偉大的經濟領袖之一。【39】

陰謀論者甚至在進行「嚴肅的考證」時，也特別喜歡以指涉廣泛、不精確的說法將納粹黨與大資本家聯繫在一起；他們會在進行僞學術的論戰時，鄭重地宣稱，希特勒只不過是一個「花大把鈔票費力炒做出來的候選人」，因爲在幕後運作的資本主義「納粹集團」需要爲他們自己找一個「公關經理」。【40】

事實顯然並非如此，企業與企業主們在當時都有各自的考量，至少在一九三三年以前，無論是出口商、證券業、大型百貨公司的老闆，還是化工業或者傳統家族企業諸如克虜伯、霍旭（Hoesch）、博世（Bosch）和科略內（Klöckner）的企業主，出於經濟方面的考量，其實大多都對納粹黨持保留意見——更不用說，德國工商界也有不少猶太企業存在。

奧托．迪特里希曾介紹希特勒與萊茵西發利亞地區的大型工業公司的業主認識，他在當時的一份報告中抱怨工商界「拒絕在我們最艱困的鬥爭中相信希特勒」。一直到一九三二年的年初，工商界依舊表現出「強烈抗拒」的態度，於是，爲了克服這種困境，希特勒於一月二十六日在杜塞道夫工業俱樂部發表了著名的演說。【41】

納粹黨雖然的確在演講後獲得了捐款，解決了燃眉之急，募得的資金卻不如他們預期的多。不僅如此，由沙赫特、銀行家施瑞德（Kurt von Schröder）以及阿爾貝特．福格勒（Albert

Vogler）在一九三二年年底提出的，向興登堡請願任命希特勒爲總理的請願書，也從來沒有成功過，因爲多數企業主都拒絕簽名支持。沙赫特就曾在信中向希特勒抱怨：重工業之所以叫做重工業，就是因爲這些人很難下定決心[42]（譯註：重工業的德文爲Schwerindustrie，schwer意指沉重的、困難的）。

此外，這個「希特勒和大資本家互相勾結」的理論也同樣無法解釋，爲何納粹黨早在獲得工業界贊助之前就已經得到了幾百萬張選票。在希特勒於杜塞道夫發表演說的時候，納粹黨的黨員人數就已經遠超過八十萬人，也得到了超過一千萬名選民的支持。對希特勒而言，這些才是他立足的基礎，相較於冥頑不靈的企業主，這些人心心念念的「偉大的反資本主義渴望」才更需要他關注。因此，他在這些工業家身上投注的心力，沒有比他投注在同樣厭惡的奧托．史特拉瑟身上的心力多上多少；甚至當這些人質疑，納粹黨員爲何會參與柏林金屬工匠大罷工的活動時，他也毫不顧忌地替自己的追隨者開脫，回答道：「無論如何，讓納粹黨員罷工，總比讓共產黨員罷工來得好。」[43]

最重要的是，這種陰謀論無法解釋一個問題：爲何這個橫空出世的新興群眾運動，可以如此輕而易舉地擊敗擁有良好組織與深厚累積的德國左翼？因此，馬克思主義者指控希特勒爲資本主義傀儡的這種理論，其實就像是鬼神信仰或者馬克思主義的正統信仰一樣，無論是哪種，其實都只是左派喪失理性的表現，就好像是「左翼陣營的反猶太主義」[44]一樣。

不過，儘管「工業界和納粹黨利益交換、彼此勾結」只是陰謀論，但在工業界中也確實瀰漫著一股支持或是偏愛民族社會主義的氛圍。在工業界，有相當多人毫不掩飾他們希望希特勒登上總理之位的想法——雖然他們並不想爲此付出什麼心力；也有很多人雖然不打算贊助希特勒，但也同樣肯定他所提出的計畫。這些人並未對他在經濟政策上有什麼具體的期望，對於納粹黨內部的社會主義反市民階級氛圍，也一直抱有疑慮；因此，爲了對抗黨內左翼，納粹黨在工業界的一小撮的支持者甚至在一九三二年夏天針對這個目標設立了辦事處。

這些企業主從未眞正接受市民階級民主制和民眾隨之獲得的權利，因此，這麼多年來，他們從來不支持共和政府。對他們當中的許多人而言，希特勒對於恢復秩序的承諾，就意味著企業主能獲得自主權和稅收優惠，現在勢力龐大的工會也將走入歷史。工業界一位代表人物喊出「從共和制度解放！」的口號，也傳達出他們對專制秩序的想像。[45]

在德國社會中，幾乎沒有哪裡像工商界這樣固執地抱著專制國家的糟粕不放，明明走在科技技術的最前線，腦袋卻還停留在前資本主義的社會思想裡。因此，如果要追究大資本家必須爲納粹黨崛起負起的共同責任，我們需要討論的就不是他們共同的目標，當然也不是什麼黑暗的陰謀，而是瀰漫整個工商界的反對民主、反對共和政府的氛圍。

當然，這些大企業家都看走了眼；他們只看到希特勒對秩序的狂熱、對權威的崇拜和他身上守舊落後的特徵，而忽略了他同樣具有一種獨一無二的未來感。

希特勒在前述那場杜塞道夫工業俱樂部的演講中，憑藉自己非凡的共情能力，不僅捕捉到企業家們對專制、權力和秩序的想法，更利用這一點將他們拉攏到自己這邊，可以算作證明他演說能力的精彩演講之一。

又一次精彩的演講

他身穿雙排釦的深色西裝，態度得體又游刃有餘，向這些顯然態度保守的大實業家們闡述自己的政治思想。在這場兩個半小時的演說中，他發出的請求、說話的語氣和咬字都經過刻意的計算，依照聽衆的喜好選定自己要說的每一個字。

他一開始就提出自己那套「內政優先」的理論，極力否定被布呂寧奉爲教條的，「德國的命運主要受對外關係所左右」的觀點。希特勒說，正好相反，「一個民族的內部狀態」才是決定外交政治的關鍵，其他的不過是自暴自棄或爛政府的藉口罷了；他指出，德國的實力已經被民主的齊平作用削弱了：「有能之人在一個國家中永遠只會是少數，因此，當這些人與其他普通人的價值齊平，天賦、才能和特殊人格的價值就會在多數決的過程中被逐漸淹沒——這就是所謂的『人民的統治』。然而，這是一個錯誤的稱呼，因爲這才不是什麼人民的統治，而是愚昧、平庸、不澈底、懦弱、不完善、充滿缺陷的統治。人民的統治更應該是讓一群在各方面最能幹、最有天賦的人統治、領導人民，而不是交給對各方面都很陌生的多數大衆。」

民主的平等原則，他繼續道，並不是什麼微不足道、只在理論上有意義的概念，而是一種遲早會影響到生活的方方面面，慢慢毒害一個民族的思想。此外，他也對這些企業家聲稱，財產私有制與民主政治根本互不相容，因爲，「每個人的成就不相等」乃是私有制邏輯與道德論的基礎。接著，他開始闡述自己的核心論點：

「如果承認這一點，那就精神錯亂了——每個人在經濟領域上的價值都絕對不相同，到了政治上卻又變得不是這麼一回事！在經濟上推崇成功與個人價值的思想，也就是說，經濟生活是由個人的威信而決定；然而，在政治領域卻又否定個人的威信，轉而信奉民主，信奉票票等值的多數決原則。經濟上和政治上兩種截然不同的想法一定會逐漸產生分歧，到了那個時候，人們爲了彌補裂痕，只能在經濟上也採取和政治領域相同的原則……政治上的民主到了經濟領域就變得像是共產主義了。現在，我們正處於這兩種不同原則在所有領域上互相鬥爭的時期……。

在國家中有一個組織，無論用什麼方法都無法在不解體的狀況下實現民主化——那就是軍隊……軍隊只有在絕對反民主原則的狀態下才能維持，也就是向下保持絕對的權威，向上保持絕對的負責。否則，在一個下至鄉鎮政府、上至國會，以民主思想爲基礎建立一切政治生活的國家，軍隊勢必會逐漸變得與整個社會格格不入。」

希特勒以各種範例說明這種結構上的矛盾，並敘述民主思想和共產思想在德國擴散的狀況有多麼具威脅性。他也詳細論述布爾什維克主義的恐怖之處，他說，這不只是一支「在某幾條街上吵鬧的紅軍」，而是一種「即將征服整個亞洲大陸，接著……逐漸動搖、毀滅整個世界」的世界觀。他說：

「如果按照現在的腳步，布爾什維克主義將會讓這個世界產生天翻地覆的變化，就像基督教曾經做過的那樣……因爲這是一種世界觀，所以三十年、五十年對其而言都無關緊要，畢竟，基督教也是在西元三百年的時候才在整個南歐站穩腳跟。」

希特勒表示，由於德國人民的思想混亂、心理崩潰，共產主義在德國散播的情形比在其他國家更爲嚴重，已經有數百萬人相信，共產主義就是一種「能夠解決他們實際經濟問題的世界觀」。因此，從外部尋找眼下困境的源頭，並且用外部的工具與之抗爭，就是錯誤的做法——無論是經濟措施，或是「再頒布二十道緊急命令」，都無法阻止國家的滅亡；國家衰落的起因來自於政治，所以就需要由政治決策，也就是「一個徹底的解決方案」來解決問題。

「這個方案建立於一個認知上——經濟之所以崩潰，是因爲國家內部的崩解，而不是相反的因果關係。如果沒有強而有力的政府保護，就不會有繁榮的經濟存在，就像沒有迦太基的強大艦隊，就沒有迦太基昌盛的商業活動。」

不過，他補充道，國家的權力和福祉是其內部組織顯露於外的表現，也是「對某些原則性問題達成穩定共識」的結果；但是，德國現在處於一種內部嚴重分歧的狀態：有大概一半的人民是廣義上的布爾什維克主義者，剩下的是民族主義者；一半的人擁護財產私有制，另一半則認爲私有制算是一種偷竊；一半的人視革命爲叛國罪，另一半則將之視爲義務。於是，爲了控制這種四分五裂的局面、克服德國的軟弱無力，希特勒創造出一種運動和世界觀：

「諸位眼前所見的這個組織……充滿最高尚的民族情感，其領導層對所有領域和任何機關都具有絕對的權威——也是唯一一個不僅完全戰勝國際主義和民主主義思想、懂得指揮與服從，並且第一次在德國政治領域中以成就爲原則建立出數百萬人規模的政黨。

這是一個追隨者都具有無法抑制的戰鬥精神的組織，也是第一次出現這樣的組織：當政敵表示『你們的發言對我們而言是一種挑釁』之時，不會馬上停手，而是粗暴地貫徹自己的意志，狠狠還擊。今天我們戰鬥！明天我們戰鬥！如果你們認爲我們今天的集會是一種挑釁，那我們下週就會再舉辦一場……如果你們說：『你們不准上街！』──那我們就更要走上街頭！如果你們說：『那我們就修理你們！』──那麼，無論有多少夥伴犧牲，這個年輕的德國都會一直走下去……如果有人指責我們不寬容，我們就會驕傲地坦承：沒錯，我們已經無情地決定，要將馬克思主義斬草除根，完全從德國拔除。我們不是因爲好鬥才做出這個決定，因爲我完全可以想到比奔波全國更美好的生活……然而，現在正是德國命運的轉折點，我們不得不如此。

要是按照目前的狀況繼續發展，德國必然會在某一天陷入布爾什維克主義的混亂；如果想打斷這種發展，我們的人民就必須學習接受鐵的紀律……德國不是會成功脫離現在這種政黨、同盟、聯合會林立，世界觀、優越感和階級妄想互相糾纏的混亂狀態，再次塑造出鋼鐵般堅強的德意志民族，就是會因爲缺乏這種內部的團結而最終毀滅……。

經常有人對我說：『您不過是民族主義德國的煽動家而已！』如果我眞的只是煽動家，那麼，我就應該表現得更像政治家、向德國人民灌輸新的信仰，而不是慢慢耗損固有的信念……（臺下響起熱烈的贊同聲）……我清楚得很，先生們，當納粹黨員遊行穿越街道，晚上突然發生騷動和吵鬧時，市民階級就會拉開窗簾向外看，說道：『又來打擾我晚上的安寧，害得我不能睡覺……。』但是，各位不要忘記，這都是他們的付出啊！納粹黨的幾十萬名衝鋒隊員與突擊隊員每天都要爬上卡車、維護集會活動的秩序和進行遊行，夜復一夜地犧牲奉獻，黎明時才能夠返回──不是回到作坊或工廠工作，就是以失業者的身分領取微薄的救濟金……如果整個國家就像這幾十萬人一樣，對自己的使命都抱持同樣的信念，都具有這種理想，那麼，德國今天在世界上的地位就會大不相同！（臺下觀眾熱烈鼓掌）」【46】

希特勒以「個人權威」爲名義，主張強權政府和企業特權的演說一再被熱烈的掌聲打斷，然而，當弗利茨．蒂森在活動最後高喊「希特勒先生，萬歲！」的時候，只有約莫三分之一的與會者願意響應。雖然這場演講的實際收益不如預期，但希特勒還是得到一項重要的收穫——他終於擺脫了長期被孤立的狀態，開始得到越來越多的支持。

與此同時，共和政府卻越來越孤立無援，腹背受敵。在社會民主黨執政的普魯士自由邦，鋼盔前線士兵聯盟、德國國家人民黨、納粹黨、德國人民黨甚至是共產黨都聯合起來，試圖以公民投票的方式解散邦議會；即使他們最後只得到百分之三十七的選票，但這個企圖推翻政府的廣大陣線給人留下的印象也發揮了後續的影響作用。

不僅如此，半軍事化武裝部隊之間——尤其是共產黨和納粹黨之間，以及兩黨與警方之間——爆發的激烈衝突、街頭的混亂情況以及週末固定發生的流血暴動等等，都顯露出政府權威受損的事實；無論是海爾多夫伯爵（Wolf-Heinrich Graf von Helldorff）組織柏林衝鋒隊在猶太新年掀起一連串的瘋狂騷動、在大學對不受歡迎的教授進行批鬥還是審判黨員，都是早先從未發生過的場景。

雖然並未眞正爆發內戰，但希特勒關於「人頭落地」的言論依舊在全國人民耳邊迴響，此外，人民也越來越感覺到，政黨爲了爭取選民支持和議會席位進行了更多的街頭活動，而不是與競爭政黨爆發偶爾會演變爲流血事件的衝突。「市民階級政黨的目標只是贏得選戰，而不是消滅對手，」希特勒在前一段時間如此表示，並補充道：「我們很清楚，如果馬克思主義獲勝，我們就會被消滅——我們對此完全不會心存僥倖。反之亦然，如果我們獲勝，馬克思主義也只會被我們消滅，而且是完完全全地消滅，絕不寬容。不將他們的最後一家報社摧毀、最後一個組織解

決、最後一個教育機構根絕、最後一個馬克思主義者轉化或消滅，我們就絕不罷休。沒有什麼折衷方案可以討論。」【47】

因此，現在於街頭上演的都是內戰的前哨戰，重新回到一九一九年被打斷的那場革命的發展進程，直到一九三三年的春天才在衝鋒隊的「英雄地窖」和集中營中結束。

納粹黨成為第一大黨

在這種高度緊張的氛圍中，共和政府顧慮到希特勒可能會採取極端行動，因而不敢對他施壓。一九三一年十一月，納粹黨在黑森邦邦議會的選舉上拿下百分之三十八點五的席位，成爲遙遙領先其他黨的第一大黨。十天後，一名納粹黨的叛徒向法蘭克福警察局長洩露情報，揭露了一份黑森邦黨分部針對共產黨暴動的情況所制定的行動計畫。

這份「博斯海姆文件」以沃姆斯附近一處莊園爲名——因爲納粹黨高層正是於此處召開叛國會議——預定由衝鋒隊及其關係組織接管政權，計畫以「無情鎭壓」達到「最嚴格的民衆紀律」，規定將所有反抗或不服從的行爲一律判爲死刑，在特定條件下還允許「不經審判」就執行死刑。此外，財產私有制暫停、銀行的利息發放中止，還要實施人民義務勞動與統一供膳制度——當然，猶太人不需要服勞役，也得不到配給的食物。【48】

希特勒對此的反應不同於六個月前的違法事件，並未對制定該行動計畫的幹部實行任何處分，然而，無論如何，他還是聲稱自己與博斯海姆文件並無任何關係。由此，我們得以看出，他在思考戰術時，越來越經常將對手的顧忌和大衆的恐懼納入考量。儘管這份計畫在某些細節上偏離了希特勒的想法，尤其在半社會主義的特性上和他的新路線互相矛盾，卻非常準確地抓到他一直企求的爭奪權力的理想起點：根據他的想像，當共產黨起義暴動，受到威脅的政府就會發出呼救，如此一來，他就可以帶著衝鋒隊出場，以正義的名義和正當的姿態行使暴力。

他在啤酒館革命時想逼迫卡爾授權，最後卻徒勞無功的，也正是這種「正當性」。他想要的從來就不只是擁有權力，做一個和許多同行一樣的政治人物；正好相反，他一直都想以救世主的姿態閃亮登場，帶著救兵將德國從共產威脅中解救出來，最後奪得大權。

這種出發點正符合希特勒戲劇化及末世論的性格。他一直想像自己在和黑暗勢力進行全球性的鬥爭，華格納的主題音樂、白衣騎士和羅恩格林的形象、聖杯、身陷危險的金髮女子等等，也都影影綽綽地出現在此之中。因此，當之後的情勢發展不如預期，共產黨的政變企圖也並未如戈培爾所言地「燃燒起來」，他就試圖自己假造。

直到最後，博斯海姆計畫的制定者都並未得到任何制裁。這一點顯示出共和政府的權威滑落，各界對其都不再忠誠，不僅官僚機構和司法機關在這起重大叛國案件的起訴上明顯表現得拖拖拉拉，就連當局也漫不經心、擱置不理，白白錯失拯救共和體制的最後的有效機會。在罪證確鑿的情況下，政府不但沒有逮捕希特勒，將他送上法庭，反而堅持進行協商，而且更加努力地安撫他。這時，我們就能看出，希特勒得到施萊謝爾和興登堡的接見，以及被影響力巨大的政客、企業家和顯貴們當作夥伴接納——簡而言之就是「成功接近總統先生」——有多大的意義。

當然，到了這個時候，警方或司法機關到底還能不能有效阻止民族社會主義運動，或者只能造成反效果，進一步刺激納粹黨採取更激進的行動，這個問題恐怕沒有人能夠回答。無論如何，一九三一年十二月，普魯士內政部長賽伏林（Carl Severing）放棄在凱薩宮酒店的記者會上逮捕希特勒的計畫；同時，當施萊謝爾在一場會議中被要求對納粹黨採取有效措施時，他回道：「我們已經沒有這種能力了。如果我們試著這麼做，就會直接被推翻！」[49]

突然之間，人們對於自己先前對納粹黨的想法不再自信，也不再認爲他們只是一群小市民階級廢物和煽動吹牛家。雖然這時候還零零星星地，不過確實有越來越多人興起一種麻木感，就好像在面對大自然的原始力量時所感到的無能爲力。英國軍事專家指出德國軍官對此的普遍看法：「這是無法被阻止的『青年運動』。」

我們所關注的納粹黨崛起的歷程，其實就是威瑪共和逐漸衰敗的歷程；共和政府不僅無力反抗，更缺乏希特勒經常在演說中灌輸的美好未來藍圖，很少有人相信威瑪共和會繼續存活。「可憐的共和體制！」[50]戈培爾在他的日記中諷刺地寫道。

注釋

【1】Hermann Remmele於›Die International‹ 13, S. 548中所述，引用自K. D. Bracher, »Auflösung«, S. 365。

【2】一九三〇年九月十五日《法蘭克福報》的社論。以及威廉·阿貝戈（Wilhelm Abegg）在一九三〇年十一月九日的《柏林日報》上的說法。科布倫次的知事在一九三一年二月十四日的一篇報告中也指出，與其說納粹黨的選民是希特勒的支持者，不如說他們是眼下這個政權的反對者；參照F. J. Heyen, aaO., S. 49 f.。

【3】Oswald Spengler, »Preußentum und Sozialismus«, München 1919, S. 11.

【4】一九三〇年九月二十四日的《每日郵報》的說法，引用自九月二十五日的《人民觀察家報》。羅特梅

耶勛爵的文章一開始就極力呼籲英國人改變對德國的看法：「到目前爲止，德國在我們腦海中的印象就是戰俘。德國人不像其他民族一樣自由，我們對其設下重重限制，他們必須滿足被我們強加在身上的賠款和各種條件，才能重獲完全的國族自由……死咬著法律的每一項條款不放，眞的是明智之舉嗎？」這篇文章最後做出結論：「如果德國能有一個政府運用健全的原則行事，就像墨索里尼在過去八年復興義大利所做的一樣，對於西方文明就是最大的福祉。」

【5】例如，當這些尷尬的候選人後來出乎意料地進入國會以後，他們有的人完全沒辦法回答企業家所提出的刁鑽問題——例如「對於廢除利息的看法爲何？」：參照 A. Tyrell, aaO., S. 302。

【6】K. D. Bracher, »Diktatur«, S. 201。

【7】一九三一年十一月二日的《進攻報》，收錄於 »Wetterleuchten«, S. 213 f.。

【8】出自文中提及的奧古斯特・史奈德赫柏的備忘錄，一九三〇年九月十九日，Doc. Ctr. 43/11。有關後文提到的格里哥・史特拉瑟的信，參照 A. Tyrell, aaO., S. 340。

【9】引用自 A. Bullock, aaO., S. 159，以及一九三〇年九月二十六日的《法蘭克福報》。有關此，也參照 »Mein Kampf«, S. 379：「這個運動……反對議會，就連參與議會都只是爲了破壞議會組織，消滅這個我們所看到的，人類衰敗的最糟糕的現象的其中之一。」

【10】»Tischgespräche«, S. 364.

【11】引用自 O. E. Schüddekopf, »Heer und Republik«, S. 281 ff.。

【12】希特勒的證詞並未被完整記錄下來：此處轉述的引文是按照客觀事實，由許多資料來源整合而成，也參照 Peter Bucher, »Der Reichswehrprozeß«, S. 237 ff.，其試圖根據媒體報導，完整重現希特勒當時的發言。

【13】Richard Scheringer, »Das große Los«, S. 236；以及›Der Angriff‹, aaO., S. 73（一九二八年四月三十日）。A. Krebs, aaO., S. 154 指出，希特勒在一九三二年春天的漢堡黨報中要求「煽動大衆進行革命行動」。

【14】參照沃夫岡．紹爾於 K. D. Bracher/W. Sauer/G. Schulz, »Die nationalsozialistische Machtergreifung«, S. 851 所述；有關親衛隊的發展與作用，參照 H. Höhne, aaO., S. 30 ff.；同上，S. 57 f，親衛隊成員人數：一九二九年一月有兩百八十人，一九二九年十二月有一千人，一九三〇年十二月有兩千七百二十七人。

【15】引用自 H. Bennecke, »Hitler und die SA«, S. 253 (Dok. 13)。衝鋒隊成員必須爲未婚男性，希特勒表示：「做了父親的人不適合進行街頭戰鬥。」參照 E. Hanfstaengl, aaO., S. 97。

【16】參照 W. Sauer, »Machtergreifung«, S. 847；以及 M. Broszat, »Die Anfänge der Berliner NSDAP«，刊載於 VJHfZ 1960/1, S. 85 ff。後文節錄的衝鋒隊隊歌引用自›Der Angriff‹, aaO.，一九二八年六月二十五日。

【17】»Tischgespräche«, S. 364.

【18】威利．費勒（Willi Veller）於一九三〇年八月十六日的信，引用自 A. Tyrell, aaO., S. 297 f.。

【19】參照 »Wetterleuchten«, S. 71 f.（一九三一年二月十九日的文章）。

【20】Arthur Rosenberg, »Entstehung und Geschichte der Weimarer Republik«, S. 479.

【21】A. Franfois-Poncet, aaO., S. 22 f..

【22】J. Curtius, »Sechs Jahre Minister der deutschen Republik«, Heidelberg 1938, S. 217.

【23】英國大使於一九三一年七月十六日的報告，引用自 A. Bullock, aaO., S. 173。

【24】出自一位不具名的國家防衛軍軍官針對「民族社會主義與國家防衛軍」所寫的文章，體現出軍官團對希特勒運動的全然反對；收錄於 H.-A. Jacobsen/W. Jochmann, aaO.，日期為一九三〇年十一月二十三日。有關施萊謝爾這個人，可參照 E. Eyck, aaO. II, S. 420 ff. 和 Gottfried R. Treviranus, »Das Ende von Weimar«, S. 248 ff.。

【25】參照 Walther Hubatsch, »Hindenburg und der Staat«, S. 306。

【26】卡爾・馮・奧西茨基在一九三二年二月三日的《世界舞臺》上如此表示。

【27】參照 Dorothea Groener-Geyer, »General Groener«, S. 279；以及一九三二年四月二十二日的 »Denkschrift des Stabschefs der SA Röhm für Zwecke aktiver Information im Auslande«，引用自 Th. Vogelsang, aaO., S. 422 ff.。

【28】Th. Heuss, aaO., S. 148 f..

【29】隨後又在柏林進行會面，希特勒請求企業家不要再支持布呂寧，不過，根據恩斯特・彭斯根的說法，他並未獲得成功；參照 Ernst Poensgen, »Erinnerungen«, S. 4；以及 O. Dietrich, »Mit Hitler in die Macht«, S. 45。

【30】格勒納於一九三一年十一月十一日寫給格羅・葛萊希（Gerold von Gleich）的信，參照 R. H. Phelps 刊登於 ›Deutsche Rundschau‹ 1950/76, S. 1016f. 的文章。

【31】格勒納寫給友人葛萊希的信，可參照 D. Groener-Geyer, aaO., S. 279 ff.。以及 K. Heiden, »Hitler« I, S. 293。

【32】Ernst v. Weizsäcker, »Erinnerungen«, S. 103 還有一段有關郵政部長的話：「這樣他就可以舔我的屁股——在郵票上舔。」興登堡經常稱希特勒為「波西米亞的二等兵」，因為他誤以為希特勒的出生

地布勞瑙在波西米亞；當然，他也有可能是希望藉由這個說法，特意標示出他從希特勒身上察覺到的，陌生且不屬於德國的，波西米亞的波西米亞主義氣質。有關奧斯卡・興登堡所言，參照 Kunrat v. Hammerstein, »Spähtrupp«, S. 20。

【33】Alfred Hugenberg, »Hugenbergs Ringen in deutschen Schicksalsstunden« I, hrsg. von Josef Borchmeyer, Detmold 1951, S. 18。有關希特勒的意見，參照其與鋼盔前線士兵聯盟主席之間充滿爭吵的信件往來，Theodor Duesterberg, »Der Stahlhelm und Hitler«, S. 24 f.。

【34】參照 Edouard Calic, »Ohne Maske«, S. 22 多處。此出處也有許多希特勒對「市民階級」做出的反射性貶低的例子。該書記錄了《萊比錫新聞最前線》主編理查・布萊廷與希特勒的兩次對談，然而，由於此書的可信度值得懷疑，訪談內容的眞實度也令人存疑。不過，這些顯然與希特勒的反市民階級言論無關；有關此，參照 ›Der Spiegel‹, 1972/37, S. 62 ff。以及 »Tischgespräche«, S. 170、S. 38、S. 245、S. 261 f 和 S. 348。更多例子也參照 »Mein Kampf« 中關鍵字爲「市民階級」的段落。

【35】»Adolf Hitler in Franken«, S. 138（一九二九年十一月三十日的演說）。

【36】Carl J. Burckhardt, »Meine Danziger Mission«, S. 346 和 S. 340。希特勒在訪談中對漢斯・約斯特（Hanns Johst）指出，不能以市民階級的角度來理解他；訪談內容公開發表於一九三四年一月二十六日的《法蘭克福民報》。也參照 »Tischgespräche«, S. 170。

【37】出自一九三〇年五月十八日的《青年德意志》針對反揚格計畫的全國委員會的報導。還有其他的結盟嘗試，例如在一九三〇年夏天失敗的廢除普魯士邦議會的公投，以及同樣命運多舛的，納粹黨與布朗施維克的市民階級右翼同盟之間的聯盟。有關後文中胡根貝格的評論，參照 Schultheß 1931, S. 251。

【38】引用自 H.-A. Jacobsen/W. Jochmann, aaO.，關鍵字「一九二七年年初」，S. 3。

【39】Vgl. Georg W. F. Hallgarten, »Hitler, Reichswehr und Industrie«, S. 120：有關納粹黨的義務和工業界的捐款金額，此出處還有更詳細的說明。以及 K. Heiden, »Hitler« I, S. 313 f.。有關此，也見 Henry A. Turner, »Fritz Thyssen und ›I paid Hitler‹«，收錄於 »Faschismus und Kapitalismus in Deutschland«, S. 87 ff.。蒂森試圖從德國鋼鐵工業家協會西北分部的罷工基金抽出十萬馬克給納粹黨，卻沒能成功，正好證明其規模龐大與困難度。當時的協會經理路德維希．高爾（Ludwig Grauert）未經主席恩斯特．彭斯根的同意就進行金融交易，招致後者的強烈抗議，克虜伯甚至要求解僱高爾，好在蒂森聲明這只是一筆貸款，並立刻自掏腰包補上缺少的金額，高爾才得以躲過一劫。有關此，參照 H. A. Turner, aaO., S. 101 ff.——根據弗里德里希．弗利克（Friedrich Flick）於法庭上提出，並且部分獲得證實的證詞，納粹黨獲得的金額，在他爲政治目的付出的資金中只占百分之二點八；參照同上，S. 20。由於缺乏足夠的資料來源，關於希特勒到底從工業界取得多少經濟援助的問題，已經成爲一片廣大的未知地帶，充斥著各種帶有意識形態的推測。根據納粹黨財務主任弗朗茲．沙維爾．施瓦茨（Franz Xaver Schwarz）自述，他在一九四五年的春天燒毀褐宮的所有文件，以避免這些文件被即將到來的美軍沒收。此外，最常被引用的資料來源 Fritz Thyssen, »I paid Hitler« 也被證明可信度不高，就連蒂森自己都否認這本書的眞實性。一九四〇年春天，當他流亡於蒙地卡羅時，他接受此書的出版人埃默里．里夫斯（Emery Reves）對自己進行幾場採訪，後來成爲回憶錄的寫作素材。然而，由於德軍迅速攻入法國，他們的計畫也突然中止，里夫斯帶著資料逃到英國，在自行補充許多細節之後，發表這幾場採訪的內容。相較於蒂森的版本，里夫斯的版本更不可信，因爲它甚至從來沒有被陶努斯山區柯尼希施泰因的去納粹化法庭採納。

亨利．阿什比．特納（Henry Ashby Turner）在前文提及的研究中證明，在這本書中被歷史學家們認為特別相關的段落，是蒂森從來未曾親身經歷，卻被里夫斯自己證實的部分。這更加削弱了此書作為參考資料的可信度，舉例來說，其中有一段敘述蒂森對於希特勒在杜塞道夫對工業家們發表的演說感到「印象深刻」，然而，該段落並不存在於當初的採訪紀錄中，顯然是里夫斯後來自己增添進去的，對此，蒂森也在戰後提出抗議。此外，此書中敘述蒂森每年資助納粹黨兩百萬馬克的段落一再被引用，也被特納證明不屬實，或多或少是捏造的說法。有關實際的金額，參照特納於其著作中的論述，其結語為：「如果仔細權衡一切，我們就會體認到，工商界的資助絕大部分都落在納粹黨的敵對陣營上。」（S. 25）因此，我們得到的結論沒有改變：納粹黨最大的經濟來源是黨員們繳納的黨費。根據警方的報告，許多人因為必須繳納高額的黨費而不願意入黨；有關此，見 F. J. Heyen, aaO., S. 22 和 S. 63。

【40】見 E. Czichon, aaO.，有許多類似的例子；有關此，更多參考資料與文獻參照 Eike Henning, »Industrie und Faschismus«，刊登於 NPL 1970/4, S. 432 ff.。埃博哈德・契宏（Eberhard Czichon）偏愛使用一般參考資料和未公開的檔案，因此很難驗證他的資料來源的真實性，此外，他顯然也經常刻意造假，或者錯誤、不精確地引用資訊。恩斯特・諾爾特（Ernst Nolte）指出，契宏的敘述會令讀者以為法本公司（IG Farben）在希特勒上臺之前就資助納粹黨，但是，根據文件紀錄，一九四四年才是法本公司匯款的時間點（參照 E. N, »Der Nationalsozialismus«, Berlin 1970, S. 190）。此外，契宏還引用 K. D. Bracher, »Auflösung«, S. 695，聲稱一九三三年一月四日，希特勒在科隆與巴本會談之後，又與柯多夫和蒂森見面，然而，在布拉赫的這本著作中並未出現這樣的內容；在 Hans Otto Meißner/Harry Wilde, »Die Machtergreifung« 中也出現契宏誤導性的援引。更多例子，見 E. Henning, aaO., S. 439。

【41】這場演講舉行的時間在一月二十六日，而非大多數人所認為的一月二十七日，參照 O. Dietrich,

»Mit Hitler in die Macht«, S. 44和S. 46。G. W. F. Hallgarten, »Hitler, Reichswehr und Industrie«以及»Dämonen oder Retter«, S. 215 f. 都強調各產業和各企業家對於希特勒的態度都不相同；還有Iring Fetcher, »Faschismus und Nationalsozialismus. Zur Kritik des sowjetmarxistischen Faschismusbegriffs«，刊登於›Polit.Vierteljahresztschr.‹ 1962/1, S. 55。

【42】亞爾馬．沙赫特在一九三二年十一月十二日寫給希特勒的信，IMT 773-PS。例如，古斯塔夫．克虜伯（Gustav Krupp）就曾回覆道：「由於一系列的原因，我真的不可能在這份請願書上簽名。」參照G. W. F. Hallgarten, »Hitler, Reichswehr und Industrie«, S. 125；以及H. A. Turner, aaO., S. 26。

【43】參照K. Heiden, »Geburt«, S. 22。

【44】Ralf Dahrendorf, »Gesellschaft und Demokratie in Deutschland«, S. 424。達倫多夫（Ralf Dahrendorf）認爲這種觀點肯定符合動機，企業家們支持希特勒，就像他們資助所有有潛力上臺的右翼政黨一樣，他們的目的絕非進行陰謀活動，而是保守得多，只是想要買個保險而已；引用一句胡戈．斯廷內斯（Hugo Stinnes）在一九一九年的名言，他們只是支付了「防範暴動的社會保險費」。哈爾加登（George W. F. Hallgarten）也總結道，雖然希特勒得到工業界資金的大力支持，但並非由此所「造就」；參照aaO., S. 113。我們也可以說：雖然工業界並未將權力交到希特勒手上，但他也很難在與工業界對立的情況下獲得成功。

【45】出自亞爾馬．沙赫特在哈爾茨堡發表的演說，參照»76 Jahre meines Lebens«, S. 367 ff.。舉例來說，早在一九二九年十二月——也就是在最後一任議會政府垮臺之前——的德國工業全國聯合會的成員大會上，就有一位演講者在滿堂的掌聲中對他的聽眾指出，在德國，「除非將十萬名黨幹部逐出國內，否則不可能達成經濟上的和平」；根據報告記載，當時臺下的叫好聲和呼喊著「墨索里尼！」的

聲音越來越大聲。兩年後，德國工業全國聯合會在布呂寧政府的「共同聲明」中提出最終的經濟政策要求，希望能促成眞正的民族主義專制政權。與工商界關係密切的›DAZ‹在一九三一年十月六日的社論中提出威脅，如果不這麼做，「德國政治界與經濟界的權威」就準備放棄布呂寧。也參照 H. A. Turner, aaO., S. 12 f，有關希特勒是否得到大企業家的強力支持的問題，作者果斷地表示否定。

【46】該場演說的全文見 M. Domarus, aaO., S. 68 ff.。

【47】一九二六年二月二十八日，希特勒於大西洋大飯店宴會廳對漢堡民族俱樂部發表的演說。報告中提到「掌聲如雷」；參照 W. Jochmann, »Im Kampf«, S. 103 和 S. 114。

【48】這項行動計畫的負責人爲陪審法官溫爾納．貝斯特（Werner Best），曾被選爲黑森邦邦法院的大區法律部部長，後來在第三帝國時期又在被占領的丹麥升任爲帝國委員。該文件收錄於 Schultheß 1932, S. 263。

【49】參照 K. Heiden, »Hitler« I, S. 292，以及 Carl Severing, »Mein Lebensweg« II, S. 316 f.。後文中的引文出自英國駐外武官的紀錄，參照 »Documents on British Foreign Polity 1919-1939«, 2nd series, vol. I, p. 512, Anm. 2。

【50】J. Goebbels, »Vom Kaiserhof zur Reichskanzlei«, S. 102（一九三二年五月二十八日）。

第三章　大權在望

「選舉！選舉！贏得民心！我們所有人都很開心。」

約瑟夫・戈培爾

希特勒能夠崛起，除了因爲他具有高超的煽動能力、熟練的戰術技巧以及激進的魄力，反理性的詭計也爲他鋪平了眼前的所有道路。此外，因爲各種意外事件，一九三二年舉行了五次大選，也讓他有機會在自己最擅長的宣傳煽動領域發揮優勢。

興登堡的聯邦大總統任期即將在春天屆滿，布呂寧爲了爭取時間，避免選舉的風險和激化事態的作用，早就計畫以修憲的方式將興登堡的總統任期延長至終身制。在這個冬天，經濟危機已經進入一個新的、幾乎無法想像的嚴峻局面，失業人數在一九三二年二月的數據已經超過六百萬人。儘管如此，布呂寧帶著一種實事求是的專家式固執，認定他的原則高於一切政客的變通意願，仍然堅持自己的路線。他指望戰後賠款最終得以取消，指望在裁軍會議上獲得進展，指望德國獲得平等的權利，也指望自己嚴格的緊縮政策到春天時能帶來成效。

然而，德國人民既不認同他的嚴厲，也不認同他的希望，只知道挨餓、受凍以及忍受困頓所帶來的屈辱。他們憎恨不斷出臺的緊急命令以及上頭對自我奉獻精神的公式化呼籲，他們指責政府只會管理困境，卻不知道要補救困境。[1]就國民經濟學的觀點看來，布呂寧嚴格的緊縮政策確實有錯，不過，其於政治領域上犯的錯卻更加嚴重：這位總理實事求是、態度冷靜，觸動不了絕望之中的民衆，因爲他喊不出激昂悲情的口號，也無法用鮮血、汗水和眼淚織就賺人熱淚的演說——因爲，恐怕沒有人能夠輕易接受，苦難就只是苦難而已。人民之所以越來越遠離共和，除了因爲政府無法解釋現在的困境，也是因爲政府一再要求人民奉獻，卻又無法替他們的犧牲賦予意義。

布呂寧的拖延政策需要得到聯邦大總統的支持，不過，令人驚訝的是，興登堡竟然對這個延長任期的計畫表示抗拒。他這時已經八十四歲，早已厭倦了這份職務，此外，他知道自己在這份計畫實施後勢必將遭受攻訐，也害怕已經感到失望的右翼友人會再度對他展開抨擊。[2]經過布呂寧的諸多努力，又舉出威廉一世爲例——這位德意志帝國的第一位皇帝在九十一歲的時候曾經宣稱，他沒有時間感到疲倦——興登堡才終於猶猶豫豫地鬆口，願意再延長兩年的任期。然而，因爲布呂寧的步步緊逼，興登堡雖然同意了這個計畫，卻也不再信任此人；於是，布呂寧實際上已經失去了自己期望獲得的成果。

在得到大總統的首肯後，布呂寧便與各黨展開協商。希特勒不可避免地成爲這些會議的討論焦點，因爲如果他不同意合作，修憲就不可能進行。儘管如此，他們留給希特勒的卻是極度冒險的選擇題：他要不就和「體制守護者」做同樣的事，鞏固布呂寧的地位，放棄自己的激進主義；要不就必須在選戰中與白髮蒼蒼、德高望重的興登堡——德國的聯邦大總統、忠實守護者暨代皇帝——正面對決。如果選擇後者，希特勒就是在用納粹黨的不敗神話冒險，也和興登堡撕破臉——有鑑於聯邦大總統具有決定性的權力，此舉勢必帶來無窮的後患，阻礙他的奪權之路。

格里哥．史特拉瑟建議希特勒接受布呂寧的提議，羅姆和戈培爾——尤其是戈培爾——則大力表示反對。「現在的問題不是聯邦大總統，」戈培爾於日記中指出，「布呂寧先生想要無限期地維持自己和內閣的地位，元首表示需要一些考慮時間。必須從各個方面都搞清楚現在的狀況……爭奪大權的棋賽正要開始，可能會持續一整年的時間，這是一局需要速度、智慧與一些詭詐才能通關的棋。最重要的是，我們要保持堅定，絕不妥協。」[3]

布呂寧的這一招殺得希特勒措手不及，害得他在好長一段時間內不知如何是好。在胡根貝格毫不猶豫地直接拒絕這項提議時，希特勒還在搖擺不定，最後的答覆不僅反映出他的不肯定，也同樣反映出他的謹慎。這兩種不同的反應正好顯示出兩人的差異：胡根貝格在戰術上目光短淺，一直在追趕希特勒的激進主義，氣喘吁吁地試圖超越他；後者卻只把激進主義當作一種工具，而且還將一些狡猾的理性元素摻入其中。希特勒在最後的回絕中加上太多的前提與但書，以致於就像在要求進行更進一步的談判一樣。不過，最重要的是，他本能地察覺到興登堡在疏遠布呂寧，於是試圖加深這兩人之間的隔閡：他以「憲法守護者」自居，發表冗長的詭辯，表現得像是極度關心總統是否忠於就職誓言一樣，從法律角度提出許多反對總理計畫的意見。

優柔寡斷的性格呈現

雖然，希特勒基本上已經下定決心參與總統競選，但還是遲疑了好幾週才公布自己的決定。這是因爲，他先前總想著在總統的支持，而不是在總統的反對下得到大權；此外，他也比自己的親隨更清楚地意識到，挑戰興登堡的神話是多麼冒險的一件事。因此，無論戈培爾和其他人如何催促他公布自己參選的決定，他都沒有鬆口。不過，他於此期間也採納他們的建議，在納粹黨籍的布朗施維克內政部長克拉格斯（Dietrich Klagges）的協助下，順利取得競選總統不可或缺的德國國籍。[4]

希特勒的優柔寡斷與他信心滿滿的元首形象，形成一種奇異的對比，經常被歷史學家提起，他經常要拖延到最後一刻、受命運逼迫時才會採取行動。這種特性在這個例子中顯得更是明顯，因爲，嚴格來說，他心中其實早已有了決斷。

戈培爾的日記一步步地揭示了他這種折騰到近乎異常的反覆無常：

「一九三二年一月九日：一切都亂糟糟，很多人都在猜測元首會做什麼。大家會嚇一跳的！——一月十九日：和元首詳細討論聯邦大總統的問題。我要匯報我這邊的談判結果。尚未有定論。我強烈主張他自己出來參選。認眞說來，應該也沒有其他的選擇了。我們開始計算可能性。——一月二十一日：在這種情況下，已經完全沒有其他選項了，我們必須自己提名候選人。這將是一場艱難又令人厭惡的苦戰，但我們必須挺住。——一月二十五日：戰鬥的氛圍令全黨興奮地顫抖。——一月二十七日：競選標語到底是要支持還是反對興登堡，現在得做出決定了。我們必須選出自己的候選人。——一月二十九日：興登堡委員會即將召開會議，我們現在必須表態了。——一月三十一日：元首會在週三做出決定，不能再拖了。——二月二日：讓元首親自參選的理由實在太有說服力，其他選項完全不值得考慮……中午和元首討論了很久，他決定自己參選總統。但是，我們首先必須確定對手的狀況，尤其是社會民主黨，因爲他們對局勢有決定性的影響；然後，我們才會對民眾宣布這個消息。這將是一場無限痛苦的戰鬥，但我們必須撐過去。元首不疾不徐、頭腦清晰地下著這盤棋。——二月三日：大區黨部部長們等待著元首宣布是否參選總統，但他們的等待只是徒勞。這是一場博弈，不會有人提前告知對手自己接下來要採取什麼樣的行動……黨內充滿焦慮和緊張的氣氛，但是，即便如此，大家還是都保持沉默……元首在空閒時光專注於新黨部的設計圖和重建首都的宏偉計畫。他把整個計畫都完成了，我們會總是對他精通這麼多領域感到驚訝。這天夜裡還有許多忠誠的老黨員來找我，他們很消沉，因爲他們還不知道上面決定怎麼做，也擔憂元首會錯過時機。——二月九日：一切懸而未決。——二月十日：冬日，外頭的冷風呼呼作響。清新的冷空氣適合頭腦清晰的決定，不用再等多久了。——二月十二日：我在凱薩宮酒店再次和元首計算所有的可能性。有風險，但也必須冒這個險。現在已經做出決定……但是元首又去慕尼黑了，要推遲幾天才會公開這個消息。——二月十三日：這週應該會公布參選的決定。——二月十五日：現在我們不用再隱瞞消息了。——二月十六日：我就像是已經在選舉宣傳期似地開始活動。有一些困難，因爲元首尚未正式宣布參選。——二月十九日：我和元首兩個人在凱薩宮酒店裡談了很久，終於做出決定。——二月二十一日：無限的等待幾乎令人筋疲力盡。」

隔天晚間，戈培爾於柏林體育館召開黨員大會，這是他自一月二十五日被禁止公開演說後的第一場演講。這時距離總統大選已經只剩三週的時間，希特勒卻還在猶豫。戈培爾在白天時到凱薩宮酒店找希特勒確認自己的演講稿，這次，當他再度問起有關大選的問題，希特勒突然滿足他迫切的期望，准許他公布自己決定參選的消息。

「感謝上主！」戈培爾如此寫道：

「體育館內人山人海。這是西區、東區和北區的聯合黨員大會。臺下一開始就響起熱烈的掌聲，等到我演講了一個小時，正式宣布元首參選總統的消息的時候，場內更是爆發興奮的騷動，持續了將近十分鐘之久。人們爲元首瘋狂，紛紛起立歡呼、大吼大叫，差點把體育館的拱頂震破。眞是驚人的景象，這是一場必定會勝利的運動，一種無法描述的狂喜瀰漫在空氣中。當天深夜，元首還打電話過來，我向他報告完，他就過來我們這邊了。他很高興自己參選的消息能造成這種轟動。他一直是我們的元首，而且以後也都會是。」【5】

最後一句話揭示出，由於希特勒的猶豫不決，戈培爾在過去幾週開始對他的領導能力產生質疑。不過，儘管他的優柔寡斷在這個事件中顯露無遺，我們從中也能發現他的其他特徵：一旦下定決心，他就會一下子——某種程度上可以說是馬上——投入大量精力與熱情展開行動。

二月二十六日，他在凱薩宮酒店舉行的一場典禮中被任命爲布朗施維克政府顧問，任期一週，藉此取得了德國國籍。翌日，他在體育館對自己的對手喊話：「我知道你們的口號！你們說：『我們要留下來，不惜一切代價。』但我要告訴你們：無論如何，我們都會推翻你們！……無論結局是成是敗，我很高興，我現在能和夥伴們一起出擊。」希特勒引用柏林警察局長雀征辛基（**Albert Grzesinski**）威脅要用打狗鞭將他趕出德國的話，說道：「儘管用打狗鞭威脅我好了，我們到時候看看，等到這場較量結束，鞭子還在不在你們的手上。」

同時，他也企圖甩脫布呂寧強加在自己身上的「興登堡的敵對者」的角色，聲稱「這位陸軍元帥的名字應該被德國人民奉作偉大鬥爭的領袖」，並談到自己有義務對他說：「老傢伙，你太值得我們尊敬了，所以我們無法忍受，我們想摧毀的那些人躲在你後面。很遺憾，你必須讓路，因爲他們想要擊敗我們，而我們也想打倒他們。」[6]對此，戈培爾欣喜若狂地指出，元首再次「牢牢掌控局勢」。

興登堡、共產黨候選人恩斯特・臺爾曼（Ernst Thälmann）以及市民階級激進右翼陣營候選人特奧多・杜斯特堡三人雖然已經對峙許久，但是，一直等到希特勒宣布參選，選戰才正式打響，由此可見他與納粹黨在政治舞臺上的主導地位。

他們的力量再度粗暴地橫掃一切。納粹黨的集會活動說辦就辦，不僅證明他們的經濟狀況好轉，也顯露出越來越密集的宣傳網的實力。早在二月時，戈培爾就將宣傳總部遷至柏林，並預告他們要打一場「世上前所未有」的選戰。黨內所有的精英演講者都投入宣傳活動，希特勒自己從三月一日到三月十日開車巡迴全國，據說對大概五十萬人發表演說。此外，在他的要求下，「宣傳大軍」也協助這位「最偉大的煽動家」，在這些飽受折磨的人民心中燃起火焰，激發他們的熱情。[7]

宣傳員們幽默風趣、獨具創意，首先在選戰中使用現代媒體科技，再次令所有的競爭對手難以望其項背。他們錄製五萬張的演講黑膠唱片向外分送，強迫電影院業者在正片之前播放他們製作的宣傳短片，製作選舉畫報，發動戈培爾所說的海報戰與旗幟戰，讓城市的某些區域或整座城鎮都在一夜之間被搶眼的血紅色占領。一連數日，經常有一列列的卡車駛過街頭，衝鋒隊部隊站在飄揚的旗幟下，拉下帽子的下頷帶放聲唱著隊歌，或者大喊歌詞中的「德國覺醒！」

很快地，這種轟轟烈烈的宣傳戰在黨內激起一種自我催眠的勝利氛圍，以致於希姆萊不得不下令限制突擊隊慶功活動上的酒精飲用量。[8]

與他們相反，另一邊的布呂寧顯得特別孤單。當他出於對總統的崇拜，在這場令人筋疲力盡的選戰中犧牲奉獻時，社會民主黨卻明顯表露出，他們只是爲了擊敗希特勒才支持興登堡。針對他們這種不情願的態度，興登堡也在他於選戰中進行的唯一一場廣播談話中予以回應，痛心地駁斥別人指控他是「『黑紅聯盟』（譯註：黑紅聯盟，基督教民主陣營以及社會民主陣營）的候選人」的說法。

無論如何，情況都很明顯，這場所有陣營大洗牌、一切忠誠離散的選戰只會在興登堡和希特勒之間定出勝負。柏林《進攻報》在三月十三日總統大選前夕就自信滿滿地宣布：「明天希特勒會成爲聯邦大總統。」

然而，在這麼高的期待之下，總統大選的結果卻狠狠甩了他們一巴掌：興登堡的得票率出乎意料地高，以百分之四十九點六的選票完勝希特勒的百分之三十點一。奧托．史特拉瑟得意洋洋地在街上張貼海報，將希特勒比喻爲從莫斯科狼狽撤退的拿破崙，海報上寫著：「大軍被滅，皇帝陛下狀態良好。」

許多地方的納粹黨員都降半旗表示悲痛之意。不過，順道一提的是，由於特奧多．杜斯特堡僅僅獲得百分之六點八的選票，希特勒至少在這場選戰中得以一勞永逸地擊敗這位民族主義陣營內部的競爭對手；共產黨的恩斯特．臺爾曼的得票率則爲百分之十三點二。

第二輪大選

不過，由於興登堡的得票率並未達到絕對多數，不得不舉行第二輪的選舉。這時，身處逆境的希特勒再度展現出他獨特的反應：當黨內士氣低落，已經有人認定毫無希望、考慮放棄第二輪選戰之時，他卻表現得沉著冷靜，在三月十三日當晚就號召全黨，號召衝鋒隊、突擊隊、希特勒青年團與民族社會主義汽車軍團投入更大規模的新活動。「第一輪競選已經結束，第二輪的選戰就從今天開始。我會親自指揮作戰。」他宣布道。根據戈培爾所褒美的，希特勒的話語激勵了全黨，令他們再度團結成「一首進取精神的交響曲」。然而，他的一位密友在深夜造訪時發現，希特勒在黑暗的住所中憂鬱地沉思著，據其所言，「就像是一位絕望、沮喪的賭徒，下了超出自己負荷能力的賭注」。【9】

阿佛烈．羅森堡在《人民觀察家報》上鼓舞因敗選而氣餒的納粹黨支持者：「現在，戰鬥以德國從未經歷過的激烈和無情的方式繼續……我們仇恨和我們作對的所有人事物，這就是我們戰鬥的原因。現在不會再有任何寬恕了。」短短幾天後，有將近五十位顯要人物——例如貴族、將軍、漢堡顯貴和教授等——共同聲明支持希特勒。

第二輪大選定於四月十日舉行，然而，政府爲了阻擋激進左派與激進右派充滿仇恨、怨懟、像在挑動內戰似的煽動口號，以復活節休戰爲由，將選舉宣傳期縮減到僅剩選前一週而已。不過，一如先前遭遇的幾次困境，希特勒總是能將危機化爲最有效的轉機：爲了盡可能地利用自己的演說長才、親自接觸到最多的民衆，他爲自己和最親近的夥伴們——施雷克、肖布、布魯克納、漢夫丹格、奧托．迪特里希以及海茵希．霍夫曼——包下一架飛機；在四月三日開始第一趟飛行，每天都參與四至五場如軍事活動一般組織縝密的集會遊行，總共造訪了二十一個城市。

姑且不論納粹黨如何天花亂墜地宣傳這項行動，希特勒包機進行宣傳戰確實令大衆印象深刻，認爲他獨具創意、大膽前衛、積極進取，以及可怕地無所不在。「希特勒高於德國！」是一句很有效的口號，同時意味著「希特勒搭機巡迴德國」和「希特勒統治德國」，激起德國人民的萬千期盼和萬千焦慮。希特勒被歡呼聲包圍，自我感動地宣稱，他相信，自己是被上主選定用來解放德國的工具。【10】

在第二輪大選中，興登堡一如預測地輕鬆勝選，以百分之五十三的得票率、將近兩千萬張的選票得到規定的絕對多數。儘管如此，希特勒在選票上的漲幅更大，獲得一千三百五十萬張選票的支持，得票率百分之三十六點七。杜斯特堡並未參與此輪競選，臺爾曼的得票率則僅有百分之十點多。

同一天，在疲憊、匆忙與興奮情緒的交織下，希特勒就立刻針對十四天後的邦議會選舉制定對策——邦議會選舉在普魯士、安哈特、符騰堡、巴伐利亞和漢堡舉行，涵蓋全國五分之四的人口。正如戈培爾所言的：「我們一刻不停，立刻做出決定。」【11】他再次搭機巡迴全國，在八天內造訪二十五個城市演講，被他的親信吹捧為創下面對面演說的「世界紀錄」。然而，這種巡迴演說的方式效果不彰，希特勒的個人特色似乎在連續不斷的宣傳活動中消失了，繼續作用的似乎只剩下一個原則：「我們的人生現在就是追逐成功，追逐權力。」

希特勒的奇聞軼事

長期以來，這個男人的個性都難以捉摸，經常令傳記作家們感到無法掌握。希特勒的親隨努力在他身上增添色彩、特色和人性光輝，但最後都徒勞無功；就連對宣傳手法瞭若指掌的宣傳大師都無法完成這個任務，這一點我們從戈培爾和奧托·迪特里希的日記與報告就能找到生動的案例。

坊間不斷流傳有關希特勒的奇聞軼事，然而，這些像是他喜愛孩子、能夠在迷航的飛機上依靠直覺領航、百發百中的神槍手，或者是他在「紅色暴民」的包圍下依舊機智果決之類的故事都很不自然，而且會不斷給人「脫離現實生活」的印象，正是宣傳人員正試圖解決的問題。能夠描繪出希特勒特點的只剩下他的外表與身上的配件：防水大衣、毛氈帽或皮質便帽、啪啪作響的鞭子、顯眼的黑色小鬍子以及整齊梳到一邊的瀏海。但是，由於這些特徵總是一成不變，也令他顯得缺乏人情味。

戈培爾生動地記錄下黨幹部們在這段時間所感受到的不安：

「又開始東奔西跑了。工作必須在站立時、走路時、車上和飛機上完成，在樓梯、走廊、門邊或者開車前往火車站的路上進行最重要的會議。很難保持頭腦清醒。我們開車、搭火車或搭飛機巡迴全國，在活動開始前半個鐘頭才抵達一個城市，有時甚至更晚，接著就要站上講臺說話……演講結束時，你滿身大汗，就好像穿著衣服從熱水池起來一樣。然後又要爬上車，再開兩個鐘頭……。」[12]

近來的一年半中，在投入馬不停蹄的競選宣傳之前，希特勒只有因爲少數幾次事件打破了缺乏人情味的假面，短暫暴露出自己的眞實個性。

一九三一年九月中旬，希特勒正開始巡迴全國。他在紐倫堡的活動結束後不久，正在前往漢堡的路上時得知，他的外甥女潔莉在他們同居的攝政王大街的住宅中自殺身亡；他深受打擊，據說當時吃驚到不知所措，馬上就想返回慕尼黑。

如果一切資料屬實，在他的私人生活中，幾乎沒有任何事件比外甥女的自殺對他的打擊更大。他在長達數週的時間中都表現得像精神崩潰，多次想要放棄從政，甚至在情緒低落時再度提到自我了斷的計畫——當他在人生中不幸遭遇重大打擊時，就會像這樣墜入無底深淵，想要放棄一切。這點再次顯露出，他必須一直耗費意志力，才能勉強表現出自己想要成爲的樣子；他身上的能量並非源自一個活力充沛的強大人格，而是一個神經官能症患者的虛張聲勢。

在希特勒的觀點中，偉人不具備感情。於是，他爲了不讓別人看出自己的情緒，躲到泰根湖邊的房屋中住了幾天。根據他的親隨之後的敘述，後來他只要一提到自己的外甥女，還是經常會眼泛淚光。此外，雖然並沒有明確的規定，但大家都默認，除了他以外，沒有人能夠提起潔莉的名字。不僅如此，按照希特勒多愁善感、喜歡紀念死亡的個性，他開始過度崇拜對外甥女的回憶：不僅將潔莉在貝格霍夫住宅的房間維持她當初離開的樣子，還在她被發現自殺身亡的攝政王大街住宅中放置一座她的胸像，每到她的忌日，希特勒就會把自己鎖在屋內，對著她的雕像沉思數小時之久。[13]

相較於往常的人際關係貧乏和感情冷淡，他對於外甥女去世的反應異常誇張，就像崇拜偶像一樣地緬懷她。一些證據顯示，他會有這種表現不只是出於作秀或自憐，而是因爲這場事故就是對他私生活產生重大影響的關鍵事件之一，永久固定了他對異性的許多情結。

如果我們手邊的證據可信，那麼，自從母親過世，女性在他身邊不是扮演類似母親的角色，就是扮演附屬的角色——例如某位黨員的配偶或親戚。男子宿舍住戶、在慕尼黑啤酒館偶然結識的酒客、戰友、軍中同袍，以及人人穿著制服、充滿陽剛氣息的納粹黨，這些人共同組成他的世界。與之互補的另一個世界就是充滿女性的妓院，然而，他發現男客與妓女之間的關係輕浮又短暫，個性嚴肅又沉悶的他對其感到難以接受。

從他年少時像崇拜偶像一般地迷戀史黛芬妮（Stefanie Rabatsch），我們就可以看出，他對女性的審美標準異常狹隘，以致於他的戰友甚至將他誤解爲「厭惡女性的人」。[14]儘管他與越來越多人交際，出現在越來越多人面前，在他的傳記中卻詭異地沒有任何單一、私人的關係存在。他害怕表現出自我犧牲的樣子，此外，根據周遭人的說法，希特勒也一直擔心自己會「和女性傳出緋聞」。

直到潔莉·羅包爾的出現，她的熱情以及最初顯然是孩童對「阿夫舅舅」的喜愛，才融化了希特勒的心防。或許是因爲和親人在一起令他感到放鬆，比較不害怕破壞自己的形象，不再端著政治家的架子，對於坦露自我也比較沒有顧忌；然而，無法否認地，他對潔莉的好感也有可能來自於更糟糕的家族先例，也就是父母的亂倫關係：他的父親阿洛伊斯在外甥女克拉拉十六歲時將她帶入家中幫傭，一開始像父親寵愛女兒似地喜愛她，之後卻演變成情夫情婦，乃至於最後的夫妻關係。

眾多曾與希特勒擦肩而過的女性，從他第一位司機的姐妹耶妮·郝格（Jenny Haug）、海倫娜·漢夫丹格（Helena Hanfstaengl）、英國社交名媛烏尼提·米特福德（Unity Mitford）以及所有他以奧地利式暱稱親密稱呼過的「我的公主」、「我的小女爵」、「傻姑娘」和「小騷貨」，甚至就連和他於死前結婚的伊娃·布朗（Eva Braun），都完全不具備潔莉·羅包爾對他的意義。她是他唯一——雖然聽起來特別不恰當——而偉大的愛情，充滿禁忌、《崔斯坦》的亂倫悲劇氛圍和哀傷之情。

不過，更值得注意的是，希特勒明明具備敏銳的心理洞察能力，卻顯然並未發現這位心理失衝而衝動的年輕姑娘已經陷入了絕境。有關潔莉．羅包爾是否眞的與希特勒亂倫的問題，目前仍然沒有定論：有些人很肯定地表示她就是希特勒的情婦，聲稱她正是因爲再也無法忍受亂倫的壓力才會走上絕路；有些人則宣稱，變態的希特勒對她的某些不正常要求才是她自殺的原因；第三種說法則否定兩人之間的性關係，強調她水性楊花，周旋於多位納粹黨員之間。【15】

可以肯定的是，她無論如何都很享受舅舅的名氣，並且天眞單純地分享他的明星光環。多年以來，兩人之間的關係都建立在共同的興趣上，例如欣賞歌劇、郊外踏青和咖啡廳巡禮等等，然而，後來卻逐漸發展出一方對另一方的壓迫關係。

希特勒的忌妒心令人痛苦，他不斷的苛求也令人感到沉重，就像一片烏雲沉甸甸地壓在外甥女的心頭。舉例來說，潔莉資質平庸、胸無大志，希特勒卻將她送到知名歌唱老師那裡，希望將她培養成華格納歌劇中的女英雄；他不斷干涉外甥女的生活，後者顯然因此無法過上屬於她自己的生活。根據希特勒的親隨所透露，就在希特勒前往漢堡之前，兩人才爆發一場激烈的爭吵，因爲潔莉想到維也納待一陣子，但她的舅舅並不同意。如果一切屬實，對於深陷這種絕望境地的潔莉而言，這或許就是壓垮駱駝的最後一根稻草，令她最終選擇自盡。

還有一個不太可靠的說法來自希特勒的政敵，這個謠言馬上就傳得沸沸揚揚：潔莉之所以自殺，是因爲她希望爲舅舅生一個孩子，於是被希特勒下令殺害；又或者是因爲她令她的舅舅無心完成使命，而慘遭突擊隊私刑處死。希特勒有時會抱怨，這些「可怕的下流話」要了他的命，並且陰沉地表示，他不會忘記對手們在那幾週中的惡意誹謗。【16】

怪異的演說氛圍

不過，當希特勒一恢復冷靜，就立刻又驅車前往漢堡，在數千名觀衆的歡呼下完成一場激勵人心的演講。臺下的觀衆就像被催眠一般，陷入一種集體放縱的狀態，從他們的瘋狂吶喊就能看出，所有人都急切地渴望著釋放，渴望著盛大的高潮來臨。這當中的關聯明顯到令人無法忽視：顯然，因爲希特勒的性衝動無處發洩，他只能將演講的成功當作替代品。希特勒習慣將大衆比喻爲「女人」也自有其深層的原因，只要看看《我的奮鬥》中與此相關的章節，我們就會發現，「大衆」這個想法和概念在他身上激發出的強烈情慾，令他在文字中也表現出自己的心蕩神馳。如此一來，我們就得以明瞭，每當他出席自己越來越沉迷的群衆活動，每當他對著觀衆站在高高的講臺上，這個不擅社交又孤獨的男人所追尋並且收穫的到底是什麼——據說，他甚至坦承地將大衆稱之爲他「唯一的新娘」。[17]

希特勒的演說是一種本能的自我發洩，他之所以能夠得到共鳴，就是因爲大衆持續受危難所折磨，已經無力思考更高層次的問題，只剩下最基本的需求，只能憑藉本能做出反應。當時留存下來的錄音檔案還原出集會所散發的奇異的、像交媾一般的淫穢氛圍：一開始一片寂靜，所有人都屏氣凝神；慢慢地，觀衆席傳出短促的尖叫聲，氣氛開始升溫，群衆發出解放的第一聲；氣氛狂熱，情緒再次攀升，最後，全場在洶湧的演說高潮中狂喜地釋放自己。作家勒內．施克勒（Rene Schickele）曾經將希特勒的演講評論爲「像強姦殺人一樣」，當時的許多評論家也試圖以與魔女傳說相關的字眼——例如「沃普爾吉斯之夜」和「布洛肯山」——來描述這種集會活動中強烈的肉慾氛圍。

不過，如果有人因而認定，這位演說家之所以成功，純粹是因爲他將演講當作性的替代品的話，那就大錯特錯了。正確來說，狂熱與理性兩者的奇異共存才是希特勒的特色：他在聚光燈下揚手擺頭，聲嘶力竭地提出控訴、發洩情緒以及發表長篇的仇恨言論；然而，他也始終保持清醒，看似瘋狂，卻從未失去控制。這種兩面性影響著他的行爲模式，同時也是他的基本特色之一，從他的說話技巧、合法路線、稍後的奪權方式或是外交手段上，都可以看出其影響；不僅如此，他所建立的政權也有同樣的特色，因而被人定義爲「雙面政府」。[18]

希特勒的煽動風格

與早期的演說成果相比，這一時期的希特勒顯然更思慮周密，更善於計算群眾的心理，同時也更懂得運用舞臺與戲劇效果。將自己逼向極限一向是他成功的理由，然而，他現在不僅更知道如何極致理性地控制自己的情緒，更懂得如何極致理性地算計。

早在一九二〇年八月的演說中，他就已經基於清醒的認知，將自己的任務定義爲「喚起、激勵並且煽動本能」，[19]這也是他當時對群眾演說能夠無往不利的祕訣。不過，一直等到這個時候，在經濟大蕭條不斷加劇的情況下，他才發展出運用冷靜計算的煽動風格，達成一切宣傳活動的目標——令群眾在心理上臣服。

希特勒在策劃宣傳活動時會注意到每個環節，被戈培爾描述爲「就連最小的細節都不放過」。沒有任何一處不是經過精心設計，例如：路線、投入多少人力、活動的規模、觀眾的社會結構比例；利用旗幟升降、遊行的節奏以及狂熱的「萬歲」呼喊營造出緊張的氣氛；演講者刻意一直不出現，直到臺下觀眾期待難耐時，才突然在閃耀的燈光效果下出場。

在納粹黨草創時期，希特勒曾在上午時段舉辦過一次活動，雖然當時會場內擠滿了人，他卻因爲無法與觀衆建立任何連結而感到極度不滿，從此只在晚間舉行活動。他後來在搭機進行競選宣傳的時候也同樣盡可能地堅持這一點，因此，已經很密集的宣傳行程不得不壓縮在更短的時間內完成，引起許多麻煩。例如，他在搭機前往施特拉爾松德時遲到，直到深夜兩點半才抵達會場；現場的四萬名觀衆已經苦苦等待他將近七個鐘頭，等到他演講結束，天色也已經大亮了。

不僅是活動時間，對他而言，活動場地也極具重要性。無論是《帕西法爾》在昏暗的拜律特節日劇院演出時所發揮的「神祕魔力」，或者「天主教教堂內刻意製造，但依舊帶來神祕效果的黃昏光影」，根據他的觀點，都是難以超越的「影響心理的空間」的範例，能夠在很大的程度上協助他們達成「侵犯人類的自由意志」的宣傳目的。[20]

他莊嚴地以宣布基本認知的口吻說道：「因爲，事實上，這種集會每次都是兩股敵對的力量互相角力。」根據他對鬥爭天性的觀點，煽動者使用任何手段對付對手都是被允許的；他的任何考量都是以「消除思想」、「暗示催眠」，以及說服對方「願意狂熱地奉獻自我」爲出發點；此外，就如同時間與空間，遊行音樂和燈光效果同樣也是他用來進行心理戰的工具。

他解釋道：「某個人，他從自己工作的地方——某個令他覺得自己很渺小的作坊或大工廠——走出來，第一次踏進群衆集會現場。當他發現身邊的數千人都有同樣的思想，當他作爲一位追尋者，被三、四千人具有暗示性的狂熱氛圍和巨大影響力所俘獲，當他看到顯而易見的成果，發現數千人都向自己驗證新學說的正確性，當他第一次對自己至今爲止的信念產生質疑——他就受到我們所謂的『群體暗示』的神祕影響。成千上萬人的意志、渴望與力量都聚積在每一個人身上，於是，在踏入會場時懷疑、搖擺不定的人，等到離開的時候都有一顆堅定的心——因爲他已經成爲團體的一分子了。」[21]

諸如此類的想法和煽動群衆的教戰守則，被他自誇爲「精確計算所有人性弱點」，令他就像信任「數學公式」一般，對自己的成功勢在必得。在第二次的全國宣傳飛行中，他於哥利茲的某場演講後發現，當他們盤旋飛行於數萬名觀衆的頭頂時，底下的群衆會被夜空中發亮的飛機所吸引而痴痴地凝視，[22]就像是被施了魔法一般；從此之後，他就一再重複使用這種手段，創造出一種偶像崇拜的氛圍，激發群衆的熱血和想受人領導的渴望。

此外，他也在所有公開場合毫不掩飾地讚頌上主的恩典，因爲祂爲這場運動送來了烈士與殉道者。在首次總統大選失利後，他指責黨報「無聊、單調、人云亦云、缺乏熱忱」，更憤怒地質問，他們到底用這麼多衝鋒隊員的犧牲做了什麼？據當時在場的人所敘述，希特勒說，他們用鼓聲和風笛聲安葬那些死去的同伴，黨報爲此寫了一篇詞藻華麗而哀切的長文，活像是一則冗長而無趣的布道詞。他表示：「他們爲什麼不直接把屍體展示在櫥窗，讓民衆看到他們被打碎的頭骨，以及他們被刀劃破、血跡斑斑的襯衫？這些黨報爲什麼要賣弄可笑的政治『半桶水』，而不乾脆在屍架前號召人民起義，反抗殺人凶手及幕後黑手？波坦金號戰艦上的水兵都可以因爲伙食不佳而革命，我們卻沒能善用夥伴的犧牲，掀起民族解放的鬥爭。」[23]

不過，他所有的考量、所有的狂熱都還是會回歸群衆集會活動上，因爲這些集會能「燃起可憐小人物的驕傲」，令他們相信自己「雖然只是小小的寄生蟲，但也是巨龍身上的一部分」，以及「有朝一日，令人厭惡的市民階級世界會在灼熱的龍息下被焚燒殆盡」。[24]這些集會的流程一如既往地遵循他的戰術和儀式性，他也不斷改進流程，試圖令自己的出場更加讓人印象深刻。當旗幟、遊行隊伍和歡呼聲令場內群衆進入興奮期待的狀態時，希特勒自己卻還留在飯店房間或黨部辦公室，一邊聽黨員隨時報告場內的情況，一邊緊張地猛喝礦泉水；他經常針對場內發出緊急或一針見血的指令，一直要到觀衆們不耐煩的情緒升到最高點，他們所催生出來的期待感即將減退之時，他才會出場。

他總是從後方進場，穿越整個會場的觀衆才走上講臺，就是因爲拉長進場的過程能夠加強場內緊張期待的氣氛。《巴登威勒進行曲》是單獨爲他保留的進場音樂，只要這首軍樂從遠方響起，場內觀衆就會停下他們的竊竊私語，在座位上舉手高呼，在一半覺得被操縱、一半卻欣喜若狂的雙重情緒中茫然失措，腦中只剩下一句話：「他來了！」

當時留存下來的許多錄影都記錄著，他是如何走在聚光燈投射的燦爛燈光中，從左右兩邊正在叫喊、啜泣的人群中間穿行而過，就像「走過以活人建造的凱旋門」，戈培爾狂熱地如此描述當時的畫面。[25]婦女們經常擠到最前排，他一邊保持孤獨、難以接近的姿態，一邊卻貪求精神上的強暴；他刪去了演講前的引言和寒暄，藉此令觀衆的注意力完全集中；他會在講臺前停留片刻，機械性地和人握手，雖然他沉默、心不在焉且目光閃爍，觀衆們的尖叫吶喊卻其實已經充實、振奮了他的心。

希特勒上臺後經常先沉默數分鐘之久，臺下觀衆屏氣凝神，焦灼的情緒逐漸翻騰；直到場內的緊張感令人再也無法忍受，他才終於開口，安靜而試探地打破令人窒息的寂靜。演講的開頭單調而無關痛癢，主要在重複述說他的崛起傳奇：「一九一八年，我作爲一個演戲沒沒無聞的前線士兵……」他不僅利用這個制式的開頭再次延長群衆的期待感，更藉此試探觀衆的反應，進一步調整自己的狀態。只要臺下觀衆有所回應，他就馬上能夠得到鼓勵；無論是一句回答、尖銳的評論或是他迫切渴望得到的掌聲，對他而言都是他和觀衆之間的連結，令他越來越沉醉於自己的演說中。

「過了大概十五分鐘，」當時一位觀察家如此敘述，「他的狀態只能用一句迷信的老話來形容：他被附身了。」[26]他的動作狂亂而具爆發力，聲音越來越激昂高亢，像金屬一樣尖銳鋒利，他的話語從體內噴射而出；他經常在狂熱中握緊拳頭擋住臉，閉上眼睛，沉浸在他用來替代性慾的演講的高潮當中。

說出觀眾想聽的話

希特勒的演講雖然經過精心的設計，並且嚴格按照他放在講桌上的筆記進行，不過，他在演講過程中也始終與觀眾保持密切的互動與交流。就他當時的一位追隨者看來，希特勒對於臺下觀眾的情緒具有絕佳的洞察力，像是在呼吸時將他們的情緒一併吸進體內一樣。這種專屬於他的非凡敏感度賦予他一種獨特的陰柔特質，令他得以與群眾結合為一，不僅如此，他們也正如聖經所言地，在他身上「認出了自己」。如果他不是以這種堪稱典範的方式，與群眾共享最隱密的躁動與不安，那麼，無論他如何善於洞察人心，無論他如何理性地設計集會活動的每個細節，他都不會具備這麼強大的群眾魅力。在他的演講臺前，群眾發現自己、讚頌自己，並且崇拜自己，他們在這場令人狂喜的解放慶典上進行病態的交流，個人危機與集體危機結合為一體。

一直有人認為，希特勒在每場集會都只是說出觀眾想聽的話，這些人對於事實的理解著實過於粗淺。他肯定不是一位只知道拍群眾馬屁的機會主義者，相反地，他是成千上萬種複雜情緒的代言人，替群眾宣洩他們的危機感、恐懼與仇恨，不僅如此，他也將這些情緒轉化成自己的政治動能。

美國記者尼克博克在一場慕尼黑群眾大會後指出：「他在馬戲廳發表演說。他就像是一位布道的福音傳教士，就像是德國政壇的比利・桑德（Billy Sunday）（譯註：美國於一九〇〇至一九二〇年代中最著名、最有影響力的福音傳教士）。他的信徒與他一同行進、一同歡笑、一同感受；他們與他一起嘲笑法國人、一起爲共和政府喝倒彩。」在這種團結中，他得以「將自己的神經錯亂當作普遍的眞理，將集體的精神官能症當作自己的狂熱共鳴」。【27】

這也正是他高度依賴觀眾掌聲的原因，只有得到掌聲，他才能完全發揮出自己的演說能力；會場只要存在任何一絲牴觸他的氛圍，都會對他的情緒產生影響。他從一開始的每場演講就在衝鋒隊的環繞下進行，他們不僅替他維護秩序，更替他壓制所有的異議與牴觸的情緒，令想要抗議的觀眾閉上嘴巴，並且威脅群眾爲希特勒歡呼。據說，希特勒在面對不友善的觀眾時，曾經好幾次因爲語無倫次而中斷演講，悻悻地轉身離開會場。

對他而言，大眾的歡呼喝采極度重要，並且不可或缺。他們的歡呼曾經令他覺醒，現在也讓他保持情緒高漲的狀態，驅使他繼續前行。他自己說過，他在狂喜之下會變成「另一個人」。早先曾經爲希特勒講課的歷史學家卡爾・亞歷山大・馮・繆勒曾經提到，自己在這位學員進行演說練習時就已經發現，他說話時彷彿在向聽眾傳遞一種興奮感，不僅如此，這種興奮感也是促使他開口的原因。

確實，希特勒是一位卓越的策略家、一位有能力的權力組織者，也是一位計算精確的心理學家，雖然有著這樣或那樣的缺點，他依然是當時最非凡的公眾人物之一；然而，只有在面對群眾時，他才能發揮出令他得以飛越一切低谷的無敵天賦。當他將陳腔濫調昇華爲智者的箴言時，他就好像眞的是一位偉大的領袖；不過，對他而言，在日常狀態下做出同樣的元首姿態卻並非輕而易舉之事。正好相反，無精打采、帶著「奧地利式」的慵懶才是他的基本狀態，私底下的他似乎總滿足於閒適地觀賞各種電影，聆聽《風流寡婦》輕歌劇，品嘗卡爾頓茶室的一種叫做「摩爾人頭」的巧克力甜點，或者是沒完沒了地談論有關建築的話題。周遭的混亂無序賦予他進行長期行動的衝動，令他得到動力、毅力和進取心，並且讓他耐心熬過極度累人的宣傳活動與全國飛行。因為，對於身為元首、偶像的希特勒而言，這就是不可或缺的一劑藥。

一九三一年十月初，他與布呂寧進行第一次私下會面。在這位首相說話後，他就開始自己的演講。在這一小時的演說過程中，他顯然越來越激動，表現得越來越不受控制，這是因為他受到衝鋒隊部隊的激勵——他事先命令他們每間隔一段時間就要一邊唱歌一邊行軍經過窗下；這顯然不只是為了威嚇布呂寧，也是為了替自己打氣。【28】

這種與群眾之間的深刻連結令希特勒不只是「有能力的煽動家」，同時，這也是更善於辭令、更詭計多端的戈培爾一直遜色於他的原因。在這種背景下，以飛機進行宣傳旅行的主意更顯得心思巧妙，因為他藉此賦予自己的演講一層彌賽亞的光輝：他像救世主一般降臨在情緒激動、一個鐘頭又一個鐘頭苦苦等待他的群眾面前，將他們從沉鬱和絕望中拉出來，讓他們不由自主地進入他所謂的「向前推進的歇斯底里」之中。這些集會活動被戈培爾稱為「我們政治工作的崇拜儀式」。一九三二年四月，一位漢堡女教師在參加一場十二萬人的選舉宣傳活動之後，描述自己當時所見是「令人感動的信仰」，並將希特勒描繪成「從巨大困境中出現的幫助者、拯救者與救星」；無獨有偶，伊莉莎白．尼采（Elisabeth Förster-Nietzsche）——正是那位著名哲學家的妹妹——曾於威瑪拜訪過希特勒，她事後也表示，希特勒給她的印象「更像是宗教領袖而不是政治領袖」。【29】

相較於任何的意識形態，這種宗教特徵才是他能夠收穫大批支持者，以及越來越成功的眞正原因；希特勒大受群衆擁戴主要是一種宗教心理學的現象，意即，相較於政治理念，心理狀態才是成就他的主因。當然，他的主張確實與一般的傳統思維與反應方式有關，例如：德國人民對專制統治的傾向、不切實際的思想體系、追隨領袖的深層需求，以及對政治過度狂熱等等；然而，除了這些相當普遍的共通點，兩者幾乎沒有其他的一致之處。

他的仇恨口號之所以得到迴響，並不是因爲德國的反猶太主義特別嚴重，而是因爲他以老套的煽動伎倆爲德國人民樹立一個具體的敵人形象；他所動員的不僅是德國人民獨特的好戰之心，更是他們長久以來遭受忽視的自尊，以及德意志民族的反抗精神；民衆之所以願意追隨他，也不是因爲他以烏克蘭的平坦土地引誘他們興起帝國主義的貪慾，而是因爲他們希望找回過往的驕傲，再次創造歷史。儘管《我的奮鬥》再版多次，卻顯然只有非常少數的人閱讀過此書，顯示出人們對於希特勒的具體計畫的思想內涵一直都不感興趣。

因此，納粹黨的崛起與上臺和人們事後所認爲的不同，並非德國人爲了實現帝國主義和反猶太主義而對全世界發動的巨大陰謀。事實上，在希特勒擁有巨大群衆號召力的那些年，他在演說時極少說明他的具體計畫，甚至對於自己的意識形態的核心思想——反猶太主義及生存空間理論——都略過不提。相反地，這些演說的最明顯的特徵在於其籠統的主題，頻繁使用空泛的哲學隱喻，對於具體目標含糊其辭，甚至遠遠不如《我的奮鬥》來得坦承。在距離第二次世界大戰爆發還有幾個月時，希特勒在一場由他所引發的危機中坦言，他多年來表現出的無害樣貌只是他的僞裝，並且聲稱自己是受情勢所逼，不得不戴上和平的假面。【30】

隨著他對自己「偉大演說家」的身分越來越有自信，他對於演說的內容和具體的概念就越來越不放在心上，轉而在形式上投注更多的心力。希特勒的持續成功證明民族社會主義是一個依靠魅力，而非意識形態的運動，其重點不在於綱領，而在於領袖本身。

因爲他的存在，一團混亂、紛雜的思想才能呈現出清楚的輪廓和前後關聯，因爲他，它才能脫離昏沉、空想的狀態閃亮登場。人們跟從的是一種語調，一種蠱惑人心的聲音。儘管希特勒能夠以未被實現的渴望和成就霸業的夢想煽動群衆，大多數爲他歡呼的人卻只是希望在他的演說中忘卻自己的恐慌與筋疲力盡，從未想過他會攻打明斯克或基輔，當然更想不到後來的奧斯威辛集中營；最重要的是，他們只是希望一切能有所不同，他們的政治理念也僅僅止於對現狀的盲目否定。

相較於左派與右派的所有競爭對手，希特勒更敏銳地察覺到這種否定情結的可利用之處。他的煽動戰術實際上只有兩個部分：誹謗和展望——充滿仇恨地指控當前的狀況，並且預言德國將有光明強大的未來。他不斷從各種角度讚美強權國家、頌揚民族，並要求種族復興、在政治上不受挾制；他經常呼籲德國團結一致，哀嘆德意志民族的「自我毀滅」，將階級鬥爭稱爲「下等人的信仰」，將民族社會主義讚頌爲「團結德意志民族的橋梁」，並喚起德國人對於再次成爲世界文化的犧牲品的恐懼。

不過，眞正被他持續用來刺激自己和動員群衆的主題，始終還是對現況的貶低，例如：「帝國的毀滅」、德國的貧窮化、馬克思主義所帶來的危機、「多黨制政府的反自然性」、「小存戶的悲劇」、飢餓、失業及自殺的問題。希特勒故意籠統地描述苦難，藉此確保自己能吸引到最多的追隨者，不僅如此，他還有第二個原因：他發現，各政黨只要對計畫進行精確的陳述，內部就會產生分歧；只有目標越不明確，一項運動才能具備越大的衝擊力。

因此，無論是群衆，或者是權力，最終都會被成功結合「最激進的對現狀的否定」和「最不確定的未來承諾」的人收入囊中。希特勒在典型的正面或反面、地獄或理想國的二元對立中如此表示：「人民分裂成三十個政黨，而且彼此無法和平共處，德意志民族就是這樣嗎？我要對所有可悲的政客指出：『全德國將會變成只有一個黨，一個屬於英勇、偉大民族的政黨！』」【31】

控訴並引發憤怒情緒

與此同時，嚴厲批評現狀的宣傳演講也給他簡化問題的機會。就他自己的看法，這是他得以成功的其中一項因素，也是他宣傳原則的光輝實證：「每一次的宣傳都必須通俗，要以思想最狹隘之人的接受能力爲標準。」舉例來說，他在一九三二年三月的一場演講中說到，共和政府明明有十三年的時間可以表現，卻只帶來了「一連串的災難」：

> 從革命的那一天開始，到後來被征服、被奴役的時候，再到後來簽訂條約和緊急命令的時候，我們看到的是一次又一次的失敗、一次又一次的崩潰，以及一次又一次的苦難，沮喪、麻木和絕望，到處都是這些災難立下的里程碑……農業停滯，工商業破產，數百萬人失去了他們省吃儉用攢下的存款，另外還有數百萬人失去了工作。一切都反了，曾經偉大的都已經被推翻，只留下這些人和政黨，這些造成災禍的罪魁禍首。直到今天，他們都還在那裡。【32】

希特勒利用這種修改過千百遍、複述千百遍、極度淺顯易懂的控訴公式，再搭配憤怒的起義口號以及祖國、榮耀、偉大、權力和復仇等籠統的概念來動員群衆。他的目的在於激化大衆的情緒，進一步擴大他在演說中指責、控訴的混亂狀態；他將希望寄託在所有能打破現狀、開啓行動的事情上，一切從現有體制爆發出來的能量都必定有利於他，因爲，再也沒有任何人能夠比他更可信、更堅定、更有群衆影響力地喊出人們對變革的迫切希望。英國政治家哈羅德·尼科爾森（Harold Nicolson）在一九三二年的年初拜訪柏林，他在他的日記中指出：人們絕望到「會接受任何看起來像解決方案的東西」。[33]

由於主要目的在於激發民衆的狂暴情緒，希特勒的演說往往含糊其辭，令其得以輕鬆迴避一切社會衝突，不必長篇大論地掩飾矛盾之處。針對他在柏林腓特烈斯海因發表的一場午夜演說，戈培爾指出：「在那邊的都是非常底層的人，他們在元首演講後都非常感動。」然而，不僅是這些市井小民，許多有頭有臉的大人物和介於兩者之間的聽衆也都有同樣的反應。一位姓布邁斯特的教授以「德國藝術家候選人」的說法介紹他，並稱頌其「眞摯得直擊人心」的演說藝術；有一次，在希特勒對鄉村同盟的領導者和布蘭登堡地區的貴族發表兩個小時的談話之後，在場的一位大地主要求「以所有人的名義」取消之後的討論會——雖然這場討論會與他們的危機、利益和社會衝突確實相關——他表示：「我們剛剛才經歷的神聖時刻不該被任何事打擾。」[34]

因爲他大雜燴一般的口號、不拘一格的折衷主義哲理和巧妙安排的煽情元素，無論是誰都能接受他的觀點、產生共鳴。他對擔心受怕的市民階級承諾秩序，答應讓他們恢復原有的社會地位；他許諾滿腦子革命思想的青年一個浪漫主義的新社會；他對情緒低落的工人們保證，他們將吃得飽、穿得暖、安全受到保障；他應許十萬大軍的士兵們一個似錦前程以及華美的軍服；他對知識分子的答覆大膽而朝氣蓬勃，正好符合當時鄙視理性、崇拜生活的風潮。

然而，與其說希特勒以模稜兩可的話語哄騙各個族群，不如說他能夠在不談論政治的狀況下直擊群衆的根本，這絕對是一種才能。他就像拿破崙一樣，可以說每個人都掉進了他所織就的網裡，等到他成功上臺的時候，沒有任何一個族群不是將希望寄託在他身上。[35]

精心設計的集會活動

毫無疑問地，一九三二年是希特勒在演說上得到最大收穫的一年。雖然也有個別親信表示，他早年的表現情緒更豐富、更有說服力，任職總理後所舉辦的集會更是具備完美的儀式性，被吸引前來的群眾幾乎多得令人無法一眼望盡；然而，只有在一九三二年這一年，他的救世渴望、對個人魅力的意識、對完成目標的極度期待，以及對自己「被選中」的信念，才會在充斥極端情緒的苦難背景之下，像煉金術一樣地被結合為一體。這段時間是希特勒的重要經驗之一，對他產生深遠的影響，後來在做決定時也會反覆參考這次的經驗。這種感覺也留存於他的「奮鬥時期」的神話，將這段經驗讚頌為「英雄史詩」、「深淵之戰」或者「角色之間的大戰」。[36]

這些集會活動不僅有仔細設計過的開幕儀式，就連閉幕儀式也同樣講究。在群眾的喧譁與歡呼聲中，樂隊開始演奏德國國歌或某一首納粹黨的黨歌，不僅營造出團結的氛圍、激發觀眾們的熱血，更是將他們留在原地，一直到希特勒精神不濟、累得頭昏眼花地離開會場，登上場外等候的汽車時才散場。

有時，希特勒也會在人群湧動，或者衝鋒隊和突擊隊進行火炬遊行之時，在司機旁邊站一會兒，向群眾打招呼，並且機械性地微笑。等到回到自己下榻的飯店房間，他就一副疲倦、脫力、筋疲力竭的樣子，這種演說後就昏昏沉沉的奇特狀態正好說明，他在大型演講活動上是多麼的激情四射及放縱。曾經有人發現他在活動後安靜地望著前方發怔，想要上前卻被副官布魯克納在半路用一句話阻止：「請讓他靜一靜，他已經累壞了！」有一次，在活動的隔天早上，一位大區黨部部長發現希特勒窩在他和親信們合住的總統套房的最角落的房間，據其描述，他當時「自己一個人待著，駝著背，看起來疲憊又憂鬱的樣子，縮在一張圓桌旁慢吞吞地喝蔬菜湯」。[37]

然而，希特勒想要成功上臺，只依靠他掀起的騷動是絕對不夠的。儘管納粹黨在普魯士的邦議會選舉中得到百分之三十六點三的選票，打破社會民主黨和中間路線政黨一直以來的聯盟優勢，卻仍然未能取得他們所期望的絕對多數，三個月後的國會選舉也遭遇同樣的局面。他們在七月三十一日的國會大選中拿下二百三十個席位，較之前成長了一倍多，成爲國會中無庸置疑的第一大黨，但是，所有跡象卻都證明，希特勒已經走到了擴張範圍的上限。雖然右派或中間路線的市民階級政黨不是已被他重創，就是被完全吸收進納粹黨，他卻依然對中央黨、社會民主黨及共產黨束手無策。他在宣傳活動上耗費大量心血與金錢，毫不間斷地舉行群眾大會和遊行，四處張貼海報、發放傳單，宣傳演說員被逼得筋疲力盡，希特勒最後還展開第三次的宣傳飛行，在十五天內到五十個城市演講——然而，他們在大選的得票率只比普魯士邦議會選舉時上升百分之一左右。對此，戈培爾當時評論道：「現在得發生一些什麼事。我們必須在不久的將來上臺執政，不然就會在選舉時完蛋。」[38]

布呂寧的失敗

很快地，這種不祥的未來浮現出第一波的徵兆。

隨著政府轉向以緊急命令治理國家，特別是在興登堡連任成功之後，這位聯邦大總統就越來越用人唯親，並且越來越執拗地將自己的私人願望和國家的福祉相提並論。這種行爲還受到一小群不負責任的顧問所支持，其中包括興登堡的兒子奧斯卡——當時人們經常嘲諷此人在政府中扮演的角色「不受憲法規定」——國務卿麥斯納（Otto Meissner）、施萊謝爾將軍、保守派的年輕議員葛海克博士（Günther Gereke）、興登堡的鄰居歐登博—亞努蕭（Elard von Oldenburg-Januschau）——此人從帝國時代就喜歡扮演「反動派流氓」的角色，曾經表示「什麼時候都能以一名少尉和十個士兵解散國會」而在公眾間引起軒然大波——除此以外還有一些來自易北河以東地區的貴族，法蘭茲．馮．巴本後來也加入其中。

他們在接下來的數個月中都在暗中謀劃，不過，這些人的動機和利益並非一直都很明確，有時候也會顯得難以界定。希特勒出現在政治舞臺上，就像是一股強大而帶著挑釁意味的力量，因此，這些人企圖吸收他的勢力，將此人與他們綁在同一條船上，並且利用他來威嚇左翼陣營。德國舊勢力正帶著虛幻的、上位者的傲慢，最後一次嘗試找回自己在歷史中丟失的地位。

十分諷刺的是，他們的第一個受害者就是布呂寧自己。出於對總統的信賴，這位總理很輕易地就與一些所謂的「勢力組織」為敵，與此同時，他的對手希特勒卻非常賣力爭取，並且成功贏得他們的青睞。

因為布呂寧不願意考慮他們提出的各種要求，工業界已經加深了對他的牴觸情緒。現在，就連和興登堡這個莊園主同樣立場的地主階級，也都開始不滿地反對政府：他們希望政府提供經濟援助，布呂寧卻提出計畫，表示政府補助與否牽涉到各莊園的盈利能力考核結果，不僅如此，負債累累、毫無還款希望的莊園還將用來安置失業人口。毫無疑問地，這項提案遭受各利益團體的猛烈抨擊，其中，他們指控布呂寧「具有布爾什維克主義傾向」更是壓垮駱駝的最後一根稻草。

雖然我們很難一一釐清，對於年邁又耳根子軟的總統而言，這些人所施加的巨大壓力到底對他起了多大的影響作用；不過，可以肯定的是，這絕對是促使他下定決心捨棄布呂寧的原因之一。此外，興登堡也對布呂寧在他競選連任時的錯誤決策心懷不滿，身邊親信時不時的挑撥離間，更令他對他們之間的衝突懷恨在心。最後，布呂寧更失去施萊謝爾的信任，後者以國家防衛軍的名義表示立場，宣判布呂寧在德國政壇的結局。

發布禁令

這場事件只是一個開端，看似是政府的有力作爲，實際上卻使得領導高層之間的矛盾爆發，令其開始死前的最後掙扎：取締衝鋒隊及突擊隊。自從博斯海姆文件被公開，新的證據也不斷出現，顯示納粹黨仍然不排除以暴力政變的形式奪取權力。納粹黨黨軍顯然越來越有自信、越來越耐不住性子，希特勒雖然嘴上說著堅持合法路線，卻態度曖昧地在公開場合不時假意憂慮地表示，自己不知道還能控制這支褐衫軍多久。魯登道夫對此感到惱火，有時會因此將德國稱爲「衝鋒隊的占領區」。戈培爾在第一次總統選舉前兩日於日記中寫下：「針對未來幾天，我和衝鋒隊及突擊隊的負責人詳細討論了行動守則。到處都瀰漫著瘋狂的躁動氛圍，人人都在談論政變。」[39]到了大選當天，羅姆已經命令他的部隊戒備，並要求衝鋒隊包圍柏林。

普魯士警方在掃蕩衝鋒隊據點時，雖然只有找到針對希特勒勝選的情況所詳細規劃的暴力措施，並未找到能夠證明大規模政變企圖的資料，但是，他們於其中發現了曾於其他文件出現的政變暗號：「祖母死了。」[40]此外，根據警方的調查，東部地區的衝鋒隊曾收到指令，要求他們在波蘭發動攻擊時拒絕參與任何防禦行動——不用說，興登堡對這個發現肯定特別印象深刻。在某些邦政府的強烈敦請下，政府高層才一致決定對衝鋒隊及突擊隊發布禁令，這個醞釀許久卻一再推遲的主意終於能夠付諸行動。

然而，就在宣布這項禁令的前幾天，事情竟然發生戲劇化的轉變。施萊謝爾一開始明明十分贊同這個主意，甚至自詡爲該計畫的創始人，卻「一夜之間」完全改變立場。由於他在第一時間並未得到其他人的支持，於是展開猛烈的反對行動，甚至企圖以「新禁令將使已經很失望的右派支持者更加不滿」的說法說服興登堡。

施萊謝爾認爲，相較於發布禁令，與衝鋒隊合作解散所有私人武裝組織——例如鋼盔前線士兵聯盟以及效忠共和的黑紅金國旗團——將之全數納進一個附屬於國家防衛軍的民兵或軍事體育協會管理，才是更恰當的做法。此外，對於這位城府很深的陰謀家而言，這種發布禁令的做法過於簡單粗暴，實在有違他的品味，只有精巧的計謀才能獲得他的青睞。施萊謝爾建議向希特勒提出解除衝鋒隊武裝的最後通牒——當然，這是不可能被實現的要求——如此一來，希特勒就會因爲拒絕政府的要求而陷入不利的境地。

然而，由於忌憚目前服務於衝鋒隊和突擊隊的「老戰友」，擔憂自己的地位不保，興登堡最後還是簽署了禁令。警方在四月十四日展開大規模的行動，解散希特勒的黨軍，並接管其司令部、宿舍、訓練所及物資管理處，這是政府在啤酒館政變後對民族社會主義進行的最猛烈打擊。

根據官方的聲明，發布該禁令的原因並非於出於個別事件，而是因爲政府無法容忍私人軍隊的存在，第一次顯示出政府的魄力：「能夠組建軍隊的只有政府。倘若政府姑息私人軍隊的存在，就會對國家的和平與秩序帶來威脅……毫無疑問地，在法治國家中，只有憲法規定的政府機關能組織軍隊，任何私人建立的武裝部隊在本質上都不合法……爲了維護國家利益，政府必須解散這些私人武裝部隊。」【41】

有四十萬大軍的野心和強勢作爲依靠，羅姆一開始躍躍欲試地想要反擊，但希特勒對此毫不鬆口；相反地，他毫不遲疑地將衝鋒隊納入政治部門，藉此保留組織的完整性。這又是法西斯主義運動在面對政府的首次反擊時不戰而退的例子：就像加布里埃爾．鄧南遮（Gabriele d'Annunzio）在一九二〇年率領兩千名義大利民族主義者占領阜姆，卻在義大利政府射出的第一發——也是唯一的一發——加農炮後立刻撤退一樣，希特勒這時馬上要求黨員嚴格遵守禁令。不過，他這麼做並不是出於畏懼，而是擔心他們的抵抗將帶來嚴重的後果：該禁令不僅是某種效果有限的反制措施，更將使現在的「法西斯主義氛圍」——保守主義統治與革命民族運動的結合——化爲烏有。

他之所以這麼輕易地屈服，很可能是因爲他從施萊謝爾本人或施萊謝爾周遭的人得知，政府領導高層已經爲此產生分歧。他由此想出接下來的對策，顯得信心十足。戈培爾指出，在納粹黨被解除武裝的前夕，自己與希特勒於凱薩宮酒店進行談話：「我們談論接管權力的人事問題，就好像我們已經成功掌權一樣。我相信從來沒有任何一個反對派的運動像我們一樣，對成功這麼有把握！」【42】

興登堡於第二日寫了一封措辭極爲嚴厲的信給格勒納，釋放出巨大陰謀的訊號。此事受到右翼媒體的熱心宣傳，衆多民族主義陣營的知名人物也紛紛唱和，展開激烈的抨擊。前王儲表示，這位軍事部長協助摧毀「在衝鋒隊和突擊隊匯集、接受良好訓練的兵源」，這種做法「著實令人不解」；施萊謝爾建議這位一向視自己爲親兒子的上司退休，不僅如此，他還惡意散播——或者至少沒有制止——針對格勒納的誹謗言論，例如：格勒納已經生病了，他是反戰的和平主義者，或者他和第二任妻子的孩子過早出生，使得軍隊顏面無光等等——施萊謝爾告訴總統，國家防衛軍以芬蘭著名跑步運動員帕沃．努爾米（Paavo Nurmi）爲名，稱呼這個孩子爲「努爾米」。【43】

與此同時，施萊謝爾對納粹黨領導高層表示，他自己完全不贊同衝鋒隊禁令。他向來主張以共組政府、專家內閣的方式束縛納粹黨，就像現在各方互相牽制的狀態一樣；然而，我們從墨索里尼的例子就可以知道，對於坐擁黨軍的「護民官」（譯註：羅馬共和國的政治職務，由平民大會選舉產生，職責爲保護人民，有權否決元老院或執政官發布的命令）而言，這種花招絲毫無法發揮作用。

施萊謝爾於四月底和希特勒進行第一次會談，對此，戈培爾表示：「談話進行得很順利。」接著，他們很快又展開第二次會議，國務卿麥斯納和奧斯卡·興登堡也一同出席，這次討論的主題不僅是推翻格勒納，更是要推翻整個布呂寧內閣。戈培爾指出：「一切都很順利……很高興尚未有人察覺到任何事，至少布呂寧自己仍然一無所知。」

經過一個月不間斷的暗中操作，事情總算有了結果。五月十日，格勒納頂著右翼陣營的猛烈抨擊，在國會爲衝鋒隊禁令辯護。作爲一個演說技巧拙劣的發言者，他對納粹黨「國中之國」、「國家內的敵國」的抗議，在納粹黨的喧譁叫囂中未能繼續，於是，這位憤怒、無奈並且筋疲力盡的部長希望捍衛的禁令最終也以失敗收場。沒過多久，施萊謝爾和哈麥施坦因將軍——國家防衛軍的總司令——就冷酷地通知格勒納，軍隊已經不再信任他，並要求他辭職。由於向總統申訴卻徒勞無果，他最終還是自請離職。

內閣中彼此的角力

然而，按照密謀小組的計畫，格勒納的下臺只不過是序幕，好戲很快就接著上場。

興登堡在五月十二日返回紐德克，在自己的莊園裡待了將近兩週的時間，其間曾接到布呂寧的會談請求，但是他不高興地拒絕了，顯然是受到身邊親信的影響。那些人正打算對布呂寧搖搖欲墜的總理地位發動攻擊，無論他們說得多麼冠冕堂皇，一切的出發點都是爲了鞏固大地主與老官員的地位，從不考慮做法是否正派或者是否有違原則。

於是，等到月底返回柏林時，興登堡已經決心與布呂寧分道揚鑣。後者於此時卻相信自己即將在對外政策上取得重大的成功，就在五月三十日早上，他在前往與興登堡會面的路上得知，有關裁軍問題的談判即將有長足的進展——不過，很遺憾地，在密謀小組的操縱下，他沒有機會在最後一刻通知總統這個好消息。興登堡在一年前才對布呂寧保證，他就是自己最後的總理，他們兩人不會分開；現在，布呂寧卻屈辱地被趕出辦公室，只因爲總統不想錯過日德蘭海戰紀念日的海軍衛隊閱兵儀式——對於興登堡而言，能夠左右共和政府命運的決策還不如一段戰時回憶和一場軍事盛會重要。【44】

在布呂寧提出辭呈後，施萊謝爾說服總統任命碌碌無爲的法蘭茲·馮·巴本爲新任總理。

巴本出生於西發利亞地區的古老貴族世家，曾於貴族階級的騎兵團服役，他第一次爲人所熟知是在第一次世界大戰期間：作爲駐美武官，他在一九一五年因爲從事謀反活動而被美國政府驅逐出境；不僅如此，在返回歐洲的路上，他還粗心大意地讓有關特務活動的重要文件落入英國政府手中。他的妻子爲薩爾地區大工業家的掌上明珠，爲他帶來可觀的財產與豐富的工業界人脈，同時，天主教信仰的貴族身分也令他與教會高層、前參謀總部軍官以及國家防衛軍都關係良好。可能就是因爲這種與衆多利益團體的連結關係，施萊謝爾才會注意到此人。

巴本這個人落伍得荒唐，他的長腿動作僵硬、態度自大、經常傲慢地發牢騷，簡直像是一幅諷刺漫畫，或者一如當時觀察家所評論的，他就像是會出現在《愛麗絲夢遊仙境》中的某個角色。粗心大意和冒冒失失就是人們對他的評價，沒有人會認眞看待他：「如果成功了，他會很高興，但要是失敗了，他也不會放在心上。」[45]

不過，此人顯然正是因爲頭腦簡單、做事漫不經心才會被看重。施萊謝爾越來越詳細地計畫如何剷除宛如風中殘燭的議會制度，向「適度的專制」前進，在他看來，巴本正是能協助他完成計畫的合適人選。因爲他推測，經驗不足又膚淺的巴本會滿足於總理職位的虛榮感及其代表角色，成爲自己手上好用的工具。這種考量正符合施萊謝爾野心勃勃卻又喜歡隱身於幕後的性格，當他的朋友們無法置信地反駁他「但是巴本沒有腦袋」時，他回答道：「我也不需要他有腦袋，他只要當一頂好看的帽子就行了。」

然而，如果施萊謝爾曾經理所當然地認爲，巴本憑藉其廣大的人脈，可以建立聯合政府，或者至少是以社會民主黨爲首的右翼同盟的話，他很快就發現自己錯了。這位新總理毫無任何政治基礎，中央黨由於布呂寧慘遭背叛而擺出強烈反對的姿態，胡根貝格也因爲受到重用的不是自己而感到憤怒不已；他也慘遭大衆的敵視與排斥，雖然在剛上臺時就享受到布呂寧奮鬥的成果，在洛桑會議上解決戰後賠款的問題，但依然不受公衆歡迎。

事實上，無論從民主的角度或是專業的角度來看，他所組建的內閣都無法被視爲解決德國問題的良方。內閣成員全都出自名門，他們無法拒絕總統的愛國號召，就像「軍官圍繞他們的將軍」[46]似地圍繞在興登堡身邊，一共有七位貴族、兩位集團總裁、一位將軍，再加上曾在慕尼黑資助過希特勒的弗蘭茨．古特納——沒有一位代表中產階級或工人階級。陰影似乎又回來了，大衆的憤怒、嘲諷和抗議都沒有任何效果，顯示出這個老舊的統治階層到底有多麼脫離現實。這個被嘲弄爲「男爵內閣」的新政府得不到群衆的支持，能夠依靠的只有興登堡的權威和國家防衛軍的力量。

由於新政府非同尋常地不受人民歡迎，希特勒也開始謹愼地觀望起來。在早先與施萊謝爾的談話中，他曾應允，如果再次舉行選舉，取消衝鋒隊禁令，並給予納粹黨充足的宣傳自由的話，他就會容忍、配合政府。在五月三十日的下午，就在布呂寧辭職的幾個鐘頭以後，當總統詢問他是否同意任命巴本爲新總理時，他也給予肯定的答覆。儘管巴本在六月四日已經解散國會，進行一連串後果嚴重的讓步，並且承諾很快就會解除對衝鋒隊的禁令，納粹黨卻開始逐漸疏遠這位新總理。「我們必須盡快遠離這個市民階級的過渡內閣，」戈培爾指出，「這些都是很敏感的問題。」過了幾天，他又補充：「我們要盡快脫離這群市民階級的叛逆青少年，否則我們將迷失自己。我即將在《進攻報》對巴本內閣展開新的攻擊。」

衝鋒隊禁令在一開始並未如他們預期地取消，於是，戈培爾在某天晚上採取了行動：「不顧禁令，我和四、五十位衝鋒隊幹部穿著全身制服，挑釁地出現在波茨坦廣場旁一家很大的咖啡廳內。我們唯一的熱切希望就是被警察逮捕……午夜時分，我們在波茨坦廣場和波茨坦大街上慢慢散步，但是沒有一個人有動作。幾位警官錯愕地望著我們，但接著羞愧地移開視線，假裝他們什麼都沒看到。」【47】

禁令在兩天後才終於被廢除，不過，由於政府在此期間表現得猶豫不決，大眾不由得產生「國家權威正式屈服於即將上臺的新勢力」的印象。【48】顯然，巴本試圖在最後一刻以自己的讓步迫使納粹黨同意共組政府，然而，有鑑於施萊謝爾先前的承諾，此舉不僅爲時已晚，更顯示出，對於希特勒到底具有多大的權力慾望，巴本竟可笑地一無所知；因此，他才會被希特勒敷衍——後者冷靜而和善地表示，一切等到國會大選以後再討論。

如內戰般的衝突爆發

於此其間，內戰一般的街頭衝突忽然再度爆發，並且眞正達到白熱化的階段。直到七月二十日爲止，在這五週的時間內，光是在普魯士地區就有將近五百場衝突事件發生，共九十九人死亡，一千一百二十五人受傷；在七月十日的事件中，全德國共有十七人喪命，不僅如此，因爲許多地區的街頭鬥毆過於激烈，政府不得不出動國家防衛軍干預。

德國共產黨主席恩斯特．臺爾曼確切地表示，解除衝鋒隊禁令無異於公開邀請這些人進行謀殺，不過，對於自己的武裝部隊在此之中究竟是主動挑釁還是被動還擊的問題，他卻並未發表評論。七月十七日，漢堡的阿通納地區爆發這個夏天最血腥的街頭衝突：納粹黨組織的七千人隊伍挑釁地在擁護共產黨的工人階級居住區進行示威遊行，共產黨員從屋頂和窗戶開槍掃射作爲回敬，引起納粹黨的憤怒反擊，雙方衝破臨時搭建的柵欄開始激烈混戰，最後有十七人喪命，無數人重傷。在一九三二年七月的政治衝突事件中，一共有六十八人死亡，其中三十人爲共產黨員，剩下的三十八人爲納粹黨員。「毆打和槍擊，」戈培爾評論道，「就是威瑪共和的最後一場表演。」[49]

對於納粹黨因爲政府的讓步而更自信滿滿的事實視而不見，巴本又展開下一步的行動。他一方面希望以誇耀權威性的大動作替幾乎被孤立的政府提高威望，一方面也是希望安撫希特勒和納粹黨，於是在七月二十日的上午將三位普魯士政府的官員召集至總理府，突如其來地對他們宣布，他已經藉由緊急命令，將共產黨黨籍的普魯士總理奧托．布勞恩（Otto Braun）以及在場的社會民主黨黨籍的普魯士內政部長凱爾．賽伏林撤職，並且將親自以全國國務委員（Reichskommissar）的身分接管普魯士總理的職務。

對此，賽伏林表示，只有武力才能讓他屈服。人稱「在政變中也依舊紳士」的巴本很有禮貌地反問，自己是否能知道賽伏林這句話是什麼意思，後者就明白表示：除非受到逼迫，不然他不會騰出他的辦公室。於是，在這種「約定下」，巴本當晚就出動警力迫使賽伏林「兌現諾言」——他於此其間發出事先準備好的第二道緊急命令，宣布柏林與布蘭登堡進入緊急狀態，將警力收攏到自己手中。到了晚上，三名警官到達內政部，要求賽伏林離開辦公室；「我現在屈服於武力之下了。」後者如此說著，一邊撤出辦公室，走向就在隔壁的自宅。

就在同一天的下午，巴本已經以同樣的方式輕而易舉地制伏了驚恐的普魯士警方高層。據說，當柏林警察局長雀征辛基、副局長費斯（Bernhard Weiß）以及警隊指揮官海曼伯格（Magnus Heimannsberg）被領著穿越警察總局的庭院，即將被短暫關押時，有些警員在這些長官們的背後高喊著黑紅金國旗團的口號：「自由！」康拉德・海登評論，對於威瑪共和早已如風中殘燭、不受人期待並且現在被放棄的自由而言，這句話就是最後的訣別。[50]

不過，普魯士政府並非從未考慮過大規模的反抗行動，根據當時的觀察家所言，雀征辛基和海曼伯格曾經偕同次長克勞瑟納（Erich Klausener），向賽伏林敦請「採取一切手段進行鬥爭」，更要求他「立刻毫無顧忌地動用柏林警力」、「宣布總罷工」、「馬上逮捕中央政府和總統」並且「宣布興登堡不適任總統職位」，然而，這些建議都被拒絕了。[51]他們所做出的最大反抗頂多是毫無效果的報紙政論，以及對最高法院提請上訴而已。

普魯士政府不僅擁有九萬名訓練精良的警隊成員，和半軍事化的黑紅金國旗團，也得到共和派政黨和工會的支持，更把守著許多關鍵的職位。在這麼有利的條件下，他們卻因爲尊重憲法，擔心掀起內戰，懷疑總罷工在失業率這麼高的情況下能有多少效果等等的顧慮，最後放棄了所有的反抗計畫。於是，在他們灰心喪志的目光下，巴本得以不受干擾地從這個「威瑪共和最堅固的堡壘」搶奪大權。

我們很難否定這些普魯士政客決定放棄反抗的動機，考量到當時的所有條件，這可能是非常合理的決策，然而，歷史並不會尊重他們的理性。賽伏林和他那些緊張不安、失去道德標準的夥伴們從未有過示威遊行的念頭，也從未想過，拋下榮譽、放手一搏不僅能令民眾遺忘他們在過去十三年中的優柔寡斷和不作爲，還能點燃熱血，令人民重拾對民主的信心。因此，七月二十日的事件眞正不可被小覷的意義在於其所帶來的心理影響，不僅令某些人灰心喪志、偃旗息鼓，更令另外一些人知道，不需要再對誓言捍衛威瑪共和的那群人有什麼期待。於是，納粹黨也越來越按捺不住了。

流血衝突不斷發生

這時總共有三個涇渭分明的陣營彼此對立：首先是以巴本爲首的民族主義專制陣營，雖然在國會大選中只拿下百分之十的選票，卻得到總統興登堡和國家防衛軍的支持；再來是雖然優勢不再，但仍然有大批民眾支持的民主陣營；最後就是同樣擁護集權主義，但互相敵對的納粹黨和共產黨，兩黨相加共占百分之五十二的席次。就像納粹黨和共產黨水火不容，所有的陣營也都互不合作、互相阻撓，在一九三二年的夏天到秋天，這些人想出層出不窮的戰術與詭計，試圖打破這個僵持的局面。[52]

八月五日，希特勒在距離柏林不遠的菲爾斯滕貝格與施萊謝爾會面，並且在這場會談中第一次提出掌握所有權力的要求。他不僅要求親自擔任總理，由納粹黨接管內政部長、司法部長、農業部長以及航空部長的職位，還要求新建一個宣傳部，並且堅持接管七月二十日之後出現的普魯士總理和普魯士內政部長的職位空缺，甚至還想制定一部能授權自己無限統治權的法律。對此，戈培爾表示：「只要得到權力，我們就永遠不會放下它，除非我們變成屍體，被人抬出辦公室。」

在會談結束時，希特勒確信自己即將大權在握。在兩人互相道別時，他還心情很好地提議在這棟房屋的牆上貼一塊紀念牌，以紀念他們這次的會議。衝鋒隊的隊員都已經離開自己的工作崗位，準備迎接勝利之日，迎接狂歡、暴動以及獲得被許諾的權力地位的到來；希特勒一方面爲了安撫躁動的衝鋒隊，另一方面也是爲了彰顯自己的要求，命令衝鋒隊繞著柏林遊行，並且一圈一圈、越來越緊密地包圍這個城市——就如同他在一九二三年於貝格勃勞凱勒啤酒館對空鳴槍一樣，這是他的示威。

於此其間，全德國的流血衝突日益加劇，其中以西利西亞與東普魯士地區的情形最爲嚴重。八月九日，一項反政治恐怖行動的法令出臺，政府揚言將所有「出於政治鬥爭的激情，在怒火與仇恨下對對手進行致命攻擊」的人都處以死刑。然而，第二天夜裡就有五名穿著制服的衝鋒隊員在波坦帕——上西利西亞地區的一個小鎮——犯案：他們強行闖入一位共產黨工人的家裡，把他拖下床，在他母親面前將此人活生生地踩踏至死。

雖然無法釐清這幾個事件有多大的影響力，但是，在此之後，政府對於希特勒的態度確實發生極大的轉變，再次將納粹黨擋在權力的大門之外。有可能是施萊謝爾自己主動放棄馴服希特勒的計畫，也有可能不是，無論如何，他這個「任命希特勒爲右翼聯合政府的總理，用責任束縛他，並藉此削減他的聲望」的計畫，都在這時候第一次遭到總統的強烈反對。興登堡已經對機靈又風流倜儻的巴本興起一股父親對兒子的喜愛之情，當然不願意讓希特勒這個假救世主兼波西米亞狂熱分子來頂替巴本的總理職位，更不用說，這個人還企圖爭奪自己所貪戀的代皇帝寶座。

在八月十三日的進一步會談中，總統與巴本拒絕了希特勒對於全面掌權的所有要求，只准許他以副總理的身分加入現在的內閣。希特勒在這幾天都抱著孤注一擲的心情，聽到他們這麼說，立刻火冒三丈地回絕他們的提議，甚至當巴本讓步，發誓自己會在雙方進行「相互信任、卓有成效的合作」後讓位給他時，希特勒仍然不接受他們的條件。

他先前肯定已經幻想過，在這個混沌、即將滅亡的世界，他將如何展現自己統治天下的使命。他在驅車前往柏林與興登堡會面的途中，曾於基姆湖邊上的一間酒館稍作休息，這時，他就開始一邊大啖鬆餅，一邊對他的司機暢想日後屠殺馬克思主義者的情景。然而，事情的發展不如他所預期，興登堡與巴本的提議令他覺得自己被愚弄了。一如過往，希特勒在遭受挫折時先是感到失望，接下來就是極度的絕望。因此，當興登堡在同一天下午再度召見時，他一開始是想要拒絕的，直到總統府派來的人員表示一切都尚未定案，他才重新燃起希望。

然而，當興登堡詢問希特勒是否願意支持現在的政府時，他直接給予否定的答覆，不僅如此，這位老總統喜愛呼籲的愛國主義也激不起他半分共鳴。於是，這場會談只能以興登堡的勸誡以及兩人「冰冷的道別」結束。希特勒在走廊上就激動地宣告總統即將倒臺。[53]

當希特勒看到政府匆忙發布的官方公報，發現自己又一次被戲耍，他的怒火燒得更烈了。根據公報刊載，興登堡「非常堅定地拒絕希特勒的要求，出於良知以及對祖國的責任，他無法將所有權力轉交給企圖單方面行使權力的納粹黨」。不僅如此，對於希特勒無法按照先前的承諾，支持受總統任命的民族主義政府一事，文中也公開表達遺憾之意——這在迂迴的公文中無異於指責希特勒背信棄義，令他不由得回想起塞瑟和可恨的卡爾。當然，在幾個月之後，他就想不起這些怨懟了。

納粹黨立刻開始激烈地反對共和政府，明確向巴本表示他所採取的消耗戰策略有多麼思慮不周、無濟於事。八月二十二日，在波坦帕犯下殺人罪的五名衝鋒隊員根據反政治恐怖行動的法令被判處死刑，納粹黨在幾乎占據整個法庭的狀況下展開示威，場面十分激烈。西利西亞衝鋒隊的負責人埃德蒙．海涅斯身著全套制服出現在現場，他大聲威脅法官，揚言將展開報復行動；希特勒也向這五位衝鋒隊員發出電報，向他們保證，面對這種「恐怖而嗜血的判決」，自己依舊「無限忠誠」地和他們站在同一陣線，並且承諾他們會早日被釋放。

以血腥成就歷史地位

他拋棄在這兩年間精心維護的體面的市民階級面具，再次像早年一樣狂熱地支持這些殺人凶手，這種不容錯認的激進態度顯示出他到底有多麼憤怒，當然，在某種程度上，他這麼做也是為了安撫自己的支持者，特別是再一次深深失望的衝鋒隊員們。衝鋒隊是德國迄今規模最大的武裝組織，他們對自己信心高漲，鄙視那些穿著燕尾服的市民階級政府官員，因此，他們完全無法理解，為什麼希特勒能夠持續忍受屈辱，而不是下令讓最忠誠的戰士占領街頭，舉行他們應得的血腥狂歡慶典。

無論如何，希特勒現在正以一種越來越有威脅性的方式來部署衝鋒隊。經過十天幾乎從未間斷的宣傳，巴本在九月二日真的退縮了，決定犧牲自己所剩不多的威望，建議總統將那幾位衝鋒隊員由死刑改為無期徒刑——他們因此能夠在幾個月後出獄，以立功戰士的身分接受歡呼。不過，現在還不到那個時候。從希特勒在九月二日發表的演說中，我們還可以清楚聽出他對於自己被愚弄而生出的怒氣：

「我知道這幾位先生在想什麼，他們現在想用幾個職位搪塞我們，好讓我們閉上嘴巴。但是，憑藉這種老招，他們走不了多久的……不，先生們，我組建政黨不是用來討價還價、出賣或交換利益！我們可不是隨便一隻綿羊都能披上的虎皮，納粹黨就是納粹黨，僅此而已！……你們眞的認爲，只要用幾個部長職位就能讓我上鉤嗎？我根本就不想和你們往來！這幾位先生完全想像不到，這一切對我而言有多麼不重要。如果現在這種狀態就是上主所希望的樣子，那我們就該戴著單片眼鏡出生於這個世上才對，但事實完全不是如此！沒關係，他們可以留著這些職位，因爲這些根本就不屬於他們。」【54】

希特勒對於興登堡和巴本的拒絕感到非常憤怒，以致於他似乎想要放棄合法路線，以流血暴動的方式奪取權力；這是因爲，這種羞辱不僅令他在政治上受挫，更狠狠刺傷了他對於成爲市民階級社會一員的渴望。越來越多威脅性的口號出現於納粹黨的集會：「算帳的時候到了！」希特勒與中央黨進行談判，打算推翻巴本，他甚至提出一個瘋狂的主意：與失望的左翼陣營合作，在國會決議上通過罷免興登堡的全民公投提案。他在那幾週中都沉浸於報復情緒中，爲自己和身邊的人描繪以革命奪取關鍵職位的條件與機會，並且再次詳盡地描述他們將如何痛擊那些擁護馬克思主義的對手們。畢竟，他在這些年間努力遵循的合法路線，只表現出他性格中冷靜、謹愼、守舊的面向而已；然而，另一方面，他也充滿侵略性、具有強大的想像力，並且相信唯有血腥才能成就歷史地位。

這兩個互相對立的想法在希特勒心中來回拉扯，就在這時，但澤議會主席赫爾曼・勞施寧到上薩爾茲堡拜訪他。

勞施寧驚訝地發現，這位強大「護民官」的生活方式，竟然十分具有小市民階級的風格：印花棉布製成的窗簾、所謂的鄉村家具、在懸掛的鳥籠裡啁啾歌唱的小鳥，以及在他身邊伺候的一群老婦人。然而，希特勒卻猛烈抨擊巴本，並將民族主義的市民階級稱爲「德國的眞正敵人」。此外，他還以偉大的教育觀點爲波坦帕事件辯護：「我們必須殘酷，我們必須恢復無愧地施加暴行的能力。如此一來，我們的人民才能戒除心軟和婦人之仁，戒除安逸和悠閒的黃昏啤酒聚會。我們沒有時間沉溺於美好的感覺了，如果想要完成歷史的任務，我們就必須逼迫人民成爲偉大的存在。」

希特勒滔滔不絕地發表長篇大論，沉迷於挑戰歷史任務的願景中，並且將自己與俾斯麥相提並論。就在此時，他突然問起但澤自由市和德國之間有沒有引渡條約。勞施寧不明白他怎麼會這麼問，於是，希特勒解釋道，自己說不定會需要一個避難所。[55]

不過，他後來又一副信心滿滿的樣子。除了巴本的輕率、頭腦簡單和容易妥協，興登堡的高齡以及他對民族主義的極度不安全感也令希特勒不由得笑容滿面，正如他公開承認過的，這些因素都令他更堅定、更有把握。在他將波坦帕事件的凶手稱爲「夥伴」的數天後，他收到亞爾馬・沙赫特傳來的信。沙赫特在信中向「親愛的希特勒先生」保證，自己對他的支持「毫不改變」，相信他有朝一日會掌握大權，並且建議他暫時不要提出經濟方面的計畫；最後，信上寫道：「無論我稍後在哪裡工作——就算是在要塞裡看到我——您都可以將我視爲可靠的幫手。」

當美國聯合通訊社的記者訪問希特勒，他是否不會像墨索里尼進軍羅馬一樣地進軍柏林時，

他語帶雙關地回答：「爲什麼我要向柏林進軍？我已經在這裡了！」【56】

注釋

【1】埃西．寇赫魏瑟（Erich Koch-Weser）在一九三二年三月二十六日寫給葛斯勒的信；引用自 Otto Geßler, »Reichswehrpolitik«, S. 505。

【2】在一九一八年十一月拋下自己的皇帝主子的想法，顯然越來越令興登堡感到折磨。爲了抵禦民族社會主義的獨裁危機，布呂寧計畫首先進行專制改革，接著再過渡到以英國爲範本的君主立憲制，然而，興登堡總統要求無過渡地恢復過去的帝制，拒絕了這個提案。即便興登堡最後被說服參加競選，他的前提也是：「必須對選舉結果有絕對的把握，哈爾茨堡陣線不會聯合起來反對」；參照韋斯塔普（Kuno von Westarp）與國務卿麥斯納的對話，引用自 K. D. Bracher, »Auflösung«, S. 458。

【3】J. Goebbels, »Kaiserhof«, S. 19 f..

【4】Arnold Brecht »Vorspiel zum Schweigen«, S. 180 指出，爲了不將奧地利弟兄們排除在外，憲法的起草者刻意不採取美國憲法的規定：只有在國內出生的公民才能成爲國家最高職位的候選人。此外，早在一九二九年的秋天，希特勒的追隨者們就努力試著讓他歸化爲德國人。弗里克當時就試圖讓希特勒在慕尼黑入籍但未果。半年後，已經晉升爲圖林根部長的弗里克希望以任命希特勒爲地方官員的做法爲其謀取德國國籍；他想要將希爾德布格豪森憲兵隊專員的一個空缺給希特勒，後者卻認爲這種情況有些可笑，回絕了他的提議。克拉格斯一開始試圖在布朗施維克工業大學爲希特勒騰出一個教師職位，但沒能成功，一直要到他被任命爲布朗施維克在柏林代表處的顧問，這才終於獲得德國國籍。

【5】J. Goebbels, »Kaiserhof« S. 22 ff..

【6】引用自 M. Domarus, aaO., S. 94 f.；J. Goebbels, »Kaiserhof«, S. 54。

【7】»Mein Kampf«, S. 532；以及 J. Goebbels, »Kaiserhof«, S. 31。

【8】一九三二年三月三日的 »SS-Befehl- C- Nr. 3«，HA roll 89, folder 1849。

【9】E. Hanfstaengl, aaO., S. 271；以及一九三二年三月十五日的《人民觀察家報》和 J. Goebbels, »Kaiserhof«, S. 64。

【10】W. Görlitz/H. A. Quint, aaO., S. 338.

【11】J. Goebbels, »Kaiserhof«, S. 78 和 S. 76；有關對希特勒的「世界紀錄」的評論，見 O. Dietrich, »Mit Hitler in die Macht«, S. 65。

【12】J. Goebbels, »Kaiserhof«, S. 120 f..

【13】有關完整的脈絡，參照 H. Frank, aaO., S. 90 f.；E. Hanfstaengl, aaO., S. 231 ff.。有關從不提起外甥女名字的潛規則，來自亞伯特・史佩爾的說法。

【14】H. Mend, aaO., S. 113 f.。蒙得（Hans Mend）顯然並非完全不擅長與女性往來，他表示自己經常對希特勒的評論提出質疑。

【15】多種不同的版本參照 E. Hanfstaengl, aaO., S. 231 ff.；K. Heiden, »Hitler« I, S. 371； W. Görlitz/H. A. Quint, aaO., S. 322 ff.；H. Frank, aaO., S. 90。符騰堡大區黨部部長明德（Eugen Munder）抱怨，希特勒為了陪伴外甥女而過度疏忽自己的政治責任，此番發言令其被革職。

【16】有關此以及後文，參照 H. Frank, aaO., S. 90。恩斯特・漢夫丹格在自己的書中（S. 242）敘述事件的始末——據其所言，這是在希特勒家族中流傳的說法——故事大意就是潔莉被一位來自林茨的猶太繪

畫老師搞大了肚子；漢夫丹格也指出，他們發現潔莉的屍體時，看到她的鼻骨是被打碎的狀態，不過，他對此並未提供證據佐證。當筆者詢問時，漢夫丹格表示這在當時是大家都知道的事，然而，這種說法並未出現於學術文獻中。

【17】E. Hanfstaengl, aaO., S. 61.

【18】出自恩斯特・弗蘭克爾（Ernst Fraenkel）的知名同名論文。

【19】希特勒於一九二〇年八月十三日的演說，引用自 VJHfZ 1968/4, S. 417；希特勒於一九三一年六月初對理查・布萊廷說道：「思想上的鬥爭需要的不僅是信仰，還有理性。面對大衆，我們必須激發他們的信念，然而，我們在組織領導上沒有信仰空談的空間。我們要冷靜地衡量一切。」E. Calic, aaO., S. 58。

【20】»Mein Kampf«, S. 530 ff..

【21】Ebd., S. 535 ff..

【22】參照 O. Dietrich, »Mit Hitler in die Macht«, S. 86 f. 以及 »Mein Kampf«, S. 45 f.。

【23】A. Krebs, aaO.,S. 154；以及 »Adolf Hitler in Franken«, S. 73。

【24】»Mein Kampf«, S. 529；就像希特勒的許多戰術見解一樣，這句話所指的也是抱持馬克思主義立場的對手，只不過經過了包裝。

【25】J. Goebbels, »Kaiserhof«, S. 307.

【26】Weigand v. Miltenberg〔也就是奧托・史特拉瑟黨羽之一的赫伯特・伯朗克（Herbert Blank）〕, aaO., S. 69。

【27】M. Broszat, »Soziale Motivation und Führerbindung des Nationalsozialismus«，刊登於 VJHfZ 1970/4, S.

402：後文的尼克博克引文來自其著作»Deutschland so oder so?«, S. 206。

【28】Heinrich Brüning, »Memoiren 1918-1934«, S. 195：有關前文中提到的評論，見 O. Dietrich, »Zwölf Jahre«, S. 160。

【29】H. Graf Keßler, aaO., S. 681：以及W. Jochmann, »Nationalsozialismus und Revolution«, S. 405，還有 H. Heiber, »Joseph Goebbels«, S. 65。

【30】參照一九三八年十一月十日，希特勒對國內新聞主編們的演講，收錄於 VJHfZ 1958/2, S. 182 ff.；戈洛・曼（Golo Mann）曾幾次指出，希特勒在他長達十三頁、字印得密密麻麻的一九三〇年大選宣言中，從民族社會主義的角度一一列舉所有的敵人和叛徒，卻一個字也沒提過反猶太主義；參照»Deutsche und Juden«, Frankfurt/M. 1967, S. 61。

【31】»Adolf Hitler in Franken«, S. 186（一九三二年七月三十日的演說）。

【32】同上，S. 179（一九三二年三月七日的演說）。

【33】Harald Nicolson, »Tagebücher und Briefe«, S. 105.

【34】希特勒於一九三七年二月二十四日對自己尚未掌權的時候的回憶，收錄於 H. v. Kotze/H. Krausnick, aaO., S. 85。戈梅林博士（Hermann Gmelin）在一九三一年二月四日的信中提到大地主們所說的話，見 BAK, NS 26/513：以及 W. Jochmann, »Nationalsozialismus und Revolution«, S. 369 和 J. Goebbels, »Kaiserhof«, S. 75。

【35】出自納粹黨全國領導菲力普・鮑勒在一九四二年出版的，充滿暗示意味的拿破崙傳記，據說作者是受到希特勒的啓發才寫作本書，引用自 H. A. Jacobsen/W. Jochmann, aaO., S. 48。

【36】O. Dietrich, »Zwölf Jahre«, S. 21、S. 29 f. 以及民族社會主義在整體上的自我敘述。從

»Tischgespräche« 可以清楚地看到，希特勒從戰爭中汲取回應和信心的程度有多少——尤其是在第二階段遭受挫折的情況下。

【37】A. Krebs, aaO., S. 136；以及 ferner K. G. W. Luedecke, aaO., S. 479。也參照 Henriette v. Schirach, »Der Preis der Herrlichkeit«, Wiesbaden 1956, S. 226：「有一次，我看到演講完的他穿著他的制服大衣，憔悴而面色蒼白，疲憊而沉默地等著換上新西裝和乾淨的衣服。」

【38】J. Goebbels »Kaiserhof«, S. 87。七月大選過後，納粹黨國會黨團的組成變得相當耐人尋味：在兩百三十位議員中，五十五位是工人和白領、五十位農民、四十三位來自貿易、手工業和工業的代表、二十九位黨幹部、二十位公務員、十二位教師以及九位退伍軍官。參照 »Reichstags-Handbuch« 6. Wahlperiode, Berlin 1932, S. 270。

【39】同上，S. 60；以及記載魯登道夫發言的 K. Heiden, »Geburt«, S. 56。

【40】K. Heiden，同上，S. 57。

【41】»Ursachen und Folgen« VIII, S. 459：有關興登堡的猶豫，參照 H. Brüning, aaO., S. 542 ff.。顯然，這位總統是在擔憂，在重新選舉以後，他不僅要爲這些「錯誤的人」負責，現在還必須爲這些人的「錯誤政策」負責。

【42】J. Goebbels, »Kaiserhof«, S. 84.

【43】特奧多．艾軒伯格（Theodor Eschenburg）指出，到這個時候爲止，「國家領導層的正常運作」在很大的程度上都建立在布呂寧、格勒納、施萊謝爾和興登堡之間的良好的人際關係上。「因爲興登堡和格勒納喪偶，布呂寧和施萊謝爾未婚，他們四人之間更有可能建立緊密的關係。單身的狀態加強了他們彼此之間的聯繫。」直到格勒納再婚，這種關係才被破壞。「格勒納和施萊謝爾變得比較少見面，

兩人之間思想交流的頻率下降，彼此的信任關係也隨之減弱」。格勒納顯然也開始疏遠興登堡。隨著孩子的過早出生，對指責格勒納也找到新的理由。對於興登堡和他的朋友而言，共和與民主都是衰敗的象徵，同時也對道德規範產生影響，現在，格勒納似乎也屈服於這種不道德的時代風氣。此外，施萊謝爾在一九三一年七月也結婚了，對方原本是一位將軍的妻子，爲了與施萊謝爾在一起而和前夫離婚——這同樣違反興登堡嚴格的道德標準。參照 Th. Eschenburg, »Die Rolle der Persönlichkeit in der Krise der Weimarer Republik«，刊載於 VJHfZ 1961/1, S. 13 ff.。

【44】有關此，參照 K. D. Bracher, »Auflösung«, S. 522 ff.；以及 W. Conze, »Zum Sturz Brünings«，刊載於 VJHfZ 1953/3, S. 26 ff.，還有 H. Brüning, aaO., S. 597ff. 及 S. 273。不過，關於裁軍談判中出現有利轉折的情報是否眞的如此重要，這一點在歷史討論上尚有爭議，有些人認爲其重要性被布呂寧高估了。有關興登堡的人物刻劃，參照 Th. Eschenburg, aaO., S. 25。

【45】A. François-Poncet, aaO., S. 49，以及 H. Graf Keßler, aaO., S. 671。

【46】K. D. Bracher, »Auflösung«, S. 532 f.

【47】J. Goebbels, »Kaiserhof«, S. 111 和 S. 107 ff.。

【48】Friedrich Stampfer, »Die vierzehn Jahre«, S. 628.

【49】J. Goebbels, »Kaiserhof«, S. 104。有關所謂的阿通納血腥星期天，參照 C. Severing, aaO. II, S. 345 f.。在解除衝鋒隊禁令後幾週內爆發多場血腥衝突，其中的死傷人數在各文獻記載中並不相同，例如：Wilhelm Hoegner, »Die verratene Republik«, S. 312 f.、F. Stampfer, aaO., S. 629 或者引用阿爾貝特・雀征辛基說法的 A. Bullock, aaO., S. 210。總之，直到今天，有關確切的傷亡人數都缺乏可靠的統計數據。漢斯・福爾茲（Hans Volz）於稍後發表的《運動犧牲者榮譽名單》中聲稱，納粹黨的遇害

人數爲：一九二九年有十一人喪命，一九三〇年有十七人喪命，一九三一年有四十三人喪命，以及一九三二年有八十七人喪命。

【50】K. Heiden, »Geburt«, S. 71；有關七月二十日的這場談判，官方紀錄見»Ursachen und Folgen« VIII, S. 572 f.。康拉德・海登也中肯地指出，一九三二年七月二十日這一天終結了社會民主的警察社會主義：「多年來，政府爲了爭奪無意義且無益處的權力，將警察這把刀磨亮、磨利，然而，當他們終於需要使用這把刀時，卻又不敢傷到這個漂亮的玩意兒。」

【51】出自中央黨議員 Jakob Diel, »Das Ermächtigungsgesetz«，刊登於 ›Die Freiheit‹ 1, Nr. 5 (Okt. 1946), S. 28。普魯士的財政部長克雷波提到對賽伏林的無理要求，參照 H. Graf Keßler, aaO., S. 690 f.。

【52】巴本也是從這個角度看七月二十日的行動。他主動令布呂寧知道，自己絕對不打算讓希特勒上臺，相反地，他只是想要弄此人；參照 H. Brüning, aaO., S. 619。

【53】各方對於這場會談的說法有很大的出入。很多人認爲，興登堡當時很不愉快地站著接見了希特勒，經過短短的幾句交談，後者就將自己的頑強態度展露無疑，於是，興登堡出言警告：如果希特勒採取暴力行動，他就會開火。但其他人的版本卻不相同，例如，巴本在自己回憶錄的第兩百二十四頁強調這場會面的正確情況，並形容他們道別時的氛圍「很冰冷」；麥斯納則在當天的紀錄中敘述，興登堡雖然揚言要對衝鋒隊的不法行徑採取有力措施，但接著又親切地做出結語：「我們倆都是老戰友了，也希望將這種關係維持下去，因爲未來的道路又會讓我們再次相聚。因此，我現在也希望與您友好地握手。」引用自 W. Hubatsch, aaO., S. 339 (Dok. 88)。也參照 H. Graf Keßler, aaO., S. 692 中記錄的軼事。

【54】»Adolf Hitler in Franken«, S. 194.

【55】H. Rauschning, »Gespräche«, S. 18 ff.。在戈培爾於八月二十五日的日記中出現了一段話，很可能是在

說明希特勒對勞施寧的提問：「有元首應該被保護性監禁的謠言傳出，但這實在是愚蠢至極。」AaO., S. 149。

【56】一九三二年八月二十一日至二十二日的《人民觀察家報》。前文中提到的希特勒對興登堡年齡的嘲諷，出自其於一九三二年九月四日所發表的演說，內容如下：「如果大家今天認爲我和聯邦大總統先生互爲敵手，那我就要笑出來了。因爲，我比這位聯邦大總統先生更能長久地鬥爭下去。」引用自»Adolf Hitler in Franken«, S. 189。

第四章 達成目標

「如你所見，共和、元老院、尊嚴，這些沒有一個屬於我們。」

西塞羅致其弟昆圖斯

轉折的情勢

遵循古典戲劇的規則，形勢在一九三二年的秋天出現轉折，於是，並非毫無根據地，大眾開始興起對危機解除的希望。在這種人心穩定的情況下，有利於納粹黨崛起的條件似乎已經不存在。在這諷刺的一瞬間，這齣戲好像在所有方面都逆轉了，暴露出希特勒對權力的過分期待。不過，很快地，這個情景突然就崩塌了。

從八月十三日開始，巴本顯然不再對希特勒讓步。雖然他採取這種強硬態度的眞實動機至今依舊成謎，他對此的解釋聽起來可信度也很低，不過，我們還是可以推測出，巴本應該是後知後覺地發現納粹黨兩面三刀的詭計——也就是戈培爾稱之爲「虛假寬容」的做法[1]——最後才會做出這個決定。內部不穩、極度依賴持續的成功的納粹黨因而陷入困境，顯示出堅決拒絕的戰術能爲巴本帶來的好處。雖然，這位總理因爲共和政府的低落權威，不得不取消對波坦帕事件的判決；但到頭來，過於緊張的希特勒也因爲向這幾位殺人犯發送問候電報而暴露自己的身分——並且，他還很快又犯下一個重大的失誤。

巴本在九月十二日召開國會的第一次工作會議，在這場會議中，希特勒為了向巴本復仇，不顧一切後果地要求解散國會。納粹黨黨籍的赫爾曼．戈林當時被選為國會主席，在他的協助下，希特勒以史上最懸殊的不信任投票比數（五百一十二比四十二）重創巴本；然而，作為反擊，巴本向國會展示一個紅色文件夾——那是他早在會議開始前取得的國會解散令。這個特殊的事件一下子暴露出國會效能與威望的敗壞，才經過一個鐘頭左右的會議，這個才剛組成的國會就被解散，新的國會預計在十一月六日選出。

如果我們手上的資料屬實，希特勒原本其實希望避免這樣的情況發生，因為這顯然對他不利。「所有人都目瞪口呆，」戈培爾表示，「沒有人認為我們有勇氣做出這種決定。只有我們感到很高興。」然而，這種高昂的鬥志很快就消失無蹤，取而代之的是已經多年未曾有過的沮喪消沉。希特勒自己也很明瞭，對於非理性的選民而言，納粹黨只有在強大、無可匹敵的狀態下才對他們有吸引力；他清楚地察覺到，八月十三日的失敗、再度淪為反對派、波坦帕事件，以及和興登堡之間的衝突都不利於他維持「天選之子」和「無人足以匹敵的領導者」的形象。成功的趨勢一旦被反轉，納粹黨就再也沒有吸引力，甚至可能直接跌進無底的深淵。

巴本的消耗戰策略對納粹黨內部的影響也令希特勒感到不安，畢竟，經過前一年花費甚鉅的選舉宣傳活動，納粹黨似乎已經走向極限，耗空了所有的資源。「我們的對手也算到了這一點，」在某篇明顯情緒消沉的日記中，戈培爾如此指出，「在這場戰鬥中，我們將變得驚慌失措、不堪一擊。」他在四週後談到黨員們為了金錢與國會席位的問題開始起爭執，他指出：「黨內在這麼多場選戰之後已經變得很緊繃。我們已經過於勞累，就像是一支在戰壕中待太久的部隊。」不過，他也努力表現出樂觀的樣子：「我們一天比一天有機會。雖然前景依舊黯淡，不過，無論如何都沒有幾週之前糟。」【2】

似乎只有希特勒能一如往常地對自己做出的決定懷抱自信，不受身邊的氛圍干擾。他在十月上旬踏上第四次的全國飛行宣傳之旅，並且出於他好大喜功的個性，再度增加了演講場次與飛行里程。庫爾特・呂德克前去拜訪他，並在全副武裝的「火星人」的簇擁下，與他一同坐在引人注目的賓士車隊中，前往波茨坦參加帝國青年節的活動。希特勒對呂德克暢談自己的想法，將現實狀況和他自己的希望奇異地混合在一起，說得好似他已經當上了總理。

不過，他似乎也已經筋疲力盡了，一路上，呂德克不得不一直講述美國見聞好令他保持清醒——這些美國故事令他想起一直令自己心潮澎拜的卡爾・邁的冒險小說。每當他不小心闔上眼皮，他都會馬上打起精神，喃喃自語道：「撐住，撐住，現在不能睡！」兩天後，歷經一場令人印象深刻的宣傳秀——由七千位希特勒青年團的團員進行長達數小時的遊行——呂德克在火車站與希特勒道別，發現這位元首已經累壞了，只能坐在車廂一角，疲憊無力地朝他擺擺手。【3】

依靠著過度亢奮的戰鬥、奪權的願景、公開活動的戲劇效果、效忠宣誓以及集體精神錯亂，希特勒撐了下來。他在三天後出席了慕尼黑的一場高層會議，據戈培爾所描述，他當時「姿態偉大」，並且「以非常長遠的目光，對我們戰鬥的發展和現狀做出絕妙地概述」。戈培爾指出：「他確實偉大，凌駕於我們之上。他將黨從一切絕望的情緒中拯救出來。」納粹黨所面臨的困境顯然越來越嚴峻，對他們造成嚴重的影響。他們的政治活動在資金短缺的狀況下停擺，因爲反對巴本及其「反動派內閣」，他們無可避免地與財力雄厚的民族主義反對派圈子對立，這些人也就比以往更吝嗇於捐獻資金。對此，戈培爾表示：「募資變得極其困難。那些『有財產、有內涵』

的先生們都站在政府那一邊。」[4]

競選宣傳活動的著力點也主要放在反抗「貴族派系」、「市民階級無賴」和「腐敗的紳士俱樂部政權」，也以「點燃民衆對巴本及其內閣的恐慌情緒」爲目標，想出讓人們口耳相傳的宣傳口號。[5]這令格里哥．史特拉瑟與他的那群追隨者再次重燃希望——然而，他們注定再度失望。「反對反動派！」是希特勒喊出的官方競選口號，納粹黨對此的具體表現包括猛烈抨擊政府以企業爲導向的經濟政策，破壞德國民族主義陣營的集會，以及組織對鋼盔前線士兵聯盟幹部的突擊行動。

儘管納粹黨的社會主義依舊缺乏明確的綱領，只能以無關科學論證的比喻方式表述，例如：這是「成就普魯士軍官，成就無法被收買的德國公務員，以及成就帝國自由城市的圍牆、市政府、教堂和醫院等一切的原則」，也是「從工人到勞動者的轉變」。然而，之所以會被大衆廣爲接受，就是因爲這種模糊曖昧的表達方式。「踏實生活，踏實工作。」這句口號比夜校傳授的任何理論有價值；「如果當今的世界經濟制度不知道如何正確分配大自然的產能，這個制度就是錯誤的，必須被改變。」這番話也符合大衆想要改變一切的渴望。値得注意的是，成功捕捉到當時的社會氛圍、將之轉換爲最流行的宣傳口號的並非共產黨，而是格里哥．史特拉瑟。他在一場演講中談到這種瀰漫於公衆間的「反對資本主義的渴望」，並將之視爲一個偉大的歷史轉捩點的證明。[6]

納粹黨的挫折

隨著大選的接近，他們顯然越來越疲於進行競選宣傳活動。不過，就在距離大選只剩下幾天的時候，納粹黨得到了一個機會，令他們得以展示出自己對左派口號的認真決心。

十一月初，在共產黨的煽動下，柏林公共運輸公司爆發一場反對工會表決結果的罷工，納粹黨超乎所有人預料地也加入了這場行動。衝鋒隊與共產黨的「紅色陣線戰士同盟」合作癱瘓公共交通長達五天的時間，他們破壞鐵路，建立罷工糾察隊，攻擊願意工作的工人，並且強行中斷倉促搭設的臨時交通路線。這次的聯合行動一直被視為極端左翼與極端右翼之間恐怖共性的例證。

但是，無論如何，儘管納粹黨因此嚇壞了市民階級支持者，發現自己的財政資源幾乎完全枯竭，當時的他們也只剩下這一條路可以走。「所有媒體都在瘋狂抨擊我們，」戈培爾指出，「稱呼我們為布爾什維克主義分子。但我們真的是別無選擇。如果我們迴避這場罷工，選擇不為鐵路工人的最基本生存權利發聲，那麼我們在勞動人民中的穩固地位就會被動搖。現在，我們在選舉之前還有一次寶貴的機會，可以向大眾證明，我們是真心誠意地進行『反反動』的路線。」過了幾天，他在十一月五日又表示：「最後的衝刺，我們不服輸的絕望抵抗……我們在最後一刻又成功募到一萬馬克，在週六下午就全數投入宣傳活動中。所有能做的事，我們都已經做了，現在只能等待命運揭曉。」[7]

結果，納粹黨的奪權主張慘遭一九三〇年後的第一次重創。他們在國會大選損失了兩百萬張選票和三十四個國會議員席次，社會民主黨也弄丟了十二個席位；與此同時，德國國家人民黨與共產黨卻分別增加了十四和十一個席次，支持率持續下滑的市民階級中間路線政黨也終於暫時停止衰退。

引人注目的是，納粹黨的失敗幾乎出現在全國各地，他們並非在特定地區遭遇挫敗，而是普遍陷入疲乏的狀態；就連在他們的最大票倉，以農業為主要產業的什勒斯維希—霍爾斯坦、下薩克森及波曼等地區——他們藉此早已扭轉原先的都會小市民階級政黨的形象——納粹黨也遭到相當大的打擊。[8]即便黨高層發誓，他們會「努力奮戰，直到這個缺口被抹平」，這種低迷的狀況依舊在接下來幾週的地方選舉中延續著。納粹黨的凱旋之路似乎已經被毀壞，儘管他們仍然算是一個大黨，但已經不再被當作神話。然而，問題恰恰在於，納粹黨能否在神話被打破的狀況下，以普通大黨的身分存續下去？

巴本對於國會大選的結果感到特別滿意。意識到自己獲得巨大的成功，他向希特勒提議，兩人埋葬過去的紛爭，重新嘗試將民族主義陣營的所有勢力團結在一起。總理沾沾自喜的語氣嚴重刺傷了希特勒，於是他一連數日都躲在遠離柏林、別人難以聯絡的地方。早在選舉當天的晚上，希特勒就呼籲黨員拒絕一切與政府互相諒解的想法，宣布要「繼續進行殘酷的鬥爭，直到戰勝這些使用陽謀陰謀的對手們爲止」，並指出，這些人的反動政策，會將這個國家推向布爾什維克主義的懷抱。

得不到回覆的巴本再度向他寄送公函，他故意延遲幾天之後才回信，以一系列不可能被滿足的條件回絕提議。在此其間，巴本也慘遭其他民族主義陣營政黨的冷漠拒絕。

如此一來，政府只剩下兩個選項，無論哪個都會激起全國人民的不滿：不是再次解散國會，藉此獲得政治上的寬限期——這麼做不僅風險大，代價也很高；就是終於決定公然違反憲法，以總統和軍隊的權力取締納粹黨和共產黨——可能還有其他的政黨——大幅削減國會的權利，實施新的選舉法，讓興登堡在他所任命的舊統治階層代表中建立「最高權威」。

議會民主制的「下等人的統治」顯然已經失敗，巴本他們計畫建立由「最優秀的人」統治的新政府，並藉此遏阻納粹黨瘋狂的獨裁主張。巴本在十月十二日的談話中就提過這些，儘管其中

還有一些細節不太清楚，但是，大體而言，他的計畫已經遠遠超出單純的發想階段。老歐登博──亞努蕭──興登堡的鄰居兼心腹──以自己的反動立場直白地表示，自己與朋友們很快就會「在德國人民身上烙下一部令他們無能爲力的憲法」。【9】

然而，當巴本宣告自己要建立一個強大的政權，並表示這個政權「不會淪爲傀儡，不會被政治勢力與社會勢力來回驅使，而是不可動搖地凌駕於它們之上」【10】的時候，卻意外遭到施萊謝爾的反對。正如人們所知，這位將軍一開始只是看上巴本的順從與靈巧，認爲他是馴服納粹黨、將納粹黨束縛在民族主義聯合政府中的好工具；沒想到，巴本不僅與希特勒展開毫無益處的私人爭執，更因爲深受興登堡重用而不再任他擺布，於是，對於不喜歡站在幕前的施萊謝爾而言，巴本已經失去了用處。「您說現在該怎麼辦，」他曾對自己的訪客嘲諷道，「小法蘭茲已經覺醒了。」【11】

不同於巴本，施萊謝爾對於德國所面臨的困境看得更深遠，他不像前者一樣天眞，不認爲一個強而有力的政府就足以拯救這個飽受大蕭條摧殘的工業國家。他對總理提出的改革計畫感到惱火，絲毫不打算爲此奉獻國家防衛軍的力量；因爲，這個冒進的計畫勢必會令軍隊、納粹黨和共產黨爆發形同內戰的衝突，而這兩個政黨合計有一千八百萬位左右選民支持，更有數百萬名武勇追隨者聽任差遣。不過，施萊謝爾之所以反對巴本的主張，眞正重要的原因其實在於，他認爲自己仍然有很大的機會馴服、並逐漸消耗納粹黨的實力──只是，如果想要實現這個計畫，他需要一個不同的環境。

他別有用心地建議巴本宣布辭職，將與政黨領袖進行有關「民族主義團結內閣」的談判工作交給興登堡。巴本在十一月十七日聽從他的意見辭職，暗自希望談判能夠破裂，好讓自己再度回歸總理寶座。兩天後，希特勒在倉促集結的群眾的歡呼聲中，從凱薩宮酒店驅車前往只有數公尺之遠的總統府進行會談。然而，無論是在這次或下一次的會談，兩方都並未達成共識。希特勒執意要求建立一個擁有特殊權力的總統內閣，有巴本在背後下指導棋的興登堡卻對此毫不讓步。興登堡表示：如果要繼續以緊急命令來治理這個國家，就沒有理由解除巴本的職務；希特勒若想成爲總理，就只能在國會取得多數——顯然，這是納粹黨做不到的事。

隨後，興登堡的國務卿麥斯納在十一月二十四日向希特勒寫了一封信總結此事：

「尊敬的希特勒先生，聯邦大總統先生感謝您願意擔任總統內閣的領導職務。然而，貴黨一向強調排他性，不僅反對總統，對於總統認爲有必要的政治與經濟措施也大多持否定的態度，因此，在經過德國人民同意之前，他不認爲自己可以將總統的權力交給這種政黨的黨主席。在這種情況下，聯邦大總統肯定會憂心，由您領導的總統內閣將不可避免地成爲政黨的獨裁統治，非同尋常地激化德國人民彼此對立，違背他的誓言和良心。」【12】

這封信是對希特勒的又一次嚴厲斥責。戈培爾怒氣沖沖地指出：「革命再度被拒之於門外。」不過，希特勒這次至少以巧妙的媒體宣傳成功掩蓋這一點。他以一封信詳盡且犀利地分析興登堡提出的條件所隱含的矛盾點，並且首次勾勒出後來於一月三十日通過的解決方案的基本架構。他提出以符合憲法的「授權法」取代目前採行的威瑪憲法第四十八條，將興登堡從日常政務中解放、減輕他身上的責任，這一點引起了總統府的特別關注。這個提議對於後續的發展再重要不過，在說服興登堡回心轉意上做出極大的貢獻，令這位在麥斯納的信上看起來堅定不移的總統也向希特勒屈服了——畢竟，就在不久之前，他還只願意讓此人擔任郵政部長。

瘋狂的計畫

如果巴本想當然地認爲，自己會在一切談判失敗之後重回總理之位，那他就會發現自己錯得離譜。在此期間，施萊謝爾已經透過格里哥．史特拉瑟與納粹黨取得聯繫，開始研究讓納粹黨加入自己所領導的內閣的可能性。他陰險地算計到，共組政府這種慷慨大方的提議會引發納粹黨內的矛盾，產生爆炸性的衝突。果不其然，史特拉瑟一再主張以圓滑的策略處理納粹黨最近遭遇的挫折，戈培爾和戈林卻堅決反對任何的「半吊子方案」，堅持要求爭取不受分割的全部權力。

正當施萊謝爾尚在試探之時，他在十二月一日晚間與巴本一同被傳喚至總統府。興登堡要求巴本提供意見，於是後者開始詳述政變式的憲法改革計畫；該計畫經過數個月的公開討論，現在只缺得到總統的正式許可，然而，施萊謝爾卻在這時激烈地提出反對意見。他斥責巴本的計畫多此一舉又冒險，指出其可能引發內戰的風險，並提出自己的構想：離間納粹黨，令史特拉瑟一派叛離；組建多黨派內閣，將所有的有用勢力——從鋼盔前線士兵聯盟、工會一直到社會民主黨——都收入其中，由他親自領導。

然而，固執的興登堡毫不考慮地拒絕他的提議。即便施萊謝爾指出，自己的計畫可以令他免於陷入破壞就職宣誓的窘境，也沒能令這位老人回心轉意，因爲他不想與巴本——這位他最喜愛的總理——分開，早已超越了一切違憲與否的問題。

不過，施萊謝爾並未就此屈服。當巴本在會議後向他確認，國家防衛軍是否準備好投入暴力改革憲法的行動時，施萊謝爾直接了當地表示否定。他在這時和隔天的內閣會議上都提出國防部沙盤推演三天的研究報告，說明納粹黨和共產黨一旦聯手起義——柏林的罷工事件已經證明這種狀況確實有可能出現——軍隊將無力壓制，更何況，全國大罷工或波蘭入侵東部邊境之類的事件也有可能同時發生。此外，對於以超越黨派的國家防衛軍支持這位只有極少數人擁戴的總理，以及這位總理瘋狂的復辟計畫，他也明確表示出自己的顧慮。

內閣成員們因爲施萊謝爾的一番話而大受動搖。巴本認爲自己被出賣，感到臉上無光，只能馬上向總統報告這件事。他甚至要求總統撤換施萊謝爾的職位，任命新的軍隊統帥，藉此繼續推動自己的改革計畫；然而，就連興登堡也在這時拒絕了他。

巴本自己生動地描述當時充滿激烈情緒的場面：

他用一種近乎哽咽的聲音對我說：「親愛的巴本，如果我現在改變主意，您會覺得我是個混帳。但是，我已經太老了，老到沒有辦法在生命即將終結的時候承擔內戰的責任。看在上主的份上，我們能做的就是讓施萊謝爾試試他的運氣。」

他向我伸出手要握手道別，兩顆大大的淚珠從這個高大健壯的男人的臉頰滑落。我們的合作劃下句點。我們在精神上的契合程度……可能就連不相干的外人也能看得出來，因爲這位元帥在幾個鐘頭之後送我一張照片，上頭題字：「曾經的戰友！」[13]

不過，巴本並未就此正式退場，就像他很快「錯失解決政治危機的最後機會」[14]，他也很快就贏得總統的青睞。只要想到施萊謝爾現在必須走到幕前，毫無遮掩地站在聚光燈下接受衆人的檢視，自己卻可以接過施萊謝爾原本幾乎無所不能的總統顧問角色，巴本就感到自己對意外下臺的委屈感減輕不少。除了與興登堡之間「精神契合」，他在辭職後依舊住在官邸，理所當然地將國家財產當作自己的財產。總理官邸有一條花園小徑通往隔壁的興登堡住所，就好像某種共同住宅一樣，麥斯納和奧斯卡．興登堡也在這個共同體中。他們一起用冰冷的目光狠狠盯著施萊謝爾如何出招，一起妨礙他，後來如願以償看到他失敗，但也爲此付出高昂的代價。

現在的時機對施萊謝爾的計畫而言極爲有利。希特勒所面臨的危機正達到最高潮，是他在迄今爲止的政治生涯中遭逢的最大挫敗；他的追隨者們普遍表現出不耐煩和失望的情緒，納粹黨也似乎一度就要被債務壓垮。在此之前，他們只是得不到大額的捐款，現在的財政狀況卻惡化到令黨報的印刷商、制服裁縫、裝備供應商、黨辦公室的房東以及許多納粹黨債主都開始躁動不安。希特勒後來坦言，他當時毫無顧忌地簽了無數張借據，因爲一旦得勝，還款就是輕而易舉之事，而一旦失敗，他也不會再有機會煩惱債務的事了。【15】

黨員對希特勒的不信任

衝鋒隊在每個街角遊蕩，向路人伸出蓋上印章的募款罐，像是「沒有從軍閥那裡得到養老金，而是得到乞討許可證的退休士兵」一樣，他們會諷刺地高喊：「爲了邪惡的納粹！」根據康拉德．海登的記敘，當時有許多絕望的衝鋒隊低階幹部爲了得到現金，向敵對的政黨和媒體洩露納粹黨的「機密」。納粹黨衰敗的跡象卻不止於此：原先吵吵嚷嚷、對這個崛起的運動趨之若鶩的形形色色的機會主義者開始感到迷茫，還沒有做好接受新局勢的心理準備；圖林根先前是希特勒的大本營之一，納粹黨這次卻在邦議會選舉中遭受目前爲止最嚴重的挫敗。戈培爾在十二月六日的日記中指出：「我們在全國的情勢就像是一場災難。從七月三十一日到現在，我們在圖林根的支持率已經下降了百分之四十。」[16]他後來公開承認，在這段時間中，他有時候會懷疑納粹黨是否就要毀滅了；在格里哥．史特拉瑟的辦公室裡，黨員們的退黨書堆積如山。

出於不信任的情緒，黨員現在也開始對希特勒的主張產生質疑。他曾多次堅決拒絕只獲得一半的權力，自己卻又無法贏得全副的權力，此外，施萊謝爾的入閣邀請也再度否定了他「不是勝利就是毀滅」的極端主張。誠然，在面臨各種挫折、失望與危機之時，希特勒的激進態度無疑令人感到印象深刻；不過，正如當時一位評論家所質疑，這種不屈不撓是否已經變成愚蠢？[17]以史特拉瑟、弗里克和費德爲首的一大批追隨者認爲，無論如何，他們似乎已經錯失了奪權的最佳時機。

儘管對納粹黨的崛起助益甚多的經濟危機尚未過去，失業人口，包括「隱形」的失業人口，在一九三二年十月的統計中已經達到八百七十五萬人，這個國家正邁入新的苦難之冬，將引發無法估量的社會動亂和極端思想；不過，專家們也在此時第一次看到了情勢好轉的可靠徵兆，不僅如此，德國在外交上也有所進展，拖延許久的平等化談判終於能繼續進行。史特拉瑟一派準確地認識到，希特勒的「全有或全無」的座右銘基本上就是一句革命口號，與他自己提倡的合法路線背道而馳；他們擔憂，施萊謝爾可能會再次解散國會、重新舉行選舉，這是納粹黨在經濟方面和心理方面都無法承受的。

史特拉瑟到底有多少追隨者，這些追隨者又有多大的意願爲了他反抗希特勒，這些我們都已經不得而知。[18]有關此事出現很多不同的說法，根據其中一個版本所言，希特勒一開始想要讓步，准許史特拉瑟進入內閣——因爲他至少能夠藉此維持自己的絕對主張，還能同時讓黨獲得權力——但是戈林和戈培爾迫使他保持原本的強硬立場；不過，根據其他的說法，希特勒從頭到尾都「嚴厲而明確」地維持自己的主張，從來不曾想過退讓。我們不能肯定，施萊謝爾在組建「反資本主義內閣」[19]時，是否為史特拉瑟保留了副總理和勞動部長的位置，以此作為他承諾分裂納粹黨的回報；也沒有證據可以證明，史特拉瑟是否想蓋過希特勒的鋒頭——也就是說，他或許不只是出於黨內第二把交椅的自信，而是有更多的意圖，才會和施萊謝爾進行談判——就像我們也無從證實，戈林是否向施萊謝爾推薦自己作為航空部長的人選。

當時的祕密協商、隱晦承諾與狂妄發言是一團渾沌，幾乎沒有任何可靠的資料留存下來，[20]被記錄下來的只有複雜的陰謀、詭計、猜忌與激烈的對立關係。這就是納粹黨這種以元首概念與忠誠原則為基礎建立的政黨的不利之處：由於不具備堅定、明確的意識形態，解決問題時往往不是就事論事，而是以個人考量作為判斷的依據。納粹黨的高層就像衛星一樣圍著希特勒打轉，他們是一群憤怒的附和者，彼此間還會時不時地互相對立。

在那場損失慘重的圖林根邦議會選舉之後，納粹黨於十二月五日在凱薩宮酒店召開高層會議。會議上爆發激烈的爭吵，在此過程中，史特拉瑟不但被弗里克棄之不顧，還慘遭希特勒的口才所輾壓，在場上孤立無援；兩天後，他再次與希特勒在同樣的地點對質，被後者洋洋灑灑指控為陰險狡詐、叛徒以及濫用自己對他的信任。

或許是這場高層會議的氣氛令他相信自己的努力毫無希望，他在一片騷動中收拾好自己的東西，一言不發、就連一句道別也沒有地離開了。史特拉瑟在自己的飯店房間寫下一封給希特勒的長信，回顧他們兩人多年來的關係，控訴戈培爾和戈林的暴徒政策害得整個黨烏煙瘴氣，批評希特勒反覆無常，並且預言他將會走向「暴力行為」、「害得德國滅亡」，[21]最後，他既厭煩又心灰意冷地宣布辭去自己在黨內的一切職務。

這封信令黨內陷入恐慌，特別是因爲從信中看不出史特拉瑟接下來的計畫爲何，不僅是與史特拉瑟關係最緊密的追隨者們——例如埃里希·科赫（Erich Koch）、庫彼（Wilhelm Kube）、考夫曼（Karl Kaufmann）、雷文特洛伯爵、費德、弗里克和史圖爾（Franz Stöhr）——顯然正在等待他的訊號，就連希特勒也似乎開始緊張起來，準備以公開談話會的形式和他消除分歧、握手言和。然而，史特拉瑟一直沒有露面，也沒有人聯絡得上他，情勢因此變得更加緊張。「晚上，元首和我們一起待在家裡，」戈培爾寫下，「氣氛很糟糕，我們所有人都很消沉，特別是考慮到整個黨有可能會分崩離析，我們所有的努力都將白費。我們正面臨重大的考驗。」希特勒後來回到自己的飯店房間，終於開口道：「要是納粹黨解體，我就在三分鐘後開槍自盡。」[22]

然而，被衆人尋找、恐懼，在這歷史性的一刻似乎掌握納粹黨未來命運的史特拉瑟，只是在朋友的陪伴下喝了一個下午的啤酒。他一邊覺得心灰意冷，一邊也鬆了一口氣，痛罵、嘆氣著喝酒，把壓抑多年的怒氣全都發洩出來，直到晚上才登上火車出發去度假，擺脫在希特勒身邊所受的情緒折磨。史特拉瑟的離開令等待出擊的追隨者們感到不知所措，如果要爲他的放棄尋找一個原因，最有可能的就是他這麼多年來無條件忠誠於希特勒，導致他已經沒有能力獨立發動攻勢。

希特勒再度克服危機

第二天，當希特勒一得知史特拉瑟離開的消息，他就開始規劃摧毀後者的勢力，以一種狂熱的信心，飛快地制定出一系列的指令和號召。按照衝鋒隊危機的解決模式，他親自接管史特拉瑟的職務，擔任全國組織總長，並任命多年前就於漢諾威證明自己盲目忠誠的羅伯特·萊伊爲參謀長。他將自己的私人祕書魯道夫·赫斯拔擢爲政治中央祕書處的負責人，顯然主要是爲了制衡其他幹部對權力的渴望；此外，原先負責農業與教育的部門也被獨立出來，由達里（Richard Walther Darré）和戈培爾分別掌管。

隨後，希特勒召集納粹黨幹部和議員，在國會主席辦公廳——也就是戈林的辦公場所——進行了一場感人的誓師會。他表示，自己一直如此地信賴史特拉瑟，後者卻一再背叛他，甚至將即將成功的納粹黨帶到毀滅的邊緣。雖然我們無法肯定，希特勒當時是否眞的將頭靠在桌上，聲淚俱下地演出一場「絕望的喜劇」，但是，這場談話確實「具有強烈的個人特色，使聽衆心潮澎湃」，戈培爾也指出：「因爲憤怒、悲痛和慚愧，多年來爲這個運動堅定奮鬥、工作的老黨員都紅了眼眶。對於促進黨內的凝聚力而言，這一晚是巨大的成功。」史特拉瑟的追隨者們沒有一個逃得過希特勒的掌控，全都在他嚴厲的要求下表現出公開臣服的樣子：「所有人都與他握手言和，保證無論如何都會與他繼續奮鬥下去，即便要付出生命也不會背叛偉大的事業。這下子，史特拉瑟完全被孤立了，形同死人。」

希特勒再次克服生涯中的重大危機，也在此證明他具有扭轉乾坤的驚人才能，能夠化解分裂和瓦解的風險，進一步凝聚黨衆的向心力。當然，這也是因爲史特拉瑟既不逼迫他開戰，也沒有逼迫他妥協，才會讓他這麼容易就得逞，平白得到一個爲前幾個月的失敗負責的替罪羔羊。

不過，希特勒之所以能夠崛起，有部分原因就是因爲他的對手都不懂得戰鬥，面對頑強不屈的他只知道無可奈何地聳肩放棄：布呂寧一察覺到興登堡的冷漠就立刻放棄，賽伕林和雀征辛基在七月二十日也馬上束手就擒；現在輪到史特拉瑟和他的追隨者們，之後胡根貝格也將步上他們的後塵，對希特勒的怒火舉白旗投降。與他不同，這些人缺乏對權力的熱忱，危機對他們而言等同於失敗，然而，對希特勒而言卻是戰鬥的機會以及新起點。

「我們不要自欺欺人了，」他精準地把握住這些市民階級對手的性格，輕蔑地表示：「他們根本就不想繼續反抗，他們說的每個字都洩露出對和解的渴望……這些人並不渴求權力，對於擁有權力也不覺得享受。他們只談論義務與責任，只要能夠安詳地照料花草，在固定的時間出門釣魚，在虔敬的沉思中度過一生，他們就心滿意足了。」[23]這種傲慢的想法在一九三二年十二月的這場危機中被強化，直到後來的第二次世界大戰，他都一直記得這次的事件，從失敗與崩潰得到更多的得勝信心；他經常以過去的經歷激勵自我，據其所言，他當時「不得不穿越各個深淵，不只一次地面對生與死的難題。」

然而，納粹黨的政治危機並未隨著史特拉瑟事件落幕而結束，戈培爾的日記在接下來的幾週中都充滿消沉的情緒，記錄著「大量的爭吵與分歧」。為了重新激勵支持者、令他們恢復對納粹黨的信心，黨領導高層——尤其是希特勒、戈培爾、戈林和羅伯特．萊伊——每到週末就前往各大區黨部巡視，希特勒就像在選戰期間一樣賣力演講，一天最多會到各個不同的城市發表四場談話。黨的財政困境依舊，柏林大區經濟困窘到必須削減黨幹部的薪資，納粹黨在普魯士邦議會的黨團甚至發不出給議會工作人員的聖誕節禮金。

戈培爾在十二月二十三日的日記中寫下：「最可怕的孤獨落在我身上，就像沉鬱的絕望！」到了年底，《法蘭克福報》已經開始慶祝「納粹黨的魔力消散」，英國左派陣營的領頭人物之一哈羅德．拉斯基（Harold Laski）也表示：「納粹黨造成生命威脅的日子已經過去了……如果沒有意外，希特勒大概會在某個巴伐利亞村莊度過他的晚年，在傍晚時分坐在啤酒花園對他的知己回憶過去，吹噓自己曾經如何差一點成功推翻政府。」[24]就像在呼應他一樣，戈培爾也沮喪地寫道：「一九三二年這一年是無窮無盡的厄運。我們必須打破這一切……所有的前景和希望都消失不見了。」

情勢的轉變

不過，就在此時，情勢竟然出乎所有人預料地發生轉變。因爲，儘管施萊謝爾作爲總理的開局十分巧妙，他很快就發現自己進退維谷、四面楚歌：他在自己的政府政策聲明中以「關心社會的將軍」自居，然而，他對勞工的讓步不但沒有贏得社會民主黨的支持，反而令企業主對他深惡痛絕；農民對他獨優工人階級表示憤慨，深具特權階級意識的大地主們也強烈反對已經公布的失業安置計畫——這也正是布呂寧下臺的原因之一。

施萊謝爾之所以失敗，除了因爲他推進計畫的速度太快，也是因爲他喜歡搞陰謀詭計的個性爲人所熟知，理所當然得不到衆人的信賴。他提出計畫經濟思想、嘗試向工會靠攏，或者試圖恢復議會制度，很可能都是出自眞心誠意，但是，無論他做什麼，最後都只換來衆人的不信任和反彈。儘管如此，他還是保持樂觀的態度，因爲他認爲政敵們無法聯手起來對付自己。在他看來，雖然自己對格里哥．史特拉瑟發動的陰謀暫時失敗，這場風波仍然對已經負債累累、灰心喪志的納粹黨的內部凝聚力產生嚴重傷害，以致於希特勒——原本對組織反政府陣線不可或缺的人選——已經幾乎不再被視爲値得結盟的對象。

然而，法蘭茲．馮．巴本在這時攪局，完全打亂了他的算盤，令納粹黨得到意想不到的機會；有了巴本這位「中間人」，[25]原先互相對立的施萊謝爾的政敵們，終於能夠坐下來討論聯手事宜。

早在施萊謝爾上任總理才兩週之時，巴本就向科隆銀行家柯特．施瑞德表示自己有興趣與納粹黨元首會面；就在此時，格里哥・史特拉瑟也正好離開了納粹黨。對於工業界的贊助者而言，後者的離去意味著黨內的革命及反資本主義傾向已經消失或者至少大幅減少，共產黨在十一月國會大選中的得票率上升也令企業主心生警惕，可能會因此改變自己的原先對希特勒的保留態度——尤其是考慮到納粹黨的宣傳口號：如果納粹黨在明天解散，德國在後天就會增加一千萬名共產黨員。

施瑞德作爲科隆紳士俱樂部的負責人，在萊茵地區的重工業圈具有廣大的人脈。他經常爲希特勒積極奔走，爲納粹黨制定經濟政策，並且於一九三二年十一月在亞爾馬・沙赫特擬定的請願書上簽名，公開支持希特勒的權力主張。巴本當時還對此發表尖銳的不許可聲明，現在的態度卻相反，當施瑞德邀請他在一月四日和希特勒會面時，他高興地答應了。

兩人的會談在最嚴謹的保密措施下進行。希特勒一開場就是一段冗長的獨白，苦澀地控訴自己在八月十三日所受的屈辱，巴本花了好一段時間才成功安撫他。巴本將總統拒絕任命希特勒爲總理的責任全數推卸到施萊謝爾頭上，接著，他提議德國國家人民黨與納粹黨結盟，由他和希特勒共同領導；對此，希特勒再次發表長篇大論。施瑞德後來在紐倫堡大審上指出：「他說，如果他被任命爲總理，他就肯定要單獨領導政府。不過，他也表示，只要巴本的人馬願意配合他的政策——即將帶來巨大改變的政策——就可以加入他的內閣。他所謂的改變包括將社會民主黨、共產黨與猶太人撤離德國的領導職位，以及恢復公共生活的秩序。巴本和希特勒在原則上達成協議。」[26]在談話過程中，希特勒得知了極爲有用的資訊，即施萊謝爾無權解散國會，納粹黨因此暫時不需要爲新選戰憂慮。

這場在科隆舉行的會議被稱爲「第三帝國的誕生」確有其道理，[27]因爲其不僅與希特勒在一九三三年一月三十日就任德國總理有直接的因果關係，也爲後來的結盟提供了構想，同時，這場會談也揭示出工商界願意支持希特勒野心的事實。雖然我們一直無法釐清，他們是否在會中也討論過納粹黨災難般的財政狀況和清償債務的確切措施，但是，毫無疑問地，光是這場會談本身就足以恢復納粹黨的信譽，令其得以重返政治賽場。

在一月二日時，該黨的稅務顧問還向柏林稅務局表示，納粹黨只有放棄獨立才有資金能夠繳稅。經過一月四日的對談，戈培爾表示，現在納粹黨「再度大受歡迎」，雖然他並未表示「經濟狀況突然好轉」，但他確實在日記中寫到自己「幾乎不再需要爲黨糟糕的財政狀況操心」，並寫道：「這次我們就大鬧一場吧，一切都不重要了。」【28】

希特勒與巴本在科隆的對談對於重建納粹黨的自信與勝利期望有多大的效用，對於施萊謝爾和政府的打擊就有多麼嚴重。後者意識到危機正在逼近，立即通知媒體，並且向總統控訴巴本的行動。然而，當他請求興登堡往後只能在自己也在場的時候接見巴本時，總統卻躲躲閃閃地不肯答應，這才令他第一次看清自己的不利立場：興登堡不準備爲了政府機關與公務原則犧牲自己的「年輕的朋友」——畢竟，巴本是如此地風度翩翩，還善於講述各種軼聞軼事逗他開心。

興登堡後來在與巴本的會談中進一步確立了自己的態度。在這場對談中，巴本捏造事實，謊稱希特勒終於願意歸順，放棄獨占政府權力。然而，興登堡並未斥責巴本自作主張，而是聲稱自己「馬上就知道施萊謝爾說得不對」，甚至要求他與希特勒祕密保持聯繫。最後，他還要求國務卿麥斯納對施萊謝爾保密巴本來訪的事——總統就這麼與其他人串通，設下陰謀對付自己的總理。【29】

很快地，正在成形的巴本—希特勒陣線就獲得了有力的增援。當越來越沒有信心的施萊謝爾還在努力討好史特拉瑟、工會與各個政黨之時，全國農業聯盟的代表團在一月十一日出現於總統府，激烈地控訴政府的不作爲，抗議其未對農業實施保護性關稅。然而，這些大地主眞正擔憂的其實是政府正重新考慮推行布呂寧先前提出的安置計畫，不僅如此，議會對於「東部援助」的調查顯然也令他們感到焦慮——這些地主不僅從這個振興農業的援助計畫中飽私囊，更以這種剝削的行爲向討人厭的共和政府證明，自己與其勢不兩立。

內閣成員被召集過來開會，同樣具備地主身分的興登堡立刻當著他們的面站在代表團那一邊。施萊謝爾並未馬上做出有效的承諾，據目擊者所言，當時總統——兼紐德克的莊園主——就一拳捶在桌面上，強硬地下達最後通牒：「我請求您，總理施萊謝爾先生——作爲老兵，您一定知道『請求』只是比較有禮貌的『命令』——今天晚上召開內閣會議，通過法案，在明天上午交給我簽字。」【30】

施萊謝爾一開始似乎準備屈服，然而，他在數小時後得知，全國農業聯盟打算煽動群衆，於是決定接受這個挑戰，並立刻中止內閣會議。他在兩天後拒絕讓胡根貝格擔任經濟部長，堅定地重申自己的社會主義思想；自此，一切都開始搖搖欲墜，就連右派陣營都站起來反對他。

社會民主黨從一開始就拒絕支持這位「眞正的將軍」，甚至禁止工會領袖萊帕（Theodor Leipart）與其進行談判。他們對希特勒的評價呆板、充滿意識形態的陳腔濫調，一知半解卻又自以爲是。相對於守舊陣營具有「被歷史授權」的特殊意識，左派在歷史哲學上則沾沾自喜於社會的進步機制，在他們看來，希特勒的出現只是一段小小的插曲，充其量是在最終的秩序解放之前上演的戲劇性事件。不過，即使施萊謝爾確實因爲玩弄違反政府利益的陰謀詭計而失去信用，這也尚且構不成他們對施萊謝爾的不信任更甚於希特勒的理由；社會民主黨高層會對這位將軍的下臺冷眼旁觀，其實也是因爲，對這個從來不合乎自己心意的政府，他們向來持觀望態度。無論如何，這些袖手旁觀、猜忌和反對都令他們忽略了一件事：除了正迫不及待掌權的希特勒，施萊謝爾已經是最後一個總理人選了。自從大聯合政府瓦解之後，社會民主黨就鮮少有什麼積極的作爲；現在他們終於努力振作起來，最後卻只是摧毀了威瑪共和的最後一絲生機。【31】

詭計多端的總理發現，自己比預想更快地陷入毫無希望的境地。他提出的主張基本上沒有問題，但他本人並無能力恰當地推行這些計畫：他的創造就業計畫激怒了企業主，失業人口安置計畫惹惱了大地主，他的出身使社會民主黨反感，他對史特拉瑟的誘惑更是令納粹黨感到憤恨；事實證明，憲法改革計畫完全行不通，現在這個國會名存實亡的共和政府也同樣如此。施萊謝爾的政治生涯似乎已經走到盡頭，他之所以還能暫時留任，僅僅是因爲陰謀家們還尚未組建出新的內閣而已，不過，他們已經正暗中對這個問題展開激烈的討論。

專注於議會選舉

爲了增加自己談判時的籌碼，爲納粹黨執政打下基礎，希特勒把全副精力都投注在一月十五日的利珀邦議會選舉上。這是一場聲勢浩大的選戰宣傳活動，他將黨內所有知名的講者都聚集到歐豪森男爵（Adolf von Oeynhausen）的城堡中，每個晚上都派他們出去演講，讓利珀充斥著納粹黨的宣傳訊息。在第一天，戈培爾指出：「我演講了三場，有些是在一些非常小的農村舉行。」希特勒自己則在短短幾天內於十八場集會中發表談話。他以敏銳的心理洞察力——許多批評者對此不是毫無所覺就是嗤之以鼻——抓住了這此選舉提供的機會，從一開始就將這場選舉宣揚爲爭奪統治權的關鍵考驗，也設法讓公眾都接受這種觀點。於是，德國大眾都對這場只有十萬選民參與的地方選舉翹首以待，彷彿這是一場「上主的審判」，將「決定六千八百萬人民的政治前途」。[32]

納粹黨投注的大量心力得到回報，希特勒在一月十五日取得了自七月選舉後的第一次成功——雖然這次得到的百分之三十九點五的選票低於七月的得票率，而且敵不過民主陣營各政黨相加的票數。公眾不會考慮到這是他們投入不符合比例的努力才得到的成果，也不會想到，對於已經筋疲力盡、無力進行大型選戰的納粹黨而言，這種小規模的地方選舉讓他們占了很大的便宜；相反地，因爲這場選舉，德國大衆和政府高層都相信，納粹黨已經重新贏回自己的無敵光環。

因此，當希特勒與巴本在一月十八日於納粹黨籍酒商里賓特洛甫（Joachim von Ribbentrop）於柏林達勒姆區的宅邸會面時，他自信滿滿地要求親自擔任總理。對此，巴本回應道，他對總統的影響力還沒有大到能夠提出這種要求。兩人的談判陷入僵局，直到數天後興登堡的兒子被邀請加入會談，談判才得以繼續。

第二次會談在嚴格的保密措施下進行：希特勒與他的同伴在夜色的掩護下從花園一側進入里賓特洛甫的宅邸，奧斯卡．興登堡與國務卿麥斯納一開始先在歌劇院高調亮相，中場休息後才悄悄離開包廂，巴本則再次搭乘里賓特洛甫的車到來。

等所有人都到了，希特勒就請總統的兒子跟著他到旁邊的房間。於是，先前堅持要麥斯納陪同到場的奧斯卡．興登堡突然發現，自己不得不單獨面對希特勒。雖然我們到目前爲止都不得而知，他們兩人在這長達兩個鐘頭的會談中私下談判了什麼，不過，按照希特勒的策略模式，他大概是用了屢試不爽的威脅利誘手段來拉攏奧斯卡。

希特勒可能威脅要指控興登堡對普魯士發動政變——這是納粹黨已經三番五次提過的——也可能恐嚇奧斯卡，如果他不乖乖合作，納粹黨將對大眾揭發興登堡家族在轉手紐德克莊園時逃漏稅的醜聞。[33]當然，希特勒少不了對這位抱持機會主義的總統之子許諾某些好處。無論如何，奧斯卡在踏入里賓特洛甫宅邸時還對希特勒完全無法苟同，在回去的路上卻對麥斯納表示，現在已經沒有其他的選擇了，希特勒必須成為總理，更何況，巴本也在談判中同意擔任副總理。[34]

就在這個時候，施萊謝爾似乎才第一次認清自己所面臨的所有危機。一月二十三日，他在興登堡面前坦率地承認，自己想要分裂納粹黨，並以議會基礎建立內閣的計畫已經失敗了；接著，他要求總統授權解散國會，宣布進入國家緊急狀態，並全面禁止納粹黨與共產黨。然而，興登堡提醒他，巴本在十二月二日就提出過同樣的建議，卻因為他當時的反對而無法推行。儘管施萊謝爾解釋現在的狀況和當時不同，老總統仍然在諮詢麥斯納後拒絕了這項提議。

希特勒幾人的陰謀集團按照計畫，在第一時間就讓德國大眾得知施萊謝爾的意圖。各界立刻對此發出激烈的抗議，納粹黨假意忿忿不平地控訴總理的政變計畫，共產黨當然也對此憤慨不已，不僅如此，施萊謝爾甚至在擁護民主主義的中間路線政黨間也威望掃地。

各界對總理的一致反對令興登堡印象深刻，可能因此傾向於採納由希特勒建立內閣的方案。一月二十七日，戈林至總統府拜訪國務卿麥斯納，並請他轉告「令人尊敬的元帥」，希特勒和施萊謝爾相反，他不會違法亂紀、令總統感到良心不安，而是會嚴格地遵守憲法的規定。[35]

在此其間，巴本繼續勤勤懇懇地推動他們的計畫。他努力拉攏德國國家人民黨以及和總統走得很近的鋼盔前線士兵聯盟領袖，希望這些人的參與令興登堡比較能接受他們組建的新內閣；雖然杜斯特堡強烈反對所謂的希特勒內閣的「迫切必要性」，但是塞德特和胡根貝格都同意了巴本的計畫。胡根貝格尚未從前幾年的經歷得到教訓，依然天眞地認定「不會發生什麼意外」，他表示，只要興登堡還是聯邦大總統和國家防衛軍的最高統帥，巴本擔任副總理，他自己接管整個經濟部，塞德特接管勞動部：「我們就可以牽制希特勒。」[36]

這時的興登堡疲憊而困惑，沒有多少時間能充分了解這整件事，因此理所當然地還一直希望由巴本組建新內閣，希特勒擔任副總理。一月二十六日上午，當陸軍總司令哈麥施坦因將軍向他表達對最近政治局勢發展的憂慮，興登堡雖然極度敏感地拒絕任何政治影響，但是，顯然是爲了讓這位將軍放心，他還是表示，自己完全不考慮讓那個奧地利二等兵成爲國防部長或是德國總理。[37]然而，隔天巴本就對總統言明，目前已經不可能建立巴本內閣了；於是，反對希特勒組建政府的，現在只剩下興登堡一個人。

在這一天有太多令興登堡決定改變主意的動機，實在難以一一列舉。不過，可以肯定的是，其中絕對包括陰謀團體幾乎全數奏效的詭計、納粹黨的威脅恐嚇，以及大地主和民族主義利益團體的施壓——當然，施萊謝爾的名字不再被任何人視爲總理人選也是原因之一。此外，興登堡向來偏愛的巴本也對他承諾，新政府將一律由右派陣營的代表所組成——對於這位內心疲憊不堪的老總統而言，希望由右派陣營執政，終結「工會幹部的統治」，就是當初令他與布呂寧分道揚鑣的原因，現在又再度成爲他針對施萊謝爾的動機。當他再度向各政黨領袖諮詢意見時，他們不僅反對施萊謝爾，也不願意再給巴本一個機會；相反地，這些人表示：現在終於到了採取一切適當的保障措施，任命希特勒爲總理的時候，要讓此人承擔起責任，接受他們都曾經遭遇過的磨難。

至此，威瑪共和眞的走到了盡頭。

威瑪共和的盡頭

一月二十八日上午，施萊謝爾為了重新掌控局面而做出最後的努力：他宣布自己將請求總統授權解散國會，如果總統不同意，他就辭職下臺。他在接近中午之時出發前往總統府，充分顯示出他已經沒剩下多少影響力，因為，已經到了這種時候，他竟然還不知道希特勒即將取代自己。相反地，他一直認為興登堡會站在自己這一邊，相信總統會兌現先前的諾言，隨時都有可能賦予他解散國會的權力。【38】

因此，當施萊謝爾再次被興登堡拒絕時，他顯然感到很受傷，據說他當時以尖銳的聲音怒道：「總統先生，我承認您有權對我的工作方式表達不滿——雖然您在四週前曾寫信保證並無此事——我也承認您有權撤除我的職務，但是，我不承認您有權背著您任命的總理與其他人串通，這是背信棄義。」對此，興登堡道，他已經老得一隻腳踏進棺材了，也不知道將來在天堂會不會後悔自己做的決定。施萊謝爾冰冷而憤怒地回覆：「經過這次的失信，閣下，我不知道您還能不能上天堂。」【39】

施萊謝爾一宣布辭職，巴本立刻就聯合奧斯卡．興登堡和麥斯納，再次向聯邦大總統施壓，要求他任命希特勒為總理。興登堡仍然猶豫不決、搖擺不定，最後試圖逃避決策的重責大任：他違反慣例，並沒有親自要求希特勒組建新政府，而是任命巴本為「特使」，命令他「與各黨進行商議，釐清目前的政治局勢，並確定目前有哪些可能的方案存在」。

在當天下午，巴本就成功以兩個內閣席位換來胡根貝格的加入。接著，他開始與希特勒進行談判。他們在事先協商中已經達成一致意見，除了由希特勒擔任總理，納粹黨還會接管內政部與專門為戈林建立的民航部；然而，希特勒在談判中提出新的要求，堅持得到普魯士總督和普魯士內政部長的職位——以確保對普魯士警方的控制——並要求重新進行選舉。

一切又開始動搖。當興登堡聽到希特勒提出的新要求，一股不祥的預感再次蒙上他的心頭，直到希特勒保證「這是最後一次選舉」，他才又安下心來——當然，事後證明，希特勒所言並不如這位總統所想的這麼簡單。無論如何，興登堡現在終於放手，除了為巴本保留普魯士總督的位置，他滿足希特勒其他的一切要求，做出了命運的決定。

一月二十九日下午開始傳出謠言，加速了事情的進展。據說，施萊謝爾和哈麥施坦因已經命令波茨坦衛戍部隊進入備戰狀態，打算逮捕聯邦大總統，宣布國家緊急狀態，以國家防衛軍的勢力奪取大權。奧斯卡·興登堡的妻子在數天後依舊憤怒地重述這則謠言，對於這些人打算用「密封的牲畜貨車」將年邁的總統運到紐德克感到惱火不已。希特勒在總理廣場旁的戈培爾府中得知此事，馬上採取大膽的煽動性行動：他不僅立刻命令柏林衝鋒隊戒備，還搶先政府對六支根本不存在的警察大隊下令，準備占領政府所在的威廉大街。[40]

不同於時至今日依舊身分不明的謠言發起人，這起謠言的獲益者倒是顯而易見：巴本借助軍事獨裁的威脅，進一步推動了自己的計畫。馮·勃洛姆堡將軍（Werner von Blomberg）被他從日內瓦召回，在一月三十日的清晨就搶先所有的內閣成員，宣誓就任為軍事部長，顯然是為了防範主動聯繫希特勒的施萊謝爾在最後一刻作困獸之鬥。

與此同時，軍事政變的傳聞就像是一把刀，抵在執意拒絕重新選舉的胡根貝格的脖子上。為了避免政變謠言被破除的任何可能性，巴本在一月三十日的早上七點就召見胡根貝格，情緒十分激動地要求後者改變主意。「如果到十一點都還沒組成新政府，」他大喊，「國家防衛軍就要行動了！」然而，胡根貝格比巴本更能看透希特勒的陰謀，知道後者想借助政府權力與無限的經濟資源，扭轉納粹黨在十一月六日國會大選中的逆勢，因此，他堅決反對重新舉行大選。

胡根貝格的固執似乎再度令整個協議岌岌可危：巴本在九點四十五分領著預定的內閣成員，穿越積雪覆蓋的部長花園來到總統府，在國務卿麥斯納的辦公室裡正式歡迎希特勒成爲新任總理。希特勒在表達謝意的同時也聲稱：「現在，德國人民必須以大選的方式，對組建完成的內閣進行認可。」胡根貝格卻堅決反對他的意見。兩方爆發激烈的爭吵，最後，希特勒走近他的對手，向他「鄭重發誓」，新選舉不會對內閣的人事組成產生任何影響，他自己也「永遠不會與在場的諸位分開」。巴本也關切地催促道：「樞密顧問先生，您想要破壞我們在千辛萬苦下達成的協議嗎？您總不會懷疑一個德國人的莊重誓言吧！」【41】

企圖圍堵、馴服希特勒的樂觀想法在第一次的考驗中就暴露出所有的缺陷：從人數上來看，只占內閣三席的納粹黨確實處於不利的地位，保守派不僅在內閣中占了八席，這個社會思想與意識形態相近的團體也幾乎將所有的政府重要職位牢牢掌握在手中；然而，問題在於，巴本、馮·諾伊拉特（Konstantin von Neurath）、塞德特和什未林·馮·科洛希克都不是圍堵希特勒的適當人選，因爲他們既不具有這種價值意識，也沒有精力去捍衛它——事實上，他們唯一知道的就是捍衛自己的特權。希特勒願意接受這種比例懸殊的安排，正是證明了他對自己信心十足，並且對這些保守派的對手們極度輕視。

這些預定要馴服希特勒的「馴獸師」聯合起來，在窗龕邊對負隅頑抗的胡根貝格糾纏不休，企圖逼迫他改變主意。與此同時，國務卿麥斯納被聯邦大總統召到隔壁，不耐煩地詢問現在到底在拖延什麼。麥斯納回來時手上拿著懷錶，他向那些爭論不休的人說：「先生們，聯邦大總統先生原本預定在十一點舉行宣誓就職儀式。現在已經十一點十五分了，各位可不能再讓總統先生繼續等下去了。」

沒想到，在這種攸關威瑪共和生存或毀滅的時刻，無論是保守派盟友的施壓、希特勒的勸說，或是巴本的懇求都無法動搖的胡根貝格，竟然又因為這位元帥將軍的傳奇大名而讓步了。胡根貝格經常自傲地稱呼自己為「倔驢」，他在去年八月還對興登堡說，他發現希特勒「不太會遵守約定」；現在，他明知其中的利害關係，卻還是為了尊重興登堡的時間安排而選擇讓步。幾分鐘之後，內閣宣誓就職。【42】

巴本似乎真的認為自己完成了不折不扣的政治壯舉：他成功向施萊謝爾復仇，同時實現此人馴服希特勒的想法，並以回歸政府滿足自己自從意外成為總理就異常膨脹的野心，還在沒有交出政府的狀況下讓希特勒扛起責任。這位納粹黨元首並非總統內閣總理，必須得到國會的多數同意，此外，興登堡對他也並不是特別信賴，反而依舊非常信任巴本。不僅如此，巴本還得以參與希特勒與總統之間的每一場談話——這是他最為得意的談判成果之一——最後，他還身兼副總理與普魯士總督二職。

納粹黨在內閣中只拿下了無法調派警力的內政部，以及純粹滿足戈林的虛榮心、並無實際權力的民航部——戈林雖然也同時擔任普魯士的內政部長，但是巴本已經決心阻止他進行任何行動。外交部、財政部、經濟部、勞動部與農業部則全都掌握在保守派手中，國家防衛軍也一直由聯邦大總統本人掌管；在巴本看來，這種搭配精妙而出色，不僅能讓麻煩人物希特勒先生乖乖為企業主和大地主服務，更能令其為自己的建立新獨裁政府的計畫服務。

失敗的執政經驗似乎令巴本領悟到，陳腐的國會議員顯然無法領導一個受經濟危機摧殘的現代工業國家。只要利用希特勒這個名聲有些不好的群眾操縱者，他似乎就能夠解決領導層得不到人民支持的老問題；於是，他以此作爲出發點，信心滿滿地以「政治公關」一詞來反駁所有對他提出警告的人：「您搞錯了，他這是在爲我們做事。」【43】

納粹黨所宣揚的奇蹟

毫無疑問地，希特勒從一開始就很清楚這一點，他也提出重新選舉的要求作爲反制。因爲，他希望以一場無與倫比的勝選突破巴本給出的框架，他要違背一切廉價的諾言，借助公民表決的力量擺脫傀儡總理的角色。因此，這個「民族主義團結內閣」從一開始就充滿算計與勾心鬥角，甚至早在興登堡總統宣布成立以前就如此：「現在，先生們，與神一同前進吧！」【44】

在此其間，由戈培爾召集過來的群衆沉默地聚集在威廉大街。希特勒的人馬則在對面的凱薩宮酒店裡焦急地等待，他們「在懷疑、希望、幸福與沮喪之間徘徊」，恩斯特·羅姆緊張地用望遠鏡觀察總理府門口，他先是看到戈林向外面等待的人宣布消息，接著看到希特勒的座車駛出車道，元首站在車上接受群衆的歡呼。據當時在場的人描述，當希特勒在幾分鐘之後踏進凱薩宮酒店，被自己的追隨者包圍時，他的眼裡泛著淚光。

不久之前，他才在公開演講時說過：「我再也不會讓人奪走自己手上的權力，上主啊，幫幫我吧！」他在一月三十日下午踏出保障自己計畫成功的第一步：他立刻召開內閣會議，無視胡根貝格的反對，正式決議解散國會，重新舉行選舉。興登堡原本還有一絲疑慮，但巴本熟知他的心理，巧妙地將胡根貝格的阻撓歸結爲他所厭惡的「黨派的策略考量」，打消了總統最後的顧慮，讓他簽下自己的名字。【45】

這天晚上，納粹黨以盛大的火炬遊行慶祝自己的勝利。行政中心的集會禁令已經被取消，來看熱鬧的民眾興奮而吵鬧地擠滿兩側的人行道，整個柏林陷入狂歡節一般的氛圍，[46]自認厥功甚偉的警察部隊也在人群中沾沾自喜地維護秩序。

從晚上七點一直到午夜過後，兩萬五千名穿著制服的希特勒追隨者和鋼盔前線士兵聯盟的部隊都在遊行，他們穿過布蘭登堡門，又經過德國總理府，明明滅滅的火光映照在他們的臉上以及兩側的牆上。希特勒緊張而興奮的身影出現在總理府一扇燈火通明的窗邊，他時不時探出上半身，高舉手臂向下方的人揮舞，戈林、戈培爾和赫斯都站在他身邊。興登堡和他們隔了幾扇窗，正出神地凝望底下經過的遊行隊伍，若有所思地隨著樂隊的節拍敲擊手杖。

戈培爾不顧電臺負責人的抗議，強迫各廣播電臺轉播這場集會——希特勒事後不滿地指出，當時只有慕尼黑電臺堅持拒絕他們的要求。等到最後一支隊伍穿行經過行政中心，已經是午夜過後了。最後，戈培爾讓一直沒有散去的群眾對興登堡和希特勒高喊萬歲，接著宣布解散。他表示：「在毫無理智的狂熱中……這個偉大的奇蹟之夜結束了。」

所謂的納粹黨得權很快就被大肆宣揚爲「奇蹟」或「童話」，納粹政權的宣傳人員們也偏愛使用充滿魔法風情的詞語，賦予這個事件一種超自然的神聖氣質。希特勒在一月三十日向一位追隨者吐露心聲：「當我即將一敗塗地，被陰謀、財政困難以及搖擺不定的一千兩百萬人的重量壓得喘不過氣時，是神的旨意解救了我。」這種說法確實比較容易得到共鳴，因爲，不可否認地，在這個事件中存在著令人幾乎無法置信的、特殊的變化：在政治領域上，他從納粹黨幾乎瓦解的危機中一下子跳上總理的寶座；在個人領域上，他從淒涼的開頭、麻木昏沉和自甘墮落中突然奮起，最後奪得大權。事實上，正如湯瑪斯．曼所言，我們的確能夠從中看出童話的特徵，儘管這些特徵已經被破壞了。[47]

這個由戈培爾提出的「奇蹟」概念對於此事件的詮釋造成重大的影響，時至今日，在所有企圖將希特勒惡魔化，將他的成就歸結於不知名力量在幕後運作的結果，或者將巴本的復仇陰謀判定為歷史發生巨大轉折的原因的理論中，都可以看到其蹤影。無論是哪個版本，這種奇蹟概念或多或少都隱含著一個想法：納粹黨上臺是歷史上的偶然。

確實，直到最後，希特勒的對手仍然有可能阻擋他的去路，只不過他們因為巧合、輕率的決定或者不走運而全數喪失了這些可能性。歷史因而並未偏離軌道，在強大的趨勢下——歷史和政治性質皆有——導向一月三十日的結果，如果當時發生反抗納粹的事件，那才叫做眞正的奇蹟。自從布呂寧下臺，除了老總統的優柔寡斷、施萊謝爾的陰謀和巴本的盲目衝動，已經沒有別的東西能夠阻攔希特勒奪得大權；相對地，幕後運作的陰謀、利益集團的干預以及自以為是的詭計都只是順帶，只營造出共和政府滅亡的背景，但並非共和政府毀滅的原因。

當然，這也絕對不代表，希特勒面對更堅定果斷的對手也能成功。在現代國家的歷史中，這種重大的轉折幾乎沒有像這樣由個人因素，由極少數人的情緒、判斷和激情所決定，也幾乎沒有比威瑪共和在決策之時更不受重視的政府。事實上，如果不是總統身邊的那群陰謀家，希特勒想要奪得總理之位幾乎可說是異想天開——畢竟，儘管他從一九三二年夏天開始就看似與大權只有一步之遙，但以他的實力而言，想要跨越這一步還是過於吃力。

不過，他的對手們讓這些都成為了可能：他們削弱了政黨與國會的勢力，舉辦一連串的選舉，更替他開了破壞憲法的先例。一旦其中有人決定反對希特勒，必定會有其他人站出來阻撓他的行動；雖然這些對手的總體實力無疑一直都勝過希特勒，但由於他們並不團結，反而彼此對立，自然也發揮不出全部的實力。很容易就能看出，民族社會主義是所有人的敵人，例如市民階級、共產黨、馬克思主義者、猶太人以及共和政體的擁護者；很可惜，他們過於盲目、軟弱，很少有人能總結出一個道理：所有人必須團結起來，對抗民族社會主義。[48]

不過，一直有反對的意見出現：有人認為，隨著納粹黨成為德國最大黨，希特勒必然會登上總理寶座。然而，這種說法忽略了一個事實：從共和建立開始，一直到希特勒上臺前的幾個月為止，社會民主黨明明一直處於優勢，卻經常無法加入內閣。也有人認為，希特勒之所以能夠得到支持，是因為他始終表明自己反對憲法；若真是如此，共產黨應該會比納粹黨得到更多的選票，但也會遭遇一切能想像的阻礙。

事實上，希特勒之所以能夠成為總理，是因為保守派認定，他可以用粗俗但有效的方式代他們實現目標。等到他們意識到，此人正以一種與共產黨主席臺爾曼不同，但激進程度相同的方式在對抗他們、對抗這個他們希望維護的世界時，一切已經太遲了。一位不具名的巴伐利亞刑事書記在一九二一年夏天參加納粹黨的集會，他在會後向上級報告：希特勒「無疑於第二號紅軍領袖」。顯然，相較於一九三三年這些腐敗的保守派顯貴，他更敏銳地掌握到此人的本質。[49]

有鑑於希特勒得到了這麼多的支持和有利因素，人們可能會問：那麼，他在那幾個星期中到底有什麼特殊的貢獻？事實上，在希特勒於一九三三年一月三十日上臺之前，他幾乎沒有展現出自己的眞正實力：他並未主動出擊，而是耐著性子等待，他管束自己難馴的追隨者們，在納粹黨面臨瓦解危機時依舊保持鎮定，就連最後在總統的接待室中，他都表現出老練玩家的姿態，冷靜地處理一切危機。只要回顧希特勒從發動反揚格計畫的公投提案到現在的表現，我們就可以很清楚地看到，他已經突破只知道暴動與宣傳的階段，成長為一位眞正的政治家。同時，這幾週的經歷也再次證實他的賭徒本性：他在這段時期宣稱，在他生命中不可思議的是，自己總是會在已經自我放棄時被拯救。[50]

希特勒成爲總理的那一天夜裡，在歡呼聲沉寂下來，音樂聲和遊行隊伍的腳步聲都逐漸消失之後，他還一直待在總理府會客室隔壁的小房間直到清晨。據當時在場的人所描述，希特勒感動地開始滔滔不絕地獨白，回憶上午的宣誓就職，細數自己的成就，提到「紅色」對手們瞠目結舌的反應，接著開始闡述自己的宣傳原則。他表示，從來沒有哪次選舉讓自己這麼期待。有些人認爲會有戰爭，他繼續道，自己的用處就在於開啓白種人——雅利安人——征服世界的最終鬥爭；雖然，在布爾什維克主義的統治下，非雅利安人、有色人種和蒙古人早就已經開始爭奪主導權，但是，從這一天起，「世界史上最偉大的日耳曼種族革命」就要開始了。發表完末世論的願景，他接著開始講述自己的建築計畫：他首先要重建總理府，因爲這裡「簡直像雪茄盒一樣」。[51]直到早上，他才從後方的小門離開總理府，前往飯店。

這是令人陶醉的一天，他從中得到滿足和補償，然而，這些並不是他的目標，只是通往他目標的其中一段路而已。雖然我們無法確切得知那場獨白的詳細內容，但是，可以肯定的是，他現在把重心放在自己一直承諾的革命，並且比以往更胸有成竹。就如同所有眞正的顚覆者，他相信自己將開啓新的歷史，他說：「最後在德國締造歷史的人，就是我們。」[52]

注釋

[1] J. Goebbels, »Der Führer als Staatsmann«，收錄於 »Adolf Hitler. Bilder aus dem Leben des Führers« (Cigaretten-Bilderdienst), S. 52。

【2】J. Goebbels, »Kaiserhof«, S. 162 f.、S. 165 和 S. 180 f.。

【3】K. G. W. Luedecke, aaO., S. 451 ff..

【4】J. Goebbels, »Kaiserhof«, S. 176 和 S. 181；也參照同上，S. 167。

【5】參照 H.-A. Jacobsen/W. Jochmann, aaO.，日期一九三二年十月二十七日：內文提及的宣傳指令憤怒地引用了德國國家人民黨的文宣——稱納粹黨爲馬克思主義的跟班，或者將戈培爾貶低爲「男版的羅莎．盧森堡」——由此可看出市民階級政黨也接受了他們的挑戰。

【6】這段話的上下文爲：「民族社會主義運動的興起，就是人民對於政府剝奪工作權、拒絕恢復自然生存權的抗議。如果當今的世界經濟制度不知道如何正確分配大自然的產能，這個制度就是錯誤的，必須爲了人民而改變……這種發展的根本，就是我國人民心中巨大的反資本主義的渴望，現在可能已有百分之九十五的國民在自覺或不自覺地情況下抱持這種想法……這種反資本主義的渴望……是一種證明我們正面臨偉大的歷史轉捩點的證據：自由主義受到壓制，一種對經濟的新思維以及對政府的新態度出現了。」參照 G. Strasser, »Kampf um Deutschland«, S. 347 f.——有可能是因爲這段話，格里哥．史特拉瑟在納粹黨內的政治影響力才會時至今日都被高估。

【7】J. Goebbels, »Kaiserhof«, S. 195 和 S. 191。

【8】有關此，參照 K. D. Bracher, »Auflösung«, S. 645 ff. 的統計資料；此外，H. Bennecke, »Wirtschaftliche Depression«, S. 158 ff. 針對社會狀況（失業率）的資料也揭露一項事實：失業率和民眾支持納粹黨並無直接關係，頂多只有間接的關聯。納粹黨在比較不受經濟危機影響的鄉村地區的得票率，比起嚴重受經濟危機衝擊的地區——例如魯爾區或柏林——要高得多，其於後者的得票率從未達到百分之二十五，幾乎只有在什勒斯維希—霍爾斯坦地區的一半。

【9】John W. Wheeler-Bennett, »Die Nemesis der Macht«, S. 277。有關憲法改革計畫的內容，參照 K. D. Bracher, »Auflösung«, S. 537 ff. 和 S. 658 f.。

【10】引用自 C. Horkenbach, aaO., S. 342。

【11】根據赫曼・福茨奇（H. Foersch）的說法，參照 K. D. Bracher, »Auflösung«, S. 661。

【12】引用自 Bernhard Schwertfeger, »Rätsel um Deutschland«, S. 173。後文提及的希特勒的信被戈培爾稱爲「傑作」，可作爲希特勒在戰術、詭辯及心理層面上的佐證，收錄於 M. Domarus, aaO., S. 154 ff.——然而，根據 H. Brüning, aaO., S. 634，這其實是由亞爾馬・沙赫特在凱薩宮酒店所撰寫的。

【13】Franz v. Papen, »Der Wahrheit eine Gasse«, S. 250。S. 249 也有時任中校的歐根・奧特（Eugen Ott）對軍事推演研究的詳細解說。

【14】K. D. Bracher, »Auflösung«, S. 676.

【15】參照 W. Görlitz/H. A. Quint, aaO., S. 352。

【16】J. Goebbels, »Kaiserhof«, S. 217f.。有關此處提到的康拉德・海登的報告，參照 »Geburt«, S. 99。

【17】康拉德・海登於一九三二年十二月十日的《符斯報》上表示。

【18】O. Strasser, »Mein Kampf«, S. 80 列舉出六十三名派系成員，根據 K. G. W. Ludecke, aaO., S. 450，格里哥・史特拉瑟也列舉出自己的一百名追隨者。由於希特勒與戈培爾掌控著納粹黨的新聞機構，史特拉瑟一派找不到能替他們的雄心壯志發聲的新聞管道。作爲激進路線的代表人物，戈培爾一直都支持「不是全有就是全無」的方針。

【19】So O. Strasser, »Mein Kampf«, S. 78。施萊謝爾的第一批經濟措施就試圖糾正部分巴本留下來的反動特色，令這個標籤看起來似乎並非完全不符合。

【20】對背景的了解主要來自奧托·迪特里希關於此的寥寥數語，當然還有戈培爾充滿自己風格的紀錄、歐根·奧特於一九四九年一月十二日的聲明（IfZ/München），以及康拉德·海登在「氛圍」上符合，在細節上卻有出入的敘述。也參照戈林在紐倫堡大審的供詞，見IMT IX, S. 279。

【21】參照K. Heiden, »Geburt«, S. 101。

【22】J. Goebbels, »Kaiserhof«, S. 219 f..

【23】H. Rauschning, »Gespräche«, S. 254。後文的希特勒的評論出自»Tischgesprächen«, S. 364。有關他對手們的這種放棄的態度，參照Th. Eschenburg, »Die Rolle der Persönlichkeit in der Krise der Weimarer Republik«，刊載於VJHfZ 1961/1, S. 28 ff.。

【24】引用自E. Eyck, aaO. II, S. 541。

【25】A. Bullock, aaO., S. 241.

【26】施瑞德在一九四五年十一月三日的陳述，引用自»Nazi Conspiracy and Aggression« II, S. 922 ff.（由譯本重新譯回原文）。

【27】K. D. Bracher, »Auflösung«, S. 691。希特勒本人也認定這場在科隆的會面是一個轉折點；當時，他曾經表示，他覺得自己的事業狀況絕佳，參照»Tischgespräche«, S. 365。這個版本並非全無爭議，巴本尤其對此提出強烈的反對意見（參照其寄給›Das Parlament‹ 3, Nr. 14的信，一九五三年四月八日）；然而，他在其回憶錄兼自我辯護書中的說法很難令讀者不滋生疑竇。他試圖令這場會面看起來非常偶然、隨意，一再強調自己的目的只是爲了獲取資訊，這卻與施瑞德的說法互相矛盾——後者在宣誓證言中指出，希特勒在幾週之前就拒絕和巴本進行協商。即便事實眞如巴本之後聲稱地，他並未對希特勒做出任何提議，但希特勒仍然感覺巴本是在爲興登堡傳話。巴本的提議至少是出於他自己的意思，

作為一個外交官，他應該要知道這一點，當然，他也確實知道這一點。因此，他是想說服其他人認為，自己是為了支持施萊謝爾、為了施萊謝爾的利益才進行這場談話；此外，他更聲稱，兩頭政治計畫指的並非自己和希特勒，而是希特勒和施萊謝爾。然而，只要看看籠罩這場會面的過分的祕密性質，就可以知道這種說法有多荒謬。

【28】J. Goebbels, »Kaiserhof«, S. 235 f.。這本日記被人以容易引起誤會的方式解讀，例如 W. L. Shirer, aaO., S. 175。有關此，參照 H. A. Turner, aaO., S. 25 ff.。

【29】上下文參照 O. Meißner, »Staatssekretär«, S. 254 ff.；F. v. Papen, aaO., S. 261，以及在麥斯納在所謂「威廉大街審判」上的供詞，見一九四八年五月四日的紀錄 S. 4607。

【30】海因里希．馮．西貝爾（Heinrich von Sybel）在一九五一年二月二日寫的一封信，引用自 K. D. Bracher, »Auflösung«, S. 697 f.。有關東部援助調查的資料，也參照 W. Treue, aaO., S. 390 ff.。

【31】有關此，參照 K. D. Bracher, aaO., S. 700 的提示，以及尤里烏斯．雷貝爾（Julius Leber）在一九三三年六月被拘留期間所寫下的，關於他的政黨的失敗的筆記，特別是這段話：「在這幾個月之中，議會黨團領導層的唯一政治功勞就是對每一任政府提出不信任案。」並指出，該黨沒有查覺到「風暴的呼嘯聲」：»Ursachen und Folgen« VIII, S. 769 ff.。

【32】K. D. Bracher, »Auflösung«, S. 701。以及 I. Dietrich, »Mit Hitler in die Macht«, S. 174 和 J. Goebbels, »Kaiserhof«, S. 237 f.。

【33】該莊園的購買資金主要來自工業界，此外，為了避開遺產稅，該莊園的正式被贈與人其實並非興登堡本人，而是他的兒子。興登堡對於一九三二年七月二十日也滿懷擔憂，布呂寧敘述：「埃爾溫．普朗克（Erwin Planck）在施萊謝爾辭職前四天的晚上到醫院來看我，告訴我，因為興登堡害怕自己被

起訴，而爲政府帶來了一些困難。我因此得知，這就是興登堡最後同意任命希特勒爲總理的其中一個原因。」參照 H. Brüning, »ein Brief«，刊載於 ›Deutsche Rundschau‹ 1947, S. 15。此外，布呂寧在一九三五年夏天也對哈利．科斯勒（Harry Graf Kessler）補充道，奧斯卡．興登堡「讓自己被捲進各種黑暗的金融勾當，因此一直害怕被揭露實情」。AaO., S. 739。

【34】參照麥斯納在威廉大街審判中的供詞。根據 Goebbels, »Kaiserhof«, S. 247 f.，雙方這次對希特勒組建內閣達成共識。

【35】O. Meißner, aaO., S. 263 f..

【36】Th. Duesterberg, aaO., S. 38 f..

【37】「確切來說是在一九三三年一月二十六日的上午十一點半的時候，在某個人的見證下說的。」哈麥施坦因進一步補充說明；參照 K. v. Hammerstein, »Spähtrupp«, S. 40。此處所指的證人爲布雪伊平貝格中將（Erich von dem Bussche-Ippenburg），其於這個上午向總統報告國家防衛軍的人事狀況。

【38】根據布雪伊平貝格的證詞，施萊謝爾曾多次確認興登堡的諾言是否算數：「無論是在一九三二年，還是在他下臺以後，他都說：『如果沒有他的承諾，我的任務就毫無意義。』當我問他，他是否有將總統的承諾白紙黑字寫下來，他則說『那位老先生會信守承諾』之類的話。無論如何，他對這個諾言充滿信心。」K. v. Hammerstein, »Spähtrupp«, S. 38 f.。

【39】同上，S. 44。施萊謝爾的回覆見 J. W. Wheeler-Bennett, aaO., S. 301 f.。根據 H. Brüning, aaO., S. 645，據施萊謝爾本人的說法，當時興登堡說：「將軍先生，感謝您爲祖國所做的一切。現在，讓我們看看，在上帝的幫助下，事態將如何發展。」

【40】Hitler, »Tischgespräche«, S. 368，希特勒敘述，他將這項任務委託給對自己忠心耿耿的警察少校威

克。有關興登堡夫人的評論，參照 K. v. Hammerstein, »Spähtrupp«, S. 59。

【41】Th. Duesterberg, aaO., S. 40 f.

【42】Ebd, S. 41；也參照 F. v. Papen, aaO., S. 276。

【43】參照 Lutz Graf Schwerin v. Krosigk, »Es geschah in Deutschland«, S. 147。

【44】根據麥斯納所述，參照 H. O. Meißner/H. Wilde, aaO., S. 191。

【45】O. Meißner, aaO., S. 179、Erich Kordt »Wahn und Wirklichkeit«, S. 27 以及希特勒自己（»Tischgespräche«, S. 369）卻都認爲興登堡最後會同意是因爲麥斯納的介入。

【46】H. Graf Keßler, aaO., S. 704.

【47】Th. Mann, »Bruder Hitler«, GW 12, S. 774；有關前文中引用的希特勒的評論，參照 Walter Frank, »Zur Geschichte des Nationalsozialismus«，刊登於›Wille und Macht‹1934/17, S. 1 ff.。

【48】參照 K. Heiden, »Geburt«, S. 60。

【49】刑事祕書費爾（Feil）的報告，HStA München, Allg. Sonderausgabe I, Nr. 1475。

【50】希特勒在一九三三年二月初對施萊謝爾所言，參照 H. Brüning, aaO., S. 648。

【51】參照 H. Frank, aaO., S. 121 f.，當然，作者在他出版的版本中並未引用此處這段末世論的言論；有關此，參照 W. Görlitz/H. A. Quint, aaO., S. 367。

【52】希特勒在利珀的選戰中所言，參照 M. Domarus, aaO., S. 176。

階段小結：德國的災難？德國的必然？

「這個想法並非眞的無力到只能作爲想法存在。」

黑格爾

「思想先於行動，正如同閃電先於雷霆。德意志的雷霆當然也會是德意志人，雖然不是很敏捷，來得有些慢，但他總是會來的。某一天，當你們聽到在世界史上從未聽過的隆隆巨響時，你們就知道，德意志的雷霆終於到來。」

海因里希．海涅，一八三四年

伴隨著火炬遊行、大規模示威活動與口號，希特勒的總理就職儀式充滿戲劇性，完全不符合這個事件在憲法上的意義。嚴格來說，一九三三年一月三十日只是政府的新舊交替，但是，德國大衆還是認爲，之前幾年的內閣重組完全無法與希特勒接任總理的重要性相提並論。

共組內閣的德國國家人民黨誇誇其談地宣稱「要用鍊子拴著可憐的奧地利畫家」，[1]但納粹黨一開始就展現出奪取一切權力的決心；後者意志堅定、善用戰術，在希特勒有計畫地煽動下，更是情緒激昂，形成一個帶來新開端的風暴，在短時間之內就席捲保守派，掠奪他們的勢力範圍。巴本他們無論付出多少努力，企圖參與討論、加入慶祝或從旁引導，都只是讓人覺得他們疲於趕上納粹黨的腳步，連氣都喘不過來了。現在正是對手們發光發熱的時刻，這是他們在內閣中的人數優勢，以及對總統本人、經濟、軍隊和官員們的影響力都無法掩蓋的事實。

自從希特勒在一月三十日上任，德國大眾就好像得到祕密暗號一樣，開始大規模地加入納粹黨的陣營。事實再度證明，在革命的年代，氣節一文不值，背信棄義、算計與恐懼才是家常便飯。儘管如此，在這麼多改變政治立場的人中，也並非只有缺乏主見或阿諛諂媚之徒，反而有不少人自發地渴望放棄舊有的偏見、意識形態和社會限制，期望與其他人共創新的起點。德國詩人戈特弗里德·貝恩（Gottfried Benn）也是受動盪氛圍吸引的廣大群眾之一，他於事後表示：「我們並非全部都是投機分子。」[2]

強大、歷史悠久的政黨與團體都在納粹黨的攻勢下潰敗，甚至在它們被迫解散和取締之前就已經是一盤散沙，放任追隨者們自生自滅。自從希特勒上臺，威瑪共和、分裂和軟弱無能都成爲過去。沒有屈服於這股信奉新事物的狂潮的人只剩下少數，而且人數不斷迅速下降；這些人顯然被孤立，被排除在新集體的盛大集會之外，也被排除在大教堂穹頂下的集體宣誓活動、元首演講、篝火晚會以及數十萬人的讚美詩歌大合唱之外。

即便納粹政權開始顯露出恐怖統治的苗頭，德國大眾也並未因此減少喜悅的情緒；相反地，他們感到更加歡欣。對於公眾而言，恐怖統治是強大政府的一種表現，這正是他們長時間以來所希冀的；民眾越來越喧鬧，很快就蓋過了衝鋒隊「英雄地窖」（譯註：衝鋒隊的祕密地牢）中的尖叫聲。

因爲這種狂熱的氛圍，希特勒的奪權變得令人不安，因爲它駁斥了所有歷史偶然、詭計與黑暗陰謀的論點。每當歷史學家試圖解讀當年發生的事件，他們都必須處理這樣的問題：在德意志民族這樣一個歷史悠久、經歷豐富、具有高度文化素養的民族中，民族社會主義爲何能夠迅速且輕而易舉地成功，不僅奪得大權，還征服了多數人民的心，令他們處於一種奇特的歇斯底里狀態中，對民族社會主義狂熱、虔誠且全心奉獻？這樣一個被公認爲「高等民族」[3]的國家，其政治、社會與道德機制，又怎麼會如此令人一目了然地崩場、潰散？

在希特勒上臺之前，曾有一位評論家預言過他上臺後的「不可避免的後果」：「獨裁、廢除國會、限制一切思想自由、通貨膨脹、恐怖行動及內戰。有鑑於反對派無法輕易被消滅，最後會爆發總罷工。工會將發動最激烈的反抗行動，黑紅金國旗團和所有關心將來的民衆都將一同站出來。即便希特勒到時候掌控軍隊，決定用槍炮對付反對者，他也會發現，站在自己對面的是數百萬意志堅定的國民。」[4]事實上，沒有數百萬堅決反抗希特勒的國民，當然也就不會有血腥的突擊行動。除此之外，希特勒也不像其他的政治人物，並未對自己的目的遮遮掩掩，反而以充滿戲劇氛圍的冗長演說揭示出，他以諸多迂迴手段和戰術想要達成的到底是什麼樣的目標，那就是獨裁、反猶太主義，以及擴大日耳曼民族的生存空間。

很容易理解，由於希特勒上臺所造成的亢奮氣氛，許多觀察家都認爲德國在那幾週之中找回了眞正的自己——威瑪共和的憲法和遊戲規則雖然暫時都還有效，卻顯得異常不符合時代的需求，就好像在突然之間變成外來的事物一樣。數十年來，這種德國形象——一個歡欣鼓舞地背離歐洲對於理性和進步價值的傳統，找回自己本質的國家——對於外界解讀該事件的方式產生很大的影響。

德國的特殊性

早在一九三〇年代，就有人開始以德國歷史和德國人的思維傾向為基礎，建立出「德國的特殊性」的理論，試圖解釋民族社會主義的成功。在這些人的筆下，德國人被描繪成令人費解的負面存在：他們具有高度文化發展，卻對文明與開化敬而遠之，以「冒犯全世界」為傲。這些人大膽地向前追溯，從俾斯麥、腓特烈大帝、馬丁・路德一直追溯到中世紀，建構出一個在希特勒之前就潛藏在德國歷史中的希特勒主義傳統，有時就連酋長之子阿米尼烏斯——其於九世紀時在條頓堡森林戰役中阻止羅馬人入侵日耳曼地區——也被算進其中。

以這種觀點而言，法國日耳曼學家埃德蒙・維米爾（Edmond Vermeil）的著作是最有代表性的作品，後來也一度成為英語圈的主流解讀方式；美國歷史學家威廉・勞倫斯・夏伊勒（William Lawrence Shirer）有關第三帝國的著作對德國在全世界的形象造成很大的影響，該書正是以前者的理論為根據寫作。

維米爾寫道：「德國人在歷史的不同階段都有一種絕望的篤定感。他們之所以會如此，不是因為內部鬥爭或政府無能，就是正好相反：他們認為自己具有無法被超越和戰勝的力量，就好像德國是被天意所選中，他們有神聖的使命要完成。」[5]篡奪羅馬帝國的權力、漢薩同盟、宗教改革、德國神祕主義、普魯士崛起、浪漫主義……這些或多或少都體現出他們的使命感，此外，隨著俾斯麥的鐵血政策以及德意志帝國的世界霸權渴望出現，德國顯然越來越轉向強權政治發展。就他的看法，嚴格而言，德國歷史中沒有什麼是「無辜」的，就連在田園詩中也能發現服從、軍國主義和擴張主義的影子；他們對「無盡」充滿渴望，也曾徒勞無功地試圖統治人類的心智。這些德國特點最後都匯集在希特勒的身上，因此，他絕非「德國的災難」——一如某本歷史名著的標題[6]——而是顯露出德國的必然性。

民族社會主義毫無疑問具備一些獨特的德國特徵，然而，這些與維米爾或夏伊勒所想的並不相同，而且要複雜得多。沒有任何邪惡的譜系、單一的說法可以恰當地解釋這種現象的本質，同樣地，僅關注德國歷史上顯而易見的毀滅趨勢也不是正確的做法。畢竟，許多人的天真態度——或者說幾個世代以來都未曾造成麻煩的態度——甚至是他們的美德和價值觀，就是讓納粹黨有機會成功的原因。這個時代留給我們很多教訓，其中之一就是集權的權力體系並非以一個民族的病態或犯罪傾向為基礎建立，除此之外，與英王理查三世不同，一個民族並不能自己決定成為惡人。

許多國家的歷史、心理與社會狀況都與德國很相似，和法西斯政權往往只有一線之隔。德國並非唯一一個因為太晚覺醒民族意識，以致於無法與民主主義趨勢確實結合的國家，無論是自由主義陣營和社會主義陣營互相仇視，或是市民階級與工人階級之間存在著無法跨越的鴻溝，都並非德國特有的現象。此外，與一些歐洲鄰國相比，德國是否真的具有更強烈的復仇欲、鬥爭意識或者成為霸權的渴望？就連反猶太主義——這個對希特勒的思想具有決定性影響的意識形態——也絕非德國所獨有，許多國家的反猶太行動甚至還比德國的情況嚴重。更何況，種族主義也並未點燃群眾的熱血、促使他們擁護納粹黨，希特勒自己也很清楚這一點，因此，他在奪權階段的後期一直努力掩飾自己的反猶太立場。[7]

民族社會主義的極端表現

許多法西斯主義或類法西斯主義的政權都在這個時期出現，在義大利、土耳其、波蘭、奧地利和西班牙都能發現蹤影。如果我們將希特勒的第三帝國與這些相比較，就會發現什麼是民族社會主義的德國特色：民族社會主義是法西斯主義最激進、最絕對的表現。

這種極端態度不僅表現在思想上，也同樣表現在行動上，是希特勒對民族社會主義的個人貢獻。

從他反對現實、賦予想法高於現實的權力的做法，我們就能看出他是眞正的德國人：當他還是不得志的地方政客時，他在轉租來的提爾街租房中畫凱旋門和穹頂大廳的設計圖，希望能在死後留名於世；他在上臺以後無視一切的嘲諷，不以世代爲單位，而是以千年爲單位考慮政策，不只打算終結《凡爾賽條約》和德國的積弱不振，更計畫消除民族大遷徙帶來的後果。

當墨索里尼渴望恢復義大利在歷史上的偉大地位，夏爾·莫拉斯（Charles Maurras）意圖喚醒古代政權和「法國女神的榮耀」，其他法西斯主義領袖也都被過去的榮光吸引時，希特勒所想的卻是實現一個他自己設想的、在這個世界上從未出現過的目標：一個爲種族自決意識而戰，西起大西洋，東至烏拉山脈，北起納維克，南至蘇伊士的世界帝國。如果有國家反抗，他就戰勝它們；如果人民居住之所違反他的規劃，他就令他們遷移；如果有種族與他的想像有出入，他就會篩選、培育或消滅他們，直到現實符合他的設想爲止。

自始至終，他所想的都是無法想像之事，總是流露出極度無所畏懼的態度，當然，其中也不乏瘋狂的因子。他曾說：「我以一種極端冰冷、無偏見的態度面對一切。」[8]他似乎只有在最激進的言行中才能表現出眞正的自己。沒有他，民族社會主義就不會存在。

納粹與其他法西斯主義運動的不同之處，就在於其獨特的民族主義色彩，除此之外，他們也總是順從地執行希特勒古怪的激進主義政策。極度冷酷、對上級的命令盡忠職守、毫無人道主義情懷的表現構成了納粹政權的面貌，人們對其有計畫的暴行——無論是謀殺或是虐待——感到恐懼，他們顯而易見的罪犯特徵也一直留存在大衆的腦海中。時至今日，在文學作品或娛樂節目中，手拿鞭子的形象依舊被當作納粹的化身。

然而，納粹政權對於自己的形象有不同的看法。儘管他們確實利用過這種手段——尤其是在初期，但是，他們很快就意識到，釋放犯罪本能無法帶來長治久安。激進主義——民族社會主義的本質——和動員群衆沒有多大的關係，它的問題不在於犯罪，而在於被扭曲的道德觀。

民族社會主義主要吸引的對象，是那些有強烈的道德渴望，但同時迷失方向的人。黨高層藉黨衛軍來培養這種類型的人，試圖將之組織成精英部隊。在這個教團一般的共同體中，對「內在價值」的要求被不斷地宣揚，一場場的夜間火炬慶祝活動也浪漫地鞏固了這個概念。

根據海因里希·希姆萊的想法，這些「價值」包括忠貞、誠實、服從、堅持、守規矩、清貧和勇敢——完全是爲了政權而服務，與任何一個道德體系都毫無關係。在這樣的命令下，這些人被培養成沒有情緒的命令執行者，據其中一員所言，他們必須對自己「冷酷到鐵石心腸」，以及「放棄一切人類的感情」；[9]從嚴厲對待自己的經驗，他們找到冷酷對待他人的理由，他們消滅「自己」，獲得能夠面不改色跨過屍體的能力。對於旁觀者而言，這種不爲所動、機器一般的堅定態度遠比衝動犯罪更殘酷無情。畢竟，無論是出於社會因素、理念因素或者感情因素，只要是出於強烈怨恨而犯下的暴行，人們或多或少都能夠理解。

「特殊使命」的想法補充、強化了他們的道德責任，那是一種和世界末日對抗、服從「更高法則」，以及成爲思想的代言人的感覺，就連形象和口號都成爲一種形而上學層面的肯定。如此一來，他們的鐵石心腸被賦予崇高的意義，這也是希特勒將擾亂他完成使命的人稱爲「人民之敵」的原因。[10]他們不斷援用希特勒的深刻見解和崇高的使命，不僅反映出德國人對政治反應失當的傳統，更顯示出這個民族對現實的認知已經產生奇異的扭曲。在現實中，當思想成形、被人類體驗到時，這些想法會轉化爲絕望、恐懼、憎恨、害怕等情緒；然而，這些在納粹的世界並不存在。在他們的世界中只有綱領，而實現綱領的過程正如希特勒所言，只有積極和消極的區別而已。[11]只要觀察自紐倫堡審判以來的所有納粹罪犯的審判，就能清楚看出他們對人道主義毫無想像力，正是一種缺乏現實感的表現。其實，這就是民族社會主義中獨特、不容錯認的德國元素，而且和德國的歷史也有千絲萬縷的關聯。

以一句自相矛盾的話來說，德國現代史中最重大的事件就是「沒有爆發的革命」；[12]革命的缺席賦予這個國家一種特殊的、帶著黴斑的田園詩歌風情，並持續落後於當時的政治潮流。從德國缺乏進行革命的能力這一點，人們經常可以看出德國人特別順從的性格。長久以來，他們聽話、逃避戰爭、喜歡做夢的特質一直被一些比較有自信的鄰近國家當作笑柄。

德國人的特質

然而，這個民族之所以對革命抱持深刻的懷疑態度，其實是因爲他們在過去飽受威脅。由於德國位於歐洲的中心位置，經常腹背受敵，他們很早就發展出封鎖、防禦的心理，這種情結又由於難以抹滅的三十年戰爭的恐怖經歷而進一步強化——日耳曼各邦國的男性被消滅將近五成，作爲主戰場的日耳曼地區一度成爲人煙稀少的荒涼之地。對德國人而言，這種任人宰割的無力感，以及對一切混亂狀態的深刻恐懼，就是這場戰爭留下來的最大創傷；這種心理一代傳一代，爲本土或外來的統治者在治理德國時提供很大的方便。

維持和平是公民的首要責任，同時，公民對政府當局的第一要求也是維持和平、阻止恐懼與苦難降臨於這個國家，這個想法也與新教對政府權威的理解一致。就連在歐洲各國都被視作在挑戰權威的啓蒙運動，在德國也經常饒過王公貴族們，甚至有時還會對他們多加讚頌，足以見得過去的恐怖是多麼根深蒂固。

德國人之所以極度重視秩序、紀律和自律，信仰領袖，將政府偶像化、視之爲不容挑戰的權威以及「阻擋邪惡的堡壘」，都起源於刻骨銘心的歷史經驗。希特勒有效地掌握他們洩露出的不安全感，創造出服從元首的邪教文化、將自己的征服渴望化作意識形態的一部分，再展示軍隊一般的遊行隊伍，喚起他們內心深處對混亂的反抗本能，藉此實行自己的統治計畫。

不過，有關德國革命缺席的說法也只說對了一半。這個民族儘管沒有國王被斬首，也沒有勝利的人民起義，在動員世界革命上的貢獻卻比任何一個民族更大，爲所謂的革命時代提供最具煽動性的見解和最犀利的革命口號——依照德國哲學家費希特（Johann Gottlieb Fichte）的豪言壯語，正因爲有德國人打下的基礎，未來的時代才能夠進一步發展思想。

德國人在思想上的激進程度無人能敵，這也是德國思想能夠如此崇高、具有獨特豪氣的原因；然而，如果我們從現實的角度來看，就會發現他們只是無法採取務實的態度，自然也就無法協調思想與生活、維持理性。德國思想很少關注現實，事實上，它甚至違反社會利益，從不左傾或右傾，而是大多站在生活的對立面，總是抱持「我無能爲力」的態度，具有一種近乎末世論的「知識滅亡傾向」【13】：在滅亡的邊緣，人類的現實變得不再如此平庸乏味，整個時代陷入一場世界風暴——至於他們的生活，就聽天由命吧。

從這種理論層面和政治層面的落差中，我們可以看出替代行爲的特徵，同時，思想上的激進也掩蓋了意志上的薄弱。「思想已經足以作為對抗現存事物的力量。」黑格爾說這句話時雖然得意，但其實也有自我安慰的作用。

無論是德國社會數百年來生活困苦、發展遲滯，或是長期受昏庸或一心崇尚法國文化的君主所統治，都是失意的德國知識分子逃避現實，發展出不受現實限制的德國思想的原因。從十九世紀留下來的最粗糙的文本，一直到一九二〇年代的政治評論，無論是人云亦云、學識淵博或不成熟的見解，我們都能辨認出其中獨特的基本精神——一種以理想的精神王國對抗外在世界、「將時代留給自己」的精神。他們從來無法遮掩自己激進思想中的報復欲，希望報復不需要他們、現在卻又傷害他們的現實。

到了十九世紀，市民階級由於在爭取政治解放的過程中一次次地失望，逃避現實、脫離現實的狀況變得更嚴重，而且在各方面都能看到這種變化：充滿虛構性的政治思想、從溫克爾曼（Johann Joachim Winckelmann）到華格納一貫的神話化的意識形態，以及德國獨特的不切實際的教育觀念——他們崇尚藝術和崇高的精神境界，將政治棄置於一旁，根本不將後者視為民族文化的一部分。

我們可以從某些人的身上同時發現這些傾向，這個類型的人因為確切表現出德國人的本質，時至今日都還享有最高的社會聲譽。我們會在老肖像畫上看到這些不擅社交、沉浸於自己思緒中的紳士們，他們的面容帶著學者的氣息，神色間傳達出對理想和原則的堅持——雖然他們的正直誠懇也隱隱出現毀滅之兆。這些人經常在沉思，他們推翻舊制度、建立新制度，並且懂得以長遠的眼光看待事情；同時，他們的家庭關係親密，私生活似乎非常幸福美滿。正如保羅·迪·拉加爾德所言，這些人的生活就是「閱讀與做夢」[14]：他們活在自己虛構的世界，以豐富的想像力彌補現實中的缺憾；從事腦力勞動的工作令他們充滿自信，也證明自己對文化的熱愛與貢獻。

德國人的政治思想

德國人蔑視現實，自然也就更輕視政治；畢竟，政治就是現實最嚴酷、最令人厭惡的一種表現，卑鄙下流到甚至被一九二〇年代的某本名作稱爲「下等人的統治」。[15]

時至今日，德國的政治思想都必須維持莊嚴的姿態，在道德水準和知識水準上凌駕於「下流」的現實，之所以如此，就是因爲人們自從擺脫長期的政治無能，就一直憧憬著崇高的「非政治的政治」。

在德國社會中，除了總是被孤立的少數人，大衆都認爲自己與政治毫無瓜葛，對此經常一無所知。政治很難挑起他們的興趣，對他們而言，關注政治是在勉強自己，有很多人甚至認爲這是一種自我孤立。德國社會以個人的想法、目標和美德爲導向，任何社會承諾都無法與私領域的熱烈情感相提並論；天倫之樂、大自然的精神感召、追求知識的熱情等等，都爲人們的存在帶來滿足感，他們會用「市集的喧鬧聲」換取森林的祕密，用憲法保障的權利換取做夢的自由，卻不會用這些熱烈的情感換取任何事物。

隨著時間的流逝，這種觀點也變得越來越激進。華格納在給李斯特的信上曾寫道：「關注政治的人很噁心。」於是，華格納的某位崇拜者評論道：「如果華格納在某種程度上代表著他的民族，如果說他在任何方面都很德國，在最高、最純粹的意義上代表德國人道主義和德國市民階級，那他對政治的厭惡也是同樣的程度。」[16]這種反政治的偏見經常以捍衛道德之名反對權力、以人道之名反對社會主義，或是以智力爲名反對公共事務，這些對立的概念不斷衍伸出新的、有深度的、值得討論的思想，成爲市民階級最常用來自我反省的主題。

這種情緒在湯瑪斯·曼於一九一八年出版的《一個非政治關注者的觀察》中達到最高潮，得到大批擁護者的支持。該書以自豪於德國文化的市民階級爲立場，猛烈抨擊受啓蒙運動影響的西方「政治恐怖主義」，從書名就表達出其浪漫主義色彩的、偏離現實的目標，以及對「非政治的政治」的傳統嚮往。

這種藝術家和知識分子對政治的反感，體現於衆多內容龐雜的論文中，甚至催生出一種特殊的藝術救贖觀，從十九世紀中葉開始蔚爲流行。德國人相信人類能夠透過藝術獲得拯救，將自己尚未實現的夢想和破滅的希望都寄託在這個想法中。

其實，這個概念作爲政治與詩歌緊密交融的先決條件，在浪漫主義時期就已經出現雛型：先是被叔本華賦予重要性——他主張音樂能夠救贖生存鬥爭的悲劇糾葛——接著又在華格納的「政治終結與人性開端的文化夢想」[17]中，以新戲劇的形式達到高峰。根據華格納的看法，政治一定要成爲盛大的表演，政府必須是藝術品，藝術家也必須取代政治家的位置；藝術是神祕的宗教，拜律特即爲其神殿，雅利安人珍貴的血就是聖禮，不僅治癒了安塔佛斯的創傷，還將克林索爾〔譯註：安塔佛斯（Amfortas）與克林索爾（Klingsor）皆出自《帕西法爾》〕——猶太人、政治與性慾的化身——驅逐至荒涼的城堡遺跡。

此外，朱利葉斯·朗貝恩認爲荷蘭畫家林布蘭的成就幾乎不亞於華格納，於是在十九世紀末將他的名字當作革新渴望的象徵。朗貝恩宣稱，藝術必定會將誤入歧途的世界導回簡樸、自然與直覺的正軌上，廢止商業和科技，調和各個階級，團結人民，在平靜下來的新世界中重新恢復統一——藝術就是最偉大的征服者；最後，一切政策都會被廢除，世界恢復成狂熱、權力、魅力與天才的綜合體。理所當然地，朗貝恩也將他所企望的這個新時代的統治權，保留給擁有天縱英才之人、「偉大的藝術英雄」以及「凱撒大帝式的藝術家」。【18】

逃避政治

因為這些動機，德國人在面對政治時往往採取迴避的策略。在戰爭期間及戰後時期，德國人發現自己與政治的距離比以往更近，於是他們以比以往更激烈地逃避政治，紛紛循著傳統的逃生路線，躲進美學與神話的世界中。

他們不願意接觸政治，對「骯髒」的革命感到極度反感。從各式各樣、令威瑪共和蒙上陰影的陰謀論中，我們也能看出這種態度，例如「刀刺在背傳說」，或者有關紅色（共產主義）和金色（資本主義）國際主義的雙重威脅的理論。他們也敵視猶太人，或者對共濟會成員和耶穌會成員普遍感到恐懼。簡而言之，這些徵狀都顯示出：德國人逃避現實、躲進虛構的世界中，滿腦子都是背叛、孤獨與不存在的偉大地位。

就連此時相應而生的政治思想也都充斥著非政治的特徵，被戰爭經驗、「年輕民族」、「全面動員」或「野蠻的凱撒主義」等意識形態所支配。這些民族烏托邦主義的計畫和所謂保守派革命的口號幾乎數也數不盡，旨在將德國社會拖進非理性的狂熱中；它們以絕對的口號抨擊政治現實的艱難平衡，以偉大的神話對日常生活進行批判。

儘管這些意識形態並未造成直接的影響，但作為令人困惑的浪漫主義替代方案，仍然爭取到非常多知識分子的支持，令共和政府無人才可用——尤其是在現實如此令人反感的時代，更是比以往更有效地點燃了「厭惡政治」的情緒。在當時，支持威瑪共和就好像在擁護一個腐敗、毫無希望的體制，一條鴻溝橫亙於支持者的熱情以及顯而易見的苦悶現狀之間，無法被填補。於此同時，抨擊共和的右派卻顯得充滿創意、很有想法，並藉由神話、狂熱情緒與一些苦澀意味建構出自己的反共和形象；在他們最尖銳的指控中，包括共和體制令德國人習慣於「小幸福」、消費主義以及小市民階級的享樂主義。【19】

當時的大眾對冒險、悲劇、滅亡之類的概念感到著迷。德國記者卡爾·馮·奧西茨基（Carl von Ossietzky）發現，國內的知識分子有許多人「無私地熱愛著災難、享受著世界政治的厄運」；在一九三〇年代初期，一位法國觀察家也不禁疑惑，德國在面對危機時，是不是「情緒過於激動、態度過於激進」了？【20】事實上，正是因爲德國知識分子向來容易拒絕接受事實，才會讓大蕭條在德國顯得如此令人絕望：渴望逃避現實成爲普遍的現象，「浪漫主義英雄似地跳進未知的世界」也成爲最常見的想法。

以這種意識形態的背景檢視希特勒，就會發現，他有時就好像是這些態度和情結製造出的庸俗工藝品，不僅結合神話主義和理性主義的思想，還同時表現出不擅社交的知識分子的激進感。在他的演講中，人們幾乎可以聽到所有熟悉的反政治說詞，例如他憎恨政黨政治、憎恨共和體制的妥協性，也憎恨政府缺乏權威。同時，對他而言，政治一直是一個與命運很類似的概念，無法自主運行，只能被強人、藝術或是一種被稱爲「天意」的更高力量解放。

希特勒在三月二十一日的波茲坦日演說中——這是他在奪權過程中最關鍵的幾場演說之一——闡述政治無能、替代性夢想以及藝術救贖之間的關係：

德國人意見不一，在思想上分歧，在意志上分崩離析，自然就會在行動上遲疑，在主張自

> 我時無力。他們追求遙遠星辰上的正義，結果失去在地球上的立足之地……到最後，唯有通往內心的道路永遠對德國人保持開放。德國作爲一個歌唱家、詩人與思想家輩出的國家，人民卻幻想活在其他人的世界，直到苦難對其進行極度的打擊，他們才有可能從藝術中誕生對於重新起義和新帝國的渴望，也才有可能去期待新的生活。【21】

希特勒自從放棄藝術家夢想，就一直把自己當作德意志民族的救星。出於知識分子的傳統，他認爲自己無疑比其他人——例如俾斯麥——更接近朗貝恩所說的「偉大的藝術英雄」，他更欣賞俾斯麥的偉人美學，而不是此人的政治才能。【22】對希特勒而言，政治主要是通向偉大道路的手段，也是他所得到的，彌補自己藝術才能不足的無上機會。

一切在他身上的政治人物特徵，不是被他小心地隱藏，就是在適當的時機才會拿出來使用。賦予他靈感的，始終是神話主義、美學、不切實際的思考方式——總而言之，就是與政治無關的思考方式。不過，雖然他正如當時的人所觀察到的會爲了藝術感動落淚，【23】卻對「人文」漠不關心，這一點我們從他的生平、早期的演講和在元首總部的桌邊談話，就可以得到佐證。

對他而言，可能很少有什麼頌詞比休斯頓·斯圖爾特·張伯倫的評價更令他高興：後者在一九二三年十月的信上稱讚他「與政治人物相反」，並補充道：「政治的理想就是沒有政治；但是，這種無爲而治的概念必須得到直接的承認，並且強迫全世界都接受這個觀念。」【24】以這個定義而言，希特勒所具備的其實並非政治思想，而是宏大而充滿暗示意味的世界觀與命運觀，被他狂熱、堅定地當作人生目標實現。

政治的美化

華特．班雅明將法西斯主義稱爲「政治的美化」。這正是政治觀一直受美學薰陶的德意志民族如此爲法西斯主義著迷的理由，同時也是威瑪共和失敗的原因之一。共和政府沒有掌握好德國人的心理，僅僅將政治當作政治處理；與之相反，希特勒懂得不斷混淆視聽、以戲劇性十足的場面、狂熱與偶像崇拜吸引群衆的注意力，重新賦予公共事務衆人所熟悉的榮耀感，就像是爲德國人搭建光輝燦爛的穹頂，以魔法和光明之牆對抗外界的陰暗與危險。

如此一來，即便德國人不同意希特勒對生存空間的渴望、反猶太主義，以及他身上揮之不去的庸俗與暴力特質，也會因爲此人爲政治賦予的命運感和恐怖元素而追隨他、爲他鼓掌。

希特勒配合非政治的「美之政府」意識形態，將自己的藝術理念與政治理念視爲一體，並且經常讚頌納粹政權達成了藝術與政治的最終和解。[25]他自詡爲伯里克里斯（譯註：古希臘重要領袖，於希波戰爭後重建雅典、扶植文化藝術，使雅典進入輝煌的黃金時代）的接班人，喜歡將自己與後者相提並論；根據亞伯特．史佩爾的說法，他還將高速公路比擬爲自己的帕德嫩神廟。[26]

他曾嚴肅地指出，作爲「沒有藝術才能的人」，海因里希．希姆萊和魯道夫．赫斯同樣不適合接管自己的位置；另一方面，史佩爾之所以高升，甚至一度被預定爲元首接班人，就是因爲他被希特勒認爲「具有藝術才能」，是「藝術家」和「天才」。

希特勒對於藝術與藝術家的器重還有別的案例足以佐證：他在戰爭開打時免除了藝術家的兵役，卻沒有免除學者和工程師的兵役。就連在展示新武器的場合，他也不會忽略美學，例如他就曾經對槍管的「優雅」表示讚賞。對他而言，藝術以外的事都不重要，他甚至經常說道，就算是統帥，也只有具備藝術才能的統帥才會成功。[27]他表示，比起征服者的身分，自己更願意以博物館遊客的身分在戰勝法國後造訪巴黎；此外，對藝術的熱愛也讓他很早就興起退休念頭，後來更對此越來越迫不及待。「違背自己的意志，我成爲了一名政治人物，」他經常這麼說，「對我而言，政治只是達成目的的一種手段。有些人認爲，如果我哪天不像現在這樣忙東忙西，我就會覺得全身不對勁。大錯特錯！如果我能退出政壇，將所有的憂慮、痛苦和憤怒都拋之於腦後，那將會是最美妙的一天……戰爭來來去去，只有藝術的價值永存。」

漢斯·法蘭克認爲這種情緒體現出時代趨勢：「任何和政府、戰爭、政治之類有關的都再次被驅逐，排在文化活動的崇高理想之後。」[28]這也是在納粹黨高層中，發展受限、失意或失敗的「準藝術家」的人數異常多的主要原因。除了希特勒本人是業餘畫家兼建築師，狄特里希·埃卡特是詩人，戈培爾曾寫過小說但沒有出版商願意出版，羅森堡原本是建築師，席拉赫和漢斯·法蘭克都是作家，瓦爾特·馮克（Walther Funk）則是業餘音樂家。史佩爾雖然並非藝術家，但由於他的非政治性和孤僻性格，也可以被歸類於這群人中；除此之外，還有那些語意含糊但又脾氣頑固，以審美化的政變宣言陪伴、促進民族社會主義崛起的知識分子。

這些知識分子遠離社會大眾，他們扭曲的現實感對希特勒的思想世界有很大的影響。當時有很多人都注意到，希特勒在談話中很容易就陷入「更高的領域」，據他的追隨者所言，他們不得不一次次「把他拉回現實中」。[29]值得注意的是，希特勒喜歡在上薩爾茲堡的貝格霍夫，或者海拔更高、建造於兩千公尺高的凱爾斯坦山上的「鷹巢」，徜徉於自己的幻想中；根據他的說法，他在這裡，在高山稀薄的空氣中、在宏偉群山的環繞之下，做出了所有重要的決策。[30]

不過，無論是幅員遼闊、遠至烏拉山脈的巨大帝國、企圖擴張生存空間和瓜分世界的瘋狂地緣政治思想、造成大屠殺和種族滅絕的優良基因幻想、希望成爲超人存在的夢想、對純正血統和聖杯的妄想，或是建設串聯整個歐洲大陸的軍用高速公路、軍事設施和防禦性村落系統的計畫，這些其實都不具有什麼「德意志特色」；表現出德意志特性的，只有希特勒在思想上的堅定和狂熱——他藉此得以將這些零碎的念頭組織在一起——以及嚴格執行計畫、毫不退縮猶豫的行事態度。

扭曲人格導致的政治悲劇

希特勒的殘酷確實與他扭曲的人格有關係，他的極端態度也一直顯露出社會底層特有的激進與無所畏懼；不過，他身上那種政治冷感與敵視現實世界的態度，也同時符合德國知識分子的傳統。他之所以成爲德國歷史上濃墨重彩的一筆，不是因爲種族鬥爭思想或擴張生存空間的目標，而是因爲他作爲滿腦子理論的知識分子的一員，卻能凌駕現實，令現實臣服於這些知識分子的原則。

希特勒與他們的不同之處就在於他的政治能力——他是知識分子中的特例，只有他對權力有實際的了解。從種族主義著作的文學廢墟中，我們可以很輕易地發現比他更激進的先驅者，無論是德國人或其他國家的歐洲人，都對那個年代抱持更強烈的恐懼情緒，以及被美化的、否定現實的情緒。舉例來說，義大利作家馬里內蒂（Filippo Tommaso Marinetti）就主張將人們從「可怕的現實」中拯救出來，並於一九二〇年發表一篇宣言，要求「將一切權力交給藝術家」，讓「天資獨具的廣大無產階級」領導國家；他獨具特色地向「復仇的大海」提出對抗現實的主張，[31]然而，無論是他或者其他的知識分子，他們的宣言都只是空話，以調侃自己的軟弱無能爲樂。然而，希特勒的特殊之處就在於，他願意確實執行這些看似幻想的計畫，將一世紀以來的瘋話吸納爲自己的一部分。

像他這樣的存在史無前例，不過，可以肯定的是，不同於庇西特拉圖在出其不意間接管雅典，他征服德國並非毫無先兆；因爲他對於自己的計畫幾乎毫無保留，德國人應該早就像全世界的人一樣，被告誡過此人的危險性。然而，德國知識分子一向發言大膽、行事怯懦，這種傳統令德國人早就認定「話語不值錢」的道理，在這種背景下，希特勒的狂言更顯得廉價無比。只有這樣才能解釋，爲何他的威脅性會被德國人、乃至整個時代的人如此嚴重地誤判。

當社會民主黨的國會黨團領袖魯道夫・布賴特沙伊德（Rudolf Breitscheid）得知希特勒被任命爲總理時，他拍手叫好，說道：「他終於完蛋了！」最後死在布亨瓦德集中營的人卻是他自己。其他國會議員認爲希特勒隨時會被投票否決，而且永遠不可能達成修憲門檻——三分之二的同意票；社會民主黨的另外一位高層尤里烏斯・雷貝爾（Julius Leber）也諷刺地表示，他和全世界人一起，等待最後能弄清楚「這場運動的思想基礎」[32]爲何。

似乎沒有人了解希特勒的眞面目，只有距離他比較遙遠的觀察者才能偶爾窺見眞相的一角。然而，儘管其他國家比德國人清楚此人的危險性，它們卻並未對其施予國際制裁，反而像德國一樣盲目、無能，抱持著「馴化」希特勒的希望，開始聯合起來爲未來的協議與協定做準備。

只有少數人表達出他們對此的不安，然而，就連這些人也對他奇異地感到著迷。一位德國觀察家在巴黎寫下他對法國人的觀察：「他們有一種感覺，就好像這個離得最近的鄰國出現了一座火山，隨時都有可能爆發，毀掉他們的田地和城鎮。他們既驚奇又恐懼地追蹤任何一點風吹草動，就像在面對幾乎無力反抗的天災。現今的德國再次……國際大明星，在每份報紙、每間電影院都占據大衆的心神，他們害怕、不理解，同時不得不感到佩服，有時候還混雜著幸災樂禍的情緒。德國就是充滿悲劇色彩、陰鬱又危險的偉大冒險家。」[33]

那些被德國在這場冒險中大聲宣揚的思想中，幾乎沒有一個是獨屬於德國人的思想。不過，他們在逃避現實、躲進幻想世界時表現出的不近人情的認眞嚴肅，倒是十足符合德國人的作風。已經醞釀數百年的革命思想和不動如山的社會階層結構彼此拉扯，兩者之間的緊張關係一觸即發，更加重了前述的傾向和情緒，爲這場爆發賦予遲到的反動運動的極端性，令其擁有史無前例的破壞力。德意志的雷霆終於到來，在隆隆的雷鳴中，德國人絕望地試圖扭轉歷史進程、否定現實，最後卻依舊失敗。

如果以意識形態化的激進思想爲名，拒絕接受現實，就會牽涉到自發性的幻想和思考的風險，變得很難控制。這點在政治上顯然會造成麻煩，不過，這種否定現實的態度也並非全無優點——至少造就出所謂的德國精神，而並非如許多人所想像地，永遠只會帶來奧斯威辛集中營的悲劇。

注釋

【1】胡根貝格在當時所言，參照 H. O. Meißner/H. Wilde, aaO., S. 294。

【2】G. Benn, »Doppelleben«, GW IV, S. 89.

【3】G. A. Borgese, »Der Marsch des Faschismus«, Amsterdam 1938, S. 338.

【4】出自一九三二年二月二十二日至三月三日，弗德里希・烏胡（Friedrich Franz von Unruh）在《法蘭克福報》刊登的《民族社會主義》系列文章。

【5】E. Vermeil, »The Origin, Nature and Development of German Nationalist Ideology in the 19th and 20th Centuries«，收錄於»The Third Reich«, S. 6。有關此，也參照 Rohan D'O. Butler, »The Roots of National Sodalism«, New York 1942，W. M. Govern, »From Luther to Hitler«, London 1946，以及 W. Steed, »From Frederick the Great to Hitler. The Consistency of German Aims«，刊登於›International Affairs‹ 1938/17。

【6】F. Meinecke, aaO..

許多歷史學家嘗試將希特勒當作數百年德國歷史的交會點，然而，儘管他們在單一事件上的觀察相當準確，他們的解讀卻依舊太接近納粹黨自己對於民族社會主義運動的解釋。這就意味著，他們的觀點和納粹黨的主張相同，不僅奪取漢薩同盟、神祕主義、普魯士主義和浪漫主義的同時，也同時將第三帝國讚頌爲德國歷史的果實。不過，與此相反的觀點也並沒有比較好，就像集權主義一樣，另一派人將民族社會主義當作民主時代的危機，描繪其對傳統與舊秩序的反抗、社會性的敵對以及經濟上的脆弱；他們將民族社會主義定義爲現代特性的必然結果，而不是德國特性的必然結果，就像是十九世紀悲觀主義所寓言的反烏托邦的實體化。民族社會主義視自己爲那場危機的世界歷史修正者，它也表現出這種姿態。因此，希特勒在德國這邊的敘述中經常作爲「過度異國化」的現象登場。「他與傳統，尤其是德意志普魯士與俾斯麥的傳統對立。」正如格哈德．利特（Gerhard Ritter）在文選《第三帝國》中的文章中提出的，與埃德蒙．維米爾完全相反的觀點（S. 381 ff.）；利特認爲，整體而言，特別將責任歸咎到德國人身上的錯誤態度也是他那個時代的一個特點。「令人驚訝的是，竟然有這麼多有關民族社會主義的野心、軍國主義的主張、種族主義的傲慢以及反民主的評論，是我們可以在所有歐洲國家的思想史和政治文獻中發現的。」

所有這些過於片面的解釋都無法捕捉到這種現象的特性，最明顯能看出這一點的莫過於馬克思主義對此的解釋方式。他們的代表人物囿於自己的假設，又不斷被對戰敗老同志的尊敬所干擾，基本上從未擺脫官方所宣布的定義：民族社會主義是「金融資本最具反動、大國沙文主義與帝國主義特色的，公開的恐怖主義獨裁」。如果循著這個思路到最後，我們就會發現，民族社會主義核心人物的不是希特勒、戈培爾和施特萊赫，而是胡根貝格、克虜伯和蒂森；事實上，E. Czichon, aaO. 和其他的許多學者都抱持這樣的看法。有關此以及完整的實情，參照 K. D. Bracher, »Diktatur«, S. 6 ff. 具啓發性的概述。

【7】參照同上，S. 459；有關此，也見第一卷階段小結的第二十條註釋。一九二〇年代初期，羅馬尼亞的法西斯主義領導者科德里亞努（Corneliu Zelea Codreanu）於旅德期間別具特色地抱怨道，這個國家缺乏基本的、連貫的反猶太主義。

【8】參照 H. Rauschning, »Gespräche«, S. 212。

【9】來自曾任奧斯威辛集中營司令的魯道夫・霍斯（Rudolf Höß）的說法，參照 Gustave Mark Gilbert, »The Psychology of Dictatorship« New York 1950, S. 250。

【10】「凡是干擾我們完成這項使命的人，」希特勒在一九三八年二月二十日的演說中聲明，「就是人民的敵人，無論他是布爾什維克主義者、民主主義者、革命的恐怖主義者，還是反動主義的幻想家，都沒有差別。」參照 M. Domarus, aaO., S. 793。以形而上學的要求爲基礎，這種特殊使命的想法出現在漢斯・法蘭克的心中，他在一九三七年二月十日的日記中寫下：「我宣布自己信仰德國。爲德國服務，就是爲上帝服務。沒有任何教派、任何的基督教信仰像我們的信仰一樣強烈，如果耶穌生在今日，他就會是德國人。事實上，我們就是上帝用來消滅惡人的工具。我們以上帝的名義對抗猶太人和布爾什

維克主義。上帝保佑我們！」引用自 Christoph Kleßmann, »Der Generalgouvemeur Hans Frank«，刊登於 VJHfZ 1971/3, S. 259。

【11】H. Rauschning, »Gespräche«, S. 211.

【12】H. J. Laski, »Die Lektion des Faschismus«，引用自 E. Nolte, »Theorien«, S. 379。

【13】Th. Mann, »Denken und Leben«, GW 11, S. 246.

【14】Paul de Lagarde, »Ausgewählte Schriften«, hrsg. von Paul Fischer, München 1934, S.34。

【15】「下等人的統治」是愛德嘉．永格（Edgar J. Jung）爲大力批評民主制度而寫成的文章的標題。此人後來在一九三四年六月三十日的長刀之夜作爲巴本的同夥被殺害。

【16】Th. Mann, »Betrachtungen eines Unpolitischen«, S. 113。華格納寫給李斯特的信收錄於 R. Nitsche, »Der häßliche Bürger«, Gütersloh 1969, S. 158。

【17】Th. Mann, aaO., S. 115；以及 R. Wagner, vor allem in: »Kunst und Revolution«, Ges. Schriften III, S. 194；有關此，也參照 R. Gutmann, aaO., S. 148 ff，以及 F. Stern, aaO., S. 154、S.166 和 S.172。

【18】同上，S. 181 ff.；以及 Klemens v. Klemperer, aaO., S. 167 ff.。

【19】出自 Ignazio Silone, »Die Kunst der Diktatur«, S.171，乃對民主制度的批評。

【20】Pierre Vienot, »Ungewisses Deutschland«, Frankfurt/M. 1931, S. 93.

【21】M. Domarus, aaO., S. 226.

【22】參照第二卷第四章第十五條註釋。

【23】卡爾．格德勒（Carl Goerdeler）根據理查．布萊廷的文稿所述，引用自 E. Calic, aaO., S. 171；以及 H. Hoffmann, aaO., S. 188。

【24】參照 ›illustrierter Beobachten‹ 1926, Nr. 2, S. 6。

【25】A. Speer, aaO., S. 134.

【26】出自亞伯特・史佩爾留給筆者的筆記：有關拒絕將赫斯、希姆萊等人當作接班人的說法，參照 A. Speer, aaO., S. 152。

【27】H. S. Ziegler, aaO., S. 75；以及 A. Speer, aaO., S. 249。直到一九四二年，學者與工程師才在史佩爾的倡議下被免除兵役；根據史佩爾的說法，希特勒免除藝術家兵役的做法是向軍區司令部索取藝術家們的軍事文件，並馬上下令銷毀。

【28】H. Frank, »Friedrich Nietzsche«，引用自 Ch. Klepmann, aaO., S. 256；以及 »Tischgespräche«, S. 167 f.；也參照 A. Speer, aaO., S. 38。

【29】施萊謝爾所言，參照 W. Conze, »Zum Sturz Brünings«，刊登於 VJHFZ 1953/2, S. 261 ff.；以及 »Tischgespräche«, S. 167 f.；也參照 A. Speer, aaO., S. 38。

【30】參照 A. Hillgruber, »Strategie«, S. 216。

【31】引用自 James Joll, »Three Intellectuals in Politics«, S. 135 和 S. 174。

【32】格哈德・利特在 »Carl Goerdeler«, S. 109 指出，對於大多數的德國市民階級而言，「落入肆無忌憚的冒險家的手中」的想法似乎「簡直荒誕」。魯道夫・布賴特沙伊德的表態見 Fabian v. Schlabrendorff, »Offiziere gegen Hitler«, S. 12；尤里烏斯・雷貝爾的想法記錄於一本日記中，參照 »Ein Mann geht seinen Weg«, Berlin 1952, S. 123 f.。眾多社會民主黨黨員暗中期待希特勒很快就會與巴本和興登堡爆發衝突，如此一來，他們就可以作爲大笑的第三方出場；普魯士的前國務祕書阿貝戈在與科斯勒的對話中威脅道：「到時候可要好好算帳，不會再像一九一八年那樣好過了。」見 H. Graf Keßler,

»Tagebücher«, S. 708。

【33】H. Graf Keßler, aaO., S. 684 f..

風雲人物 008

希特勒（上）

Hitler: Eine Biographie

作　　者　約阿希姆・費斯特（Joachim Fest）
譯　　者　鄭若慧
發 行 人　楊榮川
總 經 理　楊士清
總 編 輯　楊秀麗
副總編輯　劉靜芬
責任編輯　林佳瑩、黃麗玟
封面設計　姚孝慈
封面繪像　莊河源
出 版 者　五南圖書出版股份有限公司
地　　址　106台北市大安區和平東路二段339號4樓
電　　話　(02)2705-5066
傳　　真　(02)2706-6100
劃撥帳號　01068953
戶　　名　五南圖書出版股份有限公司
網　　址　https://www.wunan.com.tw
電子郵件　wunan@wunan.com.tw
法律顧問　林勝安律師事務所 林勝安律師
出版日期　2021年 12 月初版一刷
定　　價　新臺幣680元

國家圖書館出版品預行編目資料

希特勒／約阿希姆・費斯特(Joachim Fest)著；鄭若慧譯 -- 初版. -- 臺北市：五南圖書出版股份有限公司, 2021.12
冊；　公分. --（風雲人物；8）
譯自：Hitler: Eine Biographie
ISBN 978-626-317-270-8（上冊：平裝）

1.希特勒(Hitler, Adolf, 1889-1945)　2.傳記

784.38　　110016712